让我们 一起追寻

安东尼·比弗作品集

I

〔英〕安东尼·比弗 — 著
张炜晨 — 译　董旻杰 — 校

D-Day: The Battle for Normandy
By Antony Beevor
Simplified Chinese edition copyright © 2023 by Social Sciences Academic Press (China)
封底有甲骨文防伪标签者为正版授权

DAY

THE BATTLE FOR NORMANDY

诺曼底登陆

ANTONY BEEVOR

社会科学文献出版社
SOCIAL SCIENCES ACADEMIC PRESS (CHINA)

目 录

图片出处 …………………………………………… I
地　　图 …………………………………………… I
术语表 ……………………………………………… I

第一章　　艰难抉择 ……………………………… 001
第二章　　负重前行 ……………………………… 017
第三章　　守望海峡 ……………………………… 036
第四章　　封锁登陆区 …………………………… 052
第五章　　奇兵天降 ……………………………… 061
第六章　　横渡海峡 ……………………………… 085
第七章　　血战奥马哈 …………………………… 102
第八章　　犹他海滩和空降兵 …………………… 131
第九章　　黄金海滩和朱诺海滩 ………………… 144
第十章　　宝剑出鞘 ……………………………… 156
第十一章　坚守滩头 ……………………………… 174
第十二章　卡昂落败 ……………………………… 196
第十三章　维莱博卡日 …………………………… 215
第十四章　鏖战科唐坦 …………………………… 238
第十五章　埃普索姆行动 ………………………… 255
第十六章　树篱农庄战 …………………………… 274

第十七章　卡昂和髑髅地 ⋯⋯⋯⋯⋯⋯⋯⋯⋯⋯⋯⋯ 297
第十八章　决战圣洛 ⋯⋯⋯⋯⋯⋯⋯⋯⋯⋯⋯⋯⋯ 319
第十九章　古德伍德行动 ⋯⋯⋯⋯⋯⋯⋯⋯⋯⋯⋯ 343
第二十章　刺杀希特勒 ⋯⋯⋯⋯⋯⋯⋯⋯⋯⋯⋯⋯ 366
第二十一章　眼镜蛇行动——突破 ⋯⋯⋯⋯⋯⋯⋯ 385
第二十二章　眼镜蛇行动——突进 ⋯⋯⋯⋯⋯⋯⋯ 412
第二十三章　布列塔尼和蓝衣行动 ⋯⋯⋯⋯⋯⋯⋯ 427
第二十四章　莫尔坦反击战 ⋯⋯⋯⋯⋯⋯⋯⋯⋯⋯ 448
第二十五章　总计行动 ⋯⋯⋯⋯⋯⋯⋯⋯⋯⋯⋯⋯ 474
第二十六章　锤子和铁砧 ⋯⋯⋯⋯⋯⋯⋯⋯⋯⋯⋯ 495
第二十七章　法莱斯杀场 ⋯⋯⋯⋯⋯⋯⋯⋯⋯⋯⋯ 515
第二十八章　巴黎起义与向塞纳河追击 ⋯⋯⋯⋯⋯ 536
第二十九章　解放巴黎 ⋯⋯⋯⋯⋯⋯⋯⋯⋯⋯⋯⋯ 557
第三十章　战后余波 ⋯⋯⋯⋯⋯⋯⋯⋯⋯⋯⋯⋯⋯ 581

致　谢 ⋯⋯⋯⋯⋯⋯⋯⋯⋯⋯⋯⋯⋯⋯⋯⋯⋯⋯ 587
注　释 ⋯⋯⋯⋯⋯⋯⋯⋯⋯⋯⋯⋯⋯⋯⋯⋯⋯⋯ 590
部分参考文献 ⋯⋯⋯⋯⋯⋯⋯⋯⋯⋯⋯⋯⋯⋯⋯⋯ 655
索　引 ⋯⋯⋯⋯⋯⋯⋯⋯⋯⋯⋯⋯⋯⋯⋯⋯⋯⋯ 660

图片出处

1. 登陆日前，盟军指挥官（IWM TYR-1631）
2. 冯·伦德施泰特元帅视察党卫军第 12 "希特勒青年团"装甲师（BA 1011-297-1739-16A）
3. 隆美尔视察大西洋壁垒（AKG 图片社）
4. 6 月 5 日，艾森豪威尔和第 101 空降师官兵（AdM）
5. 第 6 空降师空降先导员在起飞前对表（IWM H39070）
6. 6 月 6 日，加拿大皇家海军登陆艇正驶向朱诺海滩（NAC/ANC PA-132790）
7. 美军医护兵在奥马哈海滩照顾受伤士兵（盖蒂图片社）
8. 医护兵和受伤的游骑兵在奥克角悬崖下方（NA）
9. 第 4 步兵师一部从犹他海滩向内陆挺进（罗伯特·亨特图书馆）
10. 罗德·凯勒少将和加拿大第 3 步兵师的参谋在滨海贝尼耶尔地区登陆后立即展开行动（NAC/ANC PA-115534）
11. 被加拿大军俘虏的德国战俘将受伤士兵抬回朱诺海滩（NAC/ANC PA-132469）
12. 第 2 集团军的"谢尔曼"坦克驶过杜夫尔-拉代利夫朗德（IWM B5267）
13. 6 月 9 日，犹他海滩（AdM）
14. 党卫军第 101 重装甲营二级突击队中队长米夏埃尔·魏特曼及其战友（BA-101I-299-1802-02A）

15. 东约克郡团的一名中士正在清理膛线,另一名士兵则在睡觉(盖蒂图片社)
16. 6月27日瑟堡市郊,美国士兵和死去的德国士兵(AdM)
17. 6月26日"埃普索姆行动",皇家苏格兰燧发枪团第6营(IWM B5950)
18. 德国装甲掷弹兵团的工兵携带地雷探测器站在豹式坦克上(BA)
19. 两名年轻的党卫军装甲掷弹兵,分别持步枪和肩扛式"铁拳"反坦克榴弹发射器(档案照片,纽约)
20. "犀牛"坦克在灌木篱墙上打开一个缺口,美军步兵从中穿过(AdM)
21. 美军105毫米榴弹炮炮组在树篱农庄地带作战(NA 111-SC-191933)
22. 战地记者厄尼·派尔在诺曼底跟随第90步兵师行动(Millard McKee)
23. 卡昂城废墟内,党卫军第12"希特勒青年团"装甲师的两名装甲掷弹兵
24. 7月18日,"克伦威尔"坦克群正等待"古德伍德行动"启动(IWM B7649)
25. "古德伍德行动",7月19日,威尔士禁卫团第1营在卡尼附近作战(IWM B7759)
26. 7月14日瑟堡,人们把被指控有"通敌"行为的法国妇女拖出来游街示众(AdM)
27. "眼镜蛇行动",7月25日,轰炸后的景象(美国陆军)
28. 龙塞包围战后,第2装甲师宪兵正对党卫军战俘搜身(玛格南图片社,罗伯特·卡帕)

29. 7月28日攻克马里尼后，精疲力竭的美国大兵在大街上倒地就睡（AdM）

30. 7月28日，拉艾-迪皮的老年难民（AdM）

31. "蓝衣行动"，7月30日，挺进（IWM B8195）

32. 德国战俘被送至瑟堡，然后再押往英国（AdM）

33. 第21集团军群指挥部，巴顿、布莱德雷、蒙哥马利（IWM B0006551）

34. 8月10日，圣普瓦难民（AdM）

35. 8月13日，被摧毁后的莫尔坦城（NA）

36. 8月16日，加拿大士兵正向法莱斯前进（IWM NYT4974）

37. 盟军在"法莱斯口袋"的废墟中清理出一条道路（IWM KY482458）

38. 巴顿的先头部队驾驶着坦克歼击车跨过塞纳河（IWM KY482458）

39. 三名抵抗组织战士在巴黎拉丁区，让·西伯格和阿尔贝·西伯格拍摄于1944年8月22日（ⓒ Photo Séeberger Frères. Courtesy Frédéric Séeberger）

40. 巴黎女子亲吻勒克莱尔将军麾下的海军陆战队员，罗贝尔·杜瓦诺拍摄于1944年8月25日（photograph by Robert Doisneau/Rapho/Eyedea/Camera Press London）

41. 8月25日，冯·肖尔蒂茨将军签署巴黎投降书（ⓒ Bettmann/Corbis）

42. 8月25日，戴高乐将军和勒克莱尔在蒙帕尔纳斯火车站（IWM BU158）

地　图

地图 1　登陆行动，6 月 6 日
地图 2　英军空降行动，6 月 6 日
地图 3　美军空降行动及犹他海滩，6 月 6 日
地图 4　奥马哈海滩，6 月 6 日
地图 5　黄金海滩，6 月 6 日
地图 6　朱诺海滩和宝剑海滩，6 月 6 日
地图 7　维莱博卡日，6 月 11—14 日
地图 8　科唐坦半岛及攻克瑟堡，6 月 10—28 日
地图 9　埃普索姆行动，6 月 26—7 月 1 日
地图 10　诺曼底战线，6 月底
地图 11　美第 1 集团军战线，7 月 3 日
地图 12　攻击圣洛，7 月 11—12 日
地图 13　古德伍德行动，7 月 18—20 日
地图 14　眼镜蛇行动，7 月 25—8 月 1 日
地图 15　蓝衣行动，7 月 30—8 月 7 日
地图 16　莫尔坦反击战，8 月 6—12 日
地图 17　总计行动，8 月 7—10 日
地图 18　法莱斯口袋
地图 19　盟军向布列塔尼和塞纳河突破

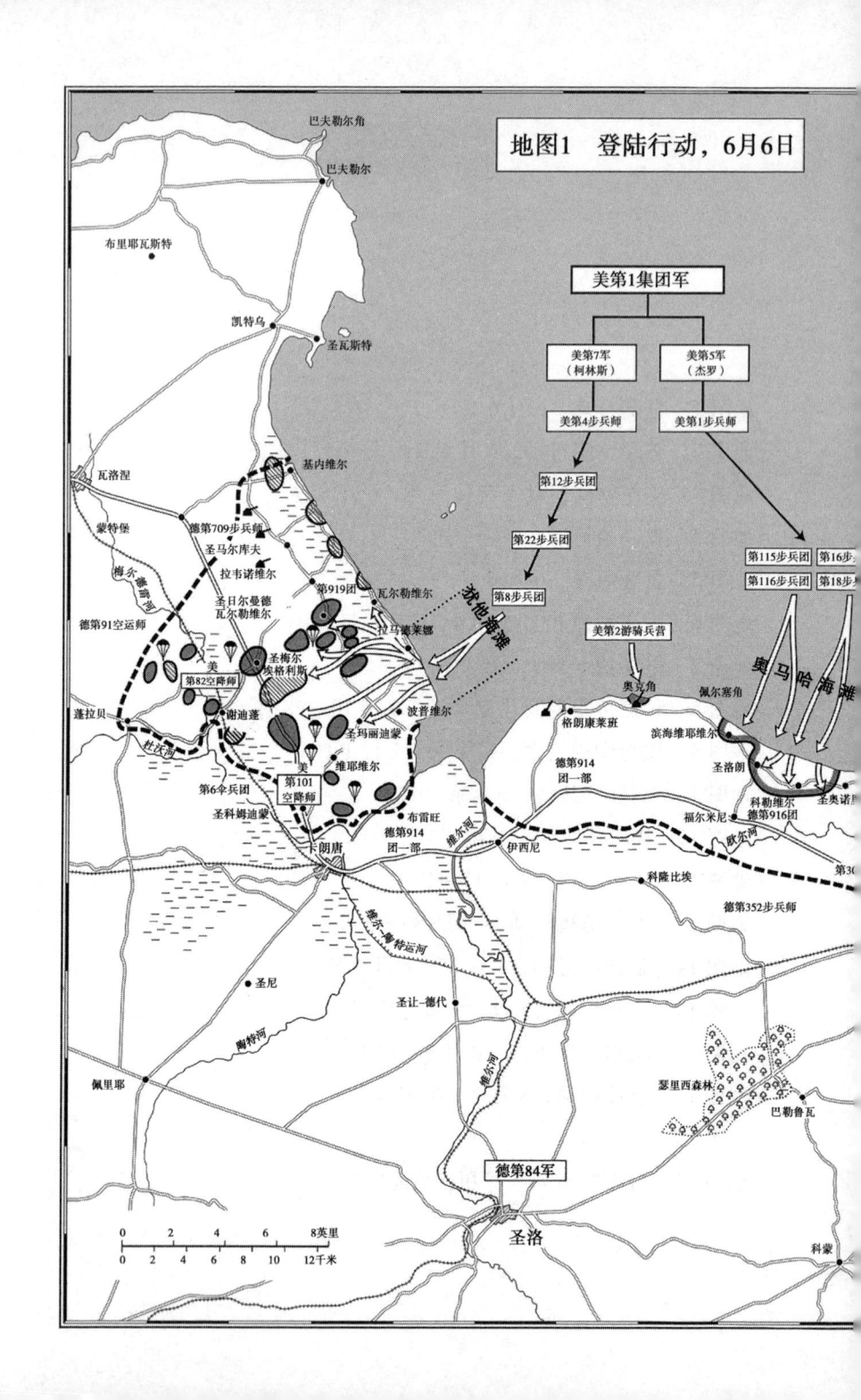

地图1 登陆行动，6月6日

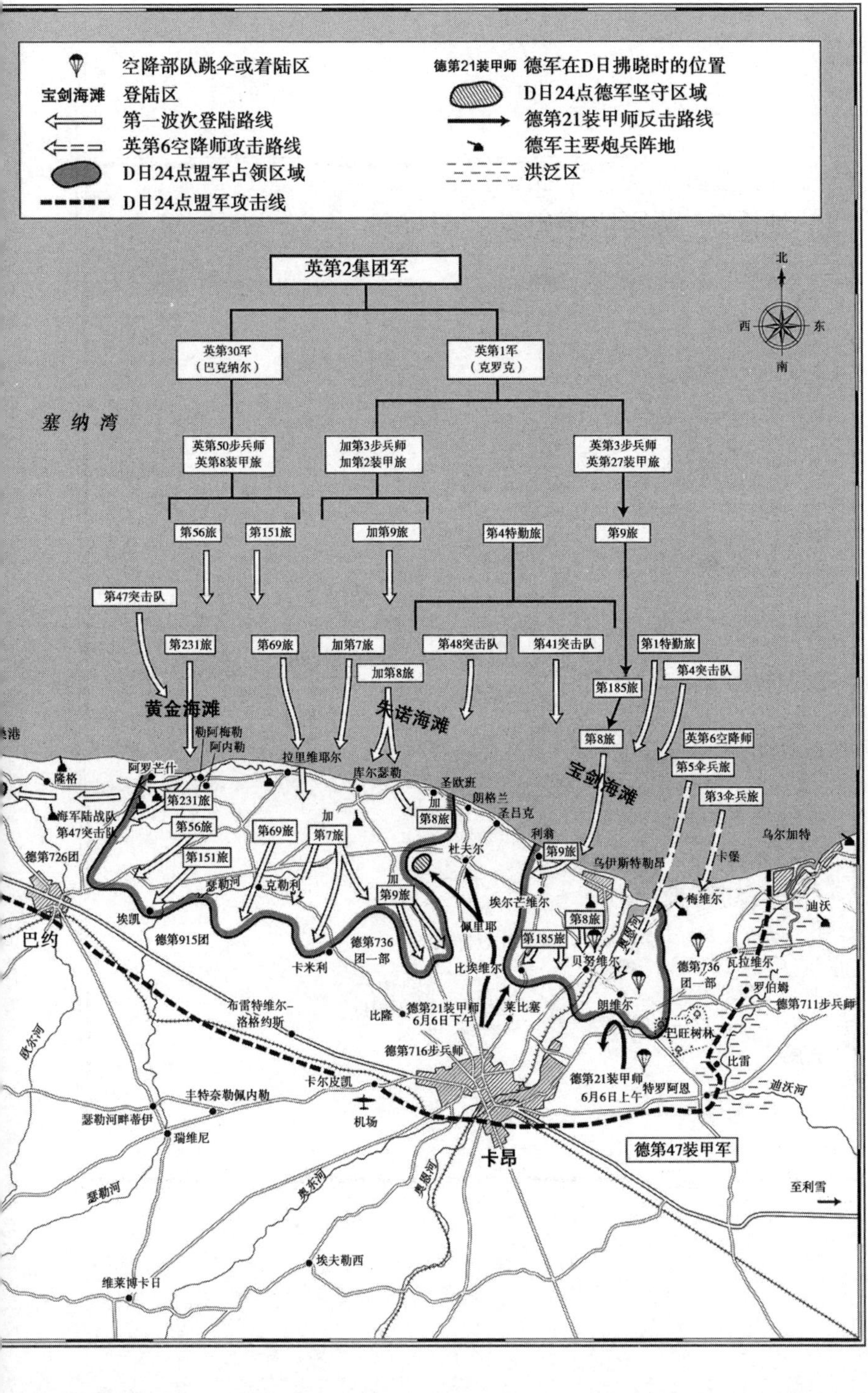

空降部队跳伞或着陆区
宝剑海滩 登陆区
第一波次登陆路线
英第6空降师攻击路线
D日24点盟军占领区域
D日24点盟军攻击线
德第21装甲师 德军在D日拂晓时的位置
D日24点德军坚守区域
德第21装甲师反击路线
德军主要炮兵阵地
洪泛区
英第2集团军
英第30军（巴克纳尔）
英第1军（克罗克）
英第50步兵师 英第8装甲旅
加第3步兵师 加第2装甲旅
英第3步兵师 英第27装甲旅
第56旅
第151旅
加第9旅
第4特勤旅
第9旅
第47突击队
第231旅
第69旅
加第7旅
加第8旅
第48突击队
第41突击队
第1特勤旅
第4突击队
第185旅
第8旅
英第6空降师
第5伞兵旅
第3伞兵旅
北
西
东
南
塞纳湾
黄金海滩
朱诺海滩
宝剑海滩
勒阿梅勒
阿内勒
阿罗芒什
隆格
海军陆战队第47突击队
德第726团
拉里维耶尔
库尔瑟勒
圣欧班
朗格兰
圣吕克
利翁
杜夫尔
乌伊斯特勒昂
乌尔加特
卡堡
梅维尔
迪沃
瑟勒河
克勒利
埃凯
德第915团
卡米利
德第736团一部
佩里耶
埃尔芒维尔
贝努维尔
比埃维尔
朗维尔
德第736团一部
瓦拉维尔
罗伯姆
德第711步兵师
巴旺树林
莱比塞
德第21装甲师 6月6日下午
比隆
布雷特维尔-洛格约斯
德第716步兵师
德第21装甲师 6月6日上午
特罗阿恩
比雷
迪沃河
巴约
欧尔河
卡尔皮凯
机场
丰特奈勒佩内勒
瑟勒河畔蒂伊
瑞维尼
卡昂
德第47装甲军
奥东河
奥恩河
瑟勒河
至利雪
埃夫勒西
维莱博卡日

地图2 英军空降行动，6月6日

地图3 美军空降行动及犹他海滩，6月6日

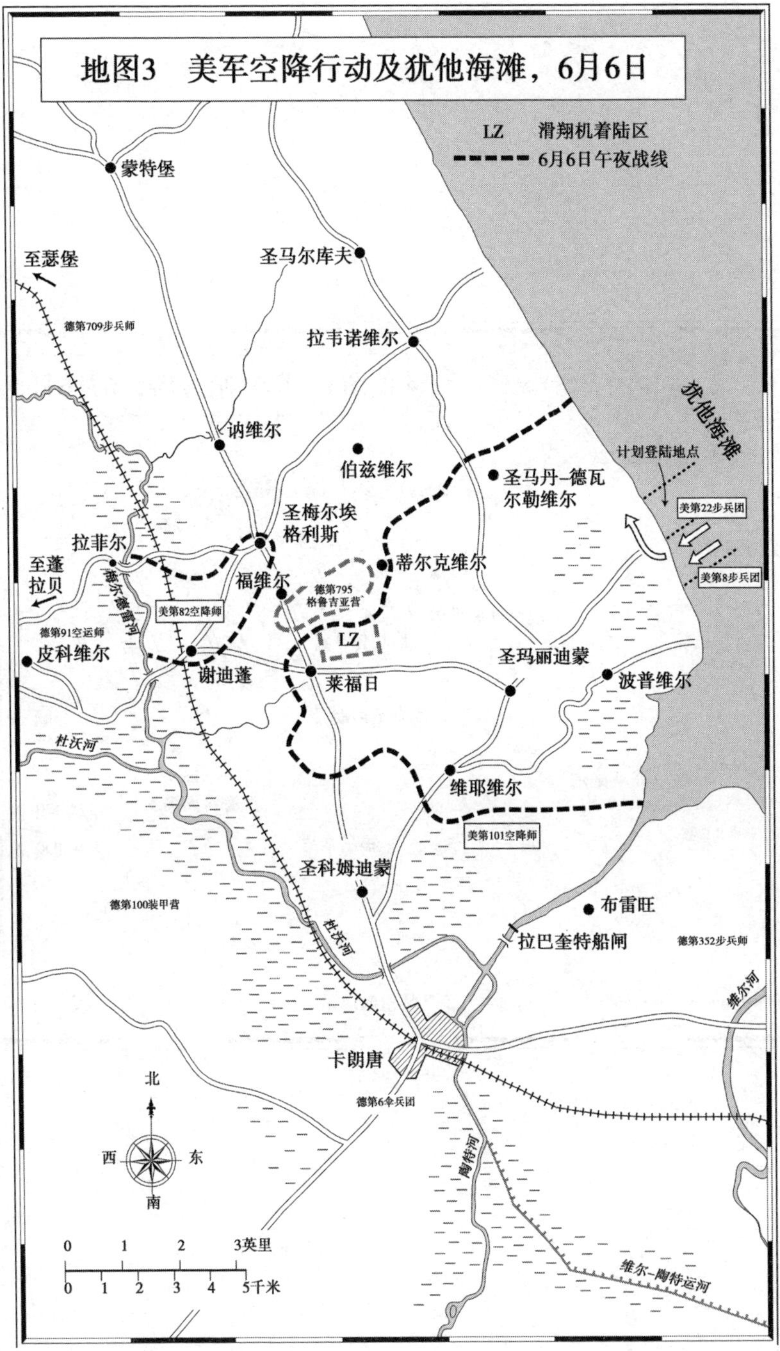

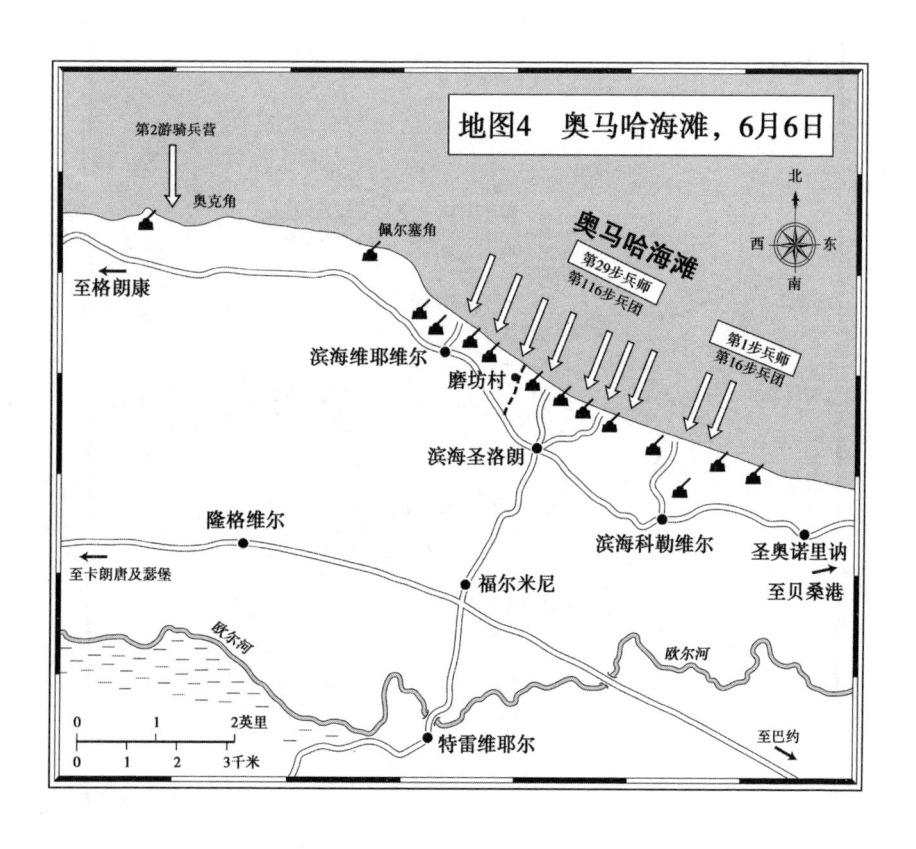

地图4 奥马哈海滩，6月6日

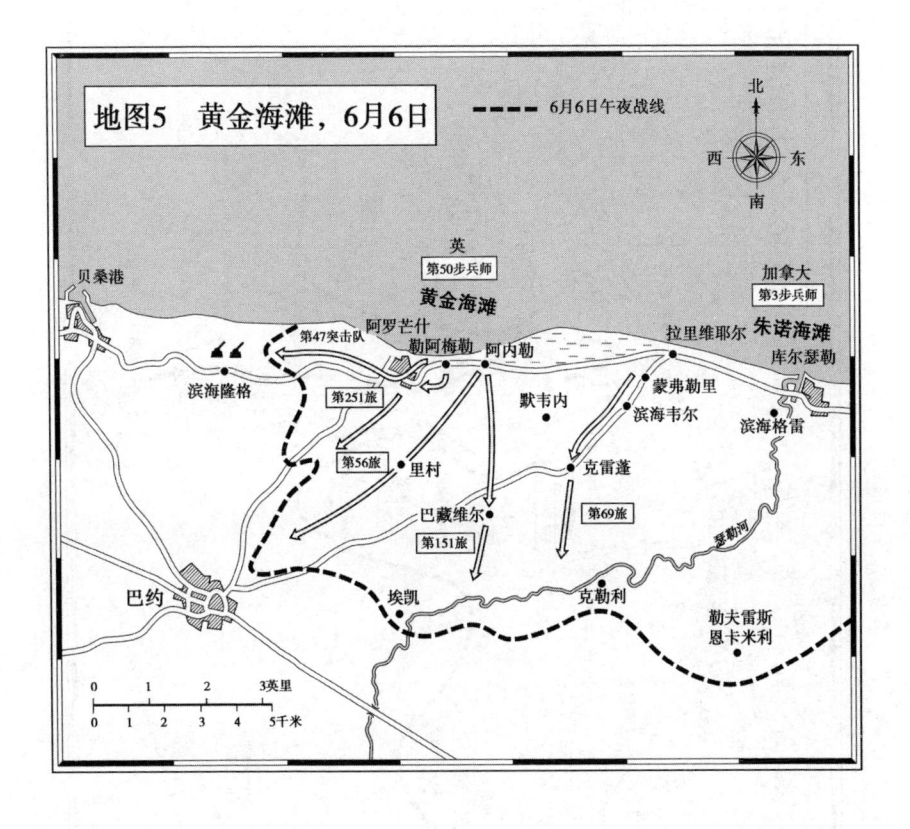

地图5 黄金海滩，6月6日

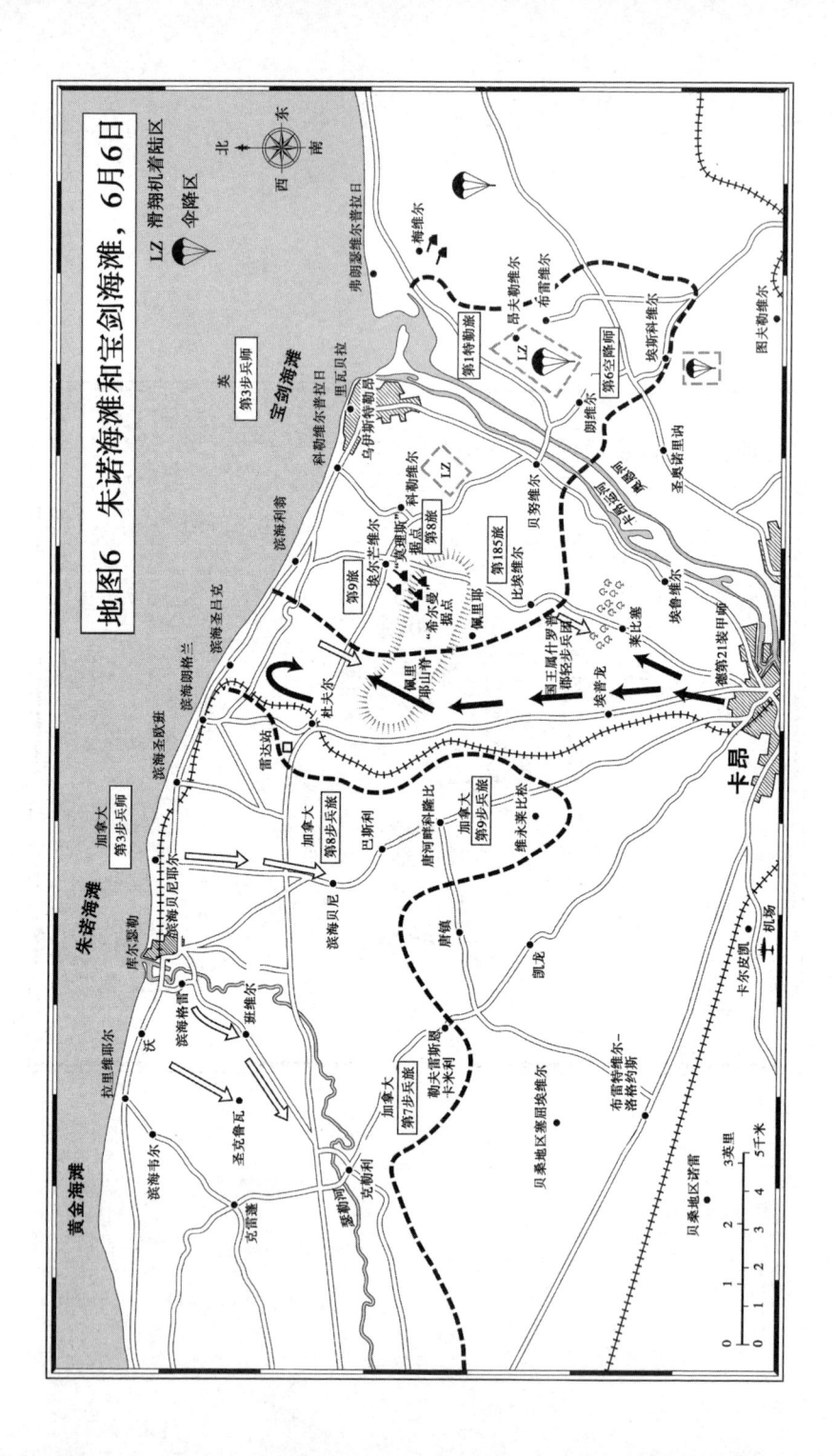

地图6 朱诺海滩和宝剑海滩，6月6日

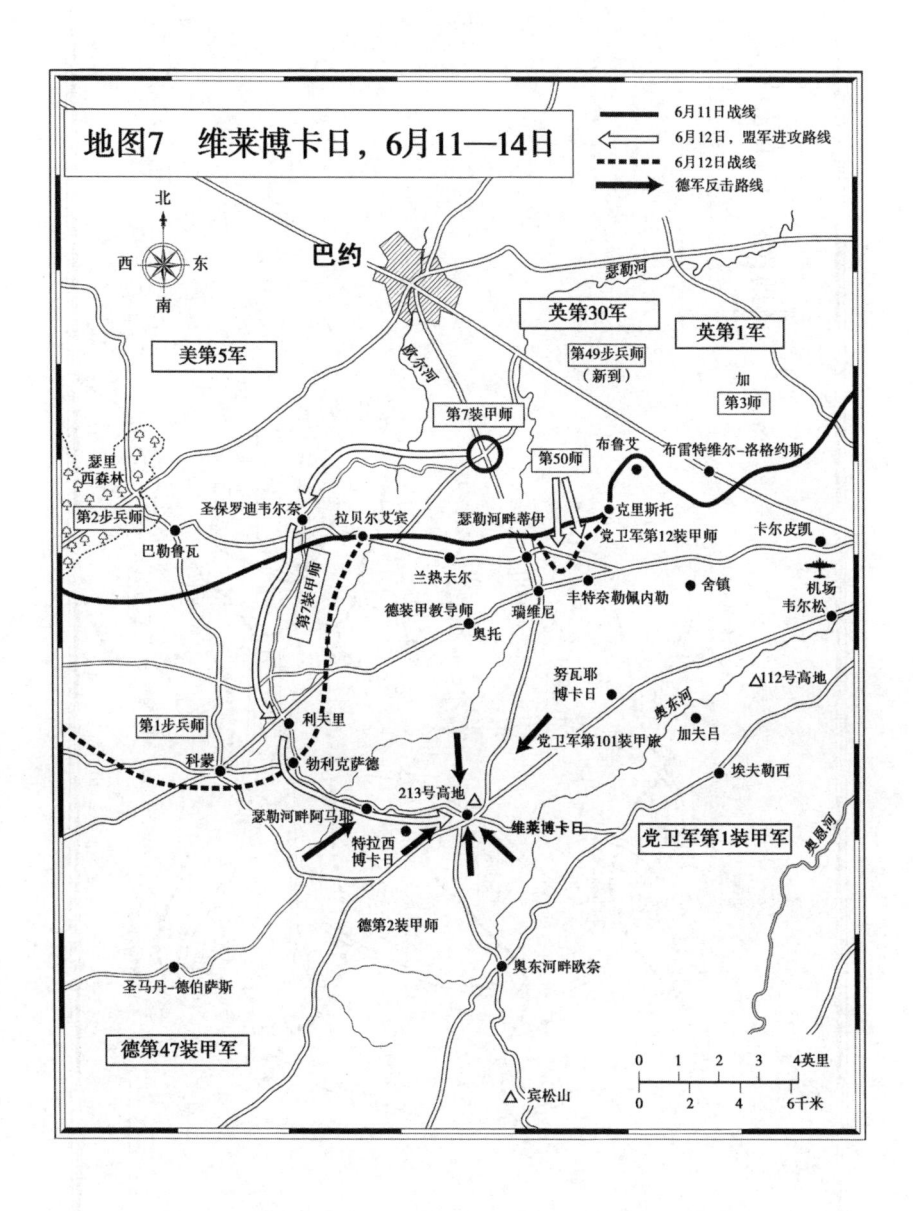

地图7 维莱博卡日，6月11—14日

图例：
- 6月11日战线
- 6月12日，盟军进攻路线
- 6月12日战线
- 德军反击路线

方位：北、东、西、南

地名及部队标注：
- 巴约
- 瑟勒河
- 美第5军
- 英第30军
- 英第1军
- 第49步兵师（新到）
- 加第3师
- 奥东河
- 第7装甲师
- 第50师
- 布鲁艾
- 布雷特维尔-洛格约斯
- 瑟里西森林
- 第2步兵师
- 巴勒鲁瓦
- 圣保罗迪韦尔奈
- 拉贝尔艾宾
- 瑟勒河畔蒂伊
- 克里斯托
- 党卫军第12装甲师
- 卡尔皮凯
- 第7装甲师
- 兰热夫尔
- 丰特奈勒佩内勒
- 舍镇
- 机场
- 韦尔松
- 德装甲教导师
- 瑞维尼
- 奥托
- 第1步兵师
- 利夫里
- 努瓦耶博卡日
- △112号高地
- 科蒙
- 勒利克萨德
- 奥东河
- 加夫吕
- 埃夫勒西
- 党卫军第101装甲旅
- 瑟勒河畔阿马耶
- 213号高地△
- 维莱博卡日
- 特拉西博卡日
- 党卫军第1装甲军
- 德第2装甲师
- 奥恩河
- 圣马丹-德伯萨斯
- 奥东河畔欧奈
- 德第47装甲军
- △宾松山

比例尺：0 1 2 3 4 英里 / 0 2 4 6 千米

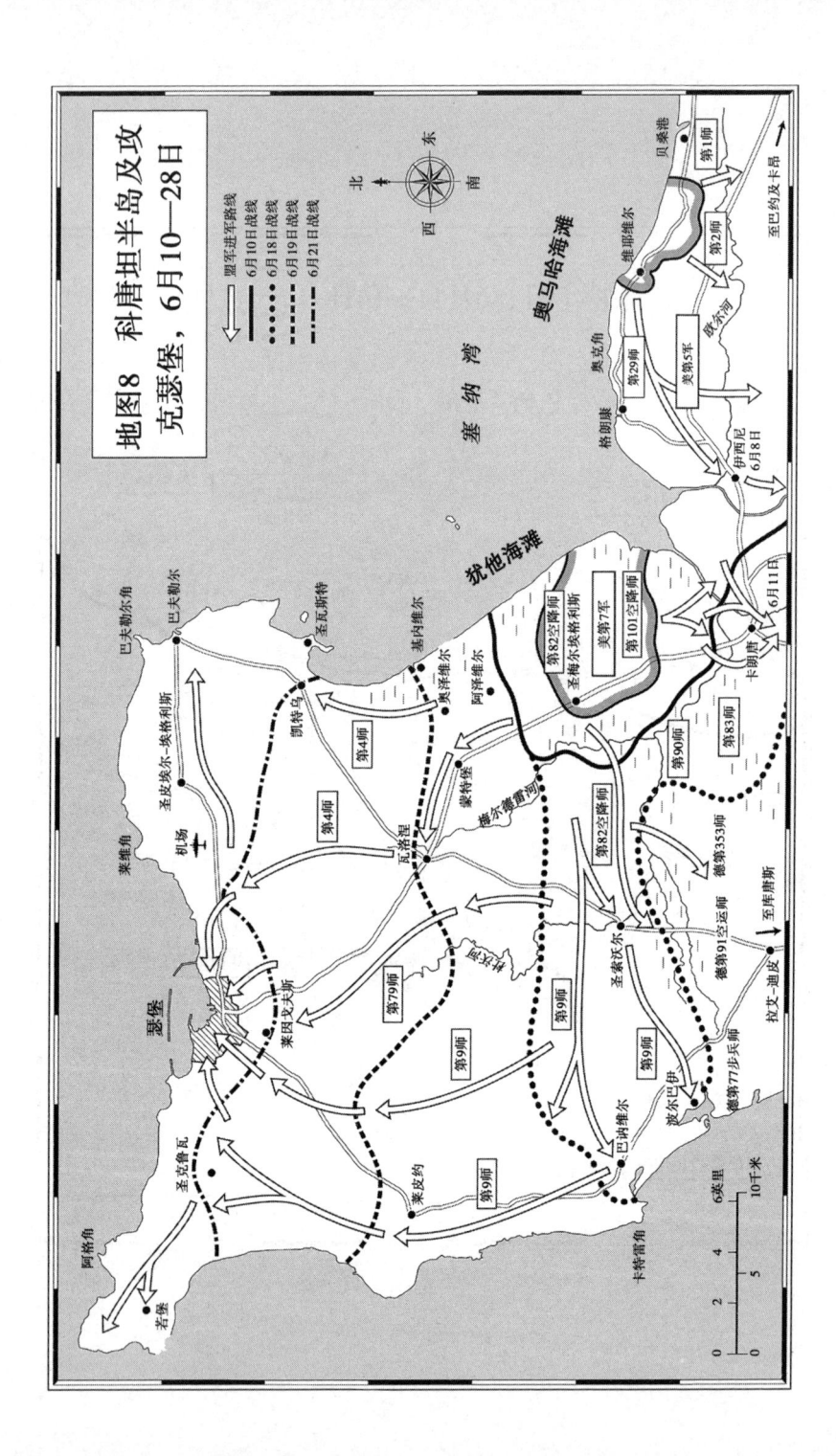

地图8 科唐坦半岛攻克瑟堡，6月10—28日

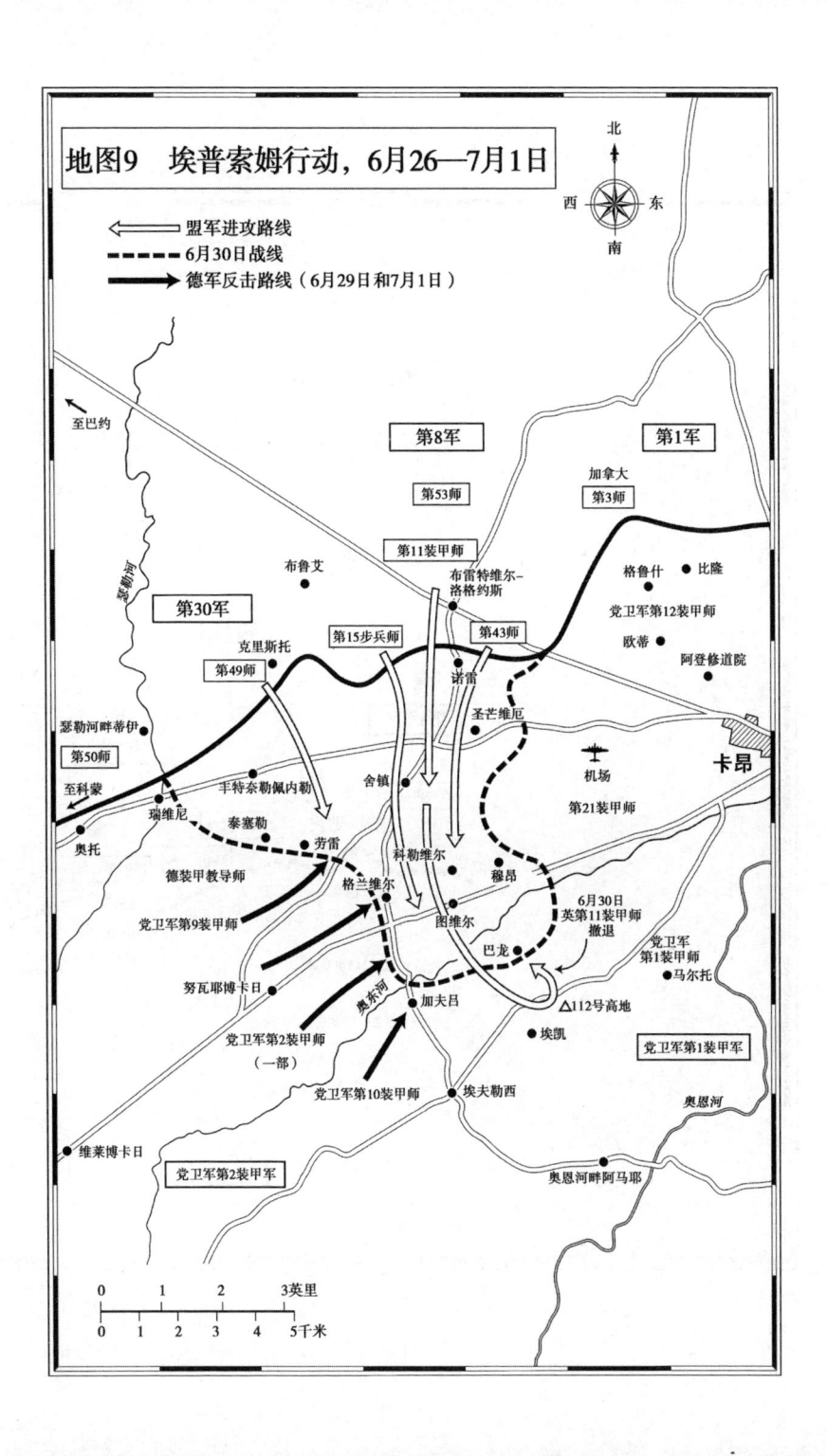

地图9　埃普索姆行动，6月26—7月1日

科唐坦半岛

瑟堡

第101空降师

第9步兵师

第8步兵师

美
第8军

美
第7军

第79步兵师　第82空降师
拉艾-迪皮　　第90步兵师　　卡朗唐　　第3装甲师
　　　　　　　　　　　第4步兵师　第83步兵师
德第77步兵师　德第265步兵师
　　　　　　　德第353步兵师　　　　　　　　第30步兵师
　　　　　　　　　　党卫军第17
　　　　　　　　　　装甲掷弹兵师
　　　德第243步兵师　　　　　　　　第275步兵师
集群　　　　　党卫军
　　　德第91空运师　第2装甲师
　　　　　　　　　　　　　　　　　第352步兵师
　　　　　　　　　　　　　　　　　　　　　　圣

● 库唐斯

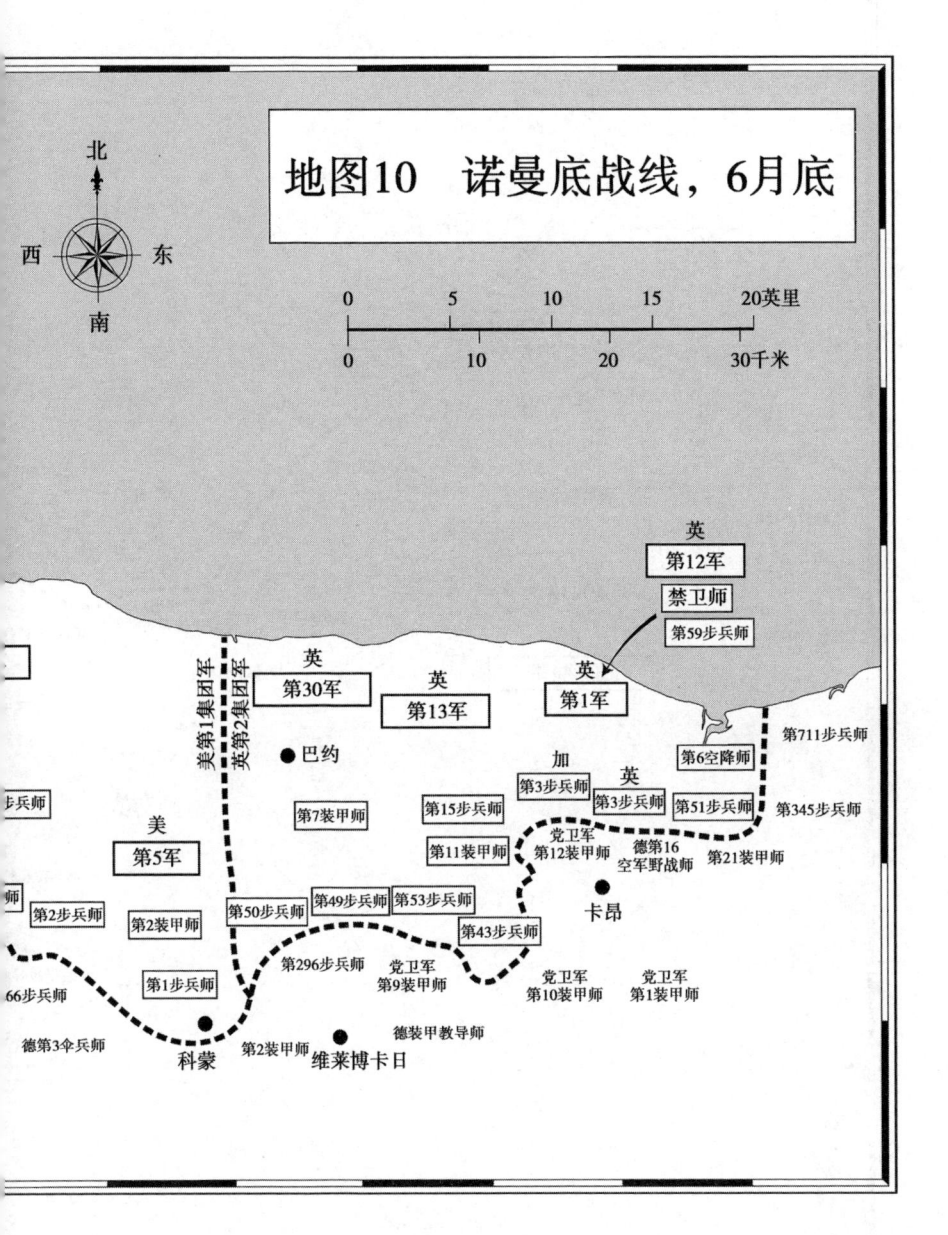

地图10 诺曼底战线，6月底

北 / 西 / 东 / 南

0　　5　　10　　15　　20英里
0　　　10　　　20　　　30千米

英 第12军
禁卫师
第59步兵师

英 第30军
英 第13军
英 第1军

美第1集团军
英第2集团军

●巴约

加 第3步兵师
英 第3步兵师
第51步兵师
第6空降师
第711步兵师
第345步兵师

美 第5军
第7装甲师
第15步兵师
第11装甲师
党卫军 第12装甲师
德第16空军野战师
●卡昂
第21装甲师

第2步兵师
第2装甲师
第50步兵师
第49步兵师
第53步兵师
第43步兵师

第1步兵师
第296步兵师
党卫军 第9装甲师
党卫军 第10装甲师
党卫军 第1装甲师

66步兵师
德第3伞兵师
科蒙
第2装甲师
维莱博卡日
德装甲教导师

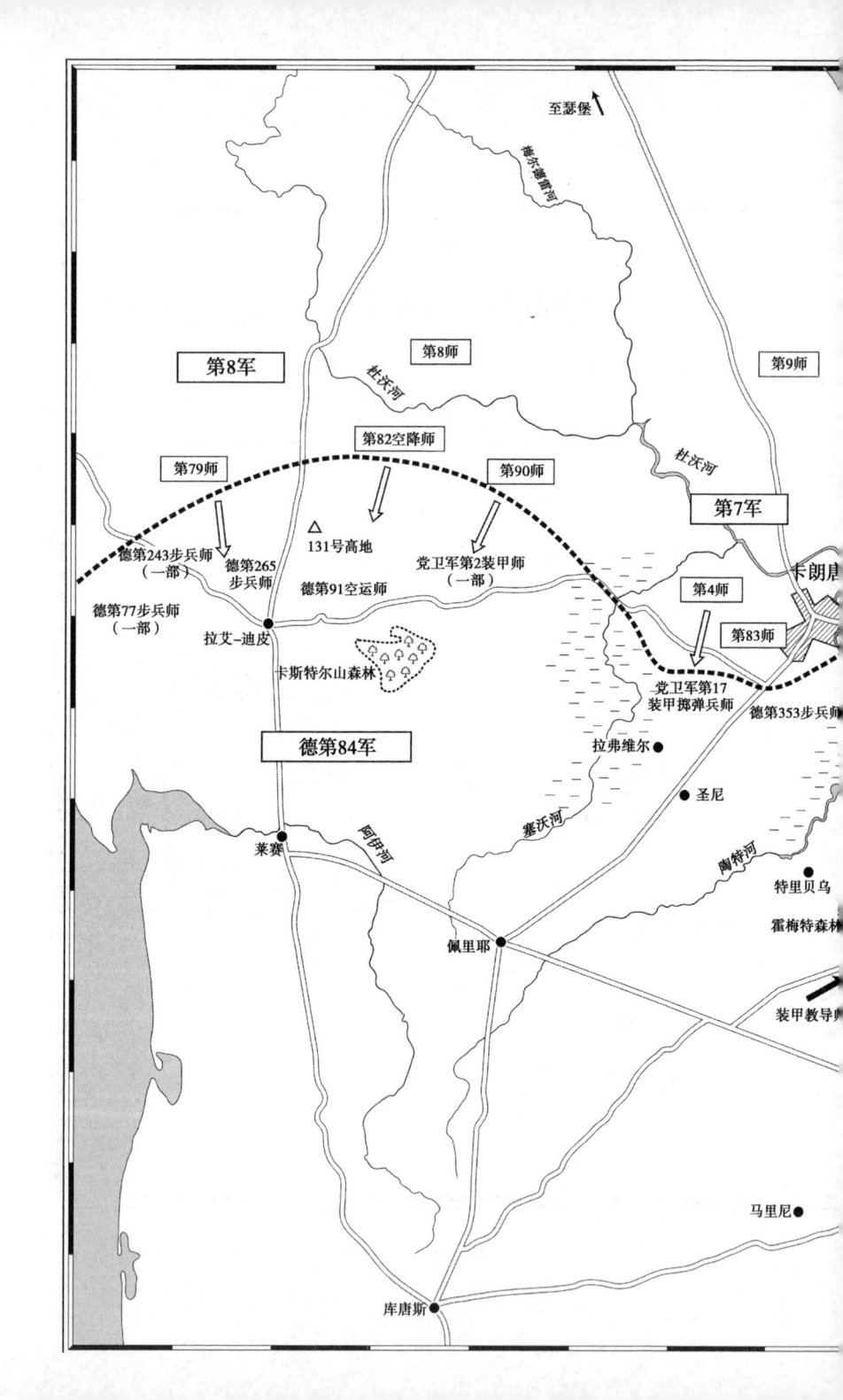

地图

- 至瑟堡
- 梅尔德雷河
- 第8军
- 第8师
- 第9师
- 杜沃河
- 第79师
- 第82空降师
- 第90师
- 第7军
- 131号高地
- 德第243步兵师（一部）
- 德第265步兵师
- 党卫军第2装甲师（一部）
- 卡朗唐
- 第4师
- 德第91空运师
- 德第77步兵师（一部）
- 拉艾-迪皮
- 第83师
- 卡斯特尔山森林
- 党卫军第17装甲掷弹兵师
- 德第353步兵师
- 德第84军
- 拉弗维尔
- 圣尼
- 莱赛
- 阿伊河
- 塞沃河
- 陶特河
- 特里贝乌
- 霍梅特森林
- 佩里耶
- 装甲教导师
- 马里尼
- 库唐斯

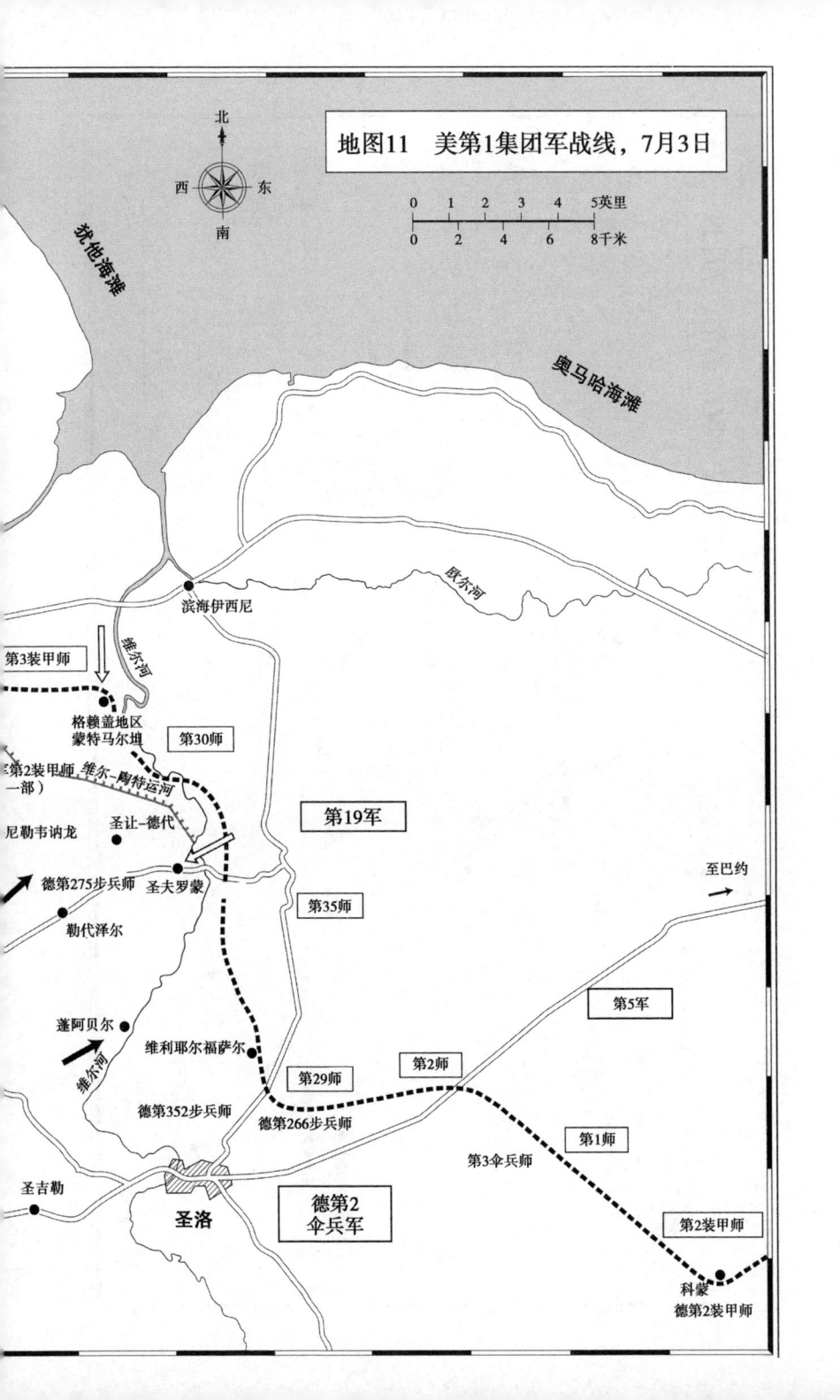

地图11 美第1集团军战线，7月3日

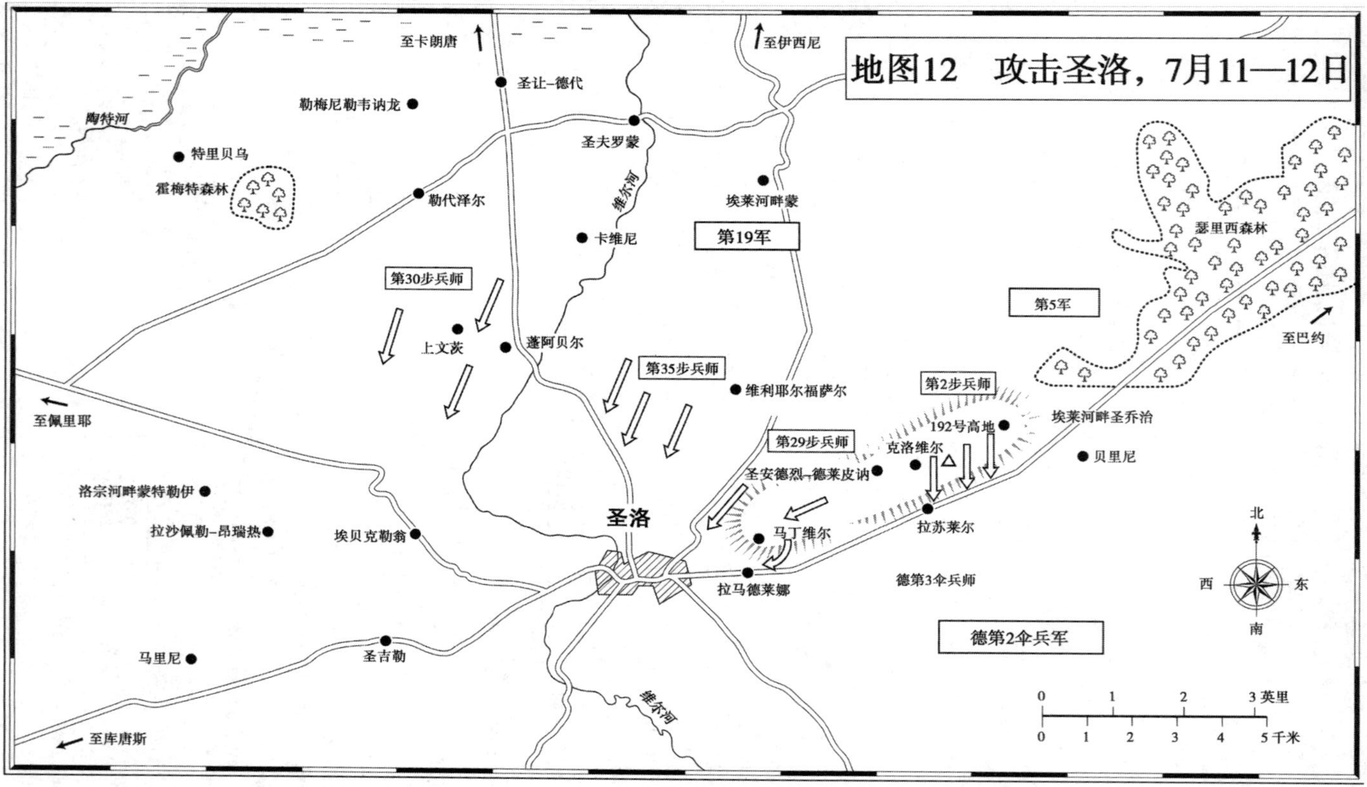
地图12　攻击圣洛，7月11—12日
至卡朗唐
至伊西尼
圣让-德代
勒梅尼勒韦讷龙
陶特河
圣夫罗蒙
特里贝乌
霍梅特森林
勒代泽尔
维尔河
埃莱河畔蒙
卡维尼
第19军
瑟里西森林
第30步兵师
第5军
至巴约
上文茨
蓬阿贝尔
第35步兵师
维利耶尔福萨尔
第2步兵师
至佩里耶
埃莱河畔圣乔治
192号高地
第29步兵师
克洛维尔
贝里尼
圣安德烈-德莱皮讷
洛宗河畔蒙特勒伊
圣洛
马丁维尔
拉苏莱尔
拉沙佩勒-昂瑞热
埃贝克勒翁
北
拉马德莱娜
德第3伞兵师
西
东
南
德第2伞兵军
马里尼
圣吉勒
0 1 2 3 英里
0 1 2 3 4 5 千米
至库唐斯

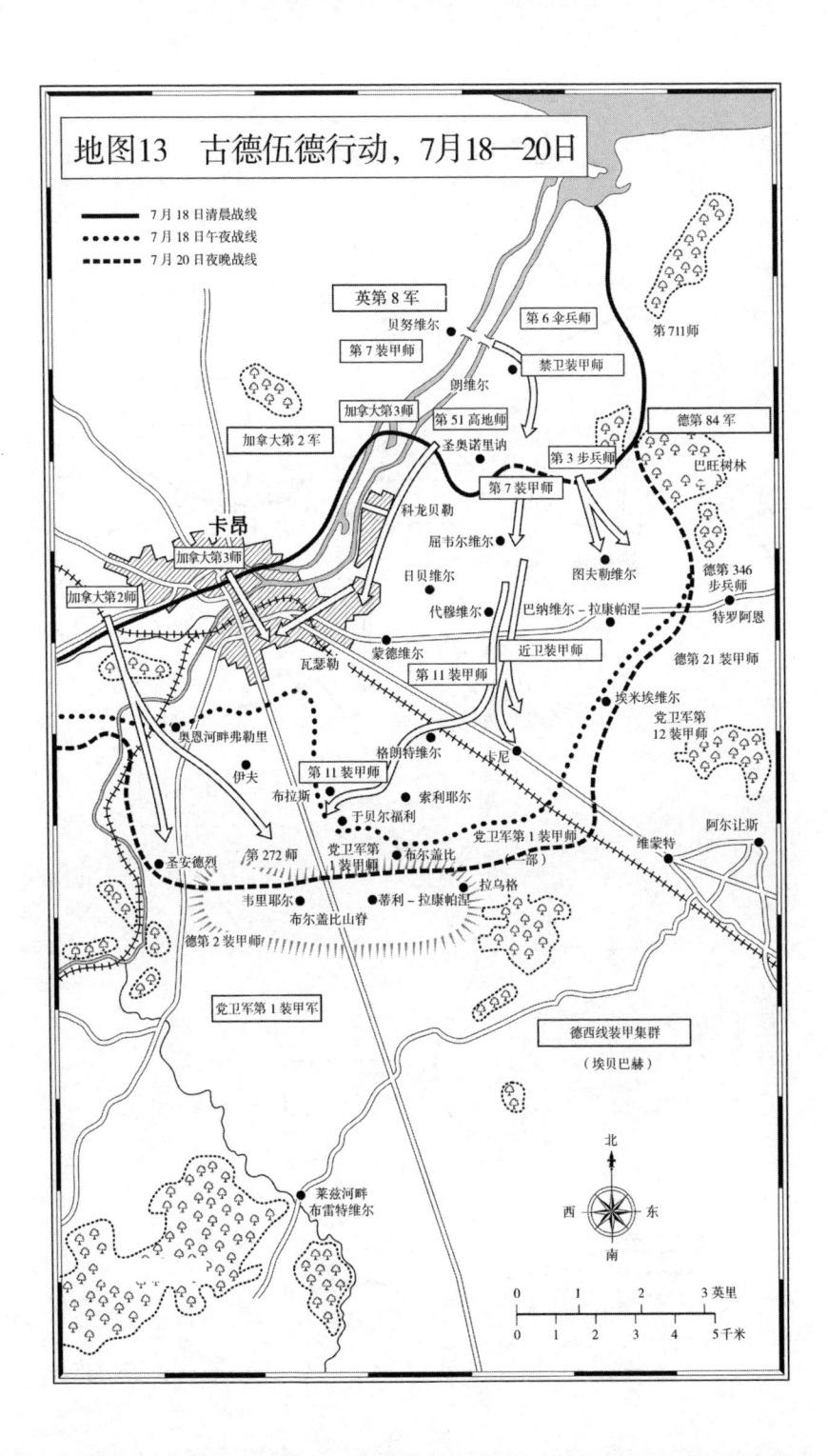

地图13 古德伍德行动，7月18—20日

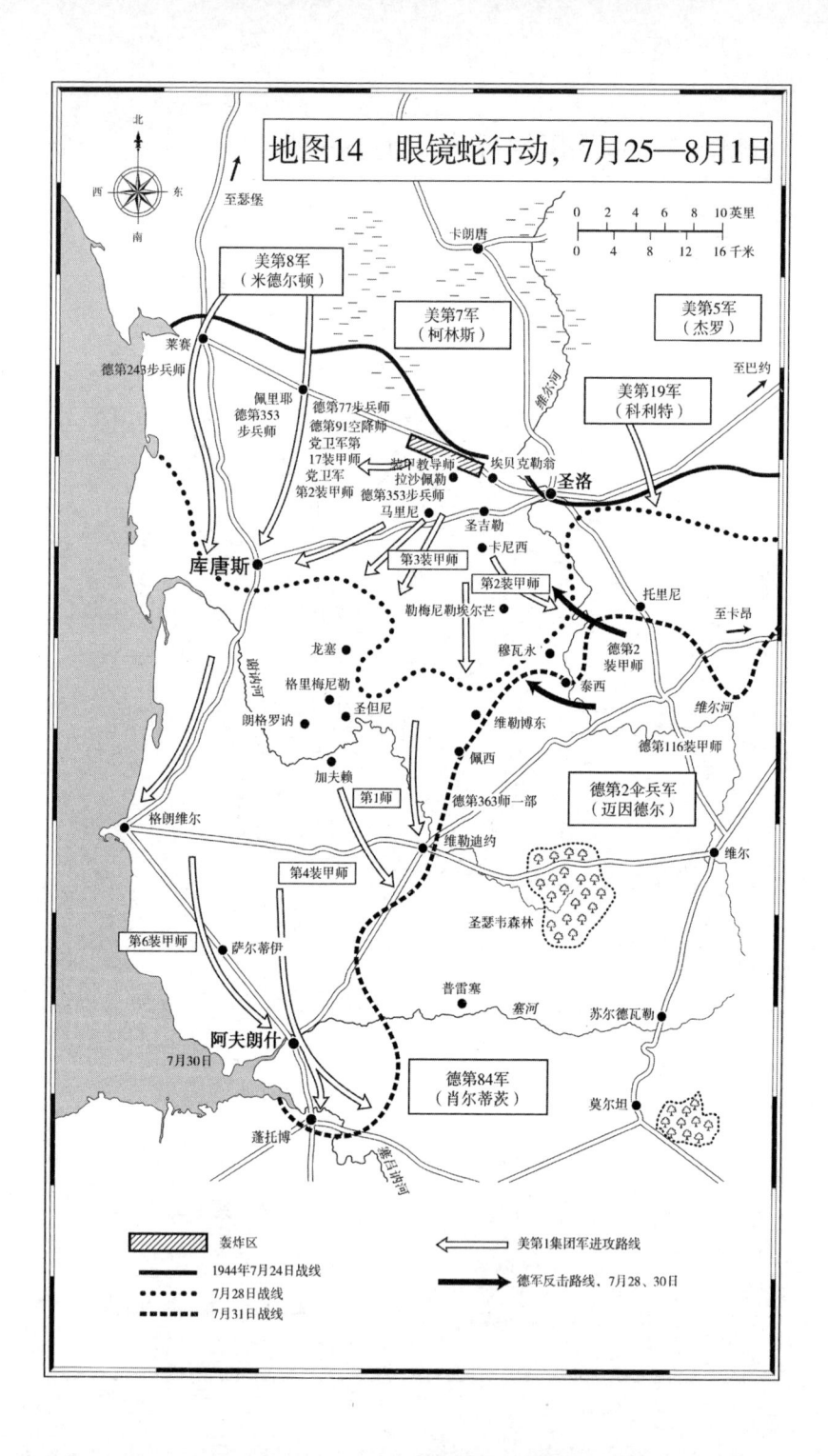

地图14 眼镜蛇行动，7月25—8月1日

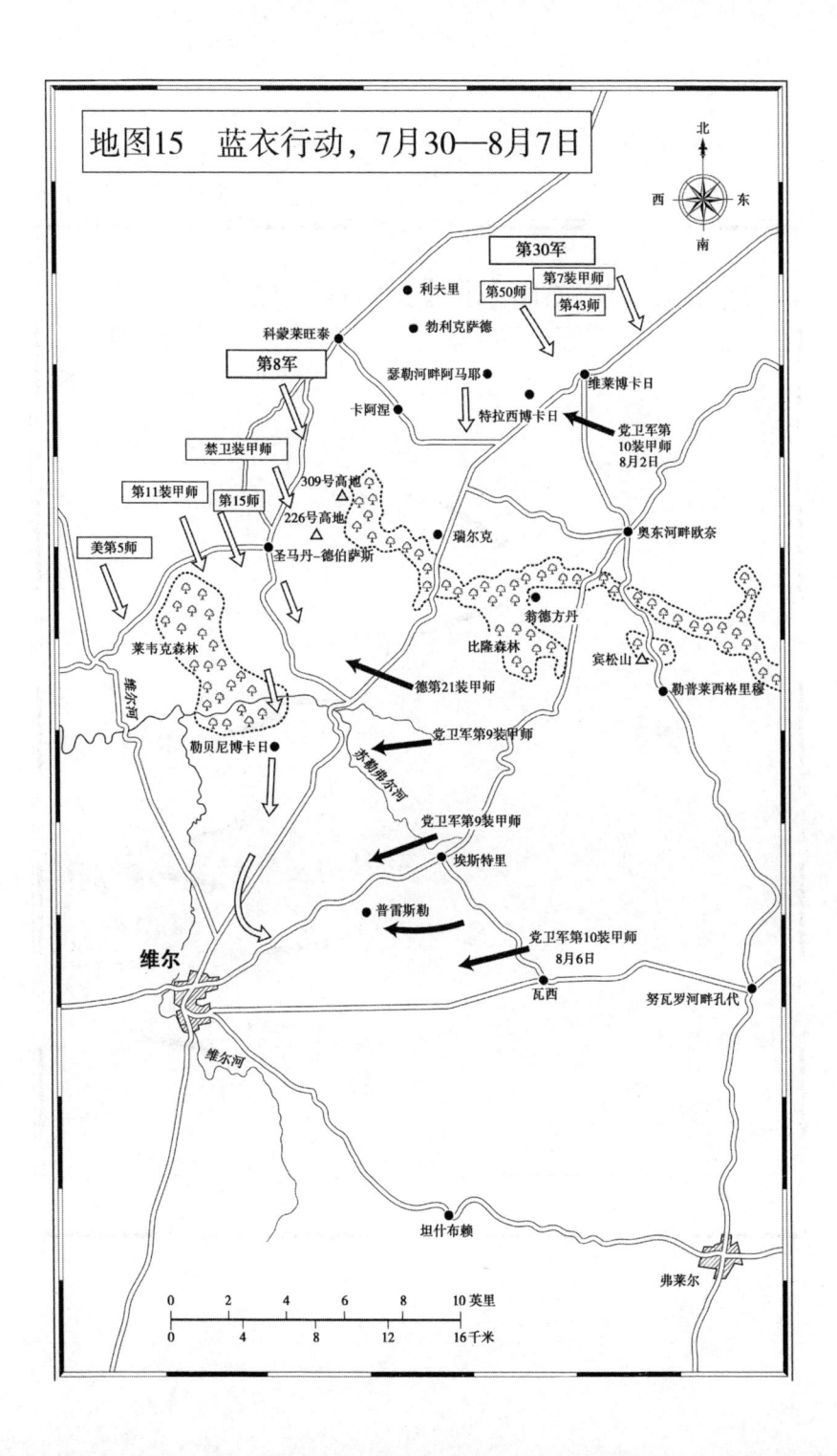

地图15　蓝衣行动，7月30—8月7日

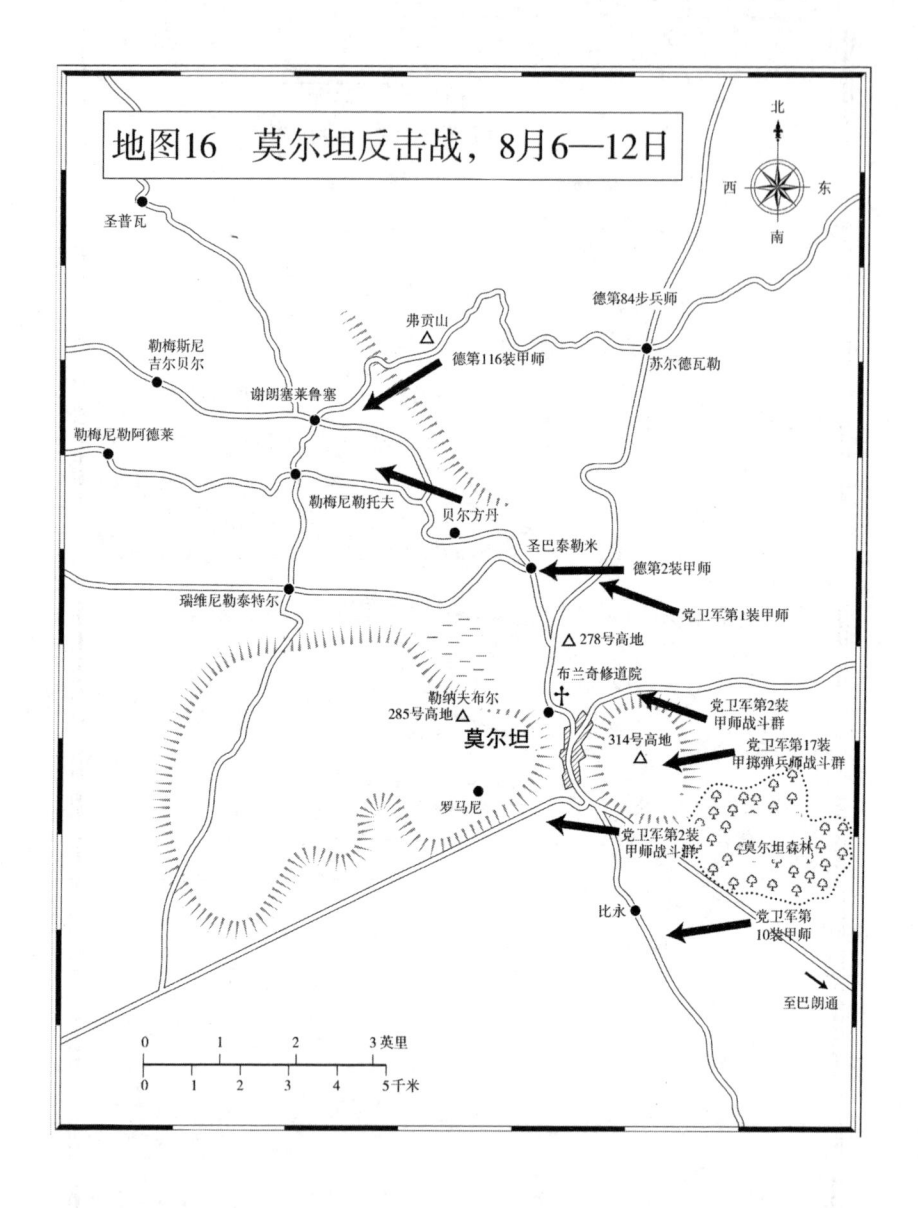

地图16　莫尔坦反击战，8月6—12日

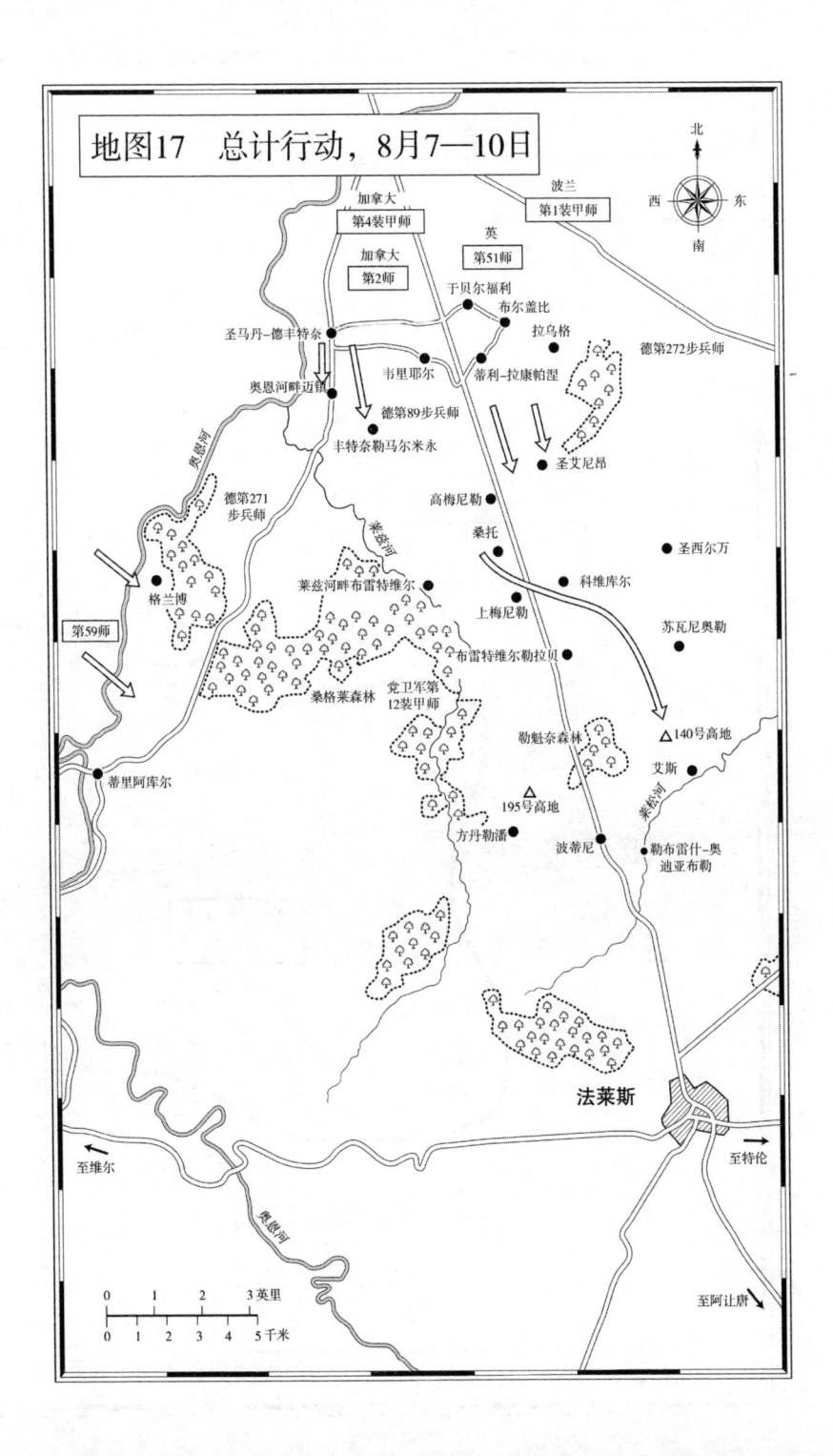

地图17　总计行动，8月7—10日

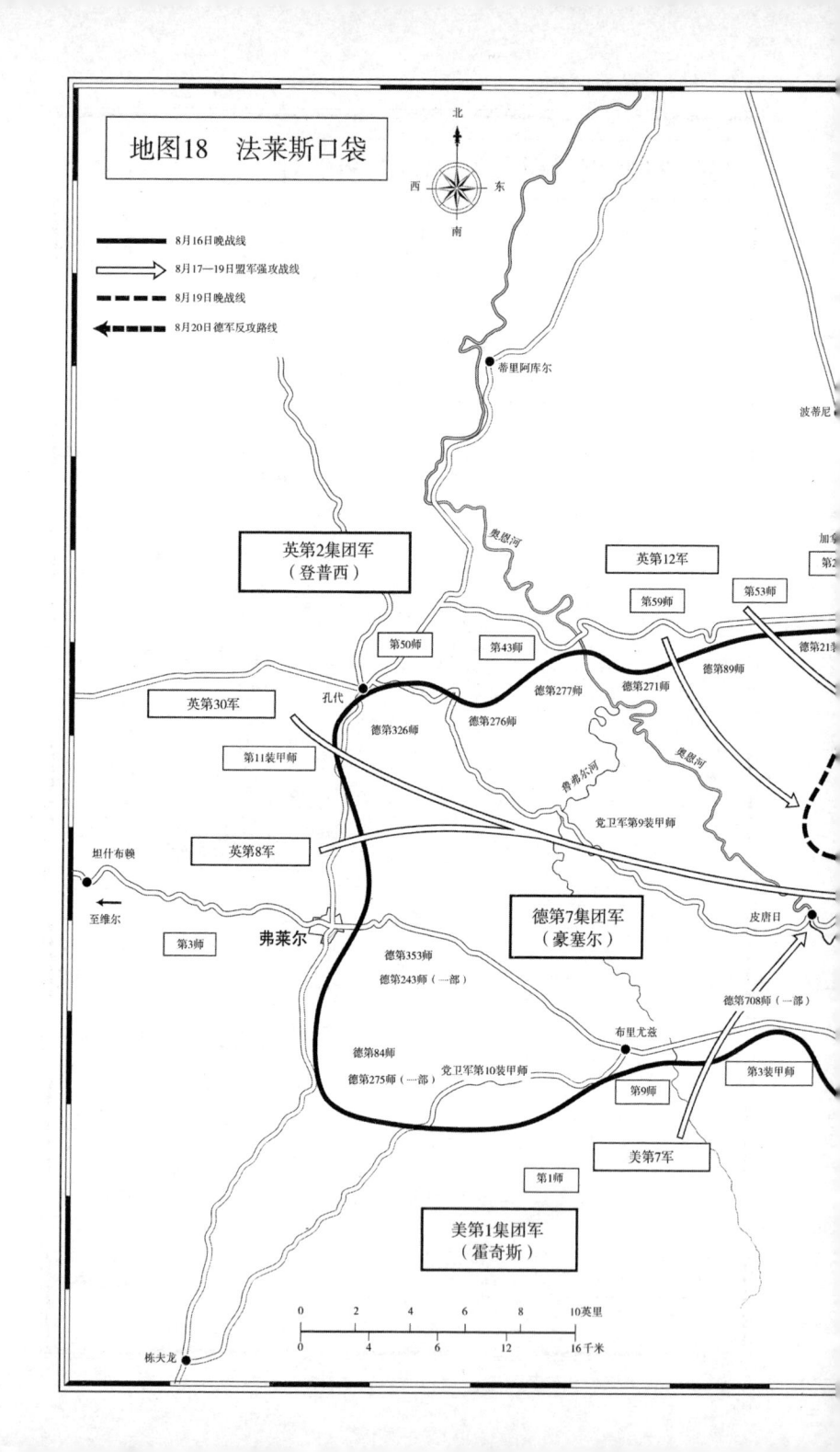

地图18 法莱斯口袋

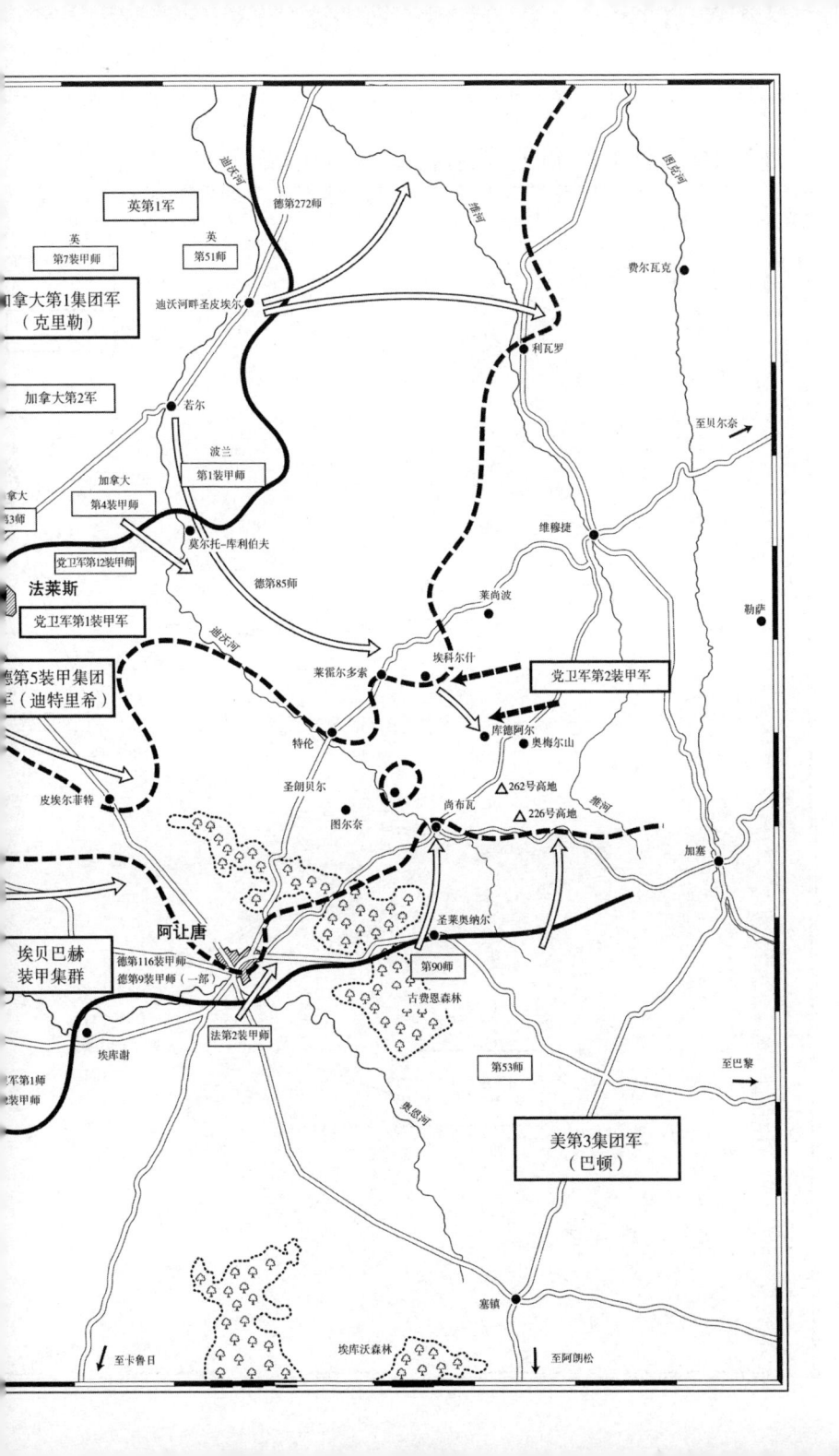

地图

英第1军
英第7装甲师
英第51师
德第272师
加拿大第1集团军（克里勒）
迪沃河畔圣皮埃尔
费尔瓦克
利瓦罗
加拿大第2军
若尔
至贝尔奈
加拿大第3师
加拿大第4装甲师
波兰第1装甲师
党卫军第12装甲师
莫尔托-库利伯夫
维穆捷
法莱斯
党卫军第1装甲军
德第85师
莱尚波
勒萨
莱霍尔多索
埃科尔什
党卫军第2装甲军
德第5装甲集团军（迪特里希）
特伦
库德阿尔
奥梅尔山
皮埃尔菲特
圣朗贝尔
图尔泰
尚布瓦
262号高地
226号高地
加塞
阿让唐
埃贝巴赫装甲集群
德第116装甲师
德第9装甲师（一部）
圣莱奥纳尔
第90师
古费恩森林
埃库谢
法第2装甲师
第53师
至巴黎
美第1师
美第3集团军（巴顿）
塞镇
埃库沃森林
至卡鲁日
至阿朗松

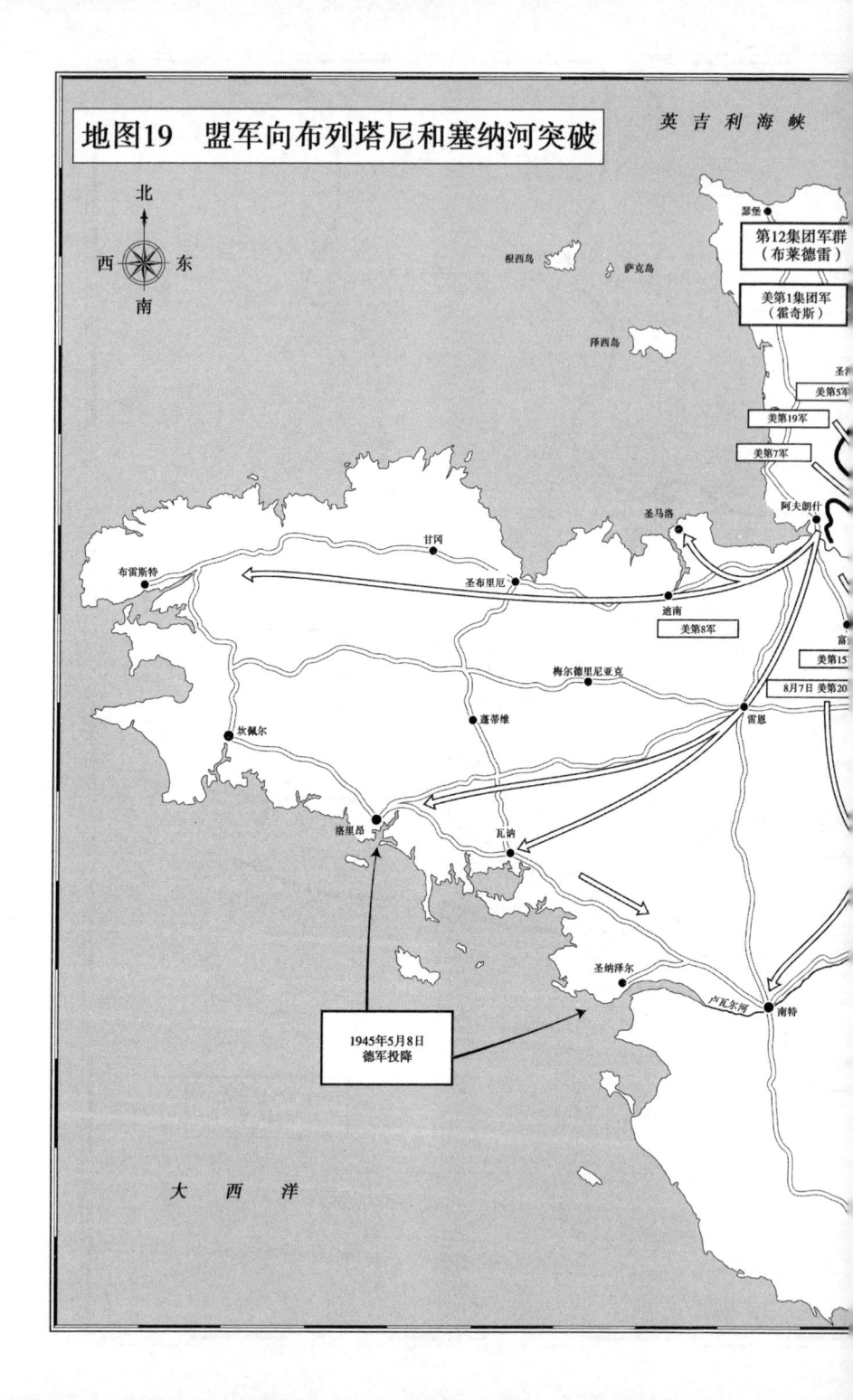

地图19 盟军向布列塔尼和塞纳河突破

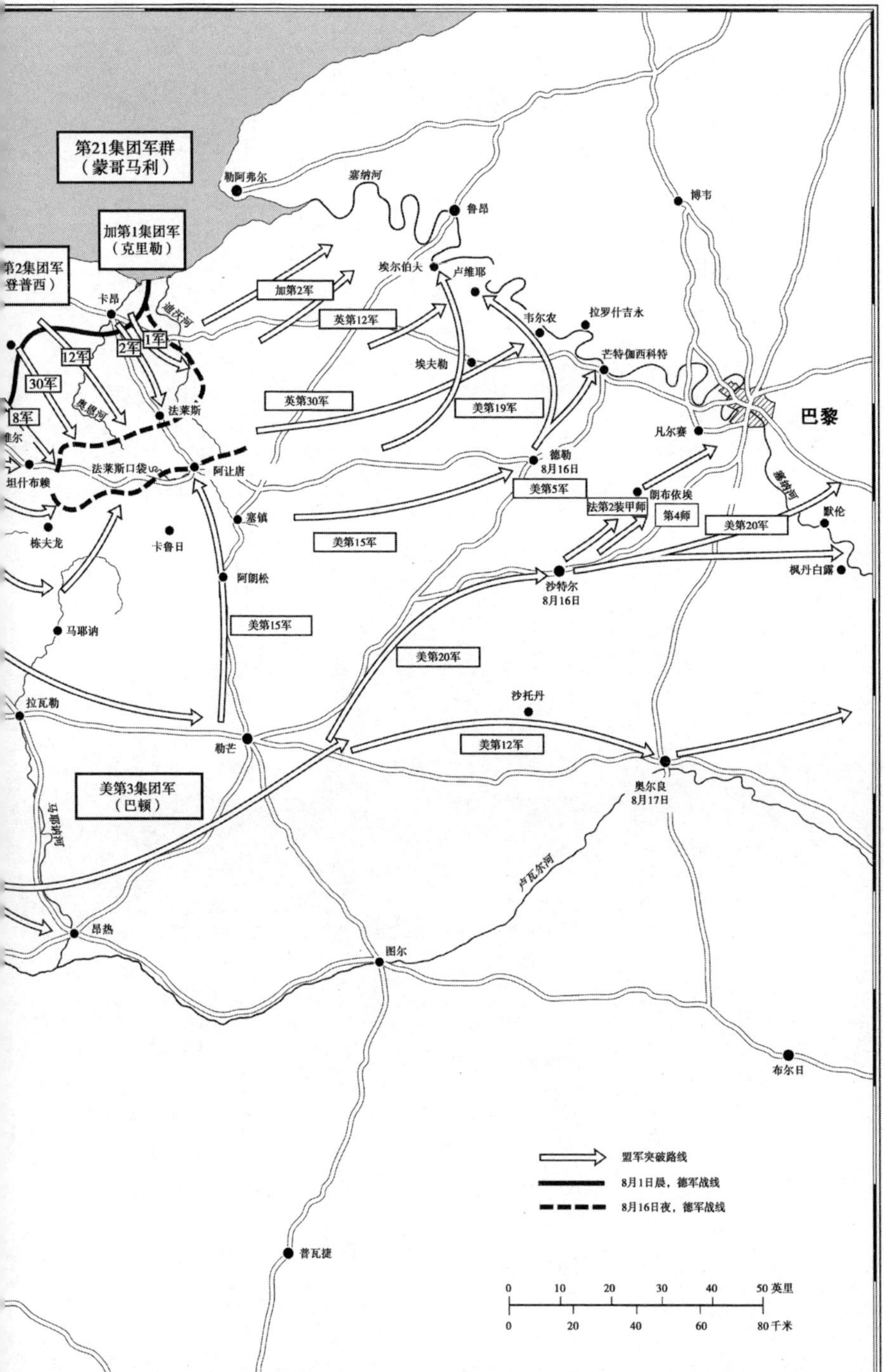

第21集团军群
（蒙哥马利）
加第1集团军
（克里勒）
第2集团军
登普西）
勒阿弗尔
塞纳河
鲁昂
博韦
埃尔伯夫
卢维耶
卡昂
迪沃河
加第2军
英第12军
韦尔农
拉罗什吉永
1军
2军
12军
30军
8军
埃夫勒
芒特伽西科特
英第30军
美第19军
巴黎
奥恩河
法莱斯
凡尔赛
德勒
8月16日
法莱斯口袋
阿让唐
坦什布赖
美第5军
朗布依埃
法第2装甲师
第4师
塞纳河
默伦
塞镇
栋夫龙
卡鲁日
美第15军
美第20军
阿朗松
沙特尔
8月16日
枫丹白露
马耶讷
美第15军
美第20军
沙托丹
拉瓦勒
勒芒
美第12军
奥尔良
8月17日
美第3集团军
（巴顿）
马耶讷河
卢瓦尔河
昂热
图尔
布尔日
盟军突破路线
8月1日晨，德军战线
8月16日夜，德军战线
普瓦捷
0 10 20 30 40 50 英里
0 20 40 60 80 千米

术语表

为了区分书中德军师和盟军师，我以诸如德第352步兵师（the 352nd Infanterie-Division）的格式代表德军和美第90步兵师（the 90th Infantry Division）的格式代表美军。有时，我也会使用 the 352. Infanterie-Division 代表德军。①

当文中提到"团"时，请记住，英国或加拿大军的"团"实际是一个营。一个美军或德军团通常则包括三个营，为旅级规模。

BCRA（Bureau Central de Renseignements et d'Action）：中央情报和行动局，戴高乐将军的秘密特别行动部门，由化名为"帕西"的安德烈·德瓦弗兰上校领导。

Bocage：一种不易通行的诺曼底乡村地貌；巨大的树篱丛生长在厚实的土堤上，将田野分割成小块；田地中间常常有下陷的小路。

DUKW：由通用汽车制造的一种美军两栖运输工具。

FFI（Forces Françaises de l'Intérieur）：法国内地军，各抵抗组织联合而成的准军事组织；由位于伦敦的柯尼希将军任司令官。

Fifi：俚语，法国内地军成员。

---

① 本书盟军和德军双方各师番号众多，甚至还有重叠的现象，作者用不同的英文格式代表德军师和盟军师。本书翻译中，译者在易于混淆的地方会以德某某师或美某某师、英某某师加以区分。（如无特别说明，本书脚注均为译者注。）

FTP（Francs-tireurs et Partisans）：自由射手和游击队，共产党领导的抵抗组织。

Hiwi：德语"Hilfsfreiwillige"（志愿辅助人员）的缩写。主要指被迫为德军作战的苏联战俘，但也有极少数人狂热地效忠于其德国主子。盟军后来将俘获的"志愿辅助人员"移交给斯大林。部分人被枪决，但大多数死于劳改营。

Jäger：德国陆军中相当于轻步兵或猎兵的兵种。

Jedburgh："杰德堡"小组，由美英法三国人员组成的三人小组（两名军官和一名无线电报务员）。各小组在诺曼底战役之前和期间空降到法国，任务是训练和指导抵抗组织。

Kübelwagen：大众公司生产的一类军车，功能类似吉普，体积和重量稍大。

LCT：坦克登陆艇。

LST：坦克登陆舰。

Landser：德军普通士兵，含义类似于"美国大兵"（GI），但通常指有前线经验的步兵。

Luftlande：接受过滑翔机着陆训练的空降师，为伞兵部队提供支援。

OB West（Oberbefehlshaber West）：西线总司令，由伦德施泰特元帅（后为克鲁格元帅）担任，司令部位于巴黎郊外的圣日耳曼-昂莱。

OKH（Oberkommando des Heeres）：德国陆军总司令部，实际负责东线战争。

OKW（Oberkommando der Wehrmacht）：国防军最高统帅部，在诺曼底战役中指挥其他所有战区，尤其是西线。

ORA（Organisation de Résistance de l'Armée）：军方抵抗组织，

法国抵抗运动中的保守派。1942年11月德国重新占领非军事区后，在1940年停战协议中允许保留的部分法军所建立的反抗组织。

OSS（Office of Strategic Services）：战略情报局，类似英国特别行动处的美国机构。

Ost-Battalion：“东方营”，由“东方部队”成员构成的战斗营。

Osttruppen：“东方部队”，由被德军俘虏的红军组成，大部分加入了弗拉索夫将军的“俄罗斯解放军”。在法国，他们穿着德国军装，服从德军军官和军士指挥。

Panzerfaust：“铁拳”，一种简易有效的肩扛式火箭推进反坦克榴弹发射器，大量生产并装备于德国步兵。

Peep：俚语，意为"吉普车"。

PIAT（Projector Infantry Anti-Tank）：步兵反坦克抛射器，相当于"巴祖卡"火箭筒的英制武器，但品质不如后者。

ROA（Rosskaya Osvoboditel'naya Armiya）：“俄罗斯解放军”，由弗拉索夫将军领导的苏联伪军，向纳粹德国效忠。

SAS（Special Air Service）：特种空勤团，英国为登陆欧洲大陆而组建的特种部队，编制两个旅，也包括法国和其他国家部队及附属部队。

SHAEF（Supreme Headquarters Allied Expeditionary Force）：盟国远征军最高统帅部。

SOE（Special Operations Executive）：特别行动处，1940年由丘吉尔建立，旨在促进欧洲沦陷区的抵抗运动。

访问 www.antonybeevor.com，可参阅美军、英军、德军，以及党卫军的军衔对应表。

第一章　艰难抉择

外墙粉刷灰泥、正立面装饰着柱廊的索思威克别墅（Southwick House）是一座建于摄政时期的大型建筑。时值1944年6月初，别墅以南五英里处的朴次茅斯（Portsmouth）海军基地及其锚地里挤满了大大小小且不同类型的灰色战舰、运输船和数百艘登陆艇。它们都用缆绳拴在了一起。登陆日（D日）定于6月5日星期一，装船工作已经开始了。

索思威克别墅在和平时期本可以作为阿加莎·克里斯蒂（Agatha Christie）小说中的庄园派对场地，但皇家海军在1940年将其接管。昔日的美丽庭院和后面的树林被一排排尼森式营房、帐篷、煤渣小径破坏殆尽。索思威克现在是登陆①行动海军总司令伯特伦·拉姆齐（Bertram Ramsay）海军上将的总部所在地，也是盟国远征军最高统帅部（SHAEF）的高级指挥所。朴茨敦（Portsdown）山脊上修建有防空阵地，以抵御德国空军攻击别墅及山下的造船厂。

英格兰南部近日来一直干燥炎热，这样的天气有利于登陆行动。5月29日的气温甚至高达100华氏度②，然而没过多久，隶属德怀特·D. 艾森豪威尔（Dwight D. Eisenhower）将军统帅部的气象小组却焦躁不安起来。詹姆斯·斯塔格博士（Dr

---

① 原文中多次用"invasion"（入侵）这个中性词指代盟军登陆欧洲的行动。由于中文"入侵"带有强烈的贬义，因此译文一般以"登陆"替代。
② 约37.8摄氏度。

James Stagg）是该小组组长。他是一个又高又瘦的苏格兰人，面容消瘦，留着整齐的小胡子。作为英国首屈一指的民事气象专家，斯塔格刚刚被皇家空军授予上校军衔，这样他才能在相当排外的军队中获得必要的权威。

2 　　自4月以来，艾森豪威尔就一直在考察斯塔格及其团队，要求他们在每周一提交此后三天的天气预报，然后在本周晚些时候与实际情况比较核对。6月1日星期四，也就是战列舰编队原定从苏格兰西北角的斯卡帕湾（Scapa Flow）起航的前一天，气象站数据显示，在北大西洋上空形成了数个强低气压区。英吉利海峡届时可能变得惊涛骇浪，从而导致登陆艇倾覆，更不用说危及拥挤在船上的士兵了。另一个巨大的不利影响是低矮云层和糟糕的能见度，因为登陆行动的成败取决于盟军空军和海军能否摧毁德国人的海岸炮台和防御阵地。首批13万人的部队正在逐次登船，预计两天内完成。

　　英美两国的气象部门都收到了来自气象站的相同报告，但对数据的分析结论各执一词，难以达成一致意见，斯塔格为此十分困扰。他不敢得出定论，只好告诉艾森豪威尔的助理参谋长哈罗德·R. 布尔（Harold R. Bull）少将："情况很复杂，也很困难。"

　　"看在上帝的分上，斯塔格，"布尔咆哮道，"在你明天早上向最高统帅会议汇报前，一定要弄清楚。艾森豪威尔将军现在要担心的事情太多了。"[1]斯塔格回到他的尼森式营房，仔细翻阅图表，再次征求其他部门的意见。

　　艾森豪威尔之所以在"诺曼底登陆前紧张不安"[2]，还有其他一些原因。尽管艾森豪威尔表面看上去轻松自如，对每个人

（无论军衔高低）都露出那著名的微笑，但他每天都要抽四包骆驼牌香烟来解压。他会点燃一支烟，搁在烟灰缸上任其燃烧，然后从椅子上跳起来，走来走去，接着再点上一支。他精神高度紧张，即使一壶接着一壶喝咖啡也无济于事。

推迟登陆面临着诸多风险。头两波175000人的登陆部队如果因恶劣天气被困在舰船和登陆艇上，就有可能失去出其不意的作战优势。从英国海岸驶往英吉利海峡的战列舰和护航舰队若调头返回，也必须补充燃料后才能再次出发。而且德国侦察机发现它们的概率必将大大增加。

保密一直是头等大事。南部海岸大部分地区都被一种名叫"香肠"的细长状军营覆盖。登陆部队就隐蔽在那里，与外界隔绝。然而，总是有一些士兵从铁丝网下溜出去，到酒吧喝上一杯，或与情人或妻子幽会。各种各样的泄密事件可谓防不胜防。一位美国陆航将领在凯莱奇酒店举办的鸡尾酒会上透露了"霸王行动"（Operation Overlord）的发动日期，结果灰溜溜地被勒令回国。军方现在还担心，如果因为征召大批英国记者随登陆部队行动，导致舰队街①人去楼空，便有可能引起人们的注意。

每个身在英国的人都知道D日即将来临，德国人也不例外，但必须防止敌人获悉登陆地点和确切时间。从4月17日起，各国外交官的通信内容须接受审查，他们进出英国亦受到严格控制。幸运的是，安全部门已经抓获了所有潜伏在英国的德国特工。很多人"改弦更张"，向上级发送虚假情报。这套由"双十委员会"（XX Committee）监管的欺骗系统是"坚毅计划"

---

① 舰队街传统上是英国新闻传媒机构的聚集地。

（Plan Fortitude）的关键组成部分，旨在制造大量迷惑敌人的信息"噪声"。① "坚毅计划"[3]是战争史上最雄心勃勃的骗局，其规模甚至比苏联红军当年用以掩盖"巴格拉季昂行动"（Operation Bagration）真正目标的"马斯基洛夫卡条例"（Maskirovka）还要庞大。"巴格拉季昂行动"是斯大林发动的夏季攻势，旨在包围并粉碎位于白俄罗斯的德国中央集团军群。

"坚毅计划"由以下几个方面组成："北部坚毅计划"是在苏格兰构建以所谓"英第4集团军"为基础的虚假部队，佯装准备进攻挪威，诱骗驻防在那里的德军按兵不动。"南部坚毅计划"是工作重点，即设法让德国相信，在诺曼底的所有登陆都是为了把德军预备队从加来海峡地区（Pas-de-Calais）引开而进行的大规模欺骗行动。真正的登陆时间应该在7月下半月，地点位于布洛涅（Boulogne）和索姆河（Somme）的入海口之间。捏造出来的"美第1集团军群"号称拥有11个师，部署在英格兰东南部，指挥官正是德国人最畏惧的小乔治·S.巴顿（George S. Patton Jr）。盟军准备了以假乱真的飞机模型、充气坦克，以及250艘假登陆舰；还把诸如英国第2空降师这样的虚构单位与真实存在的部队编列在一起。为了让假象更加逼真，两个伪造的军指挥部之间一直保持着无线电通信。

加泰罗尼亚人胡安·普霍尔（Juan Pujol）为英国情报机构工作，代号"嘉宝"（Garbo），是"南部坚毅计划"中最重要的双面间谍之一。[4]他同其安全部门负责人一起，炮制出一张由27个纯属子虚乌有的下线特工所组成的间谍网，并向驻马德里的德国情报机构传送伦敦方面精心炮制的大量情报。在登陆前

---

① "欺骗"的原文为"Double Cross"，英方用两个类似交叉结的罗马数字"X"指代该管理机构，可翻译为"双十委员会"。

数月内，普霍尔总共发送了约500条电报。这些情报所提供的细节逐渐构成了一幅经"双十委员会"设计的完整拼图，诱使德国人相信盟军的主要攻击方向将是加来海峡。

为防止德国人将部队从法国其他地区调往诺曼底，盟军还策划了其他一些骗局以加强效果。"艾恩赛德计划"（Plan Ironside）试图给人们留下这样的错觉，即首次登陆两周后，盟军将从美国和亚速尔群岛出发，直接在法国西海岸实施第二次登陆。[5]为了让德国人猜不透真相，也为了防止他们把驻防在波尔多（Bordeaux）附近的第11装甲师往北转移到诺曼底地区，一个代号"布朗克斯"（Bronx）[6]、被英方控制的女谍报人员向其位于里斯本圣灵银行的德国主管发送了一条加密情报："尽快送来50里弗尔，我需要看牙医。"① 这句话的含义是"盟军将于6月15日前后，在比斯开湾登陆"。德国空军显然害怕盟军在布列塔尼地区（Brittany）登陆，因此立即下令摧毁四座靠近海岸的机场。[7]在5月下旬实施的"铜头蛇行动"（Operation Copperhead）是另一项转移视线之举。一个长相类似蒙哥马利将军的演员造访直布罗陀（Gibraltar）和阿尔及尔（Algiers），暗示盟军将从地中海沿岸发起攻击。

布莱切利园（Bletchley Park）位于伦敦西北约50英里处，是一处负责破译敌方信息、高度机密的综合设施。从5月22日起，军方为"霸王行动"设置了一套全新的监视和破译系统。[8]专家们日夜不眠，随时准备破译所有截获到的重要信息。得益于"超级机密"（Ultra）系统的帮助，他们还能够检验欺骗行动中的主要特工，即胡安、达斯科·波波夫（Dusko Popov，代号"三

---

① 原文为法文。里弗尔，一种法国古货币计量单位。

轮车")、罗曼·加尔比-切尔尼亚夫斯基（Roman Garby-Czerniawski）等人发送的虚假情报是否成功骗过了德国人。4月22日，布莱切利园破译了一个德国信号，内容是确认"第4集团军"指挥部位于爱丁堡（Edinburgh）附近，下辖两个军分别驻扎在斯特灵（Stirling）和邓迪（Dundee）。另一份信息显示，德国人相信低地师（Lowland Division）正在为进攻挪威做准备。

5月，"超级机密"破译出德国人假定盟军登陆地点可能在奥斯坦德（Ostend）和布洛涅之间，还进行了一场抗登陆演习。最终，布莱切利园在6月2日发布报告："最新证据表明，敌人意识到盟军已完成所有准备工作。他们预测我军将首先在诺曼底或布列塔尼登陆，而主攻方向在加来海峡。"[9]德国人似乎真的中了"坚毅计划"的圈套。

6月2日清晨，艾森豪威尔搬进一辆罩着伪装网、隐藏在索思威克别墅花园的拖车里。他戏称新居为"马戏团大篷车"[10]。若没有开会或视察部队，艾森豪威尔便躺在床铺上，一边抽烟，一边读西部小说，试着放松心情。

周五上午10点，斯塔格在索思威克别墅的图书室向艾森豪威尔和其他聚集在一起的高级将领呈交了最新的天气评估报告。由于同事们依然莫衷一是，尤其是盟国远征军最高统帅部的美国气象学家显得过于乐观，因此他不得不做出模棱两可的判断。斯塔格很清楚，在晚间会议之前，他必须就周末天气恶化情况提出明确意见。登陆行动到底是继续还是延期，务必当机立断。

在同一次会议上，空军上将特拉福德·利-马洛里爵士（Sir Trafford Leigh-Mallory）简要介绍了一项计划，即"建立一条穿越城镇和乡村的轰炸带，从而阻止或妨碍敌方部队行动"[11]。"考虑到这将会造成平民伤亡",他询问是否可以执行。艾森豪威尔"出于作战需要",给予了肯定答复。会议决定向法国人散发传单,提前警告他们撤离。

他们需要担心的问题不只有法国平民的安危。作为最高统帅,艾森豪威尔必须平衡政治和个人之间的竞争关系,同时维护自己在同盟中的权威。他深得帝国总参谋长艾伦·布鲁克(Alan Brooke)元帅和第21集团军群指挥官伯纳德·蒙哥马利将军的赞誉,但两者都认为他不是优秀的军人。"毫无疑问,艾克竭尽全力维持着英美之间的良好关系,"布鲁克在日记中写道,"但同样清楚的是,他对战略一无所知。就指挥战争而言,他根本就不适合担任最高统帅。"[12]战后,蒙蒂①以一贯言简意赅的方式评价艾森豪威尔:"是个好伙计,但不是好军人。"[13]

这些看法当然有失公允。在诺曼底登陆行动的所有关键决策中,艾森豪威尔都表现出良好的判断力,并凭借其外交技巧,将一个四分五裂的联盟团结在一起。仅此一点,就已经是相当了不起的成就了。布鲁克自己也承认,"以本国利益为重有损于长远战略"[14]。蒙蒂对最高统帅也缺乏尊重,他甚至比乔治·S. 巴顿将军更难对付。他第一次与艾森豪威尔会面时,就斥责对方当着他的面抽烟。艾森豪威尔宽宏大量,不会对这样的事情耿耿于怀,但许多美军下属认为,他应该对英国人更严厉些。

尽管蒙哥马利是一名高素质的职业军人和一流的军事教官,但妄自尊大的个性也令人咋舌,几乎可以肯定这是出于某种自卑情结。1944年2月,他对乔治六世国王的私人秘书谈及自己

---

① 艾克(Ike)、蒙蒂(Monty)分别是艾森豪威尔和蒙哥马利的昵称。

那顶著名的贝雷帽时说:"我的帽子顶三个师。人们远远就能看见。他们会说,'蒙蒂在那儿',接着便会义无反顾地投入战斗。"[15]他的过度自负几乎成为他人的笑柄。美国人相信,蒙哥马利的名声其实是崇拜他的英国媒体夸大其词罢了,而且持这一观点的还有其他人。巴兹尔·利德尔·哈特(Basil Liddell Hart)① 认为:"比起士兵,蒙蒂在平民中可能更受欢迎。"[16]

蒙哥马利拥有非凡的表演才能,往往能够激发部队的信心,但并不总是能得到热烈反响。2月,当他告诉达勒姆轻步兵团官兵,他们将是第一波登陆部队时,不满之声此起彼伏。该部刚刚在地中海战区结束战斗回国,连探亲休假的机会都还没有。他们认为其他从来没有离开过不列颠群岛的部队应该取代他们来执行这项任务。官兵们怨声载道:"又是达勒姆团倒霉。""总是该死的达勒姆团。"[17]当蒙哥马利驱车离开时,所有人本应该冲到路上为他送行,然而没有一个人动一动。高级军官们对此怒不可遏,又极度尴尬。

蒙蒂决意让经验丰富的部队来加强未经战阵的步兵师实力,但大多数曾经与其共同战斗的沙漠老兵对此强烈不满。他们在海外作战已达四年之久,现在该轮到别人做贡献了,特别是那些还没有被部署到任何一个战区的部队。很多前第8集团军的官兵长达六年没有归家,有一两个团离家时间甚至更长。他们之所以怨气冲天,很大程度上是受到家乡妻子或女友的影响。

被称为"大红一师"的美军第1师再次被选为先头部队进攻滩头阵地。该师官兵同样是牢骚满腹,不过他们的经验非常重要,无可替代。一份5月8日呈送的重要评估报告认为,几

---

① 利德尔·哈特,1895—1970年,英国军事理论家、战略家。

乎所有执行登陆任务的美军部队都"不令人满意"[18]。高级军官们心急如焚,命令部队在登陆发起前的最后几个星期强化训练。他们的努力没有白费。艾森豪威尔十分欣慰地看到美军取得了显著进步,暗自庆幸登陆行动从5月初推迟到6月初。

盟军统帅部中还弥漫着另一种紧张气氛。艾森豪威尔的副指挥官——空军上将阿瑟·特德爵士（Sir Arthur Tedder）十分厌恶蒙哥马利；反过来,他本人又不被温斯顿·丘吉尔喜欢。美第1集团军司令奥马尔·布莱德雷（Omar Bradley）将军出身密苏里州的贫困农家,一副"乡巴佬的神态"[19],加之戴着政府给军方服役人员配发的俗气眼镜,看上去很没有军人气质。不过布莱德雷"务实,稳重,没有野心,有些沉闷无趣,既不张扬跋扈也不招摇卖弄,而且总是温文尔雅"。他同样是一位精明的指挥官,以完成工作为第一要务。表面上布莱德雷对蒙哥马利尊敬有加,其实对他深恶痛绝。

布莱德雷与艾森豪威尔相处得很好,但他无法像他的最高统帅那样能够容忍我行我素、爱招惹麻烦的乔治·巴顿。事实上,布莱德雷从不掩饰他对那个南方骑兵的极度猜疑。巴顿是一个信仰上帝的虔诚教徒,同时又以脏话连篇而闻名,善于对他的部队发表煽动性讲话。"现在,我要让你们记住,"他曾经说道,"没有哪个杂种是靠为国捐躯来赢得战争的。你得让其他国家的杂种为国捐躯才能获胜。"毫无疑问,如果没有艾森豪威尔在关键时刻的支持,巴顿永远没有机会在即将到来的战役中名垂青史。艾森豪威尔能够把如此相互排斥的团队成员维系在一起,这无疑是一项非凡成就。

最新的争端完全是精神紧张的空军上将马洛里引起的。他突然嚷嚷，计划空降到科唐坦半岛（Cotentin）的两个美军空降师将遭遇一场大屠杀，并对此深信不疑。他一再催促取消"霸王行动"中保障西面侧翼安全的这一关键环节。他"把所有人都气得不行"[20]，甚至激怒了艾森豪威尔。最高统帅让马洛里将担忧写成书面文件上报。他照做了，不过艾森豪威尔经过慎重考虑后，通通予以否决。蒙哥马利全力支持艾森豪威尔的决定。

尽管艾森豪威尔面临着巨大的精神压力，肩负千钧重担，但他明智地采取了冷静达观的态度。他被选中来做最后决定，所以也就必须如此，并承担后果。他非常清楚，最重大的决策迫在眉睫。毫不夸张地说，成千上万盟军士兵的命运都取决于此。艾森豪威尔独自准备了一份简短声明，以备战役失败后谢罪，甚至没有告诉自己最信任的副官。声明写道："瑟堡-勒阿弗尔地区的登陆行动未能取得理想的立足点。我已下令撤退。我之所以在此时此刻决定在那里发动攻击，是基于最可靠的情报。陆海空三军将士在战斗中都尽其所能，勇于献身，忠诚地履行了他们的职责。如果有任何关于本次战役的责难，或行动中存在任何过失，都由我一人承担。"[21]

虽然艾森豪威尔和布莱德雷都不愿承认，但五片登陆海滩中，最艰难的正是美第1和第29步兵师负责的奥马哈海滩（Omaha）。一支来自英国海滩侦察和突击领航联合行动组（COPP）的小分队已经详细探查了这处目标。[22]1944年1月下半月，X-20微型潜艇由一艘武装拖网渔船拉到诺曼底海岸附近。布莱德雷将军要求，收集到分配给英国和加拿大军队的海滩情报之后，COPP还应该调查奥马哈海滩的情况，确保那里的地面足够坚固，可以容坦克驶入。工兵上尉斯科特-鲍登（Scott-Bowden）和特别舟艇小队成员布鲁斯·奥格登-史密斯（Bruce

Ogden-Smith)军士各自配备一柄突击刀和一把柯尔特点45口径自动手枪就游上海滩。他们还带着一个18英寸长的螺旋钻土器和一条子弹袋，里面塞着用来存放土壤样本的容器。海面异常平静，他们差点儿就被德军哨兵发现了，好在最后还是全身而退了。

返回后次日，斯科特-鲍登应一名海军少将召见，赶往伦敦。午饭后，他来到位于圣詹姆斯广场的诺福克大厦；随后被带进一间长长的餐厅里，墙壁上挂满了覆盖着帘幕的地图。他即将面对六名海军将领和五名陆军将领的质询，其中就包括布莱德雷。布莱德雷向他仔细询问海滩的承载强度。"长官，希望您不介意，"斯科特-鲍登在离开前对他说，"这个海滩的确很难攻占，肯定会有巨大伤亡。"布莱德雷把一只手放在他肩上说："我知道，孩子，我知道。"在左侧英军负责的区域和右侧的犹他海滩（Utah）之间，唯一可供登陆的地方就只有奥马哈海滩。

登陆部队刚刚出发准备登船，当地平民就冲出来，向他们挥手告别。一位借住在英国家庭的年轻美军工兵写道："我们离开时，（他们）就像我们的父母一样，号啕大哭。场面相当感人。看起来公众似乎很清楚即将发生的事情。"[23]

当然，此刻是不可能再继续保密了。"我们经过南安普敦时，"一名英国坦克团士兵写道，"人们热烈欢迎我们。每次停下来，民众就不停地给我们送上茶水和糕点。维持纵队纪律的宪兵们相当惊慌，因为他们接到了严格命令，要防止平民和士兵之间发生任何形式的接触。"[24]

大多数士兵乘车转移，但也有部分英军徒步前进，打上铁钉的军靴走在路上发出整齐的声响。老人们站在屋前花园望着军队走过,眼中噙满泪水,不禁回想起上一代年轻人也是这样,行军前往佛兰德(Flanders)的堑壕。钢盔还是类似形状,但作战服完全不同。士兵们不再打绑腿了。他们穿着帆布靴罩,另有配套的腰带、肩带、弹药袋、背包等。步枪和刺刀也更换了型号,不过从外表上看不出明显变化。

当官兵们得到一张24小时休假通行证时,他们就意识到登陆日必定近在咫尺了。对战斗意愿薄弱的士兵而言,这是他们从部队消失或喝得酩酊大醉的最后机会。登陆前一段时间,有很多士兵偷偷离开军营,但直接开小差的情况相对很少。行动开始时,大多数人还是回到了岗位,"与战友们在一起"。指挥官们都很务实,并不想把这些人送进军事监狱,而是让他们在战斗中自我救赎。

士兵们注意到,军官突然对下属关爱有加。封闭营地里经常放映电影,啤酒配给更为慷慨,喇叭里还播放着舞曲。愤世嫉俗的人发现,军需官忽然大方起来,这可是个不祥征兆。24岁的诗人基思·道格拉斯(Keith Douglas)是舍伍德义勇骑兵队的上尉。他在给上次大战的一位诗人——埃德蒙·布伦登(Edmund Blunden)的信中写道:"我已经养肥了,等着被宰杀。"[25]一些人同道格拉斯一样,对即将到来的死亡有着强烈的预感,并向他们最亲密的朋友倾诉。令人惊讶的是,不少人是正确的;也许这种信念以某种方式变成了一种自验的预言。道格拉斯在出发前的最后一个星期天去教堂参加礼拜,稍后他和团内的随军牧师一起散步。牧师记录道,道格拉斯坦然接受迎面而来的死亡,认为这很正常。在一位同僚军官看来,他是宿命论者,因为他觉得自己在沙漠战争中把运气用光了。

几乎每个人都讨厌等待,希望最煎熬的时刻能快点结束。

"大家都很紧张，却装得很随意的样子。"一个美国步兵描述说。他接着补充道："虚张声势总会有些帮助。"[26]许多人想到了他们的女朋友。一些女人匆匆忙忙结婚，这样即便最坏的情况发生，也能够得到抚恤金。有个美国士兵把所有的工资都一股脑儿送到珠宝商那里，以便他的英国未婚妻能够挑选戒指，做好准备，等他回来后就举办婚礼。那是一个充满了强烈个人情感的时期。一名记者在出发前不久写道："来送行的妇女几乎总是走到月台的尽头，目视火车驶离，强作欢笑，挥手告别。"[27]

也有人不堪压力而精神崩溃。美第 1 步兵师的一名军人记录道："一天夜里，有个士兵拿起两条子弹带和手雷，抢了一支步枪就跑了。一开始没人注意到发生的事，不过军方马上就组织了搜索队，找到了他。该士兵拒绝缴械，被当场射杀。我们永远不知道他是不想死在沙滩上，还是他就是个间谍。不管他做了什么，简直愚不可及。他本来只是有可能死，这下却死透了。"[28]也许这人已经预感到自己在奥马哈海滩上的命运。

周五夜，就在登陆舰装载坦克和人员期间，斯塔格上校再次通过保密线路与其他气象部门沟通协商。他必须在定于 21 点 30 分召开的会议上提交明确报告，但各方仍未达成一致。"若不是预测错误将导致惨烈悲剧的话，整件事看上去荒谬可笑。在半小时内，我将向艾森豪威尔将军提交未来五天各方'认可'的天气预报，时间涵盖有史以来最大规模的军事登陆行动。然而参加讨论的诸位专家甚至对未来 24 小时内的天气情况都不能形成共识。"[29]

直到最后一刻，他们还在争论不休。斯塔格匆匆忙忙跑到主楼图书室，向参与"霸王行动"的所有主要指挥官进行汇报。

"好了，斯塔格，"艾森豪威尔说，"这次你给我们带来了什么消息？"

斯塔格觉得必须听从自己的直觉，把在布希园（Bushey Park）工作的美国同事们更为乐观的观点抛开。"不列颠群岛至纽芬兰的整个天气状况在最近几天发生了巨变，现在充满了潜在危险。"他开始详细说明时，几个高级军官朝窗外的美丽日落瞥了一眼，露出迷惑不解的神情。[①]

问了几个有关天气对伞兵空降影响的问题后，艾森豪威尔进一步询问6月6日和7日的可能情况。据特德回忆，斯塔格停顿了很长一段时间后才开口说："若要我回答，那就只能猜了，而不是作为您的气象顾问发言。"[30]

斯塔格与美国同僚D. N. 耶茨（D. N. Yates）上校离场后不久，布尔将军出来告诉他们，在接下来的24小时内，计划不变。当他们回到用帐篷搭建的宿营地时，两人得知第一批船已经离开锚地。斯塔格不禁想起"霸王行动"最初的首席策划弗雷德里克·摩根（Frederick Morgan）中将对他开的那个黑色玩笑："祝你好运，斯塔格。愿你的低气压带都是人畜无害的小家伙。不过记住了，如果你没有正确解读预兆，我们就把你吊到最近的路灯柱子上。"[31]

次日，6月3日星期六一大早，传来了更糟糕的消息。位于爱尔兰西部布莱克索德角（Blacksod Point）的气象站刚刚发来报告，称气压正快速下降，刮起了六级大风。对着这些天气图表，拿着相同数据的不同团队依然做出各种解读，斯塔格感

[①] 当时他们按照英国的双倍夏令时工作，因此天还很亮。——原注

到"一阵作呕"。当晚21点30分,他和耶茨被叫到图书室。书架上的书籍都被清空了,餐椅排成弧形,各部指挥官坐在前排,他们的参谋长和分属指挥官在后排就座。艾森豪威尔、参谋长沃尔特·比德尔·史密斯(Walter Bedell Smith)和特德的三把椅子正对着与会人员。

斯塔格开始发言:"先生们,我和我的同事们昨天对未来三四天的天气的担忧,现已得到证实。"[32]接着他详细汇报了预测内容。届时海面上将狂风恶浪,大风高达六级,云层低垂,情况十分不妙。斯塔格后来写道:"在整个宣读过程中,艾森豪威尔将军一动不动地坐着,手托着头,微微歪向一边,目不转睛地盯着我。一时间,整个房间里的人似乎都呆若木鸡。"理所当然,艾森豪威尔觉得有必要建议暂时推迟行动。

这一晚,艾森豪威尔坐卧难安。他的副官哈里·布彻(Harry Butcher)海军中校稍后告诉他,美联社公布了一盘录音带,说"艾森豪威尔的部队正在法国登陆"[33]。尽管该机构在23分钟后撤销了这则报道,但还是被哥伦比亚广播公司(CBS)和莫斯科电台转发。"他咕哝了一声。"布彻在日记中写道。

斯塔格听到行动临时延期的消息后,便在午夜时分返回帐篷。他抬头从林间望去,"天空晴朗无云,周围一切都静悄悄的"[34],真是一种奇怪的感觉。斯塔格不想睡觉,连夜把所有讨论细节都写了下来。当他结束记录后,天气预报的结论仍不乐观,尽管外面平静如旧。

6月4日星期天,凌晨4点15分,艾森豪威尔在另一次会议上决定,前一晚商定的24小时的临时推迟必须继续延长。若无强有力的空中支援,登陆风险就实在太大了。他下令舰队撤回。驱逐舰全速追赶无法通过无线电联系的登陆舰艇,并引导它们返航。

筋疲力尽的斯塔格回到帐篷,躺倒在行军床上休息,几小时后醒来,大吃一惊:室外微风习习,天空依然晴朗。吃早饭时,他甚至无颜面对其他军官。但到了当天晚些时候,西边聚集起乌云,西风越刮越猛,他这才不好意思地松了一口气。

那个周日要处理无穷无尽的问题。首先,肯定不能把成千上万的士兵关在登陆艇上。那些已经出海、现在又奉命回来的船只又该如何是好?它们需要补充燃料。如果恶劣天气继续下去,潮汐就会变得不适合登陆作战。事实上,如果情况在48小时内没有好转,"霸王行动"将不得不推迟两周。届时不仅将很难继续保密,还可能对士气造成毁灭性影响。

第二章　负重前行

并非只有艾森豪威尔对盟军所发起的大规模军事行动心生敬畏。丘吉尔之前一直对整个跨海峡登陆作战计划持怀疑态度，现在却处于一种非理性的乐观亢奋状态。与此同时，艾伦·布鲁克元帅在日记中透露，"脑子一片空白"。"不敢相信，几个小时后跨海峡作战就要开始了！我对整个行动感到惴惴不安。在最好的情况下，其结果也将远远低于大众期望。他们对登陆行动的艰巨性一无所知。最坏的情况则可能演变为整场战争中最可怕的灾难。"[1]

一位地位重要的美军参谋说："英国人对失败怀有深深的恐惧。"[2]这并不奇怪。他们经历了多年战争，依然怀着对敦刻尔克（Dunkirk）大撤退和迪耶普（Dieppe）突袭惨败的痛苦回忆。然而，不管出于什么理由，英国人拒绝提前登陆欧洲大陆的决策是明智的。盟军必须拥有压倒性优势。况且美军就曾因兵力不足而在北非、西西里岛和意大利本土吃够了苦头。

丘吉尔曾经评论说，美国人总是能做出正确决定，因为他们事先经历了其他所有错误。尽管这个玩笑并非毫无根据，但还是低估了这样一个事实：美军的学习速度比好为人师的英军要快得多。他们乐于倾听来自工商界、思维活跃、现在正穿着军服的平民的意见。最重要的是，他们不害怕试错。

英国人的聪明才智在很多领域都展现无遗，从破解"超级机密"所截获信息的电子计算机，到珀西·霍巴特（Percy Hobart）

少将发明的新式浮渡坦克和扫雷车。但是，秉持等级观念的英军本质上仍然是一支保守的军队。那些特种坦克被英国人称为霍巴特的"滑稽"玩意儿，充分暴露出他们特有的猜疑心态和尖酸刻薄。蒙哥马利极度厌恶英国人崇拜所谓业余绅士专家的传统。事实证明，这种传统将持续造成相当大的负面影响。不出所料，美国军官认为他们的英国同行总是"过于礼貌"，缺少必要的杀伐决断，将不合格的指挥官解职时更是如此。

丘吉尔本人就是一个最典型的业余绅士专家，不过没人可以指责他缺乏活力。他非常积极地参与制定军事行动，尽管在军事顾问们看来，实在是热情过度。他在备忘录中滔滔不绝地提出一连串奇思妙想，大部分都完全不切实际，白厅①对此只能唉声叹气。丘吉尔的军事顾问"普格"（哈巴狗之意）·伊斯梅（'Pug'Ismay）将军不得不在这个具有历史象征意义的时刻来处理首相大人的最新灵感。丘吉尔想要在"'霸王行动'中展现出某种'反向敦刻尔克'的场景，即在清理干净海滩上的敌军后，利用小型（民船）运送后续步兵登陆，为攻击部队补充作战人员"[3]。

首相迫切渴望身处战争中心，坚持要求与登陆舰队一起出海。他要在巡洋舰"贝尔法斯特"号（HMS Belfast）的舰桥上亲眼见证炮轰海岸。丘吉尔知道布鲁克一定会反对，所以事先没有告诉他，还以自己是国防大臣为由，竭力证明他的诉求合情合理。万幸国王在6月2日修书一封，巧妙化解了难题："亲爱的温斯顿，我再次呼吁，希望你不要在登陆日出航。请考虑我的立场。我比你年轻，还是水手；作为国王，我还是全军领

---

① 白厅是伦敦的一条街道，很多英国政府机关设置于此。

袖。没有比出海更让我兴奋的事了，然而我已经同意待在家中。而你却去做我原本想亲自做的事情，这样公平吗？"[4]

丘吉尔愿望受挫，心中"恼怒"[5]，便下令将私人专列作为移动总部，想方设法去接近艾森豪威尔。布鲁克在日记中写道："与此同时，温斯顿登上火车，到朴次茅斯地区各处巡视，把他自己变成一个人见人嫌的讨厌鬼！"[6]登陆日前夕，总算传来一条好消息。马克·克拉克（Mark Clark）将军正率领盟军进入罗马。然而，丘吉尔的注意力此刻正全部集中在一个几乎无解的难题上。以洛林十字为象征的"自由法国"运动领袖戴高乐将军在那天早上到达伦敦。登陆前的紧张情绪、复杂的政治纷争，加之戴高乐以自我为中心的爱国热忱交织在一起，即将引发一场激烈争吵。

盟国与戴高乐关系不佳，这个核心问题源于罗斯福总统并不信任他。罗斯福将其视为潜在的独裁者。这一观点得到了海军上将莱希（Leahy）的认可，他曾任驻贝当元帅统治下的维希法国大使。还有几个在华盛顿颇有影响力的法国人，包括后来被视为欧盟之父的让·莫内（Jean Monnet）也深表赞同。

罗斯福对法国政坛非常反感，因此于2月就战后在德国设立盟军占领区的方案提出修改建议。他希望美国占领德国北部，这样就可以通过汉堡而不是从法国获得补给。丘吉尔在回信中写道："就我的理解，您的提议源于厌恶美军在法国从事治安工作，担心这可能会导致美军在法国长期驻扎。"[7]

罗斯福拒绝承认戴高乐自顾自说的"起义政府"[8]问题。丘吉尔持同一观点，只是立场有所缓和。戴高乐不仅试图确立自己的地位，他还需要团结各对立派系，避免法国在解放后陷入混乱，甚至爆发内战。然而戴高乐表现得既高傲自大，又让人无所适从，常常令他的支持者失望透顶。他似乎喜欢对英美伸出的援手反咬一口，并乐在其中。戴高乐的一切所作所为都以法国利益为中心，极度排斥对法国不利的事实，尤其是任何可能有损法国荣耀的事情。只有戴高乐才会在书写法国军队历史时，对滑铁卢战役只字不提。[9]

丘吉尔知道盟国必须与戴高乐合作，因此在整个春季都想方设法软化罗斯福的态度。他鼓动罗斯福与戴高乐会面。丘吉尔写道："你可以像长辈一样对待他。这对他大有裨益。我确信，从各个角度分析，这都有益无害。"[10]

罗斯福同意与戴高乐见面，但坚持对方必须首先提出请求。若美国发出正式邀请，即意味着承认戴高乐为法国领导人。总统坚守立场，表示盟军绝不会为了让戴高乐掌权而攻入法国。他写道："在法国人民有机会自由选择政府之前，我现在不能承认任何一个法国政府。"[11]然而，由于选举不可能在短期内举行，这就意味着盟国占领区军政府（AMGOT）将担负已解放领土的管理工作。

无论是戴高乐，还是位于阿尔及尔的法兰西民族解放委员会（CFLN），都把盟国占领区军政府看作对他们的极度侮辱。6月3日，也就是戴高乐飞往英国的前一天，法兰西民族解放委员会宣布自己为法兰西共和国临时政府。罗斯福立即视这一声明为蓄意挑衅。他命令艾森豪威尔不得与这个等着被承认的法国政府有任何接触，只允许其与抵抗组织的皮埃尔·柯尼希（Pierre Koenig）将军合作。[12]他是由戴高乐任命的法国内地军（FFI）指挥官。然而，即使到了那个时候，艾森豪威尔也被告知不能信任柯尼希，因为他必然会向其政治领袖汇报登陆行动细节。艾森豪威尔在发往华盛顿的报告中承认，这些矛盾导致

"气氛极其尴尬"[13]。"柯尼希将军非常敏锐地感觉到,虽然法国海空军和空降部队都将参与登陆行动,而且国内抵抗组织也被寄予厚望,但他连最粗略的行动信息也不得而知。"

与此同时,丘吉尔一直催促罗斯福接受法兰西民族解放委员会的"工作安排"[14]。这主要是因为在登陆作战中,盟军需要抵抗组织发挥作用。他还说服美国人将装备一新的法国第2装甲师从北非派往英格兰。该师师长是菲利普·勒克莱尔(Philippe Leclerc)将军,在诺曼底战役中隶属于巴顿的第3集团军。不过让英国军官又好气又好笑的是,勒克莱尔率部一到约克郡,首场仪式之一就是举行官方弥撒,纪念大约500年前被英国人烧死在火刑柱上的圣女贞德。[15]

不过,盟军部队收到警告,登陆后不准冒犯法国人的感情。一本小册子告诫他们避免提及法国在1940年的屈辱战败。手册还写道:"由于有不少关于'放荡巴黎'的笑话,人们普遍以为法国人都放浪形骸,是一群道德观念淡薄、没有信念的轻佻之辈。这种观点在当前尤其错误。"[16]但是对那些眼前兴奋地闪现着"法国小妞"的人来说,官方简报不可能产生多大影响。

丘吉尔的战时内阁意识到,他们必须邀请那位自由法国领导人到英国,向他简要阐明登陆计划。"尽管戴高乐犯下各种错误,干了很多蠢事,"首相写信对罗斯福说道,"但近期他表现出希望与我们合作的迹象。毕竟,在解放法国的过程中,很难把法国人排除在外。"[17]然而总统坚持认为,出于"安全考虑",戴高乐必须留在英国,"直到'霸王行动'成功实施"[18]。

自由法国的安全破绽不是来自打入抵抗组织内部的维希政府间谍,而是法国人的密码过于简单。特别行动处(SOE)对此尤为恼火,尤其是一年前盖世太保还对抵抗运动进行了大规模渗透。SOE首席密码学家利奥·马克斯(Leo Marks)为此专程拜访了位于伦敦市中心杜克街的自由法国办公室。他让密码工作人员随意加密一条信息,然后接过密文,"当着他们的面"就破译出来,把法国人"惊得目瞪口呆"。官方历史学家后来用干巴巴的语句轻描淡写地写道:"法国人并未因此对英国人另眼相看。"[19]傲慢的高卢人还是拒绝在"自由法国"组织中使用英国或美国的密码系统。就在登陆日前夕,秘密情报局局长"C"①警告首相,绝不能允许法国人通过无线电发送任何信息,只能使用安全的陆上通信线路。[20]

丘吉尔派了两架约克式客机到阿尔及尔,接戴高乐和他的随从回英国。但是戴高乐并不积极,因为罗斯福不同意讨论有关法国民选政府的议题。6月2日,丘吉尔的代表达夫·库珀(Duff Cooper)与戴高乐争论了一个小时,试图说服他放弃这种在边缘试探的冒险政策。库珀告诉戴高乐,如果他拒绝前来,那就正中罗斯福下怀。他应该以军事领袖的身份出现在英格兰。库珀还警告戴高乐说,最重要的是他将为此失去首相的尊重,丘吉尔会认定他不可能与自己合作。[21]戴高乐直到第二天早上才同意出发,两架客机已在机场等候多时。此行第一站将是法属摩洛哥的拉巴特(Rabat)。

戴高乐一行从拉巴特启程后连夜飞行,于6月4日6点整在诺索尔特(Northolt)降落。尽管此番行程高度保密,但当众人走下舷梯时,达夫·库珀惊异地发现一支庞大的仪仗队正列队等候,还有英国皇家空军乐队高奏《马赛曲》。一封极具丘

---

① 即军情六处负责人。

吉尔风格的问候信被交到戴高乐手中。信中写道:"亲爱的戴高乐将军,欢迎来到这里!伟大的军事行动即将开始。"丘吉尔还邀请戴高乐乘坐他的专列。"如果您能在下午1点半以前抵达,我将非常荣幸为您准备午餐,然后一同前往艾森豪威尔将军的指挥部。"[22]

达夫·库珀对丘吉尔在火车上设立"前线指挥部"的说法摸不着头脑。最后,他们终于在朴次茅斯附近一座小车站的铁路侧线上找到了列车。他认为这是一个"非常荒唐的主意"。当他发现史沫资(Smuts)元帅——一个对法国无比仇视的南非人——也在首相随行人员中时,心情更加沉重了。随后,丘吉尔开始与戴高乐会谈,表示之所以邀请他来英国,是为了请他在广播中发表演讲。更糟糕的是,首相只字不提法国内部事务,而这正是戴高乐最感兴趣的话题。

外交大臣安东尼·艾登(Anthony Eden)接着将谈话内容转向"政治",基本上就是依然代表罗斯福拒绝承认戴高乐和他的临时政府。戴高乐勃然大怒,还为发放到盟军各部队的军票大发雷霆,说这些美国人印制的货币压根就是"伪钞"(une fausse monnaie),"共和国政府绝不会认可"[23]。这一点很重要,因为美国或英国政府显然都没有在本国发行过。如果没有哪个政府愿意为这些粗制滥造的钞票背书——美军把它们比作"雪茄券"——那么它们也就一文不值。

丘吉尔也发火了,指出英国不可能抛开美国自行其是。"我们要解放欧洲,但前提是美国人站在我们这一边。所以这一点毋庸置疑。如果必须在欧洲和远洋之间做决定,我们永远会选择远洋。如果必须在你和罗斯福之间做决定,我永远会选择罗斯福。"戴高乐冷静地接受了这一事实。他们坐下来吃午饭，气氛缓和下来。丘吉尔举起酒杯说："敬永不言败的戴高乐。"[24]戴高乐举杯回应道："敬英国，敬胜利，敬欧洲。"

饭后，丘吉尔陪同戴高乐前往索思威克别墅。艾森豪威尔和比德尔·史密斯在那里向这位法国领导人简要介绍了"霸王行动"的内容。艾森豪威尔表现得很有魅力，丝毫看不出他正因天气而焦虑不安。戴高乐告辞前，艾森豪威尔给他看了一份他要在登陆日当天向法国人民发表的宣言。虽然艾森豪威尔让罗斯福的专横语气看上去有所缓和，但这份文件并没有以任何方式承认临时政府的权威。事实上，宣言甚至要求法国人民服从盟军统帅部的命令，"直到法国人自己选出他们的代表和政府"。对戴高乐而言，这正是他最担心的情况，证实了盎格鲁-撒克逊人打算占领法国。不过他压下怒火，不动声色地说他"希望对艾森豪威尔的演讲做些改动"[25]。艾森豪威尔表示可以考虑这些意见，也许还有时间修改。

回到伦敦后，戴高乐得知他的修订意见需要得到参谋长联席会议的同意，所以无法及时得到批准。于是，戴高乐拒绝在次日上午，继艾森豪威尔和其他欧洲沦陷国家领导人之后，通过英国广播公司（BBC）向法国人民发表广播演说。戴高乐还宣布，由于没有就法国政府问题达成一致，他命令派遣至英美各师的法国联络官不得与盟军随行。丘吉尔在战时内阁会议上得知这一消息后，顿时火冒三丈。

当天晚上，艾登和戴高乐的特使皮埃尔·维诺（Pierre Viénot）在这两个愤怒的领导人之间来回穿梭，斡旋调解，试图修补裂痕。戴高乐对维诺大喊大叫，说丘吉尔就是个"恶棍"。维诺接着去见了丘吉尔。首相指责戴高乐"在战争最关键的时候背信弃义"。他要用飞机把戴高乐送回阿尔及尔，"如有必要，还得把他铐起来"。

尽管发生了这么多戏剧性事件，但在6月4日星期天的那个晚上，索思威克别墅图书室里终于上演了压轴一幕。下午，斯塔格及其同僚发现迫近中的大西洋低气压已经形成，但移动速度有所减缓。这表明在恶劣天气中出现了一个足够长的时间缺口，使得登陆行动可以继续进行。会议在21点30分开始，斯塔格被召出席。在场没人觉得事态会向好的方向发展。风雨正不停地敲打着窗户，他们感同身受，可以想象数以万计的士兵挤在停泊于海岸的登陆舰和运输船上，处境有多么艰难。

"先生们，"斯塔格说，"自从我昨夜做了天气预报后，北大西洋上空突然发生了一些意想不到的变化。"[26]从星期一下午开始，情况会有短暂好转。他的要点是，天气可能并不理想，但登陆行动可以实施。与会人员开始刨根问底，然后展开热烈讨论。

拉姆齐上将打断大家说："让我们明确一件事，如果'霸王行动'在周二发动，那么我必须在半小时内向部队发出临时预警。但假如行动重启后部队再次被召回，那么就不可能在周三继续行动。"

利-马洛里又一次对轰炸机是否有足够能见度表示担心。艾森豪威尔转向蒙哥马利，问道："你认为还有什么理由阻止我们在星期二出发吗？"

蒙哥马利穿着一套浅黄色套头衫和宽松灯芯绒裤子搭配的非正规制服，带着鼻音斩钉截铁地回答说："没有。我会说——出发。"

大厅外，参谋们正拿着一摞摞指令等待长官签字。他们为两种情况各准备了一套文件。

6月5日星期一一大早,更多数据证实天气确实在好转。面对那群令人生畏的听众,斯塔格信心十足地走上晨会。他后来写道,紧张的气氛变得轻松起来,"最高统帅和同事们的精神面貌焕然一新"。艾森豪威尔又咧开嘴笑了。他们进一步讨论了细节,但每个人又都急于离开,于是房间很快就空无一人。要让来自近12个不同国家的5000艘舰船重返大海,沿着预设航线前行,还有大量工作要做。一支由扫雷艇组成的小型舰队将率先并排航行,清理出一条直通海滩的宽阔航道。扫雷艇容易受到攻击,因此拉姆齐上将特别担心艇员安危。据估计,他们将蒙受重大伤亡。

现在大计已定,艾森豪威尔赶往朴次茅斯的南海域码头,看着最后一批部队登船。副官哈里·布彻在日记中写道:"只要同士兵们交流,他的精神总是为之一振。"[27]午餐时间,他们回到艾森豪威尔在索思威克别墅的拖车,开始玩"猎狗追狐狸"的游戏,接着又下了一会儿西洋跳棋。根据布彻的安排,最高统帅将在记者的陪同下,于当晚前往格林汉姆公地(Greenham Common)机场视察美第101空降师。该师官兵原定于23点起飞,执行利-马洛里口中预言的灾难性任务。

与一直待在"香肠"军营、被铁丝网围起来的步兵和其他部队不同,空降部队早已抵达机场待命。第82空降师原来集中驻扎在诺丁汉(Nottingham)周围,而第101师分散到伦敦以西各郡。他们已经在机库内等了五天。里面整齐排列着帆布床,中间留有过道。他们在那里一次又一次拆装个人武器,为它们上油，或者打磨刺刀，使之更为锋利。有些人从伦敦买来突击刀，还有人给自己配备了直柄剃刀。[28]他们已经熟练掌握了如何悄无声息地割开敌人的颈部和喉头。空降兵训练不仅在体能上十分严苛，一些人还不得不"从猪内脏和污血中匍匐爬过，以锻炼他们的坚强意志"[29]。

为了让士兵们在漫长的等待中不至于太过无聊，军官拿来留声机，播放《我自独行》和《古老的黑魔法》等歌曲。他们还弄来电影放映机，鲍勃·霍普（Bob Hope）主演的电影最受欢迎。许多伞兵也一直在收听柏林电台"轴心国莎莉"①的节目。她不仅播放动听的音乐，也在《家，甜蜜的家》这档节目中夹杂着恶毒的宣传。然而，即使她在登陆行动前多次重申德国人正等着盟军来送死，大多数人依然认为她的言论就是个笑话。

还有年轻的美国姑娘充当志愿者，在营地里支起红十字会货摊，贩卖甜甜圈和咖啡。她们经常把自己的配额香烟塞给士兵。食品供应堪称奢侈，甚至还有牛排、薯条、冰激凌，以至于军中流传着这样一个冷笑话：等养肥了再杀。第82空降师在诺丁汉品尝到了美味的炸鱼薯条，也结交了许多当地朋友。当车队运送伞兵们前往机场时，人们冲出来挥手告别且热泪盈眶，他们为此深受感动。

为了转移注意力，忘记即将爆发的战事，很多人疯狂参与赌博，一开始以那些看似没什么价值的军票为赌注，后来把省吃俭用的美元和英镑都拿了出来。他们掷骰子，玩二十一点

---

① "轴心国莎莉"是美军给米尔德里德·吉拉斯（Mildred Gillars，1900—1988）起的名号。她来自缅因州波特兰市，曾是一名事业不顺的美国女演员，于1935年移居德国，后成为柏林电台的播音员。她的节目不仅播放音乐，也播放纳粹的宣传内容，旨在打击盟军士气。1949年，她因叛国罪受审，服刑12年。——原注

（黑杰克）。有个人赢了 2500 美元，这在当时可是不小的数目；接着又故意把这些钱押下去，直到输得精光。[30] 他感觉如果把钱揣进荷包，自己就必死无疑。

伞兵仔细检查他们的主降落伞和备用伞包，确保万无一失。还有人给家人或女友写下遗书，以防战死沙场。不时有人从钱包里拿出弥足珍贵的照片，贴在钢盔内侧。所有个人文件和物品都被集中起来，打包保存，直到他们回来。神父们在机库角落里组织礼拜仪式，天主教徒在此忏悔。

在这段时间里，与个人沉思形成强烈反差的，莫过于一些团长发表了斗志昂扬的演讲。第 501 伞兵团团长"跳跳"约翰逊（'Jump' Johnson）上校开着吉普车冲进机库，翻身跃上健身台，两个屁股蛋后面还各别着一把珍珠柄左轮手枪。之所以得此绰号，是因为他喜欢从一切飞行物上往下跳。团里的 2000 人聚拢了过来。一个伞兵写道："空气中充斥着大战前的兴奋，这种感觉真棒。"[31] 简短的演讲激起了官兵们的战斗热情。约翰逊敏捷地弯下腰，从靴子里抽出一把硕大的突击刀，在头上挥舞。他喊道："黎明前，我要把这把刀插进全欧洲最卑鄙、最肮脏、最污秽的纳粹分子心脏里。"震耳欲聋的欢呼声此起彼伏，士兵们也纷纷举起利刃响应。

马克斯韦尔·泰勒（Maxwell Taylor）将军警告第 101 空降师的官兵们说，夜间作战将会乱成一团，届时很难区分自己人和敌军。因此，他们应该在黑暗中用刀和手榴弹解决战斗，只有在黎明后才使用枪械。据一个当事人回忆："他还说，如果要抓俘虏的话，就会影响我们执行任务。因此必须按我们认为最合适的方式处理他们。"[32]

第 82 空降师加文准将的绰号是"瘦子吉姆"（'Slim Jim'

Gavin），他的讲话也许最有分寸。"伙计们，你们接下来几天所经历的一切，即使以后拿 100 万美元你们也不会去换，但你们也不会想再经历一遍。对你们大多数人来说，这将是你们第一次参加战斗。记住，你们要去杀人，否则就会被杀。"[33] 加文侃侃而谈，显然给人留下了深刻的印象。一名听众说："我相信，即使要下地狱，我们也愿意跟着他去。"另一位指挥官决定采取激将法。他对站在前排、面对着自己的人说："看看右边，再看看左边。登陆诺曼底一周后，你们中间就会只剩下一个人了。"[34]

毫无疑问，绝大多数美军空降兵都求战心切。一段时间以来，军官加强纪律最有效的方式就是威胁士兵，要将他从参与登陆作战的空降部队中除名。

*

战斗前夕，有一些固定程序需要完成，比如剃光头。这是为了便于医护兵处理头部伤口，但也有人决定仿效莫西干人，在头皮中间留一缕头发。由于受到好莱坞黑帮电影的影响和德国国防军宣传部门的鼓动，德国人认为美军空降兵都是从美国最邪恶的监狱中招募而来的，他们是 "übelste Untermenschentum amerikanischer Slums"[35]——"来自美国贫民窟中最肮脏的下层阶级"。士兵们还用炉子上的煤烟把脸抹黑，不过也有人往脸上涂亮光剂，或画上白色条纹，争相比较谁的脸看起来"最可怕"。

他们的跳伞服左臂上有空降师师徽，右臂是美国国旗。有个士兵从一名红十字会工作人员那里额外得到两盒波迈香烟（Pall Mall），他在两条腿上各塞了一盒。不过对降落到洪泛区的伞兵而言,把东西藏在那里只怕会让他们更加失望。官兵们将靴子和皮带都尽可能系紧,仿佛它们也会变成盔甲,在即将到来的战斗中保护自己。伞兵还返回军需库领取更多弹药,即使重量超过负荷也满不在乎。最可怕的事情就是面对敌人时枪膛中空空如也。他们学着潘乔①的样子,将子弹袋交叉绑在胸前,水壶灌满水,物品袋中塞进多双备用袜和内衣。钢盔套上了伪装网,背后还固定着一个急救包,里面有绷带、八粒磺胺药片和两支吗啡——"一支止痛,两支永别"[36]。

口袋和弹药袋都装得鼓鼓囊囊,除了 150 发点 30 子弹外,还有一枚英国产的甘蒙手榴弹②,以及 D 口粮,其中的巧克力棒吃起来就像半凝固水泥。甘蒙手榴弹是一种简易炸弹,在类似棉袜的容器中装有一磅 C2 炸药,即使对付装甲车辆也很有效(伞兵们称其为"手持火炮"),不过它如此受欢迎还有其他原因。只要少许速燃炸药粉,士兵们就可以加热一杯咖啡或 K 口粮,而且也不会在散兵坑底部产生一丝烟雾。

身份铭牌(狗牌)被粘在一起,以防发出声响。香烟和打火机,以及其他必需品,如洗漱剃须包、净水片、24 张卫生纸、法语手册等,都一股脑被塞进野战背包里,连同逃生工具包(包括丝质地图、钢锯条、指南针、现金),一起挂在脖子上。发放的装备如此之多,以至于那些来自穷乡僻壤、以前习惯于在家里修修补补凑合着过日子的小伙子都大吃一惊。

除了这些小物什外,士兵们还配有挖堑壕的工具和单兵武

---

① 即潘乔·比利亚(Pancho Villa),1910—1917 年墨西哥革命时期的北方农民起义军领袖。

② 甘蒙手榴弹由英国伞兵部队的甘蒙上尉设计,1943 年配发部队;采用触发引信,适用于破坏车辆、碉堡等目标。

器，通常是一把枪托可折叠的卡宾枪，部分拆解后收纳在一个被称为"小提琴盒"的袋子里，绑在胸前。也有人配备的是汤普森冲锋枪。"巴祖卡"火箭筒（Bazookas）被一分为二，连同数发反坦克火箭弹装进伞兵的腿袋里。腿袋在降落过程中悬挂在腿上，通常重达80磅。

有些伞兵很迷信。一些人预见到了自己的死亡。有个士兵还记得一个叫约翰尼（Johnny）的"毛头小子"："他站在那里，望着天发呆。我走过去问：'怎么了，约翰尼？'他说：'恐怕我要死了。'我说：'不，你不会有事的。'我摇了摇他，因为他有点神情恍惚。结果真的一语成谶，他是第一批在诺曼底阵亡的人之一。"[37]

艾森豪威尔乘坐他的凯迪拉克专车，在一小群记者和摄影师的陪同下，来到格林汉姆公地机场，为马克斯韦尔·泰勒将军的第101空降师伞兵送行。部队很快就要登机出发了。他的脑海中此刻反复徘徊着利-马洛里的可怕预言：他们都是去送命的。然而艾森豪威尔"对待伞兵的神情非常随和亲切"[38]，就连他的副官也感到意外。一个来自得克萨斯州的士兵为最高统帅推荐了一份工作：战后可以去套牛。艾森豪威尔接着问军官们，部队中是否有人来自堪萨斯州。他希望找到来自故乡阿比林（Abilene）的老乡。一个名叫奥勒（Oyler）的士兵被推上前来。

"士兵，你叫什么名字？"艾森豪威尔问。

奥勒在将军面前呆呆地不知所措。他的朋友们只好大声叫唤他的名字，试图让他回过神来。

艾森豪威尔接着问他来自哪里。

"堪萨斯州，惠灵顿（Wellington）。"奥勒回答说。

"哦，那在威奇托（Wichita）以南。"

27　　最高统帅接着还询问了他的教育背景和服役经历，在英国是否有女友。奥勒放松下来，回答了关于训练，以及排里的战友是否都做好了出发准备等问题。

"你要知道，奥勒，德国人狠揍了我们五年。该我们复仇了。"

艾森豪威尔继续问他是否害怕，奥勒承认的确如此。

"嗯，只有该死的傻瓜才不怕。不过有个摆脱恐惧的诀窍：只管埋头向前。如果停下脚步，思前想后，就会失去注意力。不能集中精神的话，你就会挂彩或丧命。最好的办法就是勇往直前。"[39]

此刻伞兵们面临的最大难题是走不动。他们的装备太重了，只能摇摇摆摆地走向跑道，来到正排队等候的飞机前。

C-47"空中列车"（英国称其为"达科他"）的地勤人员一直忙个不停。直到最后一刻，所有执行空降任务的飞机才在机翼和机身上画出黑白条纹，以便海面上的盟军舰船能更清晰地识别它们。一些伞兵看到这情形吓了一跳。"机翼和机身上涂着又大又宽的条纹，我们都大吃一惊。你想想，它们飞在天上，像活靶子一样。地面上的每一个防空炮手都会朝它们开火，碰碰运气。"[40]

解决"友军误射"的问题是当务之急，对空降部队更是如此。在1943年7月进攻西西里岛期间，美国海军高射炮就曾对己方运输机和牵引滑翔机射击。牵引机飞行员为了逃离猛烈的火网，只能在绝望中松开滑翔机，任其坠入大海。十多架滑翔机在这场灾难中坠毁。这一次，为了避免机群从舰队上空飞过，计划降落到科唐坦半岛的两个空降师将向西大幅绕道，通过海峡群岛（Channel Islands）后再进入伞降区。

被伞兵们戏称为"笨鸟"的 C-47 运输机在机头侧面绘制了自己独有的名称和标识。有一架画着魔鬼举着托盘，上面坐着一个泳装美女。图案下面的铭文是"天堂可期"。还有一架飞机的名字就不那么出彩，叫"马车小姐"。

伞兵负荷过重，就像穿着盔甲的骑士上马那样，需要有人帮扶才能登上舷梯，因此登机花了 40 分钟。可是他们一旦进去了，许多人因为"太过紧张"，很快又挣扎着要出来"尿尿"。每架 C-47 都要搭载 16—18 名全副武装的士兵，这导致飞行员越发担忧起飞时超重，因此坚持空降兵必须称重后才能登机。看到统计出来的总重量后，他们更加忧虑了。

中士首先进入飞机，排长最后一个，因为他需要打头阵。殿后的中士则承担"推手"的角色，确保每个人都要跳伞离机，不能有人待着不动。"有名士兵问中士，是否真的接到过命令，射杀任何拒绝跳伞的人。'这正是我接到的命令。'他的声音很小，大家都安静了下来。"[41]

第 82 空降师的第 505 伞兵团在登机时遭遇了重大事故。一枚甘蒙手榴弹在机内爆炸，导致多名士兵遇难，飞机燃起大火。然而幸存者还得紧接着执行后续流程。在那个夜晚，出发计划绝不容拖延。

伴随着引擎轰鸣，一眼望不到头的 C-47 满载人员装备，在格林汉姆公地机场跑道上列队滑行。艾森豪威尔将军站在那里，眼中饱含泪水，在第 101 空降师官兵腾空而起时向他们举手敬礼。

在与戴高乐发生争执的那天晚上，丘吉尔也没有忘记东方的强大盟友。他一直试图说服斯大林在诺曼底登陆的同时，发动东线夏季攻势。他在 4 月 14 日的电报中写道："我们请你方告知，你方将采取多大规模的攻势，以便我方统筹计划。"[42]

早在 1942 年，西方盟军就承诺要在欧洲北部开辟第二战场；到了 1943 年，斯大林对此已失去了信心。丘吉尔一直倾向于在地中海战区采取间接或外围战略。他那一代年轻人曾经在法国血流成河，因此丘吉尔不希望再次见到那样的屠杀。尽管理由大错特错，但他推迟登陆的决定最终被证明是正确的。英美联军当时不论在物质上，还是在接受过训练的士兵数量上，都没有为一场这样的行动做好准备。一旦失败，后果将不堪设想。然而，这些借口抑或真实原因并不能安抚斯大林。他从未停止提醒盟友，要履行承诺。他在 1943 年 6 月 24 日写信给丘吉尔："人们不应该忘记，此举决定了是否能拯救西欧和苏联沦陷区百万人的生命，并减少苏联军队的巨大牺牲。与这些损失相比，英美联军可能遭受的伤亡可以说是微不足道。"[43]在这场战争中，已经有 700 多万苏联官兵丧生。

令丘吉尔大失所望的是，罗斯福在 11 月的德黑兰会议上背着他告诉斯大林，除了计划登陆诺曼底外，盟军还将发动"铁砧行动"（Operation Anvil），在法国南部登陆。自美国人开始构思这个计划以来，丘吉尔和布鲁克就一直持反对意见。"铁砧行动"将耗尽盟国在意大利的后备部队和资源，并粉碎丘吉尔进军北巴尔干和奥地利的梦想。丘吉尔已经预见到红军大举进攻的后果，对苏联将占领中欧地区感到惶恐不安。与之相对，罗斯福说服自己，只要取悦斯大林而不是与之对抗，就有可能实现战后持久和平。他打算创建联合国，并以此为基础确保和平。总统认为丘吉尔满脑子都是帝国主义和地缘政治的保守思想。罗斯福认为,一旦欧洲在美国的帮助下打败纳粹德国,就应该自己处理好内部事务。

德黑兰会议上,斯大林很高兴得到了迄今为止最为坚定的保证:盟军将在来年春季发动跨越英吉利海峡的登陆行动。但是,当他听说英美还没有任命最高统帅时,又产生了深深的怀疑。即使提名艾森豪威尔后,斯大林依然半信半疑。2月22日,他收到苏联驻伦敦大使古谢夫(Gusev)发来的电报:"我们从其他消息来源,主要是从英国和美国记者那里得知,在德黑兰确定的第二战场开辟日期可能从3月改到4月,甚至可能推迟到5月。"[44]当罗斯福最终写信告知斯大林确切的登陆时间后,苏联外交部部长维辛斯基(Vishinsky)①还召见了美国驻莫斯科临时代办,质问登陆日代号"D日"中的"D"到底代表什么意思。[45]

在这场伟大的登陆战的前夜,丘吉尔认为西方盟国亏欠苏联人民的血债终于开始偿还了。他给斯大林发去电报:"我刚刚从艾森豪威尔的指挥部回来。我在那里待了两天,其间一直盯着部队登船……虽然很遗憾,艾森豪威尔将军被迫推迟了一晚发起进攻,但预报显示,天气已经发生了非常有利的变化。今晚我们就出发。"[46]

---

① 1944年苏联外交部部长(当时称外交人民委员)应为莫洛托夫,维辛斯基此时为外交部副部长,后于1949年升任外交部部长。

第三章　守望海峡

当德军等待盟军登陆时，希特勒还留在阿尔卑斯山上的贝格霍夫别墅（Berghof），从这里可以俯瞰贝希特斯加登（Berchtesgaden）。6月3日，就在盟军部队和装备登船的时候，一场婚礼在这个远离人群的地方举行。埃娃·布劳恩（Eva Braun）的妹妹格蕾特尔（Gretl）嫁给了希姆莱派驻元首大本营的代表——党卫军地区总队长赫尔曼·费格莱因（Hermann Fegelein）。宾客们都身穿华丽的礼服或制服。唯一的例外是希特勒，他身着平日里常穿的鼠灰色外套。无论什么场合，他都很少盛装出席。希特勒在婚礼中担任新娘父亲的角色，欣然喝下不少香槟，还允许大家随着党卫军乐队的奏乐跳舞。他早早离开婚宴，让人们可以一直欢庆到深夜。马丁·鲍曼（Martin Bormann）狂饮杜松子酒，直到不省人事，才不得不被人抬回他的小木屋。

希特勒此时信心十足。他渴望敌人进攻，确信盟军的登陆行动将会在"大西洋壁垒"前撞得粉碎。帝国宣传部部长约瑟夫·戈培尔（Joseph Goebbels）甚至暗示，盟军压根就不敢越过英吉利海峡。他在那时提出了一句响亮的口号："他们应该来了。他们为什么还不来？"[1]

希特勒深信，只要在登陆战中击败盟军，英美两国就会退出战争。如此一来，他便能集中全部力量，在东线与斯大林厮杀。他并不关心在这场规模庞大的防御战中，德军将在法国遭受多大伤亡。希特勒的所作所为早已证明他对生命有多么漠视，即使对待他自己的亲卫军——党卫军第 1 "阿道夫·希特勒警卫旗队"装甲师也是如此。然而，他每年都会给该师官兵送去装满了巧克力和杜松子酒的圣诞礼盒，不过没有香烟，希特勒认为这对他们的健康有害。[2]希姆莱不得不动用党卫军资源，以弥补缺少烟草的遗憾。

按计划，大西洋壁垒本应该从挪威一直延伸到西班牙边境，然而事实上它仅仅是德国国内宣传上的成就，从未在现实中完全竣工。希特勒再一次被他自己的那个自欺欺人的政权蒙蔽。有人将大西洋壁垒与 1940 年的马其诺防线相提并论，他对此视而不见，甚至不愿意听取海岸防御建设工程负责人的抱怨。由于希特勒优先把大量物资用于建造为潜艇提供防护的大型掩体，所以他们没有足够的混凝土修建碉堡和炮台。尽管德国海军在大西洋之战失利，但他依然相信正在研发中的新一代潜艇将摧毁盟军的海上航运。

西线总司令格尔德·冯·伦德施泰特（Gerd von Rundstedt）元帅认为大西洋壁垒"只不过是劣质的唬人之物"[3]罢了。和许多高级军官一样，上了年纪的伦德施泰特不会忘记腓特烈大帝（Frederick the Great）的一句名言："处处设防等于没有设防。"他主张德军应放弃意大利——"这个形状像靴子一样的可怕国家"——然后在阿尔卑斯山的另一侧守住防线。他也不同意在挪威保留过多军队，因为那里的战略价值"仅仅同海军相关"。①

几乎德国所有高级军官都在私下里对希特勒过于迷恋所谓的"要塞"感到不满。他要求英吉利海峡沿岸的诸多港口，如

---

① 隆美尔也想放弃意大利，并把部队从法国南部和西海岸地区撤出，以加强英吉利海峡的防御力量，但被元首大本营拒绝。[4]——原注

敦刻尔克、加来、布洛涅、勒阿弗尔和瑟堡等，以及大西洋沿岸的布雷斯特港（Brest）、拉罗谢尔港（La Rochelle）和波尔多港等，都要实现"要塞化"（Festung），必须坚守到最后一人。希特勒也拒绝考虑把驻防在海峡群岛的加强师调回来，因为根据他自己对英国人的判断，他们一定会想方设法夺回这块德国唯一占据的英国领土。

希特勒确信，"要塞坚守令"是阻止东西线敌人的最佳方法，也能防止他自己的将军们掉头撤退。这道命令实际上意味着驻扎在法国北部的12万德军后来将无法驰援本土。他的策略违背了德军总参谋部秉承的所有传统原则，那就是坚持灵活性。伦德施泰特还指出，德军火炮和混凝土阵地都面向大海，很容易受到来自陆地一侧的攻击，不过他的建议"并未受到重视"[5]。

然而，不仅仅是党卫军狂热分子，即使是经验丰富的国防军军官也对即将来临的战斗抱有一定信心。"我们认为，敌人在迪耶普的溃败足以证明我军可以击退任何登陆行动。"弗里茨·拜尔莱因（Fritz Bayerlein）中将后来对美方审讯人员如是说。[6]德军官兵中普遍存在与敌人在地面上厮杀的强烈愿望。一名中尉在盟军登陆五天前写道："战争面貌发生了翻天覆地的变化。它不再像是电影院那样，最好的座位在后排。我们枕戈待旦，希望敌人尽快来。但我还是担心他们根本就按兵不动，而是寄希望于出动空军把我们了结。"[7]登陆日两天后，他死在盟军轰炸机之下。

当然，关键问题还是判断盟军将从何处发起进攻。德军在制订应对计划时，还考虑过盟军在挪威、丹麦，甚至在西班牙、葡萄牙登陆的可能性。国防军最高统帅部的参谋人员仔细研究了敌军攻击法国地中海沿岸和比斯开湾的可能性，特别是布列塔尼和波尔多周边地区。不过最有可能的地区是位于英格兰南部和东部盟军空军基地的航程范围内。这意味着从荷兰海岸沿英吉利海峡向南直到科唐坦半岛顶端的瑟堡，任何地方都是潜在登陆点。

希特勒把加强海峡防御的任务交给了 B 集团军群指挥官埃尔温·隆美尔（Erwin Rommel）元帅。隆美尔过去是希特勒的死忠分子，在北非战区作战时，因盟军掌握了空中优势而对战争前景深感绝望。这位精力旺盛的装甲部队指挥官曾经被宣传成民族英雄，现在则讥讽希特勒的讲话就是"阳光疗法"，只是蛊惑士气低迷的军官们罢了。不过隆美尔从未放松懈怠，而是全力以赴加强岸线防御。

最明显的目标是加来海峡。该方案确保盟军跨海距离最短，有利于空军提供持续不断的空中支援；登陆点距离德国边境的直线距离还不到 300 千米。一旦登陆成功，盟军便能切断更西侧的德军与主力部队的联系，还可以占领即将准备就绪的 V-1 导弹发射场。基于以上原因，整个大西洋壁垒的主要防御工事都集中在敦刻尔克和索姆河河口之间。该地区由第 15 集团军守卫。

另一个很有可能的登陆区域是更偏西的诺曼底海滩。希特勒一开始就曾经怀疑盟军也许会在那里登陆，不过他预测上述两段海岸都有可能是盟军目标，这样就能确保自己能在事后声称料事如神。奇怪的是，德国海军却排除了诺曼底海岸的可能性，认为除非海水处于高潮期，否则不可能登陆。这个区域从塞纳河（Seine）延伸到布列塔尼，由德国第 7 集团军负责防守。

隆美尔的司令部设在位于塞纳河一个大转弯处的拉罗什吉

永城堡（Château de la Roche-Guyon），这里正好在他统率的两个集团军防御区域的分界处。城堡背靠白垩岩悬崖，高崖上有一座荒废的诺曼人要塞；向下望去，目光穿过著名的香草园，可以俯瞰大河。中世纪城墙上的城门是文艺复兴时期建造的，同罗什富科（Rochefoucauld）家族的地位相得益彰。

经隆美尔允许，现任公爵及其家族成员在这座豪宅上层保留了几套房间。除了装饰着华丽哥白林棉织挂毯的主会客厅外，隆美尔很少使用其他套房。在他工作的地方，抬头就能看到屋外的玫瑰园，此刻园圃尚未开花。1685年，废除《南特敕令》的文件正是在他现在使用的办公桌上签署的。许多国防军军官的祖先曾经是法国胡格诺派教徒，因这项法令而被迫迁徙到普鲁士追寻新生活。①

白天，隆美尔基本上不会待在城堡里。他通常5点起床，同参谋长汉斯·施派德尔（Hans Speidel）中将共进早餐后，立即乘坐他的霍希指挥车②出去巡视，其陪同人员不超过两名军官。晚间参谋会议在他回来后举行，然后他与最亲近的随员一起享用简单的晚餐，通常只有施派德尔和海军少将弗里德里希·鲁格（Friedrich Ruge）——隆美尔的海军顾问兼好友。饭毕，他会到屋外的两棵大杉树下散步，继续同他们讨论。他们有很多话要在私下谈。

---

① 法国国王亨利四世在1598年颁布《南特敕令》，承认法国胡格诺派信仰自由；1685年，路易十四颁布《枫丹白露敕令》，宣布新教徒非法，迫使大批新教徒离开法国前往普鲁士、英格兰等地。
② 霍希公司（Horch）由德国汽车工业先驱者之一奥古斯特·霍希创办，霍希离开此公司后，以自己名字的拉丁语"Audi"成立了奥迪公司。二战期间霍希公司为德军生产了系列军用车辆，其中霍希901成为广泛装备的军官座车和指挥车。

希特勒拒绝在法国防卫战中整合海空军，使其接受统一指挥。隆美尔对此相当恼火。在戈林和邓尼茨的鼓动下，希特勒本能地倾向于让各军种之间保持相互竞争，只有他才能高高在上，掌握全局。施派德尔据理力争说，德国空军在西线部署有超过30万地勤和通信人员，他们都属于戈林所控制的庞大体系的一部分。更糟糕的是，这个帝国元帅拒绝让他的高射炮部队配合陆军作战，可是他掌握的空军又无法遏制盟军空袭。

每当隆美尔抱怨德国空军无能时，元首大本营为了安抚他，便描述一番英国将在1000架新型喷气式战斗机和无数枚火箭弹的袭击下跪地求饶的场景。他不仅不相信这些承诺，还心知肚明自己在指挥中其实被束缚了手脚。自斯大林格勒战役以来，希特勒就禁止采用灵活防御战略，下令必须死守每一寸土地。

施派德尔是陆军反希特勒组织中的一名成员。他写道，隆美尔本人曾悻悻援引希特勒自己写的一句准则："如果一个国家的政府带领这个国家走向覆灭，那么反叛不仅是正义之举，也是每个人的义务。"[8]这句话出自他在魏玛共和国时代所撰写的《我的奋斗》。可是隆美尔不是施派德尔，也不是被克劳斯·冯·施陶芬贝格（Claus von Stauffenberg）上校鼓动起来的柏林密谋者，他并不相信暗杀能解决问题。

年迈的伦德施泰特虽然在私下里经常把希特勒称为"波希米亚二等兵"，但绝不会想到要造反。如有其他人要除掉戴"褐色臂箍"的纳粹，他不会阻拦，不过肯定会置身事外。他的内心其实相当矛盾，越发不知如何是好。伦德施泰特从希特勒那里接受过大量金钱，因此肯定会有所妥协。但是当试图推翻希特勒的斗争失败后，即使是施派德尔也没有预料到伦德施泰特竟然堕落到那般田地。

第一次世界大战后,伦德施泰特同冯·兴登堡(von Hindenburg)元帅类似,也担任过名义上的军队和国家领导人。英国人将其视为"最后的普鲁士人",认为他只不过是一名保守的近卫军军官罢了,没有什么危险,殊不知他也接纳了纳粹的许多凶残思想。伦德施泰特从未反对党卫军特别行动队①在东线大规模屠杀犹太人。他还论及在法国使用苏联奴工的诸多好处。"如果不听话,毙了他就行了。"[9]

希特勒胡乱指挥,把战争拖入一场灾难。早前,伦德施泰特还对此心急如焚,现在则心如死灰,无动于衷。他对装甲战术理论不感兴趣;当同僚们激烈辩论什么是抗击登陆的最好手段时,他也冷眼旁观。争论的一方是隆美尔,他主张将防御阵地前推,在盟军登陆时打败他们;另一方则认为应该以大规模装甲集群实施反击,其主要支持者是德军装甲兵总监海因茨·古德里安(Heinz Guderian)大将和装甲兵上将莱奥·盖尔·冯·施韦彭堡(Leo Geyr von Schweppenburg)。

盖尔曾经任驻伦敦武官,比许多同时代人更有教养。这一点与腓特烈大帝有些相似。然而,这个知识分子的傲慢态度也使其四面树敌,尤其是元首大本营和党卫军,他们怀疑他并不忠于帝国政权。盖尔是西线装甲集群指挥官,他和古德里安一致认为,应该在巴黎北部森林地区集结一个装甲集团军,随时准备将敌人赶回大海。[10]

隆美尔在1940年担任装甲指挥官时,因大胆突进而声名鹊起,后来在北非战区的经历对他产生了深远影响。现在,欧洲西北部的绝对制空权已在盟军手中。他认为如果将装甲部队撤

---

① 特别行动队是非战斗部队,二战期间的主要任务是抓捕、屠杀没有武装的犹太人和抵抗组织成员,且公开行动。

离前沿，再伺机反击，那么部队将永远不可能及时赶到战场，取得决定性战果。[11]果不其然，希特勒对防御策略一直横加干涉，加上混乱的指挥结构，最终形成了一个糟糕的妥协方案。由于希特勒严令装甲部队只有经他授权后才能调动部署，所以盖尔和隆美尔都不能控制所有装甲师。

隆美尔的预感越来越强烈，认为盟军最终可能还是会在诺曼底登陆，于是频繁视察这一地区的海防工事。他认为那个蜿蜒曲折的长长海湾——正是盟军指定的奥马哈海滩——与此前他们在意大利登陆的萨莱诺（Salerno）海滩很像。[12]隆美尔不知疲倦地努力工作，他确信登陆行动的头两天就能决定鹿死谁手。德国人从1940年缴获的法国坦克上卸下炮塔，然后固定在混凝土掩体里。它们被称为"图卜鲁格"，因为这种战术源于北非战役。德国伞兵军官标记出滑翔机最有可能降落的地点，然后由法国劳工和意大利战俘在那里竖起巨大的木桩，以阻止伞兵着陆。这些木桩被人们戏称为"隆美尔芦笋"。

集团军群指挥官不辞劳苦地四处奔波，这让许多部队指挥官百感交集。由于所有时间都用于加强防御建设，训练机会就减少了。他们还缺乏弹药用于射击训练，这也是德军枪法普遍不准的原因。隆美尔还坚持要求大幅增加雷区数量。一名英国军官后来从战俘那里得知，德军军官下令设置了很多虚假的雷区，纯粹是为了应付苛刻的隆美尔。[13]他们认为隆美尔不可能到处检查，确认雷区是真是假。

尽管伦德施泰特无法指挥所有海空军，但理论上隶属于他的军队达150万之众。陆军部队总兵力85万，官兵素质参差不齐。36个步兵师中，超过半数没有运输车辆或机动火炮。这些部队主要承担岸线防御任务。一些师甚至还成立了"耳朵肚子营"[14],由失聪或腹部受过伤的士兵组成——要在战斗中对前者发号施令,压根就不现实。

其他驻法步兵师中,很多人要么年纪太大,要么乳臭未干。作家海因里希·伯尔(Heinrich Böll)当时是第348步兵师的一等兵。他写道:"这些孩子穿着灰军装,看着他们的脸,真让人伤心。"[15]步兵师的战斗力也大打折扣,因为最优秀的新兵都被派往党卫军、空军伞兵师或装甲部队。拜尔莱因将军注意到:"步兵师得不到好的补充兵员。这就是装甲部队不得不在前线长期作战的原因之一。"[16]

西线德军还包括来自阿尔萨斯、洛林、卢森堡的征召兵。还有些士兵是出生于欧洲中部、波罗的海到黑海一带的德裔。尽管他们中很少有人会说或能听懂德语,但还是被定义为"德意志裔人"(Volksdeutsch)。此外,也有波兰人被强制征召入伍。

第7集团军大约有五分之一的士兵出生在波兰,或是从苏联战俘中招募的"东方部队"(Osttruppen)士兵。很多人仅仅是为了不在德国集中营中饿毙或病死,才充当了"志愿者"。他们在东线的战绩并不出色,因此纳粹政权将他们逐渐撤出,并入安德烈·弗拉索夫(Andrei Vlasov)将军领导的"俄罗斯解放军"(ROA),其中大部分人被送到了法国。他们按营级编制组织起来,但德国人将斯拉夫族裔看作"劣等民族"(Untermenschen)的态度并没有转变。就像在苏联沦陷区一样,他们的主要任务是反游击战。这群俄国人凶神恶煞,还惯于抢劫,因此伦德施泰特元帅认为"这有助于加深法国人对苏军进攻法国的忧虑"[17]。

指挥他们的德国军官和士官担心一旦战斗开始，自己就会被他们从背后开黑枪打死。许多"东方部队"士兵设法脱离德军，投奔到法国抵抗组织。只要一有机会，大部分人就会向盟军投降，然而第二次改换门庭也无助于他们在战争结束时逃脱被秋后算账。无论如何，德国试图通过煽动对"英美财阀"（Plutokratenstaaten Amerika und England）统治的西方盟国的仇恨，以增强"东方部队"士气的伎俩失败了。[18]只有少数几支部队，如"胡贝尔东方营"（Ostbataillon Huber），在即将到来的战斗中愿意卖命。

对于法国平民来说，他们在日常生活中并不常见到"东方部队"士兵。蒙特堡（Montebourg）位于科唐坦半岛，不久后就将陷入猛烈的战火之中。登陆战役前，该镇一位居民曾惊愕地目睹到一个营的格鲁吉亚士兵跟在骑着灰马的军官后面，在主路上行军。东方人唱着陌生的曲子，"同我们从1940年起常听到的曲调大相径庭"。[19]

法国人有时把德意志裔士兵称为"德国跟班"，对征召而来的波兰人表现出极大的同情。巴约（Bayeux）的一名妇女从德军中的波兰人那里得知，华沙秘密传来消息，他们应该尽快向盟军投降，之后便会转移到安德斯（Anders）将军指挥的波兰军队中，与英军并肩作战。波兰兵还向法国人讲述了有关党卫军灭绝营的消息。不过人们并不太相信，特别是这种说法伴随着太多混乱的细节，比如犹太人尸体被制成糖。随着苏军向前推进，波兰人也预见到了自己国家的命运。他们对法国人说："你们会得到解放，但我们将被占领很多年。"[20]

党卫军及隶属陆军的装甲师、装甲掷弹兵师同战斗力弱的步兵师形成了鲜明对比。弗里茨·拜尔莱因中将曾经跟随隆美尔在北非作战，现在担任装甲教导师师长。该师骨干官兵均从专门负责训练装甲部队的机构中选拔而来。当他接管教导师时，古德里安对他说："只要动用这一个师，你就肯定能把盟军赶下海。你的目标是海岸，不，不是海岸，是大海。"[21]

诺曼底战役中，齐装满员的其他装甲力量还包括海因里希·冯·吕特维茨（Heinrich von Lüttwitz）中将率领的第 2 装甲师。隆美尔非常信任这个戴着单片眼镜的矮胖男人，如有需要，甚至可以让他代表自己与盟国谈判。最靠近诺曼底海岸的装甲部队是第 21 装甲师，该部将在卡昂（Caen）与英军针锋相对。不过这个师并没有装备最新的豹式或虎式坦克，而是Ⅳ号坦克，并且总兵力的六分之一为德意志裔士兵。根据师长埃德加·福伊希廷格尔（Edgar Feuchtinger）中将①的说法，他们"听不懂命令，士官和军官也很难理解他们"[22]。福伊希廷格尔是一名死硬纳粹分子，曾经参与组织 1936 年的柏林奥运会。他还是个风流之辈，颇为同僚所不齿。就在登陆那天晚上，他竟然还在巴黎同情妇厮混。

诺曼底战场上，尤其是在东部卡昂周边的英军作战区，党卫军装甲部队将进行自库尔斯克战役以来最大规模的集结，其中包括党卫军第 1 "阿道夫·希特勒警卫旗队"装甲师和党卫军第 12 "希特勒青年团"装甲师。"希特勒青年团"师是最年轻，也是最狂热的一支部队。后来，德军又从东线调来了党卫军第 9 "霍亨施陶芬"装甲师，以及党卫军第 10 "弗伦茨贝格"装甲师。英军装甲部队还将遭遇两个装备了虎式坦克的党

---

① 原文如此。诺曼底战役时期，他的军衔应为少将。1944 年 8 月 25 日晋升为中将。

卫军重装甲营，并因此蒙受惨烈损失。西边的美军只需面对党卫军第17"格茨·冯·贝利欣根"装甲掷弹兵师和党卫军第2"帝国"装甲师。第17师是诺曼底地区战斗力最薄弱、训练水平最差的党卫军部队，而第2师则很快因其暴行而声名狼藉。不过美军即将对阵的步兵师数量更多。其中由伞兵上将欧根·迈因德尔（Eugen Meindl）率领的第2伞兵军最为棘手。

防守诺曼底地区的是德第84军。军长埃里希·马克斯（Erich Marcks）炮兵上将是一位受人尊敬、充满睿智的指挥官。他瘦削结实，在第一次世界大战中失去了一只眼睛，鼻子和脸颊上还留下了一道深深的伤疤。戴着眼镜的马克斯在二战早期还失去了一条腿。"他就像一个斯巴达人，有着老普鲁士人的纯朴。"一名崇拜他的军官这样写道。[23]有一次，当晚餐期间端上鲜奶油时，他说："只要我们国家还在挨饿，我就不希望再看到这东西。"

马克斯其实是个异类。据伦德施泰特的参谋长京特·布卢门特里特（Günther Blumentritt）将军说，法国自1940年战败以来，就一直被视为"征服者的天堂"[24]。这个国家与苏联前线的境况有天壤之别。事实上，那些东线的未婚军官只要得到休假，就总是想方设法到巴黎去，而不是待在环境艰苦、满目疮痍的柏林。他们更愿意坐在香榭丽舍大街上的咖啡馆外，享受阳光，接着在马克西姆餐厅用餐，然后去夜总会欣赏歌舞表演。

甚至连法国人向盟军提供帮助似乎也没有让他们感到过于不安。一名在巴黎度假的第9装甲师技术军官写道："在这里进行间谍活动很容易，敌人肯定会收获满满。这里到处都有路牌标识。一般而言，士兵和女性的关系也非常亲密。我在这里度过了一段美好时光。所有人真应该去巴黎看看，亲身体验一下。我很高兴得到了这样的机会。你可以在巴黎获得想要的一切。"[25]

从东线调来的部队，特别是党卫军，都认为驻扎在法国的德军变得太软弱了。有位将军这样评论道："他们过得优哉游哉，什么事也不干，只是不断往国内寄东西。法国有佳酿、美女和宜人的气候，这是个危险的国度。"[26]驻扎在海峡群岛上的第319步兵师因为与本质上就是英国人的当地居民交往甚密，而被认为已经同化了。他们还得到了一个绰号——"英王的德国掷弹兵"[27]。然而不久之后，普通士兵就会称其为"加拿大师"[28]，因为希特勒拒绝将该师调离群岛，这意味着他们最终将会被关进加拿大战俘营。

在法国的德国占领军确实过得很安逸。这也得益于德军指挥官要求士兵善待平民。毕竟，对诺曼底的农夫们而言，最重要的是继续生活和劳作。只是到了1944年春季，随着党卫军和"东方部队"抵达诺曼底附近地区，才出现酗酒暴力行为，夜间有人在街上开枪，还会零星发生强奸，以及更为频繁的抢劫案件。

有许多德国军官、士兵同外省或巴黎的年轻法国女人保持着暧昧关系。没有女友的人也可以在巴约找到专门为军人提供服务的妓院。在这座安静的小镇上，还有一座军人电影院、一间军人牙医诊所和其他一些为军队服务的设施。[29]驻法德军，尤其是住宿在诺曼底富饶农庄里的德国士兵，还可以享受另一番好处。他们的家人在国内只能依靠不断减少的配给维持生计，于是他们会利用休假之际，带着整盒肉类和奶制品回家。1944年春，随着盟军对铁路交通加强空袭，诺曼底地区的农民发现出售农产品越来越难了。普通德国兵和士官可以用香烟配给来交换黄油和奶酪，然后寄回德国。唯一的问题是，空袭导致邮政系统也不时瘫痪。

盟军登陆前夜，一名德军高级士官和他的连长在掩体里待了一整宿，讨论当战斗降临时，国内同胞会如何应对。不过他真正关心的是另一个问题。他给妻子劳拉写信说："我这儿有四千多克黄油，如果有机会的话，我很想把它寄给你。"[30]他大概再也没有机会了。数天后，连长在寄给军士妻子的悼念信中，用标准化语句写道，他"已为元首、人民和大德意志帝国而献身"（für Führer, Volk und das Großdeutsche Reich）。

有位法国小店主问一名防守海岸的第716步兵师士兵，登陆开始后他打算怎么办。"我要当只贻贝，躲着一动不动。"他回答说。[31]不过也有很多爱国者坚守职责。"如果在不久的将来我无法写信，或者正在战斗，不要太担心，"第2装甲师的一名高级士官在信中写道，"即使战火真的开始燃烧，我也会尽可能经常给你写信。敌人长久以来一直妄想对祖国发起致命打击，我们不能掉以轻心。现在进攻就要打响了。不过你们可以放宽心，我们将坚守阵地。"[32]

在6月初的数天里，对于预期中的盟军登陆出现了大量相互矛盾的迹象。根据隆美尔的海军顾问鲁格将军所述，德方认为盟军登陆进攻虽然迫在眉睫，但鉴于天气因素，近期不会发生。德国在北大西洋没有气象台，气象专家缺乏盟军收集到的气象信息，因此判断天气在6月10日之前都不会好转。[33]隆美尔决定利用这个机会回德国给妻子过生日，并前往贝希特斯加登觐见希特勒，请求他再增援两个装甲师。隆美尔显然对天气预报很有信心，才会在此时脱离指挥岗位。他肯定不会忘记，19个月前蒙哥马利发动阿拉曼战役时，他就曾因病离开非洲军团。第7集团军指挥官弗里德里希·多尔曼（Friedrich Dollman）大将根据天气预报，也决定于6月6日在雷恩（Rennes）举行师一级军官参加的指挥演习。

然而，即使在1944年春季已多次触发错误警报，还是有人似乎感觉到即将发生什么。6月4日，德国外交部部长之子、党卫军二级突击队中队长鲁道夫·冯·里宾特洛甫（Rudolf von Ribbentrop）参加完党卫军第12装甲师的无线电演习，乘车回来途中遭到盟军战斗机扫射而受伤。第二天，德国驻巴黎大使馆的一名工作人员到医院看望他。这名外交官在离开时表示，根据最新报告，登陆将于当天开始。

"好吧，又一场虚惊。"里宾特洛甫说。

"6月5日还没过完呢。"访客回答道。[34]

布列塔尼的抵抗组织近来活动频繁，引起了德军警觉。在布雷斯特东北部，为当地抵抗组织网络空投的武器几乎直接砸到第353步兵师师部的屋顶上。"通信兵和单独行动的士兵被人伏击"，就连师长马尔曼（Mahlmann）将军也遭遇埋伏。在自动武器交火中，他的副官丧命，自己勉强死里逃生。事后检查，他的专车上有多达24个弹孔。6月5日，第942掷弹兵团团长科德斯（Cordes）上校被杀。[35]德国人对一名在6月初被捕的抵抗组织成员施以酷刑，得到了一些情报。据他说，"入侵行动将在几天内开始"[36]。

尽管计划在科唐坦半岛蒙特堡大街上举行的空包弹演习并未因恶劣天气而取消，德国海军却认为当晚派遣巡逻艇进入海峡警戒毫无必要。于是盟军扫雷艇编队得以向诺曼底海岸齐头并进，而完全没有被发觉。

傍晚时分，英国广播公司发给抵抗组织成员的加密"个人信息"引起了德军怀疑。伦德施泰特的指挥部在当晚21点15分将这份情报作为一般性警报向各部传达，不过只有驻守加来海峡的第15集团军进入"二级战备"状态。[37]在拉罗什吉永城堡，施派德尔和鲁格将军正在宴请宾客，其中包括作家恩斯特·荣格（Ernst Jünger）。他曾经是狂热的民族主义者，现在已成为德国抵抗组织的一员。聚会一直持续到很晚。6月6日凌晨1点，施派德尔正准备睡觉时，盟军伞兵着陆的首份军情报告便不期而至。

第四章 封锁登陆区

法国抵抗运动是在战争最黑暗的日子里孤立发展起来的，因此注定结构松散，组织不严密。事实证明，将如此之多政治观点截然不同的团体聚集到一起是一项困难而危险的任务。许多勇气非凡的人试图协调各抵抗组织之间的关系，为此甘冒风险乃至献身，其中最著名的就是让·穆兰（Jean Moulin）[①]。1944年2月，这些组织以"全国抵抗运动委员会"（Conseil National de la Résistance）为框架，实现了某种形式的联合。共产党和非共产党人都能接受的乔治·皮杜尔（Georges Bidault）当选委员会主席。他后来还担任了戴高乐政府的外交部部长。

总体而言，1944年的法国政局分为三大派系，分别被对手称为贝当派、共产党和戴高乐派。当然，他们未必会这样定义自己。大部分抵抗组织都与戴高乐合作，但不一定就是戴高乐派。军方抵抗组织（ORA）接受戴高乐的命令，可是其领导人从来没有完全信任他。1942年11月，德军进入法国非占领区，解散了维希政府的停战军（Armistice army）。ORA就是在勒韦尔（Revers）将军和其他军官的带领下，从停战军残部中发展而来的武装力量。共产党则认为他们只不过是贝当派混入抵抗

[①] 让·穆兰，1899—1943年。从1940年10月至1943年初，他代表自由法国同法国南北地区各主要抵抗组织进行联络，并促进各派联合。1943年因叛徒出卖遭到逮捕，狱中坚贞不屈，最后被盖世太保折磨致死。1964年，让·穆兰的骨灰安葬到了法国先贤祠，与卢梭、雨果、居里夫妇为邻。

运动中的叛徒。不过善于躲在幕后行动的共产党人才是打入竞争对手内部的行家，其经典战术就是"渗透"。他们伪装真实身份，使用各种花招，成为抵抗委员会的代表。然后他们从内部接管权力，同时留下一派政治团结的表象。

在《苏德互不侵犯条约》生效期间，法国共产党发现自己处于一个相当尴尬的位置。不过随着德国入侵苏联，热情坚定的法国青年男女便开始积极参战。对所有抵抗战士而言，苏联红军和游击队所付出的巨大牺牲都是一股强大的激励力量，不过这与战前苏联推行的斯大林主义没有什么关系。"自由射手和游击队"（FTP）是法国共产党领导的武装派别。其中一些成员认为，反抗维希政府和德国占领的战斗应该演变为一场政治起义，以及民族解放之战。他们没有接受过斯大林式的纪律训练，也甚少得到来自莫斯科的指示，因此并不知道克里姆林宫最不想看到的情形就是在盟军前线后方爆发法国革命。在德国最终被打败之前，斯大林需要通过《租借法案》从美国那里得到诸如卡车、食品、钢铁等援助。此外，他最担心西方盟国可能会试图与德国单独媾和。斯大林显然不希望当地共产党节外生枝，给西方盟国以口实。

抵抗运动中的法国共产党对此还一无所知，但这并不仅仅是通信不畅所致。在莫斯科，取代了共产（第三）国际职能的联共（布）中央委员会国际部没有接到过来自上层的指示。斯大林已经不再插手法国事务了。法国在1940年崩溃，完全打乱了他此前的计划，并导致苏联突然间处于德军攻击之下。看来他无法原谅这一点。

伦敦的特别行动处与137个电台保持着活跃的无线电联络。

该部门估计，到1944年春，法国抵抗运动人数已接近35万。大约有10万人可能持有武器，但只有一万人拥有超过一天战斗所需弹药量。[1]抵抗战士对"霸王行动"取得胜利的主要贡献不在于游击作战，而是提供情报和进行破坏活动，从而成功地将诺曼底与法国其他地区分割开来。

铁路抵抗组织（Résistance Fer）在这两个领域都发挥了相当关键的作用。他们可以根据一个师使用了多少列火车运输来估计其兵力。例如，党卫军第12"希特勒青年团"装甲师就接近满员状态，因为铁路职工报告，该师需要84列火车。"绿色计划"（Plan Vert）的主旨在于破坏。[2]铁路工人与其他抵抗组织合作，想方设法令火车在隧道中脱轨，那样就很难把它们移出来。大型起重机成为破坏行动和空袭的优先目标。停在铁路编组站的火车头遭到毁坏，铁轨经常被炸毁。

勃艮第地区和法国东部至德国边境的铁路交通陷入瘫痪。直至登陆开始，第戎（Dijon）周边一共有37条铁路被切断。法国铁路工人遭到了德军的残酷报复。数百人被处决，另有3000人被送往德国集中营。火车司机还一直面临着被盟军战斗轰炸机攻击的危险。"台风"战斗机飞行员喜欢用火箭弹和机炮瞄准机车，看着火车头在一团蒸汽中爆炸。铁路工人也会采取一些不那么惹人注目的行动，比如为了延误时间，就经常把德国军列送到错误的铁路线上。他们已成为这方面的行家里手。德国被迫从国内调来2500名铁路工人，但破坏活动仍在继续。

之所以要阻止德国军队和物资通过铁路运输，除了显而易见的原因之外，还有一个额外好处就是能逼迫他们走上公路。坦克履带的行驶里程数有限，而且由于美国第8航空队持续轰炸德国炼油厂和燃油精炼厂，德军极度匮乏燃料。他们还缺少制作轮胎的橡胶，这让抵抗组织找到了另一个能够轻而易举攻击的目标。他们在后勤运输车辆往来的道路上撒钉子和玻璃碴，从而非常有效地阻碍了公路交通，这正是"乌龟计划"（Plan Tortue）的精髓。

"紫罗兰计划"（Plan Violet）由法国电话电报组织（PTT）的员工实施，其重点是切断德军使用的地下电缆。该计划还有一个他们不甚了解的好处，即迫使德军使用无线电通信，于是"超级机密"系统就可以截获并破译电文。与此同时，"蓝色计划"（Plan Bleu）则专注于破坏电力线路。

诺曼底大区卡尔瓦多斯省（Calvados）和拉芒什省（La Manche）的抵抗组织规模并不大。在这张不大的网络中，最活跃的是蓬托德梅尔（Pont-Audemer）地区的舒尔库夫团（Surcouf group）。在巴约及其周边地区，有大约200名抵抗组织成员参战；沿海小港口也有一些渔民加入进来。内陆地区的作战条件则比较有利，武器已经藏好，随时可以使用。在奥恩省（Orne）的隐秘森林中，抵抗组织召集到1800名男女战士，其中三分之一拥有武器。[3]

虽然卡尔瓦多斯省的抵抗组织力量有限，但这并不意味着盟军就缺少协助。伦敦收到的情报可谓源源不绝。通过辨认送到洗衣房的军服衣领上的数字，盟军知晓了该地区德军师的番号。登陆日当天，英军利用一次非常顺利的滑翔机机降行动，成功占领了贝努维尔（Bénouville）的奥恩河大桥。这正是得益于当地抵抗组织成员为他们提供了大量详尽的情报。[4]两名负责监督海岸防御工事建设的托特组织（Todt）① 职员复制了相关

---

① "托特"是纳粹德国土木工程和军事工程组织，以其创始人弗里茨·托特而得名。该组织在纳粹德国以及从法国到苏联的占领区内开展了大量工程项目。

计划和地图。布吕内（Brunet）先生是其中一员，被捕后遇难。雷区无论真假都被标识出来。抵抗战士还试图估算火力能够覆盖到海滩的大炮口径。这项任务颇为困难，因为在安置岸炮之前，德军就将劳工尽数调离。不过德军在实弹演习时设置了禁止渔船进入的区域，通过研究其纵深面积，也能大致估算火炮大小。

当柯尼希将军的团队在伦敦协调抵抗组织作战时，盟国远征军最高统帅部则计划空投特种部队，以小分队为单位，与抵抗组织一起行动。根据最高统帅部的指令，已安插到位的特别行动处各分队将主要攻击内陆铁路目标。2420 名特种空勤团（SAS）官兵则将空降到更靠近海岸的地方。不过在布莱德雷的第 1 集团军指挥部，"直来直去"的常规陆军却并不看好他们，认为他们"只不过是一群训练有素的伞降破坏者"[5] 罢了。计划报告这样写道："其目的是把特种空勤团队员空投到距登陆区域非常近的地方。他们的任务不是消灭敌人，而是往油箱里灌水，给轮胎放气，到处搞破坏。"美军后来会非常感谢特种空勤团，尤其是在布列塔尼。

在该地区执行任务的是隶属特种空勤团的第 2 伞降猎兵团，它将是自 1940 年以来第一支在本土作战的法国军队。6 月 5 日夜，这支头戴英国伞兵栗色贝雷帽、佩戴洛林十字徽章的先遣分队搭乘"哈利法克斯"轰炸机，从费尔福德（Fairford）起飞前往战区。至 7 月底，该部组织了超过三万名布列塔尼马基团（maquisards）① 成员在后方发动游击战。

---

① 马基团，纳粹占领法国期间由抵抗武装分子组成的乡村游击队。

自1943年3月以来，还有其他部队一直在接受空降训练，准备前往法国关键地区，协助并训练那里的抵抗组织。其中最重要的是"杰德堡计划"（Jedburgh）。每支"杰德堡"小队有三名成员，通常由一名英国或美国军官、一名法国军官和一名无线电报务员组成。[6]根据柯尼希将军的参谋部统计，总计将有83支身着制服的小队空降法国，但大多数没有及时赶到战场，发挥的作用有限。

隆美尔很清楚，德军交通线不仅面临来自抵抗组织的威胁，盟国空军的影响更是致命。5月15日，他对拜尔莱因将军说："当盟军登陆时，我们在北非经历的后勤问题将会重现。补给线会被摧毁。物资根本不可能运过莱茵河，就像当年过不去地中海一样。"[7]

然而，盟军并没有计划封锁莱茵河。盟国远征军最高统帅部的目标是切断诺曼底和布列塔尼之间的铁路交通，摧毁从东部塞纳河至南部卢瓦尔河（Loire）上的所有桥梁。但是由于英方瞻前顾后，以及指挥官个人之间存在意见分歧，这项被称为"运输"（Transportation）的行动并未正常启动。

艾森豪威尔的副手——空军上将特德是该计划的主要支持者。2月，轰炸机司令部指挥官哈里斯（Harris）空军中将和第8航空队的斯帕茨将军提前收到指示，他们需要改变对德战略轰炸攻势，将重型轰炸机用于备战"霸王行动"。哈里斯却妄想德国将屈服于他的轰炸机打击下，因此竭力反对，而是希望延续当前战略，直至将德国城市夷为平地。他给空军参谋长、空军上将查尔斯·波特尔爵士（Sir Charles Portal）写信说："为了减少敌人用于对抗登陆的战争物资力量，转移走的空军部队只应维持在最小规模。"[8]

最重要的是,哈里斯强烈抗拒由别人告诉他要轰炸什么。他以天气变化无常为由,要求获得"完全自由裁量权"。至于法国境内的目标,他只准备派出"哈利法克斯"和"斯特灵"轰炸机执行任务,因为这两种机型航程不及"兰开斯特",无法深入德国腹地。斯帕茨对改变目标也是不情不愿。[9]他想继续攻击炼油厂和德国战斗机制造厂。在3月25日的一次重要会议上,艾森豪威尔将空军的反对意见驳回,但他们仍然试图自行其是。

斯帕茨还指出,轰炸可能会导致大量法国平民伤亡。这是丘吉尔极为关心的问题。他写信给罗斯福,主张德国空军"应该是主要攻击目标"[10]。他担心"在'霸王行动'发起前夕,伤害平民会对法国民众造成不良影响,很容易引起法国人对即将到来的英美解放者产生强烈反感。他们可能会为此长久仇恨我们"。罗斯福在5月11日坚决拒绝了他的请求。"尽管随之而来的平民生命损失令人遗憾,但我不打算从万里之外对军事行动强加任何限制。因为前线指挥官认为这可能会妨碍'霸王行动'实施,或给我军登陆部队造成额外伤亡[①]。"[11]

然而,特德仍然得面对哈里斯的强烈反对。"轰炸机"哈里斯[②]与空军部意见相左,他讨厌马洛里,与顶头上司——空军参谋长波特尔的关系也越来越僵。"英国皇家空军是一个四分五裂的机构,"有位美国高级参谋后来如此评论道,"那里臭

---

① 1944年登陆前,盟军轰炸导致法国平民死亡15000人,另有19000人受伤。[12]——原注
② 自1942年对德发起"千机轰炸"开始,哈里斯曾经多次组织空军对德国重要城市实施轰炸,因此得到了"轰炸机"的绰号。

气熏天,气氛让人难以忍受。"[13] 面对哈里斯和丘吉尔的反对,特德只好去找艾森豪威尔。他说:"你必须掌控那些轰炸机,否则我就辞职。"[14] 最高统帅没有浪费时间,威胁说要把这个分歧转给美国总统去解决。丘吉尔和哈里斯只得让步。据波特尔所说,丘吉尔根本不相信轰炸行动能够成功孤立战场上的德军。[15]

丘吉尔并没有因自己的观点断然被拒而不再担忧法国人的生命。他试图将平民伤亡人数控制在一万以内,如果超过便停止轰炸。他一直问特德,这个数字是否已经达到了。他还建议盟国远征军最高统帅部就目标选择问题咨询法国人。统帅部的所有人则惊呼:"上帝呀,绝不!"[16]

平民伤亡的确很大,轰炸机组也损失惨重。轰炸机还必须打击更远的目标,以阻止德军从那里向登陆区域增援。哈里斯声称他的重型轰炸机对攻击铁路和桥梁等战术目标无效,而事实证明他大错特错。甚至在登陆真正开始前,隆美尔对补给线被切断的担忧就成真了。

6月1日,英国广播公司用法语向抵抗组织发出了第一次预警,提醒他们做好准备。播音员用强有力的语气宣读这些"个人信息"。与通常设置的加密安全措施不同,这则消息的内容再清楚不过了——"L'heure du combat viendra",意思是"战斗即将来临"。如果行动取消,发出的信息要稍微含蓄一些——"Les enfants s'ennuient au jardin","孩子们在花园里觉得无聊"。在6月初的几天里,法国各地的抵抗组织成员都紧贴着收音机,确保他们听到的内容无误。德国军事情报局和帝国保安总局亦是如此。其他不知道这个秘密的人也在聚精会神地倾听。一位住在利雪（Lisieux）附近的知识分子将他的收音机形容为"傲慢的小斯芬克司发送着奇怪信息，法国的命运就取决于它"[17]。

终于在 6 月 5 日傍晚，全法国的抵抗战士都收到了行动开始的信号。盟军认为广播很有必要，因为他们不能在确认主着陆区这个环节上冒险。那天夜晚，诺曼底地区的抵抗组织听到播音员说："Les dés sont sur le tapis"——"骰子掷下"。这是命令他们立即开始切断电缆和电报线。接下来的信息是"Il fait chaud à Suez"，意即"攻击所有交通线路"[18]。

第五章　奇兵天降

6月5日午夜前整整一个小时，数百架飞机发动机的轰鸣声在英格兰南部和中部机场附近的村庄上空不绝于耳。人们穿着睡衣走到自家花园里，仰望乌云翻滚的天空，看着似乎无穷无尽的空中编队飞过。他们下意识地想到："时间到了。"[1]这一幕令人百感交集，激起了很多人在四年前的夏天撤离敦刻尔克时的痛苦回忆。一些人回到屋内，跪在床边为那些动身前往战场的人祈祷。

三个空降师搭乘1200多架飞机升空。英国第6空降师的目标是奥恩河东岸，任务是保护蒙哥马利的左翼。美军第101、第82空降师将在科唐坦半岛着陆，夺取关键战略要地，特别是从犹他海滩穿越内陆洪泛区的堤道。

第一批起飞的部队是牛津郡及白金汉郡轻步兵团2营D连，他们甚至在空降先导员分遣队之前就出发了。分遣队的任务是在主力部队抵达前标记着陆区。这个连乘坐由"哈利法克斯"轰炸机牵引的六架"霍萨"（Horsa）滑翔机，连长是约翰·霍华德（John Howard）少校。所有官兵都把脸涂得黝黑，头戴套着伪装网的圆形伞兵盔。他们装备有步枪、司登冲锋枪和几支布伦式轻机枪。"哈利法克斯"载着他们从登陆舰队的东侧掠过，目标是海滨胜地卡堡（Cabourg）。德军的高射炮防线在那里有一个缺口。滑翔机抵达5000英尺高空后，牵引绳松开。在飞越英吉利海峡的大部分时间里，D连一直在大声吼叫，此时霍华德命令他的手下们停止"歌唱"。从那时起，除了呼啸的风声外，滑翔机内寂静无声。飞行员控制着脆弱的滑翔机转向西面。随着高度迅速下降，它们在1000英尺高度转为水平，准备进场。

D连的目标是两座紧挨着的桥，一座横跨奥恩河，另一座在卡昂运河上。他们必须在德国守军引爆炸药前占领它们。霍华德坐在第一架滑翔机的舱门对面，可以看到下方两条平行水道发出微弱的光芒。随着"霍萨"滑过地面，D连官兵固定好身体，准备迎接着陆冲击。两名飞行员操纵着那架笨重的滑翔机无比精确地降落了。滑翔机在场地上颠簸弹跳，滑行一段距离后，机头穿破铁丝网停了下来。飞行员在撞击中都失去知觉，但他们成功着陆，距离大桥旁边的碉堡仅50英尺。

用胶合板制造的滑翔机还有一个充满恶意的绰号——"灵车"。一些滑翔机在撞击中解体，士兵们从舱门及破裂的舱体中向外爬。第一批战士从霍华德乘坐的那架滑翔机里出来后，旋即就将手雷扔进了卡昂运河西侧碉堡的射击孔里。这个排的其他士兵在登·布拉特里奇（Den Brotheridge）中尉的带领下也同时行动，朝大桥对岸冲去。霍华德少校曾要求所部坚持越野训练，确保身体机能处于最佳状态。可是在这个排抵达大桥另一端前，德军卫兵已经集合起来，向他们开火。布拉特里奇颈部中弹，伤势严重，不久便牺牲了。

尽管桑迪·史密斯（Sandy Smith）中尉在着陆时手臂严重骨折，但他还是率领另一个排也赶了过来。经过一阵短暂而激烈的交火，英军占领了卡昂运河大桥。负责攻占几百码外奥恩河大桥的另一个排却一直音讯全无，霍华德为此焦急万分。好在随后传来战报，该排在防守德军未开一枪的情况下就完成了任务。另一个排降落在目标半英里之外。他们喘着粗气跑到集合地点,受到了排长丹尼斯·福克斯(Dennis Fox)中尉的热情迎接。当被问及情况如何时,中尉回答说:"到目前为止,比赛进行得还不错,但我没看到哪怕一个该死的裁判。"[2]

霍华德立即下令全体进入全面防御状态,并命令福克斯排执行战斗巡逻任务,对附近的贝努维尔实施侦察。"火腿和果酱"——这是成功占领这两座大桥的奇怪代号——通过无线电发出。[3]霍华德简直不敢相信如此复杂的行动居然能完全按计划执行。但就在凌晨 1 点 30 分,保卫桥梁的英军清晰听到了从贝努维尔方向传来坦克轰鸣声。

此时,整个战区上空布满了伞花(见地图 2)。诺曼底海岸诸指挥所内的德军军官疯狂地用野战电话向各自团部报信。由于抵抗组织早已切断了线路,一些指挥所无法接通上级,不得不使用电台。为了乱上加乱,皇家空军还策划了"泰坦尼克行动"(Operation Titanic)。40 架"哈德森""哈利法克斯""斯特灵"轰炸机投下伞兵人偶和代号为"窗户"的铝条来迷惑雷达。多支特种空勤团小队还在远离登陆区的地段伪装实施空降。他们的任务是在敌人防线后方制造混乱,让伞兵人偶显得更加逼真。大约有 200 具假人被空投到卡朗唐(Carentan)地区南部,那里位于科唐坦半岛的根部;此外,在迪沃河(Dives)以东有 50 多具,卡昂西南部有 55 具。它们不过是些粗糙的稻草人,身上还有一个装置能让它们在落地时爆炸并着火。德军称其为"Explosivpuppen"——"爆炸人偶"。1 点 30 分之后不久,德军各军部和集团军指挥部的电传打字机开始噼啪作响,但是有关"爆炸人偶"的报告使大多数指挥官认为,所有攻击仅仅是一次大规模佯攻,可能是为盟军从加来海峡方向登陆进行掩护。当时只有第 7 集团军参谋长马克斯·彭泽尔（Max Pemsel）少将意识到这是主攻，不过在拉罗什吉永城堡总部的施派德尔中将否定了他的判断。

第 711 步兵师驻守奥恩河口以东地区，师长约瑟夫·赖歇特（Joseph Reichert）中将在军官食堂里一直聊到很晚。[4]正要上床睡觉时，他和同僚们听到了头顶上传来飞机引擎声。他后来写道："飞机飞得很低，我们感觉它们几乎要擦着房顶了。"他们又跑到室外一看究竟。"那是一个月圆之夜。乌云低垂，天气恶劣。不过在云层之间的空隙里，可以清楚地看到几架低空飞行的飞机正围着师部盘旋。"赖歇特回屋去拿手枪，紧接着听到有人大叫："伞兵！"师部周围到处都有盟军伞兵从天而降。主阵地上的 20 毫米口径四联装高射炮开火了。

当作战参谋军官向全师上下发出战斗警报时，赖歇特也给位于鲁昂（Rouen）的第 81 军军部去电。这时，枪炮声停止，四周陷入令人不安的平静。赖歇特一直对盟军是否真要发起登陆行动持怀疑态度。现在他感觉到，尽管这次进攻只是一场佯动，但登陆确实开始了。两名被俘的英国伞兵被带了进来，但他们拒不回答问题。从他们身上搜出了多份地图，其准确程度令赖歇特大吃一惊。所有炮位都在地图上标识得一清二楚。他据此推断，法国抵抗组织的活跃程度比德国人想象的还要高。并非所有战俘都这么幸运。在该区域其他地方，赖歇特师的一名连军士长处决了八名被俘英国伞兵。他可能是在执行希特勒那道臭名昭著的"突击令"（Kommandobefehl），即射杀所有执行突袭任务的特种部队成员。[5]

在埃夫勒（Evreux）南部，党卫军第 12"希特勒青年团"装甲师师长——弗里茨·维特（Fritz Witt）旅队长正和参谋们在篝火前小酌，这时第一批关于假伞兵的报告传了过来。他们判定这不过是那年春天多次发生过的又一场虚惊而已，没有太在意。但他们刚一上床，更为紧迫的警报便纷至沓来。维特给党卫军第 1 装甲军军部打电话，但对方也是一头雾水。他在自己的权限范围内发出命令代号"布吕歇尔"，"希特勒青年团"师立即进入战备状态。然而，坦克兵们在装甲车辆里等了好几个小时后，才终于接到元首大本营同意该师出动的指令，他们对此极为沮丧。维特下令侦察营一部驾驶六轮装甲车和宝马边斗摩托车打头阵，党卫军第 25 装甲掷弹兵团紧随其后向卡昂进发。

在那天晚上的英军空降行动中，霍华德率部成功控制了两座大桥，这是唯一一支按计划进行的部队。第 3 伞兵旅旅长詹姆斯·希尔（James Hill）准将在出发前曾警告军官说："先生们，你们都接受了良好训练，收到的命令也很清楚，但如果出现混乱，不要被吓倒。毫无疑问，一定会出现差错。"[6]

第 6 空降师师长理查德·盖尔（Richard Gale）少将制订了一个周密的计划。为确保登陆大军左翼安全，他的部队需要占领并坚守距着陆点以东五英里、奥恩河和迪沃河之间的区域。摧毁东侧的五座桥梁后，他就可以利用迪沃河和德军自己设置的洪泛区，作为防御德装甲部队反击的屏障；同时将大部分兵力集中在南面，因为预计德军第 21 装甲师可能会从这个方向发起反攻。为完成任务，他们需要反坦克炮。按计划，这批武器将在两小时后跟随第一支滑翔机部队运抵战场。

第 6 空降师的另一个重要目标是梅维尔（Merville）炮台。它位于奥恩河出海口附近，与乌伊斯特勒昂（Ouistreham）遥遥相望。皇家空军侦察部队已经探明了岸炮阵地的防御准备情况。大口径火炮可以对舰队和登陆舰造成严重破坏，还可以覆盖最东面的登陆点——宝剑海滩（Sword）。然而盟军轰炸机对厚实的混凝土掩体也无可奈何。第9伞兵营营长特伦斯·奥特韦（Terence Otway）中校收到指令：占领该阵地，并破坏大炮。炮位周围布满了带刺铁丝网、地雷和机枪，令人望而生畏。为了削弱防御工事，英军计划派出"兰开斯特"轰炸机在该营跳伞前实施空袭，然后四架搭载突击队员的"霍萨"滑翔机将降落到铁丝网内和炮台顶部。

奥特韦的士兵已经在英国的模拟阵地上多次演练过进攻，但正如旅长警告的那样，混乱还是发生了。空投中，整个营都被打散，四处降落。部分原因是飞机在高射炮开火时采取了规避动作，但主要问题在于空降先导员分队装备的"尤里卡"导航设备在着陆时损坏，无法为后续主力部队提供导航。很多伞兵一头扎进迪沃河的河滩上。一名士兵陷入沼泽，尽管战友们全力施救，但他还是在烂泥中淹死。空降兵装备了能模仿鸭子叫声的小哨子，可以用来在黑暗中寻找战友，但整个营都散开了，根本听不到哨声。全营600人，只有不到160人到达集合点。

第9营有两支分队未能与奥特韦会合，因为他们被空投到了距目标以南16英里之遥的圣派尔（Saint-Pair）。[7]他们难以想象夜晚竟会如此寂静。军官走向附近一所房子，叫醒住户，询问他们到底在哪儿。得知所在地后，他犹如当头一棒，只好把士兵们分成几个小队，设法找到营主力。不过他们当中许多人在途中就被敌人抓获了。诺曼底战役结束时，奥特韦营共有192名士兵下落不明。

奥特韦再也不能拖延下去了。清晨6点，皇家海军轻巡洋舰"阿瑞托萨"号（HMS Arethusa）上的六英寸口径舰炮将火力全开。因此他必须完成任务，并在开炮之前发出成功信号。更糟糕的是，他们的许多装备在跳伞过程中丢失了。他们没有地雷探测器，只有几枚用来炸开铁丝网的"班加罗尔"爆破筒[1]。尽管全营只集合到四分之一兵力，但奥特韦还是决定发起攻击。他的勤务兵是一名前职业拳击手，这时递过来一只小酒瓶，说道："长官，我们现在要不要来口白兰地？"[8]

他们紧接着发现原本计划削弱炮台防御的"兰开斯特"轰炸机没有击中目标，这不啻又是一次打击。最糟糕的是，本来应该降落在炮台上的"霍萨"滑翔机未能抵达目标，迫使奥特韦不得不彻底放弃既定计划。一名年轻军官和一名中士在前面爬行穿过雷区，并标记出安全通道，紧接着发起总攻。数分钟内，这支160人的队伍伤亡75人，但还是攻陷了炮台。然而，他们失望地发现这里只有75毫米口径火炮，而不是预期中的150毫米重型岸炮。英军每个人都携带有塑胶炸药，他们破坏了火炮后膛，然后赶在"阿瑞托萨"号抵达预定位置开火前，带着伤员尽快撤退到舰炮射程之外。

盖尔师的其他七个伞兵营也将在奥恩河和迪沃河之间的区域空降。在霍华德连控制了贝努维尔和朗维尔（Ranville）之间的桥梁后，英军下一个目标是摧毁迪沃河大桥，保护己方东翼。这个任务由皇家工程兵第3伞兵中队执行，空降到侧翼的数个营为他们提供协助。炸毁桥梁后，第8营在该地区东南部的巴旺树林（Bavent）及其周边地区设置了阵地。

---

[1] 又名"班加罗尔"鱼雷（Bangalore torpedo），本质上是一种可单兵携带的轻型爆破筒，因发明者克林托克上尉驻扎在印度班加罗尔而得名。

58 　　当晚空降的几乎所有伞兵营都丢失了大量武器装备。布伦式机枪和步兵反坦克抛射器（PIAT）在着陆时严重受损。由于携带了额外弹药，因此系在伞兵脚踝上的腿袋过重，导致要么绑带断裂，要么腿袋整个沉入烂泥。一些士兵溺死在与迪沃河相连的漫滩沟渠中。第3伞兵旅旅长詹姆斯·希尔准将降落在卡堡附近的沼泽中，周边是一片泽国。虽然水只有齐腰深，但他还是"损失惨重"：塞进裤腿里的茶包全毁了。很快，更严重的打击接踵而至，英军投掷的炸弹在附近爆炸。希尔跳到一旁卧倒，压到另一名军官身上。他发现自己左臀受伤，还惊恐地看到一条断腿横在路中间，但不是他的，而是彼得斯（Peters）中尉的腿。他就躺在希尔身下，已经阵亡。[9]

　　由于未能降落到正确地点，希尔旅蒙受的损失最大。云层过低致使导航困难，飞行员还得躲避高射炮的攻击。迪沃河因洪水泛滥而河道变宽，看起来像奥恩河，结果一些飞机没有分辨清楚，把伞兵扔到了错误的一边。加拿大第1伞兵营与奥特韦第9营分配到同一着陆区，他们也出于类似原因到处散落。很多人降落到迪沃河旁边的洪泛区，甚至有两支分队落到了奥恩河西岸。只有一支小股部队抵达需要摧毁的瓦拉维尔（Varaville）大桥。某连部分官兵帮助第9营从梅维尔炮台撤退下来。与此同时，其他分遣队偶遇一个法国女孩。在她的带领下，他们连夜攻占了罗伯姆（Robehomme）大桥，并坚守至工兵赶来将其摧毁。

　　有个加拿大军官指出，他的部下在出发之前，情绪"非常容易受人影响"。随军天主教神父可能令士兵们的心态变得更糟。神父听说给伞兵发放了避孕套时大为震惊，于是在起飞前的布道中大谈特谈不应该在口袋里装着"弥天大罪的工具"[10]来迎接死亡。祈祷结束后，地面上到处都是丢弃的避孕套包装。不过加拿大伞兵一旦投入战斗，尤其是在瓦拉维尔进行的激烈战斗中，就展现出非凡勇气。作为加拿大人，他们还非常信任希尔旅长，这样的尊重是其他英国高级军官很少享有的。

第5伞兵旅正好空降到英军刚刚占领的两座大桥东侧。就在他们还在收拾武器装备、列队集合时，霍华德少校的士兵听到从贝努维尔方向传来了履带发出的哐当声。他们手边唯一的反坦克武器是PIAT和两发破甲弹。桑顿（Thornton）中士拿着这套笨重的装备向前跑去。他知道PIAT必须近距离发射才有杀伤力，于是将射击点选在了路边。幸运的是，迎面而来的是一辆半履带车，而非坦克。桑顿首发命中，一下子就把它击毁了，后面的车辆迅速撤退。他们从这辆半履带车中俘获了几名幸存者，其中就有当地德军指挥官施密特（Schmidt）少校。他从朗维尔赶来，确认桥梁是否真的失守。

霍华德的这支队伍人数很少，不久之后，派恩-科芬（Pine-Coffin）中校指挥的第7营接手了他们的防守阵地。霍华德也因其出色表现，从而在伊夫林·沃（Evelyn Waugh）①的小说中占有一席之地。援军占领了运河西岸更多周边地区，包括贝努维尔村大部，大大扩展了桥头堡的防御范围。与此同时，第12营沿着奥恩河旁边的低矮山脊设置了防守阵地。第13营进入朗维尔，准备迎接德军反击；该营一个连开始为滑翔机清理着陆区。

凌晨3点刚过不久，绰号"大风"的盖尔少将及其师部在朗维尔大桥附近落地。盖尔高大魁梧，沉着冷静，留着军人胡

---

① 伊夫林·沃，1903—1966年，英国作家，二战期间加入了英国海军陆战队和特种兵部队；代表作有《荣誉之剑》《故地重游》等。

须。第一波次降落的空降兵们看到他到来都欢欣不已,确信登陆行动正按计划进行。盖尔本人则承认,自己私下里很高兴,因为他成为自 1940 年以来首位杀回法国的英国将军。

又一批滑翔机带来了吉普车和反坦克炮来加强防御。英国广播公司记者切斯特·威尔莫特(Chester Wilmot)也跟着这一波次落地。他在报道中写道:"着陆就像演习一样顺利。真是一幅美妙的场景。"不过他可能太乐观了,因为大多数滑翔机都是在跌跌撞撞中迫降的。[11]贝努维尔大桥那里又出现另一个意想不到的威胁。一队装备有 20 毫米口径高射炮的德国炮艇从卡昂沿运河向下游驶来。步兵反坦克抛射器再一次命中目标,后面的炮艇逃到了外海,压根不知道它们正奔向皇家海军的炮口。

新来的部队没有浪费时间挖堑壕。他们把炸药埋入地下引爆,大大加快了速度。随着一道接着一道堑壕准备完毕,不知情的人还以为他们的阵地遭到了迫击炮攻击。不过当德第 21 装甲师的装甲掷弹兵开始发起一系列反击时,真正的迫击炮弹也开始落下。

由于部队着陆点过于分散,最重要的一座桥梁尚未被炸毁。它位于小镇特罗阿恩(Troarn)外,连接从卡昂至蓬莱韦克(Pont-l'Evêque)的主干道。罗斯维尔(Roseveare)少校集合少数士兵,带上足够炸药,还不顾一名医护兵抗议,征用了一辆吉普兼拖车去执行此项任务。冲破德国人设置的几处路障后,罗斯维尔不得不开着那辆超载汽车沿着特罗阿恩主街道飞奔。德军从街道两旁的房屋内向外射击,伞兵们则开枪还击。他们抵达那座桥时,只有坐在车后的布伦轻机枪手阵亡。他们装好炸药,不到五分钟,迪沃河桥梁正中间的跨孔便轰然坍塌。罗斯维尔扔下吉普车,设法带领他的小分队徒步穿过沼泽地,回到迪沃河对岸，并在下午晚些时候重新与主力部队会合。现在，至少左翼安全了，威胁来自南方。

美军两个空降师，第82师和第101师，几乎与英国伞兵同时起飞。"空中列车"C-47"严重超载"[12]，承担运输任务的飞行员一边又是咒骂又是祈祷，一边将飞机从地面拉起。然后，刷着哑光橄榄绿色涂料的运输机彼此靠近，组成V字形编队后飞越英吉利海峡。美舰"昆西"号（USS Quincy）巡洋舰的飞行导航官观察到，"此时月亮已经升起，虽然阴云密布，但它还是不可思议地将云层照得通亮……第一批'空中列车'出现了。月光映衬出它们的轮廓，就像一群疾飞而过的蝙蝠"[13]。

引擎超负荷运转，发出雷鸣般的咆哮，整架飞机都在震动。对坐在飞机里面的16名或18名伞兵而言，他们必须忍受这些不适，可不会有蝙蝠那样的感觉。一些人把头盔放在膝盖上，朝里面呕吐，但大多数人直接吐到了地板上，导致地板在这样关键的时刻变得滑溜溜的。天主教徒用手指触摸着念珠，低声祈祷。飞行员们已经注意到，美国空降兵的情绪与在英格兰进行跳伞练习时迥然不同。还有人观察到，他们平时都是些"桀骜不驯之人"，但这一次"显得非常严肃"[14]。机组人员对待这次任务也绝对不敢大意。一些飞行员戴上护目镜和钢盔，以防挡风玻璃被高射炮击碎。

主力部队中的伞兵们很羡慕带着雷达信标、先行一步的空降先导员分队。他们在午夜后便已跳出机舱，在德国人意识到发生什么之前就降落到地面上了。许多人假装在睡觉，但只有少数人真的打起了盹。身材高大的第101空降师师长马克斯韦尔·泰勒将军甚至脱下背带，垫上几个枕头，平直躺倒在地板上。这将是他第五次跳伞。他热切期待着一跃而跳,感觉就像拥有了一对翅膀在飞翔。

当运输机飞抵海峡群岛时,德军布置在泽西岛(Jersey)和根西岛(Guernsey)的高射炮开火了。一个伞兵说,从"两座以可爱温顺的奶牛品种命名的岛屿"[15]那里受到这样的欢迎真是讽刺。一艘编号为MTB 679的皇家海军鱼雷快艇向飞机发出信号,标记出朝东转向的地点,然后机群飞过科唐坦半岛,进入着陆区。一看到法国海岸,飞行员就向后面的机舱发出预警,提醒伞兵离跳伞只有不到十分钟时间了。在泰勒将军的飞机上,部下们费了好大劲才把指挥官叫醒,帮他重新扣好降落伞。他坚持要第一个跳出舱门。

飞机刚刚抵达海岸线,就一头扎进了气象学家没有预测到的浓雾之中。能看到舷窗外景象的伞兵们被浓密的白雾吓坏了。就连机翼末端的蓝色灯光也消失得无影无踪。飞行员什么也看不见,担心会在空中相撞。编队外侧的飞机开始转向。机群从迷雾中显现时,又遭到半岛上高射炮的攻击,局面更加混乱了。飞行员不顾禁令,本能地加大油门,采取规避行动。[16]

由于飞行高度只略高于1000英尺,所有运输机都处于德军机枪和高射炮的射程之内。飞行员只得操纵飞机盘旋徘徊以躲避炮火,伞兵们在机舱内站立不稳,一个个颠得东倒西歪。子弹打在机身上,听起来"就像大块冰雹落在铁皮屋顶上"。对第一次参加作战行动的人而言,他们惊恐地意识到确实有人正竭尽全力要他们的命。医护兵要求一个臀部被弹片击中的伞兵站立起来,这样就可以马上给他包扎伤口。第101师严格执行了泰勒将军下达的命令,不允许任何伞兵留在飞机上。除了十几个被高射炮严重击伤而无法跳伞的人之外,似乎只有两人没有服从命令：一个伞兵在飞机内不小心拉开了备用降落伞，还有一名少校突发心脏病。

在美国军舰"昆西"号上，飞行导航小组成员站在巡洋舰上层建筑顶部，沮丧地看着一架又一架飞机中弹。"密集的红色曳光弹中间时常会出现一团黄色火球。然后火球开始慢慢坠落，身后拉出一道尾迹，最终，它将撞上影影绰绰的漆黑大地，随即爆发出刺目的光芒，照亮了低空云层。黄色火球有时会在空中爆炸，喷出一条燃烧着的汽油带。这幅场景总是会引起飞行导航观察员的同样反应：他们倒吸一口凉气，然后咕哝着说，'可怜的倒霉蛋'。"[17]

在离降落区四分钟飞行距离时，舱门口的红灯亮起。"起立，挂钩！"跳伞长大声喊叫着。一些人的装备太重，不得不由别人拉起来。他们把开伞索的挂钩挂在一条贯穿机身的架空钢索上，然后跳伞长大声命令，检查装备并按编号报数。接下来的命令是："站在门边！"可是飞机持续来回急转，或被击中后机身大幅振动，伞兵们被甩来甩去，有时滑倒在满是呕吐物的地板上。高射炮和曳光弹在他们周围形成一道"巨大的火焰弧线"，风在敞开的舱门边呼啸。士兵们盯着指示灯，祈祷绿灯亮起，这样就能逃离如同金属棺材般的运输机。"让我们下去！"很多人急不可待，狂喊乱叫，担心自己会被扔进半岛东侧的大海里。

空降时，飞机应该将速度降低到每小时 90—110 英里，但大多数未达到要求。"我们的飞机压根就没减速，"一个伞兵回忆道，"飞行员一直在全速飞行。"[18]绿色指示灯一旦亮起，伞兵们就笨拙地挪向出口，开始往外跳。有一两个人跳离前还匆忙画了个十字。枪林弹雨中，不难想象他们会直接进入机枪的交叉火力范围，或者降落到防守严密的德军阵地上。每个伞兵到舱门口后，都会用一条长长的吊带绑起腿袋。往下跳时，重达80磅，甚至更重的腿袋就会在身体下方来回摇摆。很多人的腿袋在下降过程中脱落了，消失在黑夜中。由于没有任何确信报告说有人拒不跳伞，因此就算有人在最后一刻愣着不动，那么也很有可能是被担任"推手"的中士踢出去的。美国空降兵们跳入生死未卜的夜空时，还有人记得高喊"比利·李"。这是伞兵向美军空降兵之父李将军致敬。

由于飞机超速飞行，因此降落伞打开后，抖动比正常情况下更加剧烈。落到德军阵地附近的伞兵引来了猛烈火力。降落伞也被曳光弹打得千疮百孔。有一支队伍降落到了海特男爵（Freiherr von der Heydte）少校指挥的德第6伞兵团先遣分队正中央，结果正副营长和一名连长当场遇难。还有一名军官恰好降落到了指挥所房顶上，也被抓了个正着。德国空军第91空运师有个下士在家信中写道："美国伞兵部队就在我们的阵地中间着陆。这一夜真是够呛！"[19]

在炮火中跳伞，人会本能地像胎儿那样蜷起腿来，这样其实毫无防护作用。有名伞兵真的就在空中爆炸了，大概是一颗曳光弹击中了他携带的甘蒙手榴弹。飞行员在某些情况下可能会操纵飞机在500英尺高度以下飞行，导致降落伞差点就来不及打开。很多人摔断了腿和脚踝，一些人因背部骨折而瘫痪。一名成功着陆的伞兵站在地面上惊恐地看到，从一架紧接而来的飞机上一连串跳下18名战士，但高度太低，所有伞包都没有打开。尸体撞击到地面上，就像是"西瓜从卡车后斗里掉了下来"[20]，发出沉闷的声音。人们后来发现另一批伞兵连成一串摔死在一条小山脊上。他们跳伞时高度过低，降落伞都没来得及打开。

德国人在梅尔德雷河（Merderet）附近放水，在海滩至内陆之间制造了大片洪泛区。很多人落入水中，结果降落伞被水浸透，拖着他们窒息而亡。有些人幸得同伴相救，还有一个法国家庭毫不迟疑地划着小船过来，挽救了不少人的性命。绝大多数降落到齐胸深水里的人不得不扎到水面下，摸出战壕刀，才把身上的伞绳割开。他们大骂美国伞具设计拙劣，羡慕英国人有一套快速释放系统。同样，降落伞挂到大树上的人也必须用力伸长手臂，才能割断伞绳脱身。他们清楚地知道，此时此刻，自己就是个活靶子。一些伞兵在挣脱过程中被敌人射杀。幸存者中流传着许多有关德军暴行的故事，据说有德国士兵用刺刀从下往上捅，甚至还动用了火焰喷射器。还有人说盟军官兵的尸体被残忍地肢解。

有些人降落到被高高树篱围起来的小牧场里，如果看到奶牛就可以安心了，因为出现动物即表明这里没有埋雷。不过他们还是提心吊胆，总觉得后面会跑来一个德国兵把"刺刀戳进"身体里。在一片漆黑中着陆到敌人后方，却不知道自己身在何处，很少有人能保持冷静，泰然自若。有些人一听到动静，就急忙举起步枪，却发现只是自己的着陆引来了好奇的奶牛。伞兵们贴着树篱蹑手蹑脚地前进，察觉到有人靠近，就一动不动，大气也不敢出。"跳跳"约翰逊上校决心手刃一个纳粹，因此带了一大堆货真价实的近战格斗武器，不料差点被自己的一名军官开枪打死，因为他弄丢了"那该死的蟋蟀哨子"[21]。第82空降师的许多人都很鄙视这种看似在"廉价商店"里售卖的儿童玩具。他们辨识敌我的方法是喊出口令"闪电"，回答应该是"响雷"。他们认为德国人念这两个词时，很难仿冒美式口音。

如果找到另一个美国兵加入队伍,大家便都能松口气。很快,一支支小队就组建起来。当队伍遇到受伤的伞兵时,他们就给他注射吗啡,然后把他的步枪套上刺刀,插在地上,再将钢盔挂在枪托上,为伤员标记位置,便于随后跟进的医护兵寻找。最嗜血的伞兵们开始去"猎杀德国佬"了。曳光弹暴露了德军机枪点位置,于是他们握紧手雷悄悄潜伏过去。大多数伞兵都服从命令,在黑暗中只使用刀和手雷作战。

不过也有人开枪。事后他才发现有一只破掉的安全套松松垮垮地挂在枪口上。他解释说:"为了保持枪管干燥,我在跳伞前把它套上去,后来就忘了这茬。"[22]

那些"狩猎者"也会追踪德国人的声音。他们有时听到德军正列队沿大路走来,匆忙低语一番之后,将手雷抛过树篱,扔到敌人中间。还有人声称只要闻到浓烈的烟草味,就知道德军过来了。其他人则通过德军皮革装备发出的嘎吱声来判断。

整个半岛前前后后到处都传来盟军空降的消息,德国军队似乎不得不四处应战。几名飞行员在大雾中迷失了方向,随后采取规避措施,在瑟堡附近投下伞兵,然而那里距离预定着陆区还有约20英里之遥。连长只好带领连队走向一间农舍,设法确认他们到底在哪儿。这户法国人家很想帮忙,便从电话簿中撕下一张科唐坦半岛的简要地图,递给他们。[23]不过另一位伞兵军官则认为虽然空降过程混乱不堪,但事实证明,无意中四散开来的部队反而取得了某种意想不到的效果:"德国人以为我军无处不在。"[24]但是盟军伞兵自己也糊里糊涂,好不到哪里去。一队迷路的伞兵来到一口井边,准备往水壶里灌水。这时一个老农从房子里走出来。伞兵用蹩脚的法语问他:"这里是阿拉蒙吗？"[25]老人耸耸肩，先指了指北面，然后朝东南西乱点一气。

最成功的一次伏击发生在距德第91空运师师部不远处的皮科维尔（Picauville）附近。该师师长威廉·法利（Wilhelm Falley）中将刚刚结束在雷恩举行的指挥演习，正乘车返回师部，结果遭到第508伞降步兵团袭击。法利从车内被甩出来，受了伤。当他爬着去捡回手枪时，一名美军中尉将其枪杀。[26]

按计划，第82空降师应该在梅尔德雷河两岸着陆，并占领圣梅尔埃格利斯（Sainte-Mère-Eglise），切断通往瑟堡的公路和铁路。他们还要夺取梅尔德雷河上多座桥梁。这样从海上抵达的部队就可以迅速穿过半岛，在向北挺进至瑟堡港之前，就将半岛一切两段。第101师空投在犹他海滩附近，任务是控制穿过洪泛区沼泽地通往海滩的堤道，还要占据杜沃河（Douve）在卡朗唐镇和大海之间河段上的所有桥梁及一座船闸（见地图3）。

第82空降师的几个排按计划降落到圣梅尔埃格利斯镇内及附近地域。一名伞兵的降落伞挂到了教堂钟楼上。当时教堂广场旁有座房子失火，人们敲响大钟发出警报。市民们正排成一列，传递水桶灭火。他无助地吊在那里，只能装死，耳朵几乎被洪亮的钟声震聋。下面的场景可谓乱作一团。一名奥地利军官指挥当地防空部队在伞兵降落时四面开火。很多美军在触地前就被子弹打成了筛子。困在树上的人更是没有生还机会。一名伞兵还径直落进猛烈燃烧的房子里。但是降落到城外的官兵迅速集结起来，一个接一个拔除德军掩体，无比果断地向镇中心突进。战斗不到一个小时，德国人就被迫撤退，圣梅尔埃格利斯因此成为法国第一个被解放的城镇。

许多被打散的盟军分队也把这里作为集结点。第82空降师的一名成员惊讶地发现第101空降师的两名士兵骑着从田地里找到的马沿大路过来,甚至连马鞍都没有。还有人驾驶着缴获的半履带车出现在众人面前。只有少数伞兵在乡村地带迷路后似乎没有采取行动。一些人用降落伞裹住身体,躺倒在沟渠里,等待天亮后再辨别方位,但大多数伞兵都迫不及待地加入战斗。跳伞后,他们依然神经紧绷,热血沸腾。第82空降师的一名伞兵非常清楚地记得命令:"尽可能快地到达着陆区。不要抓俘虏,他们会拖后腿。"[27]

双方的战斗开始变得残酷无情;事实上,那晚可能是整个西线战争中最惨烈的时刻。一个美军排降落到一个德军营的重武器连阵地上,被全部歼灭。该营士兵后来辩称:"你要知道,他们下来可不是给我们送糖果,而是要杀死我们,是来战斗的。"[28]德国士兵肯定听过军官的训诫,以为美军空降部队真的招募"罪犯"入伍,于是把自己的恐惧转化为暴力。不过关于困在树上的伞兵被德军士兵肢解的恐怖故事,其真实性很难确认。

不论传闻是否属实,美国伞兵也在伺机报复。似乎还有人射杀由其他友军抓获的德国战俘。一名犹太裔中士和另一名下士从农场里带走了两个被俘的德国军官和士官。接着,在场的人听到一阵自动武器开火的声音,当中士回来时,"没人吭声"[29]。还有人谈及另一名犹太裔伞兵时说:"你压根就不敢让他在视线外同战俘待在一起。"[30]第101师的一名士兵讲述说,他们看到了两具伞兵尸体,"生殖器都被割下来塞进嘴里"[31]。该部上尉命令道:"一个俘虏也不准留!把这些混蛋都毙了!"

有那么一两个人似乎很享受杀戮。一名伞兵回忆说,次日清晨，他遇见同连队的一个战友，惊异地看到他戴着一副红色手套，而非配发的黄色手套。"我问他从哪儿搞到的红手套。他伸手从跳伞服中掏出一串耳朵。他整晚都在割这玩意，然后缝到一根旧鞋带上。"[32] 此外还发生了几起野蛮的抢劫事件。第101空降师的宪兵排排长发现一具德国军官尸体，看到有人为了拿走结婚戒指而切下了他的手指。[33] 第508伞降步兵团的一名军士发现自己排的战友杀死了几个德国兵后，竟然拿"他们的尸体练习枪刺"，吓得魂飞魄散。[34]

屠杀战俘的行为有时也会被制止。大约凌晨2点30分，第101师的几名伞兵，包括一名中尉和一名牧师，正站在一个农家院里与法国居民交谈。这时，第82师的十多个伞兵驱赶着一群很年轻的德国勤务兵跑了进来，命令他们躺到地上。男孩们吓坏了，恳求饶命。那个打算开枪杀死所有德国人的军士声称，他们第82师的一些兄弟困在了树上，结果被一个德国兵用火焰喷射器烧成了"烟花"。

军士说着，拉了一下手中汤普森冲锋枪的枪栓。年轻的德国兵在绝望中死死抱住中尉和牧师的腿。他们和那家法国人都对着军士大喊大叫，恳请他不要开枪。终于，军士被说服，放下了枪。男孩们则被锁进农场的地窖里。不过军士并不打算停止复仇。"我们杀几个德国佬去！"他冲着手下大声叫喊，然后转身离开。第101师的官兵被眼前的这一幕惊呆了。一位高级士官后来评论道："这群人都是些疯子。"[35]

随着分散开来的各小队连夜重新聚拢起来，军官们开始发号施令，集中精力于任务目标。那些找不到自己部队的士兵则就地分配到其他营，甚至是另外一个师。第101师师长马克斯韦尔·泰勒将军聚集了一支30人的小队,其中还包括四名上校以及其他级别的军官。于是他模仿丘吉尔的名言①说:"在战争史上,从来没有这么少的人被这么多人指挥过。"36 第502伞降步兵团团长小乔治·范霍恩·莫斯利(George Van Horn Mosely Jr)上校在跳伞时摔断了腿,只得坐在一辆机枪拖车上面,由一群士兵拉着走。

几名士兵和军官在着陆时踝关节骨折。他们咬紧牙关,绑紧脚踝,一瘸一拐地跟着部队前进。实在不能走动的伤员就留下来看守战俘。除了第508伞降步兵团的一个营长在沟渠里躲了一晚外,没有人神经崩溃。绝大多数人在行动中都勇敢无畏,这一点毋庸置疑。

在德国一方似乎出现了更多战斗应激反应的例子。士兵赖纳·哈特梅茨(Rainer Hartmetz)返回连指挥所去拿弹药,发现有两个人完全吓傻了。"他们不能说话,不住地颤抖。他们想抽支烟,但嘴巴就是叼不住。"37 这个连的连长是一位在东线表现英勇的上尉,这时却醉醺醺地躺在散兵坑里。每当有人从前沿阵地返回报告战况时,他就挥舞着手枪,咕哝着说:"谁敢跑回来,老子就毙了他。"

*

一支大约由75名伞兵混编的部队向圣玛丽迪蒙村(Sainte-Marie-du-Mont)发起攻击。虽然率领这支部队的军官并不知道那里有多少德国人,但早前的训练收获了回报。他们在侧翼布置机枪掩护,各战斗小队交替前进。"巴祖卡"小组冲上主街,

---

① 丘吉尔的原文是"在人类的冲突中,从来没有这么多人欠这么少人这么多",以感谢皇家空军在不列颠空战中的贡献。

朝教堂大门发射了一枚反坦克火箭弹。十几个德国士兵从烟尘中高举双手出来，他们的长官则摇晃着一面临时找到的白旗。盟军不到一个小时就占领了这座村庄。大多数守军已经沿着通往卡朗唐的大路逃之夭夭。

其他伞兵前往犹他海滩后面的洪泛区，守卫那里的堤道。有支小队遇到正驾驭三辆马车运送弹药的15个德国兵。他们迫使德军投降，然后让他们走在队伍前面，沿着这条路继续前进。有个能讲德语的伞兵对他们说，如果发生交火，谁都不许动。不久之后，一挺德军机枪朝这支队伍开火。伞兵们纷纷跳进沟渠中寻找掩护。一个德国人开始狂奔，但很快就被子弹射倒。一名伞兵记录道："我们把他扔进大车里。当天上午晚些时候他就死了。从那以后，不管发生什么情况，我们都会毫不犹豫地让俘虏站在路中间。"[38]当然，这种做法公然违反了《日内瓦公约》。

与英国空降兵一样，美国伞兵的任务之一也是清理并确保着陆场安全，以便"韦科"（Waco）滑翔机运来增援部队和重型装备。不过滑翔机在圣梅尔埃格利斯附近着陆时却不那么顺利。一名执行这项任务的伞兵写道："经过短暂行军，我们便抵达战场，那里有一小群德国守军。刚一交火，他们就被击溃了。那个着陆区只不过是一大片空地，周围是树林和几所农舍。我们迅速分成几个小队，在周边筑起防线。接下来就只是等待了。"

到了约定时刻，地面上的信号灯亮起。"我们能听到远处的飞机声，然后就是一片寂静。接着传来一连串越来越吵的飕飕声，还夹杂着树枝和树木断裂的声音，随后就听到响亮的撞击声和断断续续的尖叫声。"滑翔机一架接一架从不同方向快速飞来。很多冲出了着陆区，停在周边树林里，还有些撞到附近的农舍和石墙上。滑翔机里装载了吉普车、反坦克炮和其他无法用降落伞空投的大型武器。物品都已捆扎好，固定在机舱的胶合地板上。能保护飞行员和机降部队的只有帆布和轻质木板而已。

顷刻之间，滑翔机向四面八方乱滑，现场完全处于无序状态。当飞机撞向地面时，原本紧固的装备松脱下来，从机身前部冲出去，往往还会把飞行员碾碎。整块田地里到处散布着尸体和箱子。脆弱的滑翔机发生解体，一些空降兵还被碎木刺穿身体。"我们当即设法抢救伤员，"一个清理着陆区的伞兵说，"但我们知道，首先必须决定应该先救谁。我们建立了一所临时救助站，把生者从死人堆里抬出来。这个过程太残酷了。我看到帆布覆盖的滑翔机机身里露出一个人的腿和臀部。我试着把他拉出来，但他一动不动。我往飞机残骸里瞅，发现他的上半身已经被一辆吉普车压成了肉泥。"[39]

英军的滑翔机体积更大，携带的是第 320 机降野战炮兵营的野战炮。它们甚至比"韦科"滑翔机还要危险。硬着陆时，前轮结构会顶破机舱胶合地板，造成相当大的伤害。很多坠机事故是组织混乱和太多飞机同时进场所致。还有一些是被附近德军阵地的地面火力击落。一个来自德国空军第 91 空运师的下士写道："运输滑翔机像一大群渡鸦那样飞来，然后战争才算真正开始。"[40]第 101 空降师副师长普拉特（Pratt）准将的名字也出现在伤亡名单中。他乘坐的滑翔机落地后撞在一棵树上，猛地停下来。机舱内的吉普车冲到前部，将其撞死。20 分钟内，更多机降部队陆续着陆。美军开始有足够人手自救、照顾伤员了。医护兵全力投入工作,为伤员注射吗啡,分发磺胺片,用手头上现有的各种绷带包扎伤口。

许多滑翔机干脆就飞过了着陆区。有一架落进雷区爆炸。一些降落到了洪泛区,这至少能缓解一点颠簸。飞行员必须牢记,在切开侧壁舱板钻出去之前,必须先脱下厚重的防弹衣。有些地方水位可能很深。

如果处于德军阵地火力射程之内,那么此刻机降步兵是极其脆弱的。一名飞行员写道:"着陆后,我们才发现刚刚差点打中我的地面火力来自哪里。原来是一座地堡,里面由十几个波兰征召兵和一名负责指挥的德国人驻守。我们和从其他几架滑翔机下来的步兵朝地堡开了一阵枪后,敌人就停止了抵抗。地堡里一片寂静,然后传来一声枪响。接着是喊叫声和欢笑声,波兰人高高举起双手出来了。他们不愿同美国人打仗,于是干脆把那个德国中士一枪打死。"[41]

法国平民的反应也有些出乎意料。虽然很多人为空降兵们送上煎蛋卷和可丽饼慰问,还提供卡尔瓦多斯苹果白兰地酒,但也有人害怕这次行动可能只是一次突袭而已,德国人杀回来后会施加报复。不过农妇们丝毫不受影响。她们冲进田里,竞相争夺可以用作布料的降落伞。诺曼底农民对这次异乎寻常的登陆行动完全摸不着头脑。他们相当迟钝,很少离开自己的村庄远行,因此有这样的反应也就不足为奇了。第101师的一名士兵回忆说,他们停下脚步向三个法国人问话,其中一个农民指着伞兵黑黝黝的脸,对同伴说:"你们现在看到美国黑鬼了。"[42]

尽管爆发了一些激烈的小规模冲突,但真正的战斗尚未开始。随着黎明来临,伞兵们知道德国人将会大举反攻。他们最担心主力部队可能会登陆失败。假如第4步兵师没能控制犹他海滩,并沿堤道前进,突破封锁线后与他们会合,那么伞兵就处于孤立无援的境地,只能听天由命了。

看着第 101 空降师从格林汉姆公地机场起飞后,艾森豪威尔于凌晨 1 点 15 分回到他那辆镀镍拖车里。他点燃烟,默默地坐了一会儿。副官哈里·布彻当时还不知道,最高统帅已经草拟了一份声明,如果"霸王行动"失败,他将承担全部责任。

几个小时后,曾经警告在科唐坦半岛实施空降行动将导致惨重损失的空军上将马洛里通过电话提交了一份初步报告。布彻立即去找艾森豪威尔。最高统帅无法入眠,正躺在床铺上一边看西部小说,一边抽烟。850 架载有美国空降部队的运输机中只有 21 架被摧毁。英军损失甚至更轻微,大约 400 架飞机中只损失了 8 架。马洛里已经在动手写致歉信了,措辞既谦卑又得体:"我万分庆幸,此前的担忧是没有根据的……请允许我为您的英明抉择表示祝贺。"[43] 但他们都知道空降行动仅仅是第一步。一切都取决于海上登陆的成败和德军的反应。

第六章　横渡海峡

6月5日晚，随军舰和登陆艇出发的人们眺望南安普敦海域，发现登陆舰队似乎已经延伸到地平线之外了。许多人都很好奇，当德国人看到这支有史以来最庞大的舰队时，他们会做何感想。共有6艘战列舰、4艘浅水重炮舰、23艘巡洋舰、104艘驱逐舰和152艘护卫舰为近5000艘登陆舰和突击艇保驾护航，此外还有277艘扫雷艇正在舰队前方清理航道。舰船大多来自英国、美国、加拿大，也有部分法国、波兰、荷兰和挪威的军舰。[1]

在搭载第1特勤旅突击队员的登陆舰上，指挥官洛瓦特勋爵（Lord Lovat）的私人风笛手——卡梅伦高地人团的比尔·米林（Bill Millin）穿着苏格兰传统军服，站在船头演奏《通往小岛之路》。[2]风笛声划过水面，其他舰只上的船员纷纷喝彩欢呼。好几艘战舰舰长也不谋而合地想到乐曲。两艘"亨特"级驱逐舰用高音喇叭满功率播放《我们去打猎》[3]，"自由法国"的驱逐舰则用《马赛曲》回应。[4]水手们在甲板上连蹦带跳，为四年后即将重回法国而高兴得手舞足蹈。

舰队从四面八方驶来，在怀特岛南部被戏称为"皮卡迪利广场"（Piccadilly Circus）①的海域集结。米德尔顿（Middleton）海军上将在沿西海岸向南航行的"拉米利斯"号（HMS

---

① 皮卡迪利广场位于伦敦市区中心，四周都是著名景点和购物中心。该广场起到了交汇点的作用，而非游客目的地。

Ramillies）战列舰上记录道，当他们绕过兰兹角（Land's End）后，"海面上变得越来越拥挤"[5]。"狂风怒号，波涛汹涌"，"拉米利斯"号在缓慢移动的舰队中艰难前行。他形容这是"一项激动人心的运动，尤其是在晚上"，不过在小船上的船员们却紧张得要命，因为战列舰看上去就要从他们身上碾压过去。

那天夜里，从海上向法国海岸靠近的13万名士兵可谓心神不定。陆军元帅布拉莫尔勋爵（Lord Bramall）当年还是一名年轻的中尉。他形容人们的情绪是"复杂的，既为自己是如此伟大事业的一分子而兴奋，又担心不能达到人们的期望，未能尽到应尽的义务而感到忧虑"[6]。这种对失败的恐惧似乎在没有战斗经验的年轻下级军官中表现得尤为强烈。一个老兵走过来对他说："不要担心，长官，我们会照顾你的。"但布拉莫尔知道，事实上"他们中很多人已经经历了太多战争"。他自己所在的第60步枪团就自始至终参加了北非沙漠战役，部队已疲惫不堪。在许多英国人和加拿大人内心深处，他们也害怕整个行动可能会像两年前突袭迪耶普一样，演变为一场血腥惨败。[7]许多人不知道自己能否活着回来。有些人在出发前从海滩上捡起一块鹅卵石，当作对祖国的"最后留念"[8]。

几乎所有级别的官兵都强烈地意识到自己正在参与一个伟大的历史事件。负责登陆奥马哈海滩的美国第5军军部在作战日志中记录道："欧洲现代史上所有伟大的军事领袖所期待的行动——跨越英吉利海峡登陆法国——即将拉开帷幕。"[9]

大多数人心中最关心的问题是，德国人是否已经察觉到动静，并等着他们自投罗网。"海王行动"（Operation Neptune）是"霸王行动"在跨海阶段的代号。策划人员花了好几个月的时间评估登陆舰队可能面临的各种威胁——潜艇、水雷、鱼雷快艇、雷达和空军，并采取了一切预防措施。

"蚊"式战斗机中队整夜沿法国海岸巡逻，随时准备击落任何有可能发现登陆舰队的德军飞机。配备无线电对抗设备的战机也在空中对德国夜间战斗机使用的频率进行干扰。英美军机在英吉利海峡上空实施大规模雷达干扰行动。"台风"战斗机使用火箭弹，连续数周对德军设置在从荷兰到布列塔尼整个海峡沿岸地区的雷达站发动攻击。

第617中队的"兰开斯特"轰炸机在"应税行动"（Operation Taxable）中投放铝条，这样在雷达屏幕上看上去就像有一支入侵舰队正向勒阿弗尔东北处的昂蒂费角（Cap d'Antifer）海岸接近。海军还使用汽艇和鱼雷艇拖着雷达反射气球在海面上运动。这也是欺骗计划的一部分，从而在雷达上模拟出一大批大型船舶。在与之类似的"微光行动"（Operation Glimmer）中，"斯特灵"轰炸机在布洛涅上空撒铝条。空军还在昂蒂费角周边地区投放水雷。[10]

海军上将拉姆齐最担心的问题之一就是德军潜艇从位于布列塔尼的基地倾巢出动，对登陆舰队发起大规模攻击。虽然海军部署有反潜部队，但掩护西南方向的主要任务落到了海防总队第19飞行大队身上。该部的主要装备是B-24"解放者"和"桑德兰"水上飞机。这支队伍中包括一个捷克中队、一个波兰中队、一个新西兰中队、两个澳大利亚中队和三个加拿大中队。就连皇家空军自己的第224中队也是由不同国籍的官兵组成，包括137名英国人、44名加拿大人、33名澳新军团（Anzacs）军人、2名美国人、1名瑞士人、1名智利人、1名南非人和1名巴西人。

机组成员需要日夜执行长时间任务。从爱尔兰南部一直到布雷斯特半岛，他们持续不断地监视着海峡西部的每一寸海面。一旦雷达发现海面上出现潜艇，飞机就会俯冲过去，由前炮手向艇桥开火，尽可能杀伤人员，阻止潜艇紧急下潜，接着投弹手释放深水炸弹。第19飞行大队在"科克行动"（Operation Cork）中攻击了40艘潜艇。6月7日晚，第224中队的"解放者"轰炸机驾驶员——21岁的加拿大人肯·摩尔（Ken Moore）中尉创造了一项海军历史，在22分钟内接连击沉两艘潜艇。登陆作战期间，竟然没有一艘潜艇能成功穿过英吉利海峡，这让邓尼茨和海军总司令部感到无地自容。其他盟军飞机负责攻击德国驱逐舰，以阻止它们与登陆舰队交火。德军只有鱼雷快艇，以及后来的微型潜艇给盟军造成了一些损失。

士兵们在登陆舰上用各种方式消磨时间。一些人尝试睡觉；一些人拿出常用语手册，试着学点法语；还有人阅读《圣经》。许多人参加了临时举行的祈祷活动，从宗教中寻求慰藉。然而当英国舰船"英格丽德公主"号（Princess Ingrid）的水手长在前一天下午吹奏《把身心奉献给上帝》时，神的心情似乎不怎么好。第50师的一名前进观察员写道："虽然出席仪式完全自愿，但船上的每个士兵似乎都聚过来，参加在上层甲板举行的活动。船头有一张铺着桌布的桌子，上面放着一个小小的银十字架。随军牧师就站在后面。当我们等待祈祷开始时，海风逐渐变强。突然，一阵狂风掀翻了桌布，十字架滑落到甲板上，断为两截。参与者都大惊失色。这一定是凶兆！我第一次真正体会到'敬畏上帝'是什么感觉。放眼望去，所有人都显得心烦意乱。"[11]

美军登陆舰上则盛行掷骰子和扑克游戏。赌注大多用戴高乐将军非常厌恶的盟军军票。在"塞缪尔·蔡斯"号（Samuel Chase）驱逐舰上，战地记者们，包括摄影师罗伯特·卡帕（Robert Capa）和唐·怀特海德（Don Whitehead）也兴致勃勃地加入了。[12]一个士兵说："大家都很紧张，但又装成无所谓的样子。假装勇敢还是有点用的。"[13]

与赌博狂欢的人不同，也有很多人默不作声。第1步兵师的加德纳·博茨福德（Gardner Botsford）中尉写道："尽管大家拥挤在狭窄的船舱内，但还是感觉很孤独。"[14]有几个人在讨论"登陆时，谁生谁死"的问题。一名士兵回忆道："我的思绪飘回家乡，想到了家人。不知道他们听到我的死讯后会做何反应。我安慰自己，我已经投保了最大金额的士兵保险。我死后，父母至少会得到一万美元抚恤金。"[15]

登陆奥马哈海滩的第116步兵团士兵不可能忘记团长查尔斯·D. 坎汉（Charles D. Canham）上校的一番演讲。这位曾预测全团有三分之二官兵永远回不了家的指挥官用一口浓重的南方口音在最后说道："有谁心惊肉跳，现在就说出来。"[16]"帝国阔剑"号（Empire Broadsword）上，一名英国高级军官在结束鼓舞士气的讲话时也发表了一番同样令人沮丧的言辞："如果你在进攻中阵亡，不要担心，我们有足够多的预备队，他们会越过你继续前进。"[17]

美舰"贝菲尔德"号（Bayfield）的一名年轻军官在日记中写道，他感觉"正在靠近一个巨大的深渊——不知道我们是正闯入世界上最大的军事陷阱之一，还是打了敌人一个措手不及"[18]。另一个人注意到，当时人们对德国人并没有什么深仇大恨，不过每个人都知道，一旦出现人员伤亡，双方就会杀红眼。

"舒布里克"号（Shubrick）舰长命令全体船员刮胡子、洗澡、换上干净衣服，以减少受伤时被感染的危险。[19]前往犹他海滩的第4步兵师士兵也剃了头，一些人留下一撮V字形头发，但更多人选择像伞兵那样的莫西干发型。这些预防性措施让官兵们的思绪平静下来，不过当各舰舰长通过高音喇叭宣读艾森豪威尔写给所有登陆部队的信时，他们再次热血沸腾。"盟国远征军的海陆空三军将士们！你们即将踏上伟大的圣战征程，为此我们已精心筹划了数月之久。全世界的目光都聚焦在你们身上。各地热爱自由的人们满怀希望，为你们祈祷。你们将与其他战线上英勇的盟友和兄弟一道，摧毁德国的战争机器，铲除压迫欧洲人民的纳粹暴政，保卫我们的自由世界。"许多人承认，听到这番激动人心的话后，自己都会兴奋地起"鸡皮疙瘩"。午夜前，美舰进入"一级战备状态"，皇家海军官兵进入"战斗岗位"。

在英国的100多个机场里，皇家空军和美国陆军航空队（USAAC）的轰炸机飞行员被人从床上唤醒，准备吃早餐并听取初步简报。大多数人猜到有大事发生，但不确定是什么。以塞特福德（Thetford）为基地的美军第388轰炸机大队全体飞行员对简报官在讲台上所宣读的"戏剧性通告"[20]显然毫无心理准备。"他一把拉开覆盖在作战地图上的白布说：'先生们，今天盟军向欧洲大陆发起了进攻。'简报室里顿时爆发出欢呼声、口哨声和喊叫声。场面一片喧嚣。"简报官继续说，"第8航空队所有能飞的"在那天早晨都将悉数出动。轰炸机大队一旦在空中集结完毕，就将浩浩荡荡延绵数英里，然后直扑诺曼底海岸目标。编队和战斗纪律至关重要。"一旦我们离开英格兰海岸，任何独自往反方向飞行的飞机，也就是说逆行者，都将被击落。"

英国人在听取简报时的反应似乎比较克制，只是对整个行动规模感到惊讶。新西兰人德斯蒙德·斯科特（Desmond Scott）指挥着一支由四个"台风"中队组成的战斗机联队。他写道："准备工作令人难以置信。空降突袭、舰船数量和类型、庞大的陆军师、压倒性的空中攻势，我们过去取得的成就与这一切相比，无论是规模和精准性，都显得微不足道。简报结束后，没人交头接耳，没有笑声，也没人试图逗留。我们鱼贯而出，好像离开教堂。大家仍然保持着庄严肃穆的表情。眼前的任务比我们此前执行的所有任务都重要，一想到这就脊背发凉。"[21]

皇家空军在那天晚上倾巢而出。除了执行欺敌行动和空降任务的飞机外，还有 1000 架轰炸机携带着 5000 多吨炸弹在黑暗中起飞，攻击 10 座海岸炮台。"喷火"和美国 P-38 "闪电"战斗机中队紧急起飞，为海滩上的登陆部队提供空中掩护。它们的任务是拦截任何企图突入登陆区的德军飞机；而远程"野马"战斗机将深入法国境内，目标是试图从巴黎附近机场起飞的所有德军战斗机。与此同时，美国的 P-47 "雷电"和皇家空军的"台风"战斗轰炸机将沿陆军突进路线向内陆搜寻，随时准备攻击前来增援海岸地区的德军纵队。

诺曼底登陆日的空中攻势也是一次多国联合行动，包括 5 个新西兰、7 个澳大利亚、28 个加拿大、1 个罗得西亚①、6 个法国、14 个波兰、3 个捷克、2 个比利时、2 个荷兰和 2 个挪威飞行中队。[22] 盟国空军还派遣其他部队执行反潜任务，并攻击位

---

① 即现在的津巴布韦。

于法国北部的 V 型导弹发射场。

空军将领们一直以来就担心能见度不足。现在，这种忧虑成了现实。云层大约只有 4000 英尺高，而盟军空军常规轰炸高度为 10000 英尺以上。美国重型轰炸机在黎明时分发动进攻，其任务有二：一是摧毁目标；二是在海滩上制造弹坑，为"随即而来的我军地面部队提供掩体"[23]。

80　　凌晨 1 点刚过不久，攻击部队开始吃早餐。美国海军实在是太大方了。"塞缪尔·蔡斯"号的厨师们准备了"牛排、猪肉、鸡肉、冰激凌和糖果"[24]，他们能吃多少就端上多少。其他舰船则供应有"维也纳香肠、豆子、咖啡和甜甜圈"[25]。皇家海军的菜单上除了腌牛肉三明治和从一个大陶罐里盛出来的小杯朗姆酒外，就没什么别的了，好像退回到"纳尔逊时代"[26]，格林霍华兹团（Green Howards）的一名少校如此评论。许多水手自愿为即将登陆的士兵送出自己的口粮。"亨利亲王"号（Prince Henry）上运载的是加拿大苏格兰团，水手们确保每名士兵都额外多带了两只煮鸡蛋和一块奶酪三明治。为海军军官服务的军官起居室工作人员认为，即使在这个特殊时刻，也没有理由降低标准。乘坐指挥舰"拉格斯"号（HMS Largs）的卢多维奇·肯尼迪（Ludovic Kennedy）[①] 万分惊讶："我感觉自己还待在朴次茅斯的码头旁边。白桌布铺得整整齐齐，一个侍者走过来问：'先生，今早要喝粥还是吃麦片？'"[27]

早餐刚吃完，首批登陆士兵便开始收拾装备。美军下发的

[①] 卢多维奇·肯尼迪，1919—2009 年，苏格兰记者、播音员和作家。

军服曾浸泡在一种散发恶臭的化学物质中,据说可以中和毒气。美国大兵狂骂不止,称之为"臭鼬装"[28]。不过最主要的问题还是他们身上携带的装备和弹药太重。当他们听从口令向前走动时,感觉就跟伞兵一样笨拙不堪。事实证明,负担过重对第一波攻击海滩的士兵而言将是致命威胁。水手们都知道登陆部队此去凶多吉少,于是跟他们开着玩笑,让他们保持精神振作。为了避免步枪受潮,士兵们都在枪口上扎安全套,人们为此又大肆说着下流话。一位美国海军军官写道:"士兵们紧张地整理背包,大口抽着烟,似乎这就是最后一支。"[29]

扫雷艇清理干净了通往登陆海滩的海上通道后,便折回英国,并向从它们身边经过的驱逐舰发出"好运"信号。这些军舰正驶向预定的舰炮发射阵地。扫雷艇相当脆弱,拉姆齐将军曾经十分担忧会遭受重大损失,然而它们居然在无一人伤亡的情况下就完成了任务,不啻是个奇迹。"亨特"级驱逐舰"埃格林顿"号(HMS Eglinton)上的一名军官写道:"我们继续蹑手蹑脚地前进,整个过程保持着相对安静,真是令人惊奇。"[30]在舰队前方还潜伏着两艘微型潜艇 X-20 和 X-23,其任务是为英军部队标记登陆海滩位置。由于行动推迟到 6 月 6 日,潜艇官兵不得不挤在极其狭窄的空间里,在水下等待了很长一段时间。

英国皇家海军的"鲍德温亲王"号(HMS Prince Baudouin)原本是一艘往来英吉利海峡的比利时籍蒸汽船。一名美国游骑兵军官站在舰桥上,指派手下两名狙击手一边一个守在上面。他们的任务是在舰队接近法国海岸时,搜寻漂浮在海面上的水雷。凌晨 4 点前后,舰长通过扩音器宣布:"全体注意!全体注意！英国舰员到突击艇报到。"[31]游骑兵军官说，比起美式海军口令，他更喜欢英式的。

显然，如此庞大的舰队不可能长时间保持隐蔽。凌晨 2 点 15 分，沿海岸线部署的德军第 352 步兵师师部接到一通来自瑟堡的电话。诺曼底地区海防司令部声称在格朗康（Grandcamp）以北七英里处有敌舰出没。[32]然而德军似乎因伞兵空降而自乱阵脚，注意力被分散，没有发觉主要威胁来自海岸。会自行爆炸的伞兵假人甚至吸引了第 352 步兵师一整个团的兵力。结果德国人全都做了无用功。直到 5 点 20 分，奥克角（Pointe du Hoc）守军才报告海面上出现 29 艘舰船，其中有 4 艘大型舰只，可能是巡洋舰。

他们在奥马哈海滩外海看到的是代号为"O"的海军特遣舰队，实际上包括美军战列舰"得克萨斯"号（Texas）、"内华达"号（Nevada），以及皇家海军的浅水重炮舰"厄瑞玻斯"号（HMS Erebus），外加 4 艘巡洋舰和 12 艘驱逐舰。[①]"自由法国"也有一支海军力量，其中包括"蒙特卡姆"号（Montcalm）和"乔治·莱格"号（Georges Leygues）这两艘巡洋舰。"蒙特卡姆"号是海军准将若雅尔（Jaujard）的旗舰，桅杆上高高飘扬着一面前所未见的大型三色国旗。法国军官走上巡洋舰舰桥，通过双筒望远镜仔细观察海岸。此时唯一存在的英国元素是他们身上的粗呢大衣和手中那杯热气腾腾的热可可。[33]对于法国水兵和空军来说，轰炸他们自己的国土实在是五味杂陈，但他们

---

① 舰队中还有一艘防空巡洋舰"贝罗娜"号（HMS Bellona），负责保卫主力舰免遭空袭，但它在当天并没有开火。——原注

并没有逃避任务。①

东部特遣舰队的目标是英军和加拿大军即将登陆的宝剑、朱诺（Juno）和黄金三座海滩，为陆军提供近距离支援。其序列为战列舰"拉米利斯"号、"厌战"号（Warspite），浅水重炮舰"罗伯茨"号（Roberts），12艘巡洋舰（包括波兰战舰"龙"号②），以及37艘驱逐舰。德第711步兵师的赖歇特中将正在海岸上观察战情，他写道，当敌人开火时，"整个地平线似乎被一团烈焰笼罩"[34]。

隶属西部特遣部队的美国驱逐舰"科里"号（Corry）触雷沉没；东部特遣部队也有一艘驱逐舰被德军鱼雷快艇发射的鱼雷击沉。5点37分，就在较小舰只驶向各自的攻击阵位时，挪威驱逐舰"斯温内"号（Svenner）船腹部被击中。盟军飞机在舰队东翼投下烟幕弹，以保护其不受勒阿弗尔炮台的攻击，然而从那里出发的一支德军小型舰队在烟幕的掩护下悄悄靠近。[35] "斯温内"号断为两截，舰首和舰尾都露出水面，形成一个V字形，然后迅速下沉。还有五枚鱼雷继续前进，差点击中了"拉格斯"号和"西里西亚"号。好在它们都及时采取了规避措施，逃过一劫。两艘军舰快速驶向事发地，从海中营救船员。

---

① 为支援法国突击分队，法国驱逐舰"斗士"号炮轰了乌伊斯特勒昂。参与"海王行动"的其他法国战舰还包括护卫舰"冒险"号（Aventure）、"暴露"号（Découverte）、"冲突"号（Escarmouche）、"惊奇"号（Surprise）；轻护卫舰"乌头"号（Aconit）、"毛茛"号（Renoncule）、"摩西"号（Moselys）、"艾蒂安·德奥维斯"号（Estienne d'Orves）执行反潜任务。其他一些老旧法国舰只，包括"库尔贝"号（Courbet）战列舰，被用来建造"桑葚"人工港的防波堤。——原注

② 波兰海军除了"龙"号外，驱逐舰"勇士舞"号（Krakowiak）和"西里西亚"号（Slazak）也参加了支援海滩登陆的行动，"闪电"号（Blyskewica）和"霹雳"号（Piorun）驱逐舰是掩护舰队的一部分。——原注

"雨燕"号（Swift）独自找到67名幸存者，但还是有33人在爆炸中丧生。18天后，"雨燕"号自己也在同一水域触雷沉没。

登陆舰向它们的预设登陆地点移动。在一艘运送英军登陆黄金海滩的美军坦克登陆舰上，舰艇指挥官到下层溜达了一会儿，查看雷达图像。"屏幕上布满了小光点，"这位海军上尉写道，"以我们现在所处位置为中心，360度到处都是舰船。"[36]他回到指挥台，正准备通过扩音器向全体船员讲话时，舰上的英国上校把一只手放在上尉的肩膀上，说道："我手下大多数士兵都经历过最糟糕的沙漠战争。他们中间很多人曾经在法国作战，从敦刻尔克撤离。所以我建议你要讲得从容些，不要拖沓，而且不要太激动或情绪化。"这个美国年轻人听取了他的教导，发表了一篇"简短演讲"。

4点30分，正在"鲍德温亲王"号上待命的士兵们听到指令："游骑兵，登艇！"在其他登陆舰上，士兵们在登小艇过程中发生了严重混乱。一些步兵对大海颇为畏惧，于是将救生衣充气后才敢上艇，不料卡在舱口无法通过。第1师的一名军官注意到，在甲板上列队的士兵中有个人没有戴钢盔。"把你该死的头盔戴上。"[37]他训斥说。但这名士兵在一场纸牌游戏中大获全胜，赢得的赌注塞满了钢盔的三分之一。他别无选择，说了句"管他呢"，然后就像往甲板上倒水桶一样，把头盔清空，硬币滚得到处都是。许多士兵把急救包贴在头盔上，还有人系上了一包用玻璃纸包裹的香烟。

携带诸如无线电，或重达100磅的火焰发射器等重型装备的人沿着攀登网从母船下到登陆艇上时，会尤其困难。而且小艇随着海浪起起伏伏，不时与登陆舰侧舷发生碰撞，无论如何，这个过程都危机四伏。有些人没有把握好时机就跳下绳网，结果摔断脚踝或腿骨，或者夹在栏杆和船舷之间动弹不得。有些部队是先进入登陆艇后，再利用吊架将小艇降落到海面，这样就相对容易些。不过搭乘英舰"帝国标枪"号（HMS Empire Javelin）的第29步兵师116团1营营部刚刚向海面下降时，就倒了大霉。吊架卡住了，把他们困在船头厕所下方30分钟。达拉斯（Dallas）少校写道："在这半小时里，舰上船员尽情清空肠道，充分利用了这个英国人从1776年就一直寻找的报复机会。"① 船上没人听到他们大声抗议。"我们咒骂着，又是哭又是笑，但秽物还是不断浇下来。当我们开始向岸边进发时，每个人浑身上下都是屎。"[38]

美国游骑兵的主要任务是登上奥马哈海滩西侧的奥克角悬崖。他们的负重不算很大。大多数人配备的武器只不过是一把汤普森冲锋枪、一支点45自动手枪，钢盔上系有0.25磅TNT炸药。船长通过广播向他们告别："游骑兵们，狩猎愉快！"[39]

与第4步兵师即将登上犹他海滩的一名工兵后来在信中写道，放下突击艇的那段时间是一生中"最孤独的时刻"[40]。"小艇撞上水面，发出'啪'的一声巨响，每个人都心头一震。几秒钟后，那艘巨大的母船就变成了黑暗世界中一个更黑的斑点，然后完全从我们的视野中消失了。"

当第一批登陆艇编队就位时，两名游骑兵军官听到一声巨大的爆炸声，顿时跳了起来。他们环顾四周，想看看是怎么回事。一名英国海军士官有点卖弄地告诉他们："长官，那是'得克萨斯'号战列舰正向诺曼底海滩开火。"[41]来自战列舰和巡

---

① 1776年，美国通过《独立宣言》，摆脱英国统治。

洋舰的重型炮弹从登陆艇上空飞过,里面的人都能感受到炮弹发射时产生的冲击波。西部特遣舰队的战舰主炮也开火了,集中轰炸美军即将登陆的犹他海滩和奥马哈海滩。与英国皇家海军舰炮依次发射不同,美军战列舰"得克萨斯"号、"阿肯色"号、"内华达"号上所有14英寸口径舰炮同时舷侧开炮。这景象让部分观察员一时间误以为军舰爆炸了。即使相隔甚远,人们也能感受到冲击。卢多维奇·肯尼迪写道:"那些大炮会让你感觉有人用双臂紧紧地搂着你的胸,用力挤压。"[42]飞行中的重炮炮弹会在尾部形成一个真空区域。美陆军第1师的一名上士写道:"真是一幅奇怪的景象。海水被吸到空中,随着炮弹飞行一段距离,然后又回落到海里。"[43]

平底登陆艇在五英尺高的海浪中上下颠簸,很多人饱受晕船之苦。有个二等兵写道:"可以看到另一艘登陆艇在大海中一会儿沉下去,一会儿又露出来。"他环顾四周,发现"天空、大海、船只都是一片青灰色"[44]。

英国和美国士兵浑身湿漉漉的,都为自己早餐吃得太饱而后悔不迭。很多人把三明治中的"咸牛肉都吐了出来"[45]。受潮的呕吐袋很快就因被填满而裂开。有些人朝钢盔里吐,然后等着一个大浪涌过来,把头盔放到船舷外冲洗干净。一名高级军官威严地坐在他的吉普车内,结果上风向的士兵将呕吐物都喷到他的身上。军官大发雷霆,这幅场景让第50师的皇家海军前进观察员感觉很是滑稽。[46]然而,晕船的后果却一点也不好笑。到达海滩时,官兵们都已经筋疲力尽了。

还有人是因为恐惧而感到作呕,他们就是即将下水的坦克兵。这些坦克都是经过特殊改装的防水双驱动"谢尔曼"坦克,加装了螺旋桨和帆布气垫。这项新发明的作用是在第一波次步兵登陆的同时，坦克也能开上海滩，从而打德军一个措手不及。坦克隐藏在水下就无法被敌人辨识，浮出水面后便可攻击碉堡和火炮阵地，提供支援火力。双驱动坦克在设计之初并没有考虑如此恶劣的海况。一些士兵此前在英格兰受训时，就被专门为潜艇设计的戴维斯逃逸装置吓坏了，声称绝不成为"该死的坦克中那该死的水手"[47]。整个坦克车组中，只有车长站在炮塔后面的引擎盖上，露出水面。其他成员则待在坦克里面，驾驶员透过潜望镜，只能看到一片阴暗的灰绿色。

按原计划，两栖坦克将在远离德军大炮射程之外，距海岸线8000码处从登陆艇中开出。然而海上风浪太大，这一距离被压缩了。第13/18皇家轻骑兵团的朱利叶斯·尼夫（Julius Neave）少校接到的新命令是："下海，5000码！"[48]但是舍伍德义勇骑兵队的坦克在更接近海滩的地方才下水。即便如此，该部两个两栖坦克中队中，还是有五辆坦克沉没。大部分成员都设法爬了出来并获救，但也有一些人淹死在坦克里。正在海中行驶的数个美军坦克营面对的困难更加严峻。一方面是因为向西的洋流干扰了行进，但主要原因还是其中一个营遵照命令出动，然而出发点离海岸太远了。

*

随着天空泛白，德国守军发现了海面上的庞大舰队。从前线打来的电话铃声开始在第352步兵师师部疯狂响起。5点37分，第726掷弹兵团报告："大量登陆艇在阿内勒（黄金海滩）附近出现，船头对准海滩，敌军正在靠岸。敌海军部队开始对滩头猛烈炮击。"[49]几分钟后，师长拨通了他的上级——第84军军长马克斯将军的电话。"鉴于事态发展"，他建议应该把迈耶

(Meyer)中校指挥的三个营从搜寻"爆炸人偶"的任务中调回来。马克斯表示同意。5点52分,第352步兵师炮兵团报告:"60—80艘快速登陆艇正向科勒维尔（奥马哈海滩）驶来。敌海军舰队位于我军火炮射程之外的外海。"

当登陆艇上的士兵能够更清晰地看到海岸时,炮击便进入由火力支援舰执行的最后阶段。它们是一种经特殊改装的坦克登陆舰,开放式甲板上焊接了1000个支架。每个支架都安装有三英尺长、带有引信的火箭弹,甲板下还有1000支火箭弹储备。火箭弹齐射时发出一阵惊天动地的巨响。正驶向黄金海滩的一名汉普郡团士兵看着漫天火箭弹和炮弹,对身旁的战友大声喊道："想不到早餐盘里有这么多东西。"[50]一名指挥火力支援舰的皇家海军军官打开密令后,不禁愕然。他的攻击目标正是位于迪沃河入海口的卡堡,一座美丽优雅的海滨度假胜地。作为法国文化爱好者和普鲁斯特的拥趸,他不禁倒吸了一口凉气。马塞尔·普鲁斯特正是以卡堡为蓝本,创造出《追忆似水年华》中的城镇巴尔贝克（Balbec）。[51]

火箭弹齐射的骇人气势让战士们士气大振,但是火箭弹"射程过短,都落到水里,完全错失目标"[52]。然而乘坐突击艇前往奥马哈海滩的人并不知情。

正当第一波进攻如火如荼时,艾森豪威尔仔细研究了马洛里将军传来的好消息：空降行动的损失比预期小得多。拉姆齐的参谋部也对海军行动取得的成果深感宽慰。他们依然难以相信盟军运气会如此之好,扫雷部队竟能够毫发无损地安全返航,这简直就是个奇迹。艾森豪威尔先给坐镇华盛顿的乔治·C.马歇尔（George C. Marshall）将军发去一份速报,接着同参谋们一起开始起草新闻公报。然而首先出来宣布事态的是德国人。令盟国远征军最高统帅部又惊又喜的是,他们说盟军的登陆地点是加来。"坚毅计划"和在海峡东部实施的各种欺骗行动似乎效果斐然。

六个月前的突尼斯机场,罗斯福总统在专车里对艾森豪威尔说道:"就这样吧,艾克,你去指挥'霸王行动'。"[53]不过隆美尔口中的"最长的一天"才刚刚开始。第5军军长杰罗是艾森豪威尔的好友,负责攻击奥马哈海滩,他很快就发来了非常令人揪心的战报。

第七章　血战奥马哈

美军第 1 和第 29 步兵师的目标是岸线绵长、平缓弯曲的奥马哈海滩。从大海方向看去，海滩的右侧尽头矗立着一座巨大的悬崖。再往西四英里便是奥克角。一个游骑兵营将不得不从这里爬上陡峭的悬崖，消灭德军火炮阵地。

狭长的海滩缓缓隆起，延伸到低矮的海堤后形成一道鹅卵石斜坡。海堤外是一小片沼泽草地。就在草地上方，有一片陡峭的砂岩质悬崖，上面覆盖着海草。这些高度 100—150 英尺不等的断崖可以俯瞰整个海湾。沿着这条低矮绝壁，从东至西坐落有三座村镇，分别是滨海科勒维尔（Colleville-sur-Mer）、滨海圣洛朗（Saint-Laurent-sur-Mer）、滨海维耶维尔（Vierville-sur-Mer）。进出高地需要通过五个陡峭的山谷，或"凹脊"。它们是车辆离开海滩的唯一通道。在进入开阔地的出口处，德军已经设置了防守据点和火炮阵地。这就是为什么斯科特-鲍登上尉曾经警告布莱德雷说，奥马哈海滩是一处易守难攻的阵地（见地图 4）。[1]

第 5 军军长伦纳德·T. 杰罗（Leonard T. Gerow）将军本想在退潮时趁着夜幕掩护开始行动。隆美尔已下令在此建造了令人望而生畏的水下障碍体系以对抗登陆艇，包括爆炸桩、钢制多裂角锥形桩砦，以及一种被称为"比利时门"的矩形构筑物。杰罗认为在退潮期间，战斗工兵和海军爆破队应该有足够时间清理出一条直取海滩的通路，还能免遭直接火力打击。他的大部分高级下属和特遣舰队指挥官约翰·L. 霍尔（John L. Hall）将军对此也表示赞同。[2]但是艾森豪威尔、蒙哥马利、布莱德雷都坚持进攻必须在破晓后半小时，即 6 点 30 分开始。空军和海军将在登陆前实施大规模轰炸。"霸王行动"的指挥官们相信，联合作战将达到战术上的突然性，从而一举击溃守军。无论如何，他们不能冒险在某一个海滩比在其他海滩提前几个小时发动攻击。

杰罗的最初计划是由他亲自率领两个师进攻奥马哈，第 1 师为左路，第 29 师为右路。不过布莱德雷对被誉为"大红一师"的第 1 师很有信心，也更加信任其师长克拉伦斯·R. 许布纳（Clarence R. Huebner）将军的出色能力。该师曾在地中海战区参加登陆作战，经验和战斗力都无与伦比。于是布莱德雷任命许布纳为登陆指挥官，并将第 29 师 116 团级战斗队划归其麾下。

布莱德雷认为从未在战场上指挥过大兵团的杰罗之所以被任命为军长，仅仅因为他是艾森豪威尔的朋友罢了。杰罗则很担心飞机轰炸和舰炮轰击可能起不到效果，甚至艾森豪威尔保证他将得到"地球表面有史以来最强火力"[3]的支持后，仍然疑窦重重。事实证明杰罗是对的。开战前，他向军事分析人士巴兹尔·利德尔·哈特吐露了他的忧虑："我们在计划中是否充分考虑了突发事件产生的重大影响？"[4]

第一波次登陆艇运载第 29 师第 116 步兵团和第 1 师第 16 步兵团于 5 点 20 分离开母舰出发。他们要在波涛汹涌的海面上航行一个多小时，才能在行动发起的"零时"（H-Hour）抵达海滩。大型舰船都停泊在离岸至少十英里以外的地方，远离德军岸炮射程。有十几艘登陆艇在漫长且颠簸的行驶中沉没或倾覆。15分钟后，承担支援第1步兵师任务的第741坦克营两个"谢尔曼"两栖坦克连在距离海岸5000码处驶入海中。

正如布莱德雷在1月份承诺的那样，斯科特-鲍登上尉和奥格登-史密斯军士都重返战场，为突击部队担任领航员。斯科特-鲍登的领航艇上有三名船员，分别是一名美国海军中尉、一名舵手和一名操纵四联装高射机枪的墨西哥裔美国水兵。中尉突然发现坦克登陆艇在离岸还有5000码之遥的地方停了下来，打开舱门放出坦克。斯科特-鲍登大为震惊："风浪太大了，他们应该直接往前开。"[5]他后来说，在这样的距离让第741坦克营的"谢尔曼"坦克下水，"简直疯了"。

32辆坦克中沉没了27辆。只有两辆自行浮渡抵达海滩，还有三辆因跳板卡住而无法出艇，于是登陆艇正好全程载着它们，一路带到海滩上。总共有33名坦克车组乘员溺水身亡，其余人稍后获救。[6]那些成功抵达海滩的第743营坦克之所以没有损毁，是因为陆海军的军官们一致决定把剩下的坦克都直接送上去。策划组织两栖坦克方案的珀西·霍巴特少将在十天后对利德尔·哈特说："美国人搞砸了，没有用好这种装备。"[7]但是双驱动两栖坦克是否真能够在奥马哈海滩局促的空间内为步兵提供有力支援，仍有待商榷。[8]

当斯科特-鲍登及艇员们还在海中时，有329架美军重型轰炸机从他们身后飞了过去。然而他们沮丧地看到炸弹都远远落在山脊后方，没有一枚击中海滩或守卫海滩出口的德军阵地。斯科特-鲍登愤怒地对中尉说："除了把他们吵醒，什么用也没有。""零时"前30分钟，第8航空队的"解放者"和"空中堡垒"轰炸机投下了13000枚炸弹，但无一落在奥马哈海滩上。

美国陆军航空队宣称能够实施"精准空袭"[9]，这显然是在说大话。不幸的是，蒙哥马利只要看到有可能减少地面部队损失的机会，就照单全收。他毫不迟疑地采纳了方案，放弃英军在夜间发动登陆行动的原则。他和布莱德雷似乎都忘记了，根据以往经验，重型轰炸机编队空投的大部分航空炸弹都落在距离目标五英里的范围之外。

轰炸机编队于6点5分出现。它们从海面方向而非沿着海岸线飞来，以减少受到目标区域内高射炮的威胁。飞抵海滩时，机组成员为了避免误击己方正在向海滩驶来的登陆艇，会延迟数秒钟后再投弹。所有地面部队指挥官都指望空军能够摧毁敌人的铁丝网、雷区和部分防御阵地，但他们都过于乐观，愿景还是彻底破灭了。第1师的一名军官事后怒气冲冲地说："空军还不如待在家里，躺在床上，也好过搞什么集中轰炸。"[10]雪上加霜的是，分配给海军炮击的时间只有40分钟，实在太短，无法有效摧毁海岸防御工事。蒙哥马利和布莱德雷的计划既没有达成局部奇袭的效果，也没有取得压倒性的优势。

海军战舰在5点50分开始炮击，而德军其实早就起床了。沿着那一段海岸线设置的所有炮台都正在准备射击训练。[11]当地的德军战地指挥部早前就已经指示卡尔瓦多斯省省长发布警告，所有渔船在6月6日清晨不得进入该海域。不过舰炮炮弹呼啸着落到村镇周边，肯定惊醒了滨海维耶维尔的法国居民。一枚炮弹击中面包店，炸死了一名雇员和面包师的婴孩。尽管一些民房被摧毁，但神奇的是，伤亡相当轻微。镇长夫人还在她家的废墟中找到了自己的假牙，为此深感欣慰。更让人们松了口气的是，向内陆袭来的轰炸机没有将一颗炸弹投进维耶维尔。[12]

不过其他村庄和农场就没这么幸运了。

在靠近滨海维耶维尔出口的地方有一座被命名为73号的地堡。黎明时分，驻守在里面的一名德第716师的一等兵看到眼前景象时不禁浑身发抖。他后来写道："入侵舰队就像一座海上的巨型城市。"[13]舰炮轰炸惊天动地，"好似地震"。另一名驻防在科勒维尔出口附近的碉堡机枪兵也在拂晓时分目睹盟军舰队"从我们面前的海岸延伸到天边，一眼望不到头"[14]，令他惊恐不已。伴随着舰炮轰鸣，他在绝望中不由自主地大声祈祷。但当他看见登陆艇正向海滩接近时，听到从隔壁阵地传出战友的叫喊："他们来了！（Sie kommen!）"这才知道他们也在炮击中活了下来。他给MG 42（德军一种速射机枪）上膛，然后静静地等待。

德军旋即从慌乱中恢复秩序，速度之快令人惊叹。6点26分，第352步兵师师部接到战报，尽管"猛烈炮击"将第716步兵师的部分火炮压在碎石之下，但"还是清理出三门，并重新安置到位"[15]。据传，奥马哈海滩的德国守军装备了威力强大的88毫米火炮。第716步兵师沿海岸大概布置了两门，即使是这样的情报也无法得到确认。奥马哈海滩的德军火炮大多是精度远逊于88毫米火炮的捷克100毫米炮。

战后，人们对美军在奥马哈海滩面对的德军战斗力产生了另一种误解。盟军情报部门低估了德军在该区域的实力，但还不至于如许多历史学家所暗示的那样离谱。盟国远征军最高统帅部情报部门早就知道第716步兵师战斗力很差，其中还有三个由苏联红军战俘组成的"东方营"。这支部队的任务是固守阵地，需要防御从维尔河（Vire）河口到奥恩河之间长达40英里的海岸线。的确，最高统帅部曾经错误判断由迪特里希·克赖斯（Dietrich Kraiss）将军指挥的更为强大的第352步兵师还一直驻扎在圣洛地区，从那里向北至奥马哈有半天路程。然而，该师只有两个齐装满员的步兵营和一个轻型炮兵营在奥马哈海滩附近防守，显然并非如许多历史著作中描述的那样，是一个整师。[16]

第352师的其余部队则分散在从维尔河河口到阿罗芒什（Arromanches）之间超过250平方英里的纵深地域。[17]如果迈耶中校率领的战斗群——几乎占克赖斯的步兵数量的一半——不受"泰坦尼克行动"干扰，没有在夜间出动搜寻盟军在卡朗唐南部空投的所谓"爆炸人偶"，那么德军在奥马哈海滩的防守力量就确实相当强大。① 整个登陆行动中，奥马哈海滩正好位于中心地带。由于德军兵力受到牵制，加之克赖斯部署不当，在此作战的盟军才得以逃脱一劫。当然，登陆的美第1师和第29师仍将面临敌人强大的防御阵地。

战列舰巨炮给第一波登陆艇中的士兵留下了深刻印象。很多人把呼啸着飞过头顶的巨大炮弹比作"货车"。登陆艇在近海游弋，等待"零时"到来，特定时刻一到，便冲向滩头。敌人没有开火，这让美军萌生希望，以为海军和空军已经按计划完成了任务。[18]步兵们紧紧贴在一起，除了眼前的钢盔和高高的登陆艇跳板外，什么也看不见。不过有一两个人注意到海面上漂浮着死鱼。它们是被射程设置太短、未能打到德军阵地上的

---

① 迈耶战斗群是第352师的预备队，包括第915步兵团全部和第352燧发枪兵营。以巴约为基地的克赖斯少将在凌晨3点10分接到第84军发来的报告，称卡朗唐地区出现敌情。于是五分钟后他便命令该部向维尔河河口进军。——原注

火箭弹炸死的。[19] 突击艇就像"一匹未被驯服的马那样不停颠簸"[20],许多人紧闭双眼,减轻晕船导致的不适。此时登陆艇上充斥着"呕吐物的臭气"[21]。

炮弹爆炸扬起了浓厚的烟雾和灰尘,舵手很难辨认出地标。[22] 一艘运载第1师官兵的登陆艇在奥马哈海滩以南十英里的贝桑港(Port-en-Bessin)附近搁浅。很多登陆艇都是由皇家海军的水兵操控的。一些资料错误地宣称,由于他们年纪轻轻,缺乏经验,又受到惊吓,因此有几艘登陆艇是在枪口的胁迫下才向海岸靠近。然而来自目击者更可靠的说法表明,英国水兵绝不缺乏技巧和勇气。[23] 一些人曾在地中海战区与美军共同参加两栖作战行动。

一位美国海军中尉写道:"不久我们就听到子弹从身边滑过的声音。当几个人倒在甲板上时,我们才意识到活生生的敌人正用如假包换的子弹朝我们射击。"[24] 一些军官仍然在尽力鼓舞士气。"好好干,伙计们,"当一艘登陆艇撞上离海滩不远处的沙洲时,有军官喊道,"这是25年来,美国军队第一次来这里!"[25]

随着跳板放下,德军机枪手集中火力,朝登陆艇的开口射击。大部分登陆艇都在离海滩不远的沙洲处停了下来。海水看起来很浅,但前面其实有很深的陡坎。来自美国海岸警卫队和皇家海军经验更丰富的舵手知道在适当的时候关闭引擎,从而利用回流把登陆艇带过沙洲。[26] 如此操作的登陆艇都成功地冲上了海滩。

一名在奥马哈海滩西侧登陆的第116团士兵写道:"跳板刚刚放下,我们就遇到了敌人的直射火力。站在我前面的三个班长,还有其他人中弹。一些人翻过船舷跳进海里。两名水手被击中。我下艇时发现水只有脚踝深。我刚一跑起来,海水就突然淹到了屁股。我爬到海滩上的钢铁障碍物后面隐蔽。子弹打在障碍物上,射穿了背包,但没打中我。不过还是有很多战友被击中了。"[27]

登陆艇仍在海浪中颠簸,如果"你滑到金属跳板下面,就会在它打开时被砸死"[28]。有些人从登陆艇上跳下来,不料却发现海水没过了头顶。许多人根本不会游泳。大多数掉入深水的人只好不顾一切地扔掉武器,设法从装备中摆脱出来求生。后面的士兵看到同伴因沉重的装备而拼命挣扎,不禁惊慌失措。这名士兵还写道:"不管是游泳高手还是旱鸭子,很多人在水里中弹。那些被子弹命中,或因沉重负载而下沉的人尖叫着呼救……海面上漂浮着战死者,还有活人干脆装死,任凭潮水把自己卷走。"

一名士兵跳进了五英尺深的水里,发现"子弹就在鼻子尖前、身体两侧、四面八方乱飞。就在那一刻,我回想起曾经犯下的每一桩罪孽。我的一生中从未如此卖力地祈祷"[29]。第116步兵团第1营的一名成员目睹了罗伯森(Robertson)中士的阵亡过程。他是一名虔诚的教徒,绰号"朝圣者","前额右上角有一处裂开的伤口。他没有戴头盔,而是在水里疯狂地向前走。然后我看到他跪下来,拿着念珠开始祷告。这时,德军致命的交叉火力把他劈成了两半"[30]。

通过眼前这片绵延的海滩似乎是不可能完成的任务。穿着湿透的衣服和靴子,携带沉重装备跑过浅滩就如同一场让人四肢僵硬、无法动弹的噩梦。士兵们负担过重,存活机会微乎其微。每个人除了自身装备,还另外背负了750发机枪子弹。不出所料,事后许多人判断,如果第一波进攻时能轻装上阵,伤亡人数将会减半。

周围到处都传来喊叫声:"我中弹了!我中弹了!"[31]有个第1步兵师的士兵跳进没到脖颈深的海里,慢慢涉水前进。他感到精疲力竭,干脆躺在一英尺深的水中休息。"士兵们背着他们的全部装备移动,看上去就像是慢动作。物资过重,我们根本就没机会活命。我太累了,几乎是强迫自己向前走。"他所在排共有31人,只有9人幸存下来。

机枪对准沙滩交叉扫射,"打在潮湿的沙子上,发出'噬噬'的声音,听上去就像有人在呲牙"[32]。一名士兵看见有个战友从右往左跑,想要穿过火力网。他摔倒了,接着被敌人的机枪手打中。"他尖叫着要医护兵。一个医护人员快速上前试图救助,但也中弹,倒在那个士兵身旁。两人几分钟后就死了,死前一直在凄厉呼号。"[33]子弹打在沙滩上的障碍物上叮当作响。一些人继续躲在障碍物后面不敢动弹,不过其他人意识到只有冲到海堤下的隐蔽处才是唯一的生还希望。第116团A连在奥马哈海滩西端登陆,正对着重兵把守的维耶维尔凹脊,伤亡最为惨重。

德军机枪手将滩头和海面化为一片杀戮地带,与此同时,火炮也向登陆艇袭来。正如第5军后来在报告中提到的那样,由于海滩岸线向内凹,因此德军可以从"前方及侧翼"[34]对盟军开炮。一名第1师的上士在奥马哈海滩东侧看到邻近的登陆艇被炮火直接命中。艇上几个人被气浪掀到"五六十英尺高的空中"[35]。第一批登陆的坦克中大部分很快就被摧毁,但燃烧中的残骸至少能为登陆部队提供一些掩护。

海军战斗爆破大队顶着猛烈的炮火执行任务。一名队员写道:"我们开始工作,从一处跑到另一处,在各种障碍物上放置塑胶炸药，然后用安装了瞬发引信的导火线把它们串联起来。有些障碍物后面还躲着陆军。我们叫他们往前走，否则就会跟着障碍物一起炸烂。随着潮水上涨，我们在一个又一个障碍物之间快速奔跑。"[36]他们清理出一道100英尺宽的缺口供后续登陆艇进场，但不断上涨的潮水迫使他们从海水中撤离出来。"原计划清理16道缺口，但那天早晨只完成了3道。"随着海水逐渐没过绑着炸药的障碍物，下一波次的登陆艇舵手面临的任务将更加危险。事实证明，杰罗将军的担心不无道理。

虽然首批伤亡人员中有很多军官和军士，但士兵们还是从打击中清醒过来，明白要想活下去就必须穿过这片海滩。一个来自明尼苏达州的第1师士兵后来在家信中描述了他是如何冲刺跑过这段30码路程的："我一生中从来没有做过这么多祈祷。"[37]他回头看了看班里剩下的人。"太可怕了。到处都是将死之人——伤员动弹不得，被涌来的海浪淹没；前面的登陆艇燃起熊熊大火，后面的部队继续一波波突入……我从未见过这么多勇敢的人能够如此奋不顾身——很多人往回跑，试图收拢伤员，然而他们自己也牺牲了。"成功冲过滩头的人甚至无法为后面的战友提供火力掩护。"我们至少有80%的武器因灌入沙子和海水而哑火。"为了能在登陆后立即发起反击，大多数士兵犯了个大错误：还没有上岸就把步枪上的防水罩扯掉了。由于海水浸泡，几乎所有无线电台都失灵，造成了很大混乱。

一些组织较好的部队以班为单位跑步前进，以尽量降低暴露在机枪火力下的概率。第121战斗工兵营的一名中尉和中士折回去救助腿被炸断的战友。然而拖着他移动很困难，中士只好把伤员抱起来，紧接着他就受了致命伤，中尉的肩部也被击中。其他士兵跑了出来，把他们拉到相对安全一点的低矮海堤处。[38]第一批登陆的战斗工兵不得不充当步兵。他们在登陆时几乎丢失了所有爆破物资。敌军火力过于猛烈,在装甲推土机到达前,他们只能干瞪眼,什么也做不了。

首批登陆部队中的幸存者躲在海堤下的石头斜坡边,看着后续登陆波次抵近,感觉很难受。第116步兵团的一名年轻军官回忆说:"有人号啕大哭,有人对天咒骂。我觉着自己更像是一个旁观者,而不是这场行动的参与者。"[39]他很害怕,尽管口干舌燥,但还是想抽根烟。一个来自威斯康星州的中士写道,当跳板放下,机枪开火时,"士兵们接连倒地,就像玉米棒子从传送带上往下掉"[40]。在登陆艇后部的几个人试图寻找掩护,已经下水的一些人则想爬回来逃离死亡。[41]炮弹在水中爆炸,升起的水柱犹如"大型间歇泉"。

第二批登陆的一位军官记录道,在离岸边还有300码处时,由于烟雾太大,什么也看不清,但可以听到激烈的枪炮声。他们也以为盟军空军已经完成了任务。"一些小伙子说:'第29师干得不错:他们真的是在全力以赴。'但是他们到达海滩时,才意识到是德国人在开火。"[42]

第116步兵团的另一名军官说,这次行动在某些方面感觉就像是一场登陆演习,"又一项持续两天的痛苦训练,最后洗个热水澡就能结束"[43]。他们不能确定是否走对了海滩,于是连长对登陆艇上的海军军官说:"带我们上岸,反正那儿也正在交火。"但当他们靠近时,才认出这里是磨坊村(Les Moulins)附近的一条凹脊,正是他们要前往的海滩。"我们要求士兵们一直把头低下来,这样他们看不见战场,也就不会失魂落魄。坦克依然滞留在岸边,有些还在开火,有些则燃烧起来。承担攻击任务的连队隐蔽在坦克周围或海水中。他们中大部分人都受伤了。很多尸体随着潮水漂浮在海面上。"

第 116 步兵团的麦格拉斯（McGrath）上尉于 7 点 45 分登陆。他发现潮水飞涨，海堤底部却挤满了人。他和其他军官试图让士兵行动起来。"我们对他们喊话，让他们跟着我们前进。然而没有一个人跟上来。很多人似乎被吓傻了。"[44]有名游骑兵看到第 116 步兵团的一名中尉站起来，背对着子弹来袭方向，朝"那些蜷缩在海堤旁、畏畏缩缩、受到惊吓、不知所措且什么事情都没干成的士兵吼叫：'你们这群家伙还是军人吗?!'他尽其所能，试图让（躲在）海墙后面的部队重新组织起来，但没有成功"[45]。理查德·布什（Richard Bush）上尉是随第 111 野战炮兵营首批登陆的炮兵军官。他这样描述所看到的那些士兵："他们被敌人痛揍一顿，完全吓呆了。许多人都忘记了手中还有武器可用。"营长和连长命令士兵清理武器，并告诉没有武器的人可从死者身上拿。一些伤员也分配到任务，尽量让失效的武器重新开火。

第 1 师的霍尔（Hall）上尉是助理军医，注意到在极端压力下，士兵们有着截然不同的反应："我看见有人像在'梦游'一样走向登陆艇——又是尖叫又是狂喊，挥动着手臂。他已经扔掉了所有装备……许多人在海水里中弹，伤者被上涨的潮水淹死。我朝一些人大喊大叫，催促他们爬上岸，有人照做了。很多人的精神状态似乎完全不正常，只是摊开四肢呆坐着。（他们）可以行动，但不能回答任何问题或执行命令。几名军官准备过去把他们拉上来，但（更高阶的）军官喊着要他们回来。"[46]海水上涨时，几个伤员紧紧抓住一艘搁浅的登陆艇尾。"他们一个接一个掉下去，淹死了。（我）看到一个人胸口受伤，最终海水淹没了他的脸庞……一个小伙子漫不经心地蹚水走上沙滩，就像正在散步。有人朝他大喊，要他趴下来。一串机枪子弹打在他周边的沙地上，但他居然安然无恙。"不过有一个年轻的工兵在恐惧中发疯了，"开始在海滩上乱窜"，直到"被一颗子弹打死"[47]。

这名医生抵达石质坡道时受了伤。他写道："人们躺在湿漉漉的鹅卵石上，因寒冷和恐惧而浑身发抖。"他手下一名医护兵的表现令他又惊奇又钦佩："A. E. 琼斯（A. E. Jones）下士总是那么瘦小，体重只有105磅，身高才五英尺五英寸。他应该是最不可能做出什么壮举的人。敌人的火力如此密集，几乎没人能够下到海滩后又活着返回。然而他六进六出，把士兵从沙滩上带过来。"有一次，他冲出去检查一名伤员的伤势，然后折回向霍尔上尉描述伤情，并问他该如何处理。

步兵并不是唯一遭受精神创伤的部队。一名担任坦克车长的中士在登陆"绿F"（Fox Green）滩头时精神崩溃，下令乘组放弃坦克。[48]一名二等兵接过指挥权。那个中士却躲进散兵坑里，窝在那里一整天。一名少校后来问这个二等兵，当时为什么没开枪崩了他。另一辆"谢尔曼"坦克在登陆时被击中，动弹不得，但继续朝目标开火，直到潮水上涨，车组乘员才被迫放弃坦克。德军炮兵集中火力攻击"谢尔曼"，特别是那些装有推土铲的坦克。第743坦克营所属51辆"谢尔曼"中，至少有21辆失去战斗力。那些弹药耗尽的坦克在海滩上来回移动，为穿越这片死亡地带的步兵提供掩护。"坦克救了我们。"第1师的一个二等兵坦承道。[49]

就在登陆部队急需组织领导时，更多高阶军官率领他们的指挥部抵达海滩。正如第5军后来在报告中所指出的那样，大部分混乱源于登陆艇驶入错误地点,导致部队建制被打乱。海滩上有些区域"人满为患,而其他地方却无人攻占"[50]。7点30分过后不久,查尔斯·坎汉上校带领第116步兵团团部下水,然后涉水踏上"白D"(Dog White)滩头。一同登陆的还有第29师副师长诺曼·D. 科塔(Norman D. Cota)准将。他们先隐蔽在一辆坦克后面,然后快步跑向海堤。

科塔和杰罗一样,对过度依赖轰炸也心存疑虑,因此清楚地意识到他们所面临的潜在灾难。装载着第111野战炮兵营105毫米榴弹炮的DUKW两栖运输车就在他眼皮底下被海浪吞没。这批装甲车共有13辆,其中11辆沉没,而且多数还是在集合点徘徊时损失的。[51]第1师的炮兵也没有好到哪里去。第16步兵团团属加农炮连损失了DUKW搭载的全部六门105毫米榴弹炮。第7野战炮兵营没有一门火炮成功登陆,大部分随着DUKW沉没。

在更靠近海滩的地方,障碍物还是没有被清除。主要受逆流干扰,第146特种水下爆破营的工兵们竟然在指定地点以东一英里外的地方登陆上岸。科塔和坎汉简短讨论了一会儿。登陆行动中,不仅是营级单位,甚至连和排的建制也被打散了。他们现在要做的就是一旦士兵们清理完武器,便立刻强逼他们突破铁丝网和雷区封锁,攻击后方悬崖上的德军阵地。

上午8点,科塔正在寻找铁丝网的突破点,以便向磨坊村凹脊发起攻击时,发生了可怕的一幕。[52] 91号大型步兵登陆艇(LCIL)接近海滩途中,一枚炮弹落在舰上爆炸,显然击中了一个士兵携带的火焰喷射器燃料罐。"他被炸出甲板,完全飞出右舷舱壁后跌落海中。火焰喷射器的油料开始燃烧。登陆艇的前甲板和上层结构顿时化为一片火海……这艘登陆艇是第

116步兵团的后备指挥部,持续燃烧了18个小时以上。在此期间,舰上装载的厄利孔20毫米防空炮炮弹也接连不断地殉爆。"[53]十分钟后,92号大型步兵登陆艇亦遭此厄运。很多工兵严重烧伤,其他战友不得不冒着猛烈的炮火,把他们拖到海堤下隐蔽起来。

科塔决定到右翼进行侦察,而坎汉前往左翼寻找海滩突破口。此后不久,坎汉右腕被子弹打穿,但他仅仅包扎了一下伤口就继续战斗。一名士兵看到这个"长着马脸的老家伙右臂吊着绷带,瘦骨嶙峋的左手握着一把点45口径柯尔特手枪"[54]。坎汉"又高又瘦,戴着金丝眼镜,留着一小绺细胡子"。正是这个南方人曾警告他的部队,三分之二的人将会阵亡。他大声吼叫着,命令军官们把各自指挥的士兵带离海滩。"让这些家伙离开天杀的海滩!去杀几个该死的德国佬!"一名中校正在躲避密集的迫击炮齐射,喊道:"上校,你最好找掩护,否则会被打死的!""给我滚出来!"坎汉尖叫道,"让这些人离开该死的沙滩。"

奥马哈海滩东侧,第1师第16步兵团团长乔治·泰勒(George Taylor)上校也采取了相同措施。第741坦克营在距离海岸线过远的地方就离开登陆艇,因此蒙受了巨大损失,导致第1师缺乏装甲部队支援,不过这更加凸显出该师取得的战绩。霍尔上尉——那位受伤的军医,看到泰勒不停地从一个军官跑向另一个军官并告诫他们:"我们必须在德军派来88毫米炮对付我们前离开海滩。就算我们要死,也得先杀几个德国人垫背。"[55]同泰勒上校在一起的还有一名留着大胡子的英国海军军官。他"坐在地上抽烟,看上去很厌倦"。泰勒还对士兵们说了句名言:"这片海滩上只有死人和将死之人。现在让我们离开这鬼地方吧!"[56]

事实上,随着第 16 步兵团第 2 营一部在圣洛朗和科勒维尔之间的区域登陆,美军终于在奥马哈海滩首次取得突破。该部在仅伤亡两人的情况下便穿过了海滩。7 点 35 分,德军第 352 步兵师向马克斯将军的指挥部报告:"100—200 名敌军已从科勒维尔东北处渗透进我军防线。"[57]德军显然对此忧心忡忡。"迈耶特遣队"的一个营收到了堵上科勒维尔附近缺口的命令,然而其师部预计该营在"一个半小时内"无论如何也赶不到。事实上,这支部队受盟军空袭干扰,直到下午晚些时候才抵达战场。

克赖斯将军很快就发现自己已无兵可用,没法向奥马哈海滩派遣援军。正如美国官方历史资料所指出的那样,英军第 50 师在奥马哈东侧几英里处的黄金海滩登陆后,对"德军构成了最直接的威胁"[58]。尽管他们的攻击开始时间比美军晚了一小时,但"英军在最初数小时内便突破了好几处海岸防御阵地"。德军第 352 师左翼完全暴露出来。迈耶指挥的战斗群重新调往克雷蓬(Crépon),以应对那里的英军攻击。当天晚些时候,迈耶本人与英军在巴藏维尔(Bazenville)交战时阵亡。这支近 3000 名官兵的特遣队最后只有 90 人重新回到第 352 师。

与美第 116 步兵团 A 连毗邻的第 2 游骑兵营某连在奥马哈海滩西端登陆时损失惨重。该营其余官兵的主要目标则是位于更远处的奥克角德军炮台。但是这群游骑兵的运气也不怎么好。第 2 游骑兵营营长詹姆斯·E. 鲁德尔(James E. Rudder)中校在向奥克角前进途中便意识到英国海军舵手的航向太偏东了,几乎到了奥马哈海滩。于是他们只好顶着逆流返回奥克角,浪费了半小时。登陆艇在悬崖下就位后,游骑兵便立即向上方发射一种由火箭驱动的抓钩,这是英国特种部队的发明。很多抓钩射程太短,半空就掉下来,部分原因是绳索浸泡在海水中变重,但还是有几只抓住了崖顶。第一批士兵开始攀爬悬崖,还用上了伦敦消防局的梯子。德军根本没料到会有抓钩从悬崖下方的登陆艇中飞上来。第352步兵师师部收到的报告是,"位于外海的敌舰向悬崖发射了一种特殊炮弹,从中落下了绳梯"[59]。

悬崖顶上的德国守军试着朝下射击,并向进攻者投掷手榴弹,不过美舰"萨特利"号(Satterlee)和皇家海军的"塔勒邦特"号(HMS Talybont)的近距离火炮支援压得德军在战斗初期不敢冒头。"萨特利"号一整天伴随游骑兵,随时准备为他们提供火力支持。第一批攀崖的游骑兵凭借无比的勇气和技巧,成功在崖顶获得了一个立足点。很快,其他战友也爬了上来。令他们吃惊的是,炮台里并没有大型火炮。它们部署在离海岸不远的地方,很快就被处理掉了。

鲁德尔的报务员试图发出行动成功的信号——"赞美上帝"[60],不过无线电台因浸水而失灵。无论如何,游骑兵的胜利还是来得太晚了。由于第2营迟迟未能完成任务,随时准备增援的第5游骑兵营在海上待命多时,以为前方进攻已经失败。于是他们决定执行替代计划,在奥马哈海滩登陆支援第116步兵团。上岸后,科塔准将迅速派遣他们前去攻击悬崖。

奥克角由德军第916掷弹兵团的一个营防守。该部甚至用了更长时间同上级取得联系。第352步兵师直到8点19分才获知游骑兵已经成功爬上悬崖。[61]第916掷弹兵团和鲁德尔的部队在奥克角上展开拉锯战,双方反复争夺阵地。战斗将持续一整天,直至次日晚些时候才平息。游骑兵弹药耗尽,只能从德军尸体上收集武器。当增援部队终于赶到时,他们才发现这是非常危险的举措。

第一艘抢滩的大型登陆艇还在燃烧。离它不远的地方,科塔选择了一段海堤为突破口,堤外五码处有一个土丘。他命令一名士兵用勃朗宁自动步枪压制悬崖上方的德军,然后指挥其他人将"班加罗尔"鱼雷塞到铁丝网下。科塔还告诉第5游骑兵营的马克斯·斯奈德(Max Snyder)中校如法炮制炸开缺口,朝内陆推进,然后向西迂回,攻击德军位于佩尔塞角(Pointe et Raz de la Percée)的堡垒。

铁丝网被炸飞,海草因舰炮轰炸而燃烧起来,升起浓烟。科塔判断冲过那片通往悬崖底部沼泽草甸的时机到了,决定发起冲锋。有个士兵第一个穿过了铁丝网,不料却被一连串机枪子弹撂倒。"医护兵!"他狂喊,"医护兵,我中弹了。救救我!"[62]几分钟里,他一直在呻吟哭泣。"呜咽着叫了数声'妈妈'后,最终还是死了。"看到其他人都吓得一动不敢动,科塔便带头冲出去。很快,一队来自第116团的步兵穿过草甸来到悬崖下,接着向崖顶攀爬。燃烧的草甸冒起滚滚浓烟,还没扔掉防毒面具的人赶忙都拿出来戴上。

8点30分,科塔返回悬崖下的临时指挥所,与坎汉会合。[63]这时,所有人的注意力都转向一名美国士兵。他站在队尾,押送着五个双手高举过头顶的战俘。但是德军机枪从上方打来,最前面的两个俘虏当场身亡。其他人朝着机枪方向跪下来,恳求对方不要朝他们射击,然而又有一个俘虏胸部中弹。

104　　德国人突然间意识到大多数美军正躲在视线之外的海堤下面，便开始用迫击炮瞄准他们攻击。[64]鹅卵石在炮火下像霰弹一样四处乱飞。一发迫击炮弹落在了坎汉的队伍中，炸死了科塔身边的两名军人，还把他的无线电报务员炸到20英尺高的小丘上。两名指挥官迅速转移指挥所，但还是无法与左翼的第1师取得联系。通信已经崩溃。无线电台不仅被海水浸坏，德国步枪手还专门瞄准背着沉重设备的通信兵开枪。他们背着重达90磅的背包，步履蹒跚地走在沙滩上时，无疑是最好的目标。

在距离海岸10英里远的美军指挥舰"安康"号（Ancon）的舰桥上，杰罗正等待前线发来战报。然而由于一直无法同滩头联络，他深感不安。其实早前看到登陆艇在浊浪滔天的大海里颠簸起伏，好几艘还沉没时，他就开始焦躁起来。登陆艇返回母舰，装载下一波次登陆部队。船员也随艇带来了很多内容混乱的报告。9点15分，杰罗收到一条信息，发自奥马哈海滩"红E"（Easy Red）滩头的一艘指挥艇。"船艇、车辆堆积在海滩上。部队在沙滩上挖掘堑壕。德军直到登陆艇冲滩后才开火。"[65]杰罗还听说工兵无法在雷区中清扫出一条安全通道，而且"德军狙击手和机枪似乎把火力集中于军官和士官身上"。

杰罗将这一情况向正在美舰"奥古斯塔"号（Augusta）上的布莱德雷通报。他们都非常担心。布莱德雷甚至开始考虑放弃登陆奥马哈海滩的可能性，将接下来的进攻波次转向犹他海滩或英军负责的区域。奥马哈海滩很多地方，尤其是维耶维尔出口附近的战局确实岌岌可危。尽管人们认为登陆行动到处都是一团乱麻，但还是有些部队，如在科勒维尔附近作战的第1师，就几乎没有遭遇任何抵抗，仅付出相对较少的伤亡后便突破了山脊。即使是第29师发动的第二波次攻击中，第116团C

连也于 7 点 10 分，相对轻松地在距目标区域左侧 1000 码的地方登陆。[66] 全连 194 人中，仅有 20 人在冲过海滩抵达海堤时阵亡。舰炮轰炸引燃海草，升起滚滚浓烟，这在他们攀爬悬崖时也帮了大忙。[67]

第 116 步兵团 2 营营长——得克萨斯人 S. V. 宾厄姆（S. V. Bingham）少校报告说，他所在的那艘登陆艇上，"全体人员都安全"[68] 通过了"红 D"（Dog Red）滩头。他手下一个军官观察到"敌人的火力并不像我想象的那么猛烈"[69]。不过宾厄姆营的一个连在该区域另一侧登陆时，却损失惨重。宾厄姆带领大约 50 人越过海堤和铁丝网，来到悬崖下一幢四周围有堑壕的三层楼房边。他报告说："所有人的武器都哑火了。"于是他们跳进堑壕，开始清理武器。尽管房屋楼梯在轰炸中被破坏，但他们还是消灭了屋内的敌人。确认安全后，宾厄姆率领部下直接爬上面前的悬崖。他们向内陆又突进了 400 码，然后朝西转向滨海圣洛朗，但是在村庄边缘遭遇埋伏在农舍里的德军据点阻击。隶属营部的考索恩（Cawthorn）上尉正在高声发布命令时，被一块弹片击中。弹片从他的一侧脸颊进入，又从另一侧飞出，好在冲击时嘴是张开的，因此没有伤及下颚。随后赶到的军官看到"他一边说话一边喷血，似乎毫不在意"[70]。

到 9 点 30 分，海滩及近海的混乱情况丝毫没有好转。一名军官事后报告说："那里有一大堆乱七八糟的垃圾、尸体和物资。"[71] 到处都是被烧毁或正在燃烧的车辆、尸体、被丢弃的装备。尸体像原木一样在海浪中翻来滚去，不断被冲上岸边，横在沙滩上。有名士兵说："它们看起来就像杜莎夫人蜡像馆里的蜡像。一切都显得那么不真实。"[72] 损毁的登陆艇堵在几处海滩上。在更远的外海，混乱更加严重。杰罗的副参谋长本杰明·B. 塔利（Benjamin B. Talley）上校报告说，登陆艇像"蜂拥而至的牛群"[73]一样乱转。海军无法决定哪艘登陆艇应该收进母舰，哪艘留在海上。虽然已经登陆的车辆中很多不适合战斗，但增援坦克终于开始发挥作用了，不过还是有好些坦克在海滩上行进时履带脱落。只有勇气非凡的人才敢在空旷地带，冒着迫击炮和机关枪的密集火力为坦克更换履带。

防御阵地上的德军逐渐落于下风。有一次，战斗工兵设法将一辆装满TNT炸药的卡车挪到一座碉堡旁边。"他们点燃导火索引爆。冲进碉堡后，美国人发现所有德军都死了，但尸体没有炸伤的痕迹，鲜血从鼻子和嘴巴里喷涌而出。他们死于脑震荡。"[74]最有效的武器是八艘美国驱逐舰和三艘英国驱逐舰上的舰炮。这些军舰将侧舷对准海岸，冒着相当大的风险近距离轰击德军阵地。舰炮连续发射后变得滚烫，以至于一队水兵不得不抬出水枪给炮管降温。在奥马哈海滩作战的许多士兵后来相信，正是突前的驱逐舰挽救了登陆日当天的危局。事实上也确是如此。大多数步兵军官事后认为，如果驱逐舰从一开始就接近德军据点射击，而不是像战列舰那样从很远的地方盲目开火，海军的支援效果可能就会更加显著。[75]

坦克也发挥了重要作用。一个德第726掷弹兵团第2营的幸存者还记得当"谢尔曼"坦克攻击时，从一座地堡中传来诀别信息——"永别了，战友们！"——然后通信就中断了。他还声称，"这座'拒不投降的地堡'被攻克后，美军无视《日内瓦公约》，除了66名战俘（其中一半受伤）之外，残忍处决了其他所有幸存者"[76]。

尽管这一事件没有得到美方任何资料佐证，但也确实存在一些违背战争法的杀戮行径。这主要源于被压抑的恐惧，以及看到这么多战友阵亡后的复仇心态。一名《巴尔的摩太阳报》(*Baltimore Sun*)的记者在当天晚些时候看到这样一幕："有个德国人，我不知道他的军衔，快要死了。他当时完全失去了知觉，但我记得一群大兵站在旁边看着这个人，最后有个家伙举起卡宾枪朝他脑袋开了一枪，说：'这样就能解决掉这个混蛋了。'当然解决了。"[77]

一些美国士兵相信，有法国人甚至还有女人为德国人战斗。奥克角的一名游骑兵在战斗结束后报告说："我们遇到了一些平民，他们持德军步枪朝我们射击，还有人充当炮兵观察员。我们把他们都打死了。"[78] 德军战俘如果有任何可疑举动，便会遭美军射杀。在精神紧绷的状态下，美国人潜意识里就会认为他们在要什么花招。不过战场上也不时闪烁着人性的光辉。第5游骑兵营的一名通信兵奉命搜走俘虏身上的所有纸质材料。他把这些人的家庭照片挑选出来，然后塞回他们的口袋。德国战俘喃喃地说："谢谢！(Danke schön)"[79] 另一名游骑兵在押送战俘返回海滩时绊了一下，掉进了一个大弹坑里。三个战俘也跟着他跳了进去。他的本能反应是德国人要杀了他。他们却扶他起来，掸掉他身上的尘土，捡起步枪还给了游骑兵。显然，他们并不想回到自己的部队继续战斗。[80]

10点46分，塔利上校通过无线电向"安康"号回复："战局有所好转。"[81] 不过登陆现场仍然混乱不堪。大批物资积压，迫切需要的装备未能及时投入战斗，错误的车辆和设备却被送进战场。许多军官后来报告说，在完全控制海滩之前，本应该只允许步兵、坦克和装甲推土机登陆。

科塔准将此时心急如焚。他爬上悬崖,督查他派去进攻的步兵小队的进展情况,结果发现他们被机枪火力压制,趴在一块平地上抬不起头。科塔拿着他的点 45 柯尔特自动手枪,在人群中穿梭往返,喊道:"好吧,现在让我看看你们的本事。"他亲自率领小队冲锋,指示他们在前进中向树篱和房屋开火。他们深入内陆 300 码,来到一条小路边。有名军官撞见"一具德军尸首,被打死时嘴里还叼着一支抽了一半的雪茄"。几乎每个士兵都记得他们首次见到德军尸体时的情景。一名游骑兵看到那具尸体"浑身苍白,就像白蜡一样,令他震惊不已"。[82] 第 1 师的一个士兵甚至记得他第一次见到的那个死人的名字:"他的钢盔掉了,我可以看到(里衬上)印着'施利茨'(Schlitz)。"[83]

由第 29 师官兵和第 5 游骑兵营一部组成的一支混编队伍沿着这条小路两侧向西,朝滨海维耶维尔行进。队伍中还有"一名没有戴头盔的游骑兵,他骄傲地扛着一挺缴获的 MG 42 机关枪"。当他们来到维耶维尔谷口上方时,又一次被机枪火力阻挡,于是科塔再次来到队伍前列,并派出一支小队向德军侧翼发起进攻,迫使其撤退。

就在这个时候,第 116 团 C 连赶到战场。得益于海草燃烧时产生的浓烟,他们相对轻松地登陆后,便顺利脱离海滩,爬了上来。他们沿着绝壁向维耶维尔挺进,正好遇见了科塔准将,"他看上去从容不迫,正把手枪套在手指头上转圈"。[84] 科塔问:"小子们,你们到底去哪儿了?"于是 C 连奉命加入这支向维耶维尔以西前进的部队。

坎汉上校带领另一队人马也登上悬崖。他和科塔商议后决定,来自第 116 团第 1 营的官兵同游骑兵一道,朝佩尔塞角推进。这支编制混乱的队伍后来被称为科塔的"杂种旅"。第 116

团认为:"论单兵战斗力,游骑兵是同自己合作过的最优秀的战士,但是你无法把他们捏合为团队作战。"[85]

越来越多的人登上了悬崖,但他们必须应对前方真假难辨的雷区。后面的人尽量毫无偏差地踩着前面战友的脚印行走。他们沿路不断遇见伤亡人员,精神高度紧张。第29师的士兵记录道,当他穿过海草向上攀爬时,碰见一名受伤的中尉,他的一条腿从膝盖处被炸断了。"膝盖部位突出好些锯齿状的尖骨头,煞白得吓人。他对我说:'士兵,小心地雷!'"[86]这种异乎寻常的冷静并非特例。第115团的一名士兵爬上悬崖后,看到地上躺着一个人:"我靠近后才知道原因。他踩到了地雷,半只右脚被炸掉了。他现在的姿势很舒适,还抽着香烟。他对几乎所有路过的人都特意警告说,就在离他大约一码的地方埋着地雷。"[87]

虽然科塔的"杂种旅"及其他部队到正午时分已突入内陆,但坦克还是滞留在海滩上,没有随步兵跟进到维耶维尔附近的凹脊。一艘美国海军军舰一直对准这个谷口轰炸:"混凝土建筑被炸得粉碎,产生了大量灰尘和烟雾,连同炮弹爆炸后产生的刺鼻气味弥漫在半空。"[88] 12点30分,炮击停止后不久,科塔率领一支侦察队从崖顶下到凹脊,沿途不断有斗志全无的德军向他们投降。他们在维耶维尔的一家商店里发现一群正在喝牛奶的法国平民。法国人说,海军舰炮刚开火,400个德军就弃村而去。[89]凹脊末端有一堵反坦克墙和一小片雷区。一名德军战俘不得不走在前面开道,然后所有美军再跟着他的脚印前行。途中向谷外望去,他们看到海滩上遍布着尸体、被炸得支离破碎的坦克,以及依然躲在海滨别墅隐蔽处的战友。科塔要求军官带领各自的部队继续前进，并命令工兵炸掉这堵反坦克墙。

他反身转向海滩往下走，发现还有更多人畏缩在悬崖边。附近有一辆装有推土铲的废弃坦克。他朝这群士兵吼道，他刚刚从凹脊那里下来，"悬崖上除了几个步兵，什么都没有，而且他们很快就要被消灭干净了。难道就没人有种开动坦克吗？"终于，有人驾驶这辆坦克来到维耶维尔谷口。坦克里还装有部队急需的 TNT 炸药。接着，科塔朝位于磨坊村附近的下一个海滩出口前进。他的指挥部参谋军官们已经在那里集合了。[90]他向他们发出一连串命令。

科塔继续向东，找到了第 1 师副师长韦曼（Weyman）准将。韦曼在登陆时所有衣服都湿透了，正蜷缩在一条毯子里，完全没有军人模样。两人决定让第 116 团继续清剿维耶维尔以西至格朗康之间的德军；已于上午 11 点开始在"绿 F"滩头登陆的第 29 师后续战斗部队第 115 团则奉命向内陆小镇隆格维尔（Longueville）挺进。科塔回到自己的指挥所，显然对眼前的景象不太满意："第 6 特种工兵旅的一些人挖了浅浅的壕沟，保护自己免受火炮袭击。他们正不紧不慢地吃着 K 口粮，而周围到处都是尸体和将死之人。"不过没人可以责怪医护兵。他们正把在悬崖上被反步兵地雷炸伤的伤员运回海滩。

部队开始加速集结。到 12 点 30 分，美军已有 18772 名官兵登陆奥马哈海滩。[91]半小时后，第 1 师第 16 步兵团的一个连在第 29 师第 116 步兵团的支援下，向滨海科勒维尔发起攻击。有几篇新闻报道称，防守科勒维尔的很多德军喝得酩酊大醉，一些人还滑稽地用英语大喊大叫、发号施令。美军杀了进去，结果反遭己方海军舰炮轰击，八人伤亡。G连所有官兵，包括前来救助伤员的医护兵，都被无烟火药爆炸后产生的气味呛得无法呼吸，只好戴上防毒面具继续前进。他们打出黄色信号弹，但没能阻止炮火，不过战舰最终还是停止了轰击。过了一会儿，德军第352步兵师师部收到一条信息说"伤员无法送回"[92]，这才知道美军已经包围了这个村子。

就在科勒维尔仍在激战期间，第1师第18步兵团绕过该村继续前进。第29师第115步兵团也向内陆推进，并对圣洛朗发起攻击。不久之后（14点15分），美军从第一批被俘德军的军饷簿上确认他们来自第352步兵师。[93]战斗结束后不久，一名情报官员写道："我简直不敢相信自己的眼睛。"他们十分震惊，完全不知道有这支部队驻防在奥马哈。

海滩上的明火刚刚被扑灭，装甲推土机就设法清理出几片空地，以便更多部队和车辆加速抵达。已烧毁的坦克被拖走或推到一边，损坏的登陆艇也被拖到不碍事的地方。第1师的一名工兵说，战场上充斥着肉体烧焦的气味，此后数天他几乎无法进食。[94]爆破队继续炸毁德军设置的海滩障碍物。对于可能装有诡雷的东西，他们就用系在长绳上的抓钩来处理。敌军炮弹还在不断袭来——着弹点缓慢地在海滩上来回移动——不过很多看起来像是炮弹引起的爆炸，其实是扫雷队在清理地雷或炸毁障碍物后留下的痕迹。

医疗队也在奋力工作。许多伤员，特别是已经休克的，更容易因寒冷而伤情加重。士兵们接到命令，到一艘损坏的登陆艇上搜寻毯子，还要从死者身上收集更多急救包。通常情况下，医护人员能做的事不多，只能给伤员注射吗啡和包扎外创伤口，比如迫击炮弹片造成的臀部伤。一些伤员已经没有生存希望了。

第 60 医疗营的一名上尉这样写道:"我看到一个年轻士兵的肠子从制服下露出来。他脸色苍白,痛哭流涕,显得痛苦不堪。除了给他注射吗啡、安慰他,我无能为力。他很快就死了。"[95]

军医使用戊巴比妥钠①来治疗遭受战斗应激创伤的人,让他们昏睡不醒。失血过多的人的手会逐渐变青,这就必须给他们挂血袋。然而,就算有毯子和血浆相助,很多人还是在夜间死于休克或失温。各类伤员现在可以坐上返程的空载登陆艇回到舰上了,但尚在偏僻处的伤员还要等待很长一段时间。在混乱的登陆过程中,部分区域一直没有医疗队抵达。第 1 师的医疗营在登陆时受到重创,以至于不得不先集中精力处理自己的伤员。在悬崖雷区受伤的士兵等待时间最久,因为工兵必须清理完道路后,医护兵才能赶到他们身边。许多人整夜躺在那里,直到天亮才得到救治。[96]

部分舰船,如"塞缪尔·蔡斯"号、"贝菲尔德"号,以及一些被改装成临时医疗船的坦克登陆舰,可以在返程途中运载伤兵。伤员先搭乘登陆艇来到大船边,然后人们再通过吊架上的绳网担架把他们转移上来。军医们在甲板上对每个伤员验伤分类,场面显得"杂而不乱"。有个受伤的士兵突然意识到自己失去了右腿。他狂呼乱喊:"我该怎么办?我的腿啊!我是农民。"医护人员只好把他死死按住。[97]

那些命不久矣的人注射了吗啡和血浆后,"就被孤零零地留在原地,等待死亡降临"[98]。水兵们用担架把死人送进舰船的冰箱里,厨师为此大为光火。不过还有让他们更震惊的事,一位外科医生竟然直接在厨房里动起了手术。"贝菲尔德"号上

---

① 戊巴比妥钠,一种镇静剂和短时效催眠药物,显效较快。

只有一名经验丰富的陆军军医,助手都是不熟悉类似情况的海军医生。大多数医护人员也从未处理过这样的战伤。有人在治疗一名头部遭受重创的游骑兵时,没有注意到他的大脑只是被头盔挡着而已。当护理员取下钢盔时,脑组织便向外溢。他"竭尽全力想把脑子塞回颅骨,但成效甚微"。医生让这个惊恐万分的护理员放心,因为无论如何这个游骑兵都会死。

17点21分,塔利上校通过无线电向"安康"号报告,"轮式和履带式车辆"已经可以在海滩高潮线以下的大部分区域通行了。杰罗将军这才长松一口气。他决心在日暮前把军部建在法国土地上,于是出发上岸。[99]他乘坐塔利上校派来接他的一辆装甲推土机穿过海滩,在20点30分抵达军部。那里距前线还不到500码。

第29师师长查尔斯·H.格哈特(Charles H. Gerhardt)少将是个身材矮小、一板一眼的军人。他登陆的时间要稍早一些。他也设立了自己的指挥部,正坐在一箱C口粮上查看地图。[100]两位将军有很多事情需要考虑:下一步如何行动,以及当天的伤亡情况。据统计,有超过2000人阵亡、失踪或受伤,不过这一数字至今仍未确定。① 官方历史学家福里斯特·C.波格(Forrest C. Pogue)在采访幸存者时发现,这些人"以为其他人都阵亡或被俘虏了。战争迷雾导致美军伤亡人数被极度夸大。不过即使是最离谱的估计,也比登陆前人们担心出现的伤亡情况要好"[101]。唯一确定的事实是,有3000名法国平民在登陆行动的头24小时内罹难,是美军死亡总人数的两倍。

---

① 第5军后来统计的伤亡数字是:第1师1190人,第29师743人,军直属部队441人。德军损失约1200人。美军在最初24小时内的阵亡总数是1465人。[102]——原注

尽管盟军在登陆日当天的伤亡程度远低于计划制订者的预期，但丝毫没有减弱首批登陆奥马哈海滩的官兵惨遭屠杀给人们带来的冲击。第 116 步兵团 A 连来自国民警卫队，虽然该连并不具代表性，却成了牺牲将士的象征。第二天早上，A 连一位生还者遇见了科塔准将。科塔问他来自哪支部队，得知答案后，他悲伤地摇了摇头说："他比我更清楚 A 连的实际情况……唔，它已经失去战斗力了。"[103] A 连 215 人中，约有 100 人牺牲，还有更多人受伤。①

奥马哈海滩就此成为美军的传奇，但是在即将来临的战斗中，他们还将面对更加残酷的战场。在诺曼底，双方每个师的平均损失均超过了同期苏军和德军在东线的伤亡人数。②

---

① 传说 A 连的大部分死者是弗吉尼亚州的贝德福德（Bedford）人。事实上，只有 6 人来自那里。而在 6 月 6 日那天，整个贝德福德县也只有 24 人在这个连战斗。[104]——原注

② 东线德军每个师每月平均损失不到 1000 人，在诺曼底，这个数字为 2300 人。计算苏联红军的对应损失要复杂得多，但每个师每月平均损失数似乎少于 1500 人。盟军在诺曼底的伤亡人数接近每个师每月平均 2000 人。[105]——原注

第八章　犹他海滩和空降兵

登陆日的黎明让散落在科唐坦半岛上的美国空降兵总算有了一丝清晰视野。诺曼底地区遍布着高高的树篱，使得他们很难确定所处方位。对很多人而言，白天意味着他们终于可以点燃香烟，而不必害怕暴露自己的位置了。此时寻找空投下来的装备箱和包裹也变得容易一些。有个法国男孩赶着马车，帮助一名伞兵参谋军官收集物资。德军士兵也在那天晚上收获了从天而降的"吗哪"①。各种物资如雨点般落到地上，他们得到了美军的 K 口粮和香烟。[1]

尽管成功着陆的伞兵没有无线电同师部联络，但他们还是开始集结成一支支混编小队，各自向目标发起进攻。而德军的混乱程度更甚，这对伞兵十分有利。事实证明，伞兵和抵抗组织切断电话线是非常有效的战术。半岛上的德军也不知道该如何应对现在的局面。他们缺乏领导，对美国伞兵部队在哪儿集结也一无所知。德第 91 空运师的法利中将在他自己的指挥部附近遇袭身亡；第 709 步兵师师长卡尔-威廉·冯·施利本（Karl-Wilhelm von Schlieben）中将仍然没有抵达战场指挥战斗。

施利本原本计划参加第 7 集团军在当天进行的一场图上军演，此时正在雷恩的一家旅店里睡觉。清晨 6 点 30 分，他被一阵电话铃响吵醒。参谋通知他："军事演习取消。命令你返回

---

① 吗哪，《旧约》中上帝赐给古以色列人的一种食物。

部队。"[2] 施利本意识到盟军已经抢先一步行动，于是告诉司机沿着半岛西海岸的道路行驶。他们以最快的速度向内陆前进，中途只停下来一次，在路边的树篱下收容了一名德军伤员。施利本能听到从东面传来重炮轰鸣。

宵禁在清晨6点结束。法国平民纷纷从屋子里出来，看看晚上发生了什么事情。在主空投区以北的蒙特堡，他们来到中心广场，发现德国士兵正在看押一群"把脸涂黑的美军俘虏"[3]。美国兵朝法国人挤挤眼，做出代表胜利的"V"形手势。看到当地的德军指挥官时，市长忍不住问他是否需要人手来安装"隆美尔芦笋"，以阻止滑翔机着陆。他生硬地回答："没有必要。"法国人注意到德军非常紧张。

第82空降师已经拿下了其主要目标圣梅尔埃格利斯，但是由于着陆区离德第91空运师主力部队很近，他们可能会遭遇敌人的多次反攻。该师另一项任务是固守梅尔德雷河防线，为第7军长驱直入穿越半岛做好准备。由于第82师兵力过于分散，实战证明要完成这项任务相当困难。伞兵们组成很多小队，沿着铁路路堤向拉菲尔（La Fière）渡口前进。第82师副师长詹姆斯·加文准将率领一支规模较大的部队继续向南，协助攻击谢迪蓬（Chef du Pont），以及位于该镇的大桥。

当伞兵在谢迪蓬的梅尔德雷河上建立了一座小桥头堡时，第508伞兵团的军医不得不依靠最简陋的装备在战场上做手术。装着医疗物品的所有包裹都在着陆时丢失了。"有个士兵的腿从膝盖处开始全被炸掉，只剩下髌腱。我把他平放在沟渠中，说：'孩子，我要把你剩下的腿锯掉。你必须咬紧牙关，因为我一丁点麻醉剂也没有了。'他说：'来吧，医生。'我割断了他的髌腱。他甚至连哼都没有哼一声。"[4]

该团另一名军医在德军对着他射击时还不得不高举血浆袋,很快就被俘虏了。他们把军医带到第 91 空运师设在圣梅尔埃格利斯以西五英里的欧特维尔(Hauteville)城堡野战医院。[5]德国医护人员把他当作朋友一样对待。一名参军前曾担任天主教神父的中士协助他照料受伤的美国伞兵。

虽然美军人数占优,攻占拉菲尔渡口和附近的桥梁却是一场恶战。他们拿下目标后,又得而复失。德军在渡口对面布置了多挺机枪,形成完美射界。由于受河流所限,美军又不可能攻击其侧翼。有个法国家庭用自家划艇拯救了很多伞兵。这家人曾告诉一名伞兵军官,附近有个渡口可以越过梅尔德雷河,但不知什么原因,该军官却没有通报这条信息。后来,另一个士兵偶然发现了渡口,这才派上了大用场。[6]

还有一些伞兵分散落到梅尔德雷河西岸的沼泽地带。他们发现茂密的树篱上布满了荆棘和尖刺。而且德军小分队占据了诺曼底农庄,坚固的石墙成为他们天然的防御阵地。由于伞兵依然无法与河东岸的美军主力联络,因此不能协调彼此行动。

第 82 师负责控制战线西翼,第 101 空降师的任务则是协助盟军在半岛东海岸登陆犹他海滩。他们必须压制德军炮台,夺取从海滩穿过沼泽、通往内陆的堤道。科尔(Cole)中校的部队占领了圣马丹-德瓦尔勒维尔(Saint-Martin-de-Varreville)的德军火炮阵地,不过该处已被德国人放弃。美军再接再厉,控制了堤道西端,从那里穿过洪泛区后便可直抵犹他海滩。与此同时,其他部队为确保北翼安全,采取了更具攻击性的行动,这又使得陷于孤立的德国守军确信,他们在兵力上远远落后于盟军。不过美军在进攻从海滩至圣玛丽迪蒙和波普维尔(Pouppeville)的这段南部堤道时,遭到严密布置的德军机枪阻击，进展缓慢。

第 101 空降师除了为第 4 步兵师打通离开犹他海滩的堤道外，另一项任务是占领拉巴奎特（La Barquette）的杜沃河船闸，并拿下卡朗唐东北处的两座桥梁。如此一来，科唐坦半岛上的美军部队便能与从奥马哈海滩向前推进的第 29 师连成一片。该地区最严重的威胁是一支人数众多的德军，他们出人意料地出现在位于卡朗唐至瑟堡公路之间的圣科姆迪蒙（Saint-Côme-du-Mont）。

海特少校在三年前随德国伞兵部队空降入侵克里特岛。他命令自己指挥的第 6 伞兵团中的两个营从卡朗唐出发向前推进。海特部隶属德国空军，都是经验最丰富的伞兵，实战证明他们是相当可怕的对手。黎明时分，德国兵惊讶地看到田野上散落着五颜六色的降落伞。起初，他们怀疑不同颜色可能代表不同的战斗部队，不过他们很快就抽出匕首割降落伞，准备给自己做丝巾了。上午晚些时候，海特亲自带队前往圣科姆迪蒙，并爬上教堂钟楼，观察到庞大的盟军舰队正在离岸不远的海面上游弋。

对于美国伞兵来说，听到从犹他海滩传来海军舰炮的轰鸣时，他们总算放下心来，知道登陆行动正按照计划进行。但是由于在空投过程中损失了太多装备弹药，集中起来围剿他们的德军也越来越多，因此空降行动成功与否，一切都取决于第 4 步兵师能否尽快抵达。

盟军登陆犹他海滩最为成功，不过这主要归功于好运气。轰击该海滩的海军规模丝毫不亚于奥马哈海滩的配置。这支海军由坐镇重巡洋舰"奥古斯塔"号的海军少将艾伦·G. 柯克（Alan G. Kirk）负责指挥，其麾下拥有美国战列舰"内华达号、重巡洋舰"昆西"号和"塔斯卡卢萨"号（Tuscaloosa），以及皇家海军的浅水重炮舰"厄瑞玻斯"号、轻巡洋舰"黑太子"号（HMS Black Prince）；此外还包括提供近距离支援的轻巡洋舰"企业"号（HMS Enterprise）及其他十几艘驱逐舰。海军刚刚开始轰击，法国平民就从村庄逃到田野中，躲在相对安全的地方静观事态发展。

尽管炮火命中的德军阵地寥寥无几，但还是清除了大片对敌人至关重要的雷区。与此同时，第9航空队中型轰炸机对犹他海滩实施轰炸，精确度比奥马哈海滩的第8航空队要好得多，即便如此，空袭对德军阵地的影响还是微不足道。火力支援舰的命中率也很糟糕，但这一切似乎都无关紧要。

执行登陆犹他海滩任务的是美国陆军第7军。指挥官J. 劳顿·柯林斯（J. Lawton Collins）少将是一个活力四射的领导，被部下们称为"闪电乔"。打头阵的是第8步兵团，隶属由雷蒙德·O. 巴顿（Raymond O. Barton）少将指挥的美第4步兵师。由于洋流影响，登陆艇幸运地被推向维尔河河口。范弗里特（Van Fleet）上校的第8步兵团在原计划以南2000码的海滩登陆，却发现这片海滩的防御力量远比原定登陆地点的薄弱。

这片海面相对平静一些，因此两栖坦克几乎完好无损，只有一辆登陆艇触水雷爆炸，导致运载的四辆坦克损毁。登陆艇上的一名船员形容两栖坦克就像"奇形怪状的海怪，依靠类似甜甜圈那样的巨大帆布气垫才能在海面上漂浮。它们在波涛中上下起伏，跟着我们努力保持队形"[7]。事实上，由于德军抵抗微弱，这些坦克基本上没有目标可以攻击。就连火炮在登陆过程中也无损失。第4步兵师在6月6日共计伤亡200人，而同年4月在德文郡斯拉普顿（Slapton）海滩举行的"老虎"演习中,该部遭到一艘德军鱼雷快艇攻击,700人丧生,损失远远高于登陆日。

第一个在犹他海滩登陆的高级军官是小特迪·罗斯福(Teddy Roosevelt Jr)准将。他是前总统老罗斯福的儿子,也是现任总统富兰克林·罗斯福的堂弟。小特迪为纪念父亲,把他的吉普车命名为"义勇骑兵"(Rough Rider)①。发现第8团登陆地点不对后,罗斯福判断此刻重新部署乃愚蠢之举,明智地决定继续战斗。他宣布:"我们就从这里开始战争!"

罗斯福经常与士兵开玩笑,而且勇气非凡,因此深受大兵们爱戴。他挂着手杖,在硝烟中无所畏惧地阔步前进。很多人猜测他其实暗地里就是希望战死沙场。一名没有吉普车随行的少校登陆后首先就是寻找掩护,接着就"遇见了罗斯福将军,他正走在海堤上,对枪林弹雨毫不在意"[8]。"特迪将军"不喜欢钢盔,以戴橄榄绿色的针织军帽而闻名。他这个习惯显然树立了一个坏榜样,因此经常受到更高阶将领的训责。

正如第4师一名军官指出的那样,攻击犹他海滩上各自为战的德国步兵和机枪手"更像是在打一场游击战"[9]。有个上校从激烈的炮火中冲过来,问一名年轻军官:"上尉,该死的,这步枪到底怎么装弹?"[10]一下子把年轻军官逗乐了。同奥马哈海滩不一样,这里的德军没有实施"观察射击"②。相反,他们"总是采用不同节奏对准海滩来回轰击"[11]。但是,相对轻松的战斗并不意味着不用提防敌人的肮脏把戏。据第8步兵团的一

---

① "义勇骑兵"是美国第1义勇骑兵团的绰号。该部由西奥多·罗斯福组建,在美西战争中立下过赫赫战功。
② 一种火炮射击模式,观察者可看到弹着点,然后炮组在观测数据的基础上对火炮进行控制调整。

名士兵说,军官命令他们射杀抓到的所有党卫军士兵,其理由是"他们不值得信任"[12],可能在身上藏匿炸弹或手雷。另一名士兵陈述道:"在听取战斗简报时,我们被告知,要将在海滩地区和内陆一定距离内发现的所有平民视作敌军士兵,应开枪射击或围捕。"[13]

不到一小时,海滩上的德军就被消灭得干干净净。略显平淡的战况不免使人有些扫兴。"没有预期的亢奋,也没有太多混乱。"工兵不必先从障碍物中开辟一条50码宽的通道,而是立即着手清理整个海滩。这里的战斗同奥马哈海滩相比,实在是天壤之别。

这两片海滩唯一的共同点就是盟军掌握了制空权。战场上空几乎时时刻刻都有"闪电""野马""喷火"战斗机的身影。它们极大鼓舞了士气,自己却找不到可以攻击的德国空军飞机。登陆日当天,只有两架德军飞机在白天飞抵海滩。这主要得益于盟军战斗机群已经覆盖了广阔的内陆地区,只要察觉有飞机升空,就随时发起进攻。美军"雷电"战斗机各中队的任务是大面积搜索内陆,攻击德军增援力量和装甲部队。不过在战区西部,首日出现的目标少得可怜,让美国飞行员大失所望。

在这历史性的时刻,紧张情绪不可避免,加之平淡的战斗令人沮丧,诱使美军动不动就开火。盟军飞机击毁了一辆运送木炭的法国货车。在奥马哈海滩正南方的勒莫莱(Le Molay),美国战斗机把一座水塔误认为德军观察哨,用机枪把它打得千疮百孔。[14]水塔变成了一个巨大的淋浴头,向四面八方喷水,直到储存在里面的40万升水倾泻而空。地面部队和海军也忍不住乱开火。许多盟军飞机被自己人击落。次日,一架美军飞机在犹他海滩上空被击落。飞行员跳伞时还遭遇一名兴奋过度的工兵用机枪扫射。

科唐坦半岛更西侧，"喷火"和"雷电"战斗机分别在26000英尺及14000英尺高空巡逻，组成一张掩护网。他们的任务是保护英吉利海峡西南方向的反潜巡逻队，使其免遭据信以布雷斯特半岛为基地的德军战斗机攻击。[15]他们还不知道，由于德国空军担心盟军会在那里登陆，该地机场已经被德国人自己捣毁了。无论如何，皇家空军和美军飞行员本以为自己会在海滩上空直接向敌人发起攻击，领到的却是一项不可能获得战果的任务，为此都愤愤不平。

另一个不太有成就感的工作是驾驶中型轰炸机在法国抛传单。盟军在传单中劝告法国人离开城镇，到乡下避难。英国广播公司也发出警告，但很多收音机已经被德国人没收，而且大部分地区断电。

第4步兵师打头阵的两个营在确保海滩安全后，便马不停蹄地向内陆挺进。第70坦克营的一辆"谢尔曼"坦克朝防守堤道的一个据点刚一开火，里面的德国人就立即出来投降。连长从坦克上跳下来，向他们走去，不料德国人却朝他大喊大叫。他想了一会儿才明白他们喊的是"小心！地雷！（Achtung! Minen！）"[16]他撤回到安全地带，把工兵叫来。但到了当天晚些时候，连长的好运气就用完了。他的坦克连向西南方向推进到波普维尔后，第101空降师的一些受伤伞兵向他们求援。连长拿起急救箱爬下坦克，朝伤兵走去，却踩中了一枚反步兵地雷。他大声提醒车组成员不要靠近。但他们还是扔给他一根绳子，用坦克把他拖出来。连长左脚被炸断，残留部分后来被切除。

盟军向内陆推进过程中，平民及其财产也不可避免地受到损害。第4师第20野战炮兵营的一个连遭遇了来自农场建筑的攻击。居住在这座农场的寡妇告诉美军，谷仓里的"狙击手"是个非常年轻的德国兵，已经喝醉了。于是炮兵拖来一门火炮，对准谷仓开火。第一发炮弹就引燃了谷仓，里面的年轻德国士兵饮弹自尽。[17]

一名士兵的描述尤其能说明当时的情形。他回忆说："法国人，当然，他们就住在那里。对他们而言，我们出现就是世界上最令人惊奇的事情。我猜他们真的不知道该怎么对待我们。一个男人突然跑起来。我们叫喊着让他停下，他却置若罔闻，于是有人朝他开枪，把他打死了。我记得我和另外几个战友走进一所房子，试着让里面的人都出来。我们一点法语也不懂，也没人出来。我们举起枪托砸开门，然后我向门内扔了一颗手雷，退出来等着它爆炸。我们进去后发现房间里有一个男人、三四个妇女，还有两三个孩子。手雷造成的唯一伤害是老男人脸颊上多了道伤口。他们没有被统统杀死只是运气好罢了。"这名士兵接着讲述了他们如何在坦克火力的支援下，占领了一座小山。"战斗非常艰苦。那些家伙（德国人）徒劳挣扎，他们都疯了。还有不少人隐蔽在散兵坑中。我看到好多人被打死在里面。我们不抓俘虏，别无他法，只能就地杀死他们。我从来没有像那个样子开枪杀人。甚至连我们的中尉和一些士官也参与了。"[18]

法国人必须竭尽全力应对这种情况。几名美国军官"路过一间小小的法国农舍时，看到一个身材魁梧的法国妇女正把一具德军士兵尸体从房子里拖出来。她用力一甩，把尸体扔到马路对面的树篱旁。她朝我们挥挥手，表示见到我们很高兴，但她又回到房子里去了。我猜她是要把被弄得乱七八糟的房间收拾一下"[19]。另一个美军在前往圣梅尔埃格利斯的路上看到"一个德国士兵上身赤裸,躺在地上死了,脸上还涂着剃须膏"[20]。原来他正在刮胡子时,伞兵冲进这幢建筑,他在逃跑途中被枪杀。房屋后方有一个野战厨房,或者德国人口中的"野战炊事车"(Gulaschkanone)。拉车的挽马都死了,身上还套着缰绳。

前进中的第 4 步兵师在增援伞兵部队途中,遇到的最离奇事件是与一支由苏联红军战俘组成的德国骑兵部队战斗。骑兵们迫使他们的坐骑卧倒在地上,然后隐蔽在后面开火。这是典型的骑兵战术。一位从未见过这种战斗模式的中尉写道:"德军把马当作掩体,所以我们只得开枪,打死了大部分马匹。"[21]

与德国战俘交谈时,还有更令人诧异的事情。有个俘虏问一名有德裔血统的美国士兵:"纽约已经所剩无几了吧?"

"什么意思?"

他说:"哎,你知道的,它被德国空军炸平了。"[22]

美军发现,对于纳粹宣传部门最离谱的谎言,许多德军士兵不仅坦然接受,而且深信不疑。

德军对梅尔德雷河上的谢迪蓬桥头堡发起多次反攻,但都被伞兵成功击退。他们发射"巴祖卡"火箭筒,摧毁了德第100 装甲营的两辆法式轻型坦克。其他战区,尤其是圣梅尔埃格利斯附近,伞兵投掷甘蒙手榴弹来对付法式坦克,同样效果斐然。

第 709 步兵师师长冯·施利本中将曾寄希望坦克出动后,能打乱美军阵脚。他命令师属坦克营开动在 1940 年法国战役期间缴获的雷诺坦克四处出击。不过伞兵发现用手中的甘蒙手榴弹近距离攻击，也能相对容易地炸毁这些过时车辆。然而空降兵指挥官们仍然忧心忡忡。他们弹药不足，也不知道海上行动进展如何。法国平民担心这次登陆可能像 1942 年的迪耶普战役那样，也以失败告终；德国人将卷土重来，报复那些曾经帮助美军的人。甚至还有谣言说登陆行动已经失败了。直到第 101 空降师与第 4 步兵师主力部队及"谢尔曼"坦克会师后，所有人这才松了口气。美军在狭窄堤道上推进缓慢，日暮前就停止下来，但至少从圣梅尔埃格利斯到海边沼泽地带的战线右翼已经被第 4 师的后继部队牢牢控制住了。

第 325 机降团一部原计划于 21 点在圣梅尔埃格利斯以南的莱福日（Les Forges）附近着陆，但盟军仍然没有彻底控制该地区。[23]一个由格鲁吉亚人组成的"东方营"就驻守在正北方。他们分布在蒂尔克维尔（Turqueville）和福维尔（Fauville）两地之间、从卡朗唐向北延伸的一段公路上，阻挡盟军增援陷入苦战中的圣梅尔埃格利斯。施利本正全力从北侧进攻，试图重新夺取这座城镇。第 325 机降团的 60 架滑翔机在俯冲降落时，遭遇到猛烈的机枪火力。该团在着陆中有 160 人伤亡，但幸存者个个装备完好，斗志昂扬。他们连夜采取行动，涉水渡过梅尔德雷河，然后向左进军，攻占河西岸的拉菲尔渡口。①

当第一批美国战俘列队穿过卡朗唐时，海特的第 6 伞兵团后备营官兵目不转睛地注视着这群来自大西洋彼岸的军人。他

---

① 原文为向"左"转，然而第 325 团从东向西渡过梅尔德雷河后，若再向北进攻拉菲尔渡口，应该是"右"转，疑为作者笔误。

们身材高大，剃光了头，"看上去好像来自新新监狱①"[24]，德国人开玩笑说。这群战俘从卡朗唐出发，被押往南边的圣洛接受德军战地指挥官审讯，然后关进拘留营。他们在那里只能得到一丁点食物充饥，于是称其为"饥饿山"。法国平民在黎明前就注意到德军疲于奔命，知道盟军已经开始登陆了。他们满怀同情地看着美军俘虏到来。

此前一天，美国战斗轰炸机精准空袭了圣洛火车站，这让当地市民稍感安心。一群玩牌的人"就像看电影"[25]一样站在旁边围观，还鼓掌喝彩。其中一人后来写道："这些友好的飞行员让我们放宽了心，相信盟军不会盲目轰炸，置平民于危险之中。"然而，为了封锁这处主要道路的交汇点、延缓德军增援部队冲入登陆区，盟军轰炸机在6月6日20点开始系统性地轰炸圣洛，将其摧毁殆尽。盟军早前已通过广播和传单发出警告，但法国人要么没有收到信息，要么没有认真对待。

一位市民回忆说："窗户和门在房间里乱飞，落地大摆钟倒在地上，桌椅跳起了芭蕾。"[26]法国人吓坏了，携家带口逃进地窖；好些人在轰炸中被活埋。参加过第一次世界大战的老兵们则不愿意躲到地下。他们曾目睹太多战友在轰炸中被埋进堑壕里而窒息。空气中充斥着建筑物倒塌后的扬尘，令人透不过气来。在这个"噩梦般的夜晚"，他们看到小教堂的双尖顶映衬在烈火熊熊的夜幕中。一些人眼见城镇变成一片废墟，不禁失声痛哭。

被关押在瑟堡监狱中的四名抵抗组织成员在空袭中遇难。

---

① 新新监狱（Sing Sing）是位于美国纽约州一座设防等级最高的监狱。

贝尔维尤军营（警察总部）完全被摧毁。城中半数以上的房屋被夷为平地。医生和救援人员束手无策，只能拿当地特产白兰地给伤口消毒。受到爆炸震动影响，有位临盆的孕妇早产，在"天启末日般的时刻"诞下一个女婴。空袭刚刚开始，许多人就本能地跑到乡村，躲进谷仓和农家院子里。[27]等他们终于鼓起勇气返回圣洛时，闻到还埋在废墟下的遗体发出阵阵恐怖的尸臭。大约有300名圣洛平民死亡。他们这才明白，诺曼底将成为法国解放的牺牲品。

第九章　黄金海滩和朱诺海滩

在诺曼底古城卡昂，市民们今天要比平时醒得更早一些。盟军伞兵已经空降的消息得到证实后，位于巴加泰勒大道（Avenue de Bagatelle）的德第716步兵师师部才开始恢复运转。一个年轻的抵抗组织成员就住在附近，看到传令兵进进出出，很清楚正在发生的事情。母亲假装不知道他在干什么，满怀疑惑地望着他问："是登陆吗？"① 她儿子没有回答。她转过身去，开始往瓶子里装水，还煮了些土豆，以防断水断气。[1]

邻里街坊们从公寓里出来，走到楼梯间，或者隔着窗户互相打听消息，都显得很困惑。

"您认为会在这儿登陆吗？"

"哦，不是这里。"

"海边的那些可怜人，他们会经历些什么啊？"

"别担心，他们今晚就会到这里。[2]汉斯②们都焦头烂额了。"

玛丽安娜·多尔（Marianne Daure）一大早就被飞机轰鸣声吵醒。她也问了丈夫同样的问题：这是登陆吗？皮埃尔·多尔（Pierre Daure）是大学校长，戴高乐已经秘密任命其为卡尔瓦多斯省省长。他不露声色地回答说："是的，确实是登陆。"[3] 玛

---

① 法国人在谈及1944年6月6日那天时，总是称盟军进攻为"登陆"（le débarquement），而从不用"入侵"（l'invasion）这个词。因为后者对法国人而言，特指1940年的德军突袭和占领。——原注

② 原文为"Fritzes"，泛指德国人，尤其是德国军人。为符合中文习惯，改为"汉斯"。

丽安娜的姐姐德弗朗索瓦·雅库莱（François Coulet）也被戴高乐选为诺曼底地区的共和国专员（commissaire de la république），但她对妹妹同样没有透露一个字。尽管盟国远征军最高统帅部十分担忧可能出现泄密事件，但戴高乐派的成员们都小心翼翼地守护着秘密。

到了6点，家庭主妇们涌入卡昂城内的面包房，购买法棍面包。[4]但德国士兵看到人群聚集，便冲过来抢走面包，还从餐馆里没收了好几瓶酒。[5]

在这激动的时刻，一些男孩子骑着自行车向北朝海滩方向狂奔，去看看到底发生了什么。他们必须避开正向防御阵地行军的德国部队。他们带回来的消息迅速传播开来。有个孩子从卡昂骑自行车南下，一路上大喊着："他们登陆了！海上到处都是黑压压的船！德国鬼子①完蛋了！"[6]

狂热的乐观情绪四处蔓延。一个报童爬上圣索沃尔教堂（Saint-Sauveur）塔顶，下来后到处宣称，他看到英军正在挺进。没过多久，德国人就开着高音喇叭车在卡昂的街道上来回广播，告诫人们留在室内。军事当局下令，城市部分地区居民须立即疏散，且不能随身携带任何东西。[7]然而，大多数人都待在家里不动，也不理会咚咚响的敲门声。

与此同时，隆美尔元帅在位于乌尔姆（Ulm）附近的赫林根（Herrlingen）家中被叫醒。为了给妻子庆祝生日，他早前已回到德国。施派德尔中将接到大批登陆舰队停泊在外海的确切报告后，便立即在6点30分从拉罗什吉永城堡总部给他打电

---

① "德国鬼子"的原文为"Boches"，是法国人对德国人的贬称，主要在第一次和第二次世界大战期间使用，特别是针对德国士兵。

话，并汇报了迄今为止所采取的应对措施。隆美尔给贝格霍夫别墅去电，取消同希特勒的会面。他的司机就在屋外的霍希敞篷车里等候，以最快的速度开车返回法国。即便如此，隆美尔也要到晚上才能抵达总部。

在拉罗什吉永城堡的作战室里，B集团军群的参谋人员正紧张地工作，试图根据第7集团军发来的军情报告评估当前局势。施派德尔还必须处理更高层的质询："来自国防军最高统帅部和西线总司令部的电话此起彼伏，表明他们万分紧张。"[8]

巴黎郊外的圣日耳曼-昂莱，西线总司令部也处于类似状态。电传打字机噼啪作响，电话铃声响个不停。伦德施泰特的参谋长——京特·布卢门特里特将军给位于贝格霍夫的国防军最高统帅部打电话，询问是否可以动用装甲师。按希特勒的要求，装甲部队必须经他批准才能调动。[9]快到7点时，最高统帅部回电，表示"强烈反对西线总司令部全权部署属于最高统帅部的预备队"。调遣行动须立即终止。然后约德尔（Jodl）给施派德尔打电话，确保命令得到执行。布卢门特里特也不得不给德国空军第3航空队司令部、海军西线司令部，甚至德国驻巴黎大使奥托·阿贝茨（Otto Abetz）和维希政府打电话，商讨发布事先已约定好的公告，即"敦促民众保持秩序，警告他们不得发动叛乱、破坏活动和阻挠德军的反制措施"。

英军负责的三片海滩中，西侧的黄金海滩紧邻奥马哈海滩，介于阿罗芒什和拉里维耶尔（La Rivière）之间（见地图5）。在那里登陆的第50（诺森伯兰）师减轻了奥马哈海滩的美军压力。英军比右翼的美军晚一个小时，于清晨7点30分发起进攻，但基本作战模式保持不变。首先空袭，从海上进行炮击，然后火力支援舰抵近开火。由于轰炸机未能摧毁德军位于隆格（Longues）的重型岸炮阵地，皇家海军的"阿贾克斯"号（HMS Ajax）和"舡鱼"号（HMS Argonaut）巡洋舰继续对其炮轰。

就像在奥马哈海滩一样，攻击部队因汹涌的海浪而呕吐不止，战斗力大受影响。两个装甲团明智地决定无视"5000码下海"的命令。左翼的舍伍德义勇骑兵队在距离岸边只有1000码的地方才让两个"谢尔曼"两栖坦克中队出动，尽管如此，他们还是损失了八辆坦克。第4/7皇家禁卫龙骑兵团的军官也不得不同坦克登陆艇上的指挥官激烈争论一番。最后，他们损失的坦克比舍伍德义勇骑兵队还要少。

以汉普郡团第1营和多塞特郡团第1营为先锋，右翼旅群在勒阿梅勒（Le Hamel）以东海滩及阿罗芒什的一处海滨度假胜地登陆。舍伍德义勇骑兵队的坦克因海浪太大而行动迟缓。汉普郡团则在勒阿梅勒登陆时陷入血战。指挥官和数名团部军官几乎刚一交火就纷纷伤亡，但该部在德文郡团第2营的支援下依然继续战斗。英军耗费了差不多一整天时间才彻底消灭了德国守军。

在左翼，第69旅群以格林霍华兹团第6营为先导，几乎没有浪费一点时间便按计划完成了任务。身材高大的副营长乔治·扬（George Young）少校曾警告他的士兵："一旦在海滩上停下，你就再也站不起来了。"[10]随着他们向内陆蒙弗勒里（Mont Fleury）推进，德军纷纷出来投降。格林霍华兹团的官兵们只是转身指向海滩，用德语命令"回去"（Zurück）。于是无人押送的战俘就乖乖地照着吩咐行事。

东约克郡团第5营在拉里维耶尔，也就是黄金海滩的最左侧打了一场硬仗。炮火未能摧毁那里的混凝土防御工事。隐藏在工事里面的反坦克炮给英军造成了相当大的损失，连续敲掉好几辆装甲车。这时一辆 AVRE[①] 坦克现身了。

从粗短炮膛发射出的 40 磅炮弹成功炸毁了火炮阵地。不过在爆炸扬起的烟尘中，东约克郡团第 5 营还需要耗费好几个小时逐屋逐户清除拉里维耶尔镇内的德军。威斯敏斯特龙骑兵队的"鳄鱼"喷火坦克也帮了大忙，而且该部的扫雷坦克很快就清除了雷区。"霍巴特的滑稽"坦克面对英国人，也包括美国人的质疑，在实战中证明了自己的价值。

在皇家海军登陆指挥官的指挥下，登陆行动很快就全面展开了。坦克登陆舰被船员们称为"巨大的固定标靶"。一名美军坦克登陆舰舰长形容海面交通就像"收费高速公路"，"一整列船舶去往一个方向，很多船又朝另一个方向行驶"[11]。很快，三个自行火炮团上岸，第 50 师开始向内陆推进，独立第 56 旅作为第二波次部队，朝西南方向的巴约进军。

汉普郡团第 1 营攻克勒阿梅勒后，沿着海岸线继续向西边的阿罗芒什挺进。"桑葚"人工港就计划建在那里。皇家海军陆战队第 47 突击队在抢滩时有三艘登陆艇触雷沉没。该部位于英军最右翼，其任务是夺取更西侧的贝桑港，并在那里与登陆奥马哈海滩左端的美军第 1 师会合。

格林霍华兹团第 6 营迅速向蒙弗勒里前进，并迫使已经被海军舰炮炸得七荤八素的德国守军投降。连军士长斯坦利·霍利斯（Stanley Hollis）在战斗中展现出大无畏的勇敢精神。当

[①] 即皇家工程突击车（Assault Vehicle Royal Engineers），这种车辆是第 79 装甲师师长珀西·霍巴特少将在"丘吉尔"坦克的基础上开发的，用来摧毁混凝土炮台。它还有其他一些功能，如架设桥梁、用柴捆填平反坦克壕沟等。——原注

时他的连长突然注意到身边有两座碉堡。于是他们走过去察看情况。这时一挺机枪朝他们开火。霍利斯一边用司登冲锋枪还击,一边冲向碉堡,跳到顶上重新装弹,并向内投掷手雷。稍后,霍利斯随格林霍华兹团第 6 营抵达克雷蓬村,表现依然勇猛,为自己赢得了英军当天颁发的唯一一枚维多利亚十字勋章。他所属连队在克雷蓬遭遇到一个配有野战炮和 MG 42 机枪的德军阵地。霍利斯从位于阵地侧翼的一所房屋发起攻击。野战炮将炮口转过来对准他们。霍利斯率部冲出,却发现有两个手下落在了后面。他端起布伦轻机枪朝德军射击以吸引火力,救了他们的命。

  英军中路部队继续沿着山脊向巴藏维尔前进。他们在那里与德军第 352 师迈耶中校指挥的特遣队展开激战。如前所述,迈耶阵亡,他的部队几乎全军覆没。右路第 56 旅群以埃塞克斯团第 2 营和舍伍德义勇骑兵队为先头部队,其目标是巴约。尽管舍伍德义勇骑兵队的指挥官已被一名德军狙击手打死,但坦克车长们还是把头伸出炮塔外(因为关在车体里无法指挥行动)。协同埃塞克斯团第 2 营的舍伍德义勇骑兵队 A 中队在中队长斯坦利·克里斯托弗森(Stanley Christopherson)少校的带领下来到会合点,却没有找到他们的中校。他并不打算开着坦克,沿着挤满步兵的羊肠小道去寻觅上级。他在一所房子外看到一匹备好鞍的马,于是决定让副手基思·道格拉斯代为指挥中队,自己骑马先行。克里斯托弗森在日记中写道:"即使在最疯狂的梦中,我也不可能预想到有朝一日我会在登陆日骑着马,戴上钢盔,穿着黑色作战服,在诺曼底的小路上飞奔。一手勉勉强强控制受惊的马匹,另一只手拽着地图夹!我终于找到埃塞克斯团第 2 营的中校,向他汇报我的中队已经做好准备,在下一进攻阶段将为他提供支援。中校看上去有些吃惊。"[12]

战斗群继续前进，沿途只遭遇微弱抵抗，但在离巴约不远处停了下来。克里斯托弗森写道："我军本来可以在当晚就发起进攻，占领巴约，因为侦察队报告，该城守军兵力非常少。然而埃塞克斯团第2营营长决定在城外过夜。"

朱诺海滩从拉里维耶尔一直延伸到滨海圣欧班（Saint-Aubin-sur-Mer），是英国第2集团军的主攻阵地（见地图6）。具体执行登陆任务的是加拿大第3师。他们决心为迪耶普突袭失败而复仇。那场尝试性的登陆行动是一次彻头彻尾的惨败，该师只有不到一半官兵生还。诺曼底登陆计划的制订者从迪耶普学到了残酷但至关重要的一课：永远不要从海上攻击防守严密的港口。

加拿大第3师师长罗德·凯勒（Rod Keller）少将身材高大，长着一张圆脸，面色红润，留着军人胡。[13]此人极为健谈，嗜好威士忌。虽然加拿大军队的作战制服和编制都源于英军，但在许多方面他们反而同美国人感觉更为亲密。第2集团军军部的英国参谋们不允许他们对指令有任何质疑，他们对英军的传统也不以为然，还把"霸王行动"称为"落水行动"①。[14]加拿大军的优势在于拥有高素质的低阶军官，很多人都被人手不足的英军急不可待地挖去。

"J"特遣舰队以巡洋舰"贝尔法斯特"号为旗舰，于清晨5点27分开火，为加军提供火力支持。一位海军军官形容该舰就像"一只蹲在鸡窝孵蛋的母鸡，旁边围着一群登陆艇"。[15]这

---

① Overboard（落水）在词形上与 Overlord（霸王）相似。

是一支由多国海军组成的舰队，包括皇家海军巡洋舰"王冠"号（HMS Diadem）和五艘驱逐舰、三艘挪威驱逐舰、法国驱逐舰"斗士"号（一周后戴高乐将乘坐该舰抵达诺曼底），还有两艘加拿大驱逐舰[16]"阿尔冈昆"号（HMCS Algonquin）和"苏"号（HMCS Sioux）。①

盟军战舰的火炮越过登陆艇和第1轻骑兵团、加里堡骑兵团（Fort Garry Horse）的两栖坦克，持续落到德军阵地上。当登陆艇接近海滩时，火力支援舰上的火箭弹齐射，发出凄厉的尖叫。然后战场陷入一阵怪异的寂静。加拿大突击部队也饱受晕船之苦，作战服全部被海浪浸透。他们很惊讶德国炮兵竟然没有还击。

德军守军一直等到登陆艇放下跳板后才开始反击。第一批加拿大军在7点49分跳入海水中，随即机枪和野炮一起向他们开火。加拿大军队在登陆日当天共伤亡961人。根据命令，所有官兵应该无视伤员，继续前进，但还是有很多人转身回去把受伤的战友拖到安全地带。

加拿大第7旅在滨海库尔瑟勒（Courseulles-sur-Mer）的瑟勒河（Seulles）两岸登陆。温尼伯来复枪团扫清了西岸德军后，与加拿大苏格兰团第1营一起向沃（Vaux）和滨海格雷（Graye-sur-Mer）推进。库尔瑟勒镇主城区位于河东岸。在登陆时损失惨重的女王来复枪团负责攻占该地区，这对他们而言是一项极为艰巨的任务。盟军已将该镇划分为数个区块并编号，指定不同连队进行攻击。女王来复枪团的指挥官说："我军在进入该镇之前，就对它的几乎每一寸土地都了如指掌。"[17]他形

---

① 总共有107艘加拿大舰船参与了"霸王行动"。——原注

容提供支援的第 1 轻骑兵团的坦克兵们"作战英勇，但并不精彩"，吃了大苦头。即使该部得到剩下几辆"谢尔曼"两栖坦克的协助，也直到当天下午才肃清库尔瑟勒镇的敌人。加军发现德国守军把房屋改造成防御工事，将其驱逐出去后，他们又通过地道返回，从背后偷袭。

加拿大第 8 旅一部在滨海圣欧班登陆时也遭到激烈抵抗。一座庞大的钢筋混凝土碉堡内装备了反坦克炮、机枪和 81 毫米迫击炮，令北岸团①损失惨重。加里堡骑兵团的两栖坦克中队虽然有所延误，但终于还是登陆了。[18]他们在混乱的战场上横冲直撞，直接压过地面上的尸体，甚至还有几名他们自己的伤兵。皇家海军陆战队第 48 突击队的一名中士目睹了这一切，他还看到一个医护兵完全吓傻了，根本无力照顾伤员。

最后，英军一辆 AVRE 坦克抵达海滩，用大口径巨炮炸毁了这座碉堡体系，终于在 11 点 30 分结束了德军的抵抗。与此同时，北岸团的另一个连用"班加罗尔"爆破筒炸开铁丝网，进入城镇，接着用手榴弹、步枪和布伦轻机枪挨家挨户同德国人展开巷战。他们也面临着同女王来复枪团一样的威胁。德军会从地道中钻出来，再次出现在他们后方开枪。

在滨海贝尼耶尔（Bernières-sur-Mer），王后属加拿大来复枪团（营级单位）得到另一支加里堡骑兵团中队的增援。该中队连"脚都没打湿"就成功登陆，接着在海滩上列队，轰掉了伪装成民房的防御工事。[19]一辆 AVRE 坦克在海堤上炸出一道缺口，然后工兵扑上去修筑坡道，供坦克通行。步兵和"牧师"式自行火炮迅速鱼贯穿过，随后跟进的是"谢尔曼"坦克。德军逃走了，平

---

① 北岸团（营级单位）又称新不伦瑞克团，驻地为加拿大新不伦瑞克省巴瑟斯特。

民从地窖里出来。上午9点,一家酒吧开门营业,人们纷纷进店喝酒庆贺。军官们告诫士兵不要接受法国人提供的任何食物饮料,以防下毒,不过没有人对此当真。同抵抗组织和其他消息源发来的情报不同,军方总是怀疑诺曼底人已经投靠了德国占领军,不值得信任。事实上,尽管居住在沿海地区和主要城镇的法国人民因登陆行动蒙受了巨大苦难,但绝大多数人都对盟军行动给予了充分理解。

随着后续部队纷至沓来,海滩变得混乱不堪,因此尽管先头步兵营已经攻至内陆,推进速度却反而迟缓下来。坦克、自行火炮、布伦机枪运载车纷纷陷入交通堵塞。登陆指挥官和刚刚上岸的指挥部对此相当沮丧。在新闻记者和摄影师的簇拥下,凯勒少将在贝尼耶尔登陆,看到这幅景象大为光火。他还在登陆艇上时就当着众人的面,通过无线电同登陆行动中加拿大军总指挥亨利·克里勒(Henry Crerar)中将联络,报告进展一切顺利,然而海滩上的情况看上去一点也不乐观。

加拿大肖迪埃团(营级单位)的法裔官兵用法语刚一开口,就受到当地人的热切欢迎。许多人下到地窖中拿来桶装苹果酒慰劳他们。但是当加拿大人看到农民们从德军尸体上脱下靴子时,显得大惊失色。他们并不知道德国人从法国强征所有皮革制品以供军需。法国人对他们说:"还能指望啥?这就是战争,我们都没鞋穿。"[20]

法国人最盼望着他们自己的登陆部队出现,不过也对这群来自大西洋彼岸的"表亲"表示欢迎。他们不知道还有一个"喷火"战斗机中队正在天空中掩护着加拿大军队,飞行员全部是自由法国运动成员。第329中队自称"飞鹳中队",指挥官克里斯蒂安·马特尔(Christian Martell)中校告诉官兵说:

"我不想看到飞行员只盯着地面。今天你们也得扫视天空。"[21]可是登陆日那天一直没有敌机出现。与其他飞机相撞是他们唯一需要防备的危险。

滨海贝尼（Bény-sur-Mer）虽然有"滨海"一词，但实际位于离海边三英里之遥的内陆。肖迪埃团作为先锋朝该镇进发。笔直的道路向南延伸，穿过麦田，德军在途中设置了多座机枪阵地。到了下午，天气变得闷热起来。步兵匍匐爬过尚未收割的玉米田，执行一项相当艰巨的任务——从侧翼包抄敌军。

加拿大驱逐舰"阿尔冈昆"号非常精准地摧毁了滨海贝尼附近的一处炮台后，他们才得以继续缓缓推进。

加拿大第9步兵旅的进度在海滩上就拖延了，而后又不期遭遇德第716步兵师的顽强抵抗。盟军低估了这个师的实力，导致第9步兵旅的先头部队已经不可能按时抵达其主要目标——卡尔皮凯（Carpiquet）机场。该机场就在卡昂至巴约公路的南面。前方平坦的地面逐渐向上抬起，透过双筒望远镜，远处的机库就近在眼前。不过提供火力支援的坦克弹药渐趋耗尽。凯勒少将判断德第21装甲师将发起反击，于是命令这支先遣队在傍晚前进入防御状态。

加拿大军的行动可谓无可挑剔。北新斯科舍高地人团（营级单位）战斗群充分利用了手头所有车辆——"斯图尔特"轻型坦克、"谢尔曼"坦克、M10坦克歼击车、布伦机枪车和卡车来加快行军速度。不过如果凯勒知道机场守军已经陷入恐慌和混乱之中，他也许会催促部下猛打猛冲。巴黎的德国空军第3航空队报告说：6月6日19点20分，卡尔皮凯机场所有守军都像无头苍蝇……机场指挥官下令撤离。"[22]德军匆匆忙忙试图炸毁各种设施，但效果不佳。两天后，党卫军第12"希特勒青年团"装甲师观察到:"卡尔皮凯机场的起飞跑道并未被有效破坏。滑行道的其余部分几乎完好无损。大部分燃油依然可以使用。"

在接下来的几个星期里,机场及其周边地区爆发了整个诺曼底战役中最为激烈的战斗,英国人的对手正是这个"希特勒青年团"师。直到一个多月后,盟军才终于攻克卡尔皮凯机场。

第十章　宝剑出鞘

宝剑海滩位于滨海圣欧班和奥恩河之间。拥有重炮支援的英军第3步兵师负责在该海滩最东端登陆。海面舰队包括皇家海军战列舰"拉米利斯"号、"厌战"号、浅水重炮舰"罗伯茨"号,另外还有4艘巡洋舰(含波兰战舰"龙"号)和13艘驱逐舰。考虑到德军在这一区域修建了很多炮台,因此"霸王行动"的策划者为登陆部队增加了海军支援力量。在奥恩河河口盘旋的禽鸟被猛烈的炮火吓得四处乱飞。一位观鸟者在日记中写道:"水凫和野鸭贴着海面低飞,看上去就像黑色的曳光弹。"[1]

登陆艇于5点30分被放落到风急浪高的海面上,打了几个转后径直驶向海岸。它们试图保持编队完整,但没有成功。东约克郡团第2营A连连长用扩音器向士兵们诵读了一段莎士比亚的《亨利五世》,但大多数人因为晕船而无动于衷。很多人在早餐时喝了一小杯海军的朗姆酒,现在都后悔不迭。

第13/18皇家轻骑兵团和斯塔福德郡义勇骑兵队的两栖坦克乘组在收到"5000码,下水"[2]的指令时,作呕感觉又有所不同。这个距离比原计划的8000码已经缩短了不少,但要在5英尺高的海浪中前进,依然显得遥不可及。意想不到的是,40辆坦克中只有6辆沉没,其中2辆还是被失控的登陆艇撞沉的。6点50分,第3步兵师的自行火炮也从登陆艇上开火,炮弹射向10000码之外的海岸。

一名皇家海军陆战队第 41 突击队的军官在上岸前观察自己周边的战友："有些人吓得魂不附体，另一些人则为自己是登陆行动中的一员而无比自豪。所有人都满怀期待，也夹杂着紧张和兴奋。"[3] 南兰开夏郡团第 1 营和东约克郡团第 2 营是第一波次登陆的步兵。他们抵达海滩时，发现首批两栖坦克已经上岸，正向德军据点开火。南兰开夏郡团第 1 营官兵立即朝正对着沙滩、代号为"鳕鱼"的敌人阵地发起进攻。营长在离沙滩末端只有十英尺的地方阵亡，旁边的营属军医受了伤。乘坐运输车登陆的一个布伦轻机枪排径直冲向海滩，守军投降了。米德尔塞克斯郡团第 2 营紧随其后，这时吃惊地看到一个戴着铜制消防员头盔的人来迎接他们，看上去就像"拿破仑时代的龙骑兵"[4]。他是科勒维尔镇长，一同前来的还有一位年轻女性。她争分夺秒，立即开始救治伤员。

法国姑娘们表现出非凡勇气，纷纷来到海滩帮忙。纯粹出于偶然，有个实习护士因为前一天把泳衣落在了海滩上的更衣小屋里，所以大清早骑车来拿。士兵们十分诧异，朝她轻佻地吹口哨。女护士却毫不在意，为伤员包扎伤口。她在战场上忙碌了两天，在此期间还结识了未来的丈夫——一名年轻的英国军官。[5]

第 22 龙骑兵队和威斯敏斯特龙骑兵队的扫雷坦克很快就从雷区中清理出一条通道。英军打通宝剑海滩出口的速度比其他任何一个战区都要快。皇家工兵部队也在抓紧时间工作。一名海军军官在日记中写道："海滩上不时发出闪光和爆炸声，冒出阵阵浓烟。这意味着工兵正在清扫那片沙滩。"[6]

一名随第二波次部队登陆的年轻军官注意到，登陆指挥官的指挥所附近有一个被俘的肥胖德国军官及其六名部下。他们蹲伏在海堤下面，以免被他们自己的炮弹炸死。那名德国军官突然向登陆指挥所的一个中士抗议说，根据《日内瓦公约》，他们有权要求被送往安全地带。中士朝他扔了把铲子喊道："行，给你自己挖个该死的坑吧！"[7]

东约克郡团第2营向内陆推进，然后朝左转向奥恩河，攻击"鲷鱼"据点，接着向拥有四门155毫米火炮的"戴姆勒"据点发起进攻。一名上尉手持司登冲锋枪一边开火，一边冲进地堡。倒霉的是，他的传令兵"过于冲动，判断有误"，偏偏在这个时候往通风井里扔了一颗手雷。勇敢的上尉被炸得晕头转向。他晃晃悠悠地从地堡出来，万幸没有受伤。70名守军很快就投降了。东约克郡团第2营的士兵在据点里找到了不少库存啤酒和葡萄酒，连军士长担心军纪崩坏，威胁他们谁要是敢动手，就以抢劫罪论处。不过考虑到喝点酒有助于提升士气，"他稍稍做了一点妥协"[8]。

洛瓦特勋爵指挥的第1特勤旅也在科勒维尔附近登陆。突击队员们在上岸前最后一刻扔掉钢盔，戴上了装饰有团徽的绿色贝雷帽。来自卡梅伦高地人团的比尔·米林是洛瓦特的私人风笛手，跟随其左右。米林很高兴洛瓦特能够首先离开登陆艇，因为他身高六英尺多，看着他就能知道海水到底有多深。紧跟在洛瓦特后面的那个人脸部中了一枪，随即倒下。米林接着跳进海里，他的苏格兰方格呢裙在水面上散开，寒冷的海水令他瑟瑟发抖。他一边吹奏乐曲《高地少年》，一边阔步走出海浪。洛瓦特转过身来对米林竖起大拇指。这正是他原来所在部队——苏格兰禁卫团的一首进行曲。战场上充斥着迫击炮的爆炸声、士兵的呐喊声和轻武器的射击声。米林简直不敢相信洛瓦特在这样的场合居然问自己,是否介意来回走动,为正在登陆的部队演奏《通往小岛之路》。海滩上的士兵们非常吃惊,大多数人都很喜欢他的表演,但也有一两个人认为这种行为毫无理智,为此差点大动肝火。[9]

洛瓦特的进度比预定计划晚了,于是率部向内陆强行军,以接应约翰·霍华德的连队。该连在清晨早些时候已经占领了贝努维尔的两座桥梁。洛瓦特勇猛异常,被他的部下称为"疯狂的混蛋"。他虽然骁勇善战,但作为弗雷泽家族第25代族长,依然是一副大领主的做派。洛瓦特的军队沿着卡昂运河向贝努维尔挺进。一个德军枪手从树上向他们射击。接着,这个德国人一定是害怕了,跳到地上,企图冲进麦田里躲起来。洛瓦特单膝跪下,用猎鹿步枪一枪就把他撂倒,然后派两个部下去捡尸体,就像是在猎杀一头牡鹿。

洛瓦特转身对米林说:"对了,风笛手,开始吹风笛吧。尽你所能一直演奏,直到我们到达贝努维尔。空降兵正在桥那边,听到风笛声,就知道我们来了。"[10]当他们抵达目标后,米林正好在吹奏《越过边境的蓝呢帽》。洛瓦特煞有其事地同霍华德握手,还宣称他们在那一天创造了历史。不过他显然还不知道,派因-科芬(Pine-Coffin)上校的伞兵营已经增援了霍华德连,甚至他自己的一部分人也抢在他前面抵达目的地。

海军陆战队的艾伦·派曼(Alan Pyman)上尉率领第6突击队第3小队官兵在半小时前就通过了这里。[11]这支部队中还有比利时人、荷兰人、挪威人和波兰人。最引人注目的是突击队第10小队,几乎全部由德国犹太难民组成。[12]其成员大多从皇家工兵团调来。他们都取有英文名,并在身份铭牌上标注其宗教信仰是英国国教,以免被俘后遇害。由于他们的母语是德语,因此洛瓦特很快就发现在审讯俘虏时他们非常有用。派曼带领小队一路来到防备依然森严的布雷维尔（Bréville）。德军狙击手打死了派曼；该部在没有进一步增援的情况下，不得不撤回到昂夫勒维尔（Amfréville）。

由菲利普·基弗（Philippe Kieffer）指挥的第 4 突击队于 7 点 55 分登陆。该部下辖两支法国陆战队，它也是第一支登陆诺曼底的法国正规军。[13]基弗部登陆后，锋芒直指东面的里瓦贝拉（Riva Bella）度假地，以及位于奥恩河河口的乌伊斯特勒昂港。德军已将里瓦贝拉的赌场加固为一座要塞。突击队员一番鏖战后才击溃敌人，然后占领了海边别墅区内的一座大型混凝土建筑。这里是德军的重炮阵地。

*

登陆日那天凌晨，希特勒与埃娃·布劳恩和戈培尔畅谈电影和世界局势，一直聊到凌晨 2 点，3 点他才上床睡觉。当时有关盟军空降的军情尚未抵达贝希特斯加登。关于希特勒清早到底是什么时候被叫醒的，可谓众说纷纭。阿尔贝特·施佩尔（Albert Speer）写道，他在上午 10 点前后来到贝格霍夫别墅，发现希特勒还在酣睡，因为国防军最高统帅部认为这次登陆只是一次佯攻罢了。副官们不想用错误情报来打扰他休息。不过希特勒的私人副官、党卫军一级突击队中队长奥托·京舍（Otto Günsche）则声称，希特勒在 8 点就进入贝格霍夫别墅的大会客厅。他对等候在那儿的凯特尔元帅和约德尔将军说："先生们，这是入侵行动。我一直在说，盟军就会在那里登陆。"[14]

这是典型的希特勒式说辞，他总是声称自己是正确的，然而他实际上已经将预测地点从诺曼底改到了加来海峡。不过京舍的这个版本必须特别谨慎对待。还有其他人也证实希特勒当天确实晚起，况且京舍的描述也不能解释既然希特勒真的相信诺曼底是主登陆区，那么他为何直到下午才允许由国防军最高统帅部掌控的装甲师预备队出动。① 不过，所有人似乎都认可，他听到这个消息后相当高兴，确信敌人将在海滩上被歼灭。在接下来的几天里，他期待着用V-1导弹摧毁伦敦。

离海岸最近的德军装甲部队是第21装甲师，分散驻扎在卡昂附近的大片区域内。师长埃德加·福伊希廷格尔少将本是炮兵出身，并无坦克战经验。战争结束时，负责审讯他的加拿大人这样描述其外貌：" 高大结实，体形匀称，鼻梁微微弯曲，看上去像个上了年纪的拳击手。"[15]不过他的下属并不把他当回事。福伊希廷格尔之所以能得到这个职位，要得益于他在纳粹党内的关系。而且6月5日晚上，他还在巴黎同女人厮混，很晚才赶回师部。这一切使得原本就复杂的指挥系统更加混乱了。

第716步兵师的里希特（Richter）少将早在凌晨1点20分就试图命令第21装甲师一部攻击在奥恩河东岸伞降的第6空降师。但由于福伊希廷格尔和他的首席参谋缺席，第一道命令在清晨6点30分才下达部队，而赫尔曼·冯·奥珀伦-布罗尼科夫斯基（Hermann von Oppeln-Bronikowski）上校的装甲团直到8点才出发。6月6日凌晨，对阵英国空降部队的只有汉斯·冯·卢克（Hans von Luck）中校②指挥的第125装甲掷弹兵团。即使到那个时候，德军数次反攻贝努维尔的尝试也暴露出他们相当犹豫不决。

---

① 与这些事件有关的纳粹阴谋论将在第二十章讨论。——原注
② 原文如此，此时他的军衔应为少校。

英国伞兵本希望将贝努维尔城堡设为防御据点，却发现这里已被用作妇幼医院。[16]一名军官带着两个部下走进去，命令医护人员和病患撤离。现场负责人说她必须请示主管，接着便拿起电话。伞兵军官的紧张心理可想而知，于是举起枪指着她，用法语命令道："不准打电话！（Non téléphonique！）"幸好医院主管维翁夫人（Madame Vion）很快就来了。她十分镇定，当机立断，指挥人员把床上的产妇从楼上抬下来，并通过污衣井将孩子们迅速送到地下室。

盟军伞兵严阵以待，然而德军大规模装甲集群并未出现。奥珀伦-布罗尼科夫斯基的部队已经集结完毕，正沿奥恩河东岸行军，但该部在9点30分接到命令：原地掉头穿过卡昂城，然后攻击河西岸的英军滩头阵地。[17]部队在毫无遮拦的公路上长时间行进，必然会遭到盟军战斗轰炸机袭击。两个营在出发时原本有104辆Ⅳ号坦克，下午晚些时候到达佩里耶（Périers）山脊时，仅剩下不到60辆还能作战。

奥珀伦-布罗尼科夫斯基的坦克纵队在路上耗费了太长时间，令军长马克斯十分失望。他于9点25分给第7集团军总部打电话，希望得到更强大的党卫军第12"希特勒青年团"装甲师的增援。[18]位于贝格霍夫别墅的国防军最高统帅部指挥参谋部却不置可否，导致正在诺曼底地区作战的德军所有指挥部——第7集团军、西线装甲集群、B集团军群、西线总司令部——都深感气馁。伦德施泰特的西线总司令部位于圣日耳曼-昂莱，该司令部一名军官为此向最高统帅部提出抗议，得到的答复却是他们"没有资格做出判断"，而且"主要登陆地点将在另一个完全不同的地方"[19]。西线总司令部争辩说，即便如此，"消灭当前登陆点的敌人也更合乎逻辑，这样才能集中全部力量应对可能的第二次登陆。而且一旦成功登陆，敌人肯定会集中力量从那里实施突破"。他们再次被告知，只有元首才能下达命令，然而这个决定直到下午3点才姗姗来迟。

德军因这一延误而陷入更加被动的局面。低能见度天气一直持续到上午晚些时候。党卫军第12"希特勒青年团"装甲师本可以利用这一时机避开盟军空袭，在利雪和卡昂之间的大部分区域内顺利展开。然而该师除了提前出动的侦察营和装甲掷弹兵之外，主力部队直到黄昏时分才开始行动。

进攻宝剑海滩的英军虽然很快就占领了滨海利翁（Lion-sur-Mer）和乌伊斯特勒昂之间的区域，向内陆推进时却相当迟缓，其实这完全不应该。士兵们在风浪中跋涉，早已疲惫不堪，又因为登陆时安然无恙而松了一口气，因此不少人觉得他们有权利休息一下，抽支烟，喝杯茶。尽管周遭炮火不断，但还是有许多人开始在沙滩上泡起茶来。海军人员朝他们大喊大叫，要他们进入内陆驱离德军。

加军和美军都对英军没有茶歇似乎就无法完成任务的做法感到匪夷所思。他们还注意到英军普遍不愿意帮助友军。步兵拒绝"填弹坑或协助车辆摆脱困境"[20]；工兵若不从事工程任务，就不会朝敌人开火。无论这种泾渭分明、各自为政的心态是出自工会运动还是军队建制使然——两者其实都能培养对集体的忠诚——其根本原因还是年轻的军官缺乏信心。

英国第3步兵师未能在登陆首日就攻占卡昂。事实很快就证明这是致命的失误。盟军耗费大量精力，绞尽脑汁地策划如何冲滩登陆，却对紧接着的下一阶段行动考虑不周。如果蒙哥马利真如他宣称的那样，打算夺取这座城市，那么他就没有为发动这一大胆攻势做好组织及装备上的准备。不过人们可以振振有词地辩解说，一旦德军第 21 装甲师现身战场，他所说的目标就变得过于乐观而难以实现了。

143 无论如何，要在一天内抵达卡昂，第 3 步兵师至少需要派遣两支战斗群参战。每个战斗群应该包含一个装甲营和一个步兵营。理想情况下，步兵应该乘坐装甲运兵车前进，然而英国陆军此后又花费了 20 年时间才装备这种车辆。不幸的是，除了少数光辉战例外，英国陆军并没有做好步坦协同作战的准备。问题大部分源于部队编制，导致英军不愿效仿德国装甲掷弹兵体系，将机械化步兵和坦克部队永久且紧密地捏合在一起。

根据攻占卡昂的计划，首先由第 8 步兵旅占领佩里耶山脊，然后第 185 旅下辖的三个步兵营和唯一一个装甲团穿过山脊，直扑卡昂。国王属什罗普郡轻步兵团第 2 营本应在埃尔芒维尔（Hermanville）附近的集结地登上斯塔福德郡义勇骑兵队的坦克，首先朝南边的卡昂城挺进。皇家沃里克郡团第 2 营和皇家诺福克郡团第 1 营将分别在右翼和左翼为其提供支援。

上午 11 点，这三个步兵营已经在埃尔芒维尔准备就绪，斯塔福德郡义勇骑兵队却不见踪影。当天潮水异常高涨，因此沙滩纵深只剩下十码多一点，导致坦克没有回旋空间。德国炮兵也一直对准通往南部的道路开炮。有车辆被炮火击中燃烧，交通陷入混乱，拥堵一直延伸到海滩。而且田野已布满了地雷，坦克无法驶离公路。第 185 旅旅长十分纠结，不知道是否要在没有坦克支援的情况下徒步攻击。等了一个小时后，他命令步兵出发。

与此同时，第 8 旅对佩里耶山脊的攻击严重受挫。代号分别为"希尔曼"（Hillman）和"莫理斯"（Morris）的两个德军据点挡住了他们的去路。"莫理斯"配备有四门 105 毫米口径火炮。英军只用了一个多小时就攻克该据点,士气低迷的守军被迫投降,不过"希尔曼"是一个更为强大的综合防御工事。该据点长 600 码,宽超过 400 码,拥有"深入地下的混凝土碉堡、钢制屋顶和一套完整的交通壕系统"。由于炮兵前进观察员阵亡,计划中的海军舰炮支援也就此告吹。萨福克郡团第 1 营不得不冒着枪林弹雨,穿越雷区和铁丝网,才能完成这项危险的任务。

该营官兵只好请求坦克支援,于是斯塔福德郡义勇骑兵队的一个坦克中队转而紧急增援该部,这又进一步削弱了派往卡昂的装甲力量。"希尔曼"据点的火力覆盖范围广,第 185 旅一部费尽千辛万苦才得以绕过它继续前进。诺福克郡团第 1 营在此损失了 150 人。该据点也是德第 736 掷弹兵团的团部所在地。德军指挥官确信他的部队都"决心战斗到底"。在这种情况下,"工兵必须安置高爆炸药,才能把守军从防御工事中轰出来"[21]。尽管第 3 步兵师很清楚这里有个"希尔曼"——他们所有的地图上都标记了该据点的准确位置——但还是严重低估了它的实力。

英军为攻克"希尔曼"据点伤亡惨重,然而卡昂的六万市民受到的伤害远大于此。为了延缓德军增援速度,皇家空军重型轰炸机按预定计划,从 13 点 45 分开始系统性地空袭这座城市。盟军在当天上午就空投了"盟国远征军最高统帅部紧急通知"的传单,警告市民立即分散到乡村,然而响应者寥寥,只有数百人在轰炸机到来之前离开了城市。

年轻的抵抗组织成员安德烈·海因茨(André Heintz)看到

编队飞临城市上空，接着炸弹便摇摇晃晃地向下坠落。[22]建筑物随着猛烈的爆炸而颤抖。有些房屋似乎马上就要倾倒，晃了晃又安然无恙。另一些则彻底坍塌，临街外墙倒在狭窄的街上，阻塞了道路。碎落的石块激起巨大烟尘，不时有人从毁坏的建筑物中冒出来，好似穿过一堵烟墙。他们浑身上下落满了细密的白色粉末，抱着受伤的手臂或肩膀，如同幽灵一样。由于当天学校停课，很多成人与孩子待在家里，结果更多人被埋在废墟之下。一位匆忙赶往医院的医生看到"不二价"（Monoprix）超市的主建筑成为一片火海，然而主供水管被炸断，消防队（sapeurs pompiers）面对熊熊烈火束手无策。

城内很多重要建筑严重损毁，其中包括规模巨大、有五座尖顶的圆端形巴西利卡式教堂——卡昂男子修道院，历史可以追溯到14世纪的公爵宫，一座"征服者"威廉时代修建的修道院，华丽的圣艾蒂安教堂，以及富丽堂皇的公交总站。[23]几架轰炸机在空袭行动中被击落。其中一架包裹在火焰中，掠过城外卡尔皮凯机场附近的一座庄园大宅屋顶，坠落在远处的公园里。一团巨大的火球腾空而起，机舱内的弹药也随之爆炸。有个目击者写道："人们看到受惊的牛群在烈焰前疾驰飞奔。真是难以置信。"[24]

卡昂的青年人很快就展现出非凡勇气和献身精神。很多人本来就是当地民防组织的志愿者，更多人则当即加入救援行列。由于救护车无法通过被阻塞的街道，人们不得不用担架把重伤员送往救世主女修道院设立的急救医院。一个身材魁梧的受伤男子看到担架手抬着自己汗流浃背地穿过城市废墟，不停地道歉说："要是我不那么胖就好了。"[25]其他志愿者开始搬动瓦砾石块，搜寻可能被埋在废墟下面的幸存者。一个年轻的民防队员在救援时发现有人正在抢劫，便威胁要逮捕他。[26]不料抢劫者看他没有携带武器，竟然当面嘲笑他。愤怒的志愿者举起铲子挥去，正好砍断了那人的颈动脉。人们在抢劫者的口袋里发现了大量珠宝，据说还有一只女人的断手，指头上戴着数枚戒指。

成为避难所的救世主女修道院也未能幸免。一名修女跳进弹坑中躲避炮火，不料又有一颗炸弹在旁边爆炸，把她活埋进去。修道院的附属建筑是精神病院区。空袭尾声，一些炸弹落进这里，炸死了几名被收容的病人，其他人在恐惧中陷入癫狂，抓住铁栏惊声尖叫。海因茨的姐姐在修道院的临时手术室协助外科医生工作，于是他决定也去那里出把力。看到桶里盛满了鲜血，他突然有了个主意，把床单浸泡在血中，铺在草坪上，向飞机发出信号：这是一家医院。不过血凝固后，就不再是鲜红色的了。第二天清晨，人们又用红地毯和由红药水染色后的床单临时拼凑出一个十字架来替代。

六支外科手术小组在当天早上听到盟军登陆的消息后，就一直守在岗位上待命。卡昂民防队自年初便以救世主女修道院为活动基地。[27]马勒布公立中学被改造为修道院的附属医院。奥恩河对岸的安贫小姊妹会救济院也承担了伤员接待中心的任务。不同组织之间的合作卓有成效。应外科医生的要求，警察分成多支小队，从城内药房和诊所征用各类医疗用品。一份官方报告高度赞扬了卡昂医疗人员，称"该城医生展现出崇高的职业素养和无私的奉献精神"[28]。

大约有15000人躲进了城市南部边缘的坑道内。这些坑道原本是中世纪采石场的一部分，近期才重见天日。他们把食物和祈祷书装进手提箱，却未曾料到潮湿闷热、污秽肮脏的坑道将成为他们此后一个多月的避难所。那里没有卫生设施和清洁用水,几乎每个人身上都长满了虱子、跳蚤和臭虫。

当天上午,卡昂城内发生了一起规模不大,但更令人唏嘘的惨案。盖世太保来到监狱,进入由德军看守的区域,里面关押着法国抵抗组织成员。德国人竖起了一道帆布屏,将军事区和民事区隔离开来。不过民事区这边的法国守卫透过帆布上的小洞看到了接下来发生的一幕。那天早上,总共有87名抵抗运动成员被带到庭院中,每六人一组被枪杀。[29]这场屠杀的遇难者来自抵抗运动的不同政治派别,从军方抵抗组织到共产党人,从铁路工人到图谢侯爵(Marquis de Touchet)。有一名囚犯在牢房里听到了枪声。他记录说,除了一个男人,没有人哭泣。这人进入院子后,发觉自己命不久矣。他开始大喊:"哦,不!不要!我的妻子,我的孩子……我的孩子!"一排齐射后,他的声音消失了。

当晚,一个此前对囚犯态度恶劣的德国女狱警"脸色苍白,显然被之前发生的事吓坏了"。她甚至把部分财物还给了幸存的囚徒,执意说:"德国军人是诚实的。"[30]三周后,盖世太保趁英军尚未占领这座城市,又回来搬走了尸体。①

卡昂被摧毁了,市民的痛苦可想而知。有人写道:"炸弹像野兽那样狂暴,把这座城市无情地撕碎。"[31]还有人形容这次轰炸"毫无意义,也是犯罪行为"[32]。他写道,城内的德军从未超过300人。即使空袭是为了破坏交通运输,盟军轰炸机却连

---

① 狱中有一位名叫达格玛·德雷贝克(Dagmar Dreabeck)的年轻荷兰妇女。所有人都钦佩她的勇敢和善良,称其为"监狱里的天使"。盖世太保将她与法国人分开,送往拉文斯布吕克(Ravensbrück)集中营。不到一年后,她在苏联红军解放集中营的那天离世。——原注

一座桥梁也没有击中。在登陆行动头两天，卡昂总计大约800人死于轰炸和海军炮击，此外还有数千人受伤。[33]

一些城镇处于德军通往登陆区域的必经之路上，同样惨遭类似厄运。除了圣洛、卡昂、法莱斯（Falaise）等地外，东边的利雪也经历了两次大规模空袭。一份呈递至巴黎的报告称："该镇陷入一片火海，似乎完全被遗弃了。"报告还提到警察局长在城镇火光冲天的那个夜晚擅离职守，居民要求对其惩罚。很多消防员在第一波空袭中罹难，许多救援设备也一并损毁，因此当更多轰炸机卷土重来时，火势已不可遏制。在南部，阿让唐（Argentan）和埃库谢（Ecouché）"几乎被摧毁殆尽"。阿让唐的"所有宪兵①非死即伤"[34]。人群在轰炸中陷入大恐慌，房屋也普遍遭到破坏。卡尔瓦多斯省总共有大约10万人沦为难民。卡昂人口从6万减少到1.7万。

这种试图通过空袭来封锁交通的策略存在着一个无法自圆其说的奇怪之处。假如蒙哥马利确实打算在登陆首日就攻占卡昂，那么为何又要求皇家空军将其摧毁，堵塞街道呢？这样只会对防守方有利。

与此同时，英国国王在伦敦向全国发表广播讲话后，每个人都紧张地期待更多消息传来。稍后，丘吉尔在挤得水泄不通的下议院也发表了一份声明。为了强化"坚毅计划"的效果，他不惜误导下议院说："这是一系列登陆行动的第一次。"他还说："到目前为止，参与行动的各指挥官报告，一切都在按计

---

① 宪兵，法国的一类武装力量，实行军事化管理，但不同于普通正规军中的宪兵，而是负责社会治安执法、刑侦、边防、警卫等职能，类似于我国的武装部队。

划进行——这项计划精妙绝伦！"

议会大厦外，伦敦城的大街上和商店里都空无一人，出租车来回转悠，找不到一个顾客。有位女记者写道："身着夏装的打字员和乡下人打扮的普通老年游客走进威斯敏斯特大教堂，在纪念上一次大战的无名战士墓旁祈祷，或者茫然地凝视着那些千疮百孔的战旗和战争英雄的大理石塑像。它们看上去已不再遥远。"[35]艾伦·布鲁克元帅当天无法脱身，与丘吉尔夫人一同出席了为克什米尔王公举办的午宴。他在日记中写道："当伦敦继续平静地度过这一天时，人们很难意识到，战斗正在不远处的法国海岸激烈进行！"[36]

伦敦以南不到 200 英里，"希尔曼"据点的战斗依然胶着。倒霉的萨福克郡团第 1 营和他们的旅长因耽搁了进度而遭到人们不公正的指责。其实主要失误在于第 3 师缺乏预见性，没有为该部提供充分支援，比如 AVRE 这种火力足以摧毁地堡的武器。国王属什罗普郡轻步兵团第 2 营也不应被责难。他们在没有得到足够装甲部队增援的情况下，依然向卡昂奋勇前进。虽然当天潮水异常高涨是不可预测的因素，但盟军高层依然要为此负责。无论是英第 2 集团军指挥官迈尔斯·登普西（Miles Dempsey），还是蒙哥马利将军，都没有仔细考虑过登陆行动中的这一关键部分，也没有给予其足够重视。

加拿大军同样缺乏美军配备的半履带车辆，不过他们在向卡尔皮凯进军途中利用坦克搭载步兵，并将所有布伦机枪车集中起来。这是十分明智的战术。然而，即使在行动开始时就没有延误，即使第二波次登陆部队没有在海滩上拥堵，英军攻占卡昂的企图也注定会铩羽而归。国王属什罗普郡轻步兵团第 2

营非常英勇地向距离卡昂市中心仅数英里的莱比塞（Lebisey）突进。可是由于缺乏至关重要的装甲部队支援，该部损失惨重，残部不得不撤退。

此外，如果德第 21 装甲师收到明确果断的指令，那么英军的情况可能会更糟。而福伊希廷格尔恰恰欠缺这样的领导力。当奥珀伦-布罗尼科夫斯基的装甲团绕过卡昂，准备在下午晚些时候攻击第 3 师和加拿大军之间的空隙时，英军已经严阵以待，做好了准备。斯塔福德郡义勇骑兵队指挥官伊迪（Eadie）中校早已预料到了德军行动。他在埃尔芒维尔以西集结了三个分队（排级）的坦克，其中包括"萤火虫"坦克。[37] 这种坦克改装自"谢尔曼"，拥有 17 磅火炮，火力几乎同德军虎式坦克的 88 毫米火炮不相上下。① 凭借压倒性的射程优势，义勇骑兵队在几分钟内就击毁了 13 辆奥珀伦-布罗尼科夫斯基的Ⅳ号坦克。第 21 装甲师只有一支规模不大的小分队溜到了海岸，但他们不久也撤退了。

20 点 30 分，第 6 空降师的后续部队乘坐近 250 架滑翔机抵达战场，人数达到整整一个机降旅。他们来得正当其时，奥珀伦-布罗尼科夫斯基见状不妙，便脱离战场回撤。激战正酣的战场一下子几乎凝固了，所有人都目瞪口呆地看着这一幕。皇家阿尔斯特来复枪团第 2 营的一名中尉无意中听到士兵这样评价从天而降的兄弟部队："我想这就是 1 营口中该死的长途拉练吧。"[38] 突然，第 21 装甲师的高射炮和机关枪猛烈开火。他们击落了不到 12 架滑翔机，却声称取得了 26 架的战果。

"希尔曼"据点终于在 20 点 15 分被攻克了。萨福克郡团官

---

① 大多数英国装甲团将他们宝贵的"萤火虫"坦克分散开来，通常每个分队（排）分配一辆。——原注

兵开始挖坑过夜,同时提供支援的坦克中队撤到后方补充弹药。当他们也看到滑翔机到达时,便停下了手头所有工作。营长注意到:"德军战俘对此同样惊异,只是角度截然不同。他们似乎认为这太不公平。"[39]

住在贝格霍夫别墅的德国元首依然沉浸在一片异样的虚幻中。三个小时前,西线总司令部参谋长京特·布卢门特里特将军不得不向第7集团军指挥部转达希特勒的要求,即"考虑到敌军可能再次发动登陆和空降行动,应在6月6日晚之前歼灭敌人。根据约德尔将军的命令,所有部队必须调往卡尔瓦多斯省的敌军渗透区域。那里的滩头阵地必须在今晚前清理完毕"[40]。第7集团军参谋长回复说这是不可能做到的。希特勒的空军副官尼古劳斯·冯·贝洛(Nicolaus von Below)当时也在贝格霍夫别墅,看出希特勒还没有认识到盟军空中力量的真正威力:"他仍然相信可以击退敌军地面部队。"[41]

就在那天夜间,盟国空军的优势展现得淋漓尽致。除了党卫军第12"希特勒青年团"装甲师,希特勒还指望另一个齐装满员的装甲师能够将盟军赶下大海。弗里茨·拜尔莱因中将指挥的装甲教导师正奉命全速向海岸驶去。[42]然而在6月6日下午,教导师出发之前,该部就在集结地遭遇了空袭。拜尔莱因向位于勒芒(Le Mans)指挥部的多尔曼大将报告说,希望自己的坦克部队能在白昼隐蔽起来,避开盟军的战斗轰炸机,然而多尔曼命令他继续前进。拜尔莱因"矮小健壮,精力充沛",曾在北非担任隆美尔的参谋长。装甲师已经耽搁了那么长时间才行动,现在又要愚蠢地浪费兵力,他气得几乎说不出话来。

隆美尔返回法国后,发现塞纳河下游仅存的一座桥梁已被盟军战斗轰炸机摧毁,心情十分焦躁。他径直走进拉罗什吉永城堡作战室,盯着地图良久。他冷冷地问:"我们引以为豪的空军怎么了?"答案可想而知。他接着问:"第21装甲师的攻势如何?"尚未收到任何详报。"为什么要阻止装甲教导师和党卫军第12装甲师出动?"施派德尔解释说,国防军最高统帅部拒绝做出决定。隆美尔说:"简直是疯了,当然,他们就算到了,也为时已晚,但我们还是必须让他们马上行动起来。"[43]

盟军虽然尚未攻占那些关键目标,但至少已经上岸。希特勒钟爱的装甲师现在已无法将他们赶走。但是,与日后的战斗相比,盟军在登陆日当天遭受的伤亡显得微不足道。自以为在北非"经历过大战"的英军部队一旦同党卫军交手,也感到十分震惊。当盟军地面部队与训练有素、意志坚定的守军在卡昂城周边的玉米地里逐村争夺,在诺曼底树篱农庄中一块田地一块田地地鏖战时,空军相对而言就发挥不了太大优势了。①

---

① 第21集团军群指挥部推测,第一天登陆的70000名士兵中,伤亡9250人。其中大约3000人为溺亡,包括水兵、降落到洪泛区的伞兵和两栖坦克车组成员。大多数部队的伤亡统计不仅仅是6月6日这一天,而是涵盖6日至10日这段时间。在这种情况下,登陆日当天的伤亡数字很难准确计算。在混乱中,大量失踪人员被不断重复统计,比如一些人被证实已经阵亡,一些人加入其他部队,一些下落不明的伤员被送回了英国,还有一些人成了德军俘虏,后来才被知晓。粗略统计,英军和加拿大军在D日大约有3000人阵亡、失踪、受伤。由于美军负责登陆奥马哈海滩,又出动了两个空降师,因此损失要高得多。布莱德雷将军公布的数字是登陆部队伤亡4649人,但根据各师上报的数据,这个数字似乎偏高。唯一准确的是6月6日至20日的伤亡统计。美第1集团军损失达24162人,其中3082人阵亡、13121人受伤、7959人失踪。英军在同一时期的伤亡人数为13572人,其中1842人阵亡、8599人受伤、3131人失踪。加拿大军在同一期间的伤亡人数是2815人,其中363人阵亡、1359人受伤、1093人失踪。[44]——原注

第十一章　坚守滩头

登陆后第一个夜晚,奥马哈海滩上几乎无人入眠。第29师师部设在维耶维尔凹脊附近的采石场,参谋们都躺在废弃不用的救生圈上睡觉。[1]在海边悬崖上,在内陆的苹果园里,战前原本是农场雇工和宾夕法尼亚煤矿工人的士兵发挥专业技能,很快挖好了散兵坑。[2]他们需要隐蔽在坑里,躲避敌我双方的无差别攻击。士兵们神经紧张又疲惫不堪,一听到什么动静或看到模糊的影子就射击,以为是德国狙击手。有个年轻士兵用汤普森冲锋枪射杀了一头小牛。

还有一些人则设法在地面上引爆TNT炸药,从而制造出一条临时堑壕。他们还大喊"小心爆炸",以免误伤。然而,这样只会让人越发以为到处都在战斗。德军轰炸机于黄昏后赶来攻击已经下锚的战舰。高射炮发射出一连串曳光弹,令很多人联想到这是庆祝7月4日独立日的烟火晚会。但是德军空袭力度太弱,也来得太晚,对防守方而言聊胜于无罢了。

6月7日,德第352步兵师的齐格尔曼(Ziegelmann)中校从佩尔塞角附近的一处悬崖上向海面张望。此时他距离杰罗将军设在奥马哈海滩的指挥所只有不到2000码距离。齐格尔曼后来愤怒地写道:"大海看上去就像一张'基尔阅舰式'①的照片。各类船只紧挨在沙滩上,舰队在海上摊开,排列成梯形。

---

① 基尔位于波罗的海基尔湾,自德意志第二帝国以来,一直是重要的军港和造船基地。

敌人完好无损地集结在一起,德国方面没有对其造成任何实质性干扰。我十分理解德国士兵那种被空军抛弃的心情。诺曼底的守军愤恨不已,不断重复问'空军在哪儿?'(Wo ist die Luftwaffe?)"[3]

德军残部仍然在该区域负隅顽抗。尤其是在奥克角附近的悬崖上,他们对鲁德尔上校的游骑兵发起反击。美军终于在那天早上完全控制了滨海科勒维尔和滨海圣洛朗。一名向内陆前进的士兵穿过村庄时,转身发现有个宪兵就在他身后几码处张贴"禁止入内"的告示。大战后留下的残骸堆在海滩上一片狼藉,到处都是烧毁的车辆、撞烂的登陆艇、丢弃的防毒面具、"班加罗尔"爆破筒和各种武器。不过这幅乱哄哄的情形并不会影响格哈特将军重视军纪。他看到一个士兵随手把橘子皮扔在地上,便对他高声呵斥。

登陆区内还有一些零星敌人需要消灭。有个德军突然从一个洞口出现并投降。盟军一拥而上将其包围,发现这是一处装备了无线电台、"设施齐全的地下旅馆"。他们推测电台是用来召唤炮火攻击海滩的,于是叫来宪兵处理。"这名宪兵中士来自捷克斯洛伐克,双亲似乎已经被纳粹杀害了,所以他把这个德国人认定为间谍,当场枪毙。"[4]

维耶维尔的民房也禁止美军进入。法国平民同样不能在海滩上活动,以免碍事。他们感觉即使留在自己的村子里,也像个外人不受待见。一位法国妇女后来写道,美国士兵"在最初几天,以一种充满狐疑的目光看着我们"[5]。猜疑是相互的。有个工兵中士带着两个手下进入圣洛朗,看到一个德国人溜进了教堂,于是也跟着进去。他们发现这个德军受了致命伤,四肢张开倒在祭坛前。这时,中士注意到跟着他的两名来自亚拉巴马州的士兵正从大门处的慈善箱里掏硬币。他后来说："我猜他们不知道什么是慈善箱。"[6]事实上，他们只是想要几枚硬币作纪念品，几乎所有来到这个异国他乡的士兵都热衷于此。但是教堂牧师刚好走进来看到这一幕，非常愤慨。他朝美国人喝道："这是给穷人的钱！（Pour les pauvres！）"

海滩不仅对平民，对军队来说也依然险象环生。零星炮弹不时落下，第6特种工兵旅的官兵还在炸毁障碍物，清扫地雷。"已除虱"的地方都用白色胶带做了标识，但尚未清除的雷区里仍可看到尸体。[7]推土机片刻不休，为后续部队和车辆登陆开辟通路。人们把尸体放置在野战医院的帐篷外，拉起一道隔离线当作临时墓地。没有战斗任务的士兵被分配到这里做登记工作。其中一人说道："我们负责取下身份识别牌和其他一些可怕的工作，都已经麻木了。"为了加快安葬速度，如果德国俘虏愿意帮忙挖墓，就会得到双份口粮。大多数人耸耸肩表示同意。后来，这项令人悲伤的工作又交给了由黑人士兵组成的军需连。

络绎不绝的战俘被押送至海滩，接受宪兵搜查。他们高举双手，其中很多人是穿着德国军装的波兰人或所谓苏联"志愿辅助人员"（Hiwis）。还是上文中提到的那个工兵中士写道："很多人痛哭流涕。他们不知道落到我们手中会有怎样的下场。不过他们还算幸运，没有被送往苏联前线。否则一旦被俘，他们就会被当作叛徒立刻枪决。"盟国后来将绝大多数人移交给苏联当局。有些人被处决，但多数被送进劳改营。许多来自中亚的俘虏长着东方人面孔，以至于美国士兵认为他们一定是隶属于德国陆军的日本军人。

就在黎明前，格哈特将军接到杰罗军长的命令，向内陆的伊西尼（Isigny）及维尔河前进，与第 101 空降师会合。格哈特计划派遣预备队第 175 团执行这项任务，然而该团尚未登陆。把全团弄上岸要花上大半天时间。不过更为紧急的任务是增援奥克角。鲁德尔上校指挥的第 2 游骑兵营还在那里激战正酣。他们在兵力上不及德第 916 掷弹兵团，弹药也出现短缺。"哈丁"号（Harding）驱逐舰是他们得到的唯一火力支援。[8]

由第 116 步兵团和游骑兵组成的混编部队在奥马哈海滩登陆，并在两辆"谢尔曼"坦克的帮助下，沿着海岸向西攻击奥克角。然而德军在附近悬崖上建立了一个据点（齐格尔曼中校就是在那里观察盟军舰队），加之零星抵抗，他们直到次日才接近陷入鏖战的鲁德尔部阵地。

鲁德尔的士兵耗尽弹药后，正使用缴获的德国武器作战。德式武器的声音非常独特，误导了增援部队。第 743 坦克营的"谢尔曼"向游骑兵开火，造成四人死亡，六人受伤。游骑兵营的一名工兵写道："鲁德尔上校再次展示出无与伦比的勇气和领导才能。他帮助指挥所的士兵尽可能高举美国国旗，这样友军在推进中就能知道我们是美国人。"[9] 有份报告将这次增援描述为"跌跌撞撞的行动"[10]，因为另一支来自西南方向的美军开始朝那支率先从东南方赶来的增援部队开火。

与此同时，第 1 步兵师，即"大红一师"一部坐在第 745 坦克营的"谢尔曼"坦克上，于 6 月 7 日沿着海岸公路向东面的贝桑港推进。他们在那里遇到了英国第 50 师。英美两军很快就开始以物易物。英国野战炮手用鸡蛋换取美国人的香烟。[11]

得益于盟军掌控了制空权，轻型侦察飞机可以飞抵前线，为美军炮兵赢得了巨大优势。那天早上，第 1 师有位炮兵军官要在能俯瞰奥马哈海滩的悬崖上修建一条临时跑道。他走到一名推土机驾驶员面前说："嘿，我要铲倒一片树篱，能帮忙吗？"

"没问题。"对方回答说。[12]

于是驾驶员开着推土机，为炮兵清理出一条50多码长的跑道，足够让派珀公司生产的"幼兽"小型飞机（Piper Cub）起飞了。此时海面比早前平静很多，DUKW两栖运输车不再有沉没的危险。炮兵需要的炮弹已经预先装载在DUKW上，很快就能陆续上岸。

一支空勤中队开始在滨海圣洛朗为运输机修建合适的起降跑道。他们以创纪录的速度完成了任务，该跑道被命名为A-1。[13]很快，草绿色的C-47"空中列车"携带弹药鱼贯降落，接着又满载固定在担架上的伤员再次起飞。一名护士在第一趟飞行途中发现有个伤员已经去世了，为了防止别人察觉，她每隔几分钟就假装检查他一次，直到飞机在英国降落。

156　　有些事情一会儿就能完成，另一些似乎要花上无穷无尽的时间。没人比第29步兵师的查尔斯·亨特·格哈特少将因为各种延误而更恼怒了。[14]格哈特在某些方面就是巴顿将军的缩影。他是一个身材矮小的机械化部队指挥官，但自尊心很强，总是穿着锃亮的马靴，一丝不苟地将头盔带在下颚准确扣好，对自己的外表相当自负。第29步兵师隶属国民警卫队，格哈特从接手这支部队开始，就打算无所不用其极，一定要使之成为劲旅。他没有耐心处理文案工作，对待军官比士兵更为严厉。人们对他的评价似乎毁誉参半。

格哈特决心以破纪录的速度攻占伊西尼，然而由于第175

步兵团迟迟不能上岸,这让他相当气馁。接着,他又听说海军把他的部队送到了预定登陆地点以东一英里半的地方,不禁勃然大怒。当该师到达维耶维尔凹脊时,第 115 团仍旧未能彻底消灭德军。士兵们惊恐地看到路边布满了尸体,敌人从数个阵地上还不时向他们开火。

清扫战场是一项缓慢而又危险的工作,到处都有零散的步枪兵和机枪手活动。一名渴望行使权威的中尉很快就成了受害者。他故意当着大家的面对副排长说:"中士,我想让你知道,从现在起,我允许你射杀任何不服从命令的人。"[15]队伍遭到攻击后,他拒绝听从士官们的忠告,拿起副排长的双筒望远镜和步枪,宣布要"干掉那些混蛋",然后爬上树篱群中一棵高耸的大树。他开了几枪后就被德国人击中了,坠落到篱笆另一边,受了致命伤。

那天晚上,有个来自第 352 步兵师的德国工兵从美第 29 师的一名青年军官的尸体上发现了一份作战计划副本。[16]齐格尔曼中校①看到这份文件后,简直不敢相信自己的眼睛。计划要点在当晚就传递给了马克斯将军,但文件直到两天后才送到隆美尔和西线总司令部那里。伦德施泰特的总参谋长布卢门特里特写道,这份计划清楚地表明,这就是"终极入侵",但"元首本人仍然认为,至 8 月初,针对第 15 集团军的第二次跨海峡登陆随时可能发生"。[17]事实证明,"坚毅计划"的欺骗效果比盟军最乐观的预期还要好。

6 月 8 日,第 29 师的滩头阵地确保安全后,第 115 步兵团

---

① 原文为"Oberst"(上校),但前文写齐格尔曼为中校,疑为作者笔误。

开始向正南方被洪水部分淹没的欧尔河（Aure）河谷挺进。由于克赖斯少将已在夜晚撤出了残余部队，他们沿途并未遭到阻击。然而一旦穿出沼泽地带后，该团便陷入"艰难的战斗，取得了一些胜利，但也蒙受了相当大的损失"[18]。凭借勇敢无畏的精神和出众的战斗技能，"E连的克米特·米勒（Kermit Miller）中尉率领他指挥的排穿过科隆比埃（Colombières）以北的洪泛区，击毙46名德军，消灭两辆装甲车和一辆指挥车，摧毁了敌军指挥部，并带回12名俘虏"[19]。

6月10日夜，美军遭受自登陆以来最惨重伤亡，这也预示着诺曼底这片树篱丛林中即将发生可怕的战斗。一些当地人提醒第2营，前方约有100名德军防守。事后，战报写道："临近午夜，官兵疲劳之极，倒地就睡，鼾声如雷。O连①有个士兵躺下时步枪走火，打死了前面的战友。枪声暴露了他们的位置。德军机关枪立即开火。"[20]该营被压制在一小块空地上，并不知道德第352步兵师的一支分遣队已经将他们包围。副官和营部连长阵亡，通信官被俘。"营助理军医精神崩溃，还有约100人成了俘虏。有人听到沃菲尔德（Warfield）上校说，他从来没有想到他的人竟然会用德语喊出'投降'（Kamerad）② 这个词。战斗结束后，这个营剩下的士兵依然战战兢兢。"营长沃菲尔德中校③和米勒中尉后来也因伤势过重死亡。格哈特将军听说这个营没有挖散兵坑就躺下睡觉后，气得大发雷霆。

第2步兵师那些"喜欢乱开火的（得克萨斯）小伙子"从

---

① 原文如此，美军中没有O连，第2营辖E、F、G、H和营部连，该连可能是G连。
② 德语Kamerad原意为"同伴"，德国士兵在投降时会喊出这个词。
③ 前文说沃菲尔德是上校，此处又是中校，疑为作者笔误。如果沃菲尔德是营长，则中校军衔比较合适。

后方冲上来，不问青红皂白就是一阵乱射，反而让第 115 团更加乱了阵脚。"第 115 团有个营 3% 的伤亡是第 2 师造成的。"[21]

格哈特此时正催促他的第 175 步兵团向伊西尼突进。该镇以出产诺曼底黄油和卡芒贝尔奶酪而闻名于世。由于无线电通信还是时断时续，格哈特便指定多名军官充当"传令兵"，开着吉普车在前线和指挥部之间来回穿梭，报告最新进展和先头部队的确切位置。该区域依然有掉队的德军游荡，他们必须飙车才能躲开冷枪。格哈特本人戴着白手套，脖子上围着一条蓝围巾（同身份铭牌上的蓝色带子倒也匹配），哪里有战斗，他就要赶往哪里。如果有部队按兵不动，他便要求告知是何原因。格哈特总是让自己的出行显得声势浩大。他乘坐一辆经特殊改装后的吉普车四处巡查。他给这辆车取名为"泼妇突岩"（Vixen Tor）①，还在车上安装了红色频闪灯和汽笛。[22]

在第 747 坦克营"谢尔曼"的陪伴下，第 175 步兵团发现这次推进更像是一次急行军。诺曼底农民纷纷从搅乳器倒出牛奶，送给口渴的官兵。德军部队发动了几次为时已晚的反击行动。不过美军更严重的损失是由皇家空军的一个"台风"战斗机中队造成的。飞行员误将领头的那个步兵营当成了撤退中的德军，结果造成 6 人死亡，18 人受伤。现场一名炮兵军官写道："从天上看，山姆大叔的确很像汉斯佬。"[23] 步兵就没那么宽容了。他们发誓，只要有飞机朝他们飞来，不管是哪方的，一律开枪射击。

第 175 团团长希望得到更多炮兵支援后再向前挺进，不过格哈特没那么好说话，否决了他的意见。于是该团奉命在 6

---

① 泼妇突岩是位于英格兰达特穆尔高地的一处旅游点。

月8日连夜行军,在午夜时分便抵达了伊西尼城外。他们俘虏的大多数德军其实是波兰人和"东方部队"士兵。反坦克连吃惊地看到"有个美军骑着白马,押送着大约11个俘虏沿着道路走来。他大声对他们喊:'这些都是波兰人,除了两个德国佬。'然后他掏出手枪,朝他俩后脑勺开枪。我们只是站在那里看着"[24]。

伊西尼遭到盟军战舰的猛烈炮击,全城到处燃起了大火。[25]格哈特是对的,该城几乎没有任何抵抗。一名落单的德国机枪兵躲在教堂尖塔的柱子后面朝盟军开火,于是一辆"谢尔曼"坦克调转75毫米主炮对准目标,"终结了尖塔上的德国人"。科塔准将的坦克部队推进到了欧尔河大桥。德军在另一侧桥头朝他们射击。12辆坦克排成一列,强大的火力迫使敌人迅速撤离。科塔随第175团官兵一起冲过桥面。他几乎不敢相信德国人竟然没有把桥炸掉。这也是伊西尼少数几座未被破坏的建筑之一。一名军官报告说:"到处都是碎石瓦砾。汽车无法通行。我所在之处曾经是一座教堂,现在完全看不出此前还有一幢建筑。"[26]伊西尼看上去似乎被遗弃了,但废墟中出现了一群法国妇女。她们动手从德军尸体上剥去靴子、袜子和衬衫。

与此同时,尽管在犹他海滩登陆的第4步兵师增援部队已经赶到,但正在科唐坦半岛上激战的第82和第101空降师还是没有喘息的机会。冯·施利本中将命令德第709步兵师和其他部队对圣梅尔埃格利斯发动了更为猛烈的反击。[27]他的首要任务是挫败美军向瑟堡前进的企图。

6月7日下午,圣梅尔埃格利斯市中心爆发了最为激烈的战斗。一名第4师炮兵军官乘坐吉普车抵达战场,报告了他所目睹的战况："17 时,吉普从南部进入圣梅尔埃格利斯。坦克大战正如火如荼。火焰喷射器到处喷射烈焰。我看到有个德国士兵浑身是火,就像一根'人肉火炬'。他从路边爬到街道中央,结果一辆德军(坦克)从他身上碾过,压成一摊肉泥,同时熄灭了火焰。美军坦克摧毁了大部分德军坦克,我方也损失了三辆。战斗开始向北移动。城北有一条下沉道路。德军坦克曾利用这条路撤退,还碾碎了他们自己人的尸体。第 8 步兵团的一部分官兵占领了这条路,作为那天晚上的防御阵地。为了挖掘散兵坑,他们不得不把德军尸体拉到一边,有些尸体甚至被扯得支离破碎。"[28]

当天,另一支由第 243 步兵师师长海因茨·黑尔米希(Heinz Hellmich)中将指挥的德军在蒙特堡附近集结,准备攻击圣梅尔埃格利斯和海岸线之间的美军北翼。[29]"内华达"号战列舰的巨炮在一架炮兵校射机和海军火控小组的指挥下,将炮口对准了 15 英里之外的目标,彻底粉碎了德军的进攻计划。但蒙特堡在那个周三下午也因海军炮击而损失惨重,多家商店起火燃烧。中心广场周边所有建筑都化为废墟,圣女贞德的雕像却完好无损。由于蒙特堡位于通往瑟堡的主要道路上,因此德军急急忙忙加强该地修道院的工事,将其变成防御要地。在蒙特堡西北方的瓦洛涅(Valognes),一发炮弹在女修道院的宿舍中爆炸,当场炸死几名修女。

经过前一天厮杀,战线至少变得清晰了。伞兵和第 4 步兵师包围了蒂尔克维尔,迫使由格鲁吉亚人组成的第 795 东方营投降。[30]再往南,海特中校①指挥的第 6 伞兵团在一个营被盟军

---

① 前文书海特是少校,这里又变成了"Oberstleutnant"(中校),他是在 1944 年 8 月 1 日晋升中校的,疑为作者笔误。

分割消灭后，退守到圣科姆迪蒙。犹他海滩附近的零星抵抗也被清除了。在圣马丹-德瓦尔勒维尔，精心设计的据点内建有多座碉堡，彼此有地下通道相连，"德国佬可以任意从一处碉堡返回到另一处我军本以为已经占领的碉堡内"[31]。

战斗非常残酷，双方都难辞其咎。美军发现了四具空降医护兵的尸体。第4步兵师的一名军官说："他们的喉咙几乎从左耳一直割开到右耳。"[32]还有报告说，德国士兵在树篱农庄的战斗中经常耍诡计，假装投降。一旦美军靠近，他们就扑倒在地，隐蔽在后面的机枪手便突然开火。第4步兵师第一次遇见德第6伞兵团时就上了当，一名中尉被他们用这个方法杀死。

某些不太可靠的报告声称，德国人穿上美军军装四处活动。不过这种事情要在接下来的一个月才会发生。德军士兵要在自己的军服已经破破烂烂后，才从美军尸体上扒走作战服。还有一个更为离谱的谣言在美国军队，有时也在英军中广为流传，说德国士兵的法国情妇会充当狙击手。6月7日，圣马尔库夫（Saint-Marcouf）附近，有名中士报告："城里一幢建筑物里有狙击手打冷枪。经过侦察，（我们）发现里面有一个法国女人和一个持有德军枪械的男人。两人均否认开枪。两秒钟后，他们就成了死人。"[33]盟军士兵当时似乎没有考虑到，法国平民有可能会收集德军武器交给抵抗组织使用。

一些美国士兵踏足法国之前，似乎就对法国人怀有深深的成见。第29步兵师的一名上尉评论说："法国就像敌国。"[34]许多人从来没有到过非英语国家，很难分清"敌占区民众"和"敌人"的区别。还有些人公开表示，他们"压根就不相信诺曼底人"[35]。有个无法确定真伪的故事。有个美军坦克排驶进一座诺曼底农场。农夫拿出苹果酒和白兰地招待他们，所有人都喝了一杯。事后，诺曼底农夫找年轻的美国中尉索要100法郎酒钱。中尉抗议说，他们刚刚把他从德国占领军手中解放出来。农夫回答说："可是你抱怨啥呢？我收你的钱并不比收德国人的多。"

战场上存在女狙击手的无稽之谈以惊人的速度传播开来。有关法国青年女性同她们的德国男友生死相伴的故事却并非虚构。第6特种工兵旅的一名中士讲述说，就在奥马哈海滩内陆，"我们看到沟渠里有法国女孩躺在德国士兵旁边。这些女孩和（德国）军队一起撤退，被我军飞机炸死。她们被发现时，还和德国人肩并肩躺在一起"[36]。

令人欣慰的是，双方都出人意料地涌现出不少闪烁着人性光辉的事例。在战线北翼靠近圣梅尔埃格利斯的地方，医护中士普赖博斯基（Prybowski）正在树篱丛中搜寻伤员，无意中发现两名受伤的伞兵。当他坐在地上用绷带给他们包扎伤口时，其中一个伞兵低声说："你最好趴下，后面有门88炮。"中士觉得他在开玩笑，转过身来，正好看见野战炮的炮口对准了自己。一队德国炮兵正在树篱丛中监视着他们。不过德军等普赖博斯基完成包扎后，才将他们带走。[37]

西边战线，第82空降师在得到增援和弹药补给之前，只能坚守在梅尔德雷河沿岸的谢迪蓬和拉菲尔。河西岸，第508伞兵团第2营营长托马斯·尚利（Thomas Shanley）中校的部队被德军围困在30号高地。[38]尚利及其官兵凭借大无畏精神和坚忍顽强的意志，在此坚守了四天。其间除了行动一开始配发的应急口粮外，他们没有得到任何食物补给。伤兵很多，不得不被抬到沟渠里和树篱下隐蔽，然而伞兵们由于饥饿和疲劳，身体已经非常虚弱，即使四个人也很难抬起一名伤员。有个士兵回忆说："沟渠里有很多伤员。他们头挨着脚，密密麻麻排在一起。"[39]尚利派人找到梅尔德雷河东岸的主力部队，请求他们提供一些血浆。一小队伞兵试图带着补给品溜过去，但都被敌人打伤。

尚利部已大幅减员，被德第1057掷弹兵团一部包围后，兵力更是远远落后于敌军。接着，他们看到德国人正在调集火炮。河对岸也发现了这一新动态。一名海军火控员用电台向停泊在近海的盟军战舰发出指令。射程超过12英里的舰炮一番连续轰击后，消灭了德国炮兵，而且没有给被围中的伞兵造成严重伤亡。

尚利手下很多人只有在苯丙胺的刺激下才能继续战斗。由于没有无线电通信，他们还不知道登陆行动是否成功。但是他们在30号高地一直坚守到最终获救，为美军在梅尔德雷河上建立桥头堡争取到了时间。刚刚登陆的第90步兵师现在接到的任务是增援这座桥头堡，然后切断半岛交通，向瑟堡发起全面总攻。可是第90师各级军官缺乏领导力，同时部队纪律松懈，导致该师刚一开局就惹出大麻烦。在尚未抵达前线时，第90师先头部队看到一队被押送回犹他海滩的德国战俘，便动用所有能开火的武器一通乱射。[40]稍后他们在树篱林中与德第91空运师作战，结果这些未经战事考验的士兵惨遭重创。该师表现如此糟糕，以至于师长和两个团长均被解职。

若指挥官"不能带领自己的部队完成师或军布置的必要任务"，那么美军将领对待下属就会相当冷酷无情。就连脾气火暴的巴顿也觉得美军各级指挥官在尚未得到表现机会前，就常常被陆军免职了。① 军事历史学家福里斯特·波格曾与一位刚

---

① 巴顿认为，解除指挥官职务的做法超出了限度。他写道："柯林斯和布莱德雷太喜欢把事情做绝了。这会让师长们丢失自信。一个人不应因为刚刚接手的一个新组建的作战师初尝败绩，就遭受惩罚。"[41]——原注

刚失去指挥权的上校交谈。"他坐在路边,身边放着行李,等着吉普车把他送到后方。就在前一天,他还掌握着3000多人的命运;现在看起来几乎是个乞丐。他失魂落魄,甚至不能控制住自己的声音。"[42]

对于"霸王行动"计划的制订者而言,减慢德军增援部队抵达登陆区的速度是计划的关键一环。这在很大程度上取决于盟军能否利用诸多手段有效封锁战区,如轰炸交通线、出动战斗轰炸机,以及经特别行动处和"杰德堡"小队培训的法国抵抗组织实施破坏和攻击。从6月7日起,伦德施泰特的司令部终于获准从布列塔尼和卢瓦尔河以南调遣援军了。

在争夺卡朗唐的战斗中,美军遭遇的第一支德军部队是党卫军第17"格茨·冯·贝利欣根"装甲掷弹兵师。这个新组建的师得名于16世纪的一个老兵。他在战斗中失去右手,便让铁匠做了一个铁拳。于是该师便以此为徽标。4月10日,诺曼底登陆日前不到两个月,希姆莱前往图阿尔(Thouars)视察该师。活动结束时,所有人齐唱党卫军的《忠诚之歌》。[43]尽管这个师大部分战士都很年轻(60%不到20岁),但训练和装备水平远不如党卫军第12"希特勒青年团"装甲师。该师没有配备新式坦克,只有一个突击炮团①,而且官兵士气也不如其他党卫军部队那样狂热。一名士兵在上战场前给家里写信说:"哎,我不知道等待我们的将是什么。我有很多事可以告诉你,但最好还是保持沉默。很长一段时间以来,人们就知道局势会发展到这一步。也许我们将会羡慕那些已死之人。"[44]

---

① 原文如此。按照德军装甲掷弹兵师的编制,该师有一个装甲营、一个突击炮营和一个坦克歼击营。而且德军也没有突击炮团的建制。

6月7日黎明时分,党卫军第17装甲掷弹兵师的首批部队开始从位于卢瓦尔河以南的基地出发。他们在蒙索罗(Montsoreau)渡河,然后乘车前往圣洛,沿途经过一些房屋外墙面上贴着嘉实多润滑油和皮尔酒、杜本内酒这类开胃酒广告画的小镇。6月8日晚上,侦察营先头部队到达瑟里西森林(Forêt de Cerisy)的东部边界。他们还不知道美第1步兵师也正从奥马哈海滩朝他们的方向前进。

第二天早晨,党卫军第38装甲掷弹兵团三级突击队中队长霍夫曼(Hoffmann)来到伊西尼以西,对预备要攻占的阵地进行敌前侦察。一辆大众82水桶吉普车飞速向他们驶来。车内前排坐着一个陆军少校,后面有两个死去的士兵。他大喊着:"调头!前面的阵地都丢了。美国佬就在我后面。"[45]

霍夫曼继续坐车上到山顶,然后停车徒步前进。他不用望远镜便能看到美国步兵就在400码开外推进。他们身后还有部分摩托化部队。霍夫曼向东望去,发现公路上有一支坦克纵队。司机朝他高呼,必须回去了,接着就高速倒车掉头。霍夫曼不得不连蹦带跳躲到一棵树后面。这时美军已经发现了他,并向他开枪。霍夫曼刚一上车,这两个党卫军官兵就风驰电掣地往回开。霍夫曼的指挥官问他为什么这么快就回来了,他回答说:"因为我们进攻的出发线已被敌人占领。"党卫军第17师得到的任务是向正在攻击卡朗唐的美国伞兵发起反攻。不过由于燃油短缺,大部队仍然滞留在圣洛附近。

6月7日11点,位于布列塔尼的第2伞兵军军长欧根·迈因德尔中将命令第3伞兵师朝圣洛东北方开进,"并把敌人向北赶下大海,重新夺回海岸"[46]。该师师长里夏德·申普夫(Richard Schimpf)中将连夜派遣为数不多的摩托化部队先行,还有两个营乘坐卡车经阿夫朗什（Avranches）前往目的地。6月的夜晚十分短暂，其余部队必须每夜步行25英里。他们"还不习惯穿着新配发的伞兵靴行军，大多数人都感到筋疲力尽"。有些人脚痛得寸步难行，军官们不得不征用农场大车，让高大的佩尔什马①拉着他们前进。该部花了十天时间才抵达瑟里西森林的西南端。

从奥马哈海滩前线败退下来的第352步兵师残部现在由申普夫指挥。他计划同党卫军第17装甲掷弹兵师的侦察营一同向森林推进，不过军长迈因德尔中将予以驳回。他要求申普夫构筑一道防线，但"仅仅是战斗警戒线"，因为高炮营是申普夫手上唯一的反坦克部队。事实上，原地不动的命令来自第7集团军指挥部。他们认为申普夫部"兵力不足，训练有限，不足以发起进攻"，第3伞兵师只能"用于防御"[47]。不过申普夫仍然确信，"如果美军当时从瑟里西森林发起猛烈攻击，圣洛就会陷落"。

马尔曼将军的第353步兵师摩托化程度甚至更低。[48]机动性最高的部队是两个自行车营，被称为"Radfahrbeweglichemarschgruppe"——"机动自行车部队"。该师其余官兵只能徒步前进，沿途遭到抵抗组织袭击，不仅速度减慢，还有多人伤亡，包括一名连长受重伤。在白天，德军被迫隐蔽在谷仓和果园里，以躲避盟军空袭。[49]另一位师级军官形容这样的行军就是一场"夜间捉迷藏游戏"。[50]第353师损失了十分之一的兵力，耗费了11天才走完这趟路程。

所有增援诺曼底的德军部队中，最臭名昭著的是党卫军第

---

① 佩尔什马，一种体形高大、强壮的重型挽马。

2"帝国"装甲师。该师师长——党卫军旅队长海因茨·拉默丁（Heinz Lammerding）曾担任埃里希·冯·德姆·巴赫-泽勒夫斯基（Erich von dem Bach-Zelewski）① 的参谋长。巴赫-泽勒夫斯基恶贯满盈，不久后就将前往波兰，镇压华沙起义。"帝国"师凶残暴虐，还以此为乐。它曾在苏联与游击队作战，伙同特别行动队 B 支队在明斯克（Minsk）周围地区大规模屠杀犹太人。4 月，该师从东线调到图卢兹（Toulouse），军官们认为没有理由改变他们的行为模式。5 月 21 日，为了报复法国人朝他们的一支分遣队开枪，"帝国"师在洛特（Lot）杀害了 15 人，其中包括数名妇女。同一天，另一个村庄的所有男性都被驱赶到德国。[51]

由于备受盟军宣传和戴高乐将军广播的鼓舞，法国很多地区仓促发动起义，结果引起所有德军指挥官，而不仅仅是党卫军的警觉。很多人将其视为"共产主义革命的开始"[52]。这种观点有一定道理。6 月 7 日，由共产党领导的"自由射手和游击队"占领了科雷兹省（Corrèze）首府蒂勒（Tulle）。德军伤亡 122 人；40 名俘虏被射杀，其中部分遭虐尸。这将引来党卫军部队的强烈报复。

6 月 8 日，党卫军第 2 "帝国"装甲师从蒙托邦（Montauban）向北出发，开始了漫长行程。该师一部于第二日抵达蒂勒。他们将 99 位市民吊死在街边的树上。另有 200 人被押往德国。[53] 6 月 10 日，"帝国师元首团"第 3 连以一名连长遇害为由，包围

---

① 此人出身于日耳曼化的波兰贵族家庭，原姓冯·泽勒夫斯基（von Zelewski），加入党卫军后更改姓名，1940 年去掉了代表斯拉夫祖先的姓氏，改用现在的姓氏巴赫，全名是埃里希·尤利乌斯·冯·德姆·巴赫（Erich Julius von dem Bach）。

了利摩日（Limoges）东北14英里处的格拉讷河畔奥拉杜尔（Oradour-sur-Glane）。德军官兵射杀了男性村民，将妇女儿童赶进教堂，然后纵火烧毁。村庄也被夷为平地。总共有642人在这场大屠杀中丧生。一些受害者甚至不是当地人，而是从巴黎逃难至此的儿童和停在附近一列火车上的乘客。没有一人是抵抗组织的成员。[54]

党卫军甚至还搞错了报复对象。那个被杀的连长其实是死在15英里之外的韦尔河畔奥拉杜尔（Oradour-sur-Vayres）。"元首团"也要对另一场发生在安德尔省（Indre）阿让通镇（Argenton）的屠杀负责。有67人在此事件中遇难。由于部分抵抗组织开始对政敌进行清算，因此有报道称，"一些地区爆发了可怕的内战"[55]，维希法国当局也对此担惊受怕。然而，即使是最坚定的游击队员，面对"帝国"师的残酷报复也感到心惊胆战。

坐镇伦敦的柯尼希将军下令法国内地军设法延缓卢瓦尔河以南的德军行动。抵抗组织成功迟滞党卫军第2"帝国"装甲师增援，这是他们在诺曼底战役中做出的最大贡献之一。特别行动处组建的行动网也发挥了很大作用。他们甚至在"帝国"师出发前就摧毁了燃料库，还破坏铁路车辆，扒铁轨，发动了一系列小规模伏击战。在多尔多涅省（Dordogne）的苏亚克镇（Souillac）附近，28名抵抗分子拖住了一支"帝国"师纵队长达48小时之久。这些英勇无畏的战士几乎全部在战斗中牺牲。"帝国"师进军迟缓的情报通过电台发送到伦敦，皇家空军因此得到机会，对该师发起数次空袭，在昂古莱姆（Angoulême）取得了丰硕战果。"帝国"师总共耗时17天才抵达前线，比计划多出14天。

美第1步兵师一支分遣队沿海岸线向东推进,与英军在贝桑港会师;与此同时,该师主力部队缓慢向正南方的科蒙(Caumont)前进。提供支援的坦克一路上用车载机枪对可能藏匿有狙击手的位置进行扫射。[56]

就在此时,第2步兵师刚刚在第1师右翼登陆,锋芒直指位于圣洛和巴约之间的瑟里西森林。两个师都没有意识到,他们"面前的德军防线存在一个十多英里宽的巨大缺口"[57]。党卫军第17师和第3伞兵师后来都认为盟军错过了本可以在登陆第一周就占领圣洛的绝佳机会。

然而,隆美尔更关注的不是这个缺口,而是卡朗唐面对的威胁。他决定在那里发起反攻,以阻止两片美军滩头阵地合二为一。他命令党卫军第17"格茨·冯·贝利欣根"装甲掷弹兵师主力前往卡朗唐,增援孤军奋战的海特第6伞兵团残部,只有侦察营留下来监视美第1师。

海特团在圣科姆迪蒙附近已经损失了一个整营,只好迅速撤退,以免被第101空降师包围。很多人跳进杜沃河,泅渡逃离。卡朗唐是一座拥有精美石砌建筑的内陆港口城市。至6月10日,海特一直在城市北部边缘进行防御。由于缺乏弹药,又与马克斯将军的第84军军部失去联系,海特命令第6伞兵团于6月11日夜间撤出卡朗唐。为掩护撤退行动,一支后卫部队须留下来阻击美军伞兵,并坚持到次日清晨。

那天夜里,德军正在撤退时,党卫军第17"格茨·冯·贝利欣根"装甲掷弹兵师师长奥斯滕多夫(Ostendorff)旅队长出现在海特的指挥所。他通知海特,第6伞兵团现在划归他本人指挥。他们须不惜一切代价固守卡朗唐。海特告诉奥斯滕多夫,他事先并不知道党卫军第17师正在赶来,所以已经下达了撤离城镇的命令，否则他无论如何也不会做出这个决定。奥斯滕多夫是个身材魁梧、外表看起来和蔼可亲的光头恶棍，这个消息令其大发雷霆。两人随即爆发了激烈争吵。不过除了准备第二天发起反攻，重新夺回卡朗唐外，他们也无计可施。

第二天早上，也就是 6 月 12 日，当第 101 空降师进入卡朗唐时，马克斯在圣洛西北方向的一条公路上遭遇低空飞行的盟军战斗机袭击。这位炮兵上将死在自己的座驾里。其实在出发前，他的参谋长就提醒他避免暴露于不必要的危险之中。马克斯回答说："你们这些人总是担心自己的小命。"[58] 有一两个同事怀疑马克斯是因为三个儿子中有两个已经在战争中阵亡，所以对前景幻灭，一心在战场上求死。马克斯突然死亡，加之各种延误，导致德军向卡朗唐的反攻推迟到 6 月 13 日。这对盟军而言太幸运了。从"超级机密"拦截到的电报可知，隆美尔请求空军支援党卫军第 17 师的进攻。他的计划已毫无秘密可言。布莱德雷得到预先警告后，把莫里斯·罗斯（Maurice Rose）准将的战斗群从第 2 装甲师抽调出来，穿过第 1 步兵师的科蒙战区，增援卡朗唐。

开战前，奥斯滕多夫试图以一种奇怪的方式鼓舞士气。他警告说，敌人投掷的磷弹会造成严重烧伤，而且第 101 空降师"狡诈阴险"，不过随后又补充说，他们的"战斗意志薄弱"。[59]

6 月 13 日 5 点 30 分，党卫军第 37 装甲掷弹兵团在炮兵弹幕射击的支援下，走进黎明时的朦胧薄雾，向前推进。他们逐渐靠近弹幕，然后发射红色照明弹，通知炮兵增加射程。这次进攻似乎很顺利，但当他们接近卡朗唐至德维尔（Domville）公路时，遭到狙击手的精确射击。装甲掷弹兵发现树丛中到处都隐蔽着美国伞兵。伴随步兵前进的高炮排立即用四联装 20 毫米口径高射炮轰击树篱和森林，但这需要时间。德军蒙受了"适度的高昂损失"[60]后继续向前，而美军则向卡朗唐方向撤退。

奥斯滕多夫的部队于9点抵达卡朗唐西南部，但很快，他的右翼突然停止了行动。指挥官呼叫坦克支援，可惜都是徒劳。原来罗斯准将正坐在开放式半履带车内，指挥美第2装甲师的"谢尔曼"坦克出现在战场。装甲掷弹兵们连"铁拳"榴弹发射器这样的轻型反坦克武器都没有，顿时陷入混乱，仓皇撤退。下午早些时候，美军在战斗轰炸机的支援下发起全面进攻。卡朗唐南部边缘有座地理位置十分重要的小山丘。一支"东方部队"已经提前占领此地。不过他们的德国指挥官刚刚被打死，该部就一哄而散。奥斯滕多夫接手这个师不久，就惨遭可耻败绩，为此暴跳如雷。他怒斥德国空军没有提供任何帮助，又责备海特一开始就放弃了卡朗唐。

海特中校长着鹰钩鼻，思维敏锐。在德军高级军官眼中，他就算不是目空一切，也过于特立独行。他显然对奥斯滕多夫毫无敬意，也不屑于掩饰自己的观点：第17"格茨·冯·贝利欣根"装甲掷弹兵师所接受的训练更偏重党卫军意识形态，而非合理的军事科目。海特声称，在战斗中，他甚至必须命令麾下伞兵调转枪口，拦住企图逃跑的部分装甲掷弹兵。奥斯滕多夫召唤他到第17师师部接受师属军事法官的质询，调查他丢失卡朗唐的责任。尽管奥斯滕多夫指控海特胆小怯懦，但后者还是免于军事法庭审判。这主要是因为他的骑士铁十字勋章[①]上

[①] 铁十字勋章是历史上德国军队大量颁发的一类奖章，二战期间有诸多加强版。其中骑士铁十字勋章于1939年设立，不到8000人获得；银橡叶骑士铁十字勋章于1940年设立，仅800多人获此殊荣；此外还有更高级的银橡叶佩剑骑士铁十字勋章（160人）、钻石银橡叶佩剑骑士铁十字勋章（27人）、钻石金橡叶佩剑骑士铁十字勋章（1人）。因此海特虽然军衔不高，但依然很有地位。

刚刚加上了橡叶。[61]第7集团军参谋长彭泽尔不相信海特的说法,但第2伞兵军军长迈因德尔将军下令将其释放。不管怎样,德军指挥官们有更重要的事情需要考虑。第二天,美军推进大获成功,犹他海滩和奥马哈海滩两片滩头阵地连为一体。

第十二章　卡昂落败

6月6日午夜，第7集团军参谋长彭泽尔少将给第21装甲师和第716步兵师指挥官打电话，传达国防军最高统帅部的命令，即两个师必须于次日反攻至海岸线，解救仍坚守在据点的守军，行动"不许失败"。第716师的里希特将军告诉彭泽尔，"师、团、营指挥所之间的通信已经中断"[1]，所以他根本不知道哪些阵地还在坚持，哪些阵地已经丢失。事实上，第716步兵师已不复存在，剩下的200名幸存者在两天后撤离。

尽管英军第3师在D日当天就夺取了阻挡他们前进的大部分阵地，但在右翼，德军依然控制着最强大的防御工事。这是一座位于杜夫尔－拉代利夫朗德（Douvres-la-Délivrande）附近的空军雷达站，已经被改造为名副其实的地下堡垒。德国人还在此铺设了通往卡昂的电话线，这样守军便能充当炮兵观察员。负责攻占雷达站的加拿大军即将面临艰巨的战斗。在防备森严的雷达站附近，还有一片"布满了战壕、掩体、坑道"[2]的森林。他们必须清扫埋伏在里面的德军。

第21装甲师在登陆日当天下午攻击失败后，被并入党卫军第1装甲军。该军军长是党卫军全国副总指挥泽普·迪特里希（Sepp Dietrich）。迪特里希早年曾是屠夫学徒，在第一次世界大战期间当兵上过前线。停战后，德国社会陷入一片混乱，国家处于内战边缘。迪特里希就在此时加入志愿军团

（Freikorps）①。作为纳粹党早期成员，他在 1928 年成为希特勒的私人卫队指挥官。这支部队就是后来的党卫军第 1 "阿道夫·希特勒警卫旗队"装甲师的前身。³迪特里希率领该师在法国、巴尔干地区和东线厮杀。戈培尔刻意把他塑造成普罗大众喜闻乐见的英雄人物，以制衡正规军中的贵族势力。虽然迪特里希为人比大多数党卫军高级军官正直，但作为战地指挥官，他凶狠残暴，也不够精明。据后来接替盖尔·冯·施韦彭堡将军职务的装甲兵上将海因茨·埃贝巴赫（Heinz Eberbach）说，"'警卫旗队'师在迪特里希的指挥下，杀害了数千名犹太人"⁴。②

6 月 6 日清晨，当盟军登陆的消息传来时，迪特里希正在位于布鲁塞尔的党卫军第 1 装甲军军部。伦德施泰特立即召唤他到巴黎。迪特里希将统一指挥党卫军第 12 "希特勒青年团"装甲师、装甲教导师、第 21 装甲师和第 716 步兵师残部。这个军的任务是在第二天黎明攻击卡昂附近的英军，并将其赶至大海。但是盟军空袭战果显著，加之"希特勒青年团"师和装甲教导师未能准时出发，整个计划被全盘打乱。

福伊希廷格尔的第 21 装甲师师部位于迪沃河畔圣皮埃尔（Saint-Pierre-sur-Dives）。当天晚上，迪特里希抵达该镇。福伊希廷格尔当时在卡昂市边缘的一条地道内，第 716 步兵师师部就设置在里面。迪特里希听说福伊希廷格尔竟然忘记携带无线电台，不禁暴跳如雷。师首席参谋冯·贝利欣根（von Berlichingen）上校③是那位古代铁拳骑士的后裔。他站在参谋角度，大胆提出

---

① 志愿军团是第一次世界大战后在德国成立的准军事组织。
② 埃贝巴赫所指事件可能是发生在苏联南部塔甘罗格（Taganrog）的大屠杀。1942 年初，该师还杀害了 4000 名苏军战俘。——原注
③ 原文如此，此时他的军衔应为中校。

意见：两个装甲师不足以击退英军和加拿大军，应该等待装甲教导师到来。迪特里希毫不含糊地回答说，当前只有这两支部队可以投入战斗。他应该立即与"希特勒青年团"师联络，制订攻击计划。

党卫军第12"希特勒青年团"装甲师师长弗里茨·维特旅队长派遣库尔特·迈耶（Kurt Meyer）旗队长前往位于卡昂边缘的指挥部，与隧道里的福伊希廷格尔和里希特会面。迈耶是党卫军第25装甲掷弹兵团团长，也是一个狂热的纳粹党徒和冷酷的斗士。他生就一双蓝眼睛，身材高大，相貌英俊，有着完美的党卫军领袖形象。他的部下对其钦佩有加，尊称他为"装甲迈耶"。他终于在6月7日凌晨时分找到了第716师师部。入口处挤满了伤员。他告诉里希特："我花了大约八个小时才来到你这儿；为了躲避空袭，在公路边的沟里待了四个多小时。师纵队在行军途中损失惨重。"[5]"希特勒青年团"师把盟军的战斗轰炸机称为"肉蝇"。

听取简报时，迈耶仔细研究了画满标记的地图，然后傲慢地驳斥福伊希廷格尔，认为敌军实力不值得担忧："小杂鱼而已！我们明早就把它们扔回大海。"[6]但是这场声势浩大的反攻不得不推迟。装甲教导师从南方赶来，沿途空袭不断，损失更甚于"希特勒青年团"师。盟军空袭还造成燃油大量损失，这也意味着里希特要动用手头几乎所有储备才能行动。此外，里希特声称，他被迫将师野战医院撤回法莱斯附近，因为尽管"标记有清晰的红十字"，医院还是持续遭到盟军飞机轰炸和扫射。

德军复杂的指挥架构大大加剧了混乱。第7集团军负责岸线防御，党卫军第1装甲军却隶属盖尔·冯·施韦彭堡的西线装甲集群。盖尔自己后来写道："当一切都有赖于快速行动时，却有好几个指挥机构给仅仅三个不满员的装甲师下命令，这几个指挥机构包括党卫军第 1 装甲军、西线装甲集群、位于勒芒的第 7 集团军、B 集团军群、西线总司令部、国防军最高统帅部。"[7]

盖尔和古德里安一样，认同大规模装甲部队反击的重要性。他震惊地发现盟军通过轰炸关键城镇，有效地封锁了德军进攻路线。盖尔此前坚决反对将装甲师部署在海岸线附近，现在依然拒绝承认隆美尔有先见之明。其实元帅早就看清了盟国空军无比强大的实力。仅仅数天后，"超级机密"系统窃听到盖尔指挥部的确切位置，他将为自己的狂妄自大而后悔不迭。

*

D 日结束时，宝剑海滩阵地上的英军指挥官们对未能在当天占领卡昂不以为意。他们过于乐观地认为："我们明天就能拿下它。"英军击退了德第 21 装甲师，让他们燃起不切实际的期望。他们尚未与"希特勒青年团"师交手，也没有意识到第 21 装甲师最有效的武器不是坦克，而是 24 门 88 毫米口径反坦克炮。

不管是因为第 21 装甲师后撤，盟军战斗轰炸机对公路不断袭扰，还是因为海军炮火准确轰击内陆目标，卡昂已经陷落的传言在德国后方部队中大肆传播，造成恐慌。6 月 7 日，这些"吓唬人的报告"[8]——正如党卫军第 1 装甲军所言——促使参谋长派遣宪兵分队前往通向法莱斯的道路。一些"在西线已经不习惯战争、胆小如鼠的乌合之众"试图开小差，但遭到围捕。然而不管怎么说，英军在德国军队无法及时调来增援部队的情况下没有果断出击，第 1 装甲军对此相当鄙视。

除了"希尔曼"据点拖延了英军行动，进攻卡昂的装甲部队不足等问题外，英第1军军长约翰·克罗克（John Crocker）中将还犯了一个严重错误。登陆日下午，第9步兵旅正在攻击卡昂和卡尔皮凯之间的敌军防线。由于担心德军会在奥恩河东岸发起大规模反攻，他将该旅抽调出来，转而支援空降师。这也造成加拿大军和英第3师之间出现一道危险的缝隙。

6月7日，盟军对卡昂重新发起攻击。战斗首先在城市北部边缘附近的莱比塞村及周边森林打响。即便有重炮支援，第185旅也蒙受了重大损失。德第21装甲师重整旗鼓，在卡昂城前方通往贝努维尔的高地上建立起强大的阵地。汉斯·冯·卢克少校的装甲掷弹兵仍然在贝努维尔对第6空降师进行反击。

蒙哥马利曾在皇家沃里克郡团第1营服役。现在该团第2营也参与了莱比塞附近的进攻。反坦克排按照旅长指令，驾驶拖着火炮的六辆布伦机枪车，冲向一条两边有着高高护坡的下陷道路。子弹从他们头顶飞过，但他们什么也看不见。突然，他们发现自己已经进入莱比塞，就在第21装甲师掷弹兵团的中间。他们驶过一辆Ⅳ号坦克，一直开到敌人后方，才停在麦田里架起反坦克炮。中尉喊道："向后开炮！"[9]来自伯明翰的小伙子们一边开火，一边兴奋地骂骂咧咧。然而一发炮弹在中尉的布伦机枪车旁边爆炸，冲击波把所有人都掀翻在地。

他们试图逃回己方战线，但还是被德军抓获，押送回莱比塞森林。装甲掷弹兵对待英军非常冷淡，也很"优雅"。他们问战俘想喝点什么，牛奶还是红酒。这时，从皇家海军"厌战"号战列舰发射的炮弹呼啸着从他们头顶越过。德军守卫对中尉说："我想我们最好挖个洞，你说呢？"于是他俩开始一起挖，然后并肩坐在堑壕里，等待炮击结束。每一次炮弹爆炸，他们都尽量蜷缩着身体。德国人说："再过几天你就可以回海里去了。"中尉回答说："很抱歉，不对。我们一周后要到巴黎。"装甲掷弹兵同意各自保留意见，接着拿出一张未婚妻的快照给中尉看。中尉也展示他妻子的照片，回应德国兵的善意。他不禁想到，就在半小时前，他们还竭力试图杀死对方。

克罗克将军随后把第 9 旅撤回到紧挨着第 185 旅右翼的原战区。这个区域的地形同加拿大人的战区类似，麦田平缓起伏，石质农舍周围环绕着果园，小灌木林里隐藏着敌人的反坦克炮。农民把他们的牛、马牵到畜棚和院子里，希望免遭战火殃及。一些人爬上阁楼观战，而家眷则躲进地窖里。大部分战斗和炮击都集中在建筑物周围。在比隆（Buron）附近的小村落格鲁什（Gruchy），90%的房屋被毁或严重损坏。德军从村民的酒窖里掠夺苹果酒和白兰地，有些人喝得烂醉如泥。[10]

皇家阿尔斯特来复枪团第 2 营穿越开阔的玉米地，勇敢地向康布村（Cambes）发起冲锋。[11]他们攻入村落，却被一支刚刚抵达的党卫军第 12"希特勒青年团"装甲师的分遣队打了回来。该营只得把 D 连伤员留在村庄外的沟渠内。他们后来才知道，"希特勒青年团"师的年轻士兵把留在那里的伤员全部就地枪杀。

在第 9 旅右翼，加拿大军再次向卡尔皮凯机场推进，途中也与"希特勒青年团"师的一支分遣队不期而遇。迈耶将第 25 装甲掷弹兵团团部设在阿登修道院后，下令于下午 4 点攻击卡昂至滨海圣吕克（Saint-Luc-sur-Mer）铁路线的西侧地区；与此同时，第 21 装甲师向铁路东侧进攻。但是他发觉加拿大军正逼近战场，决定立即发起攻击。党卫军第 12"希特勒青年团"装甲师的装甲营接到命令："坦克，出击！"他们出其不意，击溃了加拿大军的装甲部队——舍布鲁克燧发枪团（数字番号第27装甲团，营级规模），以迅雷不及掩耳之势重新占领了欧蒂村（Authie）。不过就在德军胜利突进时，"希特勒青年团"师的坦克反过来又被早已占据有利地形的加拿大军反坦克炮打了个措手不及。迈耶迅速撤回坦克，将其投入比隆村厮杀。双方在那天下午的血腥战斗中打成了平手，英军、加拿大军和德军的攻击均陷入停顿。

在西部战区，英军对巴约市的进攻要顺利得多。英军经过彻夜侦察，确定德军已经几乎全部撤离这座小城。因此埃塞克斯团第2营和南威尔士边民团第2营在舍伍德义勇骑兵队的支援下，几乎不费吹灰之力就于6月7日解放了巴约。骑兵队A中队中队长斯坦利·克里斯托弗森写道："我们是第一批进入城镇的部队。城内除了孤立的防御据点和零星狙击手外，没有发现德军踪迹。我们也高兴地看到那些美丽的历史建筑不会受到破坏了。居民们自发出来，热情迎接我们。显然，他们由衷欢迎我们到来。为了表达喜悦，法国人向坦克抛投鲜花，为官兵们分发苹果酒和食物。"

德军在城镇南部的一所房子里设置了机枪巢。舍伍德义勇骑兵队坦克对这座建筑开炮，引起熊熊大火。"不一会儿，传来叮当叮当的铃声。巴约消防队赶来了，一整队人都戴着闪闪发光的头盔。他们视机关枪于无物，设法让双方停火，然后冲进房子，扑灭了大火，还把德军机枪组带了出来。"[12]

次日即6月8日，舍伍德义勇骑兵队归建第8装甲旅，向南进军。他们绕过德军反坦克炮阵地，占领了巴约东南方向七英里处的103号高地。此处可俯视瑟勒河畔蒂伊（Tilly-sur-

Seulles）和丰特奈勒佩内勒（Fontenay-le-Pesnel）这两座村庄。英国士兵戏称在后者可以往"喷泉里小便"①。他们在途中面临的主要危险是有些德军散兵游勇会瞄准坦克车长的头部射击。不过到了第二天，舍伍德义勇骑兵队和达勒姆轻步兵团第6营突然遭到猛烈攻击。

装甲教导师终于抵达前线了。师长弗里茨·拜尔莱因中将仍然对多尔曼大将命令该师在白天行军怒气冲冲。6月6日下午该师刚一出发，皇家空军能够发射火箭弹的"台风"战斗机和美军的"闪电"中队就几乎立刻出现在头顶上，摧毁了大量车辆。拜尔莱因部在夜幕的掩护下继续前进，希望在黎明前进入伪装阵地休整，多尔曼却命令装甲教导师继续前进。次日清晨5点30分，当天的第一波空袭如期而至。坦克和半履带车已经覆盖上茂密的树枝伪装，不过德军仍要全速通过大片空旷地带后，才能进入树林和果园隐蔽起来。拜尔莱因说，他的部下给这条从维尔通往东北方向的笔直道路起了个绰号："战斗轰炸机跑道"[13]。他还声称，到那天结束时，该师共损失了5辆坦克、84辆半履带车和自行火炮、130辆卡车。不过这几乎可以肯定是夸张之辞。②

6月8日上午，装甲教导师先头部队从瑟勒河畔蒂伊出发，向北攻击。舍伍德义勇骑兵队和达勒姆轻步兵团所部正朝兰热夫尔（Lingèvres）前进，与德军迎头相撞。克里斯托弗森在日记中写道："这一天对我们义勇骑兵队来说太可怕了。"他指挥

---

① 英语中，喷泉"Fountain"与"Fontenay"发音类似；小便"Pee"与"Pesnel"发音类似。

② 装甲教导师修理连连长后来写道，该师在整个6月一共损失了84辆半履带车。[14]——原注

的中队在103号高地上损失了四辆坦克。一名分队长和副中队长基思·道格拉斯上尉也双双遇难。道格拉斯还是一位诗人,当时正在徒步侦察,"不料当他沿着沟渠跑向坦克时,一块迫击炮弹片击中其头部",当场阵亡。道格拉斯在这个团算是个异类。他不打猎,不骑马,对乡村生活也没有任何兴趣。在为该团创作的一首名为《贵族》的诗中,他写道:

我怎能生活在这样一群温文尔雅、
被人遗忘的英雄中间,而不哭泣?[15]

这个团会永远铭记英勇和质朴的道格拉斯。在北非,他曾冒着被控擅离职守的风险,放弃了开罗的岗位,在战斗最激烈的时候重新加入中队。他的勤务兵说:"我喜欢您,先生。您太棒了,真的。"[16]

克里斯托弗森在日记中写道:"他在战斗中英勇无畏,总是积极行动,完全不顾自身安危。有时,他甚至显得有些莽撞,也许这是因为他高度近视。他为此还不得不戴上一副镜片又大又厚的眼镜。"义勇骑兵队的随军牧师莱斯利·斯金纳(Leslie Skinner)还记得在登陆日前的那个周日,他同道格拉斯的谈话内容。年轻的上尉当时说他即将死去。这位牧师把道格拉斯掩埋在他战死的树篱丛旁。

三天后,舍伍德义勇骑兵队再次靠近103号高地,又遭遇了一场灾难。一枚炮弹在绰号"罗宾汉"的坦克边爆炸。骑兵队指挥部成员正好就在边上。指挥官迈克尔·莱科克(Michael Laycock)是"哥曼德"特种部队指挥官罗伯特·莱科克(Robert Laycock)少将的兄弟。迈克尔当即阵亡,副官和通信官也一同遇难。这位副官名叫乔治·琼斯（George Jones），是莱科克庄园森林管理员的儿子。该团侦察分队队长和通信士官也受了重伤。舍伍德义勇骑兵队在不到一周内便失去了两名指挥官。克里斯托弗森作为资深中队长，接管了义勇骑兵队的指挥权。

卫理公会牧师斯金纳身材矮小，皮肤黝黑，带着浓重的约克郡口音，颇受官兵爱戴。这些天来，他一直忙着埋葬死人，很少休息，甚至还亲自收殓尸体。他不忍让士兵们爬进烧烂的坦克中，从内壁刮下烧焦的战友遗骸。这项任务实在太可怕了。"谢尔曼"坦克燃烧汽油而非柴油，因此很容易着火。美军给该型坦克取了个绰号——"朗森"（打火机品牌），而德国人称其为"英国兵的烧锅"。对所有坦克官兵来说，最恐惧的事情莫过于困在燃烧中的车体内不能出来。为了缓解焦虑，英军坦克指挥官们倾向于在无线电中用一种慢条斯理的语调讲话。

6月8日，装甲教导师停止进攻。部分原因是该部在瑟勒河畔蒂伊以北遭遇顽强抵抗，还因为泽普·迪特里希命令教导师退出战斗，改道向西北方向的巴约前进。德军混乱的指挥系统让盖尔·冯·施韦彭堡希望装甲部队能立即向海岸线反击的计划落空了。他后来抱怨说，他们"错过了给予敌人沉重一击的最佳时机"[17]。但他依然决心要实现自己的计划。

6月9日，奥恩河以西的英军和加拿大军继续进攻，一个村庄一个村庄地向前强行突防。同一天，英军计划在炮兵和皇家海军巡洋舰"达娜厄"号（HMS Danae）的火炮支援下，派遣一个整营袭击康布。皇家阿尔斯特来复枪团第2营前进至出发阵地。他们面前是连绵起伏的麦田。英军首先必须穿越这片庄稼地后，才能发起攻击。炮兵和海军的密集炮火从头顶掠过，

士兵们紧张地等待前进命令时,相互开着玩笑。有个年轻的排长记录道:

"上次我到麦地来,还是和女朋友一起。一切都那么安静祥和。"

"但愿我们走到那儿前,该死的军舰能停止射击。"

"看起来很远啊,长官。我们能中途停下来喝杯茶吗?"[18]

没过大腿的绿色小麦看起来似乎能提供些掩护,但他们出发后很快就发现,小麦压根就不起作用。中尉写道:"一大群人蹒跚着走下麦田,任谁看来都再明显不过了。"有一个连的三名排长全部阵亡。

支援该营的东赖丁第1义勇骑兵队(营级单位)出动数辆"谢尔曼"坦克,消灭了一辆Ⅳ号坦克,但它们又被德军一门隐蔽的88毫米火炮接连击中。皇家阿尔斯特来复枪团第2营官兵面对敌军机枪阵地毫无畏惧,一举突入康布村后,挖掘堑壕就地防御。然而当他们清点伤亡人数时,发现全营共损失了11名军官、182名士官和士兵。

国王属苏格兰边民团第1营在黄昏时赶来增援这支兵力耗尽的部队。就在这时,猛烈的迫击炮袭来。一名来自苏格兰高地的士兵为躲避爆炸,跳进离他最近的战壕里,拍拍里面那人的后背说:"哎呀,帕迪①,你们这些个老混蛋,我们没想到会再见到你们。"他这才发现自己拍的人是皇家阿尔斯特来复枪团第2营营长。

前一天晚上,"装甲迈耶"乘坐摩托车,指挥党卫军第12"希特勒青年团"装甲师的豹式坦克、侦察部队、装甲掷弹兵

---

① 帕迪(Paddy),英语中对爱尔兰人的蔑称。阿尔斯特地区属于爱尔兰。

进攻诺雷（Norrey）和布雷特维尔－洛格约斯（Bretteville-l'Orgueilleuse）。女王来复枪团已严阵以待。在伞降照明弹的致命光芒笼罩下，英军反坦克炮给德军造成了惨重伤亡。党卫军被迫撤退。

不过盟军在6月9日的攻击大多无功而返。德第1装甲军投入了更多坦克至前线，协助装甲掷弹兵夺取通往海滩的出发阵地。事实证明，英军和加拿大军炮兵，加之海军舰炮配合，能够有力地击溃德军装甲部队。女王来复枪团的反坦克炮再次粉碎了豹式坦克连的进攻。有位德军坦克车长描述，他的坦克突然间停了下来。"我朝左方查看情况，正好看到在旁边行驶的坦克被掀掉了炮塔。这时我又听见一声爆炸，我的坦克也开始燃烧起来。机枪弹药陷入火海，发出噼里啪啦的声音，就像干木头燃烧一样。"[19]他设法从坦克里逃了出来，但浑身上下严重烧伤。12辆坦克中只有5辆返回。有位目睹到这一切的"希特勒青年团"师军官事后写道："我满怀愤怒和悲伤，真想大哭一场。"[20]

"希特勒青年团"师终于意识到，那种在东线战场对付红军十分有效的"突袭"战术在诺曼底行不通了。不过德军在6月10日黎明前又对诺雷发起了一次正面进攻，这次是工兵营配合装甲掷弹兵一起行动。他们再次受挫。人们在战斗结束后发现了工兵连长奥托·托尔（Otto Toll）的尸体。"他曾试图用骑士铁十字勋章上的绶带和手电筒自制止血带，显然是为了阻止主动脉大出血。"[21]

战斗残酷无情，双方都指控对方犯下了战争罪。[22]战后，来自"希特勒青年团"师第26装甲掷弹兵团的军官在法庭上声称，他们之所以在6月9日射杀三名加拿大军的战俘，是为了报复前一天发生的虐俘事件。6月8日,律师学院①装甲车侦察团(营级单位)的一支分遣队在克里斯托(Cristot)以南遭遇了德军装甲教导师炮兵团的一小股敌人,并俘虏了包括炮兵团团长在内的九人。英军命令战俘爬上车头前方,因为车内没有空间容纳这么多人。德国人则认为这就是把他们当肉盾,予以拒绝。根据炮兵团团长副官克拉里-阿尔德林根(Clary-Aldringen)上尉的证词,两名英国军官殴打了炮兵团团长卢森布格尔(Luxenburger)上校,把这个参加过一战的独臂老军人绑到一辆装甲侦察车上。英军离开前,还用机枪扫射拒绝登车的俘虏。不过这支律师学院部队闯入德军反坦克炮阵地内,两名军官阵亡,卢森布格尔上校受了致命伤。

除这一事件外,"希特勒青年团"师还为自己辩护说,他们搜到加拿大军颁布的命令,其中要求士兵若发现俘虏减慢了部队行军速度,就不要接受投降。英国和加拿大士兵,尤其是没有步兵往后方押送俘虏的装甲部队,有时的确会射杀俘虏。但"希特勒青年团"师的论点听起来不足以令人信服。早在登陆行动头几天,就有187名加拿大战俘遇害,且大部分是这个师所为。"希特勒青年团"师首次杀害俘虏发生在克里斯托事件之前的6月7日。一名来自卡昂的法国妇女步行前往欧蒂,确认年迈的姑妈是否安好。她在途中发现了"大约30名加拿大士兵被德军屠杀,并遭到分尸"[23]。温尼伯来复枪团的18名官兵投降后,被押送到迈耶设在阿登修道院的指挥所接受审讯,后全部被枪决,其中A连连长霍奇(Hodge)少校显然还被斩首。[24]

---

① 英国律师学院是一个专业律师协会,由四所学院组成,专门培养诉讼大律师。律师学院成员在危急时刻有组建部队、保卫国家的传统。

"希特勒青年团"师可能是党卫军各师中受纳粹思想毒害最深的部队。很多关键岗位的指挥官来自党卫军第 1 "阿道夫·希特勒警卫旗队"装甲师。该师经历过东线战场的"种族战争"（Rassenkrieg）。其中表现最恶劣的是侦察营。营长布雷默（Bremer）在这个师中以"胆大妄为"[25]而著称。1939 年，"装甲迈耶"本人也曾在波兰莫德林（Modlin）附近枪杀了 50 名犹太人。[26] 入侵苏联期间，他还下令将哈尔科夫（Kharkov）周边的一座村庄夷为平地，所有村民无一生还。纳粹宣传，加之东线战斗，把他们变得异常残忍，他们认为西线战争也没有什么不同，还把杀害盟军战俘看作敌人对德国城市"恐怖轰炸"的复仇之举。不管怎样，加拿大军和"希特勒青年团"师结下了深仇大恨，他们在整个诺曼底战役中陷入相互残杀的恶性循环。

在盟军空袭和炮火打击下，登陆区域内的很多德军固定通信线缆被炸断，更不用说抵抗组织和空降部队的破坏了。因此诺曼底地区的所有德军指挥机构都被迫越来越多地使用无线电通信，而他们很快将为此付出代价。这正是布莱切利园破译部门一直期待的结果。秘密情报局局长向丘吉尔首相呈交了首份战果。① 他们在 6 月 8 日截获了一份来自马克斯将军的报告，称第 716 步兵师已经损失了至少三分之二的兵力，部队有"精神崩溃"[27]的迹象。他们还发出警告，"希特勒青年团"师将于 6 月 8 日夜开始进攻，不过前线部队收到这份情报时已经太晚了。

---

① 丘吉尔显然不习惯使用 24 小时制，或者就是讨厌这种计时方式，因此秘密情报局局长 "C" 经常会把时间格式换成他更熟悉的 12 小时制，并加上 a.m. 或 p.m. 区分上下午。——原注

次日，第 2 伞兵军的迈因德尔将军抱怨说："由于大部分地面通信线路被切断，命令无法迅速下发到部队，行动严重受阻。"6 月 10 日，布莱切利园截获到一条电文："西线总司令 10 点 30 分下令，立即彻底摧毁瑟堡港。"破译人员还发现德军害怕盟军在布列塔尼地区再发动一次登陆行动，因此空军当即破坏了四座机场。最出乎意料的情报来自两条电文，帮助盟军掌握了西线装甲集群指挥部的位置。[28] 为了保守"超级机密"的秘密，盟军首先派遣一架飞机前往目标上空巡视。

盖尔·冯·施韦彭堡正计划在 6 月 10 日黄昏时分发起总攻。那天破晓后不久，他来到位于城西侧的阿登修道院，爬上尖塔。迈耶在早前已经将此处设为党卫军第 25 装甲掷弹兵团的团部。盖尔用高倍望远镜观察前方地面战况。早在 1940 年夏末，他就曾率领第 24 军在此训练，为入侵英国做准备，因此对本地区情况了如指掌。他看到英国战机正在对"希特勒青年团"师的装甲团发动空袭。这让他确信自己的决策是正确的，只有夜袭才有可能取得成功。

下午，隆美尔来到蒂里阿库尔（Thury-Harcourt）附近的拉凯讷城堡（Château de La Caine），在盖尔的指挥部听取汇报。尽管两人都倾向于向巴约进攻，但改变方案会造成行动延误太久。隆美尔还想知道下一步计划，盖尔则引用了拿破仑的一句军事格言"先打再看"（s'engager puis voir）来回应。隆美尔表示同意，随后离开。盖尔警告他要当心盟军的战斗轰炸机。然而他自己的总部成了最诱人的目标。隆美尔刚走不久，装甲教导师报告，大约有 60 辆英军坦克突破布雷特维尔-洛格约斯，正向瑟勒河畔蒂伊袭来。盖尔宣布，由于没有后备部队可供调遣，他不得不取消当夜在卡昂附近的夜袭行动。事实上，那晚之所以停止进攻，还有一个更为要紧的因素。

皇家空军数个"台风"中队携带火箭弹低空飞来，飞行员们已研究过简报，都非常清楚要袭击的目标。接着，一波波"米切尔"中型轰炸机蜂拥而至。不可思议的是，盖尔的指挥部和停在城堡内的车辆竟然没做适当伪装。盟军空袭取得了毁灭性战果。参谋长当即身亡，盖尔后来写道："作战部所有人员以及先头部队的大部分指挥官被炸死。"[29] 通信营几乎全军覆没。盖尔本人受伤，不过更严重的是精神上的打击。他失去了指挥西线装甲集群的能力，直到6月底才缓缓恢复过来。

此后，德军就不再试图对英第2集团军发起大规模装甲反击了，直到党卫军第2装甲军从东线调来才有所改变。步兵部队夜间行军会耗费大量时间，导致德国装甲师缺乏步兵增援，因此只能化整为零，组成战斗群（Kampfgruppen）来守住防线。德军计划集中装甲兵力、将盟军赶下大海的计划就此被全盘打乱。他们现在能做的只是确保战线稳定，尤其是正对英军的防线，以免敌人突破后直取巴黎。英军扩大滩头阵地的希望亦因此化为泡影。卡昂东南方的开阔地带依然遥不可及。如蒙哥马利所言，将卡昂变为战役枢纽的想法已成为天方夜谭。于是在登陆行动的最初几天，战局便呈现出消耗战态势。

蒙哥马利只好改变计划，尽管他后来拒绝承认这一点。6月10日，在登普西将军的陪同下，他与布莱德雷在贝桑港附近的战场会面。美英两军战区在那里已经连为一体。蒙哥马利把地图摊在指挥车引擎盖上，解释修订后的方案。英军将不再正面攻击卡昂，而是对这座城市发起钳形攻势。第51高地师和第4装甲旅将从奥恩河东侧桥头堡向南攻击，夺取卡尼（Cagny）。

与此同时，第 7 装甲师将从该部现在所在的内陆地区出发，打出一记"右勾拳"，拿下埃夫勒西（Evrecy）。两支部队都在当天开始行动。

此计划最大胆的部分是尚在英国待命的后备部队——第 1 空降师将在埃夫勒西周边空降。不过这个方案遭到马洛里的坚决反对。他提出德军在卡昂地区布置有高炮阵地，运输机不能冒险在白昼实施空投。夜间空降也不可行，因为空军必须从停泊在近海的盟军舰船上空飞过，而皇家海军以德国空军会在夜晚空袭为由，拒绝为友军停火让道。蒙哥马利大为光火，给当时正在英国本土第 21 集团军群后方指挥部的参谋长弗雷迪·德甘冈（Freddie de Guingand）发报说，马洛里就是个"胆小如鼠的浑蛋"[30]。

这个包围卡昂的计划完全不符合蒙哥马利的性格。他经常因为迟迟不采取行动而备受批评。他只是选择了当前最好的计划来应对危机吗？还是有作秀成分，把人们的注意力从第 2 集团军未能达成目标转移开来？① 6 月 11 日，与布莱德雷会晤后的第二天，蒙哥马利给甘冈发报，阐明他的总体目标是"吸引德军向第 2 集团军靠拢，这样（美）第 1 集团军便可长驱直入，展开兵力"[31]。如此谦逊的评估与他早先的豪言壮语大相径庭。诺曼底登陆前两个月，他曾对高级军官说："任何一名军官，无论级别多高，如果无所作为，只知道防御，那都是犯罪。所有官兵必须对战争充满热情，一俟战斗，眼睛就要放光。"[32]他们的任务是"向奥恩河西岸进攻，然后朝南部和东南部推进以夺取多座机场，并在美第 1 集团军攻击瑟堡时，保护后者的东

---

① 蒙哥马利预言，英国第 2 集团军将于 6 月 14 日抵达卡昂东南方向五英里处。——原注

翼安全"[33]。

问题在于蒙哥马利拒不承认他的计划有任何不妥。这部分出于维持士气的需要,部分则是他愚蠢的自傲作祟。他依然宣称,英军将继续向法莱斯方向突进,但同时又坚持说,他一直计划把大部分德军装甲师吸引到他的战线方向,为美军创造突破防线的绝佳战机。这导致美军同僚后来对他产生了不少怨恨和猜疑。正如他给甘冈的信件中承认的那样,这只不过是勉为其难地做迫不得已的事罢了。

当然,决定事态发展的不是蒙哥马利,而是派遣装甲师对抗英军的德国人。伦德施泰特和隆美尔都将第2集团军视为首要威胁。他们认为英国士兵更有经验(后来承认低估了美军战斗力),况且若英军在东南方的法莱斯方向形成突破,便可能直取巴黎。如果不幸成真,诺曼底和布列塔尼地区的所有德军将被分割切断。甚至连希特勒也同意这样的分析,哪怕仅仅是因为巴黎具有象征意义。蒙哥马利的第21集团军群指挥部情报主任把希特勒这种控制外国首都的执念描述为"一种乖张的帝国主义思想"[34]。国防军最高统帅部下达了"封锁敌人直通巴黎路线"的决定,盖尔是唯一反对这项命令的人,因为这将导致德军"把最强大的机动部队错误地部署在内线"[35]。

英军的处境同样不妙。他们未能成功扩大滩头阵地,于是在部队集结期间缺乏足够空间,以容纳和部署更多兵力。皇家空军也很愤怒,尤其是蒙哥马利还声称一切都按计划进行。在登陆最初几天,他就应该为"喷火"和"台风"战斗机建立前沿空军基地。这也是空军备战的所有前提。然而,现在滩头阵地纵深很浅,导致新建任何机场都会在德军火炮射程之内。留给燃料库、补给堆场、修理工场、营地、野战医院和停车场的空间也捉襟见肘。后方几乎每一座果园、每一块田地都挤得满满当当。失望的布莱德雷后来委婉地说道:"英军负责的战区人满为患,以至于都涌进我们的区域。"蒙哥马利夸夸其谈,称卡昂是"通往瑟堡的关键"[36],美国人对此更是不以为然。负责攻取瑟堡的柯林斯将军冷冷地对布莱德雷说:"他为什么不直接把钥匙送给我们呢?"①

德军指挥官也对战役进展感到失望。第1装甲军参谋长痛心疾首,抱怨说:"德军过早地将部队逐次投入战斗,以至于失去了把所有赌注都押在一张牌上的机会——要么全输,要么通吃。"[37]事实上,在这一阶段无力发动大规模反击决定了德军在整个诺曼底战役绝大部分时间的部署模式。英军也为此设定了相应战术,尽管蒙哥马利大言不惭地宣称,他总是让敌人跟随他的曲子跳舞。令所有德军装甲指挥官感到绝望的是,盟军地面部队、空军和火炮一直保持压力,虽然威胁不大,但导致隆美尔无法有效发挥装甲师的威力。派遣"救火队"的战术只能简单堵住缺口,却导致装甲师被拆散,前往濒临崩溃的战线去增援步兵。

因此,即使德军拥有击败对手的非凡能力,能够给敌人造成重大杀伤,他们也永远不可能取得决定性胜利。不久,英军指挥官们开始担心他们将在这场消耗战中耗尽兵力。

---

① "key"在英文中既有"关键"含义,也表示"钥匙"。

第十三章　维莱博卡日

蒙哥马利深知攻占卡昂必将陷入一场血战，于是在6月11日决定派他"最精锐的两支部队"出战。第7装甲师和第51高地师在他的指挥下都曾在北非表现出色，但是他们即将在诺曼底吃一场大败仗。第51师转往奥恩河东岸，准备对卡昂打出一记"左勾拳"；同时，素有"沙漠之鼠"之称的第7装甲师将在瑟勒河畔蒂伊附近的美军侧翼发动"右勾拳"攻势。

第51高地师的苏格兰官兵从不低调行事。他们在几乎每个交叉路口都竖起明显的标牌，上面画着"HD"字样和一个箭头，于是其他部队戏称他们是"公路装修工"。① 第51师越过奥恩河后，进入第6空降师的桥头堡阵地。这支伞兵部队面对的是由第21装甲师、第711步兵师和刚刚加入战场的第346步兵师所组成的卢克战斗群。他们寡不敌众，火力不足，虽然顽强抵抗，但还是在德军的猛烈反击下被迫后撤。

6月9日，伞兵在埃斯科维尔（Escoville）击退了德军坦克和装甲掷弹兵的进攻。次日，正当第51高地师开始接管阵地时，卢克又发起了一次攻击。6月11日，英军黑卫团第5营投入战斗，结果部分官兵被俘，并遭处决。蒙哥马利原本希望高地师作为钳形攻势的一部分，将一路南下至卡尼，结果却毫无进展。德军采取短促突击战术；出其不意的迫击炮密集轰击和

---

① "高地"（Highland）可缩写为"HD"，"公路装修工"（Highway Decorators）的缩写也是"HD"。

火炮弹幕射击也相当致命,取得了不俗战果。英军一时进退失据。

有个高地团军人写道:"火炮狂暴而又冷酷无情,针对的却是个人。爆炸之下,你就是它的唯一目标。炮弹是向你,而非其他任何人发出凄厉的尖叫和怨恨的哀号。你龟缩在地洞里,尽可能地把自己缩小,紧绷肌肉,不自量力地试图对抗獠牙般的炽热的弹片。你会身不由己地蜷成胎儿姿势,只是会本能地伸出双手保护下体。保护传宗接代的器官不被毁灭性力量伤害是人类的共性。"[1]许多人发出一连串亵渎神灵的咒骂,期望能消弭内心恐惧。

这名士兵接着讲述,就连他们部队中最好战的士兵也心理崩溃了。一个得了战斗应激反应症的英军躲在农舍地窖里,蜷缩在地板上号啕大哭。"曾经聪明伶俐、激情四射的年轻士兵现在变成了既可怜又恶心的家伙。原本清秀的五官扭曲在一起,嘴角下垂;整张脸脏兮兮的,长满了胡茬,似乎肿了起来,还沾满了泪水鼻涕。"他喃喃自语,哭着要妈妈。目击者除了对他稍微抱有残酷的轻蔑外,还"有一丝羡慕,羡慕他能不顾名誉,屈从于自己的恐惧"。[2]

伞兵部队对苏格兰军人很是不屑一顾。加拿大第1伞兵营的一位少校写道:"第51高地师的表现让我瞠目结舌。我们师有多达三次帮助他们挽救败局。我们的小伙子有一次冲上前线支援他们,结果看到苏格兰人丢盔弃甲,抱头鼠窜,于是纷纷大骂他们是黄杂种①。"[3]率领左翼部队进攻梅维尔火炮阵地的奥特韦中校不得不接管了黑卫团某营,因为该营在首次攻击中就

---

① "yellow bastards" 为歧视性语言,盟国在二战期间一般指日本人。

损失了 200 人，营长就此"精神崩溃"⁴。

英第 6 空降师师长盖尔将军意识到必须不惜一切代价夺回布雷维尔村，于是派遣第 12 伞兵营执行这项任务。该营付出了几乎同黑卫团所部一样惨重的代价后，终于拿下了这座重兵把守的村落，奥恩河以东战线这才化险为夷。蒙哥马利本想高地师能直击南边五英里外的卡尼，但该师士气低落，连圣奥诺里讷（Sainte-Honorine）都攻不下来，所以这个计划也就被无声无息地取消了。在这种情况下，他也许应该感谢马洛里的反对意见。如果第 1 空降师在卡昂-法莱斯平原降落，而援军又不能及时赶到，那就无异于提前上演阿纳姆（Arnhem）的悲剧。① 布莱德雷将军虽然当时缄默其口，但他十分清楚在战术上投放空降部队所蕴含的风险，所以后来盟军取得重大突破的机会时，他依然拒绝投放伞兵。

蒙哥马利对从美军第 1 师侧翼打出的"右勾拳"期待颇高。英第 2 集团军指挥官司迈尔斯·登普西中将甚至更为乐观。他在很多方面与蒙哥马利的性格正好相反。登普西饱经风霜的脸上留着传统的军人胡。尽管拥有一个不雅的绰号"傻妞"（Bimbo），他却是个谦逊温和之人。巴顿初次与他会晤后，在日记中对其评价很低："其貌不扬，唯唯诺诺。"⁵ 而事实是除了第 21 集团军群外，蒙哥马利还要坚持指挥第 2 集团军。蒙蒂不愿意放权，常常越过集团军指挥官登普西，直接向各军军长下达命令。登普西别无选择，只能做一个外表光鲜的参谋长。从多方面看来，这个角色其实很适合他。他行事沉稳，记忆力非

---

① 此处指发生在 1944 年 9 月 17 日至 25 日荷兰境内的"市场花园行动"。

凡，还有一种不可思议的能力，仅通过研究地图就能想象出战场上的地形地貌。此外，当蒙哥马利独揽功劳时，他也从不抱怨。[6]

登普西是卡昂钳形攻势和空降行动的主要策划人。在登陆前，他就不相信能在第一天占领卡昂，并质疑盟军没有实力从正面攻取该城。然而，他也很清楚若战线停滞不前将带来危险。登普西的计划基本上是合理的。不幸的是，由于天气恶劣，第7装甲师的登陆时间比预期要晚；接着，第50师和第8装甲旅为夺取瑟勒河河谷，在向攻击出发线前进时又遇挫。德装甲教导师突然推进至此，封锁了道路，不过这也暴露出一个更为有利的突破口。第7装甲师可以在美第1师向科蒙挺进时，穿过美军战区，包抄教导师的侧翼，然后向左迂回。在装甲教导师与第50师对峙时，第7师便能在德军后方撬开一个缺口通过。

6月12日上午，登普西前往第7装甲师师部与师长厄斯金（Erskine）少将会面。厄斯金表示信心十足，会充分利用好这个机会。绰号"警察"（Bobby）的厄斯金相信没有任何力量能够阻止他的师前进。这几个坦克团享有"沙漠之鼠"的盛名，却过于托大，没有认真对待这片与北非完全不同的战场。与卡昂地区起伏不平的玉米地不同，这里的乡村到处是下陷的小道和高高的树篱。舍伍德义勇骑兵队的一名士兵告诫刚刚抵达战场的朋友："你在沙漠待过后，见到这种地形一定会大吃一惊。我们在沙漠中可以看到那些混蛋，他们也能看到我们。在这里，他们能看到我们，但我们得费九牛二虎之力才能发现他们。"[7]他接着补充说，穿过绿树成荫的通道发起攻击，"会让你毛骨悚然"。尽管英美两军为登陆行动训练了数月之久，但他们对这种美丽而幽闭的恐怖地貌毫无准备。诺曼底的树篱种植在每一条道路和小径旁,将田地分割成细碎小块,其高度至少是英国树篱的三倍。树篱紧紧挨在一起,形成一道厚重结实的壁垒,即使是坦克也难以撞倒。

登普西让厄斯金推进至维莱博卡日(Villers-Bocage),并由第11轻骑兵团(装甲侦察团,实为营级单位)开路(见地图7)。不过厄斯金调整了该团任务,命其保卫全师侧翼。事实证明这是一个非常严重的错误。厄斯金的理由很充分,他早在24小时前就想发起攻击,现在已经失去了耐心。这次延误错在其上级——第30军军长杰勒德·巴克纳尔(Gerard Bucknall)中将。

尽管巴克纳尔在西西里岛和意大利本土给蒙哥马利留下了深刻印象,但他并没有指挥装甲部队的经验。布鲁克元帅对他显然不甚满意。登陆前两个月,布鲁克在日记中写道:"巴克纳尔过于懦弱,我敢肯定他不适合指挥一支军级部队。"[8]虽然因为占领了巴约,他的声望有所提升,但认识他的人都对其评价不高。[9]登普西也对巴克纳尔的能力疑虑重重,不过并没有采取任何举措。正如美军空降兵指挥官马克斯韦尔·泰勒将军指出的那样,英国高级将领从来没有对下属施加强大压力的传统。[10]美国将军们认为英国同行过于客气了。

厄斯金没有将装甲侦察团布置在大部队前方提供警戒,而是作为侧翼护卫,结果导致部队陷入英国军事史上损失最惨烈的一次伏击战。勇敢无畏但又性情古怪的欣德(Hinde)旅长绰号叫"疯子"(Loony),他率领第22装甲旅从这处已经确认的缺口往前一头扎进去。当天晚上,该旅先头部队——第4伦敦郡义勇骑兵团(神射手团,营级单位)抵达科蒙公路,距离维莱博卡日只有短短五英里路程。他们与共同行动的来复枪旅第1营的连队一道，连夜构筑工事，进入全面防御状态。

黎明时分，神射手团和配属步兵开始沿着大路向目标行进。6月13日上午8点，他们进入维莱博卡日，受到了当地居民的热烈欢迎。[11]宪兵身着光鲜的制服，走上街头维持秩序。人们朝"克伦威尔"坦克抛撒鲜花，拿出苹果酒和黄油慰劳英军。在这个欢腾时刻，占领这座战略小镇似乎显得太轻松了。维莱博卡日位于瑟勒河河谷上方，距奥东河仅一英里之遥，地理位置十分重要。往南不到12英里处矗立着可控制整个地区的宾松山（Mont Pinçon），而卡昂在维莱博卡日以东八英里。

就在进村前，英军看到了此行唯一的敌人——德军一辆八轮装甲车。不过在最近一辆"克伦威尔"坦克转动炮塔瞄准前，它就消失得无影无踪。欣德旅长乘坐侦察车随部队一同进入维莱博卡日。他知道，想要安全守住此地，必须占领东北面的213号高地。由于发现有更多德军装甲车在附近出没，神射手团指挥官克兰利（Cranley）中校希望对这一地区彻底侦察，然而"疯子"欣德不愿因此拖延进度，于是没有下令出动由"斯图亚特"轻型坦克组成的侦察部队。克兰利仅派遣A中队探路，把剩下的坦克留在镇子里，然后自己驾驶一辆侦察车亲自前往213号高地。

"克伦威尔"坦克沿道路前进，路边有一片小树林。党卫军第101重装甲营的五辆虎式坦克就隐藏其间。他们从巴黎北部的博韦（Beauvais）附近出发，一路辗转，刚刚抵达前线。指挥官是二级突击队中队长米夏埃尔·魏特曼（Michael Wittmann）。他早已是名震天下的"王牌坦克车长"，曾在东线"击杀"137辆坦克，并荣获橡叶骑士铁十字勋章。盟军对德国城市狂轰滥炸令魏特曼满腔愤怒。他对手下的士兵说："我们只有一个口号，那就是'复仇'！"[12]

魏特曼的这支虎式坦克小队是德军第一批被派往前线、填补防线缺口的援军。德第2装甲师主力部队也将在当天抵达这一地区。事实上，掩护第22装甲旅侧翼的第11轻骑兵团从他们捕获的第一个俘虏那里就得知了德军动向。该团一名中士和一名士兵在追踪德军狙击手时，突然发现自己被乘坐半履带车的装甲掷弹兵连包围了。他们被押往德军后方阵地，不过刚刚脱离大部队视线，他们就偷袭德国卫兵，夺下步枪，反而把他带回来做了俘虏。其证件显示此人来自第304装甲掷弹兵团。[13]尽管"超级机密"系统已经发出警告，称德第2装甲师即将到来，但厄斯金看到该部出现在英军南翼时，还是大吃一惊。[14]

魏特曼一看到"克伦威尔"坦克中队停在一段坡度很陡的道路上，就意识到机会出现了。神射手团的一些坦克兵轻率地从坦克里爬出来。魏特曼的炮手通过瞄准镜观察到英军动向后说，他们这么干，好像已经打赢了战争一样。魏特曼不等其他虎式坦克跟上，就从树林里钻出来，调整车身与公路平行，接着便连续开火。虎式坦克的88毫米火炮摧毁了一辆又一辆"克伦威尔"。这种型号的坦克设计拙劣，装甲不足，火力有限，对阵虎式坦克毫无胜算。英军甚至发现连摆脱危险也很难，因为"克伦威尔"坦克的倒挡速度仅仅略高于每小时两英里。

在山上重创A中队后，魏特曼的虎式坦克缓缓下山，驶入维莱博卡日。它把来复枪旅的一辆布伦机枪车撞到一边，然后开上主大街。魏特曼首先干掉了神射手团团部的直属坦克，接着攻击B中队。很多坦克兵并不在岗位上，根本没有还手之力，而且英军坦克配置的低速75毫米主炮就算直接命中虎式，也产生不了任何破坏效果。结束了与 A 中队和来复枪旅第 1 营分队的战斗后,魏特曼退至 213 号高地。

当天下午,魏特曼随着第 2 装甲师主力部队返回维莱博卡日。这一次,神射手团和来复枪旅第 1 营的反坦克炮已严阵以待,打退了德军进攻。不过厄斯金将军此前没有派出足够援军,因此现在十分担心第 2 装甲师会威胁到自己过长的南翼。他决定将第 22 装甲旅从岌岌可危的阵地上撤下来,而不是反过来为其提供增援。该旅在当天下午离开维莱博卡日,英国炮兵随后向前线发射密集弹幕以掩护他们撤退。然而,很多坦克兵的车辆已被击毁,他们不得不徒步穿越田野,方才回到英军防线一侧。

欣德将第 22 装甲旅撤到特拉西博卡日 (Tracy-Bocage) 和瑟勒河畔阿马耶 (Amayé-sur-Seulles) 之间的 174 号高地,并构筑防御阵地。军长巴克纳尔同意他的决定,但除了命令第 50 师继续攻击装甲教导师外,并未提供其他帮助,也没有派遣步兵去支援已经困在装甲教导师和第 2 装甲师之间的第 22 装甲旅。

6 月 14 日下午,厄斯金感到必须将他的部队径直撤回到科蒙突出部。德第 2 装甲师的装甲掷弹兵正发起全面进攻。英军一个炮兵团发觉自己已处于前沿阵地后,用 25 磅火炮发射空爆弹,才成功击退德军。[15] 美军炮兵为了支援他们的第 1 步兵师,进行了猛烈炮击,同时也有力支持了撤退途中的第 7 装甲师。皇家空军轰炸机在那天晚上把维莱博卡日彻底夷为平地。曾经热情欢迎神射手团到来的小镇居民如今却惨遭杀戮,非死即伤,沦为无家可归的难民。当地镇长德·鲁吉子爵 (Vicomte de Rugy) 在附近拥有一座城堡,于是大部分生还者都躲进了城堡地窖里。

奥东河畔欧奈（Aunay-sur-Odon）是维莱博卡日以南四英里处的一个重要十字路口，也在皇家空军发动的一系列轰炸中被摧毁。[16]第一波飞机来袭时，正是弥撒时间。神父安德烈·保罗（André Paul）说，天空中传来飞机发动机的轰鸣，爆炸很快接踵而至，信众们在晃动的教堂内陷入一阵恐慌。许多人爬到一个翻倒的祈祷台下寻求保护。轰炸刚一结束，神父就让他们分批迅速离开。他们走出教堂后，迎接他们的是一番最后审判般的末世景象。炸弹将埋在教堂墓地下的骸骨也炸了出来。反复空袭造成161名村民死亡，整个村庄化为废墟。当英国军队在诺曼底战役结束前终于到达该村时，看到这副情形都惊呆了。小镇瑟勒河畔蒂伊也遭受了同样的损失。一名救治平民的当地医生说，即使在凡尔登战役期间，他也没见过如此可怕的伤亡。

6月15日，也就是英军撤离后第二天，德第2装甲师一名下士才得以抽空给家里写信。"西线战斗现在已经开始。你可以想象前线有多么需要我们，留给我写信的时间很少。现在不成功便成仁，事关我们深爱的祖国生死存亡。我们每名士兵将如何渡过难关其实无关紧要——关键是我们将实现公正持久的和平……我们已经学会了不去考虑自己的得失或未来，坦然接受死亡。然而人们还是会发现自己依然心存渴望。正是渴望维持着我们的信念和坚持，但随着下一枚炮弹爆炸，一个人的生命可能就会湮灭在永恒的虚空中。我们已经进入最激烈的战斗。"[17]

英国试图在诺曼底打破僵局，却彻底失败。关于维莱博卡日一役惨败的原因,众说纷纭,但都毫无结果。假如一开始没有耽搁时间,假如神射手团在魏特曼抵达之前就在 213 号高地站稳脚跟,战局是否会有所不同?为什么巴克纳尔没有派出援军?为何英军不在阵前设置侦察网?关键问题是,这次行动不仅仅是一次重大的战术失利,也对第 7 装甲师和其他英国装甲部队的士气造成毁灭性打击。第 7 装甲师的一名情报军官在几天后的日记中写道:"第 131 旅出现了很多战争神经官能症的病例。虽然第 7 装甲师名声在外,但第 22 和第 131 装甲旅都非一流部队,他们在意大利的日子过得太轻松了。"[18]

登普西对厄斯金和这个师的表现怒不可遏。8 月,厄斯金的继任者写道,第 7 装甲师"在诺曼底的战绩非常糟糕"[19]。但并非所有部队都不堪一击。舍伍德义勇骑兵队的新任指挥官写道:"著名的'沙漠之鼠'在登陆诺曼底前就功勋卓著,但必须承认,它要保持这份荣誉可不容易。我想说的是,唯一一支从战役之初就加入该师、持续作战的部队是第 11 轻骑兵团——所有装甲侦察团中最著名的一个。它为自己赢得了无与伦比的永恒声誉。只要第 11 团突前侦察,那么敌人就不可能在几英里内悄无声息地靠近我军。"[20]

由于疏于侦察而中了埋伏并损兵折将,这对英军而言是一次沉重打击。不过最让英国人如坐针毡的是,他们发现战斗中"克伦威尔"坦克即使近距离直射,也无法击穿虎式坦克。其实早在登陆前,就有人诟病英国坦克一无是处。克兰利上校觉得有必要就这个问题同神射手团官兵坦诚以待。他表示很清楚这些坦克的缺点,但"抱怨无济于事,我们没有别的替代品,只能充分利用它们"[21]。"克伦威尔"坦克前进速度快,车身低,但正面平坦,容易受到攻击,而且主炮威力有限。巴顿对"丘吉尔"和"克伦威尔"两种坦克都不屑一顾,甚至英军将领也对"克伦威尔"的"设计缺陷"[22]心知肚明。

蒙哥马利在6月12日写信给德甘冈。他不顾事实,要求立即否认有关英国坦克居于劣势的观点。他不希望自己的装甲部队对"虎式和豹式坦克产生畏惧心理"[23]。其实蒙哥马利本人在去年8月就曾批评英国坦克设计,他当时说:"德国坦克超过了我们的。"[24]但近一年后,他又罔顾事实,企图压制这个问题。德军的88毫米口径火炮,无论是安装在虎式坦克上,抑或作为地面上的高射炮,都可以在盟军坦克射程之外干掉它们。在特拉西博卡日附近的一辆损毁坦克里,有人发现了第22装甲旅一位英国军官的日记。倒数第二篇写于6月11日星期日:"中队出发行动,试图占领一处阵地,损失四辆坦克后又不得不迅速返回。为反攻欧洲大陆,我们花了四年时间准备,可为什么我们的武器还是不如敌人?"[25]

美国人对他们的先进技术十分自豪,不过他们震惊地发现即使是轻武器,尤其是MG 42轻机枪,德军也明显优于美军。当艾森豪威尔听到德军坦克炮的优势时,其反应与蒙哥马利的拼命掩饰完全不同。他立即给马歇尔将军写信,并派遣一名高级坦克专家返回美国,讨论如何改进穿甲弹。[26]蒙哥马利本应该写信给丘吉尔,要求大幅增产配备有出色的17磅火炮的"萤火虫"坦克。况且丘吉尔作为老骑兵,也定会全力协助。

就在维莱博卡日战斗之前,丘吉尔的情绪还相当高涨。他终于要动身前往法国,首次视察登陆战区了。他还从斯大林那里收到了鼓舞人心的消息。他发报对罗斯福说:"U. J.(乔大叔)给我发来以下信息。看起来不错。'根据德黑兰会议达成的协议,苏军将于 6 月中旬在东线一处重要战区展开夏季攻势。"[27]斯大林确认的就是"巴格拉季昂行动",它也许是整场战争中最卓有成效的一次进攻。

6 月 12 日,丘吉尔在专列上过夜后,前往朴次茅斯登上皇家海军的"开尔文"号(HMS Kelvin)驱逐舰。陪同人员有史沫资元帅和艾伦·布鲁克元帅。布鲁克写道,当他们穿越英吉利海峡时,"沿途都是登陆艇、扫雷艇、被牵引的浮动防波堤(代号'凤凰'),还有部分浮动码头(代号'鲸鱼')等"[28]。11 点,他们已经可以看见滨海库尔瑟勒的海岸线了。布鲁克写道:"眼前的一幕让人不知道该如何形容。海面上到处都是大大小小、形状各异的舰船,不停地穿梭。我们通过一排排抛锚的坦克登陆舰,终于来到代号'鹅莓'的一排沉船处。它们围成了一个半月形人工港。"

海军上将维安(Vian)在他的专用汽艇上迎接丘吉尔一行,然后全体转移到一辆 DUKW 两栖运输车,直接从海面冲上沙滩。布鲁克继续写道:"被驱离几乎整整四年后,我重返法国。这真是一个美妙时刻。上一次的绝望之旅、长达四年的艰苦工作和殚精竭虑,这些回忆如潮水般涌上心头。"蒙哥马利将军和一支小型吉普车队正在等候他们。一大群人上车后,沿着巴约公路驶向第 21 集团军群指挥部克勒利城堡(Château de Creully)。听完典型的蒙蒂式简报,丘吉尔一行继续前往第 2 集团军指挥部拜访登普西。他们的行进路线途经没有遭到破坏的乡村,于是丘吉尔转过头对布鲁克说:"我们周围到处是肥壮的牲畜。它们交叉着蹄子,躺在清香的牧场上。"但布鲁克也指出:"法国人看见我们似乎一点也不高兴。"丘吉尔还听说了法国女狙击手的故事。回国后,他给艾登写信说:"有相当数量的女性对我军和美军开枪狙击。"[29]

他们最终返回库尔瑟勒时，正好撞见了德军轰炸机飞临，不过空袭并不成功。然后他们再次登上维安将军的专艇，沿着海岸线航行。丘吉尔看到一艘浅水重炮舰正用 14 英寸火炮攻击内陆目标，显得特别有兴趣。他宣称自己"从来没有待在一艘正与敌人交战的皇家海军战舰上"，因此坚持要登舰。布鲁克记录道，幸运的是，爬上甲板太难，于是这位过度兴奋的首相被剥夺了这项"冒险娱乐"的权利。不过这并没有阻止丘吉尔向罗斯福吹嘘："我们上舰了，还从驱逐舰上向德国兵开了一炮。尽管距离只有 6000 码，但他们没有反击。"[30]然而，丘吉尔即使回到英国，也并未完全脱离火线。就在他返回伦敦的那天晚上，第一波 V-1 火箭轰然落地。

皇家海军的战舰一刻不停地开炮。6 月 13 日，"拉米利斯"号不得不返回朴次茅斯补充弹药。[31]第二天，一枚发自"罗德尼"号（HMS Rodney）战舰的炮弹击中党卫军第 12 "希特勒青年团"装甲师师部，炸死了师长弗里茨·维特和一名下级军官。活力十足的迈耶接替了他的位置。

6 月 14 日上午，戴高乐将军与一大群随行人员乘坐六辆汽车离开伦敦的康诺特酒店（Connaught），前往朴次茅斯。军港司令官前来迎接，尽管他们提前抵达了"国王台阶"码头。然而，要搭乘的自由法国驱逐舰"斗士"号姗姗来迟，他们不得不一直等在码头上尬聊。这可不是戴高乐的强项。英国联络官注意到，将军"稍微流露出一点火暴性子"。司令官派出专用汽艇为戴高乐服务。不过，对于仅仅一天的旅程而言，他们的行李竟然多到连汽艇都装不下，英国人只好又派来一艘警戒船来运送行李。显然，部分随同人员计划就此留在法国，却没有提前告知英方。"戴高乐将军刚刚登舰,他的旗帜就在主桅杆上折断了。"[32]

当法国海岸出现在众人眼前时,有人对戴高乐说:"我的将军,您有没有想过,德国人就是在四年前的今天进入巴黎的?"[33]

"嗯,他们犯了个错误。"戴高乐以他特有的方式回答道。

蒙哥马利的参谋部军官在海滩上欢迎他们到来。英国人看到这群人的规模和带上岸的行李数量,都感到难以置信。蒙哥马利曾提出戴高乐最多只能带两个人共进午餐,但他就像君主一样,无视这项要求。在这种情况下,只有戴高乐、法国大使维诺、柯尼希、贝图阿尔(Béthouart)[①]坐进了第21集团军群提供的吉普车。在找到交通工具把另外15名成员和行李送到巴约前,他们只好在海滩上等着。戴高乐甚至到最后一刻还试图坚持由随他而来的法国司机驾驶吉普车。

蒙哥马利厌恶烟草是出了名的,戴高乐和他的同伴却故意把蒙哥马利的大房车搞得烟雾缭绕。据随行的海军联络官说:"这有损他们与车主的关系。"[34]这顿午餐对蒙哥马利来说可能是场外交折磨,然而毫无疑问,戴高乐也谈不上愉快。他的同伴注意到,直到第21集团军群的吉普车载着他们驶向巴约后,戴高乐才开始放松下来。他们将在那里与其他成员会合。戴高乐出现的消息迅速传开了。当地教区神父帕里斯(Paris)骑着马一路小跑过来。他风趣地责备将军没来和他握手。戴高乐从吉普车中跳下来,张开长长的胳膊说:"神父先生(Monsieur le curé),我不跟你握手,我要和你拥抱。"[35]

---

① 即埃米尔·贝图阿尔,法国将军,时任法国国防委员会参谋长。

将军抵达巴约后，径直走进政府大楼。副区长肩披三色饰带，自命不凡地站在大门口迎接他。这名官员突然想起贝当元帅的肖像还挂在墙上，这让他很害怕。戴高乐是个神经特别敏感的人，但也很大度，不会计较并非有意的无礼之举。他继续与这位难堪的官员交谈，仿佛什么都没有发生。在那一天，他还展现出冷幽默的一面。当时，有名糊涂的老妪在欢呼的人群中高喊："元帅万岁！（Vive le Maréchal！）"据说他对一个同伴嘀咕道："又一个不看报纸的人。"老妇人也可能是来自城外的农民。历史学家福里斯特·波格经常发现，住在乡下的诺曼底人"讨厌赖伐尔①，而不是贝当"[36]，对戴高乐并不信任。

不管怎样，戴高乐在巴约确实受到了热情接待。这一点尤其重要，因为他打算立即成立自己的政府。丘吉尔同意戴高乐访问法国的条件是不许公开集会，但他对此置若罔闻。他走上在政府大楼前广场临时搭建的讲台，向人群发表演说。他最后宣布道："法国政府向巴约——法国第一个被解放的城镇——致敬。（Le gouvernement français salue Bayeux-la première ville française libérée.）"他并没有提及这个"政府"是"临时性"的。接着，他带领人群高唱《马赛曲》。根据一份丘吉尔刚刚收到的报告所言，戴高乐眼前唯一感到忧虑的事情是民众似乎非常乐意接受盟军发行的军票，而他曾公开抨击其为"伪钞"。

戴高乐此后又前往伊西尼和格朗康访问，返回登船点时天色已晚，"斗士"号无法在夜里启航。其实他事前已经收到了警告，由于德军鱼雷快艇的威胁，所有舰船都不得在黑暗中离开锚地，但戴高乐还是为英国海军当局拒绝法舰起锚而勃然大

---

① 即皮埃尔·赖伐尔，1883—1945 年，法国政治家。第二次世界大战期间，他支持贝当，并任维希政府总理，1945 年 10 月被判处死刑。

怒。不过鉴于下午受到了热情接待,他的心情还是相当不错的。正如英军联络官所说,也许是设法将四名心腹"派驻"到了法国让他"感到心满意足"吧。然而,蒙哥马利给丘吉尔发去两封电报,第一封说戴高乐对他的指挥部访问取得了"重大成功",另一封则毫无依据地声称戴高乐在巴约和其他地方受到的接待"显然很冷淡"。他补充说,戴高乐"在巴约留下了一名文职行政官员和三名上校,但我尚不清楚他们的任务"[37]。①

罗斯福对临时政府领导人的态度当然不会改变。同一天,他向丘吉尔表示:"依我之见,我们应尽可能充分利用他掌控的任何一个有影响力的组织,而不应以武力助他成立政府,并强加于法国人民,也不能承认他的组织为法国临时政府。"[38]

丘吉尔一直在考虑承认戴高乐为临时政府领导人。不过由于戴高乐拒绝派遣法国联络官而引发两人争吵,丘吉尔对此依然耿耿于怀。他在访问法国前曾写信给艾登:"这个男人小肚鸡肠,只想着在这次行动中扮演法国的救世主。"[39]英国媒体和大部分议员却强烈支持戴高乐。那天早上发行的《泰晤士报》将盟国与临时政府的关系描述为"令人无法忍受"。②但是对丘吉尔而言,与戴高乐这个"刚愎自用、野心勃勃、令人憎恶的反英分子"的关系已经关乎自己是否要提出辞职。"如果有人抨击政府政策,我就要把这件事的前因后果向议会摊开说。这

---

① 事实上,这四人是德舍维涅上校(区域军事代表)、指挥官德库塞尔(自1940年以来担任戴高乐的私人副官)、弗朗索瓦·库莱(戴高乐在前一晚任命其为该地区的共和国专员)、指挥官拉罗克(即将担任戴高乐的参谋长)。——原注

② 与此形成鲜明对比的是,部分美国媒体在白宫的鼓动下表示,当美国小伙子们为解放法国而献身时,戴高乐却在玩弄政治,为自己攫取权力。——原注

可能会导致原政府垮台，因为我很想把整件事说清楚；如果议会愿意的话，可以罢免我。"

然而，戴高乐打算通过隐蔽的方式获取更多利益。他设法留在法国的官员扮演了"特洛伊木马"[40]的角色，与已经聚集在那里的其他人一起，将巴约变为自由法国的首都。盟军军官们很快就发现与这群人合作更为实际，因此小心谨慎地无视政治家们发自伦敦的过时指令。

巴约是一个和平而富足的城市，卡尔瓦多斯省首府卡昂却继续饱受空袭和轰炸的摧残。6月9日上午，人气很高的地标性建筑圣皮埃尔城钟楼被皇家海军"罗德尼"号的炮火炸毁。一位市民悲伤地写道："城市景貌完全变了样。（Le panorama est tout changé.）"[41]市内建筑在接下来的空袭中燃起熊熊大火。熔化的铅液从屋顶上滴下来，看上去就像晴空飘雨。

救世主女修道院的外科医生和医师们一刻不停地工作，累得筋疲力尽。一旦救护车和担架送来伤员，有人就会吹响哨子。还有一次，伤员甚至是被放在一辆德国坦克上送到医院。就像野战医院一样，现场有名医生当即对伤员进行分类，决定先给谁动手术。外科医生承受着巨大的压力。一个人说："我再也不想看到血了。"[42]另一个医生抱怨说："我受够了。不管是谁送伤员来找我，我也做不了手术。"他们甚至连今天是星期几都不知道。

在最初几天，有三名受重伤的加拿大伞兵从特罗阿恩被送到这里。其中一名中尉意识到外科医生想要截断自己的右臂时，开始狂呼乱叫。医护人员叫来一名翻译，这才知道中尉原本是画家。外科医生同意尽他所能来挽救那条手臂。男子在手术中差点不治身亡,好在有名护士用手臂对手臂的方式给他直接输血,他这才活了下来。

有一位大腿中弹的咖啡馆老板被送到救世主女修道院。接下来的一幕让所有人惊恐万状。原来他喝醉的时候朝几个到他店里抢劫的"希特勒青年团"师士兵开枪。这本是一件寻常事件。然而,当医生给他动手术时,有个党卫军军官拿着冲锋枪冲了进来,对还躺在手术台上的伤者一顿痛殴,质问他是否曾向德国士兵开枪。咖啡馆店主哑口无言,没有回答。于是党卫军军官对着他的胸膛开了一枪,当着所有医务人员的面把他打死。[43]

据估算,到救世主女修道院和男修道院寻求庇护的人数很多,超过了3000人。圣埃蒂安教堂内也挤满了难民。他们睡在稻草上,仿佛"回到了中世纪"[44]。古井被重新打开,成为人们唯一的水源。青年男女在已成为废墟的房屋储藏室里觅食,或者设法避开德军巡逻队,到乡下找吃的。被炸死的牲畜成为他们的肉食来源。由于农夫们不可能往集贸市场送去任何农产品,因此乳制品倒是随手可得。安贫小姊妹会救济院是位于奥恩河东南方的城市主要避难所,里面500名难民甚至忍不住想抱怨,面包上的黄油涂得太厚了。(与此同时,黄油在巴黎的黑市上却卖出了天价。)避难所外,卡昂变成了一座阴森的停尸场。老鼠以埋在地下的尸体为食,长得膘肥体圆;流浪狗则啃噬从废墟中伸出来的胳膊或大腿。

巴黎的维希政府也尽量帮助卡昂渡过难关。古伊诺(Gouineau)领导的国家救济署派出两辆满载食物和毛毯,以及配备一所野战厨房的卡车赶往灾区。[45]这是一趟危机四伏的旅途。德军在利雪镇深受抵抗组织"恐怖分子"的袭扰。一名警察仅仅因为在腰间别了把军用制式手枪，就被他们射杀。古伊诺知道卡昂的所有银行都已被摧毁，因此他在利雪的当地银行提款一亿法郎。没有时间点钱了。他看也不看，就在收据上签名，然后继续前进。当盟军战斗机出现在头顶时，他们疯狂地挥舞着白旗，飞机当即转向，飞往别处。

钱和物资送达后，归途更是历经磨难。卡昂德军司令部给他们开出一张通行证，但又警告说，党卫军并不买账。驱车开过利雪时，一支德国巡逻队怀疑卡车属于抵抗组织，于是向他们开火射击。古伊诺和其他几个人受伤。不管怎样，补给线路毕竟打通了，前后共有约250吨物资抵达目的地。

对于那些位于盟军战线后方的法国人来说，生活至少要好过一些。有个居住在滨海利翁的当地人写道："英国人来了以后，到处分发巧克力、糖果和香烟。"[46]但是，除了可以从水井取水之外，该镇断水断电；大多数人只能靠自家菜园子获取食物。各种谣言满天飞。一些人相信，会航行的坦克是自己穿越英吉利海峡的；还有人认为这些坦克就像装上了履带的潜水艇，从海底驶来。糖果和香烟可以用来交换牛奶、鸡蛋和被炸死的牲畜肉。人们迅速确立了民间兑换率——两个鸡蛋换一听腌牛肉罐头。[47]

易货贸易以惊人的速度扩展到其他日用品。第2野战救护站的一位外科医生记录道，6月7日，"宪兵队的一名高级军官乘坐吉普车来到这里。车上装满了医疗慰问品，都是军方发给伤员享用的巧克力、糖果和香烟。当天上午早些时候，这个宪兵军官还突击检查了沙滩上一艘损坏的登陆艇。三个女人在D日夜间就在此开设妓院，她们赚取的嫖资也被尽数没收"[48]。英国水手们有时喝得酩酊大醉,但仍然沿着海岸线挨家挨户索要更多烈酒,惹得人们怨声载道。

B-5机场是英国人建造的第一批铺设了蜂窝钢板跑道的临时机场之一,位于勒夫雷斯恩卡米利(Le Fresne-Camilly)城外。军事设施吸引来一群十几岁的男孩。他们常常聚集在一起围观,还与飞行员和士兵交上了朋友。6月15日,一个"台风"联队飞抵机场,准备空袭维莱博卡日附近的一座城堡。那里是一支德军装甲部队指挥部所在地。飞行员们着陆后才发现机场处于敌人的炮火攻击之下,于是不得不跳进狭长掩壕中寻求隐蔽。"台风"机组人员知道德国人对他们恨之入骨,于是一些人穿上陆军的卡其色作战服,以免万一坠机被俘,会被德军处以私刑。皇家空军飞行员原本对陆军不屑一顾,嘲笑他们是"棕色打工仔",如今却借用他们的制服保命,着实有些讽刺。

军医们竭尽全力救治受伤的平民。拉代利夫朗德有座建有防御工事的德军雷达站,一枚炮弹落到附近村庄的学校操场上,学校老师18岁的女儿齐肩被炸掉了一条手臂。当地没有医生,不过"英军在上午占领了村庄后,第一项工作就是抢救伤员"[49]。营属军医和两个助手负责照顾她。她首先被转移到埃尔芒维尔的一所伤员救护站,然后送到海峡对岸,在诺斯伍德(Northwood)接受治疗。其他一些受伤的法国平民也会被送往那里。

登普西此前就一直担心战线会陷入僵持,事实证明这并非杞人忧天。皇家阿尔斯特来复枪团第2营占领康布后,在那里滞留了一个多月。排长西里尔·兰德(Cyril Rand)中尉形容他们过的生活是"抢椅子游戏",只不过炮火和狭长掩壕取代了音乐和椅子。随军牧师约翰·奥布赖恩（John O'Brien）经常带着从军需官那里讨要来的朗姆酒前往一线阵地，与战士们在防空洞里玩几把扑克。奥布赖恩既要忙于关心活人，也要照料死者。在一个简短的葬礼上，一名初来乍到的军官在他身边昏厥过去，膝盖一弯，滑向敞开的墓坑里。牧师抓住他的作战服说："现在别着急，到时候会轮到你的。"[50]

黑色幽默差不多算是官兵们唯一的消遣方式了。皇家炮兵派驻到皇家阿尔斯特来复枪团第2营的一名前进观察员很喜欢搞恶作剧。他只要发现有德军偷偷去上厕所，就会指挥炮火向对方阵地投下几枚炮弹。皇家阿尔斯特来复枪团第2营官兵浑身上下沾满了尘土，一直希望能找个机会洗刷干净。兰德中尉有一天趁着没有任务，溜进一所废弃房屋里临时洗了个澡。他还找到一瓶古龙香水，往身上倒了不少。回到营地后，他看到旅长正在副营长的陪同下视察部队。旅长继续往前走，显得很满意，但突然转过身来用奇怪的眼光看了兰德一眼。兰德的副排长在他耳边低声说："我想他们注意到了，长官。"

"注意到什么？"

"你的气味，长官。你闻起来就像个妓女。"

他们将浸过汽油的泥土塞进饼干罐里，然后在罐子上烹饪单调的食物。配给物资按14天消耗量打包，包括压缩饼干、人造黄油、果酱、什锦蔬菜、牛排腰子布丁、荤素搭配的罐头、葡萄干布丁、厕纸、汤、糖果、香烟（每人每天7支）、火柴，以及混有奶粉和糖、可即时冲泡的茶袋。压成块状的燕麦片揉碎加入水中后，可做成麦片粥早餐，与又咸又黏糊的培根罐头和鸡蛋粉交替着吃。这就难怪大家都热衷于用这些物资换取新鲜农产品了。

堑壕战以及与之相伴随的无差别死亡让很多人迷信起来。很少有人敢大大咧咧地说，"等我回家后"要如何如何。除了最勇于献身的士兵之外，所有人都希望像中了梦想中的彩票那样，受一个不至于残废的轻伤，这样就能被送回"英国老家"了。奖章固然不错，但他们更乐意让别人来充当英雄，"单枪匹马去赢得战争"；他们只想保住小命回家。

在绝大多数征召部队中，差不多每个步兵排都只有很少几个人愿意去冒险和进攻。与此相对，无所不用其极逃避危险的人也不多。处于中间态的大多数人只是跟随勇士行动，不过一旦打击突如其来，他们会像胆怯者一样逃之夭夭。对战火下人类行为的研究开始于 1943 年的西西里岛。蒙哥马利读到研究报告后十分不安，担心会对士气造成不良影响，于是将其扣下不发。报告作者的军旅生涯也因此受到牵连。然而，后来出现了更多证据支持他的论点。[1] 甚至红军军官也确信有 60% 的士兵在战斗中从未开过枪。[51] 其中一位指挥官建议，战斗后应该对武器进行检查，任何枪管没有火药残留的士兵，即被视为逃兵。

那些战斗力低于平均水准的德国步兵师可能也会出现这种情况。不过几乎可以肯定，精锐的装甲掷弹兵和伞兵部队，以及被彻底洗脑的党卫军不存在这样的问题。他们坚信德国理所当然享有统治地位，一定会取得"最终胜利"。他们也有责任救祖国于危难。这就是民主国家和独裁国家士兵之间的最大区

---

[1] 国防部就这一问题有一项出色研究，见大卫·罗兰（David Rowland）撰写的《战争压力》（伦敦，2006 年，第 48—56 页）。关于这一主题最著名的作品是战后出版的《炮火中的男人》一书。作者是战史学家 S. L. A. 马歇尔（S. L. A. Marshall）准将。尽管马歇尔使用的原始资料受到了质疑，可详见罗杰·斯皮勒（Roger Spiller）教授在 RUSI 杂志（冬季刊，1988 年）的论述，但其总体描述无疑是准确的。——原注

别。然而在诺曼底地区，德国陆军的士气相当低落。宣传机器和他们的长官此前承诺的大话太多，导致很多人乐见敌人登陆，认为这是反击盟军轰炸德国的机会，而且只要粉碎了登陆部队，就能结束战争。

6月6日，党卫军第9"霍亨施陶芬"师的一名三级突击队中队长写道："现在全世界都期待着入侵行动进一步发展。今天中午，我从收音机得知这个消息时，真的很高兴。因为如此一来，我们似乎离战争结束更近了。"[52]"霍亨施陶芬"师隶属党卫军第2装甲军，即将离开东线前往诺曼底反攻英军。四天后，盟军显然已经成功登陆，还是这位三级突击队中队长写道："即使未能像有些人相信的那样，我军迅速击退敌人入侵，人们还是应该存有希望，因为局势总是会发生变化的。而且我们依然有机会实施报复性反击。"

每当宣传部门信誓旦旦的保证破灭后，很快就会另发明一个来替代。大西洋壁垒坚不可摧；盟军不敢进犯；空军和潜艇会消灭登陆舰队；大规模反击将把盟军赶回大海；秘密的"复仇"武器会让英国臣服，乞求和平；新型喷气式战斗机将在空中横扫盟军飞机。形势越是绝望，谎言就越发无耻。戈培尔持续不断发明的各种说辞成了刺激前线士气的兴奋剂；但是当"药效"消退后，只会让人感到空虚无力。信仰变成了一种毒瘾，对党卫军士兵来说更是如此。然而，更多普通德军官兵私下里满腹狐疑，对战争胜负的疑惑在诺曼底战役期间达到顶点。

第十四章　鏖战科唐坦

在过去的七天里，美第1集团军和英军一样，也担心德军将从南面发起大规模反击。盟军情报部门尚未意识到空军和抵抗组织其实已经成功地迟滞了德军增援部队抵达。他们同样没有预见德军高层会把绝大多数装甲师用于对抗英国第2集团军。

在进攻维莱博卡日之前，也就是英军第50师正在瑟勒河畔蒂伊周边地区与德装甲教导师厮杀的时候，美第1师在科蒙莱旺泰（Caumont-l'Eventé）附近形成了一段狭长的突出部。他们十分担忧敌人会从东翼发起进攻。然而布莱德雷为了粉碎党卫军第17师对卡朗唐的攻击，突然将原本保护该师侧翼的坦克部队调离。第1师师长许布纳将军对此坚决反对。不过布莱德雷向他保证，蒙哥马利将命令第7装甲师赶到侧翼阵地，填补空隙。

右方的第2师和第29步兵师现在也组成突进兵团，向南直扑圣洛。他们并不知道面前的德军战斗力很弱。等他们恍然大悟时，德第275步兵师和第3伞兵师已经从布列塔尼地区出发赶来了。此后，美军将在诺曼底农庄地带的树篱丛中鏖战一个多月，才终于占领了圣洛。

在他们西面，海特指挥的第6伞兵团和党卫军第17"格茨·冯·贝利欣根"装甲掷弹兵师已经在卡朗唐至佩里耶的公路两侧建立起防线。不过德国人担心敌人从这里突破的局面并没有发生。盟军有一个更为迫切的任务：攻占瑟堡港，加快补给速度。

大军正在迅速集结。得益于美军强大的组织能力和勤勉工作，奥马哈海滩的模样发生了天翻地覆的变化。有名海军军官写道："登陆后不到一周，海滩看上去就像在某个周日，烈日炎炎下的科尼岛（Coney）①。数千名来自海军工程营、陆军工程部队的工程兵，以及法国劳工在这里忙碌。大大小小的推土机正忙着拓宽道路，平整地面，拖运残骸。"[1] 6月底之前，奥马哈海滩司令部下属的总兵力刚刚超过两万，大多数是第5、第6特种工兵旅成员。[2] DUKW两栖运输车装载物资和人员，在水上来回穿梭。一旦海滩不再处于德军火炮射程之内，坦克登陆舰就在低潮时抢滩登陆，卸载更多战车。当登陆舰打开船首舱门，放下跳板时，一名目击者形容这种奇形怪状的灰色船只看起来就像一条鲸鲨。这名海军军官还写道："到处都是坐着参谋人员的吉普车，就跟纽约闹市区里的黄色出租车一样熙熙攘攘。大批德国战俘在沙滩上等着坦克登陆舰，然后转送至我军后方。"

第6特种工兵旅的一名中士说，他们押送一队俘虏前往海滩上的栅栏战俘营时，第101空降师的一些伞兵大声喊起来："把俘虏交给我们。把他们交给我们！我们知道怎么处理！"[3] 海军战斗爆破队的一名成员也目睹过同样或类似事件。"受了伤的伞兵想方设法接近德军战俘。我猜他们在敌人后方遭受过非人虐待，或其他什么事。一旦他们接触到德国战俘，就会不顾一切，继续杀得血流成河。"[4]

不幸的是，美国空降兵伤员和战俘乘上了同一艘船撤离。

---

① 科尼岛位于美国纽约市布鲁克林区。岛上面向大西洋的海滩是美国知名的休闲娱乐区域。20世纪上半叶，岛上建有大型娱乐场。

134号坦克登陆舰的一名军官记录道:"我们船上载有伞兵和俘虏,结果发生了意外。我不晓得具体情况,但知道有一两个德国人被杀了。"[5]在44号坦克登陆舰上,一名药剂师助理经历了类似的紧张事态:"我正在帮助照料一些患了弹震症和受伤的美国士兵时,舰上有名军官把俘虏赶到我们所在区域。伤员们的第一反应相当可怕和激烈。局势一触即发。我生平首次,也是唯一一次拒绝军官进入,要求他不要把战俘送到这里来。中尉看上去很惊讶,而且非常生气,但还是不情愿地答应了。"[6]

坦克登陆舰上配备有专业设备,可以运送伤员至英国后方医院。这名药剂师助理还说道:"运载坦克的那一层甲板舱壁上安装了上下好几层托架,可以放置担架。"一些受了伤的战俘身体情况十分糟糕。"有个从脚踝到胸部都打上石膏的德军俘虏躺在担架上被抬上船。他不断喊着'朋友,朋友',恳求我和舰上的军医帮帮他。我协助医生打开石膏,发现一大团蛆正在啃噬这个可怜人。我们拆下石膏,为他擦洗身体,还喂服了止痛药。然而还是太迟了,那天夜里,他平静地死去。"

无论是在犹他海滩还是奥马哈海滩,后方部队和水手也像前线士兵一样,渴望搞到战争纪念品。据美舰"贝菲尔德"号上一名海岸警卫队军官称,收集纪念品的人不顾一切地用手中物资来交换德军勋章和军衔徽章。很多战俘害怕自己会像他们的指挥官曾经警告的那样被盟军处决,因此乖乖地把这些东西上交。在内陆战场,人气最高的战利品是鲁格手枪。一位军官说,如果有人想得到鲁格,他就必须"亲自射杀一个德国人,并在他倒下前抓住他"。海滩上,水手们则须支付135美元才能如愿以偿,有传言说出价甚至会高达250美元,这在当时可是一笔巨款。[7]第2装甲师有个中士相当大胆,把缴获的一卡车武器带回海滩，换来了100磅速溶咖啡。美军坦克部队把这种日常消耗品当作补充身体能量的必需品。[8]

负责管理奥马哈海滩的军官承认，海滩地区的"军纪普遍相当松弛"[9]。威廉·霍格（William Hoge）准将负责指挥海滩上的工程兵部队。他不遗余力地试图阻止军队抢劫当地人的财产，还在一次会议上声称："法国人谴责我们说，现在的情况比德军在的时候还糟。"许多士兵和海滩上的工作人员吃腻了K口粮或C口粮，于是去偷盗家畜来换换口味。海军战斗爆破队的一些潜水员抓住了一头猪，给它起了个绰号叫"赫尔曼·戈林"。他们本来想用锤子砸死它，猪却一直号叫不止，无奈之下他们只好开枪，随后便挖了个沙坑，开始烤肉。[10]法国平民也有抢劫行为。不过恰恰相反，他们热衷于搜寻美军的军粮包。这并不意外，因为当时法国人的口粮配额每人每月只有720克肉、100克黄油和50克奶酪。

尽管劫掠事件时有发生，但盟军与当地民众的关系还是慢慢好转起来。有篇报道指出："（法国人）精明地采取观望态度。"[11]尽管很少有地方遭遇类似维莱博卡日那样的灾难，大多数当地人依然担心德军会卷土重来。军中的民政部门为法国医生提供汽油，美军医疗队则尽最大努力救治受伤平民，尤其是在伊西尼，因为当地医院没有能力处理所有的伤员。

负责民政事务的军官也忙得不可开交。当地农民需要申领许可证才能前往巴约，获取兽医用品。他们还要求当局更换围栏，因为新建的军事公路从田地中间穿过，导致牛群到处乱跑。圣洛朗市长抱怨说，美军厕所污染了城镇用水。民政军官还必须雇用当地劳工干活。美国人显然对法国人的工作时间安排十分诧异。他们从早上7点一直干到晚上7点，中午有一个小时的午餐时间，在上午9点和下午4点还有两次十分钟休息，可以喝上一两杯小酒。（后来在东部区域还产生了一些纠纷，有消息说美军支付的工资远远高于囊中羞涩的英国人。）名字十分豪气的比利翁（Billion）① 上校负责为官兵安排住宿。在准备接收维耶维尔城堡的部分房间作为高级军官宿舍时，他还必须同伯爵夫人德卢瓦（Comtesse de Loy）讨价还价。

美军总是怀疑法国人中间有人资敌，法国人自己的某些行为也加深了美军这种根深蒂固的偏见。"科勒维尔市长（向设在奥马哈海滩的反间谍分部）报告，该镇出现可疑妇女，怀疑她们与尚滞留在该地区的德国人有勾连。"[12]有关法国女人充当狙击手的故事还在继续传播。

虽然科唐坦半岛的滩头阵地持续扩大，奥马哈海滩已经位于敌人火炮射程之外，但人们的神经仍然紧绷，尤其担心德国空军会在晚上发动空袭。美国水手和海滩上的人员用德国空军总司令的名称，称他们是"赫尔曼的害虫"[13]。停泊在近海的军舰上配置了数以千计的高射炮手。当盟军飞机赶来拦截攻击者时，他们却反应过度，朝友军疯狂射击，造成相当大的损失。有报告指出，6月9日晚，天还没全黑的时候，犹他海滩附近的船只在不到两个小时内便击落了四架"野马"战斗机，向四架"喷火"战斗机开火，然后又朝另一队巡逻的"喷火"射击，并击落其中一架；他们还击伤两架"台风"，攻击另外两架"喷火"。很明显，美国海军战舰应承担的过错比商船大得多，因为后者总共拥有800名训练有素的空中观察员。

空军上将马洛里写道，尽管采取了一切预防措施，"尽管

---

① "Billion"的含义就是"十亿"。

拥有无可争议的制空权,海军袭击友军飞机的恶劣事件依然时有发生。如果这种情况继续下去,战斗机将被迫升高,以至于无法防范低空来袭的敌机……关于敌机模仿我军专用标记的谣言毫无根据"[14]。① 美军战舰上的确安排有一名"受过训练的飞机识别员,但他们貌似只擅长辨认美国飞机"。第二天晚上也同样糟糕。在德国空军发动的一次小型突袭中,舰船防空火炮密集射击,以至于击落了六架赶来拦截的友军战斗机。一名飞行员落水,得救后不停地咒骂了四个小时。

6月9日,布莱德雷将军告诉第7军军长J.劳顿·柯林斯少将,要做好横穿科唐坦半岛向瑟堡进军的准备。两天后,布莱德雷不得不取消了与蒙哥马利的会面。他收到消息,乔治·马歇尔、艾森豪威尔、海军上将欧内斯特·金将于次日上午视察战场。6月12日,人工港已部分就位,三位将领于当天清晨在奥马哈海滩上岸。

布莱德雷带着他们前往伊西尼。在装甲车的护送下,一行人乘坐指挥车视察舰炮对这座城市的影响。高级指挥官如此集中令布莱德雷深感担忧。他后来说:"一个敌军狙击手就可以成为第三帝国的不朽英雄。"[15] 欣赏了美舰"得克萨斯"号的巨炮向位于内陆卡朗唐以南地区的党卫军第17师开火后,他们在第1集团军指挥部的帐篷里吃了一顿C口粮午餐。在那里,布莱德雷向来访者简要介绍了柯林斯第7军夺取瑟堡的行动计划。

劳顿·柯林斯少将当时年仅48岁。他动作敏捷,精力充沛,被称为"闪电乔",在攻占太平洋瓜达尔卡纳尔岛(Guadalcanal)

---

① 当然,他指的是所有盟军飞机机身和机翼上都喷涂了醒目的黑白条纹,就是为了防止这种情况发生。——原注

的战斗中就证明了自己的实力。布莱德雷完全信任他，柯林斯也投桃报李。

如前所述，美第90师企图扩大梅尔德雷河桥头堡的第一次尝试以惨败告终。一名士兵承认，该师官兵行事总是过于小心翼翼，做任何事情都要先找上级批准，比如发现德军侦察兵也不直接开枪。第90师还通过血的教训，得知从德国人的尸体上搜刮财物相当危险。其他师的一名士兵看到一个双手反绑的第90师少尉遗体。他的后脑勺被一支伸进喉咙管里的德制P-38手枪轰飞。那个少尉的腰带上还别着德军的手枪皮套。这名士兵说："看到这副情形，我可不要什么纪念品了。当然，如果我们抓到的德国俘虏身上有美国香烟或胳膊上套着一串美国腕表，我们也会这么干。"[16]

第90师的战斗能力不可能提高了，柯林斯对此心知肚明，因此调来刚刚进入战场的第9师，与第82空降师一起打通科唐坦半岛。他们于6月14日发起强攻。在"谢尔曼"坦克和坦克歼击车的掩护下，第9师击退了德第91空运师残部，并于四天后抵达巴讷维尔（Barneville）的小型海滨度假地（见地图8）。[17]

希特勒曾严令科唐坦半岛上的所有德军应尽可能向瑟堡且战且退。不过第77步兵师师长决定抗命。他认为现在加入冯·施利本将军的被困部队毫无意义，注定要同归于尽。因此就在美军第9师刚刚抵达巴讷维尔时，他设法率领该师一部溜出了包围圈。自6月6日以来，第91空运师已经损失了大部分装备和近3000名官兵，现在也正向南撤退。

"我奉命前往后勤车队帮忙补充物资，因为我们在短短几天内就失去了一切，"德军第91空运师的一个一等兵说，"除了身上的衣服，我们一无所有。最糟糕的还是飞机持续不断地空袭。我们干任何事情都得在晚上。那些混蛋用机关炮对人群扫射。我们本应该有高射炮和自己的飞机,然而压根就看不到它们的影子。你可以想象我们的士气有多么低落。现在上级通知我们,我军有大量飞机正处待命中,未来几天将有一次大规模的空袭行动。"[18]

美军为打穿科唐坦半岛形成了一条进军走廊。第82空降师和倒霉的第90师负责廊道南翼安全。为了掌控这一战区全局,布莱德雷任命手下最优秀的战将之一——特洛伊·H.米德尔顿(Troy H. Middleton)少将指挥第8军。米德尔顿在意大利一战成名,据说"他戴着金属框眼镜,看起来像个魁梧的大学教授"[19]。

对阵米德尔顿的德第84军终于在6月18日迎来了新指挥官。迪特里希·冯·肖尔蒂茨(Dietrich von Choltitz)中将"矮胖,好似夜总会的喜剧演员"[20],不过他在残酷无情的东线,特别是在塞瓦斯托波尔(Sebastopol)战役中,掌握了很多作战技巧。肖尔蒂茨先来到位于勒芒的第7集团军指挥部,多尔曼大将在那里向他简要介绍了当前情况。肖尔蒂茨对多尔曼的印象并不好。战争结束时,他写道:"集团军指挥官给人的感觉是无精打采,甚至可以说心不在焉。"[21]装甲教导师的弗里茨·拜尔莱因中将对多尔曼更加轻视。他认为对方"一无是处"(Null),还说"他生活奢侈,已经变得软弱不堪"[22]。

肖尔蒂茨发现第84军参谋人员的士气也很低落。对卡昂城西部的首次坦克反击失败后,前任军长马克斯将军甚至发表叛国言论,公开表示"战败了"[23]。师级指挥官的伤亡率也造成很大负面影响。除了第91空运师的法利和马克斯本人外,海姆利希(Helmlich)将军在6月10日阵亡;6月16日,党卫军第17

师的奥斯滕多夫也身受重伤。让事态变得更加棘手的是,肖尔蒂茨发觉随着美军横穿半岛,他与冯·施利本将军的部队只有通过海峡群岛才能和瑟堡取得联系。

一旦美军将半岛切断,柯林斯就不希望让德军得到喘息之机,重新调整部署。第9师师长曼顿·埃迪(Manton Eddy)将军必须在不到24小时内将全师进攻方向调转过来,做好沿西海岸向北进军的准备。柯林斯将第79步兵师置于中路,而仍在蒙特堡和瓦洛涅附近苦战的第4师则负责清剿东部地区的敌人,并从右翼进攻瑟堡。第4师师长雷蒙德·O.巴顿少将与一些同僚相比,可能看上去不那么耀眼,利德尔·哈特却对他赞赏有加,形容其"思维活跃、眼界开阔"[24]。

巴顿的第4师向前推进,迎战在北面集结的德军。舰炮和地面火炮已经将蒙特堡和瓦洛涅周边的德军防御工事,连同附近城镇尽数摧毁。蒙哥马利自己就十分仰赖大炮的威力。他在写给甘冈的信中开了一个颇为惊悚的玩笑:"第21集团军群以最佳方式'解放'了蒙特堡和瓦洛涅,也就是说,它们都被彻底破坏了!!!"[25]

向瑟堡进军的三个师也有盟国空军为后盾,可以随时呼叫战斗轰炸机对敌人发起空袭。不过这种新开发的联络技术在当时尚处于实验阶段,因此大多数陆军紧急呼叫后,至少需要等三个小时才能得到反馈,但是也不乏例外。6月16日,"一架'幼兽'飞机向师属炮兵部队报告,敌军纵队正在过桥。炮兵打电话向上级汇报这一敌情。军部马上联系本地区的战斗轰炸机中队,并引导空军直奔目标。15分钟后,空军报告,他们已完成轰炸。战报还显示,当我军飞机低空扫射时,在德军押送下正沿着道路行进的美国战俘纷纷逃脱"[26]。这是地空协同作战的重要开端，后来将发展为诺曼底战役中十分有效又极具毁灭性的兵种联合作战模式。

然而，就在柯林斯率部向瑟堡顺利挺进时，一场灾难不期而至。6月19日，英吉利海峡刮起40年来最猛烈的风暴，并伴有大潮。当地人从未见过这样的景象。用诺曼底人的话说，沿海地区的大风"足以把牛角吹掉"。气温下降到相当于寒冷的11月份。奥马哈海滩的"桑葚"人工港彻底损毁。[27]有几位专家解释说，这是因为构筑物中的缝隙破坏了其稳定性，而人工港又位于毫无遮挡的海岸边。英军在阿罗芒什也修建了一座类似的人工港，它在一定程度上得到珊瑚和礁石的保护，因此风暴过后得以重建。

登陆艇被巨浪高高卷起后抛向海滩，彼此猛烈地撞到一起。"犀牛"式平板驳船从船舷处被拦腰截断。甚至连登陆舰也被扔到海岸上。一位美国海军军官写道："为了避免我们的登陆艇被撕成碎片，唯一的办法就是远离海滩，在海峡中间下锚，期望能平安度过这场风暴。"[28]那些正横穿英吉利海峡、驶往英国的船舶也历经了一次毕生难忘的航程。一名坦克登陆舰军官写道："我们在波涛汹涌的海面上航行了80海里，花了大约四天时间才到达南安普敦。海上狂风肆虐，船长担心舰船会裂成两半，于是下令将缆绳从舰首拉到舰尾，用绞盘拉紧，为双层甲板提供额外支撑。那艘船被缆绳绑着，看上去就像山地人的一种提琴乐器。"[29]

暴风雨一直到6月22日星期四晚上才平息下来。滩头上的破坏景象触目惊心。盟军在风暴中损失的船舶、物资比登陆期间的还要多。然而，参与制订D日登陆计划的人都不禁庆幸，他们在 6 月 5 日做出了继续行动的决定。假如登陆作战正如人们所担忧的那样推迟两周，那么舰队将一头扎入英吉利海峡历史上最猛烈的暴风雨中。艾森豪威尔目睹了海滩上一片狼藉后，抽空给斯塔格上校写了张字条："感谢战神，我们当时出发了。"[30]

盟军缓过神来的时间比风暴本身还要长。为了让一艘被抛到沙滩上的坦克登陆舰重新浮起来，盟军开着推土机在其周围挖掘又宽又深的壕沟，期望它在下一次大潮时能够漂回海面。美国人"从来就没真正指望过'桑葚'人工港"。他们竭尽所能清理了所有障碍，证明"用平板驳船在低潮时抢滩，也能输送大量物资上岸"[31]①。

这场风暴致使盟军部队集结进度大大推迟，伤兵未能及时送回英国，空袭行动也纷纷被迫取消。由于盟军的战斗轰炸机从空中销声匿迹，德军得以加速向诺曼底前线增援。与此同时，很多盟军部队，无论是已经登陆法国，抑或准备跨越海峡的作战师，都被拖延了一周或更长时间。风暴对补给工作造成的影响最为直接，尤其是火炮弹药开始短缺。布莱德雷面临着艰难的选择，但依然决定继续全力支持柯林斯进攻瑟堡。尽管布莱德雷很清楚，若给他统率的另外两个军——东南方向的杰罗第 5 军和半岛南侧的米德尔顿第 8 军——仅提供最低限度的炮弹量，那么德军将有充分时间在杜沃河沼泽以南地区建立防御阵地。

---

① 即使盟军占领了瑟堡，港口也投入使用后，美军通过海滩运输的物资也比港口多得多。整个 8 月，美军有 266804 吨物资和 817 辆车辆从瑟堡港上岸，187973 吨物资以及 3986 辆车辆从犹他海滩上岸，奥马哈海滩为 351437 吨和 9155 辆。英军每天从阿罗芒什运输 9000 吨物资。他们还能够使用没有被德军摧毁的小渔港。[32]——原注

柯林斯不顾风暴肆虐，催促他指挥的三个师对半岛尖端完成包围。冯·施利本将军知道他那建制已经支离破碎的部队根本不能在开阔地带阻止美军前进，因此下令撤退到瑟堡周边的要塞中防守。他自己的那个师里部队编制就五花八门，其中包括了一个格鲁吉亚营和拥有五个中队的哥萨克骑兵团。该团的苏联上校喝醉后便会承认，他就是想"搞点战利品"[33]。施利本的一名上校看到这副情形，挖苦说："这场战争就是个笑话。"

虽然美军向瑟堡挺进途中只遭遇到零星抵抗，但对于从中路进军、初来乍到的第79师而言，依然是个考验。有位排长写道："士兵们疲惫不堪。他们越是劳累，就越是喜欢扎堆，尤其是行军途中。"[34]由于没有保持安全距离，他们在诺曼底战役初期蒙受了很多不必要的伤亡。第79师不时还会遇到掉队的盟军士兵。这些人声称自己的连队几乎全军覆没，不过这绝非实情。他们只是因为第一次在树篱丛林中作战而迷失方向而已。排长们认为到处寻找走散的士兵或班组只会更容易遭受攻击。在瑟堡以东五英里处，第79师被一条散布着碉堡和机枪掩体的前沿防线阻挡："（第314步兵团）K连挤成一团，结果成为敌军的绝佳目标。他们缺乏经验，又陷入恐慌，损失了几乎整整一个排。"[35]不过，他们发现只要包围碉堡，然后从后方发射"巴祖卡"火箭筒，守军很快就会投降。

6月22日上午晚些时候，美军对瑟堡发动了一次大规模空袭。高射炮阵地上拉响防空警报。这些阵地由来自"帝国劳工组织"（Reichsarbeitsdienst）的青少年驻守。他们以前只从事过建筑工程，压根就算不上合格的士兵。当第一波战斗轰炸机来袭时，他们纷纷跑上炮位。其中一人写道："我们像疯子一样开火还击。"[36]接着，从英吉利海峡方向传来低沉的隆隆声。在阳光下闪闪发光的美军重型轰炸机编队出现在上空。"地狱之火咆哮着，粉碎着，颤抖着，撞击着，从天而降。然后一切归于寂静。尘埃、灰烬和泥土将天空变成一片惨灰色。可怕的沉寂笼罩在我们的火炮阵地上。"有些小伙子被炸弹直接命中，尸体后来被塞进几辆卡车运走。

随着美军逐步逼近瑟堡，碉堡、各种武器掩体和大型要塞也愈发密集。每一个防御阵地都需要逐一清剿。伯纳德·B. 麦克马洪（Bernard B. MacMahon）上校指挥的第315步兵团在莱因戈夫斯（Les Ingoufs）遭遇一座大型防御工事，里面有好几百名守军。有个波兰逃兵领着麦克马洪和侦察队接近这座要塞，发现阵地内的火炮似乎已经被摧毁了。可能是空袭，也可能是德国人自己破坏的。麦克马洪命令一辆刚刚抵达前线的高音喇叭车开过来，同时下令把几门大炮推上前线。美军打开高音喇叭用德语宣布，一个整师即将发动全面进攻。他们有十分钟时间出来投降，"任何拒不投降的守军都将被炸得粉身碎骨"[37]。他不断重复这条信息，"感觉相当愚蠢，因为似乎没有产生任何效果"。突然，他听到有人高喊："看，他们出来了！"大批德军举起双手向美军走来，一些人还举着白旗。不过这只是一部分守军而已。

接着又出现五名德国军官。作为要塞指挥官的谈判代表，他们要求麦克马洪朝阵地发射一枚磷弹，这样指挥官就会觉得他"已经履行了对元首的责任，可以投降了"。麦克马洪不得不承认他没有磷弹，于是问投掷五颗白磷手雷是否能"保全德军的荣誉"？对美军的修改方案讨论一番后，德国高级军官认为这样一来更佳。然而，整个连队只找出了四颗。双方再次讨价还价，最后这四颗手雷被扔进玉米田里。德军军官核查效果，确认是白磷手雷后，便返回要塞，通知指挥官可以交出附属野战医院，携剩余守军出来投降了。

麦克马洪部俘虏了2000名德军。后来他和师长去视察这座德军野战医院时，德国高级军官请求保留八支步枪。他解释说，除非控制住那些苏联和波兰"志愿者"，否则他们绝不会去工作。美军师长反驳说，苏联人和波兰人现处于美军保护之下，德国人可以自己动手干活。

瑟堡地区最强大的防御工事是海岸炮台。由于重型轰炸机未能摧毁德军的钢筋混凝土堡垒，布莱德雷为了迅速占领港口，请求海军少将柯克提供协助。虽然柯克认为布莱德雷越来越依赖舰炮火力，但还是同意予以支援。一支由"内华达"号、"得克萨斯"号、"厌战"号、"纳尔逊"号（HMS Nelson）等战列舰和数艘巡洋舰组成的舰队绕过海角，驶往瑟堡。许多人认为这次行动只不过是一次愉快的短途旅行而已。巡洋舰"昆西"号的飞行导航官写道："8点半我们进入战备状态。天空中点缀着几朵赏心悦目的积云，格外晴朗。空气就像冰镇葡萄酒那样清爽。"[38]美舰"得克萨斯"号上的卡尔顿·F. 布赖恩特（Carleton F. Bryant）海军少将说："这是一个阳光明媚的周日。海面风平浪静，只微微泛起明亮的涟漪。我们跟着扫雷舰驶向瑟堡，被一种虚假的安全感迷惑。"[39]大约在13点，盟军舰队抵达炮击阵位。

突然，一座隐蔽的海岸炮台开火了。炮弹击中了"得克萨斯"号指挥塔，并重创舰桥。"纳尔逊"号上的一名军官写道："我们立即还击。这时（从海岸炮台）传来一阵火炮齐鸣。第一次齐射就把炮弹打在我们周围。"[40]除了"得克萨斯"号、"格拉斯哥"号（HMS Glasgow），以及其他几艘舰船被击中外，

"内华达"号也险遭不测。虽然所有军舰都还拥有作战能力，但布赖恩特十分理智，认为谨慎也是勇猛的重要组成部分，所以还是命令特遣舰队撤退到烟幕后。

陆地上，依然有据点继续负隅顽抗，美军在战斗中展现出非凡勇气。装甲推土机冒着枪林弹雨将他们急需的补给送上前线。[41]工兵和步兵把炸药包和各种爆炸物从通风井口往下扔。面对美军凶猛的进攻，偶尔也会有守军指挥官放弃抵抗，缴械投降。[42]有份战报中记录了一件不同寻常的事：第79步兵师二等兵史密斯"喝了太多卡尔瓦多斯苹果白兰地后变得天不怕地不怕"[43]，独自一人就攻占了一座据点。

史密斯当时只拿着一把点45口径自动手枪就"摇摇晃晃地走向要塞入口"。此外还有一名同样喝得醉醺醺的战友，不过他连武器都没有。两人看到铁门半开，就溜进去射杀了站在门口附近的德国士兵。史密斯"真是醉了"，从一个房间走到另一个房间，"一边开枪，一边大喊大叫。只要他出现在房间门口，里面的德军就以为要塞里到处都是美军，便放弃了抵抗"。他把俘虏聚集在一起，带到堡垒外面，再移交给他的营。史密斯接着又返回要塞，发现了另一个收纳伤兵的房间。"他大喊什么，只有死德国人才是好人。在被制止之前，史密斯把数个德军变成了'好人'。"

主防御阵地劳莱堡（Fort du Roule）失守，施利本中将知道继续垂死挣扎已经没有意义了。事实上，所有守军，还有数千伤员都被困在地下工事中。美国工兵炸毁了直通地下指挥部的通风井后，他决定投降。要塞里氧气极为稀薄，伤员几乎要窒息。施利本手下有一名叫凯尔（Keil）的中校坚守若堡半岛（Jobourg）直至6月30日，因而受到纳粹当局嘉奖。他为施利本辩护说，投降是"出于合情合理的常识"[44]。施利本作为"瑟堡要塞"司令官，希特勒曾要求他发誓战斗到底，但他并不愿无谓地牺牲官兵们的生命。

6月25日19点32分，他的一名参谋军官通过无线电发出一条电文："保卫瑟堡的最后战斗开始了。将军加入作战。元首万岁，德意志万岁。"[45]施利本后来听说这件事后感到很尴尬。次日，他率领防御阵地内的800名官兵缴械。第4步兵师的一名军官写道："有些小伙子不明白，为什么德军这么快就放弃抵抗。"[46]施利本似乎对食物颇为挑剔，对分配给他的K口粮很不满意。布莱德雷有个下属一想到他被送到英吉利海峡对岸，吃着英国囚食的样子，就觉得非常有趣。

瑟堡化为一片废墟，尤其是德国工兵还系统性地摧毁了港口。剩余的零星守军则被美军全部消灭。有关法国妇女打冷枪的不实传闻再度浮现。一名第4步兵师中士说："我们看到好几个女狙击手，她们都穿着平民的普通衣服。有一天我们押来20个德军，里面有一个女人。"[47]盟军也对德国人采取了报复行为，特别是一所美军医院被炮弹击中后。据说美国士兵还杀害了托特组织的一些非战斗人员。[48]

巴斯德医院安置了超过600名德国伤员。能说一口流利德语的第22步兵团营属军医科勒（Koehler）上尉负责管理这所医院。尽管德国上校军医及其医疗团队十分配合他的工作，科勒还是对伤员高死亡率感到震惊。这很大程度上源于德国人没有进行充分的术前准备。很多截肢手术也毫无必要，同样令他震惊。他写道："很明显，条顿人总是喜欢做手术，而忽视截肢对病人日后生活的影响。"[49]

第101空降师的工兵们接到命令赶到瑟堡，帮助步兵削弱德军的防御工事。随着这座城镇恢复正常秩序,他们也沉浸在胜利的喜悦中。其中一人写道:"这是一次相当难忘的经历。妓院开放,酒馆营业。里面挤满了宪兵、军政府官员、游骑兵、伞兵、泥腿子步兵、炮兵军官。我们还第一次在人行道边随地小便。"[50]在一家之前为德军服务的妓院门外,军事历史学家福里斯特·波格中士亲眼看见有近100名士兵排队。有法国人警告说,他们要小心点,因为"德国人留下很多病"[51]。

所有美国人都万分惊讶,德军居然在混凝土掩体中储藏了那么多物资。布莱德雷写道,德国人的防御工事就像"一座庞大的地下酒窖"[52]。他下令将战利品分配给一线师团,而不是全部落到后续部队和从事重建工作的人手中。

希特勒听到施利本投降的消息后勃然大怒。[53]他在4月就召集所有海港防御指挥官到贝希特斯加登,观察他们的言行,评估他们对胜利是否抱有信心。他当场就解除了好几个人的职务,因为他们缺乏战斗到最后一人的决心,不过施利本不在其中。希特勒后来喋喋不休地说施利本有多么可悲。几乎与接到保卢斯在斯大林格勒投降的消息时一样,他暴跳如雷。

瑟堡投降两天后,多尔曼大将被发现死在勒芒附近的第7集团军指挥部的浴室内。官方声称他死于心脏病发作,然而大多数高级军官相信他是因瑟堡陷落而羞愧自杀。

第十五章　埃普索姆行动

希特勒在瑟堡陷落前不久对法国进行了最后一次造访。他曾下令将盟军赶回大海，但德军并没有成功执行，于是他判定西线的高级指挥官们尽是失败主义者，犯下了不可饶恕的错误。希特勒在国防军最高统帅部公开责备说："胜利时，隆美尔元帅是鼓舞人心的伟大统帅，但是只要遭遇一丁点困难，他就蜕化成彻头彻尾的悲观主义者。"[1]

至于隆美尔，他对希特勒干涉自己指挥战斗也毫不掩饰地表达了不满。就连国防军最高统帅部的高级军官也因希特勒纠结于细节问题而被弄得心烦意乱。他坚持要求参谋们在比例尺为1∶25000的地图上标记出每一个炮位。有一天，他在一份报告中注意到，部署在海峡群岛上的高射炮明显少了两门，便责令处罚导致防御力减弱的军官，事实却是有人在第一次统计时数错了而已。希特勒从来没有去过卡昂地区，却不断与国防军最高统帅部参谋人员就两支多管火箭炮部队——第7、第8火箭炮旅的部署位置争来吵去。[2]他一口咬定如果把这两个旅放在奥恩河东岸的某一特定地点，便能决定英军登陆地区的战局成败。

尽管隆美尔和盖尔·冯·施韦彭堡早前在战术问题上存有分歧，但两位将军都希望德军能撤退到奥恩河防线之后。盖尔很清楚，在盟军海军舰炮射程内发动大规模装甲反击就是自寻死路。相反，他计划采用类似"丛林之虎战术"[3]，利用装甲部

224 队进行突然袭击。"希特勒青年团"师遭受加拿大军重创后，也正好开始重新考虑策略。隆美尔则更看重"灵活行动"。这意味着他有权无视元首大本营的指令，自行撤退。然而，后撤到奥恩河对岸的提议直接违背了希特勒寸土不让的命令。

希特勒决定把自己的战略同隆美尔和伦德施泰特讲个明明白白，于是就在瑟堡陷落之前，召集他们开会。6月16日，他乘坐自己的福克-沃尔夫"秃鹰"专机离开贝希特斯加登，飞往梅斯（Metz）；随后，在约德尔将军和军事参谋人员的陪同下，他驱车前往苏瓦松（Soissons）附近的马尔日瓦勒（Margival）。早在1940年，德国就在马尔日瓦勒修筑了大型地堡复合体，准备在入侵英国期间用作希特勒的总部。地道附近还有一条深入地下的铁轨岔道，元首专列可以在那里藏身。

第二天清晨，伦德施泰特和隆美尔奉命抵达要塞。隆美尔的参谋长施派德尔注意到："（希特勒）看上去健康不佳，十分疲惫。他神经质般地玩弄着眼镜和夹在手指间的彩铅。希特勒坐在椅子上，向前弯着腰，元帅们却站着；以前他那种控制人心的能力似乎消失得无影无踪了。希特勒简短而冷淡地同两位元帅寒暄后，便开始大呼小叫，对盟军成功登陆表示强烈不满，还对战地指挥官吹毛求疵，下令要不惜一切代价坚守瑟堡。"[4]

伦德施泰特先做了一般性发言，简要介绍了情况，然后请隆美尔汇报。隆美尔提到，"敌军在海陆空三个方面都拥有巨大优势，德军毫无获胜希望"。他还谈及空中和海上侦察缺失，不过他也强调了守卫岸线的德军部队并非猝不及防，"在这场不对等的战斗中，官兵们的表现超乎寻常"。他预言瑟堡必将陷落，并对希特勒的全盘战略提出异议。元首要求沿英吉利海峡和布列塔尼海岸线分布的16座要塞都要坚守到最后一刻，尽管这意味着约 20 万官兵和宝贵的物质只能被束缚在防御工事里，而且盟军大概率会直接绕过它们。隆美尔继续说，盟军每周登陆两到三个师，虽然行动缓慢，但有条不紊，仅凭三支德军部队根本无法抵挡具有压倒性实力的敌军。隆美尔希望部队向奥恩河以东及以南撤退 6—10 英里。这样他就能调集装甲师，重新部署后发动大规模反攻；同时还计划依托塞纳河构筑一道防线。伦德施泰特表示支持。他也想退至卢瓦尔河和塞纳河，放弃整个法国西北部。

希特勒拒绝面对事实，愤怒地发表了"一通自欺欺人的长篇大论"[5]。他预言说，前一天首次大规模实战发射的 V-1 火箭将"重创英国，对战争结果产生决定性的影响"。然后他中断讨论，向帝国新闻部部长①的代理工作人员口述了一份关于 V 型武器的声明。两位元帅不得不站在那里听着希特勒的疯狂独白。希特勒拒绝将 V 型武器瞄准盟军滩头阵地或英国南部海岸港口，而是坚持必须全部打向伦敦，迫使英国人屈膝投降。当隆美尔批评空军未能提供有效支援时，希特勒承认他被空军领导层蒙蔽，但随后又声称，随着"成群结队"的喷气式战斗机入役，盟军的空中优势将很快荡然无存。

隆美尔越听越气愤，要求国防军最高统帅部派代表亲自到前线了解情况。他告诉希特勒："你要求我们有信心，我们自己却得不到信任！"希特勒听到这番话后，脸唰地一下子变白了，但仍保持沉默。就在此时，似乎是为了验证隆美尔关于盟军优势的观点，空袭警报响起，他们不得不下到防空洞。

---

① 当时纳粹德国的新闻部部长是奥托·迪特里希。他从 1937 年即担任该职，直至战争结束。该职务与戈培尔的工作有一定重叠。

刚刚安顿好,隆美尔就简要描绘出一幅战争持续下去的全景:随着德国被孤立,西线即将崩溃,德军在意大利和东线都将面临失败。他敦促希特勒尽快结束战争。希特勒听闻却火冒三丈。他的空军副官后来回忆说:"希特勒最不希望从一个陆军元帅口中听到这些事。"[6]他反驳说,盟国不会进行谈判。就这点而言,他是对的;隆美尔和密谋推翻希特勒的那帮人显然过于乐观了。不过希特勒依然坚持认为盟国就彻底摧毁德国已经达成一致,因此"一切都将取决于能否'不顾一切地抵抗到底'"[7]。散会前,希特勒又对隆美尔说道:"不要关心战争将如何推进,要把注意力集中在登陆区。"

伦德施泰特和隆美尔离开马尔日瓦勒时,希特勒的首席副官施蒙特(Schmundt)将军告诉他们,元首将在两天后访问拉罗什吉永城堡,亲自与各战地指挥官谈话。但两人在返回各自指挥部途中,听说一枚陀螺仪出了故障的V-1导弹在他们出发后不久就在马尔日瓦勒地堡上空爆炸。希特勒迅速于当晚返回贝希特斯加登,从此再也没离开过德国。

6月12日晚,第一批V-1火箭在英国落地爆炸。英国人很快就给它们起了个绰号——"小火车"。其中有四枚火箭击中了伦敦。一位记者写道:"此时此刻,最让英国南方人坐立不安的,是那种出现在威尔斯①式小说中的不合逻辑的恐惧。人们幻想出头顶上有一个鬼鬼祟祟的机器人,而不是某个青年纳粹用手指按下炸弹发射键……很多英国人可能会偷偷承认,能够与正在诺曼底奋战的小伙子们一样身处爆炸之中,并不觉得

---

① 即赫伯特·乔治·威尔斯,1866—1946年,英国著名科幻小说家,著有《时间机器》《隐身人》《世界大战》等。

不快，即使以这样一种相对微不足道的方式。大部分公众对此只是有些恼火而已。"[8]不过当火箭袭击越来越频繁后，压力就开始显现出来。"可怕的警笛声"[9]在伦敦回响，似乎标志着"闪电战"再度来袭。成千上万的人回到地铁站睡觉。

战时内阁就 V-1 火箭问题多次召开会议。6 月 16 日，丘吉尔和大臣们讨论为了让民众能睡个好觉，是否要在夜间停止高射炮射击。[10]英军给 V 型火箭取的代号是"潜水者"。事实证明，对付"潜水者"威胁的更好手段是高速战斗机。在所有"反潜水者"行动中，最有效的武器是以邓杰内斯（Dungeness）为基地的"暴风"战斗机联队。这支战斗机部队于 6 月 16 日进入战备状态。在接下来的三个月内，该部用 20 毫米机炮击落了 632 枚 V-1 火箭，超过盟军战斗机摧毁总数的三分之一。仅比利时飞行员勒内·范莱德（René van Learde）一人就消灭了 42 枚。该部指挥官 R. 比蒙特（R. Beamont）空军中校写道："这玩意在夜里呼啸而过，火焰从后端喷涌而出，噪声就像是喘气的摩托车发出的。"[11]"暴风"战斗机比 V-1 火箭略快一些。在一次战斗中，比蒙特弹药耗尽，同一枚 V-1 火箭并肩飞行。他利用"暴风"战斗机机翼上方产生的边界层气流，从下方影响 V-1 火箭姿态，在不接触的情况下就能抬高火箭弹翼。于是火箭翻滚失控，最后一头撞向地面。不过飞行员在绝大多数情况下还是会使用机炮，毫不在意火箭装载的一吨阿马托炸药①就在战机前方仅仅几百码处爆炸。

正如希特勒在马尔日瓦勒所经历的情况那样，V-1 火箭确实很不稳定。法国警察总监发给维希政府的报告称，每天有多

---

① 阿马托炸药，一种由 TNT 和硝酸铵合成的高爆炸性物质，二战中被广泛使用。

达五枚 V-1 火箭还没飞到英吉利海峡就坠毁了。[12]有一枚火箭在阿朗松（Alençon）东北部失事，就在西线装甲集群的防线后方。然而，尽管它们不够精准，盟军"反潜水者"中队也战绩斐然，但还是有足够多的 V-1 火箭落到了伦敦，引起市民恐慌。其中一枚火箭在周日礼拜期间击中了白金汉宫附近的卫兵教堂，导致 121 人遇难。陆军元帅布鲁克说，战时内阁在 6 月 27 日召开会议，"（内政大臣）赫伯特·莫里森（Herbert Morrison）在会议结束时可怜巴巴地唉声叹气，看上去真是个胆小鬼！面对飞行炸弹及其对民众的影响，他感到惊慌失措，说什么经过五年的战争，我们不能要求民众忍受这样的压力，诸如此类的话"[13]。布鲁克在日记中写道，莫里森希望改变法国战区的整体战略。"说什么我们唯一的目标应该是清剿法国北部海岸。多么可悲的表演。没有迹象显示伦敦坚持不住了。如果确实如此，那么就有必要告诉公众，历史上他们第一次同正在法国奋战的英国男儿共担危险。落到伦敦的炸弹至少不会打到战士们头上。谢天谢地，温斯顿很快就让他闭嘴了。"

由于大多数火箭都打不到伦敦，因此"双十委员会"得到指令，要想方设法诱导德国维持当前的目标不变。"双十委员会"命一名代号"讲师"（Lector）的变节特工发出一条消息，[14]消息经由马德里传给位于柏林的上线"路德维希"（Ludwig）和"哈罗德"（Herold）："德国新式武器的破坏力极具毁灭性。尽管英国宣传机构竭力弱化其影响，但轰炸还是在民众中造成了前所未有的恐慌情绪……政府和军方人士表示，如果这种情绪继续发酵，新式武器的打击力度持续加强，他们迟早会被迫乞求和平，与德国达成妥协……在高层圈内，他们显然开始严肃地考虑和谈。他们还提到可以利用鲁道夫·赫斯（Rudolf Hess）① 为中间人。"这套把戏可能做得有些过分了，因为这样的信息只会鼓励德国人继续轰炸，不过在当时情况下，也并无不妥。无论如何，希特勒盲目相信他的新式复仇武器会让英国退出战争。这无疑又让他下定决心，要在诺曼底地区寸土不让。到了月底，希特勒的偏执导致他与隆美尔、伦德施泰特再次爆发冲突。两位陆军元帅预言，固守战略将使德军行动失去弹性，从而摧毁诺曼底的德国守军，进而失去法国。

与此同时，蒙哥马利仍然装出一副一切尽在掌握的样子。6月14日，就在维莱博卡日惨败后的第二天，他给丘吉尔写信说："在科蒙-维莱博卡日-蒂伊区域内，两军交接处的战斗进展顺利。"[15] 一场英吉利海峡的大风暴将在不到一周后到来，他也不愿意承认这场风暴带来的真正恶果。天气不仅让补给物资无法运送上岸，还致使第8军延后抵达。这支部队正是突破德军防线所需的攻坚力量。与此同时，德军则利用最强大的装甲师构建防线，与英军针锋相对。"超级机密"系统发来警告，党卫军第2装甲军正从东线赶来，而此时由于炮弹储备不足，英军只能发起小规模进攻。虽然伤亡惨重，也没能扩大占领区，但英军还是按照蒙蒂的新计划行动，即在美军攻击瑟堡的同时，英军限制德军的行动。

6月16日，在一支损兵折将的"谢尔曼"坦克中队的支援下，国王属约克郡轻步兵团第1/4营向克里斯托发起进攻："我

---

① 鲁道夫·赫斯，纳粹党二号人物，希特勒曾指定其为继承人。1941年5月10日，赫斯驾机独自飞往英国，声称要与英国和谈。赫斯"叛逃"事件是二战最大的谜团之一。

们在位于农场附近的小道上列队，路两边都有路堤。"[16]腐烂的死牛发出恶臭，所有人都不时翕翕鼻子。当他们打算穿过一片开阔的玉米地时，"随军牧师突然不知道从哪里冒出来。我们都跪下来祈祷"。然后他们继续向前推进，盟军支援炮火从他们头顶掠过。这时，德军玩起了一个小把戏，朝英军先头部队发射迫击炮弹，企图误导该团官兵，以为己方火炮着弹点太近了。前线军官向后方下达停止炮击的命令，德国人的伎俩也就被揭穿了。有名士兵为躲避猛烈的迫击炮弹卧倒，不料一块弹片引燃了背包里的白磷手雷，"他几分钟后便惨死"。

三天后，大风暴来临，战斗甚至因豪雨而中断。步兵们凄凉地蹲在堑壕里，披着防潮地垫当斗篷挡雨。坦克兵要幸运一些。他们挖好堑壕后，再把坦克倒回堑壕顶上，这样就能保持沟内干燥，可以睡觉了。

6月22日是德国入侵苏联三周年纪念日，"巴格拉季昂行动"第一阶段开始启动。红军在白俄罗斯展开大规模攻势，意图包围德国中央集团军群。苏联红军利用堪比"坚毅计划"的"马斯基洛夫卡条例"，巧妙地将德军吸引到可能发起进攻的乌克兰方向，从而取得了战役突然性。他们在三周内歼灭并俘虏了35万德军。到8月的第一个星期，红军便攻到华沙城下。

英军的主要攻势——"埃普索姆行动"（Operation Epsom）因天气数次推迟后，终于准备就绪了（见地图9）。艾森豪威尔急不可耐，蒙哥马利却不紧不慢。第21集团军群指挥部上报给盟国远征军最高统帅部的信息也少得可怜，令人相当恼火。蒙哥马利好几次对登普西说："没有必要告诉艾克。"[17]蒙蒂喜欢设置模糊目标，故意用模棱两可的说法。如果取得突破，他便能邀功；如果行动失败，也可以说英军只是在牵制德国人，从而帮助美军推进。

总计有六万官兵参加了"埃普索姆行动",其中大部分来自第8军,包括第15苏格兰师、第43韦塞克斯师、第11装甲师。虽然大多数人此前从未有战斗经验,但他们都决心同沙漠老兵并肩战斗,证明自己的价值。行动计划是在卡昂以西发起攻击,并在奥东河南岸建立桥头堡,然后向奥恩河挺进。这个在城市西南部形成的尖锐突出部足以威胁德军整个阵地。两条河流之间的112号高地是一处战略要地。

6月25日周日,位于右路的第30军再次向德装甲教导师发起攻击。第49西赖丁师和第8装甲旅迫使德军后撤。不过,德军即使遭受重大损失,依然守住了劳雷村(Rauray)。当天,英军在丰特奈勒佩内勒附近部署了一个装甲侦察团以保护侧翼。一名跟随侦察团行动的加拿大军官写道:"德国人玩弄花招,一旦我们靠近,他们就放弃工事,进入麦田。"[18]然后,他们偷偷爬回阵地再度开火,但大多数情况下,"德国佬(Huns)①会从麦地里冒出来,不过这套把戏并没有潜在危险"。

丰特奈南端仍然在德装甲教导师的控制之下。次日清晨,一辆舍伍德义勇骑兵队的"谢尔曼"坦克"在村中心转过街角时,迎面碰上了一辆正缓缓行驶的德军虎式坦克。幸运的是,('谢尔曼'坦克车长)已经在75毫米火炮中填装了穿甲弹。他在距敌30码处开火,接着又速射六发,彻底击毁了虎式"[19]。第二天,舍伍德义勇骑兵队以损失数辆坦克为代价,完全占领了劳雷村。他们收获的最大战利品是一辆被遗弃但运行状态极佳的虎式坦克。英军甚至把他们的旅徽——狐狸面具涂到这辆

---

① "Huns"的原意为"匈人",此处是盟军对德国军队的蔑称。后文一律翻译为"德国佬"。

坦克上。不过第30军总部下令，必须把虎式送回英国。这是第一辆在诺曼底完好俘获的虎式坦克。

6月26日，党卫军开始扫荡其防线后方的法国村落，把居民全部赶走。他们并非在乎平民安全，而是担心间谍出没。这可不仅仅是因为他们患有妄想症。从前线偷偷穿越过来的法国人一直为英国第7装甲师和其他部队提供非常有价值的情报。

泰塞勒（Tessel）周边的战斗也很激烈。第49"北极熊"师以其肩章上的图案得名，该师一个营与装甲教导师展开了短兵相接。国王属约克郡轻步兵团第1/4营的一名成员称："我军进入泰塞勒森林后，收到了'不受降'的命令。这就是'呵呵勋爵'①把我们称为北极熊屠夫的原因。"[20]一份被"超级机密"截获的装甲教导师电文显示，该师在战斗第一天就"损失惨重"[21]。

被蒙哥马利称为"摊牌决战"的主攻阶段于6月26日启动。野战炮和海军舰炮开始大规模炮击。经过一夜瓢泼大雨，云层很低，空军无法出动。第15师的苏格兰官兵快速向前推进。若有人中弹倒在浅绿色的麦田里，战友们便拿起伤兵安有刺刀的步枪，倒插在地上，再把钢盔放在枪托上，以此标识伤员位置，便于医疗兵寻找。一个当事人说，这些标记看上去"就像在麦田里随意冒出来的奇怪蘑菇"[22]。

好几个村庄都发生了激烈战斗，尤其是在舍镇（Cheux）。仅仅一天内，格拉斯哥高地人团第2营就在那里损失了四分之一的兵力。在左路的圣芒维厄（Saint-Manvieu），第43韦塞克

---

① "呵呵勋爵"是英国人，原名威廉·乔伊斯（William Joyce）。他同"轴心国莎莉"一样，在柏林担任播音员。——原注

斯师和第 4 装甲旅击退了"希特勒青年团"师。① 皇家苏格兰灰龙骑兵团（营级单位）配属第 43 师新进加入战场的一个旅，并在战斗中一举击毁了四辆从树林里现身的豹式坦克。该部"被己方步兵逗乐了。他们显然是第一次参加战斗，一言一行都严格照搬教科书：把脸涂黑；摘掉所有表明军衔的徽章；说起话来低声细语"。[23] 然而，这两个缺乏经验的师在实战中证明自己比老兵更强。黄昏时分，第 15 师的苏格兰官兵便已接近树木茂密的奥东河谷。一名法国人在卡昂城南部弗勒里目睹了当晚的战斗，他写道："整个地平线都同时亮如白昼，就像但丁笔下的世界。"[24]

英军攻势因道路拥挤和瓢泼大雨，加之战场混乱而有所减缓。不过阿盖尔郡和萨瑟兰郡高地人团第 2 营还是在次日占领了一座奥东河桥梁。来自阿盖尔郡的官兵没有遵循传统的英国步兵战术，而是不同寻常地主动向前渗透。第 15 师也在当天英勇击退了德军装甲部队的反攻，并控制了一座大桥。第 11 装甲师得以于 6 月 28 日清晨开始过河。第 8 军军长奥康纳（O'Connor）将军希望继续向前推进，再夺取一座奥恩河桥头堡。然而登普西从"超级机密"截获的电文中得知，党卫军第 2 装甲军刚刚到达前线，因此谨慎起来。他宁愿在奥东河南岸建立一个更加稳固的阵地后再进入下一阶段。

党卫军全国副总指挥泽普·迪特里希计划将党卫军第 2 装甲军的两个师直接投入战场，与英军争夺桥头堡，不过隆美尔表示反对。他希望暂不动用党卫军第 9"霍亨施陶芬"装甲师和第 10"弗伦茨贝格"装甲师，为迄今为止一直未能启动的坦

---

① 第 4 装甲旅旅长约翰·柯里（John Currie）准将当天阵亡。年仅 29 岁的迈克尔·卡弗（Michael Carver）准将接任指挥官职务。——原注

克大反攻积蓄力量。然而，就在战斗如火如荼之际，位于贝希特斯加登的希特勒却于 6 月 28 日召见隆美尔，严重干扰了前线指挥。绝望的多尔曼大将在自杀前数小时命令第 2 装甲军沿奥东河两岸向西北方向攻击，以粉碎突出部的英军西翼。该部得到了党卫军第 2 "帝国" 装甲师的一个战斗群增援。就在此时，党卫军全国副总指挥第 2 装甲军军长保罗·豪塞尔（Paul Hausser）在当天下午接到通知，由于多尔曼突然死亡，要求他立即前往勒芒接任第 7 集团军指挥官。于是，他将部队移交给党卫军地区总队长比特里希（Bittrich）指挥。

第二天，6 月 29 日，英第 11 装甲师设法将坦克开上了战略要地 112 号高地。党卫军第 1 "阿道夫·希特勒警卫旗队" 装甲师的主力部队在第 7 火箭炮旅的火箭弹和第 21 装甲师战斗群的支援下，向该高地发起多次进攻，均被英军击退。11 点，前一天晚上刚刚接管党卫军第 2 装甲军的比特里希收到命令，须在一小时内向前开进。倒霉的比特里希起初不愿如此仓促进攻，但他也知道事态紧急，只好遵令行事。发给党卫军第 9 "霍亨施陶芬" 师的一道指令充分说明了这项任务的重要性。电文写道，若两个装甲军不能誓死反击，那么 "已经突破到巴龙（Baron）的敌军将长驱直入至奥恩河，卡昂也将失守"[25]。装甲教导师奉命在左翼支援比特里希的攻势。但是德军对手的运气好到爆棚。第 15 苏格兰师抓获了一名携带德军作战计划的党卫军军官，于是前沿部队迅速建立起防御阵地。

午后不久，党卫军第 2 装甲军倾尽全力发起猛攻。16 点 5 分，军部向西线装甲集群报告，该部在加夫吕（Gavrus）前线消灭了 11 辆英军坦克。半小时后，第 2 装甲军声称攻占了加夫吕，并摧毁 23 辆坦克。于前一日返回西线装甲集群指挥部的盖尔·冯·施韦彭堡在黄昏时分催促这两个党卫军师还要加快速度,并告诉他们,这次进攻将赢得"巨大的机会"(die grosse Chance)。[26]但是到了晚上,第15苏格兰师在火炮和舰炮的有力支持下,彻底击退了党卫军第9和第10师。德军损失38辆坦克,"弗伦茨贝格"装甲师被迫撤退到出发点。两个师的士气亦遭重挫。不幸的是,登普西显然没有收到相关情报,并不知道这就是德军的总反攻。① 他还担心另一侧翼也会面临大规模攻击,因此不但没有向第11装甲师提供增援,反而命令其后撤。112号高地旋即便被德军占领。登普西犯了一个灾难性错误。这次撤退固然挽救了一些官兵,但为了夺回112号高地,英军此后付出的生命和时间代价远超于此。

德第2装甲军的新一波反击再次被打退后,蒙哥马利下令在第二天停止进攻。第8军在五天内伤亡超过4000人,其中超过一半来自第15苏格兰师,这足以证明该师官兵英勇顽强。毫无疑问,登普西因自己的谨慎而错失了一个千载难逢的机会。由于"埃普索姆行动"延迟发动,最终同第8军对战的,是自库尔斯克战役以来集结的最大规模的党卫军装甲部队。[27]尽管参与行动的英军表现相当出色,但他们还是因指挥官犹豫不决而在最后一刻无功而返。唯一值得欣慰的是,德军此后再也没能对英军控制的战区发动大规模反击。

不难理解艾森豪威尔对蒙哥马利在战略层面上的失策相当失望。蒙哥马利发出的电文充满了自信,嚷嚷着要同敌人"摊

---

① 目前尚不清楚关于党卫军第2装甲军即将发起攻击的情报是来自缴获的文件,还是"超级机密"在6月29日所截获的两份电报。其中一份在四小时内传递到了第2集团军。但如果情报的确来自"超级机密",那么就很难相信登普西对此一无所知。[28]——原注

235 牌",然而这与他私下说的根本不一致。"埃普索姆行动"前夕,第7装甲师的一名情报军官在6月22日的日记中记录了厄斯金少将从第21集团军总部回来后,他所听到的惊人消息。他写道:"将军谈及蒙蒂对他说的话。就我们所知,情况完全改变了。蒙蒂不希望继续前进。他对第2集团军牵制住了全部德军装甲师而心满意足,现在只想着攻克前方的卡昂,让美军去占领布列塔尼地区的诸海港。虽然第8军开始进攻,但我们的目标非常有限。计划因天气推迟了五天,所以蒙蒂认为我军在集结期间就输了。"[29]这样看来,促使登普西采取谨慎策略的始作俑者也许正是蒙哥马利。

战斗结束后第二天,隆美尔于7月1日前往盖尔的指挥部视察。盟军战舰从近20英里外猛烈炮击,强大的威力令两人都震惊不已。盖尔要求手下两个师提供被海军舰炮摧毁的坦克数量。就连希特勒也不得不承认,德军除了暂时维持目前的战线外,别无他法。不过盖尔还是非常愤怒,因为所有可供部署的装甲师都用于抵御英军进攻,这严重破坏了他的计划。

盖尔坚决反对为应对突发事态而采取分兵策略,而且这也会造成补给混乱。他告诉隆美尔,应该由新抵达战场的步兵师负责坚守战线,而装甲部队须后撤重新集结,再寻找合适的机会发起反击。隆美尔一口拒绝。他回答说:"步兵再不能这样用了。他们也没有准备好。"他并不相信刚刚到来的步兵师有能力阻止英军。这种态度正好同希特勒那种寸步不让的执念相符合。盖尔严厉指责"贝希特斯加登的空想战略家们",批评他们"对坦克战一无所知"[30]。他也很鄙视炮兵出身的约德尔:"炮兵是一群顽固的保守分子,养成了不愿与时俱进的恶习,而且在许多方面比步兵更加落后。"

盖尔在报告中毫不讳言,要求采取机动灵活的防御战术。鉴于英军发动了"埃普索姆行动",德军装甲部队应向奥恩河以南撤退,远离盟国海军舰炮的火力范围。盖尔继续写道:"命令由国防军最高统帅部直接下达。然而最高统帅部并没有掌握前线局势的第一手信息,也欠缺亲身体验,大部分情况下又过于乐观,因此总是错误决策,而且不够及时。"隆美尔赞同他的结论,将报告呈交到了最高统帅部。希特勒当即决定解除盖尔职务,由装甲兵上将海因茨·埃贝巴赫接替。

6月28日,就在双方争夺奥东河渡口战斗最激烈的时刻,伦德施泰特和隆美尔两位元帅被希特勒召唤到贝格霍夫别墅。据伦德施泰特的参谋长说,他"回来时心情十分糟糕"[31]。他从圣日耳曼-昂莱驱车600多英里来到贝希特斯加登,从凌晨3点一直等到第二天晚上8点"才有机会同元首交谈了几句"。刚一回来,伦德施泰特就当着布卢门特里特的面,给凯特尔打电话。他"直言不讳地告诉凯特尔,德军守住诺曼底地区的全部阵地是不可能的"。盟军实力强大,德军"无法抵抗敌人进攻,更不用说把他们赶下大海了"。

"那我们该怎么办?"

老元帅回答:"你应该结束整个战争。"[32]

第二天中午,凯特尔打来电话说,他已经把他们之间的交谈内容上报给了元首。在另一通电话中,约德尔则警告伦德施泰特,希特勒正在考虑更换西线总司令。伦德施泰特支持盖尔的报告是主要因素。希特勒宣布伦德施泰特因健康问题退休,并派遣一名军官前往巴黎,给他颁发了橡叶骑士铁十字勋章,还有一封礼节性信函。汉斯-京特·冯·克鲁格(Hans-Günter von Kluge）元帅将取代他的位置。

隆美尔也怒不可遏。在没有通知他的情况下，希特勒就任命豪塞尔担任第 7 集团军指挥官，因为他更信任党卫军的指挥官。希特勒最器重的将军依然是泽普·迪特里希，不过他并不知道，迪特里希也认为正是他瞎指挥才导致诺曼底战局危在旦夕。希特勒还想一脚踢开隆美尔，但正如盖尔的继任者埃贝巴赫所说，他之所以未被解职，是"因为这会打击前线官兵和国内的士气，也会造成不良的海外影响"[33]。

6 月 30 日，埃贝巴赫接到命令，于次日飞往西线，接管西线装甲集群指挥权。同机前往的还有克鲁格元帅。克鲁格告诉他，国防军最高统帅部要求他们稳住战线并发动反击。克鲁格到达圣日耳曼-昂莱后，深信来自诺曼底的战报一定是过于悲观了。在苏军发动"巴格拉季昂行动"、进攻中央集团军群时，他在"狼穴"待了八天。据布卢门特里特说，他在此期间"被最高统帅部的不屈精神感动"[34]。因此，当他担任西线总司令时，认为局面并非不可收拾。虽然大家都叫他"聪明的汉斯"（这是调侃他的姓氏，"克鲁格"在德语中就是"聪明"的意思），但克鲁格在同僚中并不受欢迎。隆美尔的参谋长写道，克鲁格"精力充沛，思维敏捷，严于律己，为达到目的不择手段。他那张棱角分明的脸上有一双冷峻的眼睛，掩饰着被压制的激情。他憎恶希特勒，但感情上又与元首密不可分。这也许是他接受了赐予他的荣誉和恩惠的缘故"[35]。克鲁格同伦德施泰特一样，也从希特勒那里收受了 25 万帝国马克。

7 月 5 日下午，克鲁格访问隆美尔位于拉罗什吉永城堡的指挥部。与隆美尔和施派德尔进行了"一番相当冷淡的寒暄后"[36]，他在城堡的卫兵厅（salle des gardes）向集团军群参谋人员发表讲话。他宣布，伦德施泰特元帅的解职应被视为元首对西线领导层的不满。希特勒还认为隆美尔元帅太过轻易地折服于"敌军武器的所谓压倒性优势"，因此对局势的看法过于悲观。克鲁格甚至当着全体参谋人员的面说，隆美尔态度顽固，执行希特勒的命令三心二意。"从现在起，"克鲁格总结道，"隆美尔元帅，你也要毫无保留地服从！这是我给你的忠告。"

毫不意外，克鲁格的挑衅性发言激怒了隆美尔，引起一场激烈的争论。隆美尔强调了西线德军面临的实际情况，以及"必须从中得出正确的结论"。争吵变得越来越激烈，以至于克鲁格命令其他参谋人员离开房间。隆美尔要求克鲁格以书面和口头形式撤回对他的指责。他还提醒克鲁格，在发号施令前，应该先与军长、师长谈谈，并亲自到前线视察。隆美尔知道克鲁格曾与陆军中的反抗团体有联系，原以为他不会像其他人那样受希特勒摆布，因此对他的言行特别吃惊。

次日，克鲁格离开拉罗什吉永城堡，到前线巡视。所有战地指挥官都对战局的看法保持一致，他也因此站到了隆美尔一边，并向其道歉。他意识到，就像东线一样，希特勒已经脱离了现实。然而一旦美梦破灭，元首就会寻找替罪羊。

与此同时，埃贝巴赫接替了盖尔。他发现西线装甲集群的指挥部和参谋人员并不得力。盖尔在移交报告中提到以下几点："德军坦克在装甲和火力上优于英军和美军坦克。"[37] 得益于"有效的宣传"，德军士气依然"相对高昂"。在英军战区内，"德军与敌人之间的兵力对比使其在正常情况下足以防守"，而且地形有利。他们已经集中了八个装甲师、一个高射炮兵军和两个火箭炮旅，"形成了一个抵抗敌军可能攻击的核心"。然而，步兵师一旦部署参战，2—4个星期内就会损失殆尽。就连约德尔将军在战争结束时也承认："英军持续不断的攻势阻碍了步兵师对装甲部队实施快速增援，同时也挫败了我军调动更多部队到西翼的计划。这些进攻确实大大有助于美军取得突破。"[38]

尽管盖尔坚称法国人是"友好的"，诺曼底地区很少有游击队出没，但德国军事当局还是非常紧张。为了震慑巴黎人，德军压着600名英国和美国战俘列队游街示众。一些旁观者低声为盟军士兵鼓劲，还有些人可能受到德军宣传部门的影响，对盟军空袭心怀不满，大声辱骂他们。一小群德国支持者对一名美国伞兵又是踢又是吐口水。于是伞兵"冲出队伍揍了其中一个"，结果被卫兵用刺刀狠狠戳了一下屁股。[39]

最高统帅部的焦点现在几乎全部集中到了红军在白俄罗斯的攻势和来自诺曼底的压力。战争结束后，约德尔在与凯特尔一同受审时说："东线和西线主要战役的结果互相影响。每条战线与另一条相比，都感觉自己被忽视了。"[40]在诺曼底地区集中党卫军装甲师，尤其是将第2装甲军从东线调回，致使德军无力有效应对"巴格拉季昂行动"。约德尔指出："两线作战的严峻程度显露无遗。"

红军联络官瓦西里耶夫斯基（Vassilievsky）上校来到第7装甲师师部访问。[41]他以苏联式外交辞令指出英军进展迟缓。有名英国军官让他在东线地图上标出他的师所在战斗位置。地图显示，那个长达600英里的地域内仅分布有九个德军师。英国人指出，他们面对的是十个师，其中包括六个装甲师，而战线只有62英里（见地图10）。

苏联宣传部门声称，德军最精锐的部队"依然部署在苏德前线"[42]。不过这根本不符合事实，因为诺曼底战场上就有六个党卫军装甲师，还有装甲教导师和第2装甲师。伊利亚·爱伦堡（Ilya Ehrenburg）① 在《真理报》（*Pravda*）上发表文章，贬低诺曼底地区德国部队的战斗力："我们知道年轻强壮的德国人现在在哪里。我们在大地上，在沙漠中，在泥土里——在喀尔玛克草原、伏尔加河畔、沃尔霍夫沼泽地、乌克兰草原、克里米亚森林、摩尔多瓦、勒热夫、大卢基与他们作战。我们的盟友现在面对的德军只不过是一群被我们戏称为'动员兵'的低劣产品，注定要被消灭。"[43] 不过即使是爱伦堡也承认，"法国煎锅正开始变得像俄罗斯烈火那样炽热"。

---

① 伊利亚·爱伦堡，1891—1967年，苏联犹太裔作家、记者。

第十六章　树篱农庄战

布莱德雷的美第 1 集团军于 6 月底攻克瑟堡后，便准备向南推进。在半岛底端西侧，第 79 步兵师、第 82 空降师和不幸的第 90 师拉长了队伍，穿越沼泽。他们面对的敌人是肖尔蒂茨将军指挥的德第 84 军主力。该军位于美军南面，已经牢牢占据了诸多树木繁茂的山丘。卡朗唐以南的第 4 和第 83 步兵师也处在低洼的沼泽地中。他们的当面之敌是党卫军第 17 "格茨·冯·贝利欣根"装甲掷弹兵师和第 353 步兵师（见地图 11）。

在东面的圣洛，第 30、第 35 和第 29 步兵师已经进入布满树篱的农庄地带。科蒙附近的第 2 和第 1 步兵师也同样如此。他们正在向英军战区靠拢，对手是迈因德尔的第 2 伞兵军。尽管盖尔和古德里安强烈反对在师级层面上分兵，但由步兵、突击炮、工兵组合在一起的"战斗群"还是在防御战中表现不俗。

7 月 3 日，美军开始行动。士兵们历经长达数月的训练，早已厌倦了英国寒冷潮湿的天气，原本指望法国气候会温和一些。不料那个夏天异常多雨，米德尔顿少将指挥第 8 军冒着倾盆大雨向德军西翼发起进攻。由于云层太低，他们得不到空中支援；雨势太大，炮兵无法精确瞄准。第 82 空降师在下午早些时候占领了拉艾-迪皮（La Haye-du-Puits）以北的 131 号高地，战场其他地方的攻势却陷入停顿。第 82 师焦急地等待着另外两个师跟上来。德军则有不同的麻烦。一个由伏尔加鞑靼人组建的东方营"立刻放弃了阵地,奔向敌军"[1]。还有东方营在第一时间就向第 82 师投降,西面的第 243 步兵师有三分之一的部队也跟着叛变了。

第二天,位于塞沃河(Sèves)周边沼泽地东侧的美第 7 军派出第 83 师对圣尼(Sainteny)地区展开进攻。为了庆祝 7 月 4 日独立日,指挥部命令部署在前线的所有野战炮于正午准时开火。一些部队还发射了红白蓝三种颜色的烟雾信号弹。6 月底,刚刚抵达前线的第 83 师就奉命增援第 101 空降师。该部一开始被派去执行夜间巡逻任务,以"获得经验和信心",还可以"缓解紧张情绪,避免乱开枪"[2]。当士兵们返回己方阵地后,神经过敏的哨兵却朝他们"盲目"射击。第 101 师的伞兵们向这群新兵灌输了不少"德国佬勇猛凶残、战斗力又强悍无比的夸张故事"。争夺圣尼之战对第 83 师而言是一场血腥考验。该部伤亡达 1400 人。他们还有很多东西要学,就连他们抓到的几个德军俘虏也这么认为。一位中士报告:"战俘说我们就是一群菜鸟。因为我们的每一步动作他们都能提前猜到。他们看见我们点燃香烟,听到我们把武器装备弄得叮当作响。假如我们能根据作战原则行动,就能活得长久些。"[3]德国人也热衷于抓盟军俘虏,仅仅是为了得到他们自己也没有的精确地图。

两天后,也就是 7 月 6 日,第 4 步兵师朝西南方向展开攻击。经历向瑟堡推进的艰苦战斗之后,师长巴顿说:"这个师已经不是我们带上岸的那个了。"[4]此话并非夸张。该师自登陆以来已有 5400 人伤亡,后期补充的新兵达 4400 人。倒下的军官不可胜数,以至于连师部参谋人员都被派遣至作战单位。

沿塞沃河西岸和陶特河(Taute)东岸分布的沼泽限制了美

军进攻路线。他们无法从侧翼包抄德军阵地,坦克也不能通过泥泞的地面。"格茨·冯·贝利欣根"装甲掷弹兵师第37装甲掷弹兵团扼守住了一处完美的瓶颈地带。但是,由于连日大雨,水位高涨,散兵坑积水达两英尺深,就连党卫军装甲掷弹兵也抱怨说,他们的脚都被泡烂了。

年轻的党卫军装甲掷弹兵也不习惯配给的食物,里面有很多牛奶、黄油和牛排,却没有面包或面条。就在美军发动攻击一个多星期前,他们收到了自盟军登陆以来的第一批邮件。由于在争夺卡朗唐的战役中损失惨重,很多信件不得不退回给官兵们的家人和情侣。信封上还加盖了一个官方邮戳:"为伟大的德意志牺牲。"[5]党卫军第2"帝国"装甲师的主力部队在北上途中艰苦跋涉,饱受盟国空军打击,终于在这天姗姗来迟,加入战场。

尽管美军在最西端的攻势起初进展缓慢,但在火炮的无情打击下,德军只能打一场消耗战。"帝国"装甲师一部在7月6日对深入卡斯特尔山森林(Forêt de Mont Castre)的美军突然发起攻击,不过他们很快就被盟军火炮击溃。由于所有补给都优先送往卡昂战线,因此德第84军得到的增援和装备微乎其微,根本不能弥补损失。截至6月25日,德国国防军在诺曼底战区的损失达47070人,其中还包括六名将官。然而,他们的有效防御也让美军吃尽苦头,赢得了对手的尊重。一位美国军官说:"德国人的兵力和物资消耗殆尽,但该死的,他们肯定知道该如何好好利用。"[6]

美军持续不断对德军施加压力,致使肖尔蒂茨找不到时机把部队撤下去休息,然后重新整编。他唯一的后备队是由"帝国"师和第15伞兵团组成的战斗群。肖尔蒂茨估计,因美军炮击和空袭,部队每天损失的兵力多达一个半营。[7]他认为国防军最高统帅部不准后撤的命令十分荒谬。于是在豪塞尔的首肯下,他向统帅部发送虚假战报,隐瞒了德军小范围内撤退的实情。豪塞尔的第7集团军指挥部向隆美尔发出警报,最西侧战线很有可能在美军火炮和空中力量的打击下崩溃。由于铁路和公路不断遭到攻击,大西洋一侧的德军很难得到炮弹和补给。

肖尔蒂茨的大多数士兵已连续作战一个多月,如今已精疲力竭。第91空运师有个一等兵①给家人写信说:"连续三天没睡觉了,今天我一口气能睡上十个小时。我正坐在被炸毁的农舍废墟中,此前它的规模一定很大。这幅场景太可怕了:到处都是死于轰炸的牛和家禽。居民的尸体就埋在旁边。东方营的俄国士兵找到了杜松子酒,一起坐在瓦砾中间,大声高唱《一切都会过去》。哎,要是这一切真的都会过去,人们恢复理智就好了。我实在无法接受如此混乱的世态和残酷的战争。在东线,战争对我的影响较小,但是在法国,我就是忍受不了。这里唯一的好处是不愁吃喝……恶劣的天气还在继续,实在是个大麻烦。不过坏天气只是减少了敌机出现次数,并不会阻挠战争进行。我们现在终于有了高射炮,美国人就再也不敢像入侵头几周那样,把空中飞行看作休闲运动了。那真是可怕。"[8]

德军原本预测美军会从西海岸发起主攻,因为那里显然是防御最薄弱的地段。布莱德雷却把圣洛视为主要目标,认为夺

---

① 作者在后文中多次引用了这个未署名的一等兵的记录。

取该镇将"占据有利地形,对稍后发动'眼镜蛇行动'(Operation Cobra)"[9]至关重要。美军计划在该行动中大举南攻,从而冲出树篱地带,横扫布列塔尼。但他们的首要任务是把德军赶到巴约至圣洛公路以南,并将圣洛至佩里耶公路沿线的德军清扫干净。美军将以此为起始线,发动"眼镜蛇行动"。

7月7日上午,大雾弥漫,天气阴沉。随着第30步兵师开始攻击维尔河西岸的德国守军,争夺圣洛的战斗打响了。[10]他们必须克服沼泽地和农庄树篱的阻碍,还要应对维尔河的陡峭河岸。布莱德雷对该部进展迟缓十分不满,决定派遣第3装甲师出战,加快节奏。

当天晚上,美军在一小时内运送了45辆机动车渡过维尔河,向圣洛以西的圣吉勒(Saint-Gilles)发起进攻。但是直至次日,战况并未改善,这次行动定下的目标看来是过于好高骛远了。第30师未能清除该地区内的敌人。两个师事先也没有协调一致,很快就乱作一团。第3装甲师的三支特遣队只能一小块田地一小块田地慢慢推进,而非如布莱德雷预想的那样势如破竹。德军还给了该师当头一棒。12辆"谢尔曼"坦克刚刚从一排树篱的缝隙中钻出来,就被德军击毁。[11]美军坦克装备的炮弹与德军相比,不仅破甲能力较差,而且产生的烟雾也较多,因此在树篱丛中战斗时严重居于劣势。尽管如此,还是经常有三三两两的德国士兵在绝望中向美军投降。第3装甲师一名工兵正在果园边上的茂密灌木丛里撒尿时,一个浑身湿透的德军突然出现,把他吓了一跳。他随手抓起靠在树干上的步枪,这个德国人却从皮夹里掏出妻子和孩子的照片,央求他不要开枪。德国人不停地说:"我的妻子和孩子们!(Meine Frau und meine Kinder!)"[12]

德军从西部发起的进一步攻势表明，党卫军第 2 "帝国"装甲师的一个战斗群已经调往这一地区。空中侦察还发现一支大型装甲部队从距圣洛东南 20 英里附近的勒贝尼博卡日（Le Bény-Bocage）出发，正向战场逼近。根据"超级机密"截获的电报判断，几乎可以肯定这支部队是从卡昂前线转移而来的装甲教导师一部。两个 P-47 "雷电"战斗机中队奉命前去拦截。

7 月 9 日，大雨依旧时断时续，天气不利于盟军进行空中侦察和战斗轰炸机空袭。攻击于早上 7 点重新开始。倒霉的步兵全身是泥，浑身上下淋成了落汤鸡。不过局势很快就清楚了，德军正计划出动刚刚到来的装甲教导师发起反击。当天上午，有多份报告称"大量坦克"正从圣洛西侧附近向战场杀来。美军迅速将"巴祖卡"火箭筒和反坦克炮部署到前沿部队，军直属炮兵也做好了准备，但美军并未因此停止前进。

B 战斗群的"谢尔曼"坦克先头部队抵达蓬阿贝尔（Pont-Hébert）后，不料看错了地图，没有按计划在此转南，而是沿通向圣让-德代（Saint-Jean-de-Daye）的主干道折回，向北行进。混乱也随之而来。该部与前进中的第 30 师不期而遇，后者事先已得到警告，可能会受到敌军坦克攻击。第 30 师第 823 坦克歼击车营和自行高射炮部队发现这支迷路的坦克纵队后，立即与之交火。两辆打头阵的"谢尔曼"当即被摧毁，接着爆发了激烈战斗。第 30 师尚无战斗经验的步兵顿时陷入恐慌之中，纷纷谣传德军装甲部队已经取得了全面突破。美军花了好些时间才收拾好这个"可怕的烂摊子"[13]，命令第 3 装甲师调头向南，同时派遣刚进入战区的部队稳定住蓬阿贝尔公路两侧的战线。

右翼美军的情况在那天也不容乐观。第120步兵团和第743坦克营落入"帝国"装甲师豹式坦克和装甲掷弹兵精心布置的伏击圈中。党卫军掷弹兵与美军坦克短兵相接,一些掷弹兵甚至企图爬上坦克。美军坦克车长用炮塔顶上的重机枪才将其击退。第120步兵团的一个营差点被德军包围,几近全线崩溃,因为"恐慌席卷了那些相对稚嫩的部队"[14]。预备队和后方梯队也在恐惧下失去控制,"各种车辆、装甲车纷纷向北疯狂逃窜"。

好在有军官和士官力挽狂澜,前线各连才停下了逃跑步伐。美军总共损失13辆"谢尔曼"坦克,步兵伤亡人数是德军的两倍。军属炮兵从黎明时分开始就不停歇地发射了近9000发炮弹。多亏炮兵的有力支援才避免了一场彻头彻尾的惨败。

7月10日,位于沼泽地和陶特河之间的美第7军再次发起进攻,试图沿卡朗唐至佩里耶的公路向西南推进。他们在部分地段取得了一些进展,但依然没能突破德军防守的瓶颈地带。第83师经过四天苦战,才前进了大约一英里。一名第4师军官描述这场战斗说,"对步兵而言,这一周真是苦不堪言"。他们在沼泽中奋战,一片接着一片争夺旱地。有时水深及脚踝,有时还得将步枪举过头顶涉水,"这真是个糟糕透顶的地方"。官兵们都累得筋疲力尽。"我们只要一坐下来就会睡着或精神恍惚。"[15]作战经验丰富的德军在晚上把战友的尸体从战场上拖回来,每次撤退时都带着一起走,这样美军就难以估算对方的伤亡人数。

第4师师长巴顿将军写道:"德军凭借士兵们的勇气才得以坚守。我军步兵兵力是他们的10倍,炮兵是他们的50倍,空军实力更是天壤之别。"[16]他希望各部队指挥官能说服手下的官兵，"应该像德国人为他们的国家那样，也为自己的祖国奋战"。① 一份根据多个战俘访谈内容编撰的报告称，德军"对普通美军的战斗能力不屑一顾"[17]。只有游骑兵和空降部队才被看重。德军士兵被宣传机构深深地洗脑了。党卫军第17装甲掷弹兵师的一名19岁战俘是希特勒青年团成员。他确信美军正处于山穷水尽的地步；德军已经重夺瑟堡，只等彻底消灭西方盟军后，再击败红军。

民族社会主义②督导军官（National Socialist Leadership Officers）是相当于苏军政委的职务。他们为了制造仇恨，大肆宣扬盟军的"恐怖袭击"对德国城市造成了严重破坏，致使大量妇孺遇害。他们的惯用说辞是，盟国打算消灭"德意志民族"。失败即意味着祖国毁灭。德国人发给盟国官兵的传单上印着："你们到欧洲来要干什么？保卫美国？……为斯大林、犹太人送命？"[18]这也是纳粹宣传的基本模式，即美国"犹太财阀"与苏联"犹太布尔什维克"聚集在"美国精神"（Amerikanismus）的大旗下沆瀣一气。

就算有些德军士兵想放弃抵抗，他们也不敢付诸行动。纳粹宣传机构让他们相信，德国的新式秘密武器正在轰炸英国，

---

① 合众社（United Press）战地记者鲍勃·米勒（Bob Mille）写道："将美国、英国或加拿大的普通士兵与德国士兵相比，到目前为止，很难否认德军在诸多方面都比我们强。他们训练有素，纪律严格，而且在大多数情况下，执行任务的效率比我们高得多……如今在欧洲作战的美国大兵普遍感到不满。他们不想待在这里，他们不是士兵，只是穿军装的平民。"[19]——原注
② 国内多部权威辞书曾将德文"Nationalsozialismus"翻译为"国家社会主义"，对应的英文为"National Socialist"，目前已成为约定俗成的专有名词；但从德语构词、政治内涵、历史范畴等角度分析，该词应翻译为"民族社会主义"。德文"Staatssozialismus"才是"国家社会主义"。本书一律将"National Socialist"译为"民族社会主义"。

他们即使投降也不安全。有个一等兵写道:"被俘也是个棘手的问题。有些人希望当俘虏,但他们又害怕 V-2 火箭和 V-3 大炮①。"[20] 三天后,他给家中写信,依然对投降瞻前顾后,担心德国真的会赢得战争:"今天我和东线老兵聊天。他说东线很艰难,但跟这儿完全不一样。"如果德军士兵"向敌人投降……其家人得不到任何补偿。一旦我们最终获胜,他就会被移交回来,接下来就有他好看的了"。

就像所有军队一样,美军各营的作战表现也千差万别。在树篱农庄的战斗中,美国大兵们终于开始克服他们对德军坦克的恐惧心理。第 4 师第 22 步兵团的二等兵希克斯(Hicks)用火箭筒在三天内干掉了三辆豹式坦克。虽然他于两天后阵亡,但人们对"巴祖卡"火箭筒的反坦克能力越来越有信心。一名火箭筒兵对第 22 步兵团的蒂格(Teague)上校说:"上校,那玩意真他妈的是个大家伙,好像整条公路上都挤满了坦克。它势不可挡,就像要摧毁全世界。我朝那个狗娘养的打了三发,还是不行。"说着他停顿了一会儿,蒂格问他接下来的行动。"我就跑到它后面,又打了一发火箭。它这才停下来。"[21] 一些下级军官热衷于"狩猎"德军坦克,以至于上司不得不命令他们停止冒险。

第 22 步兵团在长达五天的沼泽和树篱丛战斗中,包括一名营长和五名步兵连连长在内,共伤亡 729 人。"在 G 连,同连队一起战斗时长超过两周的军士只剩下五个了。据二级军士长

---

① V-3 大炮是纳粹德国即将战败前制造的系列"复仇武器"之一。这种超远射程火炮不能转向,直接瞄准伦敦。但 V-3 大炮只发射过试验弹,在被盟军破坏前,从未投入过实战。

称,其中四人还出现战斗疲劳症状。要不是实在无人可用,他们肯定会被剥夺职务。由于缺乏给力的士官,连长和二级军士长不得不在枪林弹雨中四处巡查,把躲在单兵掩体内的士兵踢出来。不过等他们过去后,这些人就又藏了起来。"[22]

第19军第9和第30师在陶特河以东正紧张地等待德装甲教导师到来。由于能见度差,美军在7月10日无法进行空中侦察,因此装甲教导师得以在当晚畅通无阻地行至集结区。德军计划将这两个美军师逼退到维尔运河,然后长驱直入攻至卡朗唐。在诺曼底地区的所有德军部队中,装甲教导师一开始的装备最为精良,训练水平最高,但是在卡昂战线与英军血战后,该部兵力损失已超过三分之二①。[23]

拜尔莱因的官兵也一个个疲惫不堪,战端开启后就从来没有离开前线进行休整。他为此向第7集团军指挥部提出抗议,却被告知无须担心,因为美国人都是孬兵。拜尔莱因警告肖尔蒂茨说,装甲教导师"再也无力发起反击"[24]。肖尔蒂茨显然认为他"就像所有装甲指挥官那样"撒谎,命令他无论如何必须进攻。

拜尔莱因并没有夸大其词。他的师在离开英国战区时,状态就十分低迷。盖尔·冯·施韦彭堡写道:"这个师伤亡殆尽,党卫军第1装甲军认为该师情况相当危急。"[25]拜尔莱因别无选择,只能将其残余坦克、装甲掷弹兵和炮兵分成三个战斗群。

---

① 根据拜尔莱因自己统计的数据,教导师于7月7日抵达美军战区时,装甲团人数已从2200人减少到400人,183辆坦克只剩下65辆。第901装甲掷弹兵团从2600人减至600人,第902装甲掷弹兵团从2600人减至700人。——原注

最强的一支从蓬阿贝尔出发攻击前进；第二支以库唐斯（Coutances）为起点，沿公路向勒代泽尔（Le Dézert）进攻；第三支在霍梅特森林（Bois du Hommet）出发，矛头直指勒梅尼勒韦讷龙（Le Mesnil-Véneron）。

7月10日晚，前沿阵地的美军步兵报告，称听到了坦克轰鸣声。11日凌晨，装甲教导师开始向勒代泽尔以南的树林山丘，以及驻守勒罗谢（Le Rocher）附近90号高地上的第120步兵师某营发起进攻。尽管有少数几辆Ⅳ号坦克突入美军阵地，但多支火箭筒小组很快就逐一消灭了它们。

那支从蓬阿贝尔出发、顺着维尔河堤岸进攻的德军在"巴祖卡"火箭筒和坦克歼击车的阻击下也被打退了。美第3装甲师的一支特遣队赶来增援，但遭到位于维尔河东岸的德军突击炮袭击，六辆坦克中弹。在西岸，第9师的援兵和坦克歼击车也赶到了。7月11日9点，美军呼叫正执行其他任务的战斗轰炸机空袭正在勒代泽尔公路上向东北推进的装甲教导师。

其他几个坦克歼击车战斗群则埋伏在西边数英里的地方，等待德军靠近。尽管通常要发射数枚炮弹才能击毁豹式，但坦克歼击车乘组不为所惧，坚持战斗。他们一共摧毁了12辆豹式和一辆Ⅳ号坦克。中路德军战斗群在勒代泽尔以南暴露了行踪，随后遭到美第9师炮击，以及P-47"雷电"、P-38"闪电"战斗机轮番轰炸。装甲教导师的攻势被完全遏制。此役德军损失惨重，有20辆坦克和突击炮被击毁，另有近700人伤亡。[26]

拜尔莱因将失败归咎于官兵太过疲劳，认为V号豹式坦克不适合在树篱丛作战。这种地形削弱了该型坦克射程远的主要优势，而且豹式坦克炮管较长，难以在树篱丛中转动炮塔。也许更重要的原因是参战美军展现了巨大勇气和非凡决心。两天前的那种恐慌情绪已一扫而空。与此同时，装甲教导师也实力大减，与英军对阵的那支强大的装甲师已不复存在。[27]

上面这段简短的记述尚不足以描绘树篱农庄战斗的真实情况。德军将其形容为"肮脏的灌木丛战"（schmutziger Buschkrieg）[28]，不过他们也知道这恰恰是他们作为防守方的最大优势。树篱战令美国士兵心生恐惧，进而萌生了登陆前不曾有过的憎恨。第1步兵师有名士兵在寄给明尼苏达州家人的信中写道："唯一的好德国兵是死人。我从未像这样如此痛恨他们。这并非源于那些大人物的鼓吹。我想自己可能有点疯了——不过谁不是呢？也许这就是最好的生存方式。"[29]然而，在这场野蛮的战斗中，双方在某些事情上也会心照不宣，有所节制。比如没人制造达姆弹，因为他们很清楚如果有人敢用，对方一定会以牙还牙。

美军对诺曼底的树篱丛密度、树木高度，以及长满植物的坚实路堤毫无准备。他们在训练时以为法国树篱同英国南方的树丛一样。第7军的柯林斯将军告诉布莱德雷，情况十分糟糕，与他在瓜达尔卡纳尔岛遇到的有过之而无不及。布莱德雷自己也说，"这是我经历过的最该死的乡村地形"。就连英军也没有听从布鲁克元帅的警告。他在1940年撤退途中路过这片乡村地带，因此预言进攻者在此将举步维艰。

穿行在由树篱围起来的小块农田中，根本看不到敌人身影。新兵部队尤其容易受到惊吓而不知所措，把步兵训练中学到的基本原则都抛到了九霄云外。当德军大炮或迫击炮炮弹就在身边爆炸时，他们本能地卧倒在地或往后方跑以躲避危险，殊不知向前冲锋反而更为安全。藏在树梢上的德军步兵只要一开枪，整个排就会趴在地上，变成了更加容易瞄准的目标。德国人很善于故意挑起这种局面,引诱美军在空旷地带趴倒后,迅速发射一连串迫击炮弹。布莱德雷的司令部提出"想活就得动"[30]的口号,要求所有部队遵守。军官和士官收到命令,绝不能自顾自卧倒,否则步兵排的其他士兵也会效仿。更凶猛的攻势才能减少伤亡,因为只要保持前进,德军也会慌乱。司令部不断强调"行进间射击"战术的重要性,命令部队在前进中时常向可能藏匿有敌人的地方射击,而不是看到可识别的目标后再开火。

如果被德军狙击手击伤,那么最好原地躺着别动,他不会在尸体上浪费子弹;若试图爬走,他肯定会补枪。埋伏在树林里的德国狙击手经常把自己绑在树干上,这样即使受伤也不会掉下来。交战双方都不会对狙击手手软。在开阔地带,干草堆是狙击手的另一理想藏身点。不过英美士兵用曳光弹来点燃干草堆,当枪手试图逃跑时再将其击毙,于是德国人很快就放弃了这个方法。

由于德军士兵耗费了太多时间修筑大西洋壁垒,疏于练习,因此枪法大多生疏,造成的伤亡也很有限,美军却为此过于恐慌。其实迫击炮造成的死伤人数就是步枪或机关枪的三倍之多。[31]大多数德国部队中只有很少几个配有带瞄准器的狙击枪、训练有素的狙击手,不过美军已成为惊弓之鸟,总是忍不住相信每个隐藏的步兵都是"狙击手"。美第1集团军指挥部在通报中强调:"狙击手的威胁不应被夸大。"狙击手应该由狙击手来对付,而非"不加鉴别地胡乱开火"[32]。类似这样的恐惧心理还把所有德国坦克都夸张为"虎式",野战炮也都变成了88毫米高炮。

就跟卡昂前线的英军一样,美军也发现德国人颇为擅长伪装和隐蔽。他们把刚刚砍下来的树枝覆盖在火炮和装甲车辆上，以此躲避盟国空军或地面火炮轰炸。士兵必须掩盖装甲车留下的痕迹，甚至还得把被车辆压扁的草地或谷物重新扶起来。步兵不仅挖散兵坑，而且像"地下的鼹鼠那样"[33]，挖掘顶上有盖、可抵御火炮的地洞，以及穿过树篱丛的隧道。坑道内设置了朝向田野的小开口，这是德军高射速 MG 42 机枪的理想射击孔，可以将美军步兵排成片摞倒。①

在东线，德国人从苏军炮击中学会了怎样在防守中尽量减少损失。他们在诺曼底战区运用这些经验，取得了良好效果。德军前沿阵地只不过是由多座机枪阵地构成的薄薄屏障；再往后几百码则是一道更为坚固的防线；接着是更靠后的第三道防线，那里还集结了一支可以随时准备发起反击的部队。

德军很清楚，英美军队刚刚占领阵地之后的一小段时间是其防备最为松懈的时候，也是反击的最佳时机。这一时刻造成的伤亡通常比他们最初攻击还要大。[34]盟军士兵重新挖掘工事的速度很慢，因此他们经常就地利用德国人的散兵坑或狭长掩壕。然而，在很多情况下这都是德国人设下的陷阱。提供火力支援的炮兵营预先标记好了坐标，一旦自己人撤出阵地就立马朝这些掩体开火。盟军部队一而再再而三地中招。他们在进攻后累得半死，又因成功占领了德军阵地而沾沾自喜，所以绝不愿意花时间去费力地挖一个新散兵坑。英美步兵部队花了很长时间，付出了许多不必要的牺牲，才领悟到德国陆军的那句格言："多流汗才能少流血。"

---

① MG 42 被盟国陆军称为"施潘道"（Spandau），每分钟可发射 1200 发子弹，远远优于英国的布伦机枪或美国的勃朗宁自动步枪。德国部队大量装备 MG 42，提供了远超英美步兵的强大火力。——原注

东线的德国老兵在与红军拼死搏杀中学会了几乎所有想得到的阴招。如果在通往他们的阵地途中有弹坑，德军就会往里面扔几颗反步兵地雷。进攻者受到机枪或迫击炮攻击时，便会本能地跳进去隐蔽。如果德军要放弃阵地，他们不仅在堑壕里布置诡雷，还留下一箱手榴弹，并对其中几颗做手脚，一拉导火索就会爆炸。他们还擅长把S型跳雷埋设在小道旁边的沟渠中，美军称之为"弹跳贝蒂"或"阉割器"，因为这种诡雷触发弹起后，在受害者裆部附近爆炸。德军横跨公路架设绷紧的钢丝，高度正好在脖子上下。吉普车驶来时，毫无防备的乘客便会被削掉脑袋。美国人迅速在敞篷车辆前部焊接了一个倒L形铁杆，这样就能钩住并切断钢丝。

若美军发起夜袭，德国人会玩起另一个伎俩。他们用一挺机枪朝攻击者头顶上方发射曳光弹，促使美军放下心来直着身子跑，与此同时，其他机枪则填装普通子弹，压低弹道射击。不论是英军还是美军，他们在任何一次进攻行动中都没有做到跟紧己方火炮弹幕，向前推进。刚刚抵达战场的部队还总是畏缩不前，以为仅凭空袭或炮击就能消灭敌人，而实际上敌人可能只是被暂时震晕或炸懵而已。德国士兵很快就能恢复正常，因此必须抓住瞬间即逝的战机。

支援进攻的坦克使用机枪密集扫射，压制所有可能存在机枪的阵地，尤其是农田的偏远角落。但由于同轴机枪的射击高度较低，坦克也会造成己方步兵大量伤亡。步兵排经常习惯性地呼叫坦克支援，不过若坦克部队不请自来，他们又暴跳如雷，因为一旦坦克出现，几乎总是会吸引德军大炮或迫击炮的火力。

"谢尔曼"坦克是一头聒噪的野兽。德国人声称只要听到坦克引擎的声音就知道美军即将发起进攻。英美坦克乘组需要面对很多足以让他们心惊肉跳的威胁。88毫米高射炮对准地面目标时，即使在一英里之外开火，精确性也相当惊人。德军把它们隐藏在后方的山丘上，这样就能越过山下的篱笆丛树梢，攻击到田野上的敌人。在地形封闭的树篱农庄地带，装备了肩扛式"铁拳"反坦克榴弹器的德军反坦克小组会隐蔽起来等待美军坦克纵队通过，然后朝其脆弱的后部开火。第3伞兵师师长里夏德·申普夫中将在圣洛前线指出，一旦他的士兵近距离击毁"谢尔曼"坦克，信心便迅速高涨，对坦克的恐惧也一扫而空。[35]还有人敢于贴近坦克，投掷黏性炸弹。这种武器的效果类似于美国伞兵习惯使用的甘蒙手榴弹。如果能接近坦克而不被发现，一些人甚至会爬上车身，设法朝舱体内扔手榴弹。显然，若没有步兵保护侧翼，在树篱农庄地带作战的"谢尔曼"坦克连就不敢贸然行动。

德军经常在又长又直的小道尽头部署一辆突击炮或坦克，专门埋伏驶入的"谢尔曼"坦克。这又迫使美军不得不将坦克开到支离破碎的小片地块上。受制于潜望镜视野，坦克车长只能把头伸出炮塔观察，却成为潜伏在后方的德军机枪手或步枪兵的目标。

隐藏在树篱丛下沉道路上的德国坦克也是威胁。只有反应非常敏捷的人才能生存下来。由于德军坦克炮塔移动速度慢，因此美军坦克总是有机会能够至少先开一炮。如果炮膛内没有填装穿甲弹，那么即便一发白磷弹也能让敌人坦克抓瞎，甚至令坦克组惊慌失措，弃车逃命。

这里的田地都被树篱丛包围。当坦克从一个显眼的开口进出农田时，往往最容易遭到攻击。美军想出各种方法来避免这种情况。随行步兵尝试用"班加罗尔"爆破筒在树篱中炸出缺口，但是土堤相当厚实，把爆破筒塞进去也很耗费时间，所以这个办法很少奏效。工兵使用烈性炸药，用量却相当庞大。

来自第2装甲师第102骑兵侦察中队的柯蒂斯·G. 库林（Curtis G. Culin）中士终于找到了完美的解决方案。有个士兵曾建议把钢刺安装在坦克前部，铲除树篱丛。在场的大多数人对此一笑了之，但库林更进一步，离开后找到一辆"谢尔曼"坦克，将一对短钢梁焊接到车头上。布莱德雷将军看到这个试验品后，立即下令把德军布置在滩头的金属障碍物切割下来用于改装。于是"犀牛"坦克横空出世。[36]只要配备优秀的驾驶员，不到两分半，它就能在土堤和树篱丛中打出一个大洞。

在树篱农庄地区，夜间巡逻是最重要也是最不受待见的非战斗任务之一。巡逻队通常由一名中士带领，其任务是抓俘虏审讯，或者仅仅是在前沿阵地保持兵力存在，避免敌军偷袭。圣洛前线的德国伞兵就曾经在夜间溜进来扔手榴弹。很多精彩故事都同夜巡有关。军事历史学家福里斯特·波格写道："我采访了很多人，觉得下面这个故事应该是真的。德、美两支巡逻队达成了一项君子协议。一段日子里，他们小心翼翼地在不同时间段光顾无人地带的同一座酒窖。"[37]他还从一名巡逻队长那里听到这样一个故事。有支队伍"向上报告说被敌人截断归路整整三天，然而他们其实是在一所农舍与两个丰满的法国女孩厮混"。不过这些情况就算是真的，也只是个例罢了。很少有人，尤其是来自城市的士兵，愿意离开可靠的战友。美军还通过布置巡逻任务让新来的补充兵体会前线的滋味。但对于指挥一群新兵蛋子的中士来说，夜间巡逻是最糟糕的任务。他们被吓破了胆，在黑暗中随时会乱开枪。

美军行政机构在运行整个"补充兵"(replacement)系统时极度缺乏想象力。这个词本身就选得不好,听上去像是填补死人的缺口;过了好几个月才改成了"增援兵"(reinforcement)。不过根本问题并没有解决。新报到的士兵训练不足,对即将经历的战争毫无准备。第35师的一名中尉报告说:"我军的年轻人,尤其是我上任后才补征的新兵都不是真正的士兵。他们太年轻,不敢杀人;太软弱,不能忍受战争的艰辛。"[38]

第4步兵师的一份报告指出:"所有新兵实际上都是直接由补充训练中心送上前线的。"[39]他们没有在部队接受过任何战地训练。而且与那些在英国为登陆做准备的老兵不同,他们从未经历过猛烈炮火的洗礼。"很多士兵被当作专业兵种而派驻部队,但其实从来没有接受过相关专业训练。许多补充兵也没有被当作战斗步兵来培养……我发现不少人花了半年到一年时间,被训练为邮差、厨师、军官勤务兵、卡车司机等,却被分配到一线战斗部队,并在24小时内投入战斗……这些人无论是心理上,还是军事能力上,肯定都没有做好战斗准备。"新兵接受训练的唯一机会是利用休整时间,然而自登陆犹他海滩以来,该师在40天中只休息了不到6天,因此这是不可能完成的任务。第4步兵师登陆后已伤亡7876人,接收补充新兵6663人。① 大多数自杀事件都是补充兵所为。一名为美国红十字会服务的妇女记录道:"就在他们渡海去法国前,这些年轻人身上的腰带和领带被收走了。② 他们非常非常年轻。"[40]

---

① 在第二次世界大战期间被派往海外的美国军人中,步兵仅占14%,但他们遭受了超过70%的伤亡。诺曼底战役期间,步兵伤亡人数占总伤亡的85%。——原注

② 暗指有人可能会利用腰带和领带自杀。

补充兵通常是在夜晚到排里报到，压根就不知道自己身处何方。老兵们对他们避之不及，部分原因是老战友刚刚阵亡，新兵就来，而且他们也不愿对这些新来者坦诚相待。此外，每个人都知道新兵总是先丧命，相信注定要死的人会传染坏运气。步兵排可不希望让有经验的士兵去白白送死，因此补充兵往往被派去执行最危险的任务，于是这便成了一个自我应验的预言。

许多补充兵一遇到火炮就惊恐不安，蜷缩在散兵坑底部，吓得呆若木鸡。医护兵不得不充当起心理辅导员。即使炮弹在一定距离外爆炸，小伙子们也会因地面强烈震动而以为遭到直接攻击。医护兵只好尽力说服他们把头伸出散兵坑看看，眼前其实并没有危险。

每当部队前进时，总会有一名教导中士走在步兵排最后，专门抓屈服于恐惧而逃跑的士兵。为了逃离前线，补充兵也最有可能自残。他们通常朝自己的左脚或左手扣动扳机。比较聪明的人会隔着沙袋或其他东西开枪，以免伤口附近出现火药灼伤的痕迹。但正如乔治·巴顿观察到的那样，左脚（手）的受伤模式太显而易见了，"很有可能是自残"[41]。那些采用这种方式离开部队的人将被隔离在医院的特殊病房里，仿佛怯懦也能传染一样。一俟出院，他们就会被判处六个月监禁。

树篱丛中的真正英雄是医护兵。他们必须在开阔地带照顾伤员，并设法将他们转移到安全地点。红十字臂章是他们唯一的防身手段，一般情况下都能得到尊重，但狙击手通常会视而不见。医护兵不能指望激战中的士兵提供协助，因为他们收到的指示是即使有战友受伤也要继续前进。布莱德雷的指挥部命令，"步兵必须把救援工作留给医护兵"，还通报了一个典型案例:"为了抢救一名倒下的战友,某连有四名补充兵阵亡,八人受伤。"[42]

第30步兵师的一名医护兵记录了他的经历:"为了快速趴下,你需要学会屈膝顺势倒地,而不是刻意做出卧倒姿势。"他还写道,当伤员看到他出现时,眼睛里闪烁着"希望的光芒"。[43]很容易判断哪些人命不久矣,因为"他们的眼睛里和指甲下面泛出代表死亡的灰绿色。我们能做的只有安慰他们了。号叫声最大的人其实受伤最轻。我们让他们用自己的纱布和磺胺(粉)自我包扎"。这名医护兵会把注意力集中在处于休克状态、创口严重或大出血的人身上。他很少使用止血带,"因为大多数伤口都是穿刺伤,流血很少。若被高速袭来的火炮、迫击炮弹片击中或切断肢体,那么伤口也会因温度灼烧而不流血"。

他的主要装备是用来剪开制服的绷带剪、磺胺粉、纱布和吗啡。他很快就发现不必携带过多饮用水,因为香烟才是伤员们首先想要的东西。打火机也不能忘了。在橡树树梢上爆炸的炮弹杀伤力很大,所以他只要看到地面上散落树枝,就会到四周搜寻伤员和尸体。遗体由工作队带回墓葬登记处。它们通常僵硬肿胀,有时还滋生了蛆虫;被抬起时,很有可能脱落一条腿或一只胳膊。尸体发出让人难以忍受的腐臭,尤其是在遗体集中点。"这里的气味更难闻。不过在那里工作的大多数人似乎完全被酒精麻木了,对此并不在意。"

他曾经为整整一个步兵班填写"阵亡"标签。他们都死于一挺德军机枪之下。他也永远不会忘记一位面带微笑死去的年长中士。他想知道为什么中士在死亡的那一瞬间还在笑,也许是他在临死时想到了什么?身材高大的人最危险,不管他们有多么强壮。"在战场上能坚持到最后的战士通常都很瘦小,动作敏捷,"他观察到士兵们在同伴遇难时会迸发出对敌人的刻骨仇恨,"这是彻底的愤怒,此后他们遇到任何德国人都会痛下杀手。"他甚至注意到一些来自农村地区的大兵十分多愁善感,往死牛睁着的眼睛上放稻草捻子。

农村小伙和从未到过乡村的城市青年之间有明显的区别。有个来自农场的士兵抓到一头奶牛,便把它系在树篱上,开始往钢盔里挤奶。排里的城市兵纷纷走过来,好奇地围观。他还把枯草和树枝布置在阵地前,这样德军就无法趁着夜色悄悄爬过来扔手榴弹了。这也让城市兵佩服得五体投地。

患有战斗疲劳症的病人不时会将诺曼底战区的美国陆军医疗部门淹没。这种病症也被称为"战斗休克"。刚开始没有人知道该如何处理这个严峻的问题。第29步兵师神经精神病学家大卫·温特罗布(David Weintrob)少校用自嘲的口吻记录说,他前往战场医治病人时所携带的装备居然是"血压计、五音音叉、叩诊锤和眼底镜"。[44]

到了6月18日,他的所有帐篷里都挤满了得了战斗疲劳症的士兵。6月21日至7月10日,情况有所缓解,平均每天只出现八个病例。但随着攻占圣洛的战斗打响,从7月11日上午开始,正如温特罗布所说,"病人如暴风骤雨般送来"。每天有35—89个病人入院。他耳边总是能听到士兵高喊"右侧出现88毫米炮,左侧出现88毫米炮,上面出现88毫米炮"。将近一半患有战斗疲劳症的伤员是抵达前线不足48小时就精神崩溃的补充兵。

温特罗布要治疗的病人太多了,只得将大部分病人转移到第 1 集团军战斗疲劳康复中心，然而那里很快也不堪重负，宣布"除了患有非常严重的战斗精神疾病外，不再接受其他病人"。蜂拥而来的"病患绝大多数身体极度疲惫，并伴有轻微的焦虑症状"。温特罗布据此向指挥官格哈特将军请示建立一套新的治疗体系，以帮助更多人重回战场。格哈特个头不高却十分好斗。该师战斗口号"29 师，出发！"就是他的杰作。格哈特批准了温特罗布的建议。

温特罗布建立的帐篷医院有 10 座大型病房和 8 座小型病房，配有 15 名医护助理。从前方伤员救护站转送而来的病患首先会注射少量镇静剂，然后静休 24 小时。次日，他们清洗干净，换上崭新的制服。第三天，医生为他们做精神病学检查。最严重的病人将被撤到后方。温特罗布将剩下的人分为三类：短暂休息后能立即返回岗位的；可重新接受训练的；不再适合继续执行战斗任务的。他意识到有些人永远克服不了战斗压力，只会碍事，对他人构成危害。

温特罗布率先建立了后来被称为"温泉水疗中心"的机构，本质上就是个"户外休养营地"，每天都放电影，举办各类球赛。不过这个地方太富有吸引力了，很快，许多想休息的人就开始假装出现战斗疲劳症状。因此他又制订新方案，由伤愈复出的士官带领病人参加武器训练、打靶练习和公路拉练，以重拾军人们的战斗信心。该项目还帮助他对临界病例进行评估。在 1822 个病例（占非致命战斗伤亡总数的八分之一）中，有 775 人返回岗位。其中略多于一半的人（396 人）在 14 周后仍在战斗。温特罗布认为，"一个人若两次心理崩溃，那么他就再也无法有效作战了"。

很明显，当前最需要解决的问题是补充兵太脆弱。温特罗布和负责训练计划的 G. B. 汉金斯（G. B. Hankins）少校力促格哈特改变这一现状。他们建议，与其在新兵抵达当天就连夜把他们派遣至连排，还不如留下来参加训练，直到他所隶属的团从前线退下来、成为预备队后，再加入其中。教官会在训练中向补充兵头顶上方开火，在他们周围埋设炸药以模拟炮弹爆炸。补充兵也需要更好地融入部队中。在加入连排之前，他们就应该在制服上佩戴第 29 师的灰蓝色臂章。温特罗布提出的几乎所有创新措施后来都在当年秋天被美国陆军采纳并推广。

德国军官如果知道美军的做法，大概会惊讶地直摇头。德军在诺曼底地区饱受压力，从来不敢奢望能在后方接受几天训练。新兵都是在战斗最紧要关头抵达前线的。假如他们朝自己的手脚开枪，就会被处决。第 91 空运师的那个一等兵在 7 月 15 日给家里写信说："克拉默（Krammer）是个能干勇敢的小伙子，却愚蠢地射穿了自己的手。现在他要被枪毙了。"德军士兵唯一的希望就是得到一个完美的"Heimatschuss"，即严重到足以让他们回家的战伤。[45]英美精神病学家都对德国战俘中"显然很少出现精神神经症"[46]感到吃惊。他们猜测这可能是德国军事当局拒绝承认这一情况，或者士兵们受纳粹宣传影响长达 11 年，更加充分地为战争做好了准备。

第十七章　卡昂和髑髅地

蒙哥马利在"埃普索姆行动"期间以及之后，与艾森豪威尔的沟通一直尽量保持在最低限度。艾森豪威尔的副官在日记中写道："艾克这些天来情绪低落。"[1]他最担心的问题是"蒙蒂的攻势进展迟缓"。艾森豪威尔在战斗全面打响时就跟丘吉尔谈到过这一点。

艾森豪威尔的副手——空军上将特德和空军中将科宁厄姆两人甚至讨论过解除蒙哥马利的职务。科宁厄姆是为第21集团军群提供战术空中支援的指挥官，自北非战役以来就一直对蒙哥马利深恶痛绝。他十分讨厌蒙哥马利总是喜欢独揽功劳的恶习。现在，蒙哥马利胡说什么他的战略正在按计划进行，而事实上他显然没能夺取修建机场所必需的土地。科宁厄姆对此更是怒火冲天。

英军在前线过于谨慎的作风也遭到美军高级军官的鄙夷。从登陆日到6月30日，英第2集团军已伤亡24698名官兵，美军损失34034人，几乎比前者多一半。（德军同期伤亡80783人。）D日当天的伤亡比预期的要少得多，此后情况却迅速恶化。英国步兵伤亡人数比估计的多80%，补充兵员也越来越少，部队难以恢复元气。①

---

① 不过卡洛·德埃斯特（Carlo d'Este）认为，英国陆军似乎雪藏了一支规模异常庞大、超十万人的部队，其目的在于保卫联合王国，以及应对其他突发事态。而这支大军本可投入诺曼底战场。[2]——原注

264　　蒙哥马利参加过第一次世界大战，本能地厌恶人员大量死伤，并认为自己有充分的理由在攻击中保持慎重。可是他并没有和艾森豪威尔讨论过兵力不足的紧迫问题。英国人既害怕丢脸，又不愿失去权力。丘吉尔担心若承认英国的弱点，那么在决定战后欧洲未来的议题上，将削弱自己对罗斯福的影响力。然而没过多久，蒙哥马利的第21集团军群就不得不打散第59师，把官兵分配到其他部队。到了11月，第50师也将被拆分，令丘吉尔再度感到灰心沮丧。

　　长期以来，人们一直批评蒙哥马利不敢在诺曼底战区承受必要的损失。但是这些错误可能更多源于由来已久的系统性问题，而不仅仅是个人原因。他麾下三支曾在北非作战的资深部队——第7装甲师、第50（诺森伯兰）师和第51高地师——的表现令人大跌眼镜，暴露出英国陆军内部充斥着厌战情绪。他们普遍厌恶承担风险，也很少敢于抓住机会加以利用。由于屡次未能在卡昂附近突破德军防线，盟军攻势不可避免地蒙上了一层阴影。诺曼底地区的第2集团军越来越依赖于皇家炮兵和盟国空军的有力支援。他们沉迷于高爆炸药能拯救英国人生命的想法而几乎无法自拔。不过这肯定不能救法国人的命。蒙哥马利发动的下一波进攻把所有人都惊得目瞪口呆。

　　卡昂之战始于7月4日的"温莎行动"（Operation Windsor）。这是一次预备攻击，由加拿大第8步兵旅负责夺取卡昂以西的卡尔皮凯村及其附近机场。防守卡尔皮凯的敌人正是盟军最痛恨的党卫军第12"希特勒青年团"装甲师的一支小分队。加拿大军的王后属加拿大来复枪团、肖迪埃团、北岸团和发誓复仇的皇家温尼伯来复枪团都杀红了眼。卡尔皮凯之战也因此成为整个诺曼底战役中最为暴虐的一场战斗。

村庄和机场由不到 200 名来自党卫军第 26 装甲掷弹兵团的官兵防御。此外，德军还利用夜色，送来五辆Ⅳ号坦克，它们都隐藏在南端的破旧机库中。不过德军最强大的武器是一个连的 88 毫米火炮，其火力范围足以覆盖整个机场东侧。他们还拥有第 7 火箭炮旅的一个炮兵营和数门火箭炮。

加拿大军于清晨 5 点发起攻击。他们得到了 15 英里外皇家海军"罗德尼"号和浅水重炮舰"罗伯茨"号的重炮支援。卡尔皮凯村被夷为一片瓦砾。村内 50 多名党卫军装甲掷弹兵中的大多数人被活埋。一些德军全身都是尘土，挣扎着从倒塌的横梁和残垣中爬出来。他们迅速清理武器，迎战攻上来的肖迪埃团。尽管人数不多，但德军给进攻方造成了重大伤亡。不过到了 14 点，已成为废墟的村镇还是落入加拿大军手中。一番残酷战斗后，少数几个德军俘虏受到了加军的粗暴对待。

加拿大炮兵和战舰也对机场狂轰滥炸。有个党卫军炮兵观察员被"一片 25 厘米长的舰炮弹片从后背刺穿"[3]。王后属加拿大来复枪团在加里堡骑兵团的"谢尔曼"支援下，进攻机场东端，但精心布置的 88 毫米火炮打退了加拿大军坦克。夺取机库和营房的战斗十分艰苦。狂热的青年装甲掷弹兵就埋伏在地堡和隧道里。加拿大步兵在途经这些隐蔽阵地时往往没有发现他们，走过去后便会陷入腹背受敌的险境。

在另一个坦克中队和第 79 装甲师数辆"鳄鱼"喷火坦克的支援下，温尼伯来复枪团向机场南端推进。他们也遭到猛烈的炮火反击。被称为"尖叫米妮"（Moaning Minnies）的多管火箭炮和党卫军炮兵营把这座机场变成了杀戮地带。加军步兵和提供掩护的装甲部队被迫撤退到德军火炮射程外的一片小树林里。下午，他们再次进攻，但党卫军第 12 装甲师已经调来了更多坦克。德国人一直在监听加拿大军的无线电通信，对他们的下一步行动一清二楚。

那天晚上，盟军战斗轰炸机的空袭效果不佳。之后，党卫军第 1 装甲军命令隶属于党卫军第 1"阿道夫·希特勒警卫旗队"装甲师的第 1 装甲掷弹兵团重新夺回卡尔皮凯。[4]与此同时，机场内还活着的第 12 师官兵奉命带着伤员撤离。但是第 1 装甲掷弹兵团一开始就遭到己方炮兵误伤，接着加拿大火炮和舰炮也劈头盖脸地打来。据一名加拿大军人透露，肖迪埃团的法裔官兵在大约黎明时分开始失控，把所能找到的每一个党卫军官兵——无论"是死是伤"——尽数割喉。军官拔出手枪才最终控制住了局面。该团一名军官写道："今天双方都没有留俘虏。"[5]

加拿大军没能在"温莎行动"中拿下卡尔皮凯，把失败归咎于英军第 43 师。[6]该师未能顶住"阿道夫·希特勒警卫旗队"装甲师一部的攻击，丢失了正好位于机场以南的韦尔松村（Verson）。直到四天后，英军对卡昂城发起总攻时，他们才收复了韦尔松。

蒙哥马利清楚地意识到，白厅、盟国远征军最高统帅部、布莱德雷的美第 1 集团军指挥部都对他越来越愤怒，攻占卡昂已刻不容缓。① 他必须对这座城市发起强攻。这次进攻被称为"查恩伍德行动"（Operation Charnwood）。7 月 6 日，为了减少

---

① 有未经证实的传言称，丘吉尔曾考虑在攻克卡昂前就将蒙哥马利解职。不过这样一来将给英国公众带来极大冲击，对国外舆论也有负面影响，因此不太可能为真。——原注

英军伤亡,他决心请求皇家空军进行大规模轰炸,以打通前进道路,而马洛里早在三周前就提出了这个方案。而且在6月25日,艾森豪威尔也曾致信蒙哥马利:"对任何可能有用的空军协助,你尽可提出,请不要犹豫。只要有合适的机会,我们就必须竭尽所能打击敌人。"[7]同一天,他还写信给特德,要求他确保提供"最大限度"[8]的空中支援。

7月7日,艾森豪威尔亲自前往本特利修道院①,参加马洛里召集的会议,讨论这项计划。就连轰炸机司令部指挥官哈里斯将军这次也没有反对。各方决定,当晚派遣467架"兰开斯特"和"哈利法克斯"轰炸机,装载延迟引信炸弹以空袭卡昂北部边缘地区。两个对这项计划持怀疑态度的重要人物没有出席会议。他们是艾森豪威尔的副手空军上将特德,以及蒙哥马利的仇敌——空军中将科宁厄姆。他们担心,以后第2集团军只要发动攻势,便会不断要求轰炸机司令部提供帮助,但考虑到艾森豪威尔支持,两人也只得保持沉默。

当晚8点30分,随着"兰开斯特"和"哈利法克斯"轰炸机大型编队在空中现身,英国和加拿大步兵纷纷从狭长掩壕里跳出来欢呼。坦克兵为了看得更清楚,甚至爬上了炮塔。一名炮兵军官在日记中写道:"云层很高,夕阳把遮天蔽日的'兰开斯特'染得通红。"[9]德军防空炮发射出"令人难以置信的密集炮火"。英国和加拿大炮兵当即朝敌方阵地开火,减少皇家空军的危险。

有位军医写道:"我们知道'兰开斯特'什么时候投弹,因为它们会突然在空中升高几英尺。"[10]那名炮兵军官还写道:

---

① 本特利修道院是当时英军战斗机司令部所在地。

"越来越多的轰炸机驶入高射炮的弹幕中。一团灰白色烟雾从目标上空升起,向东北方向飘去。""偶尔有我们的飞机坠毁,次数很少。一架'兰开斯特'盘旋着下坠,也许落到了北面的大海里。几朵伞花打开,缓缓飘落。"接着,又一波次轰炸机飞临。"卡昂上空,整个东部和东南部的地平线上都笼罩着烟尘。夜幕降临,这个区域又被狂暴的闪光覆盖。还有什么比这更能鼓舞人心呢?"

有位禁卫装甲师军官将卡昂轰炸形容为"一幅壮丽的画面"[11]。大多数目击者显然以为法国平民都已经撤离。"我坐在河边抽着烟,看着2300吨炸弹扔向六七英里外的卡昂,"一名身在奥恩河东岸的加拿大伞兵营少校写道,"这是多么不可思议的一幕呀——可怜的德国佬!"[12]

虽然大多数人看到这一景象时欢呼雀跃,但也有少数人心存疑虑。冷溪禁卫团的一个上尉写道:"作为步兵,我不禁思考,为什么他们要把它炸成齑粉,这样不是更有利于防守吗?这太可怕了。"[13]一位来自萨默塞特郡轻步兵团的军人写道:"这场景令人毛骨悚然。炸弹在这座不幸的城市爆炸,黄色的火舌肆意狂舞。升腾的浓烟,加之建筑物坍塌所产生的尘土混合成一片黑云,在夜幕中迅速蔓延。"[14]这次空袭发生在大约六英里之外,但他们依然能感觉到"脚下的地面就像果冻一样颤抖"。

*

假如六英里外的土地都在晃动,那么空袭对城市本身的破坏就更难以想象了。一名老人后来被问及在7月7日的轰炸中有何感觉时,他思索了一会儿回答说:"就像国际比赛中,一只被缝进足球里的老鼠……"[15]

尽管德军已下令市民撤离，但卡昂仍有 1.5 万居民滞留。他们认为轰炸机的目标是市中心，而非北郊。很多人似乎认定古堡才是瞄准点。窗户上的玻璃在爆炸中全部震碎。在圣母修道院避难的无家可归者被尘埃弄得睁不开眼睛，喉咙里充斥着呛人的浓烟。"我们感觉就像被困在一艘遇险的船上，处在恐怖的风暴之中，即将沉入深渊。"[16] 仅存的一丝烛光在冲击波下熄灭。女修道院院长举起"一块真十字架残片"，用平静的声音为众人不停祈祷。

周围的建筑纷纷垮塌，巨大的噪声和震动令躺在病床上的患者吓得睁大双眼。修女们一边拨弄念珠，一边帮助病人小口啜水，同时还以很快的语速祷告。圣让厄德（Saint-Jean-Eudes）地区神父的女管家被担架抬走前，匆匆忙忙向他大声告解说："神父先生，去花园里。我为您埋了一件衬衫和一打手帕。如果我不这么做，您迟早会把它们全送给别人。"[17]

轰炸结束后，年轻的志愿民防队员赶到修道院，催促人们赶紧逃命。他们从唯一一扇还能打开的大门离开那里。修道院院长携带圣器，率领众人沿圣朱利安大街撤离。"这支庞大的队伍行进在令人难以忘怀的场景中。繁星点缀的壮丽天空下，四周火焰发出红色光芒。火花四溅，延迟引信炸弹仍在不时爆炸。"[18] 他们不得不翻过被炸弹炸倒的大树，跟着一位民防队员前往救世主女修道院。一个年轻人返回女修道院，守护在那里，防止有人抢劫，并把那尊巨大的银制救世圣母像藏了起来。

位于卡昂城巴斯德街的大学校园几乎片瓦无存。躲进古老地窖的居民以为能逃出一劫，不料却被活埋。监狱街有 30 多人死亡；另有 50 人藏在沃格尔街防空洞内，也不幸遇难。英国官员从民政事务部得知有 6000 名平民丧生后，感到难以置信，这个数字占尚未撤离该市人口的近一半。[19]当时，另一个伤亡统计数字是2000人。事实上，实际死亡人数接近350人[20]。① 但考虑到已有超过四分之三的人口离开了这座城市，留下来的大多数人又都隐蔽在深深的地窖中，这个数字依然相当可观。

卡昂居民最害怕听到德军军官宣布要把这座城市变为"法国的斯大林格勒"。不过注意到德国国防军准备撤退的明显迹象后，他们又乐观起来。6月26日，后卫部队开始离城。盖世太保则回来销毁他们屠杀被俘抵抗组织成员的证据。7月6日，德军工兵着手破坏卡昂城内运河沿岸的港口设施。当地的德军指挥部在同一天还下令留下来的平民撤出城外，但依然没有什么效果。卡昂城内的守军只剩下党卫军"希特勒青年团"师了。

轰炸就是彻头彻尾的双重灾难。[21]盟国空军没能摧毁卡昂北郊附近的大部分德军阵地，反而给城镇造成了巨大破坏。皇家空军担心误伤等待前进的英军部队，因此将轰炸区域转移到南边的市中心，反而错失德军阵地。这个失误与美军炮火未能击中奥马哈海滩上的防御工事类似。除了蒙哥马利，没人相信这次轰炸取得了军事意义上的成效。唯一可能遭到空袭的部队是德国第16空军野战师的一支分遣队。该部接管了位于莱比塞村附近的第21装甲师防区。此外，"希特勒青年团"师的两辆坦

---

① 根据卡昂大学计量历史研究中心的统计，卡昂共有1150人死亡，其中800人死于6月6日至7日的轰炸，350人死于7月7日的轰炸以及7月8日的战火。受伤人数不详。救世主女修道院在6月6日至7月底共收治了1734名伤者，其中233人死亡。苏联战地记者克拉米诺夫（Kraminov）中校声称有超过2.2万名法国人死亡，埋葬在卡昂城的废墟下，而当时城内已经没有一个德国人了。[22]战后，法国共产党将这篇荒诞且夸张的报道用作反英宣传。——原注

克和一个迫击炮分队也被炸弹击中，当时它们部署在卡昂以北的村落里。最糟糕的是，这次攻击把城市大部分地区炸成了一片瓦砾，就像德军轰炸斯大林格勒的后果一样，反而不利于车辆前进，还为守军提供了理想的防御地形。① 埃贝巴赫将军把这座城市形容为"一堆让人寸步难行的废墟"[23]。

据说盟军之所以在总攻前一天夜里发动空袭，是因为担心第二天天气转坏。然而7月8日的气象报告并不支持这一判断。即使考虑到延迟引信炸弹的效果，德国守军也有足够的时间重新整编队伍。尽管前期进行了猛烈炮击，但英、加部队向城市及周边地区进军途中，遭受的损失远远高于预期。莱比塞树林被完全夷为平地，看起来就像第一次世界大战的战场。

"希特勒青年团"师的士兵扛着"铁拳"反坦克榴弹发射器走出地窖和碉堡，近距离攻击"谢尔曼"坦克和"鳄鱼"喷火坦克。步枪兵爬到树上，把自己绑紧。他们似乎专门瞄准正在向德国步兵扫射的坦克车长。党卫军装甲掷弹兵的枪法明显优于德国普通步兵师士兵。仅在那一天，东赖丁第1义勇骑兵队就有五名坦克车长和一名中队长死于狙击手枪下。

往后方运送伤员的担架手都累得筋疲力尽。英军第3步兵师第223战地救护队的一名成员说："什么样的伤都有。有的人被炸断了脚，有的人失去了膝盖，还有的人手臂连肩被削掉。我记得有个送进来的军士长被打爆了半个头，但仍然神志清醒。军医对我说：'给他注射两支吗啡，让他走得快点。'然而吗啡没有起到效果。我还看到有人胸部受伤，伤口的样子十分骇人。

---

① 第二天，驾驶"哈利法克斯"轰炸机的第346吉耶纳中队和第347突尼斯中队收到了来自哈里斯、登普西和蒙哥马利的感谢和祝贺。人们除了同情外，恐怕很难想象当时法国机组成员的感受。[24]——原注

我们在那天收治了466名英军和40名德军伤员。"[25]

在第210战地救护队的前线救护站，医生和工作人员还必须处理各种战斗导致的伤病。其中就有"一群得了战斗应激症的小伙子。他们一个个都魂飞魄散，不知所措，蜷缩在角落里大呼小叫，颤抖不已"[26]。"好些负伤的党卫军士兵送来时脏兮兮，却相当坚强。有几个人多日来一直躲在树上当狙击手。一个年轻的纳粹分子下巴碎裂，濒临死亡，但他在昏厥前把头转过来，低声说了句'希特勒万岁'。"

注定撑不过去的人会被送到前线救护站的另一间帐篷里注射吗啡。医护人员开始担心血浆库存不足。部队官兵不知道如何恰当处置伤员也让他们感到震惊。不能贸然移动严重骨折的伤兵，否则会造成更大伤害，而是应该把他们留在原地，等待受过训练的担架手用夹板把受伤部位固定起来。第210战地救护队的那名医生写道："第一次世界大战的所有经验教训似乎都被忘得一干二净了。"和其他疲惫不堪的同事一样，他也担心睡眠不足会影响判断力。

7月8日，德军忠诚地执行了不惜一切代价坚守卡昂的"元首令"。库尔特·迈耶坚决主张他的"希特勒青年团"师残部应该渡过奥恩河，撤退到卡昂以南。但直到那天夜里，埃贝巴赫才同意他的意见。埃贝巴赫认为这次撤军在最高统帅部看来应该是合情合理的，因为该部实际上已弹尽粮绝，不可能再向前推进了。

7月9日，这座城市仍笼罩在浓烟和尘埃之中。5点30分，抵抗组织成员安德烈·海因茨被同伴叫醒："德国人要走了！"[27]他们看着车队从城镇中撤出，但英军没有开火。抵抗组织领导人——指挥官吉勒（Gilles）把最后几支司登冲锋枪分给他们，命令成员两人一组往北走，为盟军充当向导。海因茨佩戴了一枚中间标有洛林十字的三色旗臂章。他走到曾经是大学游泳池的废墟附近时，突然看到一个德国士兵，便把臂章取了下来。不过这个德军已经被炸死了，僵在原地一动不动。海因茨后来遇到的第一批英军士兵一眼就认出了这个臂章，朝他竖起了大拇指。

卡昂遭到彻底破坏，以至于英军和加拿大军就算拿着地图也弄不清他们到底身在何处。大多数道路都无法通行，还有孤军奋战的狙击手隐藏在他们后方。一支加拿大军的装甲车纵队沿圣马丁大街行进。指挥官接到的命令是尽快穿过城镇，确保桥梁安全。他问一位路人："奥恩河在哪儿？"[28] 那人爬上装甲车指明方向，但远处一个德军防御阵地上的机枪和反坦克炮突然一起开火。装甲车迅速倒车后退，他们的法国向导不得不跳下车，躲进一条门廊里。

"希特勒青年团"师通过奥恩河上仅存的一座桥梁，撤退到河南岸，然后迅速做好爆破准备，并建立防御阵地。他们端枪胁迫当地人在安贫小姊妹会救济院的花园里挖掘堑壕；为了提高机枪射界，还把苹果树尽数砍倒。地窖入口也用沙袋封住，准备进行防御。[29] 加拿大军的先头排刚一进入视线，德军便将桥梁炸毁了。

在卡昂北郊，由厄舍（Usher）中校率领的英军民政事务小组不得不弃车步行。他手下一名军官写道："我们终于和一群军官进入卡昂。城北看起来被彻底摧毁了，到处是一堆堆瓦砾。只有偶尔响起的机枪扫射声打破了死一般的沉寂。"[30]

一位来自民政事务部门的军官告诉安德烈·海因茨,他们打算将总部设在安格特瑞酒店(Hôtel d'Angleterre)。海因茨带着他们来到那里。残垣断壁中,只有一块残破的皇家纹章能证明这里是酒店。纹章上面还印着箴言"心怀邪念者可耻"(Honi soit qui mal y pense)。他本来很想说,英军不应该炸毁它,但忍住没开口。不过那位军官自己也意识到了这个黑色讽刺。① 军官又让海因茨带他去城里唯——处周边建筑物还相对完好的地段,但随后又问是否能洗个澡。海因茨解释说,自6月6日第一次轰炸以来,卡昂就一直停水。尽管证据就近在眼前,但解放者似乎仍然没有感受到这座城市所经历的磨难。次日,一位吃腻了军队口粮的加拿大上尉还询问卡昂城里哪家餐馆不错。[31]

一些落单的德军在废墟中到处搜寻便衣,企图穿上逃跑。其他人,尤其是"东方部队"的士兵则开始大肆抢劫。指挥官吉勒和他的几个手下发现了两个试图躲藏起来的年轻党卫军士兵。他们骄傲地把这些德国人押送给巴约大街上的加拿大军。由于党卫军在城内布下大量饵雷,所有人必须小心行事。

平民从隐蔽所走了出来。他们不敢相信四年沦陷期终于结束了,同时又害怕党卫军可能发起反攻,夺回这座城市。一些人满怀真诚的喜悦,热情欢迎盟军到来,但更多人对他们所经历的一切仍然麻木无感。有个英国工兵写道:"大多数妇女都在痛哭流涕,陷入深深的悲伤和痛苦之中。她们徘徊在已化为废墟的居所前,也许是为了最后看一眼自己所珍爱的事物。花园里散落着一本童书,书页在风中凌乱翻动。房屋内,门挂在

---

① 安格特瑞酒店也可译为"英格兰酒店";英国王徽上有这句法语箴言。

铰链上开开合合,嘎吱作响;桌子还躺在因第一次大空袭而倒下的地方。"[32]

厄舍中校的团队迅速展开工作。他们用推土机清理道路,并竭力建立紧急供水系统。大多数基础市政设施直到9月才恢复运转。一队满载食物的军用卡车已经准备好进入卡昂。排雷是一项缓慢而艰巨的任务,从被毁建筑物的瓦砾中找寻遗体也是如此。腐烂的尸体散发出可怕的恶臭。事实上,不管有多么饥饿,许多卡昂人很长一段时间内都不敢面对发酵的卡芒贝尔奶酪,它的气味能勾起人们的恐怖回忆。

7月10日,由戴高乐临时政府任命的新省长道尔(Daure)先生参加了在圣埃蒂安教堂前举行的法国国旗升旗仪式。[33]很多在场人士都泪流满面。三天后,英第2集团军在圣马丁广场举行胜利阅兵式。伴随着苏格兰管乐队奏起国歌,三色旗再次升起。不过法国人明显流露出困惑的表情,因为他们从未听过用风笛演奏《马赛曲》。

"查恩伍德行动"取得的进展非常有限,盟军只占领了卡昂北部。第2集团军未能控制足够大的区域,以保障部队继续集结。后来被编入加拿大第1集团军的大部分部队不得不留在英国干着急。布莱德雷指挥部和盟国远征军最高统帅部的愤怒情绪得到了华盛顿方面及美国媒体的响应。许多人指责艾森豪威尔没有对蒙哥马利采取更强硬的立场。

7月10日,蒙哥马利与登普西、布莱德雷在他的大篷车指挥部举行会议。由于英军在卡昂附近寸步难行,美第1集团军还困在西面的沼泽和树篱农庄地带,因此他们要讨论的问题堆积如山。蒙哥马利认为布莱德雷的进攻战线拉得太长,应该集中兵力，打出一记重拳。蒙哥马利后来也因此强调自己才是"眼镜蛇行动"的最初提出者。同一天上午，登普西决定也要发起一次大规模进攻，争取在法莱斯方向形成突破。这正是德军最害怕的一招，还将如蒙哥马利所希望的那样，把德军坦克部队一直拖在英军战线不能机动。这个当时还只是纲要的方案就是后来的"古德伍德行动"（Operation Goodwood）。

不过就目前而言，盟军的任务是再次攻占112号高地——这个位于奥东河和奥恩河之间、在"埃普索姆行动"中被放弃的战略要地。战斗十分惨烈。党卫军第9"霍亨施陶芬"装甲师很快就把这个地方称为"Kalvarienberg"[34]，即耶稣受难的"髑髅地"。德国人似乎赋予了这个单词新的含义。

7月10日5点，执行"朱庇特行动"（Operation Jupiter）的第43韦塞克斯师从奥东河河谷向112号高地发动攻击。师长G. I. 托马斯（G. I. Thomas）少将是"一个身材矮小、脾气火暴、意志坚定而又冷酷无情的炮兵，毫无幽默感可言"[35]。托马斯刚一接手指挥这个师就决定重组指挥部。大家似乎都不喜欢他，军官们在背后叫他"冯·托马"。他命令一个旅进攻112号高地，另一个旅从左路向埃泰尔维尔村（Eterville）推进。

前往112号高地的第129旅必须再次穿过点缀着罂粟花的空旷麦田。德军的多管火箭炮开火了。萨默塞特郡轻步兵团第4营的帕特里奇（Partridge）中士描述说，一听到"尖叫米妮"的呼啸声，"11个人就钻进麦田里寻找掩护。然而只有一个人再次站起来"[36]。每当他们在麦田里遇到受伤的德军时，什么也做不了，只能把枪栓从德国人的毛瑟步枪上卸下来，甩得远远的。

这支部队伤亡大半，完全被重机枪火力压制在麦田里。排长命令帕特里奇扔一枚烟幕弹，然后继续前进。帕特里奇觉得这个主意很愚蠢，但还是服从了指令。他刚把烟幕弹投出去，浓烟还没冒起来，排长就跳了出来，结果中弹倒地。他喘着粗气说："帕特里奇中士……"尚未言闭就气绝身亡。帕特里奇招呼其他四名幸存者从麦田里爬回来，接着挖了个坑，泡了杯茶，几个人一起享用。

就在第129旅向112号高地猛攻时，左侧的第130旅占领了埃泰尔维尔，接着向马尔托村（Maltot）前进。[37]汉普郡团第7营、多塞特郡团第5营，以及承担支援任务的第44皇家坦克团（营级单位）还没意识到他们即将遭遇沉重打击。装备了Ⅵ号虎式坦克的党卫军第502重装甲营正在向同一地点集结。该型坦克是西线战场上体积最大，也是最可畏的战斗机器。由于看不清前面的情况，一个虎式坦克连冲过了树篱丛，不料与四辆"谢尔曼"不期而遇。虎式坦克的88毫米火炮瞬间将三辆"谢尔曼"变成了一堆燃烧的残骸。第四辆挂上倒挡，快速逃离。多塞特郡团第5营不知道另一个营已经撤退，很快便攻入村庄，与德军展开巷战。付出了惨重代价后，他们发现若直接穿过农舍，进入后院，那么楼上的德军就会很容易从窗户向外投掷手榴弹或开枪，所以在清理一栋建筑内的敌人时，必须直奔最上层房间。

在西边1.5英里处，英军第129旅几乎冲到了那条穿越112号高地山顶的小路，但是德军火力十分猛烈，击溃了半路上的萨默塞特郡轻步兵团第4营，把他们再次打回山脚。17点，康沃尔公爵属轻步兵团第5营奉命接替萨默塞特郡轻步兵团第4营，又一次试图冲向山顶。他们越过山脊，刚来到一小片栗树林前，部署在高地反斜面上的德军机枪阵地便一起开火，把他们彻底打散，接着德军坦克也发起攻击。部分康沃尔公爵属轻步兵团第4营官兵被打得溃不成军，逃了回来。一名受伤的军官竭力阻止他们撤退。"他下巴中弹，部分脸皮脱落下来。他舞着手枪，试图喊着什么，却发出非常恐怖的声音。"[38]与此同时，萨默塞特郡轻步兵团第4营营长与旅长为了在官兵们面前彰显自信，正撑开折叠椅坐在室外，公开讨论战局。

"光秃秃的斜坡毫无遮拦"，萨默塞特郡轻步兵团第4营官兵顶着迫击炮火力和狙击手的冷枪在"坡上挖出狭长掩壕"，依然坚守在那里。[39]德军火箭炮一刻不停地轰击，承担支援任务的坦克兵们躲在坦克里不敢冒头。但有个军官急着上大号，于是跳出"谢尔曼"，从后面抓起一把铲子，飞快地跑到附近一辆被击毁的坦克旁边，顺势拉下裤子。与此同时，英军火炮继续猛轰山头。一名党卫军"霍亨施陶芬"师成员写道："没有一寸土地能逃过炮弹的蹂躏。"[40]夜幕降临后，每个连队的上士为前线步兵送去了打包好的热餐和香烟。由于"没有考虑到伤亡"减员，这一餐分量十足。他们唯一抱怨的是茶水尝起来有股汽油味。

7月11日黎明时分，浓雾弥漫，能见度仍然很低，正如"霍亨施陶芬"师官兵形容的那样，就像"用牛奶做的浓汤"（eine Milchsuppe）[41]。然而，正当党卫军第19和第20装甲掷弹兵团准备发起攻击时，一架英国炮兵校射机出现在高空。协同进攻的虎式坦克部队最担心的情况发生了。他们很快意识到，最安全的地方就是敌人中间，于是德军坦克碾过堑壕，向英军阵地发起冲锋。他们看到英军正试图把对虎式坦克毫无威胁的反坦克炮推上来，对此既钦佩又好笑。其中一人说："这些盎格鲁-撒克逊人很勇敢！"[42]

庞大的装甲部队如怪兽般突然从迷雾中显现。有个坦克兵写道："我们面前出现了每个虎式坦克乘组都梦寐以求的场景。"[43]前方不到100码之处有一座英军补给点，里面停着弹药车和其他车辆，甚至还有坦克。"车长喊道：'穿甲弹！发射！'"正前方的两辆"丘吉尔"坦克将炮口调转过来对准他们，但虎式坦克近距离开炮，英军坦克顿时爆炸起火。

当天，埃贝巴赫将军向党卫军第2装甲军下达死命令，112号高地绝对不容有失。它是"Schlüsselstellung"[44]——一个战略要地。很快，电话疯狂地响个不停，必须确保112号高地上的人员和物资补给到位。在虎式坦克连的支援下，装甲掷弹兵们一整天都坚守在山脊上。

黄昏后，萨默塞特郡轻步兵团第4营D连接到命令，"向敌军阵地渗透"[45]。帕特里奇中士写道："当这个命令传达到我这里时，我真是万念俱灰。"他们的中尉在前一天阵亡后，他便接管了该排指挥权。D连把武器清理干净，分发弹药。凌晨1点，他们从狭长掩壕里爬出，悄无声息地前进。不过当他们刚一接近党卫军装甲掷弹兵架设在山顶上的铁丝网时，德军阵地上便发射出致命的火力。英军纷纷卧倒。帕特里奇中士写道："曳光弹懒洋洋地在空中划出一道弧线，按'固定路线'飞向白天预先选定的目标。"

就在大家破坏铁丝网时，有个分队长试图直接翻过去，于是所有人都停下来看着他。德军的子弹打中了他弹药袋里的白磷手雷。一个目睹了这一切的下士写道："他被铁丝网缠住，挂在那里，在绝望中尖叫挣扎，变成了一盏活生生的人肉灯笼。"[46]帕特里奇听到这个人"痛苦地呼喊'开枪，朝我开枪'"[47]下士接着写道:"一个显然也吓坏了的好心军官精准打出一发子弹,将他从炽热的地狱中解脱出来。白磷一直在那具毫无生气的躯体上燃烧。即便死亡降临,恐怖仍在持续。"[48]每个在场者都下定决心再也不会把白磷手雷塞进弹药袋了。

撤退命令下达,但悲剧还没结束。下山途中,一些人在黑暗中迷失了方向,结果其他连队没能辨认出友军,反而将他们射杀。这名下士记录道,D连第18排共计36人,最后只剩下9人。其中一名幸存者再也忍受不了了,朝自己的脚开枪。

112号高地上的梦魇仍在继续。第二天,英军重新占领阵地,但党卫军出动虎式坦克,发起反攻又夺了回来。经过前一周降雨,温度现在已经上升到30摄氏度。每一次爆炸都会扬起遮天蔽日的尘土。那一小片栗树林已经被英军的空爆弹完全摧毁。这种炮弹专门在空中爆炸,凭借如雨点般下坠的弹片杀伤守军。很快,树木全都变成了光秃秃的树桩和断裂的树枝。正如一个党卫军士兵所说,放眼望去好似"月球表面"[49]。7月15日,英军炮火更加猛烈,装甲掷弹兵被迫撤退,只有虎式坦克部队还孤零零地留在那里。

这段时间以来,党卫军第2装甲军炮兵部队对山脊北坡的英军阵地不时发动密集弹幕炮击。这也是德军的一种常用突袭战术。由于党卫军炮兵部署位置远在装甲掷弹兵之后,因此并没有体验到物资短缺之苦。隶属党卫军第9"霍亨施陶芬"师第9炮兵团的一个炮组似乎得到了一个年轻法国妇女的帮助。这个被他们称为"珍妮特小姐"[50]的女人每天都会给炮组士兵送去食物。

再往东,德军火炮开始轰击解放后的省会城市卡昂。7月14日,马来尔布公立中学和圣埃蒂安街区被炮弹击中。几天

盟军指挥官在登陆日之前的合影:(从左到右,前排)特德、艾森豪威尔、蒙哥马利,(后排)布莱德雷、拉姆齐、马洛里、比德尔·史密斯

冯·伦德施泰特元帅视察党卫军第12"希特勒青年团"装甲师：(从左到右)伦德施泰特、库尔特·迈耶、弗里茨·维特，以及党卫军第1装甲军军长泽普·迪特里希

隆美尔视察大西洋壁垒

6月5日，格林汉姆公地，艾森豪威尔与即将出发的第101空降师官兵，他的身后是副官哈里·布彻海军中校

第6空降师空降先导员在起飞前对表

6月6日,加拿大皇家海军登陆艇正驶向朱诺海滩

美军医护兵在奥马哈海滩给受伤士兵输血

医护兵和受伤的游骑兵在奥克角悬崖下方

第4步兵师一部从犹他海滩向内陆挺进

罗德·凯勒少将和加拿大第3步兵师的参谋在滨海贝尼耶尔地区登陆后立即展开行动

被加拿大军俘虏的德国战俘将受伤士兵抬回朱诺海滩

第 2 集团军的"谢尔曼"坦克驶过卡昂城以北的杜夫尔 – 拉代利夫朗德

6月9日,犹他海滩

党卫军第101重装甲营二级突击队中队长米夏埃尔·魏特曼（右四）和曾经一起在东线战斗的炮手巴尔塔萨尔·沃尔（叉腰者）

东约克郡团的一名中士正在清理膛线,另一名士兵则在睡觉

6月27日瑟堡市郊，美国士兵和死去的德国士兵

6月26日"埃普索姆行动",皇家苏格兰燧发枪团第6营(第15苏格兰师)

德国装甲掷弹兵团的工兵携带地雷探测器站在豹式坦克上

年轻的党卫军装甲掷弹兵手拿一支98式毛瑟步枪,右者持一具肩扛式"铁拳"反坦克榴弹发射器

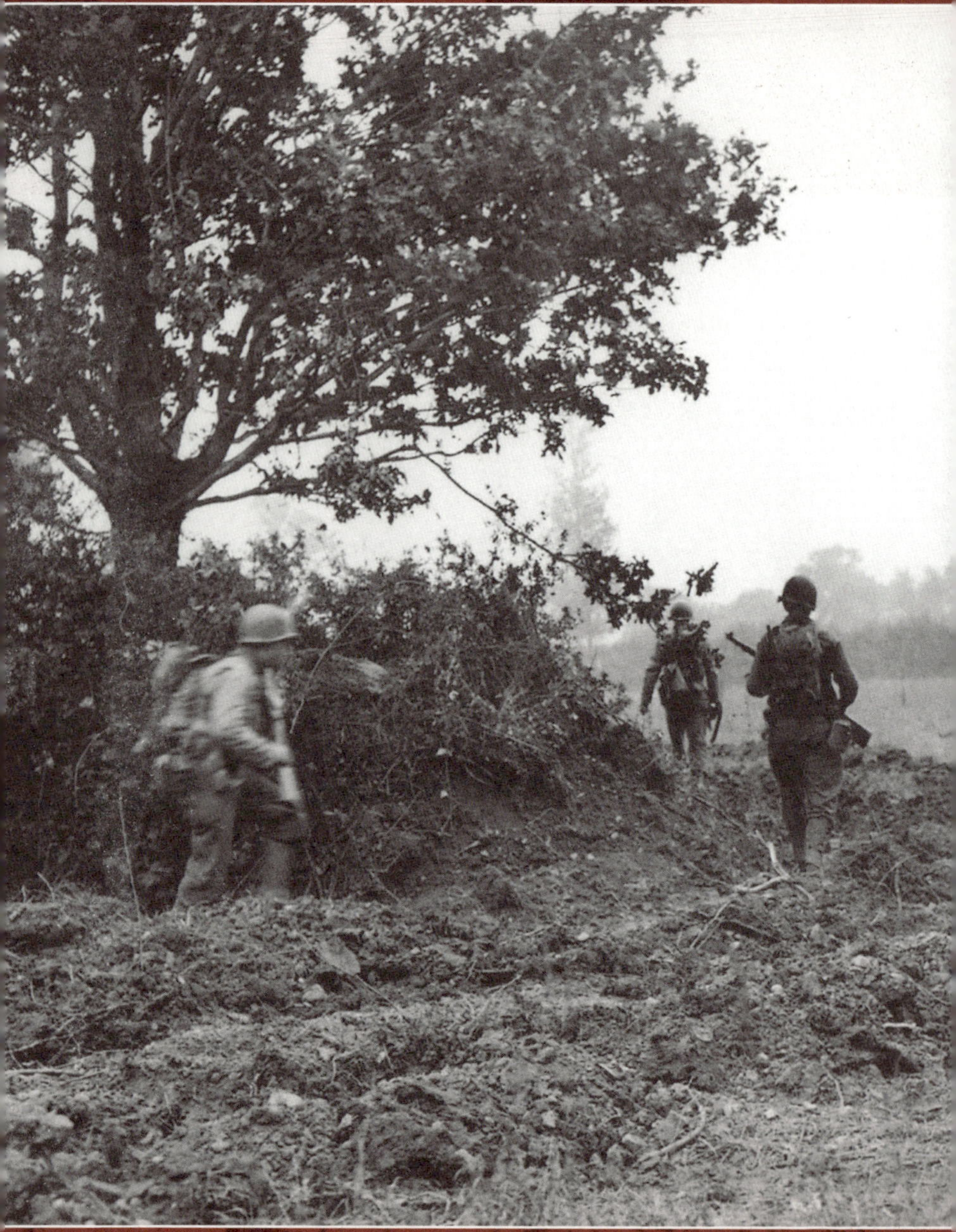

"犀牛"坦克在灌木篱墙上打开一个缺口,美军步兵从中穿过

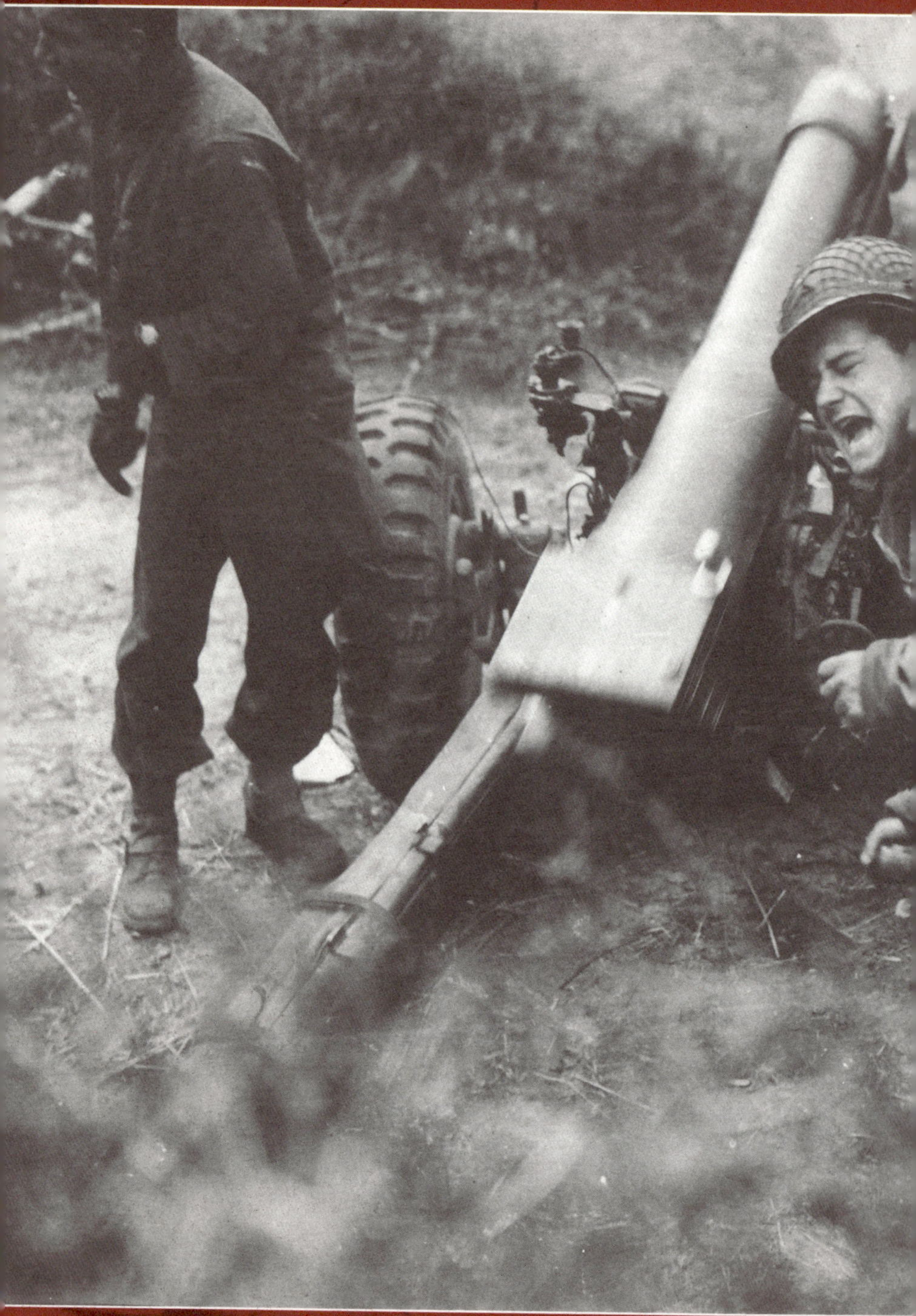

美军105毫米榴弹炮炮组在树篱农庄地带作战

知名战地记者厄尼·派尔在诺曼底战区用第90步兵师配发的科勒曼炉热饭

卡昂城废墟内，党卫军第12"希特勒青年团"装甲师的两名装甲掷弹兵

7月18日,"克伦威尔"坦克群正等待"古德伍德行动"启动

"古德伍德行动",7月19日,威尔士禁卫团第1营在卡尼附近作战

7月14日瑟堡，人们把被指控有"通敌"行为的法国妇女剃光了头发，拖出来游街示众

"眼镜蛇行动"，7月25日，轰炸后的景象。一名死去的德国士兵挂在Ⅲ号突击炮的75毫米口径炮管上

龙塞包围战后,第2装甲师宪兵队的保罗·翁格尔(Paul Unger)中尉正对一名身穿平民雨衣、试图逃跑的党卫军战俘搜身。这张照片由罗伯特·卡帕拍摄

7 月 28 日攻克马里尼后,精疲力竭的美国大兵在大街上倒地就睡

7月28日，拉艾 - 迪皮的老年难民

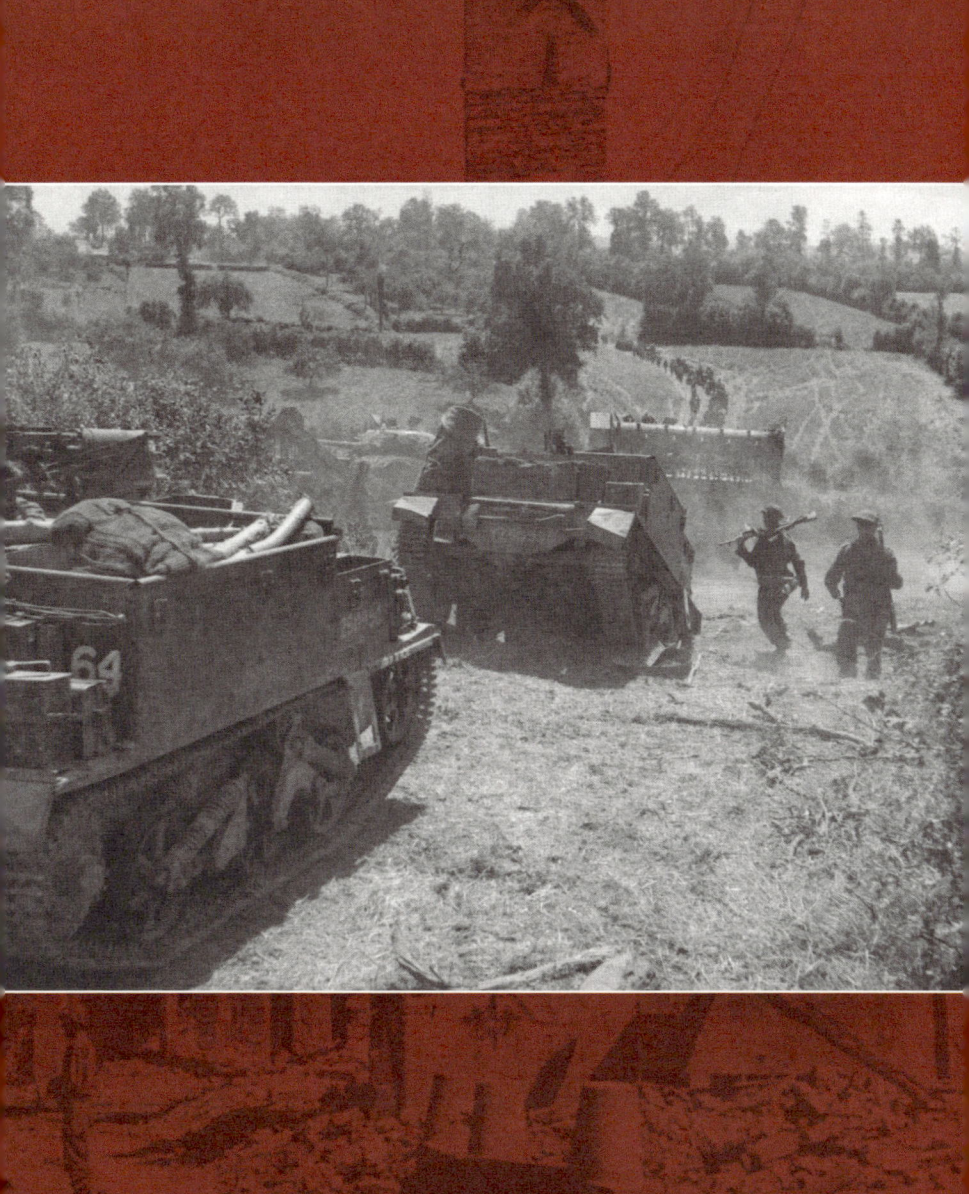

"蓝衣行动",7月30日,布伦轻机枪和扫雷坦克

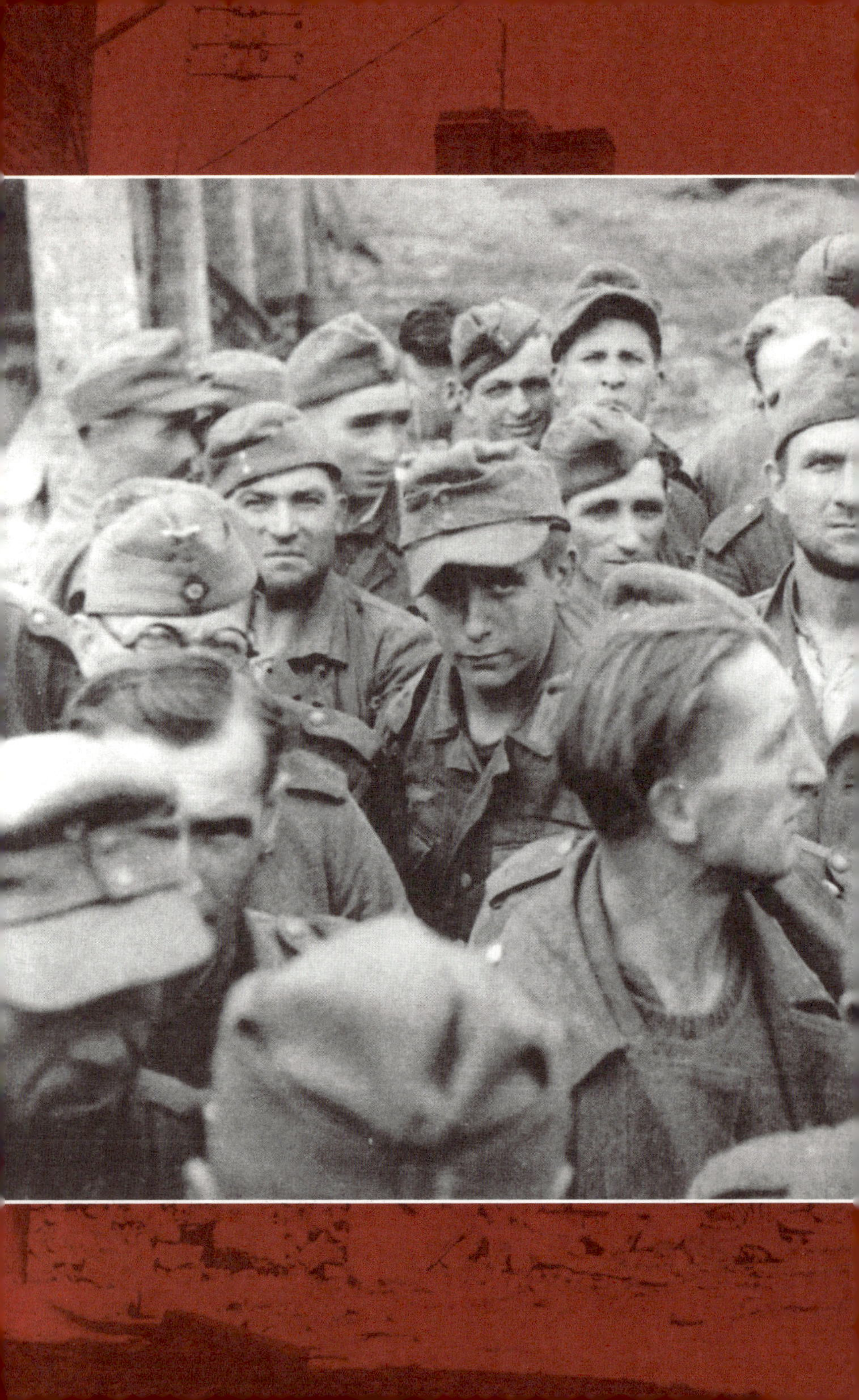

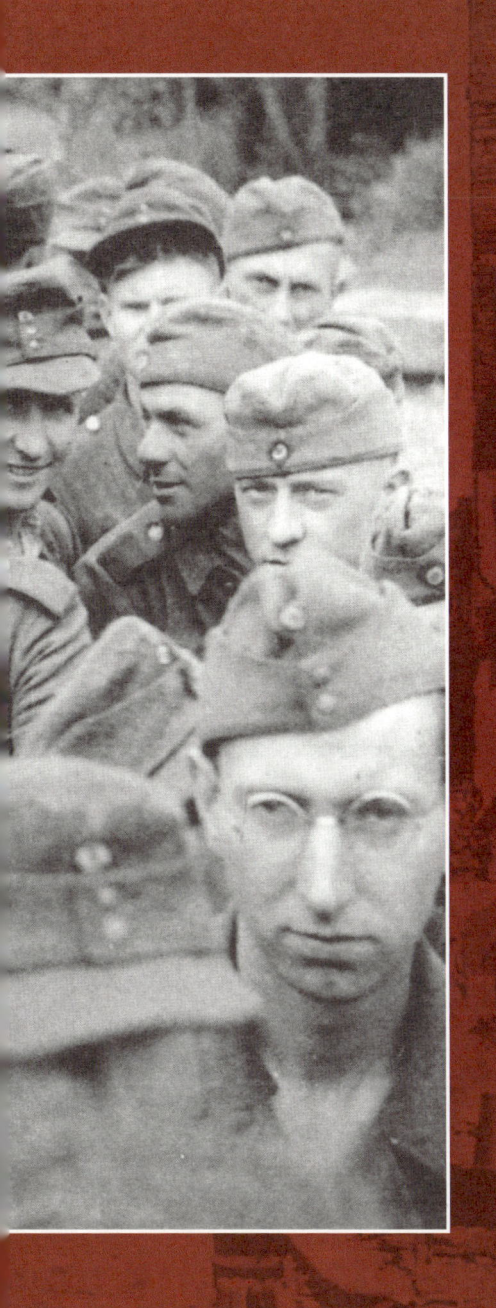

德国战俘被送至瑟堡,然后再押往英国

第21集团军群指挥部，巴顿、布莱德雷、蒙哥马利在镜头中笑逐颜开

8月10日，圣普瓦难民

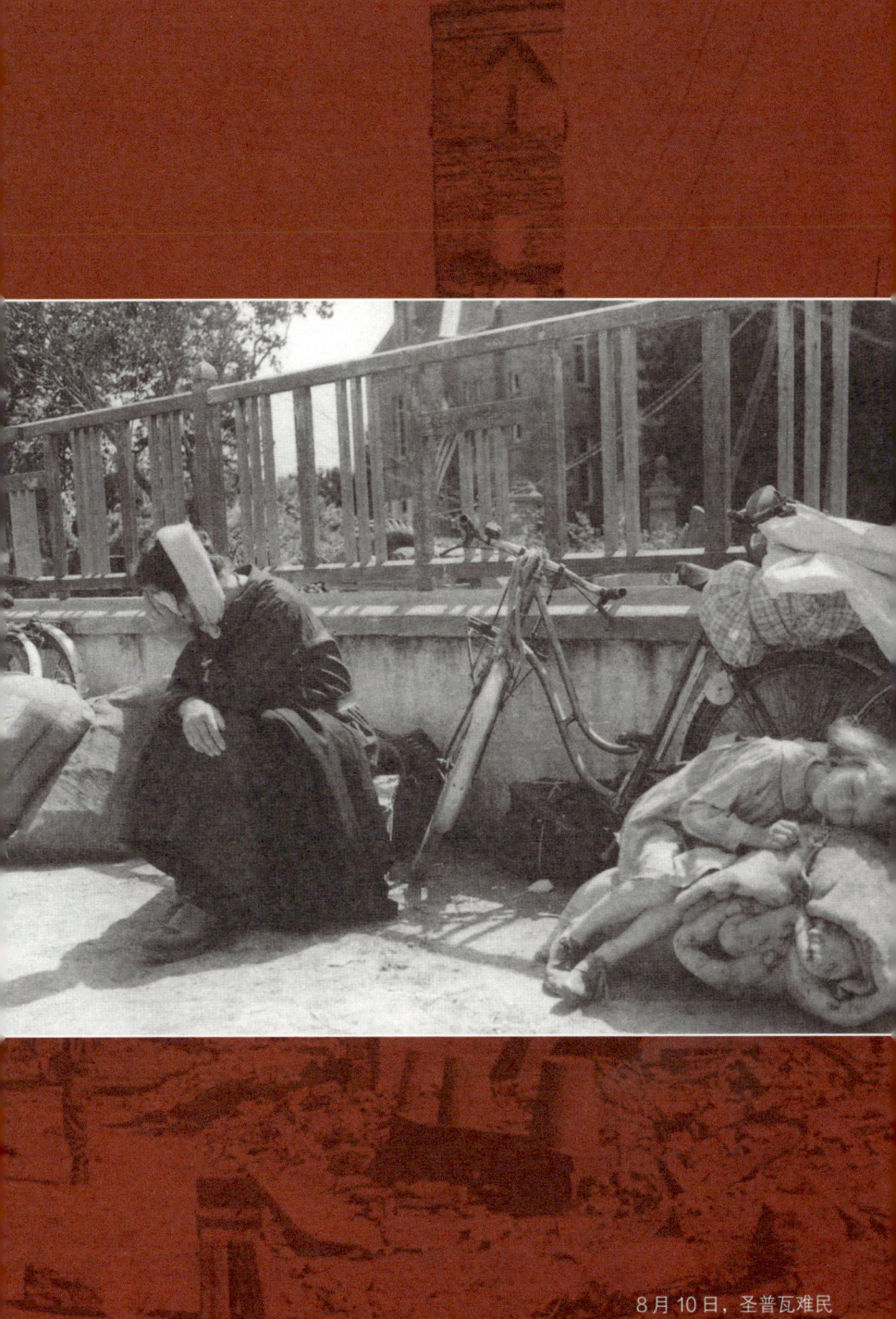

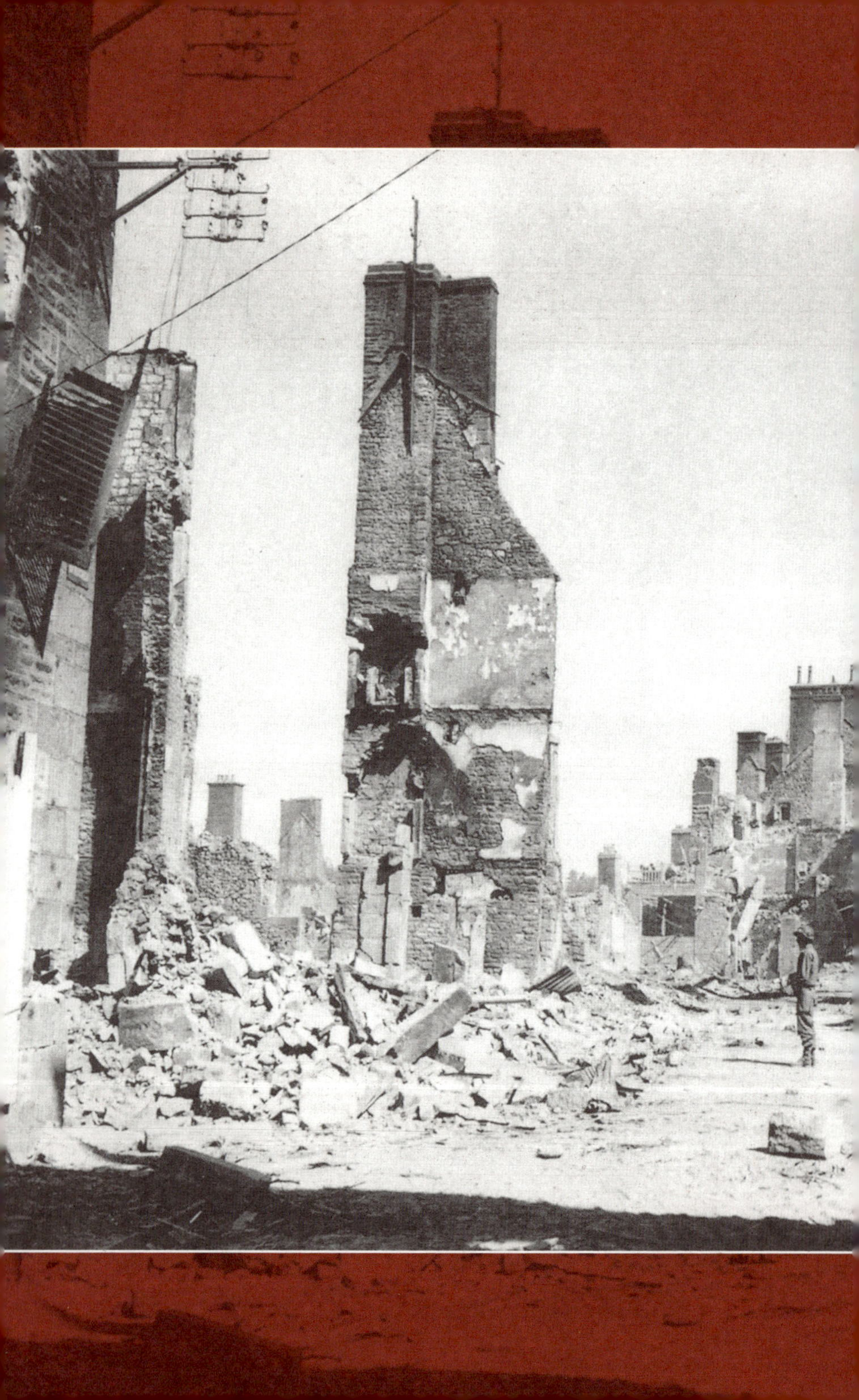

被第30师炮兵摧毁后的莫尔坦城。该师参谋长于8月11日下令："我希望莫尔坦片瓦不留……寸草不生。"

8月16日，加拿大士兵正向法莱斯前进，后面一名是狙击手

盟军在"法莱斯口袋"的废墟中清理出一条道路

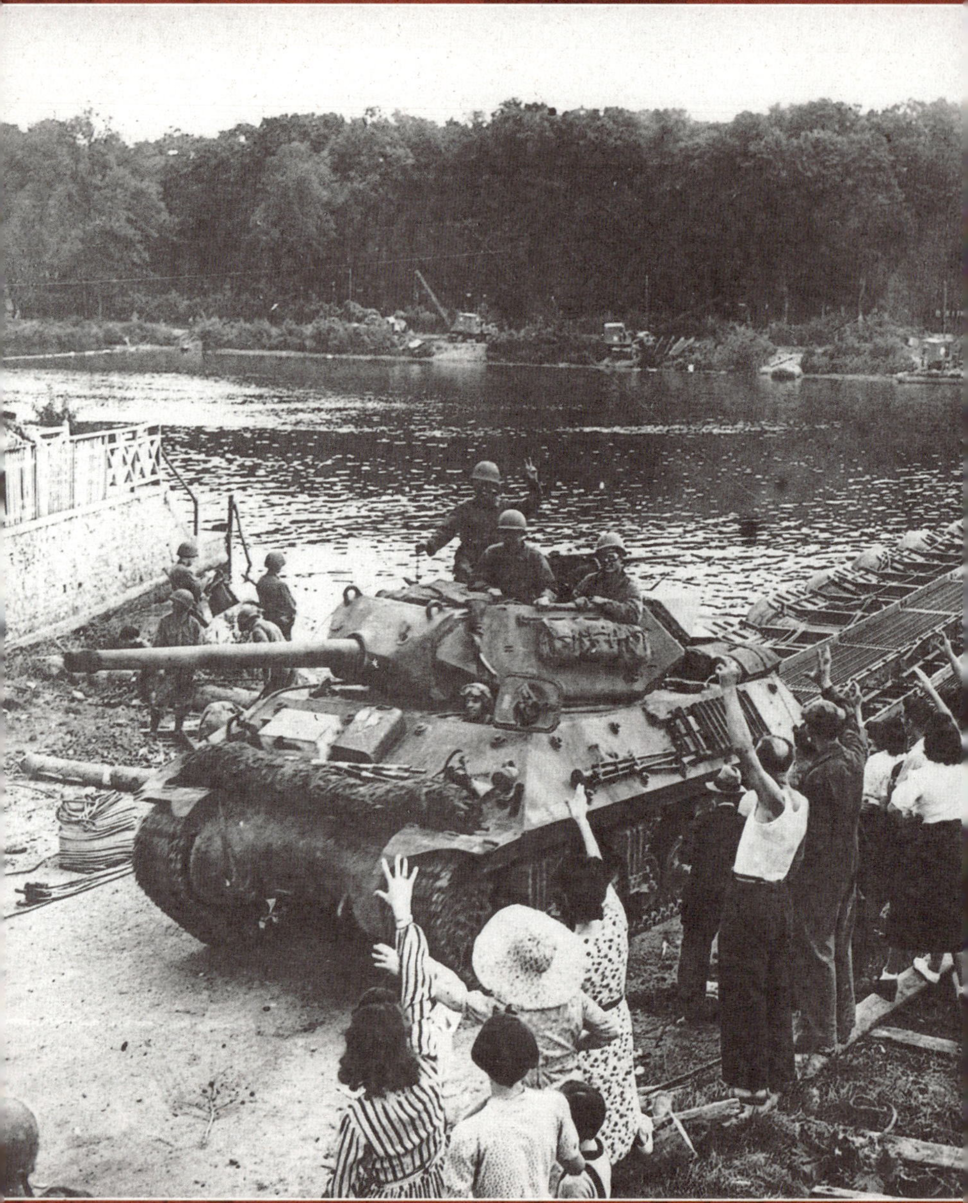

巴顿的先头部队驾驶着坦克歼击车通过浮桥跨过塞纳河

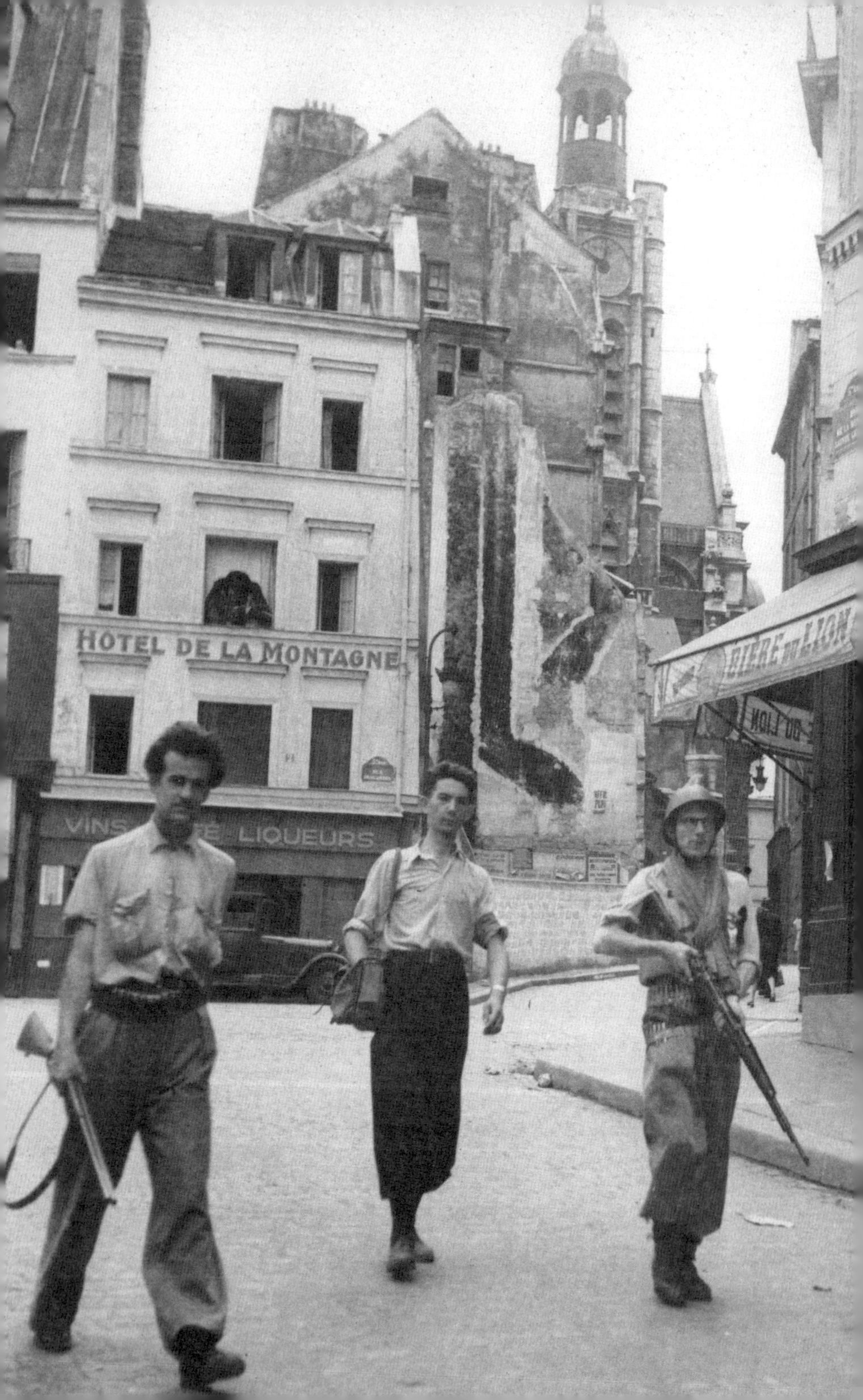
HÔTEL DE LA MONTAGNE
LIQUEURS
DU LION

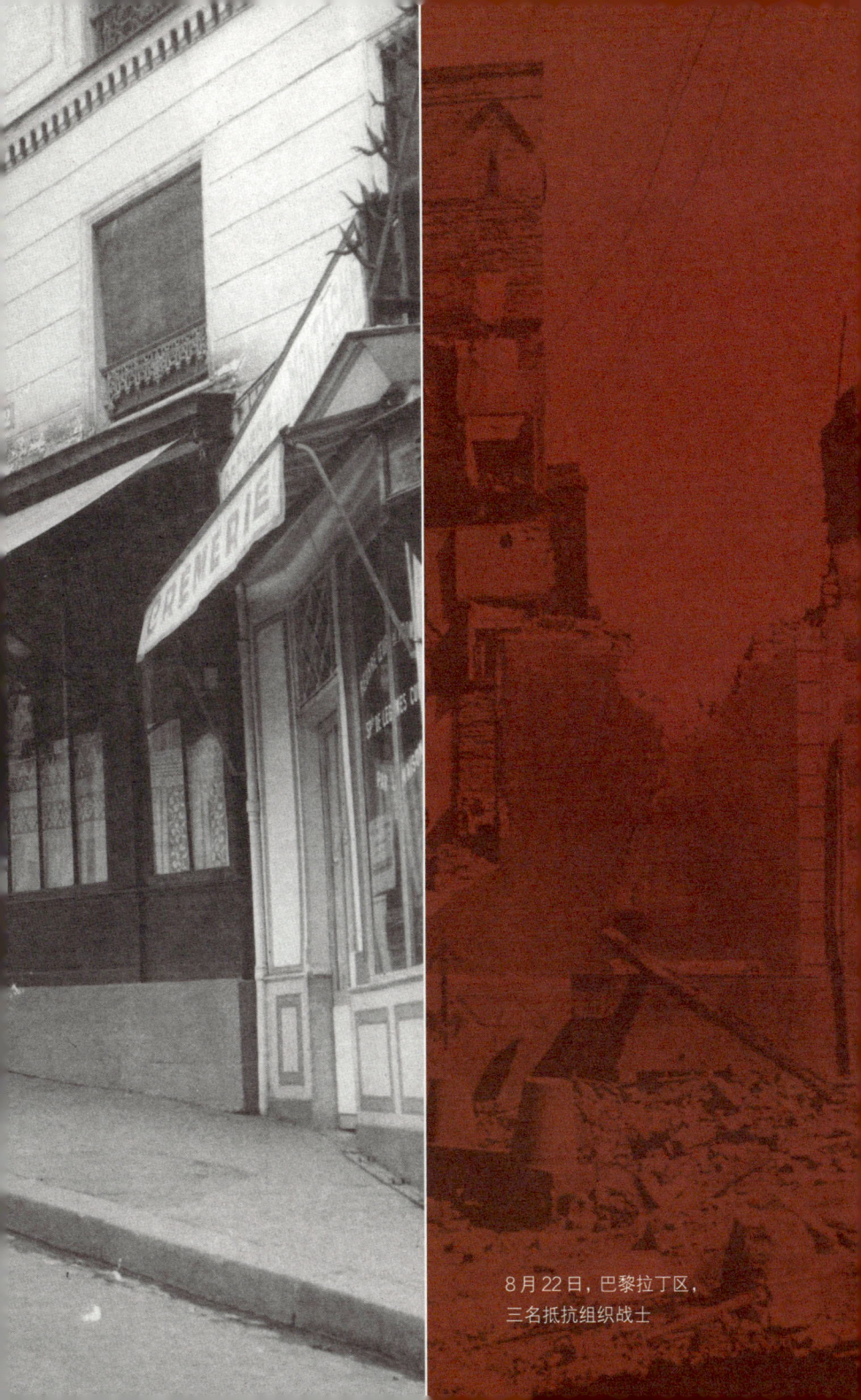

8月22日，巴黎拉丁区，
三名抵抗组织战士

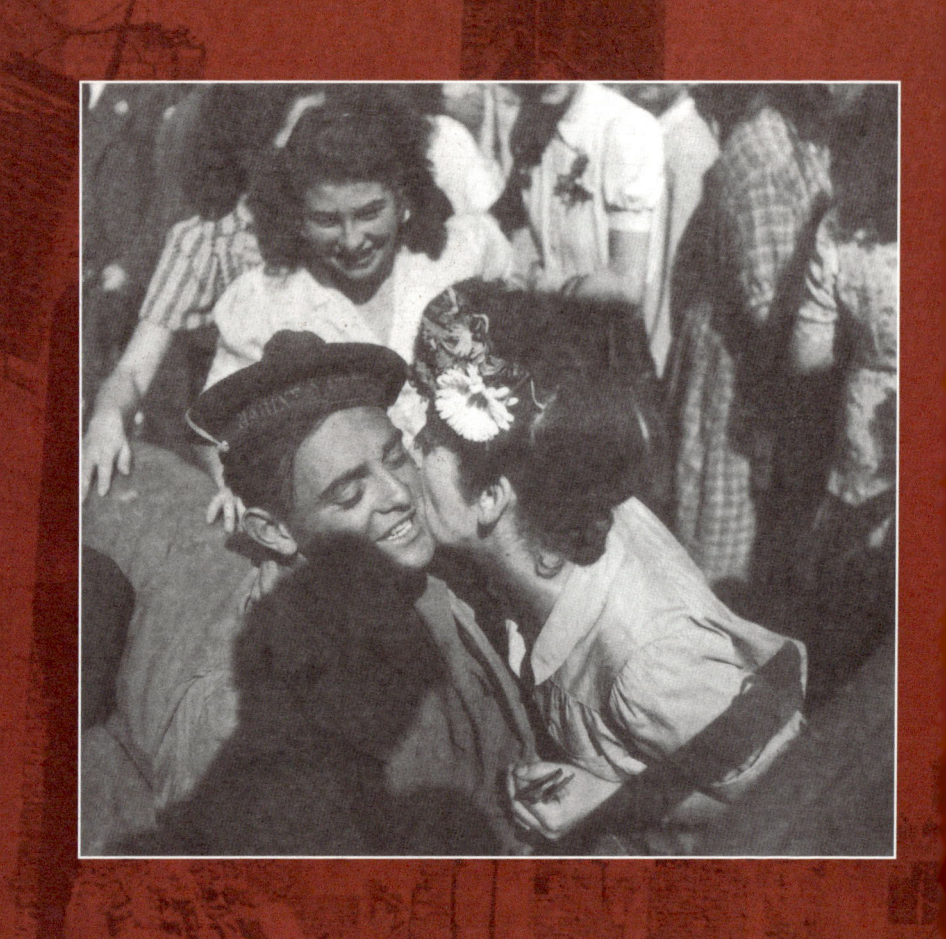

解放，8月25日，巴黎女子亲吻勒克莱尔将军麾下的海军陆战队员

8月25日，冯·肖尔蒂茨将军签署投降书

8月25日，戴高乐将军和勒克莱尔（未戴平顶圆军帽者）在蒙帕尔纳斯火车站的法军第2装甲师临时师部

前，人们刚刚拒绝了英国军官提出的撤离建议，现在则纷纷冲向卡车。一位年迈的本笃会修女自 20 世纪初进入修道院以来，就从未迈出大门一步。她生平第一次看到卡车，感到非常惊讶，坐上去后更是激动不已。困在德军防线后面的平民一直躲在弗勒里村附近的潮湿洞穴里，处境十分糟糕。党卫军不允许他们出来。这些人直到 7 月底才得救。[51]

在卡昂，法国当局和英军民政事务部门越来越担心暴发霍乱。城市被毁后，重新恢复供水困难重重，甚至比最悲观的预想还要艰难。饥饿的野狗也成了威胁，省长下令射杀所有街头流浪狗。[52]

第 2 集团军对前线部队迟迟没有进展甚为不满，终于开始将那些不称职或行动不积极的指挥官革职。"埃普索姆行动"结束后，第 11 装甲师师长"皮普"·罗伯茨（"Pip" Roberts）撤换了一名旅长和两名战地指挥官。

7 月 15 日，蒙哥马利致信布鲁克，谈及一个曾在北非战斗，也是他最为器重的师："很遗憾地报告，克罗克、登普西和我本人经慎重考虑，一致认为第 51（高地）师目前完全不具备战斗能力。该师缺乏作战决心，每一项任务都以失败告终。"[53] 蒙哥马利以软弱为由将师长解职，甚至考虑命令整个师返回英国重新训练。这个令人羞耻的消息迅速传遍了第 2 集团军。指挥部很快发出通告，要求各级军官不得"对第 51 高地师指指点点"[54]。幸运的是，新任师长 T. G. 伦尼（T. G. Rennie）少将迅速扭转高地师的颓势，恢复了士气。

很多前线指挥官在战斗中伤亡。第 50 师损失了 2 名旅长、12 名中级军官，连级军官伤亡比例更高。第 4 装甲旅旅长受伤后，指挥权移交到了迈克尔·卡弗准将手中，当时他年仅29岁。军官伤亡非常严重。他们手持在阳光照射下闪闪发光的地图板，因此德军狙击手可以很容易辨识出他们的身份。虽然大多数优秀的士官都已被提拔为排长，但剩下的则往往缺乏主动性。军官只得冒更多风险督促士兵们进攻，或者不得不站到显眼的地方来阻止恐慌蔓延。这又导致更多军官伤亡，形成恶性循环。

惠灵顿公爵团第6营也许是一个最极端的例子。[55]在短短两个多星期内，该营就失去了23名军官、350名军士和士兵。新任营长在6月底报告说，全营有四分之三的官兵因炮击而"焦虑不安"；有人自残，还有弹震症导致的大量减员。"情况每天都在恶化……士官的领导能力在大多数情况下都很弱。新晋升的军官什么事情都只能自己去做，结果在战场过度暴露自己。"蒙哥马利读到这份报告后非常震惊，遂将这位过于诚实的中级指挥官解职，整个营也被解散了。

诺曼底战役证明人们一直以来的担忧是正确的。部队若陷入争夺滩头阵地和桥头堡的消耗战中，那么官兵出现心理崩溃的比例要远高于运动战。即便是一支败退中的军队，类似这样的心理病例似乎也不多见。7月13日，第21轻型战地救护队向第8军军长理查德·奥康纳将军报告："从1944年7月10日18点开始，我队在54个小时内从前线接收了280名表现为战斗疲劳症状的病患，并认为其中大约70%不应该离开其所在部队。"[56]与尚能走路的伤员相比，他们的身体状态并不更糟，"而他们的焦虑情绪也属于因参加战斗所产生的正常水平"。

第15苏格兰师师长G. H. A. 麦克米伦（G. H. A. Macmillan）少将稍后向奥康纳报告说："我已组建了一个师级战斗疲劳症

康复中心。"该中心收治了151名病患，但有41人来自同一个营，"这说明那支部队出了问题"。他的师部向医务人员发出指示，警告他们"诊断时要非常谨慎，除非有绝对把握确诊，否则不要让他们脱离前线"。麦克米伦怀疑，"在巨大的工作压力下"，医务人员"只想着让他们别碍事"，因此才把他们送回后方。[57]所有被送回战斗疲劳症康复中心的士官都会自动降为二等兵。士气低落的士兵会抛弃武器，造成大量装备损失，指挥官们对此也非常愤怒。开小差和擅离职守的现象有所增加。诺曼底战役期间，第50（诺森伯兰）师至少有150名士兵被判处临阵脱逃罪，这一数字与整个第2集团军其他部队的逃兵数量一样多。[58]

受战斗疲劳症影响最严重的部队是由托马斯少将指挥的第43韦塞克斯师。该师曾参与了攻击马尔托村和112号高地的战斗。与之相对，坦克兵则不太可能精神崩溃。"军精神科医师和第21轻型战地救护队指挥官证实，装甲师士兵伪装患有战斗疲劳症的情况可以忽略不计。大部分假冒者都来自步兵部队，其中以第43师为最。在7月10日前后的三四天里，该师出现约360个案例。汉普郡团第7营、多塞特郡团第4营所受影响特别严重。"[59]奥康纳将军就这一"严重罪行"写信给托马斯，命令他"明确声明，任何在这一问题上装病的人都将被（战地军事法庭）判处临阵脱逃罪"。[60]

由于德军迫击炮和火箭炮总是出其不意地集中开火，因此步兵损失最为惨重。炮弹就在身边爆炸，很多人患上弹震症。第129步兵旅旅部遭到多轮火箭炮袭击，包括一名军士长在内的三人出现战斗应激反应。"其中两人在炮击中没有待在狭长掩壕里，而是到处乱跑，疯狂尖叫着'让我离开这儿'。"[61]另一个导致这种无助感和困惑的因素是缺乏信息。用一名士兵的话来说，他们"饱受愚昧、残暴的无知之苦。你永远不知道自己在哪里，敌人在哪里，也不知道要达成什么目标"[62]。

  坦克兵似乎不太容易受到战斗疲劳症的影响。这不仅是因为他们的装甲车辆能提供防护，还得益于他们组成了紧密结合的团队。英国步兵就像美国步兵一样，也面临补充兵过于脆弱的困境。他们的补充兵员体制也不比美国的高明多少。萨默塞特郡轻步兵团第4营在112号高地遭重创后，一名前往该营接替职务的中尉说，在巴约附近的补充兵营地里，有个留着胡子的少校这样向新到的军官们致辞："先生们，从加入营团的那一天算起，你们的预期寿命正好就是三个星期。"[63]

第十八章　决战圣洛

7月6日，乔治·巴顿将军抵达法国。此刻，美军正在向南全线推进，但仍困于前往圣洛的途中。艾森豪威尔一旦命令第3集团军投入战场，他就将担任该部指挥官。

登陆以来，巴顿已在英国滞留了一个月，一直都"焦躁不安"[1]。他在D日给妻子写信："靠边站，与荣誉无缘，感觉真是糟透了。"[2]他穿上肩部枪套，"让自己有种加入战斗的感觉"。尽管当时还没有召唤他加入战场的迹象，但巴顿还是收拾好了行装，随时准备前往法国。作为"坚毅计划"的重要组成部分，他不得不暂时扮演虚构的美第1集团军群指挥官的角色。德国人依然相信他将指挥这支部队在加来海峡附近发动第二次登陆。

巴顿十分感谢艾森豪威尔给了他两次东山再起的机会。第一次是在西西里岛，他扇了一个饱受战斗疲劳症之苦的士兵一巴掌；第二次是他在英国的一次演讲中的失言，说美国和英国注定要统治全世界。可是，他从不把艾克视作"战士"。当巴顿陪同最高统帅在英格兰西南部巡视各师时，他形容艾森豪威尔对待部下的态度过于和善，就好像是"一个求官的，而非军人"[3]。"他的理论是，通过这种方法，长官可以和士兵们打成一片。不过指挥官不可能既做到令行禁止，又跟下级称兄道弟。至少这是我的看法。我努力唤起官兵们的斗志——他努力争取选票——图个啥？不过他（对我）倒是很和蔼可亲。"

巴顿也瞧不起蒙哥马利，称他为"小猴子"。但就在登陆前的6月1日，蒙哥马利曾两次坚持要求布莱德雷"起用巴顿接管布列塔尼战区，有可能的话，指挥攻占雷恩的行动"。巴顿对此心存感激。第二天早上，他在日记中写道："我对蒙蒂的印象比以前好多了。"巴顿时刻关注着诺曼底战役进程，内心却极其失望。他认为布莱德雷试图在广阔战线上齐头并进是错误策略；不断发动小规模进攻来占领土地，长远看来反而会比集中兵力发起攻势造成更多人员伤亡。

德军指挥官对此也深表赞同。第3伞兵师的申普夫中将写道："被俘美国军官告诉我，（布莱德雷的）战术据信有助于避免大量流血，但我无法理解其中的原因。虽然进攻当天的伤亡数字可以保持在相对较低水平，但长期持续发动小规模攻击所造成的总损失肯定比一次强有力的猛攻要严重得多。"[4]他还在其他场合对美国军队的进攻方式评论道："对我军来说，对抗持续进攻的防御模式为官兵提供了极好的训练机会，并使之适应敌军的战斗方式。"7月2日，巴顿颇有预见性地写道，应该在空军支援下，"一两个装甲师并驾齐驱"[5]，沿西海岸向阿夫朗什发起进攻。

7月4日，他的第3集团军指挥部终于开始登船启航了。巴顿本人于两天后乘坐一架C-47在奥马哈海滩附近的临时简易机场着陆。四架"雷电"战斗轰炸机为他保驾护航。巴顿后来指挥大军以惊人速度横穿法国时，正是得到了这种机型的支援。巴顿一踏上法国土地就表现得激情四射。他到达的消息立即在奥马哈海滩指挥部的士兵和水手中传开。巴顿现身本应该严格保密，但官兵们拿着照相机挤在周围，就像围观电影明星一样。他站在吉普车里，发表了一番巴顿风格的演讲："我很自豪能在这里与你们并肩作战。现在，让我们把德国佬的肠子都扯出来，然后冲进该死的柏林。等我们到了柏林，我要亲手枪毙了那个纸糊的杂碎，就像朝一条毒蛇开枪。"巴顿的演讲让听众们很受用，他们疯狂地欢呼雀跃。巴顿和艾森豪威尔的行事作风确实有如天壤之别。

次日，他与布莱德雷、蒙哥马利及其很有魅力的参谋长弗雷迪·德甘冈共进午餐。巴顿在日记中写道："午饭后，我和蒙哥马利、布莱德雷进入战情指挥帐篷。蒙哥马利在里面不遗余力地解释为什么英军还是一事无成。"[6]尽管蒙哥马利早些时候曾支持巴顿，但他现在并不希望在占领阿夫朗什之前就让第3集团军投入战斗。在场的美国人怀疑，他是想把布莱德雷置于他自己的第21集团军群指挥之下更长时间。布莱德雷故意默不作声。一旦巴顿的第3集团军加入战场，他就将指挥美第12集团军群，麾下两名集团军指挥官便是霍奇斯和巴顿。这意味着他实际上就会从蒙哥马利的指挥下独立出来。

布莱德雷及其参谋人员开始研究"眼镜蛇行动"计划。日后，该计划将帮助盟军在阿夫朗什和布列塔尼方向实现重大突破。但与此同时，布莱德雷仍然坚持继续全线推进，占领圣洛和通向西面佩里耶的公路。这条公路位于科唐坦半岛和贝桑沼泽地及树篱农庄区的另一侧，将成为盟军发动"眼镜蛇行动"的起始点。但是要到达那里，他们仍将面临一场漫长而血腥的战斗。

7月11日凌晨，就在德装甲教导师进攻的同时，维尔河以东的德第5和第9伞兵团袭击了第29师及其邻近的第2师。虽然装甲教导师的进攻打断了第30师向圣洛推进的准备工作，但第35

师、第 29 师和第 2 步兵师依然在早晨 6 点开始行动（见地图 12）。

美军的总体计划是要在绵长的战线上全面进攻。隶属第 19 军的第 30、35、29 师向南攻击；第 5 军在东面提供支援，由第 2 步兵师攻占位于一条长长山脊上的战略要点 192 号高地，从那里能够俯瞰圣洛至巴约的公路。这片乡村地带高低起伏，布满了小块田地、果园，周边是难以逾越的树篱和凹陷小径。除了补充新兵和刚刚加入行动的第 35 师外，所有人都对这样的恐怖地形很熟悉。

对负责墓地登记的小组来说，他们执行的是一项可怖的任务。有名中尉报告说，他们仅在一处树篱旁就找到了 70 具尸体。他接着说："我发现德国人在美军尸体上设陷阱，把诡雷放在死者背部的凹陷处。我们只好引爆地雷，却把尸体弄得支离破碎。不过我们仍能辨认出他们的身份。"[7]德军有时会在"狗牌"链上藏起一枚手榴弹，只要有人猛拽一下就会引爆。

尸体在高温下肿胀起来。第 4 师的一个登记小组成员解释说，必须把尸体翻过来面朝下，用膝盖挤压背部中间，"才能释放体内的气体"。他还说："人很快就能够习惯这些，忍住不吐。"[8]另一个人注意到，"死人散发出令人作呕的恶臭"，对炊事兵而言更加难受。他们经常奉命出去收拢尸体，回来后还得准备肉食。最可怕的工作也许是从烧毁的坦克炮塔内部清理无法辨识的坦克兵遗骸了。"需要餐具杯和勺子才能完成这项工作。听上去就叫人毛骨悚然。"[9]

那个夏天如往年一样多雨。天空阴沉，时断时续下着毛毛细雨，空中支援再次搁浅，炮兵观测也受到干扰。第 29 师虽然启动缓慢，但这时加快了推进速度。在坦克掩护下，第 116 步兵团的一个营担任先头部队，穿过德第 9 伞兵团防线上的一个缺口，直抵圣安德烈-德莱皮讷（Saint-André-de-l'Epine）。但是其右翼沿伊西尼公路两侧前进的第 115 步兵团行动缓慢，接着该部又遭遇防守严密的德军阵地，很难迂回过去。当晚，师长格哈特少将向第 19 军军长科利特（Corlett）将军报告说，"前方形势相当严峻"。不过第 116 团已经抵达马丁维尔岭（Martinville ridge）部分地段；在该团附近，来自得克萨斯州的第 2 师官兵经过一番激战后也攻克了 192 号高地。美国人总算松了一口气。因为德军只要还控制着 192 号高地，就可将第 5 军大后方直到英军右翼战线之间的地区一览无余。

第 2 师自 6 月 16 日起便开始策划这起行动。德军习惯在夜间将大部分前沿防御部队向后撤退，以避免盟军清晨轰炸造成伤亡。7 月 1 日，该师抓住这一有利条件，派遣一个营在黑暗中悄悄前进，占据了德军所有战壕。由于敌人总是会把他们自己的前沿阵地设定为迫击炮和火炮的炮击目标，此举风险很大，但事实证明这一切都值得。第 2 师曾经多次被迫推迟行动，不过这一突如其来的推进为第 2 师展开下一步进攻创造了良好开端。他们在早前的漫长等待中没有浪费时间。各营轮流从前线撤出，与配属的工兵小组一道，集中进行步坦协同训练。他们很清楚获得尽可能多的专业技能和帮助必不可少。第 2 师的当面之敌是德第 3 伞兵师一部。敌人把山腰上的树篱丛改造成了如蜂窝状复杂的防御阵地，里面隐藏着火力点、地道和碉堡。德军 50 毫米口径迫击炮对准了附近每一丛树篱，20 毫米口径高射炮则控制着下方公路。重炮和坦克部署在巴约公路南侧，随时准备从后方提供支援。

第 2 师将自树篱农庄战以来习得的惨痛教训充分利用起来。他们在支援坦克车尾部安装电话，这样步兵排排长就不必爬上炮塔为坦克组指示目标，把自己暴露在危险之下。整支进攻部队分成若干步坦小队，每一队还配有工兵爆破组，随时准备在树篱上炸出大洞。"谢尔曼"坦克用75毫米口径主炮轰击每一处树篱丛交叉点，然后由机枪扫射树篱。与此同时，步兵向前推进。徐进弹幕紧密配合以上所有措施，发射更为灵活，以适应部队前进时出现意外延迟。每每控制住一道树篱丛，美军就将其视为一条新出发线。

比起之前的树篱农庄战，第2师依照计划有条不紊地推进，不过这依然是项"严酷的任务"。即使层层树篱看上去好像被彻底打通，德国伞兵还是有可能藏在树篱丛入口处，从美军身后打冷枪。被称为"德国佬角"的192号高地西部山岬是抵抗最为顽强的阵地。美军耗时一个小时，才终于通过迂回包抄拿下目标，并俘虏15人。"三个拒不投降的伞兵被一台坦克推土机埋进五英尺深的土里，彻底完蛋。"[10]

炮火将附近的克洛维尔村（Cloville）炸为一摊瓦砾，不过还是有一辆支援德国伞兵的突击炮和一辆坦克成为漏网之鱼。美军在废墟中与德军展开巷战。一辆"谢尔曼"坦克成功敲掉了对方这两辆装甲车辆，夺取了村落。美军经过短暂休整，在中午12点前继续向前推进。为了避免再次减速，他们绕过了半英里外的拉苏莱尔村（Le Soulaire）。17点，几个先头排分成数股小队，交替掩护跨过通往巴约的公路。不过支援坦克没有与步兵随行，因为德军反坦克炮依然隐藏在192号高地反斜面的茂密林地里。

就在美军冒着枪林弹雨前进时，一名高级军官现身战场，视察阵地。有个大兵叫他马上卧倒，否则就会被杀。长官咆哮道："少管闲事，士兵！"[11]他正是乔治·巴顿，亲自上前线侦察,熟悉地形。

中路部队的"谢尔曼"坦克紧跟步兵推进。他们甚至开到山脊一侧的树林里,因为白磷弹饱和轰炸已经将这里烧成了灰烬。他们只遇到"零星抵抗"[12],便沿南坡下山。尽管他们在天黑前无法穿过巴约公路,但在公路北面挖好了坚固工事。

第23步兵团位于攻势左翼,战斗十分艰难。该部在东北部山坡,一个被称为"紫心凹脊"的地方蒙受了很大伤亡。由于德军火炮和迫击炮部队已经将那个区域内所有目标方位都登记下来,因此坦克无法通行,对步兵而言也过于暴露。左侧几百码有几间房屋在美军狂轰滥炸之下竟然还没有倒塌。德国人隐蔽在内部,形成极具威胁的机枪火力点。最后还是第741坦克营的两辆"谢尔曼"前进到不足30码处,开炮炸毁了地基。房屋轰然坍塌,把里面的德军机枪小队埋了进去。

该营的右翼连队在向山顶靠近途中完善了一种发射破片枪榴弹的战术,能够像空爆弹那样,在德军机枪阵地上方爆炸。这天结束时,该营已经突进了1500码,抵达山脊,但距离巴约公路仍有400码之遥。那天步坦协同作战最出乎意料的成就之一就是没有损失任何一辆"谢尔曼"坦克。7月12日,第2师继续从中路和东路推进,并控制了巴约公路以北的所有目标。攻克192号高地后,美军便可以在那里设立观察哨,清楚地俯视圣洛及其周边地区。

就在科蒙以南的美第1师战区东侧,发生了一件耐人寻味的事件,与惨烈争夺巴约公路形成对比。7月9日,美军与德第2装甲师达成暂时停火协议,向对方移交第二批在瑟堡俘获的德国护士。德军指挥官冯·吕特维茨中将写道:"美军第二次移交战俘,且以骑士风度待之,当时给全师留下了深刻印象。"[13]吕特维茨把这件事通报给隆美尔。元帅随后决定,如果希特勒仍旧拒绝结束战争,那么这就是在诺曼底与美军停火谈判的契机。就在隆美尔和他的指挥官们商讨采取单方面行动对抗纳粹政权的时候,有人也同步预谋在拉斯滕堡(Rastenburg)刺杀希特勒,不过隆美尔与该事件并无关联。

毫无战斗经验的第35师部署在维尔河东岸。由于他们的战线呈"L"形,因此不得不进行一番相当复杂的操作后,方能在7月11日展开进攻。然而,就在战斗刚刚打响不久,先头部队第137步兵团团长就被机枪打伤。德军将这一战区内圣吉勒附近的一座城堡和一座教堂要塞化,因此尽管美军师属炮兵的炮火十分猛烈,他们还是坚守下来。公墓围墙和教堂内设有机枪阵地,压制住了进攻教堂的美国步兵营。第二天,又一轮炮击后,德国守军终于被全歼。"在这处双方激烈争夺的地方,只有三人被俘,其中两人还是伤员。"

不过据拜尔莱因将军反映,党卫军第17"格茨·冯·贝利欣根"装甲掷弹兵师"状态很差,没有战斗意志"。只有伞兵部队和党卫军"帝国"装甲师的战斗群还值得依赖。这可能是"帝国"师一级突击队大队长维斯尼泽利(Wisliczeny)的功劳。拜尔莱因将军说,他"体格魁梧,凶狠残暴",总是拿着一根棍子站在队伍后面,任何人企图后退便会遭到殴打。[14]

维尔河以西,美第30师从德装甲教导师的攻击中恢复过来,与第3装甲师B战斗群一同前进。军属和师属炮兵提供掩护,总共发射了14000枚炮弹。他们以伤亡367人的代价,抵达蓬阿贝尔和上文茨(Hauts-Vents)的北部边缘。

7月11日，布莱德雷下令第1集团军全线推进，几乎所有地段都爆发了战斗。第8军负责向科唐坦半岛的大西洋海岸挺进。第79师在强大的空军掩护下，一路奔向拉艾-迪皮以西地区，并拿下了蒙特加尔东（Montgardon）附近的高地。第8师占领了92号高地后，继续向南行进了一英里。

第90师终于在此前一天攻下了卡斯特尔山脊，开始清扫反斜面森林内的德军。士兵们向精心伪装在茂密矮树丛中的德第15伞兵团发起进攻。他们的视野不超过十码，内心充满了恐惧。排与排，甚至同一班内单兵之间的联络非常困难。军官称这"更像是热带丛林战"[15]。直到几个勇气非凡的人从侧翼包抄敌人的机枪阵地后，美军才取得进展。伤亡人数中，阵亡者数量多于伤员，这表明大多数交火都是在近距离内发生的。这样的战斗对一个尚未站稳脚跟的师来说，实在太过严苛。第二天，第358步兵团的一个营由于伤亡太高，不得不把三个连合并成一个。[16] 幸运的是，第90师发现德国伞兵在夜里溜之大吉。

肖尔蒂茨将军手中已经没有任何预备队了，盟军还从侧翼迂回到马尔曼将军的防线，因此德第7集团军各级指挥部都对西部战区局势极为关切。豪塞尔在7月10日晚与隆美尔通话，坚持认为必须收缩这部分战线。B集团军群直到7月11日下午晚些时候才表示同意。肖尔蒂茨下令德军全线撤退到阿伊河（Ay）和莱赛镇（Lessay）。

"民众现在不得不撤离。这就是一次大规模迁移，"第91空运师的那个一等兵写道，"肥胖的修女们推着手推车上路，汗流浃背。看到这残酷的一幕，跟着这该死的战争随波逐流，心里真是很难受。我无法继续相信我们能取得胜利，因为美军占领的据点越来越多。"[17]

盟军战斗轰炸机不仅持续攻击德军前沿阵地，也不放过运送食物、弹药和燃料的补给卡车。德国空军几乎完全放弃与敌人争夺制空权，这在德军中激起了公愤。可他们对此又无能为力，只好编排黑色笑话来嘲讽。有个笑话说："如果你看到银色飞机，那一定是美军；如果你看到黄褐色的，那就是英军；如果你什么也看不到，那就是德国飞机。"还有一个笑话是："假如英国飞机来了，我们就隐蔽。假如美国飞机来了，敌我双方所有人都得隐蔽。假如德国飞机来了，没人需要隐蔽。"美军则要解决不同的难题。士兵往往无视命令，看到战机就不分青红皂白乱打一气。而他们更有可能击中盟军飞机而非敌机。

在第7军战区，第4、第83师沿卡朗唐至佩里耶公路两侧推进，不过第9师遭到德装甲教导师攻击而陷入混乱，无法加入这天的行动。敌军火炮直接命中了该师一个营的营部。美军确信附近一座教堂塔楼是德军唯一可能的观察所，于是师属炮兵把它彻底炸毁。毕竟，教堂钟楼和高耸的尖塔总是会让人起疑心。数天后，该师向佩里耶缓慢前进途中，士兵宣称在一座教堂塔楼里发现了一名乔装成神父的德国炮兵观察员，旁边还有一台电台。[18]他已经中枪毙命。但是，即使在经验老到的第9师也有军官报告，士兵们在前进时没有开枪，导致出现很多不必要的伤亡。"士兵们说他们之所以不开火，是因为看不到敌人。"[19]

第2伞兵军的迈因德尔将军确信美军将利用圣洛以东的马丁维尔岭来攻击这座城镇，但他已没有兵力夺回192号高地了。美第2师在192号高地南侧巩固阵地后，美军主力便集中在朝向山脊西侧的第 29 师战区。当夜,美军再次发起突击,但在德军迫击炮和火炮的威力下收效甚微,至 7 月 12 日夜完全停止。第 29 师又耗费五天时间,付出惨重伤亡后才清理完山脊上的敌人,并在巴约公路以南建立起阵地。7 月 13 日星期四,双方只发生零星交火,医疗人员终于可以喘口气了。第 3 装甲师的一名外科医生在日记中写道,他们"直到午夜都还在玩扑克,畅饮薄荷酒"[20]。7 月 14 日,天气十分恶劣,美军停止进攻,德国人第一次有机会"能够在白天换防部队"。不过第 19 军正策划在次日发起攻击。科利特将军称之为"致命一击"[21]。

英军联络官韦茅斯子爵(Viscount Weymouth,不久后即成为第六代巴斯侯爵)为第 19 军军部增添了很多乐趣。这个"身材高大的英国人性情古怪;曾数次穿越德军防线,还喜欢用狗绳牵着两只鸭子到处游荡"[22]。

7 月 14 日黄昏时分,盟军为特迪·罗斯福准将举行葬礼。对他而言,没有在战斗中牺牲,而是死于心脏病着实令人遗憾。布莱德雷、霍奇斯、柯林斯、巴顿(中将)、巴顿(少将)、许布纳为其扶柩。在进攻期间为罗斯福送葬,是向他的非凡勇气和卓著声望致以最高敬礼。巴顿将军对军队仪式有着苛刻要求。他发现葬礼中仪仗队离得太远,而且排列的是纵队而非横排,因此相当失望。尤其令他恼火的是,"两个不知道哪个教派的牧师明面上祷告,实际却在大放厥词"[23]。在他看来,葬礼上唯一的亮点是快结束时,"我们的高射炮朝数架德军飞机开火,为真正的勇士献上了一首恰如其分的安魂曲"。然而,即使在这样一个庄严的场合,身为军事统帅的巴顿也一直想着如何打仗。"布莱德雷说,他会尽快让我上阵,"巴顿在日记中补充道,"如果他还有主见的话,现在就能做到,这对他自己也好处多多。当然，蒙蒂不这样认为，因为担心我会抢了他的风头，而我确实会这么做。"

*

在战区最西端，肖尔蒂茨指挥德军秘密撤退，美第8军得以一路推进至阿伊河。毗邻的第7军现在也终于将佩里耶纳入火炮射程之内了。化学营的重型迫击炮集中发射白磷弹。人们发现越来越多的德军尸体上呈现出可怕的烧伤痕迹。

要在农庄地带的高高树篱丛之中观察炮弹落点是个极其困难的工作。于是美军学会了发射爆炸后能掀起更多尘土的高爆炮弹，以利于观测。不过他们的最大优势是拥有"幼兽"侦察机。勇敢的飞行员担当炮兵观察员，为炮击修正弹道。事实证明，空爆弹在进攻中取得了不俗效果，逼得德军深藏在散兵坑内不敢探头，而步兵可利用这个机会，在坦克支援下席卷敌人的防御阵地。第83师报告说，他们通过这种方式困住了许多德军，然后把他们一个个拖出来。[24]偶尔有德国步兵拒绝投降而饮弹自尽。侦察机还可以在己方部队前方不到800码的目标上空投放红色烟幕弹，为战斗轰炸机指示目标。

那些拒绝离开自家农场的法国家庭依然身陷险境。"我还记得那幅刺痛了所有人神经的凄惨场景，"某化学营的一名军官记录道，"有家人抬着一扇门经过我们阵地，上面躺着一具小男孩的尸体。我们不知道他是怎么死的。无辜受害的家庭成员脸上满是痛苦，令我们深受触动，对该地区人民和他们所蒙受的苦难感同身受。"[25]

有时，法国农民及其家人发现死去的士兵后，会把尸体放置在路边的十字架边，还摆上鲜花，尽管他们在这场日益残酷的战斗中也自身难保。一支美军小型巡逻队在佩里耶附近被俘。据第4师的一名营外科医生作证，德国军官为了获知最近的美军通信部队所在地，对俘虏进行审讯。没有人回答，于是他朝一名俘虏的大腿开枪。"巡逻队队长也拒不开口，他又开枪射穿其头部。"[26]

即便佩戴红十字标志，有时也不能免遭报复。第2装甲师一名外科医生报告说："我曾看到医护兵和医务人员当场被德军打死。还有一名医护兵被剥光衣服，吊在房椽上，腹部被刺刀刺穿。"[27]德国人则抱怨说，盟军战斗机也经常无视红十字而攻击他们的救护车。

在后方野战医院，压力是医护人员面临的最主要威胁。有不少外科医生因生理与心理上的双重压力而精神崩溃。尖叫、坏疽散发的恶臭、鲜血、断肢、装甲兵的恐怖烧伤对军医们的负面影响必然会渐渐积累。令人惊讶的是，绝大多数人却坚持下来。第100转运医院的一个医疗队长统计过，他在三个半月内做了6000多例手术。"通过观察伤口类型，我就能判断出我军是在前进、撤退还是僵持。我也能分辨出由自残行为造成的创口。"[28]没有战斗经验的部队很容易被诡雷和地雷伤害。"自残伤兵一般在战斗刚开始时大量出现。部队前进途中，迫击炮、机枪和轻武器造成的伤亡最多。我军取得突破或占领敌军阵地后，很多人会遭到饵雷和地雷杀伤。当部队驻扎时，所有伤员都声称自己是被88毫米炮击中的。"然而，大部分伤员往往无怨无悔。第2转运医院放射科主任对此万分惊讶。他写道："这场战争是如此矛盾，它造就了人类最丑恶的一面，也让人们实现了自我牺牲、克己自律、舍己为人的崇高美德。"[29]

患有心理疾病的伤员仍然占据很大一部分。美国陆军医疗部队在整个诺曼底地区不得不收治三万例战斗疲劳症患者。至7月下旬，两个拥有1000张床位的心理诊疗中心投入运作。医生们听到指挥官们说要让初上战场的部队在战斗中"见血"[30]，一开始感到非常震惊。不过与其把新兵突然投入恶战，让他们吓得屁滚尿流，循序渐进显然更为可取。

然而，无论采取怎样的措施，炮击下还是会有人"瞪大眼睛，战战兢兢"，或者"一边哭泣，一边乱跑"，或者"蜷缩成一团"，还有人甚至在恍惚中走入空旷地带，在炮火中四处采花。有些人在巡逻时过于紧张而精神崩溃，突然喊道："我们会被杀的！我们会被杀的！""有些士兵在炮火中忽然呜咽啜泣，畏缩胆怯，拒绝起身战斗，或不服从命令走出散兵坑前进"，年轻的军官们必须设法处理这些人。有些士兵自残，也有一小部分人自我了断，但数目不详。

军医们还得应付日常生活中的琐事。如果被农场和谷仓的跳蚤叮咬，就可能引起感染。疲惫，再加上卡尔瓦多斯原酒（美国大兵称之为"苹果白兰地"，有时也把这种烈性酒称为"白色闪电"），造成了许多不必要的事故。腹泻病人以惊人的数目增加，但便秘也是一个问题，特别是在装甲部队中。官兵们对过咸的K口粮深恶痛绝。[31]就连富含维生素C的柠檬粉也被当作洗涤剂来用。有一个广为流传的笑话说，德国战俘声称强迫他们吃K口粮违反了《日内瓦公约》。人们做梦都想着能吃一口冰激凌、热狗和奶昔。实现愿望的唯一希望是转为预备队，然后在后方等待由年轻女志愿者经营的美国红十字会甜甜圈车出现。他们也可以借此机会与来自家乡的女孩聊天。不过在休整期间，士兵们会玩一些更加男性化的游戏来放松。一到发薪日，他们就用骰子或扑克牌开设各种各样的赌局。如果没钱了，他们也会像 D 日之前的那段等待时间一样，拿香烟当筹码。

1944 年的夏天十分潮湿，人们又少有机会洗澡，因此很难保持个人卫生。一些法国女人显然无法抑制她们的好奇心，让朴实的美国人感到很难堪。一名军医在日记中写道："这里的女人喜欢看男人洗澡，对此我实在难以接受。几十个美国大兵像刚出生时那样，光着身子在磨坊旁边的河水里洗澡游泳。两个女人若无其事地坐在旁边，还不时起身俯瞰。"[32]

为了在那个多雨的 7 月保持物品干燥，人们想出了很多办法。第 1 步兵师一名中士回忆说，他总是将一双干袜子和一卷厕纸放在头盔内衬里面。[33] 士兵们还需看管住他们的装备，否则喜欢军品的小孩子经常会把它们当作纪念品携走。法国小男孩总是缠着美国兵，"为爸爸索要香烟"（cigarettes pour Papa），得手后却跑出去自己享用。尽管有命令把小孩赶走，但他们还是经常在后方食堂的帐篷附近游荡。美国士兵对他们一直很娇惯："法国孩童常常提着小铁桶走过来，站在食堂门口。我们总是多做些饭菜，确保能有多余的食物送给他们。"[34]

在第 1 师战线后方的科蒙，美军竭力劝说一位法国宪兵试着嚼一嚼口香糖。这名宪兵的主要任务之一是对付到地窖搜寻葡萄酒和苹果酒的士兵。他和手下想了个点子，在出入口的围墙上潦草地写上"地雷"。当他准备原谅沉迷于酒精而无法自拔的士兵时，首次看到了一具盟军士兵尸体。让他大为震惊的是，有人竟然偷走了死者的靴子。他写道："我知道我们一无所有，即便如此也绝不能这样做！"[35] 小镇居民的抢劫行为改变了他对同胞的看法。"社会所有阶层都是如此，实在令我惊讶。战争唤醒了人类的原始本能，把遵纪守法的公民变成了恶棍。"

尽管德第7集团军担心佩里耶将成为美军下一次进攻的首要目标，布莱德雷仍旧决定从圣洛东北部的马丁维尔岭出发，夺取该镇。

德军前线指挥官也担忧马丁维尔岭防区的安危，因为申普夫的第3伞兵师即将无兵可用。"超级机密"系统为布莱德雷提供了一份拦截情报，显示迈因德尔的第2伞兵军已经损失了6000人。7月14日晚，隆美尔前往第2伞兵军军部拜访迈因德尔将军，他很清楚当前局势十分严峻。（那天天气恶劣，因此隆美尔才能够坐车四处巡查，而不用害怕盟军战斗机。）迈因德尔警告他说，希特勒下令不惜一切代价守住当前战线，这很可能引发灾难性后果。不到一周后，迈因德尔又向第1伞兵集团军指挥官库尔特·施图登特（Kurt Student）将军抱怨说，他曾两次请求增援，但都没有收到答复。刚刚抵达前线的士兵往往不适合战斗，很快就伤亡殆尽。英美军队其实同样如此。德国伞兵部队的一些补充新兵还曾经是飞行学员。由于极度缺乏燃油，他们无法在德国完成飞行训练。

隆美尔很清楚危险所在。他收到警告说，第7集团军和西线装甲集群两个防区（与之对应的是英军和美军战区）之间的地带很可能会"土崩瓦解"。事实上，整条战线都急需增援，尤其是诸如第353步兵师这样原本齐装满员的部队，经过11天鏖战后，该师只剩下不到700人。而且美国陆航在这段时间还因天气被迫停飞了。

美军也对惨重伤亡和推进速度过于缓慢忧心忡忡。第35师企图沿维尔河东岸向前推进；对岸的第30师也试图突破德军防线，但收效甚微。第9师早前遭到阻击，进军速度减缓，导致第 30 师右翼门户大开。第 30 师还发现它的当面之敌是党卫军第 2 "帝国" 装甲师。

到了 7 月 15 日，也就是被科利特称为"致命一击"的那一天，情况才开始有所好转。P-47 "雷电" 战斗机终于起飞为第 19 军提供空中支援，对德军阵地狂轰滥炸。不幸的是，两架"雷电"把 B 战斗群的一支分队误看作德军，结果击毁了美军坦克和半履带车各一辆。好在第 35 师在当天上午借助一次精心谋划的佯攻，成功突破德军防线，致使其后撤。第 19 军全线施压，借助强有力的反炮兵火力，迫使德军耗尽了几乎所有弹药。第 30 师师长形容那一天是"决死恶战"。[①]

美军指挥机构对第 29 师寄予厚望。该师负责的战区正是夺取圣洛的关键地带。喜欢炫耀的格哈特师长决心充分利用这个机会，好好展现自己。不过并不是所有人都喜欢格哈特。跟随第 29 师一起行动的《巴尔的摩太阳报》战地记者布莱德雷·霍尔布鲁克（Bradley Holbrook）发现在争夺圣洛的战斗期间，格哈特挖空心思要引起公众注意。"我记得有天早上去找他，"他后来回忆说，"当时伤亡人数与日俱增，在我看来这样的损失毫无意义。我问他为什么宁可承受这么多伤亡，而不是绕过这个地方继续前进。他转过身看着我说：'因为每个人都会记住这个城镇的名字。'我想：'哦，该死，我们打的是什么鬼战争？'"[36]

格哈特和巴顿一样，在战场总是顽固地要求部队军容严整。不过他对手下官兵们蓬头垢面也无可奈何，因为只有撤到后方休整时，部队才有机会剃须洗漱。但让他大为光火的是，大部

[①] 自 7 月 7 日以来，第 30 师伤亡超过 2300 人，仅最后两天就伤亡 961 人。[37]——原注

分士兵都把钢盔带系在脑后而不是下巴下面。就这一点而言，他还是有些道理的。当时人们害怕若系紧盔带，一旦炸弹在附近爆炸，就会把脑袋扯断。其实这种担忧没有丝毫根据。格哈特本人总是规规矩矩地扣好钢盔，很少有人见过他戴其他样式的军帽，貌似是为了掩饰自己的秃头。

山脊的地理位置十分关键，第29师的当前目标就是位于其上的马丁维尔村。村落里只有几间诺曼底人建造的石质农舍。沿着山脊由西向东的土路两旁都是带有围墙的院子。树篱丛与该地区其他地方一样，又高又厚。车辆和独立的火炮阵地完全可以隐藏在茂密的苹果园内，躲开飞机侦察。德军伞兵再一次巧妙地深藏在覆盖有原木和泥土的地堡下。除非被大口径火炮或航空炸弹直接命中，否则这些工事几乎能抵御任何攻击。他们得到了战斗工兵和师属其他连队的增援，第30机动旅尚存的机枪和迫击炮、第352步兵师残部也增补进来。还有数辆伪装良好的突击炮布置到位，瞄准了山下的树篱丛。

美军进攻有13个炮兵营为后盾，此外P-47"雷电"战斗机向德军88毫米火炮阵地投掷了多枚500磅航弹。然而，德军火力在所有进攻方向上都造成了美军重大伤亡。19点30分，格哈特将军下令道："上刺刀！29师上！"[38]他要赶在天黑前发动最后一次攻击。第116步兵团的三个营几乎齐头并进，从东边沿着山脊推进。数小时激战后，美军损兵折将；格哈特只好勉强叫停部队，命令就地挖掘堑壕，坚守已经占领的阵地。可是这项命令花了很长时间才下达到第2营营长宾厄姆少校手中。当时宾厄姆正徒步去追赶他的先头连队。这个连已经抵达目标位置——巴约公路边的拉卡佩勒（La Capelle）。宾厄姆压根就

没考虑过撤退,而是当即下令挖散兵坑,进入全面防御状态。 299
美军本来已经清理干净了山脊上马丁维尔村的敌军,不过德国
伞兵照例又渗透回来,导致这个营实际上处于被包围状态。

格哈特听到第 2 营已经突破德军防线的消息时万分惊讶。
他可不打算把这支部队拉回来,然而德国人依然控制着一部分
山脊,美军阵地所处位置相当暴露。他命令右翼第 115 步兵团
于次日,也就是 7 月 16 日黎明时分,沿伊西尼至圣洛之间的公
路尽可能快速前进。如果该部能取得突破,那么山脊上的德军
就有可能被迫撤退。但是第 115 团遭到迫击炮、机关枪和突击
炮的迎头痛击,只好挖掘工事转入防御。

被困在巴约公路边的宾厄姆部成功击退了德军的一次反击,
但弹药和补给都即将耗尽。好在阵地上有两口水井,水源不成
问题。不过该营已有 35 人负伤,而且只有 3 名没有医疗经验的
战友照料他们。一架炮兵侦察机飞来空投血浆,但还是有几名
伤员牺牲,如果他们能提前撤离的话,本来是可以活下来的。
尽管如此,宾厄姆营还是非常幸运。德军方面沟通不畅,致使
炮兵部队未能准确识别友军阵地位置。美军观察员高兴地发现,
德国大炮在那天发射到他们自己部队头上的炮弹数几乎与打击
到美军的一样多。

距马丁维尔村以东四分之一英里处,第 1 营在山脊上遭遇
德国伞兵的凶猛反击。德军装备有火焰喷射器,还得到三辆坦
克支援。美国步兵从散兵坑里爬出来,必须在全副武装的德军
小队推进到火焰喷射器射程之前干掉他们。第 1 营 A 连防守右
侧,所有军官早在前一天便都已阵亡。幸存者推选二等兵哈罗
德・E. 彼得森(Harold E. Peterson)负责指挥。一名年轻的中
尉奉命接管 A 连,不过他刚刚加入战斗,因此明智地按照彼得

森的吩咐行事。

德军从马丁维尔村再次发起进攻。这次突击有了一辆坦克支援，它炸毁了彼得森连藏身的灌木丛。"巴祖卡"火箭筒小队被消灭了，捡起武器继续战斗的人也成了德军目标。幸存者不得不像"拖雪橇"那样，拉着伤员逃命。正是在彼得森和另一名士兵的领导下，溃散的美军才重新集结起来。这名士兵是百分百纯种美洲土著，人们都直截了当地称他为"酋长"。[39]彼得森操纵枪榴弹追杀德军坦克，但是这种武器很难击破装甲。有六枚榴弹打中了目标，单单外壁上的爆炸声就足以让坦克乘组确信最好还是调头逃回马丁维尔。彼得森的这个骨干连队随后收复了阵地。

当天晚上，彼得森下令，每个双人散兵坑中，只能有一名士兵睡觉，另一人必须保持清醒。次日清晨，他爬上地面，检查其他散兵坑的情况。他发现有些地方两个人都睡着了，结果被敌人割断了喉咙。这支依然在附近出没的德军伞兵突击队有大约15人，彼得森连以手榴弹攻击。他一度被迫后撤，但随后设法架起两挺轻机枪和一具"巴祖卡"火箭筒，压制住了德国伞兵。事实上，可以毫不夸张地说，凶猛的火力把好几个敌人撕成了碎片。所有德国伞兵被歼灭。这段时间里，营部甚至还不知道是彼得森在指挥战斗。

7月15日夜，格哈特命令副手诺曼·科塔准将在"三小时内"集结一支特遣队，完成占领圣洛的任务。考虑到山脊上依然在激烈战斗，该师炮弹也出现短缺，这个决定也许有点为时过早。也是在那天晚上，269名补充兵抵达前线。他们当即被派往山脊，增援第116步兵团第1营。这场突如其来的战火洗礼对新兵而言相当残酷。虽然有悖于师属心理医生的建议，但格哈特并不想失去主动权。

托马斯·D. 豪伊（Thomas D. Howie）少校指挥的第3营也严重兵力不足，但该营只补充了少数几名新军官。豪伊营的任务是在黎明前沿着山脊南坡向西进攻，与宾厄姆部会合后，一起杀入圣洛。为了保证出其不意，他命令部下只能用刺刀。每个排仅有两人得到授权，可以在紧急情况下开枪。

7月16日，豪伊营以连为纵队，趁着黎明前的一丝光亮"跳下山来"，全速前进。幸运的是，夏日清晨的薄雾隐匿了他们的行踪，但也许是听到了声响，德军机枪手朝该营方向开火。豪伊的士兵按照指示没有开枪还击。凭借严格的纪律和快速行军，他们在6点前便抵达位于宾厄姆营旁边的目标位置。豪伊通过无线电向团长报告战况，并收到了新任务：立即向西推进至距离此地只有半英里多的圣洛郊区。他回答："遵命。"该营官兵迅速把口粮分给饥肠辘辘的第2营，但他们也没有多余弹药了。豪伊少校刚刚下达向圣洛进军的命令，一枚德军迫击炮弹就在他的指挥组中间爆炸。豪伊当场阵亡。副营长H. 庞特尼（H. Puntenney）上尉接过指挥权，命令部队继续进攻。德军炮兵和迫击炮群终于确定了他们的方位，也开始炮轰巴约至圣洛公路的那个区域。

第3营毫不迟疑，立即挖好散兵坑躲避炮击，并做好了迎接反击的准备。下午快结束的时候，德军终于发起进攻，不过被击退了。远处传来德国坦克的噪声，于是他们请求陆航在天黑前发起空袭。第506战斗轰炸机中队紧急起飞，向装甲部队集结地奔去。空袭战果十分显著，大大打击了德国人的士气，也鼓舞了美军斗志。庞特尼的手下在附近发现了一座德军弹药库。这真是雪中送炭，整支部队此时只剩下一具火箭筒了。美军还取走了反坦克地雷,并沿巴约公路及与拉马德莱娜(La Madeleine)主路相交的南北小道上埋设。当晚局势十分焦灼。庞特尼觉得他们完全是靠着虚张声势才守住了阵地。不过到了第二天,7月17日早上,惊喜从天而降,犹如奇迹。一名奥地利医生突然出现,要求投降;他还用前一天空投下来的血浆挽救了好几名伤员的生命。

第1营沿着上方的山脊,继续向马丁维尔村进攻。该营派遣一支小队带着一门反坦克炮和一辆坦克歼击车,占领了村落东侧的阵地。第29师的另外两个团——第175团持续沿着巴约公路前进,第115团仍然试图从伊西尼公路向南推进——在当天的进展都微乎其微。[40]第115团的一个营设法转向攻击北侧的马丁维尔,可是到下午便遭到德军迫击炮群重创,很多伤员因得不到医治而在当晚罹难。前线医护人员短缺已成为迫在眉睫的问题,这主要是因为美军伤亡惨重,而且训练有素的补充新兵也不够。

第115团的这个营因伤亡巨大而军心动摇,连夜在马丁维尔村以东构筑防御工事。然而团长来到该营视察后,却下令部队继续前进,不得拖延。所有人都觉得难以置信。团长说:"这道命令引起了全营极大惊慌。"不过牢骚满腹的官兵们刚一停止抱怨,就在午夜重新上路了。更让他们诧异的是,沿着山脊西坡向圣洛前进途中,居然没有遭遇顽强抵抗,德国人似乎消失在了夜幕中。①

宾厄姆营和庞特尼营此前孤立在拉马德莱娜附近的山脊底

---

① 格哈特将军在5点30分给第115团团长奥德韦(Ordway)上校打去电话。奥德韦精疲力竭地回到团部,只睡了不到一个半小时,回答颠三倒四。于是格哈特在6点15分又打来电话,告诉奥德韦已被解职。考虑到他的第1营已经开始悄然进入圣洛市郊,奥德韦十分愤怒,认为他的策略取得了成功,而格哈特的决定只会带来灾难。[41]——原注

部。现在他们可以通过一条从北面翻过山脊的生命线得到补给。但这条线路处于巴约公路以南的致命火炮覆盖下，因此运输补给仍然相当危险。二等兵彼得森的连队迎来了85名补充兵，以及一位新连长——拉比特（Rabbitt）上尉。新兵与老兵混合编制，这样他们才不会陷入恐慌。这个连队控制着从山脊通往山下的生命线。他们分为若干小组，各负责一个区域，每一组都配置有机枪。他们突然吃惊地看到一队德军士兵大大咧咧地从身边的空地上列队通过，于是机枪一齐开火，把敌人全部打死。

7月17日夜，德军从山脊撤退下来。事后发现，这次后撤的范围不限于此，规模更大。由于美军在巴约公路和马丁维尔岭地区实施侧翼包抄，德军不得不撤退到与美第35师对峙的战区，甚至还丢弃了大量武器装备。7月18日清晨，科利特将军命令格哈特拿下圣洛。现在美军将这座城市改称为"斯蒂洛"（Stilo）。科塔准将的特遣队配备有侦察力量、"谢尔曼"坦克、坦克歼击车和工兵，随时可以行动。格哈特向军部报告说："已准备就绪。" 14点30分，科塔发出指令"出发"。纵队顺着伊西尼公路开进圣洛，并在那里与第115团的一个营会合。经过数周激战，德军的抵抗力度似乎相对减弱了。圣洛以南的德军炮兵阵地不时进行骚扰性炮击。担任后卫任务的第30机动旅还在城市部分地区作战。

科塔特遣队进入了"一座废城"。经历了6月6日的盟军轰炸和近期的炮火摧残，圣洛已化为废墟。建筑物屋顶都已垮塌，从顶部窗口望去，能直接看到天空。破损车辆和瓦砾堵塞了街道，交通基本瘫痪。多支战斗小组奉命抢占关键要地，与第30机动旅的留守部队逐户厮杀。至19点，格哈特终于能够宣布占领该城了。工兵和装甲推土机开始清理街道，以便部队自由行动,但骚扰火力并没有停歇。师属炮兵的前沿火力引导员本想将圣洛小教堂双尖塔中的一座用作观察哨,不过德军火炮在他们进入阵地前就把双塔全部炸毁。绰号"荷兰人"的科塔准将被弹片击伤。然而就像在奥马哈海滩上那样,他还是毫不在乎自身安危。"一块弹片打中了科塔的手臂,"装甲侦察连的一名中尉写道,"我还记得血从他的袖子里流出来,顺着手指滴到地面上。伤势并不严重,但他还站在那里说话,丝毫没有受到影响。"[42]

美军夺取了圣洛,却在一定程度上导致他们过度自信。第二天,第25骑兵中队前去接替第29师的侦察部队。他们无视德军反坦克炮的威胁,径直向敌人冲锋,结果损失了数辆吉普车和装甲车辆。[43]

美军在7月7日至20日的全面进攻中付出了约40000人伤亡的代价。但在布莱德雷看来,这次战役最终确保了"眼镜蛇行动"的左翼安全,击溃了德军,使美军有更大机会按计划实现突破。格哈特将军打算举行一次带有象征意味的仪式,来纪念第29师的胜利。他命令在豪伊少校的遗体上覆盖美国国旗,用吉普车运进这座满目疮痍的城市。这位在最后一次攻城前阵亡的营长被安放在圣母主座教堂旁的一堆瓦砾上。人们尊称豪伊为"圣洛少校"。蒙哥马利将军在悼词中说,他代表了"为夺取圣洛而付出牺牲的伟大的美国军队"。[44]然而,德军指挥官即使在战后也依然认为美军毫无必要如此大费周章地占领这座城市。因为仅仅一周后美军便会发动"眼镜蛇行动"。这次大规模攻势将向西面展开,美军可以直接绕开圣洛,迂回而过。

第十九章　古德伍德行动

蒙哥马利在卡昂北部战役中付出了高昂代价，因此越发关注兵员短缺问题。英军和加拿大军的损失现在已经攀升到了37563人。英国陆军副官长罗纳德·亚当爵士（Sir Ronald Adam）来到诺曼底，警告蒙哥马利和登普西，补充兵源将在数周内耗尽。

不过登普西的第2集团军倒是不缺坦克。他现在掌握着三个装甲师、五个独立装甲旅和三个坦克旅。虽然蒙哥马利仍然坚持要牵制住正面的德军装甲部队，从而让美军形成突破，但登普西决心打破这难熬的僵局。奥恩河以东的桥头堡似乎为英军提供了一个上佳机会。他们可以从东南方向的开阔地带向法莱斯发起大规模装甲攻势。重型轰炸机在7月7日的攻击中展现出强大破坏力，给登普西留下了深刻印象。然而，当日空袭行动在军事层面上并无太大效果，他似乎被奇怪地误导了。

7月12日，登普西说服蒙哥马利将三个装甲师划归奥康纳将军的第8军。蒙哥马利十分不愿意。他不喜欢坦克编队就像他们曾经在西部沙漠中那样"到处游荡"，这种做法有时会带来灾难性后果。可是在这种情况下，他也别无选择。他不想冒险再次发起大规模步兵战役，但又得做点什么，才能堵住来自伦敦和盟国远征军最高统帅部的诘难。毕竟卡昂之战未能占领足够空间建造机场，也没有办法部署加拿大第1集团军。

在蒙哥马利看来，这次进攻最重要的目的就是赶在西部战区美军发动"眼镜蛇行动"前,对卡昂实施一次雷霆攻击。别的姑且不论,这至少能阻止德军将数个装甲师转移去对付布莱德雷的第1集团军。不过蒙哥马利的真实意图现在依然是个谜。他要么是突然确信这次行动一定会取得重大突破,要么是为了得到重型轰炸机的支援以粉碎德军防线,觉得有必要误导上级。从政治上讲,这是非常不明智的做法。

鉴于登普西的计划有可能取得决定性突破,于是他在7月12日把这个方案推荐给了艾森豪威尔。此前,最高统帅曾对蒙哥马利的过度谨慎极度失望,因此两天后他兴奋地答复说:"我对这项计划的前景非常乐观,热切地希望它成功。您将取得胜利,对此我毫不意外。这将使那些历史上的'经典战役'看上去就像巡逻队之间的小打小闹。"[1]同样在7月14日,蒙哥马利致信布鲁克元帅:"在东翼战线真正'摊牌'的时候到了。"然而就在第二天,蒙哥马利又给登普西和奥康纳发去一份修改后的指令,制定的目标显得不那么激进。他只想推进到距法莱斯还有三分之二路程的地方,然后视情况而定。这很可能是他对局势变化做出的更为现实的评估。不过蒙哥马利从未将这项指令告知艾森豪威尔,甚至也没通知他自己的第21集团军群指挥部。结果蒙哥马利的声望和信誉都遭到毁灭性打击。

原本被大风暴耽搁行程的禁卫装甲师现在已经准备好加入战斗了。军官们匆匆忙忙乘坐吉普车奔赴各条战线,尽可能详细了解战况。然而他们观察到的情况并不振奋人心。一名爱尔兰禁卫军官写道:"我看到六七辆英军的'谢尔曼'坦克排成一列,每辆侧面都有一个光滑的小洞。大多数坦克已烧毁殆尽。它们显然是被连续击中的,可能是同一门火炮所为。"[2]他们回来后，接着听取"古德伍德行动"的计划简报，得知英军"将采取正面突破的策略"。"古德伍德行动"的得名类似于"埃普索姆行动"，源于一座赛马场，于是人们开玩笑说，行动开始时就将是"赛马日"。

蒙哥马利通过"交替推进"[3]策略，在总攻前就打乱了德军防线配置。他还说服登普西在更靠近西面的地方首先发起佯攻，以转移敌人注意力。7月15日临近午夜，英军出动"鳄鱼"喷火坦克，攻击埃凯（Esquay）、112号高地和马尔托等周边地区。[4]黑暗中，它们看起来就好似一条条布满鳞甲的火龙。甚至在更西侧的佯攻地带，第30军也取得了有限进展。一名在丰特奈勒佩内勒附近作战的上尉写道："凉风习习，拂过成熟的麦田。人们站在地里，只能看到火炮和坦克顶部，以及大炮开火时喷射出来的火焰和扬起的尘埃……又一个炮火纷飞的炎炎夏日。尘土飞扬，模糊了视野；硝烟就像11月的浓雾那样，垂浮在麦田上。"[5]

在112号高地，也就是前文中的"髑髅地"，再次爆发了激烈战斗。党卫军第9"霍亨施陶芬"师师长记录道，7月16日晚，英军向高地投掷了大量烟幕弹。守军感到阵阵作呕，还以为遭遇到毒气攻击。[6]英军坦克大约在21点突破防线，抓获了60名装甲掷弹兵。但是"霍亨施陶芬"师部署在山坡反斜面的豹式坦克发动反击，声称消灭了15辆英军坦克。

从地中海沿岸城市贝济耶（Béziers）赶来增援的德第277步兵师刚刚抵达埃夫勒西附近的战场。该师一名年轻的炮手埃伯哈德·贝克（Eberhard Beck）首先随炮兵团乘火车来到卢瓦尔河，下车后连夜行军至此。就连牵引150毫米榴弹炮和拖车的挽马也半睡半醒。队伍在行进中会经常停下来，然而马匹仍然拖着沉重的步伐继续前进。这时在前面大炮炮架后座打盹的士兵就会发现他们脸上凑过来了一张马嘴。行军中唯一令人兴奋的时刻是他们成功洗劫了一座城堡里面的酒窖。贝克和战友们对即将发生在诺曼底的遭遇还一无所知。

部队接近前线时，肩头扛着"铁拳"反坦克榴弹发射器的步兵加入行列。他们看到前方镁粉照明弹发出惨白的光芒，"如同闪电那样，把整条战线照得忽明忽暗"[7]。贝克只想躲进森林深处不出来。"士兵和马匹都被一种难以想象的紧张笼罩。"头顶上的飞机"无休止地发出残酷的咆哮"。

他们的指挥官冯·施滕格林（von Stenglin）中尉命令部队进入埃夫勒西以西的首个炮兵阵地。就在他们刚刚抵达阵位后，盟军炮弹便劈头盖脸地袭来。弹片击中了一个名叫波默（Pommer）的司机，削掉了整个头。马匹受惊，身体直立起来。一罐从野战厨房运来的食物飞上天空，热气腾腾的肉酱洒了一地。贝克的当务之急是两件事：一是长途行军后疲惫不堪，急需美美睡上一觉；另一件则同大多数年轻士兵一样，他可不想战死时还是处男之身。

由于弹药短缺，他们很少向埃夫勒西附近的英军坦克集结地开炮。通常炮组每天只配发三发炮弹。贝克有的是时间，在敌人没有攻击的时候便和其他炮手一起下棋或玩纸牌。盟国空军攻击德军补给线，导致他们的口粮也缩减不少。贝克实在太饿了，冒出个"异想天开的主意"，企图溜到前线去挖土豆。但是，与战线另一侧的英国部队一样，他们几乎所有人都患上了痢疾。啃食尸体的昆虫四处传播这种疾病。

炮兵们不久便遇见了非常年轻的党卫军装甲掷弹兵。他们穿着迷彩服，与他所在部队的步兵相比，"装备要精良得多"。

然而贝克"并不觉得他们值得羡慕"。他说："他们雄心勃勃，是优秀的士兵。我们都尊敬他们。"但"对我们来说，战争早就已经输了。重要的是活下去"。这当然是老兵们的想法。"他们更老练，更关心战友，像父亲一样更有人情味。他们可不想去逞英雄。"贝克和他的战友们有时不得不推着两轮手推车去接伤员。受伤的人对他们说，炮兵实在太幸运了，因为不用待在前线，"那里简直就是地狱"。年轻的炮兵们在堑壕里躲避轰炸时，还会讨论哪种战伤足以严重到可以被送回德国医院。贝克写道："我一门心思指望受伤，被送到伤兵救护站，接着到医院，然后回家，战争结束。我只想摆脱这种痛苦。"不过英军炮击引发了德军心理和生理上的双重创伤。海军舰炮发射的炮弹能炸出一个 13 英尺宽、6 英尺半深的弹坑。有名高级军士被炸死时，他身边一个 17 岁的通信兵完全崩溃了。

德军步兵伤亡十分惨重。一个师的兵力往往三周内便损失殆尽。隆美尔的指挥部在 7 月 16 日的日志中写道，驻防在埃夫勒西附近的第 277 步兵师在过去数天内损失了 33 名军官和 800 名士兵。[8] 尽管该部现在得到了"霍亨施陶芬"师的支援，但还是由于伤亡过大而不得不把两个装甲掷弹兵团缩编为三个战斗力较弱的营。

7 月 16 日夜间，"超级机密"截获到一封德第 3 航空队司令官胡戈·施佩勒（Hugo Sperrle）元帅发出的电报。他预测说："盟军将从卡昂东南方向发起一次对战争进程具有决定性意义的总攻，时间大致在 17—18 日夜间。"[9] 德军空中侦察机也曾一度渗透到盟军防线一侧，并飞越奥恩河桥头堡，拍摄到敌军进攻前的准备情况。不管怎样，英国人的确知道德军可以在奥恩河东岸科龙贝勒（Colombelles）工业区的高大烟囱顶上设置观察哨，桥头堡上的一举一动德军几乎都能尽收眼底。尽管"超级机密"已经发出了明确警告，称德军很清楚英军即将发动总攻，但登普西并未重新审视他的作战计划。如果无法达成突然袭击的效果，那么英军获胜的唯一机会就是轰炸之后迅速而坚决地进攻。

西线装甲集群指挥官埃贝巴赫将军不相信仅凭手头的150辆坦克，就能阻挡集结起来的800辆英军坦克。豪塞尔的第7集团军要求从卡昂战区调来一个装甲师，因为该军已经没有预备队来应对圣洛附近的美军攻击了，不过埃贝巴赫回复说"绝无可能"[10]。隆美尔也支持他的决定。

7月17日，党卫军"希特勒青年团"师师长库尔特·迈耶收到命令，要求他前往迪特里希的党卫军第1装甲军军部，向隆美尔元帅汇报战情。在卡昂落败后，该师大部官兵都已撤退至利瓦罗（Livarot）附近休息整编。隆美尔要求迈耶对英军即将发动的攻势谈谈看法。迈耶说："我军会继续奋战，战士们将战斗到底，至死方休。不过他们无法阻止英军坦克碾过自己的尸体驶向巴黎。敌人压倒性的空中优势令我军几乎不可能实施任何战术机动。他们的战斗轰炸机甚至连单独上路的传令兵也不放过。"[11]

迈耶关于这个话题的观点让隆美尔激动起来。他开始发泄对国防军最高统帅部的愤慨，因为统帅部仍然拒绝听从他的警告。"他们再也不相信我的报告了。有些事一定要做。西线战争必须结束……不过东线又该怎么办呢？"隆美尔辞行前，泽普·迪特里希叮嘱他返回拉罗什吉永城堡途中要避开大路。隆美尔微微一笑，似乎很不以为意。

隆美尔乘坐他的霍希敞篷车上路不到一个小时，便在公路上遭遇两架"喷火"战斗机攻击。他被甩出车外，身受重伤。当时，有个法国妇女正走在路上去买肉，看到战斗机来袭时，慌慌张张地赶紧躲到一旁。她叙述说，当地人觉得这次空袭颇具讽刺意味。因为盟军飞机本来要袭击附近的圣富瓦德蒙特戈默里村（Sainte-Foy-de-Montgommery）。[12]这个村镇的名字正好同隆美尔的对手——英国指挥官蒙哥马利相似。隆美尔先是被送到利瓦罗一家药店，然后转往贝尔奈（Bernay）的医院。他就此退出了这场战争。

埃贝巴赫一接到消息，便立刻带着一名军医出发。21点30分，施派德尔致电西线装甲集群指挥部，说希特勒已经命令克鲁格元帅指挥B集团军群，同时继续兼任西线总司令。埃贝巴赫返回后，克鲁格的参谋部打来电话，命令他将一个装甲师调往第7集团军，以阻止美军在圣洛地区取得突破。虽然日志中没有记录埃贝巴赫将军的谈话内容，但他显然予以拒绝。没过几分钟，克鲁格本人就亲自来电。埃贝巴赫解释说，"装甲集群正在抵挡英军大规模攻击"[13]，接着就威胁情况做了详细说明。唯一可用的预备队是刚刚从他手中调走的党卫军第12"希特勒青年团"装甲师。两人在谈话中显然都火气十足。克鲁格断然拒绝了埃贝巴赫提出的增援请求。记录还显示，克鲁格提醒对方注意东线战局，红军正在"巴格拉季昂行动"中对德军发起猛烈进攻。但是埃贝巴赫并没有屈从。他再次重申他所在战区正面临的威胁，以及将其中一个装甲师调往圣洛的不利后果。

当晚，盟军为"古德伍德行动"和"大西洋行动"（Operation

Atlantic）做准备，开始了第一轮轰炸。[14]他们的如意算盘是利用爆炸声来掩盖坦克轰鸣声，但这只不过是把德国人已经知道的情报又证实了一遍。"大西洋行动"是加拿大军同步展开的攻势，部分目标是夺取瓦瑟勒（Vaucelles）、卡昂南部及其郊区。加拿大炮兵击中了瓦瑟勒的一座大型燃料弹药仓库，引起惊天动地的爆炸。

在敌人眼里，"古德伍德行动"是诺曼底战役所有攻势中意图最明显的。英军为了掩盖这次行动，采取了各种欺敌措施，比如用"预先录制的无线电通信"[15]来伪装要向科蒙攻击，但都注定徒劳无功。就算德国人事先没能从空中侦察照片和设在科龙贝勒的观察哨中发现异常，在炎炎烈日下扬起的尘土也暴露了坦克部队的行踪。由于担心扬尘吸引德军炮火，英军在路边树立了"尘土危险"的警示牌。当打着白色帆布绑腿、手戴白手套的宪兵挥手指挥交通时，这种提醒看上去简直就是讽刺。

在军事情报层面，"古德伍德行动"也是一场失败。虽然皇家空军派遣"野马"战斗机执行了空中侦察任务，但登普西的参谋部还是判断埃贝巴赫的防线纵深只有不到三英里。事实上，德军建立了五道防线，一直延伸到六英里以外的布尔盖比（Bourguébus）山脊后方（见地图13）。尽管英军确认德第16空军野战师参战，他们却没有发现皮克特（Pickert）中将率领的高射炮军装备有大量88毫米火炮。坦克团后来咒骂情报部门说，他们就是一群不靠谱的"水晶球占卜师"。

当天晚上，第11装甲师率先驶过奥恩河大桥，进入东岸桥头堡阵地。尽管蒙哥马利修改了计划，但登普西的指挥部并没有做出调整，为人们过高的期望降温。第7装甲师一位旅长对手下军官说:"我们要开足马力,全速前进!"[16]第13/18皇家轻骑兵团有名中队长在日记中写道:"我们无疑正处于一场比阿拉曼战役规模更大的战斗的前夜。奥恩河东岸如此拥挤,只有亲眼所见才会相信。所有果园或田地上都挤满了军队。"[17]酷热的天气、可怕的灰尘("我们一致认为这里的恶劣环境足以与沙漠相提并论")、成群结队的蚊子也许让他们回忆起了北非战场的胜利。士兵们抱怨说,部队发放的驱虫剂反而更容易招惹蚊虫叮咬。

英国禁卫装甲师的军官们对他们从没在北非作战的经历颇有自知之明,也很清楚这就是他们的第一仗。雷克斯·惠斯勒(Rex Whistler)是一名画家兼布景设计师。虽然他的年龄比威尔士禁卫团装甲营的其他军官要大上15岁,但他还是决心留在坦克中队作战。而且正是因为他们还处于战争中,所以他认为没有理由停止绘画。惠斯勒还在英国的时候,便委托当地村落的铁匠打造了一个金属容器。他把它固定在坦克炮塔外侧,里面装着颜料、画笔和几张小画布。不过作为一名年长的中尉,惠斯勒还被任命为装甲营的葬礼官。只是他的部下都很迷信,觉得在坦克里装着20个木质十字架很晦气。

像诗人基思·道格拉斯一样,惠斯勒似乎也预见到了自己的死亡。他向一位朋友吐露说,不希望被葬在大型军人公墓,最好就埋在自己倒下的地方。他赶在师长阿代尔(Adair)少将向军官们做行动简报前,坐在果园里给母亲写了最后一封信。他还"从帐篷上方的树上采了一点槲寄生"[18],塞入信封中。所谓帐篷,其实就是一块支在坦克旁边的防水布,坦克兵们就在下面睡觉。7月17日黄昏,英军对坦克引擎进行了最后一次测试检查。临别前,惠斯勒的战友弗朗西斯·波特尔(Francis

Portal）对他说："那么明天晚上见。""希望如此。"惠斯勒若有所思地回答道。

每一位盟军高级指挥官都在祈祷蒙哥马利最终能取得突破。就连"轰炸机"哈里斯等一干皇家空军里与之作对的死敌也愿意提供重型轰炸机支援。战术空军司令官科宁厄姆中将最厌恶蒙哥马利，但他也迫切地希望行动能大功告成，这样才有足够空间建造前线机场。空军上将特德私下与科宁厄姆讨论过把蒙哥马利解职的可能性，现在则向这位陆军总司令写信保证说，"您的计划意义深远，对战局具有决定性影响。空军将全力以赴予以支持"[19]。

7月18日5点30分，第一波次轰炸机从北方飞来，开始轰炸目标。在接下来的两个半小时里，英国皇家空军、美国陆航共出动2000架重型轰炸机、600架中型轰炸机，在长达7000码的战线上投掷了7567吨炸弹。这是有史以来空军为支援地面行动而进行的最大规模集结。海上的皇家海军战舰也发起了猛烈炮击。看似永不停止的爆炸掀起浓密的尘云，待命中的坦克兵纷纷爬出来观看。对于那些亲眼看见了这壮观一幕的人而言，无法想象还有人能在如此狂暴的打击下幸存。

这场人工地震把德国人炸得晕头转向，震耳欲聋。伤员和神经错乱的士兵不停地尖声大叫。有些人无法忍受噪声、冲击波和地面震动，举枪自尽。重型虎式坦克在爆炸中被掀翻，或半埋在巨大的弹坑中。然而，烟尘遮挡了目标区域视线，导致英军并不知道这轮轰炸其实远远谈不上精准。他们依然不知道埃贝巴赫已经构建了五道防线，其中最关键的一道沿布尔盖比山脊设置。第2集团军若要向法莱斯前进，就必须突破这里。

可是这条防线上几乎没有落下炸弹。①

第 3 皇家坦克团作为第 11 装甲师的先头部队，一马当先投入战斗。他们前方是平缓起伏的原野，上面主要种植着即将成熟的谷物。大片麦田上点缀着诺曼底人的村落，果园环绕在石头搭建的农舍周围。地势朝着英军主要目标布尔盖比山脊向上倾斜。英国人很快就把这条山脊称为"混蛋巴士"（Buggersbus）。

计划不久就暴露出一项重大缺陷。第 51 高地师之前在战线周围稀里糊涂地布下了很多地雷。奥康纳将军认为英军不可能在不惊动德国人的情况下排除整个雷区（这种担心在当时其实并无必要），结果当晚只清除出十几条狭窄的通道。英军行动速度因此大大延缓，并造成了灾难性后果。

后方交通也陷入一片混乱。禁卫装甲师和第 7 装甲师须等待第 11 装甲师清理完战场后，才能通过奥恩河上的六座贝雷桥②。太阳在天空中升得老高，坦克兵们却在路边的麦田里大吃大喝，甚至四仰八叉睡大觉。尽管空气中充斥着灰尘和汽油的味道，雷克斯·惠斯勒和威尔斯禁卫团的一些军官还是玩着皮克牌来打发时间。当纵队开始移动时，前面的景象却"像某个夏日周末，车辆从海边慢慢蠕动着，返回伦敦。视线所及之处，车流一动不动，只是偶尔挪几步"[21]。科宁厄姆和登普西就待在奥康纳的军部旁边，急得直跳脚。装甲部队缓慢通过雷区，

---

① 英国皇家空军后来在官方报告中承认了以下几处失误。[20] 由于先期标记存在问题，落到卡尼附近 M 区的炸弹完全没有打中。英军虽然修正了着弹点，但烟雾和灰尘很快又遮蔽了目标，导致他们未能摧毁德军的 88 毫米火炮。在左路特罗阿恩附近的 I 区，只有 18% 的炸弹落在目标区域内。P 区涵盖了贝尔福利（Hubert-Folie）、索利耶尔（Soliers）、布尔盖比村，落在目标地区内的炸弹只有 40%。——原注

② 贝雷桥，由英国工程师唐纳德·西·贝雷于 1938 年发明，采用模块化设计，可就地快速拼装。

意味着轰炸取得的打击效果都被白白浪费掉了。

在奥康纳主攻方向西侧,加拿大第3师正向奥恩河对岸卡昂城南部的瓦瑟勒推进。不过肖迪埃团在10点30分遭遇敌人顽强抵抗,停下了步伐。王后属加拿大来夏枪团向左转,绕过这处障碍后攻占日贝维尔(Giberville)。与此同时,北新斯科舍高地人团再接再厉,拿下了与蒙德维尔(Mondeville)毗邻的郊区。北岸团负责攻击科龙贝勒的厂房。防守那里的德第16空军野战师步兵本来就实力大折,加之轰炸而军心动摇,战斗刚打响,步兵甚至就迈不开腿了。主力部队左侧,英军第3步兵师在一个装甲旅的支援下向图夫勒维尔(Touffréville)推进,接着剑指特罗阿恩。

进攻者在战斗开始后的头两个小时内,前景一片乐观。第3皇家坦克团遇到了一群惶恐的德国步兵。他们从麦田里站起来,举手投降。坦克手们命令他们到英军战线后方去。第11轻骑兵团B中队发现了一个德军防空洞,里面的人似乎都睡着了。他们看上去平静安详,实际上都已死于炸弹冲击波。第13/18皇家轻骑兵团与第3步兵师一道,在战线东翼向图夫勒维尔挺进。他们用机枪朝德军战壕扫射,迫使敌人高举双手出来。在后方奥恩河桥头堡上,加拿大第1伞兵营的一名少校写道:"战俘源源不断地从我们身边经过。他们中大多数人在我军轰炸下失去了作战能力。"[22]甚至西线装甲集群指挥官埃贝巴赫将军也写道,"突破似乎不可避免"[23]。

第16空军野战师大部已经在轰炸中灰飞烟灭,完全"被压制"。虽然装备有虎式坦克的第503重装甲营向第21装甲师伸出援手,但该师是德军损失最惨重的装甲部队。"一些坦克被直接命中,另一些仰面朝天,或栽进弹坑里。掀起的尘土令坦克炮塔无法运转,瞄准镜和电台也都失灵。"[24]第21装甲师很快就接到了埃贝巴赫的命令,与党卫军第1"阿道夫·希特勒警卫旗队"装甲师一同发起反攻,但后来因自身状态问题而两度推迟。德军炮兵观察员的视野一直受尘土和烟雾影响,十分模糊,因此部署在布尔盖比山脊后面的重炮依然一弹未发。"10点,"埃贝巴赫写道,"传来可怕的消息,敌人已经突破防线,深入我军纵深十千米。"[25]

然而,第3皇家坦克团很快就发现"古德伍德行动"并非一个快乐的"赛马日"。他们向勒梅尼勒弗雷门特(Le Mesnil-Frémentel)进军途中遭遇了德军反坦克炮袭击。这是卡尼附近的一处小村落,由石头搭建的农舍组成。最前方的坦克中队长写道:"突然,我左边的'谢尔曼'冒起浓烟,晃动着停了下来。"[26]英军所有火炮都调转炮口,对准了炮弹来袭方向。他们敲掉了德军的反坦克炮,但又遭到另一处阵地的炮火攻击。更多"谢尔曼"坦克被击中。周围的麦田也开始熊熊燃烧。

位于该部左翼的法夫和福弗尔郡第2义勇骑兵队先头中队被来自卡尼的毁灭性火力击中。这些隶属第16空军野战师的88毫米火炮,以及另外两辆105毫米突击炮此前躲过了盟军轰炸。该中队在短短数分钟内便几乎全军覆没。

第3坦克团收到命令,将绕过勒梅尼勒,然后向西南直扑格朗特维尔(Grentheville)。这时登普西计划中的另一个重大缺陷开始显现出来。奥康纳本想派遣步兵与装甲部队一起清剿各村庄内的德国守军。但受雷区限制,登普西要求他暂缓出动步兵。对于坦克兵来说,所有关于突破进入"利于坦克作战地区"的说法不啻黑色笑话。德军88毫米火炮拥有更远射程和更高精度。这意味着相比在树篱农庄地带,英军目前处于更加不利的形势。

格朗特维尔附近布满了反坦克火炮阵地，到处隐藏着突击炮。第3坦克团别无选择，只能像骑兵那样发起冲锋，结果数辆坦克很快就中弹起火。变成一团火球的坦克兵痛苦地在地面上翻滚，试图扑灭火焰。该团损失极为惨重，不得不撤出战斗，并呼叫第13皇家骑炮团提供火力支援。第11装甲师在战斗伊始便遭到意外打击，他们的空军联络官不幸中弹。虽然"台风"战斗机就在上方盘旋，随时准备攻击德军目标，但他们无法呼叫空中支援。

禁卫装甲师也在同一时刻跟着开进地势起伏的平原地区。军官们知道自己是战场上的新手，因此在面对危险时，努力让自己显得很淡定。比如他们拒绝钻进炮塔躲避炮火，其实这种无视危险的行为毫无必要。法夫和福弗尔郡第2义勇骑兵队在卡尼遭受重创后，禁卫掷弹兵团第2装甲营奉命向该村前进。结果又有九辆"谢尔曼"坦克被88毫米火炮摧毁。然而，这次挫败让英军禁卫装甲部队莫名其妙地停下来。该部本应该向维蒙特（Vimont）突进，而不是等待步兵跟上。埃贝巴赫将军简直不敢相信自己碰到了好运气。他略带夸张地写道："任何一个装甲兵都会觉得现在发生的事情匪夷所思：敌军坦克在10点到15点之间，对战局具有决定性影响的几个小时内，居然按兵不动！"[27]

雷克斯·惠斯勒所在中队驾驶"克伦威尔"坦克在右翼行动。他们的任务是支援加拿大步兵占领距出发点两英里之遥的日贝维尔。惠斯勒的部队从东侧包围日贝维尔，并切断了敌军所有退路。这座村庄看上去似乎荒无一人。有辆"克伦威尔"坦克的链轮被钢丝缠住，停了下来。惠斯勒从车里出来，拿起钳子跑过去帮忙。他就不该离开自己的坦克。这时德军火炮袭来。惠斯勒跑向中士驾驶的坦克，命令他向村庄进攻。但是，就在中士的"克伦威尔"坦克向前移动时，他没有留在周围寻求掩护，反而穿过空旷地带，跑回自己的坦克。一发迫击炮炮弹在脚边爆炸，他被抛向空中，摔断了脖子。惠斯勒是营属葬礼官，却成为该营第一名阵亡者。

英军装甲师的此次进攻后来被称为"死亡之行"[28]。造成如此惨烈损失的是德军反坦克炮而非坦克。事实证明，步兵没有跟随前卫坦克团前进是灾难性错误。直到16点，禁卫掷弹兵团第1摩托化营步行进入卡尼后，英军才算拿下该地。德军的88毫米火炮和突击炮没有步兵保护，英国掷弹兵迅速将其消灭。

中午时分，埃贝巴赫将军下令第21装甲师剩余坦克和一直作为预备队、部署在布尔盖比山脊后方的党卫军第1装甲师发动反击。他们奉命前往于贝尔福利，然后集中力量对抗正在接近中的英第11装甲师先头部队。然而，第21装甲师在大轰炸后只剩下五辆虎式坦克和八辆Ⅳ号坦克尚存战斗力，因此接到命令两个小时后依然无法出动。[29] "警卫旗队"师的坦克群只好独自出发。

13点05分，埃贝巴赫以"已经没有更多预备队"[30]为由，还要求得到党卫军第12装甲师的指挥权。该师残部早前在希特勒的亲自命令下已撤退到利雪附近休整。埃贝巴赫的请求由位于拉罗什吉永城堡的B集团军群指挥部向上转送至圣日耳曼-昂莱的西线总司令部，接着又转呈到东普鲁士"狼穴"大本营的国防军最高统帅部。两个多小时后，请求得到批准。

党卫军第1装甲师现在分成三个战斗群，在15点前后到达布尔盖比山脊西端附近的索利耶尔地区。当英军第 3 皇家坦克团和第 29 装甲旅其余部队——包括法夫和福弗尔郡第 2 义勇骑兵队、第 23 轻骑兵团——推进至伊夫村和布拉斯村（Ifs-Bras）时，德军已经就位。[31] 第 3 皇家坦克团在那里与"警卫旗队"师的豹式坦克接火。他们只有由"谢尔曼"改装而来的"萤火虫"坦克可以与之匹敌。其他"谢尔曼"坦克则专门对付反坦克炮。与此同时，北安普敦郡第 2 义勇骑兵队的"克伦威尔"坦克绕到西面，攻击德军侧翼，但在进攻中损失了 12 辆坦克。第 3 皇家坦克团指挥官当天第二次从被击毁的"谢尔曼"坦克中死里逃生，然后转移到第三辆继续指挥战斗。刚刚在坦克中被"焖烧"一番，接着又回到坦克内，这需要相当大的勇气。

英第 11 装甲师本应该得到第 7 装甲师的支援，但出发线附近的雷区造成交通堵塞和行动延误，导致"沙漠之鼠"几乎毫无作为。奥康纳很清楚整个攻势已摇摇欲坠，遂请求重新轰炸布尔盖比山脊，但遭到否决。然而，即使在"警卫旗队"师加入战斗后，蒙哥马利还是宣称行动取得了圆满成功。这真是糟糕得不能再糟糕的时间点。

16 点，他向布鲁克元帅报告说："今天上午的行动大获全胜。轰炸取得了决定性战果，场面极为壮观……形势一片大好。目前很难看出敌人还能做什么来挽回败局。到目前为止，我军尚没有遭遇敌军的坦克，也没有，（重复）没有发现地雷。"[32] 接着他又宣称第 11 装甲师已经抵达蒂利 - 拉康帕涅（Tilly-la-Campagne），禁卫装甲师则占领了维蒙特。这完全是胡说八道。误导布鲁克倒也罢了，他还向英国广播公司发布内容相似的公报，并召开新闻发布会。据蒙哥马利手下一名准将所说，他"就像骗小孩子那样"[33]，对聚集起来的记者们大放厥词。他的行为将引起各方强烈不满。

英军当天损失了近 200 辆坦克。幸运的是，他们还有近 500 辆备用，而且大部分趁夜就被送至奥恩河桥头堡。下辖第 3 皇家坦克团、法夫和福弗尔郡第 2 义勇骑兵队，以及第 23 轻骑兵团的第 29 装甲旅因损失装甲车辆最多而优先获得补充。尽管英军坦克损失惨重，但大部分坦克兵还是安然无恙地逃了出来。他们返回奥恩河桥头堡重新集结，等待分配新坦克。然而讽刺的是，德国空军终于发动了一次大胆突袭，造成当天幸存下来的官兵大量伤亡。

与此同时，德军坦克回收小队将受损装甲车辆拖回隐蔽在桑格莱森林（Fôret de Cinglais）里的维修车间。他们知道没有可替换的备用坦克，因此全力以赴，想方设法让尽可能多的车辆重新投入战斗。埃贝巴赫写道："我们打的是一场穷人的战争。"[34]

*

战线东侧，由于轰炸机错失图夫勒维尔的打击目标，因此英国第 3 步兵师猝不及防，在此遭遇德军的顽强抵抗。不过该师一部从巴旺树林南部边缘穿过，在午夜时分抵达特罗阿恩近郊。德第 346 步兵师在当天战斗中遭受重创，埃贝巴赫为此深感忧虑。更让他担心的是，特罗阿恩和埃米埃维尔（Emiéville）之间出现了一条缝隙，幸好英军尚未发觉。"敌人只要朝这个方向进军，就能达成突破。形势十分危急。"[35]

17 点 45 分，他命令党卫军第 12 "希特勒青年团" 装甲师去填补这个防线漏洞。但仅仅 15 分钟后，埃贝巴赫就收到 "希特勒青年团"师在途中遭到盟军战斗轰炸机攻击,并损失十辆坦克的噩耗。[36]据埃贝巴赫说,夜幕降临后,"仿佛奇迹发生了一样,英军依然按兵不动"[37]。"希特勒青年团"师堵住了漏洞。尽管非常薄弱,但埃贝巴赫又有了一道连续防线。

第二天,7月19日,英军各师发起多路进攻,但每一处的强度并不大。天空阴云密布,开始下雨,"台风"战斗机从战场上销声匿迹。英军又占领了几座小村庄,但布尔盖比山脊大部分地区仍在德国人手中。山脊上部署的88毫米火炮可以轻而易举地持续击毁英军坦克。德军后备部队纷纷赶来,替换伤亡人员;还有新作战师增援前线。第2装甲师的防线原来面对英美军队结合部,现在开始向东转移,以加强西线装甲集群左翼力量。第116装甲师也开始从亚眠(Amiens)出发。"古德伍德行动"取得的唯一成果是让埃贝巴赫和克鲁格更加确信盟军在诺曼底地区的主要攻势仍在英军战区,并判断他们的目标就是从这里扑向巴黎。数天后,"超级机密"破译的电文也证实了这一点。

布鲁克元帅在中午乘机飞往法国。此行部分目的是解决他与丘吉尔之间的一场荒唐争吵。丘吉尔认为蒙蒂一直试图阻止他访问法国。午饭后,布鲁克见到了蒙哥马利,"发现他志得意满,对自己在卡昂东部取得的成功沾沾自喜"[38]。也许蒙哥马利只是装出一副无所畏惧的样子罢了。行动开始前的计划目标与他召开新闻发布会后显现的实际情况之间,出现了一道巨大的鸿沟,他只会越来越难堪。

早在战役发起前夕,就有一位上校告知战地记者,英军会取得一次"俄式"突破,第2集团军将推进100英里或更远。[39]

在场有几位记者指出,这意味着盟军将一路直取巴黎。两天后,还是这名上校却不得不承认攻势已经停止。记者们当即发起激烈的诘问。他努力解释说,德军派出了虎式和豹式坦克参战,而且蒙哥马利将军接到上级正式命令,须避免行动失败的风险。这套说辞遭到了公开质疑。

次日,英军邀请第 21 集团军群的阿尔弗雷德·内维尔(Alfred Neville)准将来安抚愤怒的记者。他试图把英军业已取得的战果大加吹捧一番。第 2 集团军占领了卡昂南部,正控制着重要的交通网络。但随后他又声称,英军目标本来就不是突破德军阵地,而仅仅是渗透。记者们则抛出军方在进攻前说的话,驳斥他的言论。第二天,登普西的参谋长再次企图用晦涩难懂的军事术语来解释当前情况,希望消除记者们的不满。一名美国记者要求他倒是翻译一下这些话的意思,引起哄堂大笑。

7 月 20 日早晨,天气又闷又热,接着下起雨来。尘土在倾盆大雨中变成了污泥,狭长掩壕里灌满了水。履带陷在 18 英寸深的烂泥里动弹不得。战场环境如此恶劣,正好给英军一个借口,正式叫停"古德伍德行动"。

对参战的英国部队而言,做出了那么多承诺,结果却让所有人大失所望。第 7 装甲师一名步兵军官率领他的营在代穆维尔(Démouville)附近"一处满是德军尸体的田野"上扎营。"不计其数的苍蝇聚集在尸体上。开裂的伤口里有蛆虫蠕动。这真叫人恶心。不过我的目光无法从那个年龄可能还不到 16 岁的小伙子身上移开。他那么年轻,下巴上才刚刚长出绒毛。那双死气沉沉的眼睛似乎凝视着远方;牙齿裸露出来,死亡前一定承受了巨大痛苦。他若没死,一定会毫不犹豫地杀了我,但我还是为他感到难过。"[40]

一些人承受的压力实在太大了。第3皇家坦克团一名中队长记录说,有三名资深军士要求调离坦克部队,"勇气总有耗尽的时候"。[41]其他坦克部队对第11装甲师的惨重损失也感到很震惊。"要么是高级军官指挥失误,"第13/18皇家轻骑兵团的朱利叶斯·尼夫少校在日记中写道,"要么是'水晶球占卜师'水平太差。情报部门可能以为德军防线只有薄薄一层,一旦打通就能畅通无阻。尽管如此,一个经过三年高强度训练的师竟然在第二次战斗中就损失了三分之二的坦克,确实太可怕了。"[42]

大雨瓢泼之际,他们的唯一安慰就是能坐进相对干燥的坦克,或支在坦克旁边的小帐篷里避雨。尼夫少校说:"感谢上帝,我不是步兵,不必选择是待在'干燥'的地面上挨炸,还是跳进三英尺水深的堑壕里隐蔽。"

第3步兵师在埃斯科维尔附近建立了野战急救医院,就紧贴着那个带来大麻烦的雷区。一名医护兵写道:"暴雨如注,蚊虫叮咬,早上醒来时脸都被咬肿了。这里出现了大量患有(战斗)疲劳症的病人。我们医疗部门也有一些人跟着倒下。大家都心神不宁。就这点而言,似乎有个魔咒萦绕。伤员刚抵达时状态还相当好,但莫名其妙的,他们就是会开始发病,浑身上下不停地颤抖。在那里死在我们手中的伤兵比其他任何地方都多。"[43]

英军和加拿大军在这次短暂的行动中伤亡5537人。他们在诺曼底地区的伤亡总数升至52165人。[44]"古德伍德行动"失败的原因是多方面的。行动背后的思路不明晰,作战简报也不够坦诚。一方面，登普西仍然梦想着取得突破；另一方面，蒙哥马利却向奥康纳施压，要求他谨慎行事。英军进攻三心二意，注定要比全面进攻损失更多坦克。他们也绝不可能做到对德军隐瞒"古德伍德行动"，奥康纳最大的错误就是没有认清这一事实。英军本应该清除整个雷区，只有这样才能大大加快推进速度，充分利用重型轰炸机取得的战果。

就轰炸本身而言，尽管强度很大，效果也远没有想象中的那么好。陆军军官事后向皇家空军抱怨，说应该向布尔盖比山脊投掷更多炸弹，而非更近的目标。[45]不过错误设置目标优先级则主要是陆军情报人员的责任。英国皇家空军也怒不可遏。特德、哈里斯、科宁厄姆都觉得自己被蒙哥马利耍了。为了得到重型轰炸机支援，他承诺会实现重大突破，私下里却只考虑发动一次目标非常有限的进攻。即使战争结束后，争吵还持续了很长时间。空军方面的看法是："我们提醒了蒙哥马利将军，空军需要陆军尽早占领卡昂之外的地域。然而几天后，他似乎心满意足地接受了当前局面。"[46]

不过利德尔·哈特担心的是更为根本性的问题。他认为"全英国的勇气和进取精神都在萎缩"[47]。人们开始厌战，希望"利用机器赢得战争"的想法甚嚣尘上。德国人在报告中承认，英军在防御上很顽强，利德尔·哈特却认为，这是因为"他们越来越厌恶在进攻中付出牺牲"。"如果深入研究诺曼底战役期间的历次行动，就会沮丧地发现，进攻部队在很多情况下的表现实在太差了。实力处于绝对劣势的德军大胆行动，一次又一次顶住了英军进攻，甚至诱使其撤退。要不是我军拥有空中优势，在每一个关键时刻都牵制住了德军，结果可能会更糟。我军不敢采用渗透战术，也缺乏战斗决心——除了某些特定情况……后备支援非常差劲,到位也很缓慢。"

尽管利德尔·哈特的严厉批评中包含了一些重要真相,但也暴露出他并不了解实际情况。说得委婉一点,对坦克兵而言,没有人会乐于攻击可怕的88毫米火炮阵地。他们深知自己驾驶的坦克处于下风,在攻击敌人之前就会被干掉。再次重申,我们永远要记住,不能指望民主国家那些本质上是平民的士兵能够焕发出与党卫军同样程度的自我牺牲精神。后者被洗了脑,深信自己是在保卫国家免遭毁灭。

伊恩·弗雷泽(Ian Fraser)上校讲述了他在巴约附近的大本营医院查房时的经历。在收拢德军受伤战俘的病区,他们都对上校的问候报以微笑。但有天早上他们都转过身背着他。护士长告诉他说,送来了一个受伤的党卫军士兵,因此这群伤兵不敢对德国的敌人示好。弗雷泽检查了这个党卫军士兵的伤势,发现非常严重,需要输血。"但针头刚刚扎进去,这个狂热的年轻纳粹突然激动地问道:'这是英国人的血吗?'得到肯定答复后,他一把扯出针头,宣布说:'我为希特勒而死。'他也就这么做了。"[48]弗雷泽注意到,其他德军战俘很快又变得友好起来。

党卫军第12"希特勒青年团"装甲师的重伤战俘也有过类似行为。丘吉尔的助理乔克·科尔维尔(Jock Colville)当时担任"野马"战斗机驾驶员,负责拍摄侦察照片。一位年轻的英国护士对他诉说了自己的亲身经历。"她为一个16岁左右的重伤男孩包扎好了伤口,但他撕掉绷带,大喊着只想为元首献身。另一个人则把护士送来的食物扔到她脸上。第三个伤兵也大吵大闹。她威胁说要给他输犹太人的血,这才让他安静下来。"[49]很难想象一个英国或加拿大战俘会为丘吉尔或乔治六世而死。他们在战场上的忠诚对象要狭隘得多,只是不想让战友失望。

毫无疑问，无论"古德伍德行动"有多少严重缺陷，无论蒙哥马利事前事后发出了多少虚假声明，英军和加拿大军在关键时刻一直缠住了德军装甲师。加拿大军在7月25日再度开始进攻，以配合布莱德雷在西侧发起的主要攻势——"眼镜蛇行动"。德国人又一次相信，盟军前往巴黎的主攻方向是取道法莱斯公路。他们最害怕盟军从这里突破防线，从而切断正与美军正面交战的整个第7集团军与后方的联系。克鲁格和他的指挥官们很久后才意识到真正的危险在哪里，但为时已晚。由此看来，英军装甲师的"死亡之行"倒也并非完全徒劳。

7月20日发生了一起让德国人震惊不已的事件：有人企图在位于拉斯滕堡附近的"狼穴"大本营刺杀希特勒。盟军在诺曼底地区取得突破的威胁，以及希特勒拒绝面对现实的态度，实际上很大程度影响了整个密谋。

第二十章　刺杀希特勒

纳粹分子为了辩解他们为何在诺曼底失败,炮制出一番从登陆日那天便开始作祟的阴谋论。忠于希特勒的人一直谴责隆美尔的参谋长汉斯·施派德尔中将把本应该用于反击英军的装甲师调离到别处。1944年出现的第一个谣言谎称希特勒在6月6日很早就醒了,因此延误部署装甲师绝对不是他的错。他从一开始就确定诺曼底是盟军登陆地点。然而,施派德尔趁隆美尔不在,独断专行,蓄意破坏德军反击。这个荒谬的故事试图把责任从希特勒转移到德军总参谋部那些"背信弃义"的军官身上,其实充斥着无数自相矛盾的漏洞。

德国陆军内部确实长期存在一个反对希特勒的阴谋集团,不过在6月6日那一天,他们根本就没有准备好。因此断言施派德尔在盟军登陆那一刻企图将"希特勒青年团"师调往错误地段,并且控制第2和第116装甲师,预谋在法国发动政变等说法都纯属臆测。不过施派德尔的确是六周后发生在东普鲁士失败爆炸行动中的关键人物。

还有一群人以另一种方式反对希特勒。他们并不打算杀死那个独裁者。这个团体以隆美尔为中心,希望迫使希特勒与西方盟国达成和平。[①] 如果拒绝,就把他送上审判席。但是以亨

[①] 隆美尔很可能在最后一刻改变了主意,认为暗杀是唯一的办法。据埃贝巴赫说,就在隆美尔受重伤之前的7月17日,他在两人最后一次会面时说:"必须杀死元首。别无他法了。一切问题都是这个人引起的。"[1]——原注

宁·冯·特雷斯科（Henning von Tresckow）少将和克劳斯·冯·施陶芬贝格上校为首的反希特勒集团则计划诛弑暴君。他们认为隆美尔的那套做法注定会失败。党卫军和纳粹党一定会坚决抵制，届时有可能引发内战。他们深信只有采用政变方式，突然推翻纳粹政权，才有可能组建一个得到西方盟国认可的政府。然而，他们对盟国的乐观期望其实大错特错。

施派德尔在第一次世界大战期间就与隆美尔相识，当时他们在同一个团服役。施派德尔担任隆美尔的参谋长后，于4月1日奉命前往贝格霍夫别墅的元首大本营。约德尔向他简要下达了"坚决保卫海岸的任务"，并告诉他，隆美尔因非洲战役失利，情绪"有些悲观"[2]。他的任务是鼓励隆美尔振作起来。

两周后，施派德尔抵达拉罗什吉永城堡。隆美尔跟他大吐苦水，谈及他在非洲的经历，"尤其是希特勒一贯的欺骗行为"[3]。他补充说，战争应该"尽快结束"。施派德尔告诉隆美尔，他与前陆军总参谋长路德维希·贝克（Ludwig Beck）大将，以及柏林的反抗组织有过接触。他们"已经做好了准备，决心推翻现政权"。隆美尔在随后讨论中对"乖戾的希特勒和无法无天的纳粹政权"进行了谴责，但他还是反对实施暗杀。

5月15日，隆美尔与他的老朋友——比利时及北法地区军事总指挥官卡尔-海因里希·冯·施蒂尔普纳格尔（Karl-Heinrich von Stülpnagel）将军秘密会面。施蒂尔普纳格尔虽然是反希特勒组织中的一员，但也是"顽固的反犹分子"[4]。假如他后来没有开枪自杀，便很有可能因其在东线的暴行，以及在法国迫害犹太人而被送上法庭，接受战争罪审判。两人讨论"应该立即采取措施结束战争，颠覆希特勒统治"[5]。尽管伦德施泰特元帅很清楚当前的"灾难性局面"，也十分反感那个

"波希米亚二等兵",但施蒂尔普纳格尔知道,他们不能指望这位"老普鲁士"贵族。施蒂尔普纳格尔相信,在起义期间,"隆美尔元帅是唯一一个能够无可争议地得到德国人民和军队,甚至盟国尊敬的人"。

一群志同道合者接连访问拉罗什吉永城堡,把那里变成了反抗组织的"绿洲"。[6]到了月底,德国陆军总司令部①的爱德华·瓦格纳(Eduard Wagner)将军向隆美尔简要通报了陆军部队中反抗组织的准备情况。极端民族主义作家恩斯特·荣格在施蒂尔普纳格尔的巴黎参谋部服役。他认为应该与盟国媾和,并向隆美尔表达了自己的想法。施派德尔于5月底返回德国,会见了外交部前部长康斯坦丁·冯·诺伊拉特(Konstantin von Neurath)和斯图加特市长卡尔·施特雷林博士(Dr Karl Strölin)。两人均认为要获得德国人民和盟国的信任,隆美尔的参与至关重要。施派德尔觉得可以向伦德施泰特的参谋长京特·布卢门特里特通报讨论情况了。

隆美尔和施派德尔对可能与艾森豪威尔及蒙哥马利进行谈判的人员名单达成一致。代表团将由英语十分娴熟的盖尔·冯·施韦彭堡牵头。不过盖尔被解职后,他们不得不考虑其他人选。两人的谈判方案是德军从西线所有占领区撤回至本土,在东线则缩短战线。隆美尔坚持希特勒必须在德国法庭受审。他无意接手新政权的领导职务,认为这个角色应由贝克大将或莱比锡前市长卡尔·戈德勒博士(Dr Carl Goerdeler)担任。不过隆美尔依然准备接管军队。

他们的提议包括盟国承认德国吞并苏台德地区和奥地利,

---

① OKH是德国陆军总司令部,但真正职责是负责东线,而OKW,也就是国防军最高统帅部负责西线及其他所有战区。——原注

恢复1914年的德国边界，阿尔萨斯、洛林应实现独立。他们没打算全面恢复议会民主制。事实上，他们的解决方案本质上就是复辟德意志第二帝国，只是没有皇帝罢了。英美政府，以及绝大多数德国人都会对这样一个模式表示怀疑。然而似乎参与这项阴谋的所有人都没有考虑西方盟国会拒绝他们的提案，即使盟国已经有能力无视他们。

施派德尔和隆美尔开始试探各集团军、军、师级指挥官的态度。作战部队中，有两人最为积极，分别是第116装甲师师长冯·什未林（von Schwerin）中将和第2装甲师师长冯·吕特维茨中将。美军在瑟堡俘房的德国护士正是被移交到了吕特维茨的这个师。希特勒后来听到有人与敌军接触时，顿时勃然大怒。他开始担心手下的将军们会背着他同美军媾和。

6月29日，隆美尔和伦德施泰特遵照希特勒命令前往贝希特斯加登，结果却遭到漠视。隆美尔就此断定他们必须采取行动。即使那个最善于对希特勒曲意奉迎的凯特尔也私下向隆美尔承认："我也知道无计可施了。"两名党卫军高级指挥官豪塞尔和埃贝巴赫似乎也得出结论，某种单方面行动不可避免。7月初，就在卡昂陷落之前，希特勒最宠幸的党卫军第1装甲军军长泽普·迪特里希前往拉罗什吉永城堡，询问集团军群指挥官，面对"迫在眉睫的灾难"，有何应对之策。据施派德尔说，迪特里希向他们保证，党卫军"牢牢掌握在他手中"。目前还不清楚当时迪特里希对正在进行的计划了解多少。与此同时，新任第7集团军指挥官豪塞尔也预言说纳粹政权即将崩溃。

7月9日，也就是英军和加拿大军进入卡昂城的那一天，施陶芬贝格的表亲凯撒·冯·霍法克（Cäsar von Hofacker）中校受施蒂尔普纳格尔将军指派，拜会克鲁格元帅。克鲁格在东线任职期间就与德国陆军内部的反抗组织有过接触，现在却闪烁其词。霍法克是施蒂尔普纳格尔与柏林城内阴谋策划者之间的主要联系人。他代表反抗组织试图说服克鲁格尽快"独立行动"，从而结束西线战争。盟国绝对不会同希特勒或他的"圣骑士们"，如戈林、希姆莱、里宾特洛甫等人谈判，因此推翻政权和清除纳粹领导人势在必行。[7]他问克鲁格，诺曼底前线到底还能坚持多久，因为柏林的反抗组织需要根据他的回答做出决策。克鲁格说："最多两到三周，届时盟军一定会实现突破。对此我们将无能为力。"

隆美尔和克鲁格于7月12日会晤，讨论了政变行动后可能导致的军事变化及政治后果。隆美尔还最后一次试探手下各军军长的观点，然后准备起草一份最后通牒交给希特勒。就在隆美尔与各军指挥官磋商时，施派德尔去见施蒂尔普纳格尔。后者正在厉兵秣马，准备清除法国境内的盖世太保和党卫军。两天后，希特勒从贝希特斯加登转移至东普鲁士的"狼穴"。[8]红军此时在东线发起庞大的攻势，威胁到整个中央集团军群的安全。"狼穴"周围已经修建了新碉堡，周边森林里也部署了更为强大的防空体系。不过工事尚未全部完工，现场仍有托特组织的劳工。

第二天，隆美尔为希特勒撰写了一份关于西线的评估报告，警告说盟军将很快实现突破，全线迅速推进至德国边界。报告最后写道："我必须请求您，我的元首，立即根据这一局面做出决定。陆军元帅隆美尔。"[9]隆美尔发出报告后，对施派德尔说："我再给希特勒一次机会。如果他还不得出必要的结论，我们就行动。"

7月17日，隆美尔和埃贝巴赫在西线装甲集群指挥部举行会议。当两人独处时，隆美尔询问埃贝巴赫对时局的看法。埃贝巴赫回答说："我军两线作战，正经历毁灭性的灾难。我们已经输掉了战争。不过我们必须在西线对盟国造成尽可能大的伤亡，迫使他们停火，然后阻止红军攻入德国。"[10]

"我同意，"隆美尔回答说，"但只要希特勒还是领导人，你能想象敌军会和我们谈判吗？"埃贝巴赫不得不接受这一判断。隆美尔继续说："不能再这样下去了。希特勒必须下台。"东线急需装甲师支援，在西线，他们的策略是与盟国谈判的同时，把军队撤退到齐格菲防线（Siegfried Line）。

"这会不会导致内战？"埃贝巴赫问道，"那就太糟糕了。"这也是大多数军官最害怕的事情。他们回想起 1918 年 11 月的情形，以及发生在柏林、慕尼黑的革命起义和威廉港的舰队哗变。一个小时后，隆美尔在圣富瓦德蒙特戈默里村附近遭遇"喷火"战斗机攻击，头骨骨折。他对计划于三天后发动的刺杀行动还一无所知。

以前也有人企图暗杀希特勒，但都因运气欠佳而失败。[①] 希特勒仿佛有着野兽般的第六感，总是能在最后一刻改变行程而逃脱死亡。然而，密谋者其实还有一个更为根本性的问题尚

---

① 陆军内部出现反抗组织以及清除希特勒的计划始于 1938 年苏台德危机。1938 年，一名瑞士神学院学生企图杀死他；1939 年 11 月 8 日，一名左翼施瓦本木匠凭一己之力实施了贝格勃劳凯勒啤酒馆爆炸。两次暗杀均以失败告终。不过大多数刺杀行动都有军方背景。就在斯大林格勒战役惨败之后不久，施派德尔于 1943 年 2 月参与了在波尔塔瓦（Poltava）抓捕希特勒的计划。一个月后，另一起袭击失败。接着，一枚炸弹被安置在希特勒的"秃鹰"专机上，但没有爆炸。还是在那个月，格斯多夫（Gersdorff）试图引爆一颗自杀式炸弹，可是希特勒在最后一刻改变了行程，于是当月的第三次尝试还是失败。1943 年 12 月至 1944 年春，又发生了三起暗杀事件，都以失败告终。——原注

需解决，但他们似乎还没有意识到，那就是盟国持何态度。

英国人根本就不认为除掉希特勒对他们更有利。从斯大林格勒战役开始前直到现在，他的军事指挥对德军而言不啻灾难。盟军登陆六周前，第21集团军群这样总结当前局势："如今希特勒掌权的时间越长，盟军获胜的机会就越大。"[11]然而到了6月，情况发生了微妙变化。丘吉尔接到报告说："各军种参谋长一致认为，纯粹从军事角度分析，由于希特勒昏招迭出，让他继续制定德军战略对我方更为有利。但从更广泛的视角来看，他越早出局越好。"[12]特别行动处也有刺杀希特勒的想法。于是他们将这个判断视为筹划"福克斯莱行动"（Operation Foxley）的绿灯。[13]他们计划在贝格霍夫别墅附近伏击希特勒，不过该方案从未正式实施。不管怎样，希特勒已经离开了贝希特斯加登，再也没有返回，但更重要的原因是，丘吉尔确信德国这一次一定会在战场上被彻底击败。[14]1918年11月的停战协定，以及此后协约国未能占领德国这件事，给了民族主义者和纳粹分子中间兴起"德国遭人背后捅刀"这一说法的机会。尽管这是个子虚乌有的故事，但他们还是说服自己，德军就是被国内的革命者和犹太人出卖的。

1943年，斯大林取消了暗杀希特勒的计划，尽管原因截然不同。① 斯大林格勒战役后，苏联稳住了阵脚。他突然开始担心，如果希特勒下台，西方盟国便可能同德国单独媾和。没有任何证据表明西方盟国考虑过这一选项，但直到战争结束，习

---

① 苏多普拉托夫（Sudoplatov）将军领导的内务人民委员部（NKVD）策划了数起刺杀希特勒的行动。其中一次是在乌克兰的文尼察（Vinnitsa），另一起计划由前拳击手伊戈尔·米克拉舍夫斯基（Igor Miklashevsky）和女演员奥尔加·契科夫娃（Olga Chekhova）的兄弟——作曲家列夫·克尼佩尔（Lev Knipper）在德国实施。但这些行动都没有执行。——原注

惯揣测别人的斯大林都还忧虑一旦德军在美国工业的帮助下重新武装起来，那么红军取得的胜利将付之东流。而事实上丘吉尔和罗斯福坚守原则，毫无保留地致力于迫使德国无条件投降。

人们可能会责备施陶芬贝格、特雷斯科及他们的大部分战友过于天真，认为只要希特勒死亡，西方盟国就会走上谈判桌。考虑到他们所接受的系统参谋训练，其计划和准备工作也显得过于业余。其中一些人曾是希特勒的崇拜者，直到看清这个罪恶政权的真相后才改变立场。然而，没有人可以质疑他们的勇气和自我牺牲精神。他们在某种程度上渴望保存理想化的德意志形象——1914年前，威廉皇帝时代那种高尚纯洁、少了一点民族主义要素的德国。他们还可能希望保护家族资产免受苏联摧残，尽管意识到这一点时已经太迟了。不过，他们这种不顾一切的动机变成了道德上的冲动。他们知道暗杀行为不会得到民众支持。不仅仅是盖世太保，所有人都将视他们及其家人为叛徒。成功的机会微乎其微。但是正如施陶芬贝格所说："既然将军们到目前为止无所作为，那么上校们现在就不得不介入了。"[15]虽然刺杀可能会为未来埋下又一个"背后捅刀"的谣言隐患，但他们有责任挽救德国和德国军队的荣誉。

战争结束后，盟军情报官员提审瓦尔特·瓦尔利蒙特（Walter Warlimont）将军。他描述了7月20日发生在东普鲁士的刺杀事件。午间战情会议照常在一幢狭长的木屋内举行。希特勒大约在12点30分进来。房间里空荡荡的，除了几把椅子和一张沉重的橡木大桌子外，什么也没有。橡木桌长20英尺，同屋子的长度差不多。出席会议的有凯特尔元帅、约德尔大将、瓦尔利蒙特将军、布勒（Buhle）将军、党卫军的赫尔曼·费格莱因，以及希特勒的三位副官：施蒙特将军、海军将领冯·普特卡默（von Puttkamer）、冯·贝洛中校。

当施陶芬贝格进屋时，代表陆军总参谋长发言的霍伊辛格（Heusinger）将军已经开始做简报了。施陶芬贝格是德国后备军总参谋长。据瓦尔利蒙特说，他携带了一个"非常大的公文包"[16]，放在离希特勒不远的橡木桌子下面。此时希特勒正背对着门。由于正在汇报，没有人注意到施陶芬贝格几分钟后便离开了房间。①

12点50分，"突然发生了可怕的爆炸。整个房间似乎充斥着烟尘和火光，东西被炸得满天飞"。瓦尔利蒙特恢复知觉后，看到希特勒"在几个随从的搀扶下，倒着走出房门"。伤亡人数非常少，是因为窗户和薄薄的墙壁释放了爆炸冲击波。希特勒之所以能够活命，原因是施陶芬贝格没有时间在第二枚炸弹上安装引信；而且当爆炸发生时，沉重的橡木桌桌腿挡在了他和公文包之间。

刚开始，怀疑焦点集中在托特组织的工人身上。但到了下午早些时候，工作人员中有一名中士提到施陶芬贝格上校带着一只公文包来过，离开时则两手空空。此时他已飞回柏林。

施陶芬贝格确信没有人能够在爆炸中幸存下来，当时便直接开车前往机场。与此同时，反叛组织的将军们正聚集在柏林本德勒街本德勒大厦的后备军总部等待消息。"狼穴"内的同

---

① 这两枚炸弹使用的是英国引信。[17]施陶芬贝格只来得及将其中一枚安装到炸弹上。它们本来是英国特别行动处空投给法国抵抗组织的装备，后被德军缴获。1943年9月，德国军事情报局的工作人员将炸弹转交给了反抗组织。施陶芬贝格曾在7月6日和7月15日两次携带炸弹前往拉斯滕堡，但时机都不合适。——原注

谋者却发来一条含糊不清的信息，让他们顿时陷入恐惧与不安。没有人能确定炸弹是否已经爆炸，或者希特勒是死是活。后备军司令官弗里德里希·弗洛姆（Friedrich Fromm）大将拒绝启动代号"瓦尔基里"（Valkyrie）的政变行动，除非确认希特勒已经死亡。如果不能确认这一点，那么政变成功的概率几乎为零。

更糟糕的是，柏林滕珀尔霍夫（Tempelhof）机场没有车等待施陶芬贝格，导致他又晚了一个小时才返回本德勒大厦。施陶芬贝格的助手从机场给后备军总部打来电话，说希特勒已经死了。施陶芬贝格最终返回总部后，也坚称这肯定是真的。然而凯特尔已经致电弗洛姆，询问施陶芬贝格在哪里。凯特尔还强调希特勒的伤势并不严重。于是弗洛姆拒绝采取行动，但参与暗杀的其他军官开始动手了。他们向各战区、军种司令部发去电报，宣布希特勒已经死亡。

政变计划是利用一个现有机制，借力打力。这套系统是专门设计用来镇压反对希特勒政权的柏林叛乱活动。"当时柏林有超过100万外国劳工。当局担心一旦爆发革命，这些人将是巨大的威胁。"[18]启动这一反叛乱计划的暗号是"格奈泽瑙"（Gneisenau）。本德勒大厦内有人抢先行动，也许是因为他们听到滕珀尔霍夫机场打来的电话说希特勒已经死亡。15点，阴谋集团的另一个高层人物——柏林军事指挥官保罗·冯·哈泽（Paul von Hase）大将发出"格奈泽瑙"，传唤"大德意志"警卫团团长奥托·雷默（Otto Remer）少校到自己的办公室。

就在同一时刻，巴黎也开始行动。克鲁格的参谋长京特·布卢门特里特将军从一名下属军官那里得知，希特勒已经在"盖世太保发动的暴乱"[19]中死于非命。他拨通拉罗什吉永城堡的电话，想和克鲁格通话，但被告知克鲁格正在诺曼底前线视察。施派德尔要求布卢门特里特立即赶来城堡，因为克鲁格将在当晚返回。不过布卢门特里特并不知道军事指挥官施蒂尔普纳格尔将军正下令逮捕巴黎所有的盖世太保和党卫军军官。

许多高级军官参与了这次阴谋，然而组织性，或者说有效沟通如此之差，因此在希特勒生死未卜的情况下，必然会造成行动拖延和混乱。雷默来到哈泽的办公室后，注意到气氛非常紧张。雷默被告知元首在一场事故中身亡，革命已经爆发，"行政权已转移至陆军"[20]。雷默后来声称，当时他问了一连串问题。元首死了吗？他在路上没有看到任何迹象，革命发生在哪里？是外国劳工造反吗？为什么行政权交给陆军而不是国防军？谁将成为希特勒的继任者？是谁签署命令把控制权移交给陆军？

密谋者显然对这些问题没有准备。他们的回答闪烁其词，一点也不自信。雷默对此疑窦重重，但也不敢否定，内心困惑不已。他返回自己的指挥部后，召集下属军官，命令他们在威廉大街上的政府大楼周边拉起警戒线。当得知一名被希特勒解职的将军在柏林现身时，雷默疑心更大了。接着，雷默收到冯·哈泽将军要求他逮捕戈培尔的命令。不过他拒不服从，因为戈培尔鼎力支持过"大德意志"师。在此期间，一名叫汉斯·哈根（Hans Hagen）的中尉甚至比雷默更加多疑，亲自跑去见戈培尔以了解真相。哈根随后说服雷默认识到，戈培尔是柏林市的帝国防务专员，他才是雷默的直接上级。尽管冯·哈泽将军明令禁止雷默去见戈培尔，但他还是去了宣传部。他对那些相互矛盾的说法毫无头绪，也不敢完全相信戈培尔的话。

"当前情况你了解多少？"戈培尔问。[21]雷默复述了他所听到的信息。戈培尔告诉他这不是真的，并且给"狼穴"打了个电话。不一会儿，希特勒在电话那头与雷默通话。毫无疑问，确实是他的声音。

希特勒对他说："现在出现了一群罪犯和东线破坏分子。只有少数军官参与其中，我们会彻底铲除他们。你正站在历史关头，有责任好好用脑子。在希姆莱接管后备军之前，你由我指挥。明白吗？"

帝国元帅赫尔曼·戈林这时也走进办公室，问希特勒说了些什么。雷默如实告知。戈林说应该召集党卫军出动。雷默回答道，这是陆军的责任，他们可以完成任务。雷默走出宣传部后，看到密谋者从德贝里茨（Döberitz）坦克训练基地调集而来的装甲分遣队已经抵达柏林广场（Berlinerplatz）。他把这支部队的军官叫过来，命令他们听从自己指挥。雷默下令解除威廉大街周围的警戒线，将部队转移至本德勒大街。柏林的这场阴谋已注定失败。

与此同时，法国那边的情况是克鲁格在大约 20 点回到拉罗什吉永城堡，旋即召开会议。布卢门特里特怀疑克鲁格卷入了这次阴谋，因为曾有两个匿名电话从德国本土打来，找他通话。其中一个电话来自贝克将军，不过他在最后一刻未能赢得克鲁格的支持。克鲁格私下里对布卢门特里特坚称，他对这起"暴行"一无所知。不过他也承认，阴谋分子在此前一年联系过自己两次，但"最后"都被他拒绝。

20 点 10 分，"超级机密"系统的监听站收到一封冯·维茨勒本（von Witzleben）元帅发出的电报。具有讽刺意味的是，这封电报还标记了代表最高优先级的"元首急电"字样。电报内容第一句话就是:"元首死亡。我已被任命为国防军总司令,并且……"文本在此中断。[22] 30分钟后,克鲁格收到来自东普鲁士的国防军最高统帅部电报。电文写道:"今天中午发生了一起针对元首的卑劣暗杀行动。元首安然无恙。"[23] 克鲁格迅速命令施蒂尔普纳格尔释放所有在巴黎被捕的盖世太保和党卫军军官。

希特勒还活着的消息一经证实后,那些尚且犹豫不决的人纷纷躲藏起来,不过这也没能让他们后来逃脱盖世太保的毒手。得知希姆莱被任命为后备军总司令后,陆军军官们都惶恐不已。他们有时会将希姆莱称为"Unterweltsmarschall"[24],意为"地狱元帅"。接着又一道命令下达,陆军的传统军礼现在必须由纳粹党的"德意志式敬礼"取代。

希姆莱并不知道克鲁格已经命令施蒂尔普纳格尔释放刚刚抓捕起来的囚犯,于是让党卫军总司令部给泽普·迪特里希打电话,命令他率领党卫军第1"阿道夫·希特勒警卫旗队"装甲师准备向巴黎进军。[25] 希姆莱似乎还没有意识到这个师刚刚卷入一场重大战役,不可能在这个时刻放弃布尔盖比山脊。他也不清楚希特勒的"忠实信徒"泽普·迪特里希——用埃贝巴赫的话形容——"几乎转变成了革命者"[26]。①

---

① 必须记住,除某些细枝末节外,那些以军事理由反对希特勒的人并不一定反对"最终解决方案"。根据当年9月的录音记录,埃贝巴赫在被囚禁于英国期间,对他儿子说:"在我看来,我们甚至可以这么说,为了民族利益,杀死100万犹太人,或者不管多少,都是必要的。但杀害妇女儿童则毫无意义。这就太过分了。"[27] 埃贝巴赫的儿子是一名海军军官,回答说:"嗯,如果要杀犹太人,那么就不能放过妇孺,至少也得把儿童干掉。没有必要公开行事,不过在我看来,杀光老年人又有什么好处呢?"——原注

回到柏林，本德勒大厦乱作一团。弗洛姆大将为了撇清嫌疑，下令逮捕其他四名涉案军官，并将他们立即交给军事法庭审判。他允许贝克大将保留手枪，前提是他必须马上自行了断。大概是因为手抖个不停，贝克向自己头部连开了两枪。第一枪擦破了头皮，第二枪则造成了一个可怕的伤口。弗洛姆恼羞成怒，命令一名中士，也有人说是军官，结果了贝克的性命。

遭到逮捕的四人中就包括施陶芬贝格，他试图把未遂刺杀事件的责任全部揽在自己身上。他和其他三人被带到本德勒大厦的院落内，在汽车头灯的强光下被处决。雷默手下的一支分队刚刚抵达，担任行刑队。轮到施陶芬贝格时，他在车灯的照耀下高喊："神圣的德意志万岁！"[28] 弗洛姆像此前一样，急于自救，于是在他们的尸体旁边发表了一通赞美希特勒的可笑演说，末了还欢呼三声"胜利"。

在法国，克鲁格元帅于7月21日凌晨1点25分下令逮捕施蒂尔普纳格尔。[29] 当天下午，施蒂尔普纳格尔被押上一辆汽车，准备送回柏林由盖世太保审讯。由于是高级军官，押送人员没有没收他的手枪。大概是为了让车上的人方便一下，汽车在途中停下来。施蒂尔普纳格尔趁此机会企图自杀，但只射爆了双眼。他被送往凡尔登的一家医院抢救，然后继续前往柏林。他在那里将被判处绞刑。22点15分，官方宣布"法国战区军事指挥官冯·施蒂尔普纳格尔将军遭遇恐怖分子伏击并受伤"。[30]

用克鲁格的高级参谋之一——博多·齐默尔曼（Bodo

Zimmermann）中将①的话说，暗杀未遂的各种消息传来后，如同引爆了"一枚炸弹"[31]。"就像遇到突发意外事件一样，人们一开始都反应不过来。"对大多数军官来说，目前"火烧眉毛的问题"是，"前线士兵正如何说，如何做？还能守住战线吗"？信息传到特罗阿恩附近第 21 装甲师的一个战斗群后，"很快像野火一样在部队中蔓延开来"[32]。然而，"前线战斗仍在继续，仿佛什么都没有发生"[33]。"战斗中，人们的精神高度紧张"，这个刺杀事件仅仅在普通士兵的"意识边缘泛起一丝微澜……作战期间的士兵们都生活在另一个世界"。不过，埃贝巴赫将军后来说，他"吃惊"地发现未遂政变"不仅在党卫军师，在一些国防军步兵师中"也激起了"义愤和怒火"[34]。大多数军官对于密谋者竟然违背对元首的誓言感到万分震惊。

　　第 277 步兵师的炮手埃伯哈德·贝克记录了消息传到他所在炮兵营时的情形。"通信兵从无线电台中听到有人企图暗杀阿道夫·希特勒。对我们而言，他的死可能是个转折点。我们希望这场毫无意义的战争能赶快结束。"[35]这时，炮兵指挥官冯·施滕格林中尉走过来，宣布刺杀行动已经失败，希特勒还活着。命令已下达到部队，从现在开始，所有士兵必须行"纳粹礼"，而非传统军礼。施滕格林说完，迅速"将手举到帽舌边，敬了个军礼"，非常清楚地表明了自己的态度。贝克写道，所有战友都对这个不幸的结果无比失望。几天后，盟军飞机从德军防线上空飞过，投下传单。上面详细描述了这次爆炸事件，还提及纳粹政府颁布了一道新的"连坐法令"（Sippenhaft），将对暗杀行动涉案人员的家属施加报复。

---

① 原文如此，他此时的军衔为上校，到 1945 年 5 月 1 日才晋升为中将。

施滕格林和贝克的反应并非普遍现象。大多数低级军官感到既震惊又困惑,但也不愿多谈这个问题。与之相对,诸如齐默尔曼这样的参谋军官却"饱受道德压迫和焦虑"[36]的折磨。一些人对于施陶芬贝格放置炸弹,然后离开现场感到不可理喻。在他们看来,杀手只有用手枪行刺,当场殒命,才配得上德国军官团的荣誉。不过最让他们沮丧的是,失败的暗杀行动反而让狂热分子攫取了所有权力,任何与盟国达成妥协、实现和平的可能性也荡然无存。① "那些有远见的人,"齐默尔曼写道,"认为这就是结束的开始,一个可怕的信号。顽固派则认为这样也好,能够揭穿那些背信弃义的反动分子。现在可以把他们一网打尽了。"

在伦敦,人们燃起希望,这次失败的爆炸暗杀事件"可能成为俗话中那片引发雪崩的小雪花"[37]。然而,希特勒认为他之所以能幸免于难,是出于天意。虽然将军们对希特勒的军事能力感到绝望,但这反而使他更加坚信自己是军事天才。不过有一件事他恰好是对的。他形容与英美达成休战协议,甚至说服两国加入战争共同对抗苏联的想法就是"痴心妄想"[38]。他说密谋者"如此天真,简直难以置信";他们企图杀死他的行为"就像一个狂野的西部故事"。

在接下来的几个月里,参与了刺杀行动的大量军官及其支

---

① 当年9月,丘吉尔和罗斯福召开第二次魁北克会议。陆军元帅布鲁克提交了一份关于"德国为何负隅顽抗"[39]的简报。报告认为:"德国继续抵抗的主要原因是狂热的纳粹党领导人决心战斗到底,而且他们拥有控制德国政治和民众心理所必需的能力。这种决心还基于纳粹党鼓吹的理论,即德国在1918年投降得太快了;他们害怕自己的安全得不到保障;他们狂热地相信自己的能力,从而无法准确评估形势;纳粹党除了继续抵抗,别无选择,似乎只有这样才有机会日后东山再起。"

持者逐渐浮出水面,纳粹圈子里开始盛行各种阴谋论。总共约有 5000 人被逮捕。比起施派德尔故意在 6 月 6 日错误指挥装甲师的说法,一些论调甚至有过之而无不及。当德国人终于发现"坚毅计划"的内容,认清盟军还会在加来海峡执行第二次登陆是一场精彩的骗局后,党卫军就确信专门负责收集西方盟国情报的西线外军处(Fremde Heere West)存在叛国行为。党卫军要求这个军事情报部门做出解释,他们是如何被一个根本不存在的集团军群骗得团团转的。情报人员被怀疑故意夸大盟军实力,遭到"伪造敌情"[40]的指控。

在接下来的一个月里,诺曼底战场上的党卫军和德国陆军之间的关系也迅速恶化。由于盟军空袭补给运输线,德军给养大幅减少。党卫军的搜粮队一方面毫无顾忌地大肆抢劫,另一方面却威胁国防军士兵不准这么干。

不过诺曼底战区的德国陆军部队和党卫军似乎在一件事情上达成共识,那就是对德国空军一直心存不满。第 2 战斗机军军长比洛维乌斯(Bülowius)将军却觉得很委屈。盟军拥有制空权,德军飞机只要起飞,就会遭到拦截;轰炸机则被迫在离目标区域很远的地方就投下载荷。陆军"甚至每天都给元首大本营发报告,抱怨德国空军和己方飞机不见踪影"[41],这让他不胜烦恼。最高层也因此对他"多次发出严厉申斥和谴责"。

德国空军在诺曼底战区剩下的王牌飞行员寥寥无几,而绝大多数飞行员都是直接从飞行学校拉来的炮灰。汉斯-埃克哈德·鲍勃(Hans-Ekkehard Bob)少校是一名击坠了 59 架敌机的战斗机大队指挥官。他在战斗中经常遭遇 8—10 架"野马"战斗机的围攻。他只有用尽生平所有飞行技巧,几乎紧贴着地面，在小树林和教堂塔楼上方盘旋回转，才能保全性命。他说美国飞行员之间竞争太激烈，反而帮助了自己。他们每个人都不顾一切地想把他击落，战斗时相互掣肘。

由于每个已暴露的机场都会定期遭到盟国空军轰炸和扫射，因此德军将战斗机中队部署在靠近平直道路的树林里。他们可以利用这条道路作为起飞跑道。德国飞行员降落后，必须转向进入森林，接着地勤人员将事先准备好的伪装网覆盖到飞机上。Fw 190 战斗机拥有宽大的起落架和坚固结构，实战中证明比 Me 109 更能高效应对这样的战场环境。

正如隆美尔和克鲁格所警告的那样，诺曼底的德军已接近崩溃边缘。他们只得到极少量的兵员补充。由文员和其他被蔑称为"半拉子兵"的人组成"警戒部队"，被调往前线，填补各师之间的防御漏洞。德军损兵折将不光是因为敌人攻击。盟军空袭导致口粮短缺，结果不仅波兰人、"东方部队"士兵[①]、阿尔萨斯人、德意志裔士兵纷纷逃亡，就连出生在第三帝国本土的德国士兵也在开小差。[②]

有些士兵并不支持纳粹政权，有些人只是憎恨战争。一个年轻的德军士兵投降后十分热心地帮助盟军医疗人员，反而引起英国军医的怀疑。这个小伙子察觉到了他的不信任，于是掏出女友照片给他看。"不，不，"他说，"我不会耍花招的。我

[①] 德国军队中的一些苏联"志愿辅助人员"表现得非常狂热，也很忠诚。第272 步兵师有人写道，该师官兵"与他们之间的关系相当好"[43]。不过事实证明，他们在掠夺德国战友的食物方面也极为高效。党卫军第 12 师的"装甲迈耶"有个哥萨克勤务兵，似乎对他十分忠心。——原注

[②] 德国从阿尔萨斯、洛林、比利时南部地区一共征召了 13 万人加入国防军和党卫军。他们被归为"德意志裔士兵"。不过讲法语的人对这个称呼不情不愿，而是称自己为"malgré-nous"[44]，或"违背自己意愿的人"。——原注

只想活着见到她!"[42]

第 2 装甲师师长吕特维茨中将得知手下有三名奥地利士兵投敌后,大为震惊。他警告说,所有逃兵的名字都会在他们的家乡被公之于众,他们的亲属也会因此遭殃。他宣布:"如果有人背叛了自己的人民,那么他的家庭就不属于德意志民族。"[45]吕特维茨可能支持打倒希特勒,但他的所作所为表明他仍然是个纳粹。

党卫军士兵若有类似行为,面临的惩罚将更加严酷。根据元首法令,党卫军士兵如果在未受伤的情况下被俘,就会被控犯有叛国罪。早在盟军登陆前,他们就被多次灌输这种观念。英军和加拿大军很少活捉到党卫军士兵也就不足为奇了。[①] 不过一个最恐怖的关于党卫军严苛纪律的故事来自一名阿尔萨斯征召兵。他隶属党卫军第 1 "阿道夫·希特勒警卫旗队"装甲师第 1 团第 11 连,也是被强征入伍的。他企图混在一群法国难民的队伍里逃跑,可是行踪暴露,被他们团的人带了回来。团长命令他所在连队的战友把他活活打死。他的每一根骨头都被打断,尸体被扔进弹坑。连长宣布说,这就是"Kameradenerziehung"[46]——"战友教育"的事例。

---

① 美军对他们俘虏的德军进行过详细体检。[47]一份报告记录,他们平均年龄 28 岁,平均身高 5 英尺 9 英寸,平均体重略低于 150 磅。身高最矮的一批人出生在 1919 年至 1921 年,正是德国的"饥荒年"。——原注

第二十一章 眼镜蛇行动——突破

德国人一直怀疑美第1集团军正准备发动一次大规模攻势。7月21日,他们截获了一份召集美军指挥官集体接受命令的无线电报,从而证实了这一点,具体方位却毫无头绪。[1]经历了惨烈的圣洛之战后,豪塞尔预计美军将会从圣洛出发,朝西南方沿维尔河河谷向托里尼(Torigni)发起强攻(见地图14)。① 然而,克鲁格元帅则确信盟军在诺曼底地区的主攻方向将再次来自卡昂前线的英军战区。在信号监听这一隐秘战场方面,盟军享有巨大的优势。布莱德雷将军从"超级机密"提供的情报中得知,德军战线过长,已处在崩溃边缘。突破的时机终于到来了。

布莱德雷的部队好不容易才抵达从西海岸的莱赛起始、经佩里耶至圣洛的笔直公路。这条漫长的道路也是"眼镜蛇行动"的出发线。唯一的问题发生在莱赛战区。7月22日,德军突然发动袭击。倒霉的美军第90师由于军官伤亡过大而士气持续低迷,在这次攻击中又首当其冲。根据战报记录,"有支小队向敌人投降;其余大部则溃不成军,仓皇撤退"[2]。巴顿在日记中写道,"今天,第90师有个营的行为极其可耻"[3];师长因此必须被解职。

7月20日开始天降大雨,接着又乌云低沉,"眼镜蛇行动"

---

① 托里尼实际位于圣洛东南。疑为作者笔误。

推迟了数日之久。滂沱大雨下,士兵们用来砌筑散兵坑的 K 口粮箱都变成了一堆湿乎乎的垃圾。同英军和加拿大军一样,美军也饱受蚊虫折磨。延误让很多人心神不宁。第 3 装甲师一名军官在这种情况下则显得相对冷静。他在日记中写道:"战争 90% 的时间就是等待。只要还有东西能阅读,情况就不算太糟。"[4]不过美军最优秀的坦克指挥官之一——莫里斯·罗斯准将并没有在恶劣天气里浪费时间,而是命令部队进行步坦协同强化训练。

布莱德雷急需良好的能见度。他决心用重型轰炸机把敌人的防线撕开,但他也希望避免在"古德伍德行动"中犯下的重大错误。当时部队的进攻节奏太慢,导致未能充分利用轰炸的震慑效果。布莱德雷于 7 月 19 日飞回英国,同空军指挥官讨论轰炸方案。他提出只投掷轻型炸弹,减少深弹坑数量,以免减缓装甲部队速度。饱和轰炸的目标是佩里耶至圣洛公路以南的一个矩形区域。

空军将领同意布莱德雷的要求,但他们明确表示,空军不能沿这条公路进行空袭。① 他们将不得不从北面飞越整装待发的陆军,就像美军登陆奥马哈海滩时那样。布莱德雷还建议,为了确保快速进发,应该将前线部队部署在距轰炸区域之外半英里的地方。不过空军认为这点安全距离远远不够。陆军和空军为此争论不休,最后定在了 1200 码处。气象报告显示,7 月 24 日中午天气晴朗,于是美军选定下午 1 点开始行动。

马洛里将军亲自飞往诺曼底督战。到了中午,天气并没有

---

① 横向轰炸意味着飞机从目标区域最窄的一侧抵近。这就要求空军组成非常紧密的队形,且必须沿德军战线飞行,因此机群会一直暴露在高射炮的火力范围内。——原注

如预期那样放晴。马洛里判断能见度不足，于是向英国发回电报，建议将轰炸推迟到第二天，不过此时轰炸机已经起飞。任务取消的命令也下达了，但大多数等待进攻的陆军部队尚未收到。包括苏联红军在内的盟军军官和记者受邀来到前线指挥所观看这场"轰炸秀"。第4步兵师的一名军官说："观察员们四处徘徊，坐立不安，一边开着玩笑一边等待。"[5]

大多数飞机及时收到命令后掉头返回。还有一些飞机按计划在公路以南投弹，但一个编队的长机投弹手因为释放装置出现故障，意外地将炸弹投掷到佩里耶—圣洛公路以北一英里处。编队其他飞机以此为参照，也立即投下炸弹。就在正下方的第30师士兵当时并没有隐蔽在散兵坑里。他们坐在车辆上或站在一旁，看着轰炸机从头顶飞过。接着他们听到"天空中传来一种特殊的沙沙声"[6]，这意味着大批航弹将从天而降。美国士兵四散逃窜，到处寻找掩护。这次事故导致25人死亡，131人受伤。[7]布莱德雷为此勃然大怒。他以为空军大佬们会接受他的要求，保证轰炸应沿着公路进行，而非垂直于目标。如果还打算在第二天发起"眼镜蛇行动"，就必须当机立断。空军指挥官坚持按计划行事，否则便会延误战机。布莱德雷别无选择，只能同意。

还有更多观察员聚集到柯林斯的第7军军部，观赏这出"大型演出"。记者们在等待中越来越不耐烦，相互推搡。苏联战地记者克拉米诺夫中校几乎对每个人都恶言相加。他形容欧内斯特·海明威正眼不瞧任何人。他补充说："这个喜欢炫耀的红头发荷兰后裔讲述的奇闻逸事同他众多肤浅的作品一样乏味。"[8]布莱德雷向记者们简要介绍了当前情况后，参谋们进一步补充说："这不是一次有限目标的行动。就是这样，就是要达成重大突破。"他们都没有提及误炸导致的伤亡。

一个从伦敦出发的苏联军事代表团也在此时访问美第1集团军。这群穿着红色条纹军裤、佩戴金色肩章的苏联军官在霍奇斯将军的陪同下来到杰罗的第5军。红军军官对他们所看到的一切都很感兴趣，还询问敌军俘虏的情况。杰罗的一名参谋回答说："他们来自波兰和苏联，战斗素质不高"。苏联人听到这话后，"表情明显凝重起来"[9]。让他们感到不安的也许并不是美军对俘虏的军事素养颇为轻视，而是他们注意到这样一个事实：大约有100万原红军战士因各种不同程度的胁迫，不得不穿上德国国防军的制服作战。①

地面部队指挥官莱斯利·J. 麦克奈尔（Leslie J. McNair）中将也是一名观察员。他的前线之行一直是高度机密，因为他将接替巴顿，担任虚构的美第1集团军群指挥官，继续伪装威胁加来海峡。② 麦克奈尔当时在第30师师部，随后决定前往第120步兵团，在前线观察轰炸效果。

但就在空袭开始前，发生了一个不祥的征兆。德国炮兵突然打出一阵短促的急速射。第30师的两名美国士兵从不同方向跳入同一个散兵坑，结果都被对方的刺刀所伤。[10] 医护人员赶忙跑过去帮他们包扎伤口。不久之后，麦克奈尔听说了这个离奇事件，还找到那名医护人员询问事故经过。然后，这样的不幸

---

① 苏联政府在这个问题上极为敏感。美联社和合众社驻诺曼底记者报道有原红军士兵为德国作战的消息后，苏联驻华盛顿大使提出了正式抗议。[11]——原注

② 三天后，也就是7月28日，德军从缴获的文件中得知，美第3集团军已经调往法国，但执行"坚毅计划"的工作人员已经为类似这样的情报泄露做好了准备。他们通过特工伪造了一个新集团军群指挥部，以及所谓的"美第14集团军"[12]，划归到虚假的加来登陆部队中。——原注

事件即将在更大范围内再度上演。

行动发起时间现在定为 7 月 25 日 11 点。当天上午，空军再次实施轰炸。9 点 40 分，第一批战斗轰炸机准时呼啸而来。在接下来的 20 分钟里，每个波次以中队为单位，准确击中了前线和圣洛—佩里耶公路之间的诸多目标。士兵们或坐或站在车辆上，欢呼雀跃。"雷电"战斗机的引擎声还未远去，重型轰炸机的低沉轰鸣就从后方传来。1000 多架 B-17 "飞行堡垒"和 B-24 "解放者"轰炸机编队抵近了。

人们万万没想到轰炸行动再次铸下大错。麦克奈尔将军为了能更清楚地看清战况，便从一辆坦克后面的指挥车下来，朝前线走去。当时有一阵微风从南方吹来，空军并没有考虑到这一影响。第一批炸弹落在了目标上，烟雾和尘埃却被风吹向北面，越过了佩里耶—圣洛公路，于是随后而来的轰炸机编队还没到轰炸区，就把炸弹投到了美军一侧。先头连队意识到了危险，扔出橙色烟幕弹，可是浓密的烟尘遮盖住了警告信号。地面部队和重型轰炸机之间也没有建立起无线电联系。

坦克兵跳进他们的装甲车辆，关闭舱门，然而步兵和麦克奈尔将军留在了旷野上。前卫步兵团共有 101 人阵亡，463 人受伤。一名前去救援的医护兵惊讶地发现"死者的脸庞仍然保持红润"[13]。这大概是因为他们死于爆炸冲击波而非弹片贯穿躯体。

麦克奈尔也是遇难者之一。他的尸体被送回战地医院，在场所有人都要宣誓保密。除了伤亡外，即将发起进攻的美军官兵也承受着毁灭性的心理伤害。一名中尉记录了他的手下被埋进散兵坑的情形："很多人只有一只胳膊或一条腿露出泥土，必须把他们挖出来。"[14]第 4 步兵师报告说："所有经历了轰炸的官兵都证实冲击波太可怕了。很多人一时呆若木鸡，眼神茫然，别人跟他们说话也没有反应。"[15]最终，第 30 师有 164 人因患上战斗疲劳症而被送到后方。

遭受误击的连队以为总攻时间会因此推迟，但布莱德雷坚持"眼镜蛇行动"应立即开始。在这种情况下做出决定，他确实是相当乐观。除了遇袭外，本应该伴随步兵前进的坦克在轰炸中撤退，与他们失去了联系。

那些遭盟军重点轰炸的德军部队状态更糟糕。拜尔莱因的装甲教导师和第 275 步兵师处于风暴中心。甚至在前一天的有限轰炸中，装甲教导师就已经遭受重创。德国炮兵以为这就是总攻，于是消耗了原本就供应不足的大部分弹药。拜尔莱因将他麾下一大半部队撤回，结果又正好进入 7 月 25 日的轰炸区域。美军在前一天取消了行动，但一些德国指挥官居然相信是他们击退了敌人，因此推迟一天行动实际上误导了德军判断，并没有暴露美军计划。克鲁格则认为 7 月 24 日的空袭可能是一次佯攻，意在为英军发起的大规模攻势做掩护。他立即前往西线装甲集群前线部队，与埃贝巴赫将军商讨当前战局。

他的怀疑似乎得到佐证，因为蒙哥马利在次日黎明发动了"春天行动"（Operation Spring），时间节点十分精确，距"眼镜蛇行动"开始仅四个小时。[16]加拿大第 2 军的任务是夺取位于卡昂—法莱斯公路一侧的韦里耶尔（Verrières）山脊。尽管进攻彻底失败，结果却再好不过。克鲁格更加确定法莱斯才是盟军的主要目标。直到"眼镜蛇行动"开始 24 小时后，他才同意从对阵英军的战区抽调两个装甲师前往美军前线。[17]可是这支部队在接下来的两天里也未能就位。① 尽管"古德伍德行动"和"春天行动"都未能达成突破,但就这样实现了蒙哥马利的主要目标。②

7月25日的全面轰炸对德军人员和车辆均造成毁灭性打击。"整个地区看上去就像月球表面,一切东西都被焚烧殆尽,"拜尔莱因写道,"车辆不可能被安全转移出来,损坏的装甲车也得不到修理。幸存者像疯子一样,成了毫无用处的废人。我想即使在地狱,也不会比我们现在的经历更凄惨。"[18]拜尔莱因惯于在战报中夸大其词。他一开始声称装甲教导师损失了35辆坦克、15辆突击炮和2000名官兵。后来他将数据修改为25辆坦克、10辆突击炮和不到1000人。他所在战区的一个伞兵团也被歼灭了。[19]不管怎样,德军毫无疑问受到了极大的心理冲击。一位美国医生在日记中指出:"许多(战俘)胡言乱语,像傻子一样。"[20]

有位美国步兵军官穿过轰炸区域时注意到,"大规模轰炸结束后,地面好像被彻底犁过一番。好几平方英里范围内,几乎没有活物。伤痕累累的大地上,各式各样的卡车,各种型号的大炮、武器被炸得面目全非"[21]。有些豹式坦克像乌龟那样翻了个底朝天。美军突破战线数天后,巴顿乘坐侦察机从300英尺高空飞越"眼镜蛇行动"战区。即使在那样的高度,他也闻到了死牛散发的腐臭味。

---

① 巴顿,甚至布莱德雷都确信早在"眼镜蛇行动"开始前,德军就已经调动了两个装甲师。不过德国方面的资料显示并非如此。——原注
② 蒙哥马利设在美第1集团军的个人联络官后来写道:"以特德为首的一批人曾试图说服丘吉尔和艾克撤掉蒙蒂的职务。不过随着德国装甲部队撤退,以及'眼镜蛇行动'启动,此事就不了了之。"[22]——原注

不过依然还有德军负隅顽抗。第 4 步兵师一边前进，一边等待坦克跟上来。他们在距离起始点 700 码的地方遭遇德军阵地。德国人把坦克隐藏在树篱之间的凹陷小道里面，为防御阵地提供支援。"巴祖卡"火箭筒小组摧毁了很多可能已经瘫痪的坦克，接着向一群就在他们正前方沿着树篱移动的德军开火。"还活着的人挤在树篱丛的一个角落，高声大喊'投降'。有个班长走上前去，示意他们过来。就在这时，他被子弹击中，不幸身亡。另一个班长也冲了上去，又被手雷炸死。我们不知道是谁开的火。不能再冒险了，于是我们射杀了所有想投降的德军。"[23]

第 4 步兵师的前进距离只有不到 1.5 英里。师部承认："第一天的战果几乎算不上真正的突破。"[24]该师右翼的第 9 师和左翼的第 30 师也进展寥寥。大家普遍对轰炸效果深感失望。不过，无论是指挥官还是部队都显得过于谨慎，部分原因是此前数周的树篱农庄战让他们吃了大亏。军长柯林斯随后在 7 月 26 日做出了一项大胆决定：提前投入装甲师加入战斗。

德军也在那一天把他们最后一批后备部队派往拉沙佩勒-昂瑞热（La Chapelle-en-Juger），但该部遭遇到战斗轰炸机的袭击。形势很快变得明朗起来，美军第 4 师和第 9 师之间的战区事实上已经无人防守了。由于轰炸摧毁了大量通信线路，肖尔蒂茨和豪塞尔还没有充分意识到危险来临。

位于中路的第 4 步兵师现在进展顺利。师部报告说："轰炸效果仍然很明显。尽管已经过去了一天，但很多德军看起来依旧心有余悸。我军俘获了大批战俘，他们看上去都被打得疲惫不堪。"[25]有一次，三辆豹式坦克被美军步兵包围，坦克乘组当即投降。有个排的士兵在一辆被装甲教导师遗弃的坦克中发现了"丝袜、内衣等女人的很多服饰"[26]，觉得特别可笑。东侧的第 30 师在遭受意外空袭后迅速恢复过来，此时在圣洛西北方向的埃贝克勒翁（Hébécrevon）附近陷入激战。不过德军抵抗很快就瓦解了。

7月26日上午，柯林斯命令第1师协同第3装甲师的一个战斗群从右翼突破德军防线。与此同时，罗斯准将率领的第2装甲师战斗群首先同第30师一道从左翼发起攻击，然后独自向南前往圣吉勒。罗斯事前让步兵和装甲部队"联姻"的高强度战术训练获得了回报。他命令第4师第22步兵团的官兵坐上坦克前进，每辆"谢尔曼"搭乘八人，轻型坦克搭乘四人。该部第3营乘坐卡车紧随其后。道路因空袭和炮击被炸得坑坑洼洼，不时阻挡了去路。当他们遭遇抵抗时，步兵便跳下坦克，匍匐前进，确认德军坦克位置。由于德国人习惯让发动机保持运转，所以这项任务倒也不难。然后步兵就会向友军表明德军坦克方位，己方坦克便开进与敌交战。罗斯很清楚他的主要困难在于补给，因此命令步兵准备额外的口粮、手雷和步枪子弹，并全部装载到坦克上。

第2装甲师是巴顿将军亲自打造的精锐部队，拥有"轮上地狱"的美名。这支部队还以嗜酒如命、善打恶战为傲。坦克兵们自视比步兵高人一等，把他们称为"面团"。该师对赌博也情有独钟，反映出巴顿那种鲁莽轻率的个性。有个军官承认他们存在"大量抢劫行为"[27]。坦克兵是所有陆军部队中最肆无忌惮的劫掠者。这不仅是因为他们总是与步兵率先进入城镇，而且因为他们更容易把战利品塞进坦克里。不过另一位军官也提到，第2装甲师很少有人在战斗中失控。"幸运的是，热衷于杀戮的人很少。这种人奸诈歹毒，部队中有他们会十分危险。"[28]无论如何，为了充分利用"眼镜蛇行动"取得的良机，第2装甲师的专业能力和狂热的战斗激情正是盟军所需要的。

在树篱和弹坑的干扰下，搭载步兵的坦克平均时速只有一英里，但比起之前的树篱农庄战，这个速度还是要快得多。第22步兵团的士兵离开坦克，开始清剿遗留在库唐斯—圣洛公路边的小镇圣吉勒内的敌人。当坦克向南驶出该镇时，他们遇到了"身受重伤、躺在路边的二等兵德卡斯特罗（De Castro）。他的右脚从踝关节上方几乎被完全切断，只有肌腱相连；右肩上还有一道很深的伤口。我们从他身边经过时，他努力从地面上撑起来一点点，挥动着那条没受伤的左臂喊道：'小伙子们，干掉他们！'"[29]

尽管夜幕降临，但罗斯的装甲纵队一旦驶离轰炸区，并穿过圣吉勒后，推进速度反而加快了。他觉得没有理由在黑夜里停下脚步，于是绕过德军阵地前进。一些德国车辆以为这支纵队一定是他们自己的撤退部队，便加入进来一起走，结果被抓了个正着。向南至卡尼西（Canisy）的路上，罗斯的"谢尔曼"坦克遇到了只装备了机枪、没有其他任何重武器可供防御的德军半履带车，当即把它们摧毁。

卡尼西在P-47"雷电"战机的轰炸下已成为一片火海。装甲纵队花了很长时间才从瓦砾堆中通过。他们在当地城堡中发现了一所德军野战医院，把伤员、医生、护士通通俘虏。罗斯不想浪费时间，命令部队继续向圣洛以南七英里外的勒梅尼勒埃尔芒（Le Mesnil-Herman）前进。

战线右翼，第1步兵师和由道尔·O.希基（Doyle O. Hickey）准将指挥的第3装甲师A战斗群向南攻击。他们在洛宗河畔蒙特勒伊（Montreuil-sur-Lozon）发现了一辆突击炮和四辆Ⅳ号坦克，于是呼叫 P-47"雷电"中队提供支援。P-47 低空飞来，摧毁了突击炮。车组成员跳车后逃之夭夭。[30]

每个战斗群都配备了一个空地支援小组，并根据布莱德雷的命令，为空地支援联络官提供坦克乘坐。第 9 战术航空队指挥官埃尔伍德·R.克萨达（Elwood R. Quesada）中将与地面部队建立了异常高效的工作关系。40 岁的克萨达绰号"皮特"。与大多数飞行员不一样，他十分热衷于航空兵所承担的地面攻击角色。这是为"装甲纵队提供掩护"的基础环节。战斗轰炸机中队轮班交替，随时待命。与之类似，"台风"战斗机也像随叫随到的出租车那样，为英第 2 集团军服务。克萨达的战斗轰炸机当天倾巢出动。一名德国指挥官愤愤不平，抱怨说它们"就像鹰一样在头顶盘旋，地面上稍有风吹草动便突然俯冲下来，发起攻击"。[31]

希基的战斗群和第 1 师越过佩里耶—圣洛公路约四英里，向南推进至马里尼（Marigny）。7 月 26 日 13 点，一架"幼兽"侦察机报告，马里尼出现"友军坦克"。[32]然而该镇并没有被马上攻陷。碎石堵塞了道路，燃烧的房屋接连坍塌。美军抓获了近 200 名德军俘虏，其中很多人是刚从训练营出来的补充兵。与新兵一起被俘的施耐德（Schneider）中尉说："从周日开始，在这个战区作战的人就算得上是老兵了。"夜幕降临后，美军便完全控制了马里尼，而且伤亡十分轻微。有个营报告说，整整一天只有 12 人受伤。

正如"超级机密"在 7 月 26 日凌晨截获的电报显示，德军 88 毫米火炮炮弹开始耗尽。这对美军坦克部队而言真是很幸运。当天"超级机密"破译的另一份情报表明，德军仍然以为盟军的突破方向在卡昂前线，而不是沿西面的大西洋海岸南进。

肖尔蒂茨下令部署在佩里耶和海岸线之间地带的部队撤离，只留下一道非常薄弱的防线，结果离灭顶之灾更近了一步。美第6装甲师不费吹灰之力便攻入莱赛。一名坦克排排长报告说："我们开着坦克进城，法国人向我们挥手、撒花。"[33]这时，德军的机枪和冲锋枪开火了。第6装甲师留下步兵在后面清扫残敌，坦克部队继续沿着海岸公路推进。

就在巴顿烦躁地等待他的第3集团军加入行动时，布莱德雷打来电话，请他穿着"正装"[34]共进晚餐。巴顿微微吃了一惊。这个对出席仪式总是一丝不苟的人回答说："我向来如此。"其实布莱德雷并不想通过电话告诉他会面的真正原因。军方打算在完全保密的情况下安葬麦克奈尔将军。

美军取得的决定性突破对德军士气造成了显著影响。士兵们开始以之前从来不敢的语气聊天。一名叫克莱因（Klein）的资深医疗下士描述了7月26日晚上发生的情况。他们奉命护送78名重伤员离开圣洛南部的一处急救站，向维尔河撤退。他记录了一路上伤兵们的谈话内容。

有个曾在东线摧毁了五辆坦克而获得金制德意志十字勋章的下士对他说："我告诉你，萨尼（Sani），咱们在诺曼底打的不能再称为战争了。敌人在兵力和物资方面都占尽优势。咱们缺乏武器，就是去送死。最高指挥官（希特勒和国防军最高统帅部）压根就没帮过咱们。没有飞机，炮弹也不够……好吧，对我来说战争已结束了。"[35]

一名肩部被弹片击伤的步兵说："这块击中我的铁片要是在7月20日能打在元首头上，战争就已经结束了。"另一名帮助克莱因转运伤员的士兵说："我已经不在乎了。我有两个兄弟在斯大林格勒牺牲，他们死得毫无意义。我们在这儿也一样。"年轻一点的伤兵则询问"自己的伤势够不够严重"。他们想知道自己将被送回家还是单纯地转送到主急救站。至于那些丢了一根手指或腿部中弹而骨头没断的轻伤员，五天内就会被送回前线。

7月27日中午，布莱德雷发布了一系列新命令。鉴于"眼镜蛇行动"进展顺利，他希望全线向布列塔尼地区的门户——阿夫朗什进军。绰号"男孩"的英国空降部队指挥官弗雷德里克·布朗宁（Frederick 'Boy' Browning）中将试图说服布莱德雷同意在德军后方空投部队，直接降落到阿夫朗什。[36]不过布莱德雷否决了该方案。由于司令部对伞兵部队负有道义上的责任，其首要任务就是去增援他们，因此空降大大降低了布莱德雷在这类行动中所需要的灵活性。

尽管第3集团军要到8月1日才能投入战场，布莱德雷还是决定让巴顿以非正式身份指挥战线西边的第8军。巴顿在日记中写道："战争让我感觉更快乐。终究进场了。"[37]伍德（Wood）的第4装甲师和格罗（Grow）的第6装甲师秉承巴顿的强硬作战原则，成为第8军的双先锋。

德军指挥官现在才突然意识到他们大难临头。德国人之所以反应迟缓，主要原因是美军采用了切断所有通信电缆和电话线的战术。很多地方的德军压根就不知道美军形成了突破。他们往往会惊奇地发现美军部队出现在原以为是远离前线的后方地区。一辆搭载了多名军官的大众敞篷汽车差点就冲进了美军纵队。摩托车兵有好几次开到美军车辆旁边，想弄明白到底发生了什么，结果却被消灭。

迈因德尔将军报告说，部署在圣洛以南、维尔河河谷内的第 2 伞兵军兵力现在已减至 3400 人。"（他们）损失惨重，再也无法抵御盟军的全力猛攻。"[38] 克鲁格终于被迫承认，美军攻势才是当前的主要危机。惊慌失措的豪塞尔请求坦克部队增援。克鲁格予以批准，下令第 2 和第 116 装甲师从英军前线抽调过来。

7 月 26 日晚，吕特维茨前往迈因德尔的指挥部，发现"形势相当混乱"[39]。迈因德尔本人写道："炮火声和坦克引擎的噪声太大了，电话里根本无法交谈。"[40] 他的指挥所隐藏在堆积如山的瓦砾下，至少伪装良好，可以躲开美军战斗轰炸机的攻击。迈因德尔知道吕特维茨不由他直接指挥后，相当恼火。他说，发动攻击是疯狂行为，尤其是在白天。战况到了不可收拾的地步，他们就连维持现状也格外困难。

"你怎么想？"吕特维茨反问道。迈因德尔回答说："我要你做的就是在进攻期间盯着我的右翼，保证安全。"他的伞兵将守住侧翼，但无法跟上装甲部队。

吕特维茨随后奉命前往佩西（Percy）以南十英里处的豪塞尔第 7 集团军指挥所。在那里，他听取了新任军长冯·丰克（von Funck）将军的战情简报。他将指挥部队在泰西（Tessy）附近渡过维尔河，然后向西北推进，封锁从圣洛至佩西的公路。这也正是罗斯准将所率纵队的南下路线。德第 116 装甲师一旦到位，就会立即跟上。

迈因德尔仍然很生气，决定亲自找丰克将军谈谈。因此，尽管他的伞兵军正在殊死搏斗，他还是坐上敞篷指挥车，跟着吕特维茨来到第 7 集团军指挥所，抗议上级没有将第 2 装甲师划归他的指挥之下。这次拜访毫无结果。虽然迈因德尔给自己的车起了个昵称"Jaboflitzer",意为"战斗轰炸机躲闪者",结果在返程途中,他却为了躲避美军战斗机而不得不数次停车,跳进沟渠隐蔽。

回到指挥部后,他发现克鲁格元帅的儿子克鲁格中校正不耐烦地等他回来。一同前来的还有新任总参谋长海因茨·古德里安大将。迈因德尔写道,克鲁格把他的儿子"从一个参谋部派到另一个,美其名曰'前线视察',但按照我们的说法,其实就是个探子,把他对部队的看法报告给老家伙"[41]。迈因德尔没好气地让小克鲁格向其父亲转告,坚守诺曼底已无可能,两个装甲师的进攻亦将一无所获。相反,应该将装甲部队用来建立反坦克防御阵地,"而不是纸上谈兵,把坦克用在不切实际的目标上"。

迈因德尔并没有掩饰他对"自视高人一等"的装甲指挥官的蔑视。他们从来不会走出"烧汽油的大货车",徒步侦察,因为暴露在"危险的火力覆盖下可不是好玩的。钻进坦克,把炮塔盖子关紧可要安全得多。只有少数装甲指挥官已经洞察到——或者说在辩论中被说服——坦克战的黄金时代已经成了过去!他们现在必须从坦克制胜的美梦中清醒过来"!

迈因德尔继续说:"那些高高在上的大人物显然还在等待奇迹发生。此外,宣传部门公布了7月20日的暗杀事件和结果。我们作为伞兵,有责任确保我们的荣誉不被玷污!我们注定要毁灭。那好吧!我们就是要执迷不悟,死磕到底。"

7月27日阴云密布。尽管第2装甲师向维尔河前进时没有遭遇空袭,但该部直到当天夜间,也就是"眼镜蛇行动"发动60小时后才开始在泰西渡河。他们已经来不及阻止美军推进了。

西海岸，当美第 6 装甲师于 7 月 27 日抵达库唐斯时，发现自己的侦察部队已经占领了这座城镇。他们当晚就地露营，天一亮便"迅速穿过"[42]，向格朗维尔（Granville）疾驰。德军步兵隐藏在公路两旁的树篱内，因此第 6 装甲师的轻型坦克以 15 英里的时速前进时，还用机枪向道路两边扫射。希基准将的第 3 装甲师纵队也将矛头指向库唐斯。柯林斯将军和跟随该部前进的第 12 步兵团团长勒基特（Luckett）上校却批评第 3 装甲师过于谨慎。[43]

7 月 27 日，在中路突破的美军更难推进了。道路上挤满了军车，向后排成大约 15 英里长的车队，耽搁了装甲师的进度。堵住公路的障碍物大多是被击毁的德军各类车辆。布莱德雷已预见到了此类问题，为"眼镜蛇行动"集结了 1.5 万名工兵，其主要任务是在突破口"打通并维持主补给线"。他们要填平弹坑、清除损毁的德军车辆，甚至修筑临时道路，以绕过被摧毁殆尽的城镇。

7 月 28 日，能见度有所改善，美军指挥官们总算松了口气。吕特维茨率领第 2 装甲师在维尔河西岸发起的攻势很快就因盟军空袭而瓦解。第 116 装甲师的情况也好不到哪里去。在西部，肖尔蒂茨的第 84 军面临被包围的风险，第 7 集团军指挥部命令其向龙塞（Roncey）附近的中部防区撤退。"帝国"装甲师新任师长、一级突击队大队长蒂克森（Tychsen）在指挥部附近被一支美军侦察小队所杀。当天晚上，党卫军第 17"格茨·冯·贝利欣根"装甲掷弹兵师师长鲍姆（Baum）旗队长受命指挥这两个师的残余部队。

美军沿着海岸公路加速推进。第6装甲师前进了将近30英里，右手边就是大海。一旦遭遇阻碍，乘坐坦克或半履带车的空军联络官便呼叫P-47"雷电"中队，通常能在15分钟内摧毁敌人的防御阵地。[44]

德军突然撤退，通信系统又全部瘫痪，导致局面形成恶性循环。没有几个指挥官知道他们的部队在哪儿。各部建制被打散，公路上混乱不堪。由于弹药燃料补给无法送达，德军不得不丢弃坦克和各类车辆。只有一小撮士兵在反坦克炮或突击炮的支援下继续抵抗。装甲教导师残部退至佩西，并报告说，"所有部队都不再适合作战"。同日，第2伞兵军军部报告，"轻型和中型榴弹炮弹药均已告罄"[45]。

在战线中部瑟里西拉萨勒（Cerisy-la-Salle）附近，激战仍在继续。不过这只是被困德军不甘坐以待毙，依然试图在绝望中杀出一条血路。美军将野战炮和高射炮对准"进攻者，近距离平射"[46]。P-47"雷电"战斗机也呼啸着加入攻击，但是Me-109战斗机突然出现，向美军扫射。

海因茨战斗群的一部分官兵避开村庄，在树篱丛后面寻路，想从包围圈中找到一个缺口。一些士兵建议投降，但军官予以拒绝。一名下士写道："整整五天，我们除了未成熟的水果和从阵亡战友身上找到的野战口粮外，什么都没得吃。为了掩护党卫军部队，避免他们被俘，我们国防军又一次被抛弃了……我们不得不留下178名伤员。"[47]投降并不总是安全的选择。第9师的一名美国军官指出，"敌军中的其他国家士兵，比如波兰人，如果企图投降，便会遭到党卫军射杀"[48]。德军在夜间逃亡期间，士气开始急转直下，官兵们的怒火爆发了。伞兵把当前困境归咎于党卫军，而党卫军反过来也谴责是伞兵拖了后腿。[49]一些军官精疲力竭，承受不住巨大的压力而精神崩溃。

在维尔河河谷突破点东侧，第 2 装甲师越过了与泰西齐平的维勒博东（Villebaudon）。罗斯的战斗群正沿着维勒迪约（Villedieu）至维尔的公路，朝圣瑟韦－卡尔瓦多斯（Saint-Sever-Calvados）前进。第 7 集团军指挥部突然发现位于战线西部的肖尔蒂茨部有被完全孤立的危险。参谋长彭泽尔少将命令肖尔蒂茨向佩西发起反攻，切断美军先头部队与主力的联系。肖尔蒂茨知道这将导致部队陷入混乱，而且一旦黎明到来，他们就会暴露在战斗轰炸机的打击之下。通往阿夫朗什的所有海岸道路届时也将处于无人防守的状态。但是豪塞尔坚持命令必须执行。

当天晚上，位于拉罗什吉永城堡的克鲁格收到第 7 集团军决定朝东南方向进攻的消息后，不禁勃然大怒。他打电话给豪塞尔，要求他立即撤销这道命令。豪塞尔回答说，可能太迟了，但他可以试试。一名军官骑着摩托车，终于在午夜时分将消息送到了肖尔蒂茨手里，但他没法同手下的各师取得联系。他们仍然继续向东南方向攻击，同海岸线渐行渐远。

由于豪塞尔属党卫军体系，克鲁格不敢因这个错误将其解职，于是下令让彭泽尔卷铺盖走人。[50]冯·肖尔蒂茨将军奉命返回后方，接任巴黎地区的军事指挥官，将第 84 军交由埃尔费尔特（Elfeldt）将军指挥。希特勒听说通往阿夫朗什，乃至整个布列塔尼地区的道路都暴露出来后，也暴跳如雷。国防军最高统帅部下令立即实施反击。克鲁格则要求南法的第 9 装甲师和多支步兵师紧急增援。最高统帅部以前所未有的速度同意了这一请求。

随着大量德军集中撤退到龙塞,美第 2 装甲师 B 战斗指挥群开始由北至南建立封锁点。但在 7 月 28 日夜,曾经肆意享受机械化好处的美国陆军也尝到了苦果。突破走廊上,北面的道路被堵得水泄不通,以至于第 4 步兵师师部的先遣队"整晚在路上奔波"[51]。"被击毁的敌军车辆陷在泥沼里,半横在路中间"[52],造成了多处堵塞。工兵们无法利用以往的方式来清除路障。有一次,有个参谋亲自操刀,驾驶推土机把一辆烧毁的车辆从路中间推走。一些法国人拼命帮助美军填平弹坑,却拒绝接受任何报酬。他们坚持说,"这样做是为了帮助我们射杀更多德国鬼子"。

美第 1 步兵师,也就是"大红一师"的师长许布纳少将决心不顾一切险阻,全速前进。他坚持认为在诺曼底的狭窄道路上,"只有单向通行才最有效率"[53]。即使是救护车也不准往回开:"伤员只能跟着部队前进,尽可能得到最好的照料。"第 3 装甲师的装甲步兵们爬上坦克,这样他们自己乘坐的半履带车就能装满汽油、弹药和其他补给。位于海岸附近的第 6 装甲师也认为,当前没有时间设立补给点或在宿营地分发口粮。有名军官写道:"真见鬼,好几天里我们不得不像坐在雪橇上的圣诞老人那样给部队分发军粮。无论是发还是收,所有人都在不停地行军。"[54] "谢尔曼"坦克乘组很少停车来做点吃的或解手。他们只能一直吃煮鸡蛋,喝速溶咖啡。一位军医在谈及那种像布丁盆的坦克兵头盔时说:"他们往里面拉屎,也在里面做饭。"[55] 第 2 装甲师的另一名军医指出快速推进还有另一个好处。由于德军几乎没有时间布置各种可恶的机关,因此很少有人被地雷和饵雷伤害。

7月29日，由罗斯指挥的第2装甲师A战斗群在维勒博东以南的公路上卷入一场激烈战斗。他们在拉德尼西耶尔（La Denisière）十字路口遭遇到吕特维茨的第2装甲师战斗群。[56]这支德军部队拥有近20辆坦克，以及两个乘坐半履带车的装甲掷弹兵连。吕特维茨师和刚刚抵达战场的第116装甲师一道，奉命向西进攻，切断美军的前进步伐，并与重组后的党卫军师会合。不过吕特维茨意识到这是不可能完成的任务。他认为沿维尔河保护正受到美军第30步兵师猛攻压力的德军侧翼更为要紧。是役，美军坦克歼击车消灭了数辆坦克，迫使剩余德军向东撤至穆瓦永（Moyon）。那里将发生一场更为激烈的战斗。

罗斯战斗群的一支坦克纵队和协同作战的第4步兵师官兵推进至小镇穆瓦永。里德（Reid）上尉从他的连队成员中组织了一支巡逻队，在镇东面警戒。里德的部下消灭了一个德军反坦克炮组，但紧接着遭到坦克攻击。二等兵夏基（Sharkey）是"善用火箭筒的高手"。巡逻队此时仅剩两发火箭筒。他从树篱丛的另一边悄悄接近这辆坦克，仅一发就炸毁了它。[57]这时，另一辆坦克出现在第一辆附近，开始用机枪扫射。里德上尉沿着树篱匍匐爬回来，然后站起身朝坦克顶部及底下各投掷了一枚白磷手雷。坦克瞬间便被大火吞噬。

不过穆瓦永镇本身却出了麻烦。[58]又一辆德国坦克驶入镇内，击毁了美军一辆"谢尔曼"。坦克营营长决定撤出该镇，然后用高爆弹轰炸这个地方。他们通知突前的几个步兵排也跟着撤退。就在他们后撤前，德军坦克纵队在步兵的协同下逼近小镇。二等兵夏基把最后一发"巴祖卡"火箭筒打向了领头的那辆坦克,直接命中炮塔座圈。里德上尉喊道:"他们正瞄准我们,快离开这里!"可是夏基杀红了眼,依然站在树篱旁边,用他的卡宾枪朝德国步兵射击。敌军坦克机枪打出一串子弹,把他半张脸撕碎。尽管夏基"脸上的肉一直垂到了胸前",他还是同战友们一起撤离。其他人都匍匐着向后爬,他却笔直地走回去。

撤退途中,他们又被一支由坦克打头的德军纵队拦住了去路。尽管里德只剩下两枚白磷手雷,不过他还是引燃了那辆走在最前面的坦克。巡逻队在烟雾的掩护下抓住机会穿过公路,回到主力部队。身受重伤的夏基昏倒在地,可是休息一阵后又恢复过来,不久便重新加入连队,还伸出两根手指比了个代表胜利的手势。里德后来说:"我从未见过像夏基这样勇敢的人。"

步兵营营长拉蒂默(Latimer)少校得知坦克指挥官撤离城镇的决定时,已经来不及阻止他了。他难以接受撤退所造成的战术影响,以及对士气的打击。坦克可以后退,然后再尝试进攻。不过他认为一旦步兵进驻城镇,就应该坚守到底。虽然德国装甲掷弹兵在美军最初的进攻中被打了个措手不及,但很快又渗透回城镇。除了里德巡逻队遇见的那支纵队外,他们还带来更多坦克大炮助阵。

"敌我双方坦克加之步兵殊死拼杀,"关于这场战斗的战报写道,"这是一次可怕的经历,损失非常大。我军也遭到了猛烈的炮火袭击。除了肉体上的惨重伤亡外,步兵和装甲部队也有很多人因紧张过度而精神崩溃。"当天晚些时候,第30师一部接替了特遣队的任务。唯一让人稍感宽慰的是,他们撤离时,看到飞进战区的德国轰炸机误击到自己的地面部队。

再往西，第 405 战斗机大队的 P-47"雷电"战斗机在 7 月 29 日下午发现大量德军车辆堵塞在龙塞以东的公路上。他们交替出发，连续轰炸、扫射了 6 个半小时。飞行员声称摧毁了 66 辆坦克、204 辆汽车和 11 门火炮，另击伤 56 辆坦克、55 辆汽车。这显然过于乐观，但这场屠杀的战果无论如何也的确相当可观。美国陆军还请求皇家空军第 121 联队的"台风"战斗机提供支援。该部攻击了位于龙塞以南的另一支德军纵队，宣布击毁 17 辆坦克，击伤 27 辆。后来的战斗调查表明，事实上只有 4 辆坦克和 5 辆半履带车被击中。大多数车辆都是被德军自己遗弃或毁坏的。尽管如此，"台风"战斗机对德国装甲部队心理打击所取得的效果足以弥补其精确性的不足。

与此同时，第 2 装甲师 B 战斗群在格里梅尼勒（Grimesnil）地区完成了路障设置和伏击准备。因为龙塞包围圈中的德军面对美第 3 装甲师从北侧施加的重压，一定会试图从这里逃跑。

距格里梅尼勒一英里之遥的圣但尼莱加斯（Saint-Denis-le-Gast）附近，第 82 侦察营在反坦克炮和第 92 野战炮兵营的火力掩护下建立了一个阻击区。[59]他们看到一支车队驶近，打头的是几辆美军装甲车。不过这正是德国人玩弄的战术诡计（ruse de guerre），它们都是被俘车辆。当车队经过阵地时，一名反坦克炮手立即就发现后面紧跟着的是德式半履带车，随即开火。炮兵也反应迅速，直接瞄准射击，消灭了这支德军纵队。

不久之后，第 2 装甲师预备队的指挥所遭遇突袭，险些落入敌手。尽管守军大多数是事务官和后方人员，但仍然保持镇定。他们依靠明月和燃烧车辆发出的亮光，朝着冲锋上来的德国步兵近距离点射。当天上午晚些时候，军官们走出掩体检查攻击者的尸体时，这一点得到证实。德国人都是被"单发步枪子弹击毙，而非亡于机枪扫射"。[60]

有份报告记录了毕晓普（Bishop）中士的英勇事迹。人们在他的尸体旁边发现了七个死去的德军。巴恩斯（Barnes）上士则用一把战壕刀割断了三名德国袭击者的喉咙。"战斗十分混乱。有名医护兵一抬头，发现自己跟一个德国医护兵在同一条狭长掩壕里。有那么几分钟，两人都疯狂地指着自己身上的红十字臂章，然后相互搜身，以防对方身上有武器。"[61]

同一天晚上，两个装甲步兵连在距离此处东南方向数英里处设置阻击路障时，突遇德军袭击。德国人"关闭了车辆引擎，从山上向格里梅尼勒公路冲下来"。[62]美装甲步兵在黑暗中殊死战斗，伤亡惨重。除了敌人的火力伤害外，他们也遭到己方火炮和坦克的攻击。当克罗利（Crowley）中校带领所在营的后备连于7月30日7点赶到战场时，战斗已经结束了。整个地区到处散落着燃烧的车辆。路障已经被彻底摧毁。克罗利也无法通过无线电与受到攻击的连队联络。不过德军也是强弩之末，而且被猛烈的美军火炮吓坏了。克罗利的部队在这一地区抓获了300名俘虏。这天早上最糟糕的事情是，第4装甲师朝他们的西翼不断开火："即使点燃黄色烟幕弹也没能阻止他们，直到克罗利中校与对方取得无线电联系。"[63]

两支德军主力纵队试图在当晚冲出重围。其中一支由96辆各类车辆组成，包括"坦克、150毫米及170毫米口径牵引或自行半履带火炮、指挥车、摩托车、卡车"。该部官兵来自三个不同的师——第275步兵师、党卫军第17装甲掷弹兵师和党卫军第2"帝国"装甲师侦察营。"迫击炮击中德军车辆，引起大火。第62和78（自行火炮）营来不及调整射击诸元，对着十字路口和下方的公路不停开火。"[64]

一辆严重受损的 M-10 坦克歼击车在圣但尼至朗格罗讷（Lengronne）的公路边抛锚。当德军纵队经过时，车组成员躲在车内装死。随着最后一辆半履带车通过，他们立即将三英寸火炮对准敌人，一辆接着一辆把德国军车击毁。这个车组一共发射了 28 发炮弹。

携带"铁拳"反坦克榴弹发射器的德国步兵企图偷偷靠近"谢尔曼"坦克。堵在十字路口的主力部队为了得到步兵保护，不得不撤退到地势较高的地方。德军纵队打头的是一辆牵引着 88 毫米火炮的Ⅳ号坦克。它径直向防御阵地驶去，旋即被一发坦克炮弹摧毁。有名军官报告说："接着，有组织的屠杀开始了。"[65]迫击炮排"按白磷弹与高爆弹 1∶3 的比例"，朝下方车队速射。车辆被白磷弹点燃，把战场照得通亮。坦克炮手和迫击炮组借助光亮，把高爆弹打向德军半履带车的敞篷车厢。就在炮手持续攻击目标时，坦克车长则利用安装在舱盖上的点 50 口径机枪击退攻上来的德国步兵。

一名军官记录道："破晓后，大约 300 名德国步兵试图穿过沼泽地，前往格里梅尼勒公路以北……坦克紧追不舍，几乎把所有人都打死了。人们在这片沼泽及周边地区找到了近 300 具尸体。"[66]在遭到轰炸的道路上，还发现了 600 名死者。"到处都是血淋淋的胳膊、大腿、脑袋，还有烧焦的尸体……至少有三名德国妇女的头颅遭到不同程度的破坏。"其中一人驾驶的是少将的指挥车。"这名少将①的身份是通过其制服辨认出来的。营里的军官们稍后返回时，却发现有人拿走了他所有衣物当作

---

① 这名高级军官的身份尚不确定，可能是第 352 步兵师指挥官迪特里希·克赖斯，尽管其死亡时间记录为数天后的 8 月 2 日。[67]——原注

纪念品。"

美军负责墓葬登记的部门从一支拥有96辆机动车的车队里找到了1150具德军尸体。一名军官说:"人肉喷溅在烧毁的车辆上,整个地区到处都是。"另一份报告写道:"战俘大量涌入,以至于来不及清点人数。许多人说他们已经两三天没吃东西了。"[68]与此同时,第82侦察营悄悄向南前进,夺取了谢讷河(Sienne)上多座桥梁。

德军刚刚撤退,来自第3装甲师的战斗群在希基准将的率领下就紧跟着进入龙塞。该部发现"废弃和破损的德军装备杂乱无章地散落在道路上,根本不可能通过主干道前进。特遣队只好利用后街小道才能出城"[69]。他们还不得不调来一辆坦克推土机来清理主干道。投降的德军太多,美军实在挤不出人手押送,只能让他们自己走到后方。第3装甲师到达格里梅尼勒和圣但尼莱加斯地区后,有位军医在日记中写道:"这是一场令人毛骨悚然的杀戮。我军坦克甚至压烂了敌人的尸体。"[70]

7月29日下午,第7集团军新任参谋长鲁道夫-克里斯托弗·冯·格斯多夫(Rudolph-Christoff von Gersdorff)少将①[71]抵达位于阿夫朗什东北三英里处的前沿指挥部,发现战局十分凄惨。②没有人下令炸毁桥梁,通信线路也都不复存在。由于德军从海岸撤退(克鲁格曾为此大动肝火),美第6和第4装甲师在推进路上如入无人之境。

在海滨城市格朗维尔,德军从凌晨1点开始炸毁港口设施,

---

① 原文如此,他此时的军衔是上校,1945年3月晋升为少将。
② 批准格斯多夫任命的希特勒并不知道,此人曾于1943年3月21日准备在柏林用自杀式炸弹炸死自己。——原注

持续了五个小时。当地警察局报告说，德国士兵到处搜寻机动车，连偷带抢，向南逃窜。[72]有个美军坦克排甚至在距离第7集团军指挥所不到100码的地方经过，却没有发现它。午夜时分，豪塞尔及参谋人员离开格朗维尔，向东面的莫尔坦（Mortain）撤离。

拉罗什吉永城堡和东普鲁士的"狼穴"大本营都陷入一片慌乱之中。元首大本营的瓦尔利蒙特将军记录道，克鲁格"收到紧急命令，须阻止所有指向阿夫朗什的攻势。每个人都看得出整个诺曼底战区的防御正在瓦解"[73]。希特勒还担心党卫军第17"格茨·冯·贝利欣根"装甲掷弹兵师的命运。该师在撤退途中似乎被"完全吞没"了。"没有人知道，也没有人能弄清楚到底发生了什么，尽管他们都在疯狂地打听消息。当然，我们对这个师特别关注，因为有关党卫军战斗力的话题就是一块'烧红的烙铁'——你根本不能谈及。希特勒只愿意相信对他的党卫军有利的信息，也从不允许任何人指责他的'黑卫兵'。"

德军大部已向佩西方向撤退。一支美军侦察队为了找到通向佩西的无防守路线，搜索了好几条岔路，但发现都被封死了。在一条乡间小路上，坐在领头吉普车内的中士观察到一些德军士兵在树篱后匍匐爬行。"给我狠狠打！"他对站在后座上操作点50口径机枪的士兵喊道。[74]机枪手对准这队德军扫射，用绰号"焚化炉"的曳光弹打死了大部分敌人。他后来开玩笑说，这种子弹十分人道，因为无论是打进还是穿出人体，它们都对伤口起到了消毒作用。艰苦的农庄树篱战后，许多士兵把这看作对敌人实施报复的良机。

德军几乎没有剩余兵力来防卫海岸公路了。谢讷河南岸的一个野战补充营围住了好不容易才溜出美军包围圈的散兵游勇。第6、第4装甲师已经归属巴顿指挥,正在向阿夫朗什顺利进军。巴顿无法容忍任何拖延借口。他激情万丈,在7月29日的日记中写道:"我们要做的,就是在他们安顿下来休息之前,让他们赶紧起来继续追。"[75]突破已然实现,大军即将冲出诺曼底——他觉得这是属于他的天赐良机。

第二十二章　眼镜蛇行动——突进

7月30日，阿夫朗什已处于第4装甲师的攻击范围。同日，蒙哥马利发动了"蓝衣行动"（Operation Bluecoat）。通常情况下他不会如此仓促地发起攻势。新方案看起来又是登普西的计划，不过这并不妨碍蒙哥马利暗示这是他的主意。他给艾森豪威尔发电报说："我命令登普西把一切谨小慎微抛到脑后，要敢于冒险，不顾伤亡，把油门踩到底，冲向维尔。"[1]

第13/18皇家轻骑兵团正在后方休整。就在他们对坦克进行必要的维护时，旅长"开着吉普车过来，一个急停"[2]，告诉其中一名军官说，该团须在周日清晨投入战斗。所有人在次日早上6点出发。可是他们已经把坦克引擎拆得七零八落，于是只好马上开始拼命工作，把引擎重新组装起来。有些部队在36个小时前才收到作战命令。

要在狭窄的道路上仅用不到48个小时就将两个军从卡昂前线调往英军战区的最西端，简直就是一场噩梦。很多部队在接到具体的行动指令时，还正在向出发线前进途中。第13/18皇家轻骑兵团有名中队长在日记中记录了一个从指挥部那里听到的传言："美国佬表现太出色了，蒙蒂决心让我们赶上他们的战果。不过我们之间唯一的区别是：第一，他们的军队规模是我们的两倍；第二，我军面对的敌人是他们的两倍。"[3]虽然这个比例有点夸张，但英军和加拿大军有理由认为他们一直在同德军装甲师进行消耗战，报纸却将所有荣誉归于美国人。

"蓝衣行动"在科蒙以南发起,英军接管了部分美军战线。之所以选择这个区域,原因之一是那里没有党卫军装甲师。奥康纳的第8军由第15(苏格兰)师和第6禁卫坦克旅打头阵,第11装甲师和禁卫装甲师紧随其后,随时准备突破德军防线。在他们左翼,巴克纳尔的第30军和第7装甲师奉命夺取奥东河畔欧奈,然后占领宾松山。英军如能攻占那座高地,便能控制通往山脊以南的道路,这是德军撤退的必经之路(见地图15)。

7月30日星期日,天气非常闷热。步兵得到允许,可以穿着凉快的短袖作战。不过至少天气晴朗,他们可以得到空中支援。又经过一番空袭和猛烈炮击后,"蓝衣行动"开始了。第15苏格兰师向一条狭窄的战线发起进攻,开局顺利。当该部被德第326步兵师阻滞后,冷溪禁卫团第4摩托化营和苏格兰禁卫团第3装甲营的支援坦克迅速突破了防线。坦克车长告诉步兵跟上他们。这违反了英国陆军的作战条令,但第6禁卫旅和第15苏格兰师的指挥官早在战斗前就达成一致,必要情况下可以如此。

大多数坦克面对树木繁茂的陡峭山坡都会寸步难行。"丘吉尔"坦克作为战争机器虽然存在种种缺陷,在这场战斗中却表现得极为出色。德军未料到英军装甲部队能取得突破,因此没有在前线部署重型反坦克炮。他们把突击炮营布置在相当靠后的地方。结果冷溪团所部的坦克在下午4点便抵达目标309号高地。他们已深入德军防线之后五英里。在该部右翼,苏格兰禁卫团第3装甲营的坦克部队穿过树篱丛和果园,向226号高地发起冲锋:"坦克兵们被摇得七荤八素,浑身是擦伤。低矮的树枝不断抽打探出身来的车长。又小又硬的苹果砸到他们头上,然后堆积在坦克炮塔内。"[4]当天夜间,苏格兰士兵赶上这两个禁卫坦克营，在山顶上做好了防御准备。

369　　德军的反应则异常迟缓。埃贝巴赫终于意识到威胁后，便命令第 21 装甲师渡过奥恩河加入战斗。与此同时，第 326 步兵师向这两个山头发起殊死反击。[5]师长冯·德拉比希·韦希特尔（von Drabich-Wächter）少将在战斗中阵亡。他们一度将冷溪团和格拉斯哥高地人团第 2 营赶下山去，但英军不久便在反攻中夺回了阵地。

　　第 30 军被一条河岸陡峭的溪流阻挡，在左路停止推进，导致第 8 军侧翼门洞大开。这正是埃贝巴赫梦寐以求的攻击机会。当奥珀伦-布罗尼科夫斯基上校集结好第 21 装甲师准备反攻时，却为时已晚。[6]该部于 8 月 1 日 6 点投入战斗。参与进攻的有三个装甲掷弹兵营，每营兵力只剩下不到 200 人；装甲团第 1 营最后 14 辆Ⅳ号坦克和第 503 重装甲营仅有的 8 辆虎式坦克也加入厮杀。英军反击部队一直打到了第 21 装甲师的指挥所。师部人员不得不丢弃所有车辆逃之夭夭。第 21 装甲师向后退却，几乎损失了三分之一的兵力。这场失败导致军部内发生了激烈争吵。

　　自"古德伍德行动"以来，英军步坦协同能力有了很大改善，但"丘吉尔"坦克和"克伦威尔"坦克还是无法与第 503 和党卫军第 502 重装甲营的虎式坦克（及虎王坦克），以及威力巨大的猎豹坦克歼击车相匹敌。苏格兰禁卫团第 3 装甲营的一个中队一路狂飙，穿过乡村农田抵达目标后，遭遇到三辆猎豹坦克歼击车。该中队的 16 辆坦克中，有 12 辆被瞬间击毁。[7]一辆猎豹坦克歼击车与一名英国炮兵军官擦肩而过。他清楚地看到德国车长"大概是太热，只穿了一件背心，还笑了起来"。[8]党卫军第 2 装甲军也转移过来，抵御英军攻势。

当第 15 苏格兰师和第 6 禁卫坦克旅陷入鏖战时，禁卫装甲师向圣马丹-德伯萨斯（Saint-Martin-des-Besaces）发起进攻。这是一座大型村落，道路四通八达。然而德军在突击炮的支援下拼死抵抗。

位于战线右翼的第 11 装甲师运气也不错，没有因寻路而浪费时间。7 月 31 日，第 2 王室骑兵团（营级单位）的一支装甲纵队悄悄从莱韦克森林（Forêt de l'Evêque）穿过了德军防线。他们向前推进六英里后，发现苏勒弗尔河（Souleuvre）上的桥梁还完好无损。英军迅速解决了桥上唯一的岗哨。这里位于德第 326 步兵师和第 3 伞兵师防线之间。这可能就是两个师都疏忽了该桥防御的原因。英军通过无线电报告他们的发现。王室骑兵团指挥官几乎不敢相信这是真的，要求他们再次确认所处位置。接着，他立即将这一情况通报给了第 11 装甲师师长"皮普"·罗伯茨少将。尽管这条进攻道路位于他们前进线路的西侧，而且还在美第 5 军战区内，但罗伯茨依然命令第 29 装甲旅搭载步兵，全速前进，确保渡河点安全。人们后来以夺取这座桥梁的部队指挥官 D. B. 鲍尔（D. B. Powle）中尉的名字，称其为"迪基桥"（Dickie's Bridge）。罗伯茨随后请求奥康纳批准他改变推进线路。这次突进出乎所有人意料。第 11 装甲师把握机会，一路抵达勒贝尼博卡日周边的高地，迫使迈因德尔将军下令第 3 伞兵师撤退。

西南方向 30 多英里，伍德第 4 装甲师的首批坦克于 7 月 30 日黄昏前进入通往布列塔尼和法国中部的门户城镇阿夫朗什。市镇内一片混乱。西海岸的德军残余部队知道，他们必须与收得越来越紧的包围圈赛跑。格朗维尔附近的德国海军岸炮部队破坏了火炮后,跟在美军先头部队后面朝南撤退。冯·奥洛克(von Aulock)上校率领他的战斗群也试图通过阿夫朗什向南逃窜。[9]克鲁格仍然希望守住这一关键位置,但美军四个(第6、4、5、2)装甲师齐头并进,他已经拿不出预备队挡住敌人了。①

尽管美国坦克已经开进到阿夫朗什,但成群结队的德国残兵依然企图穿过该镇。第256步兵师的一个工兵小队坐在从东线缴获的苏联卡车里,凝视着这"令人难忘的景象"[10],在悬崖上待了很长时间。二等兵施皮克特(Spiekerkötter)写道:"我们下方就是沐浴在月光下的圣米歇尔山(Saint-Michel)潮滩。在我们前方,阿夫朗什燃起了熊熊烈火。美军已经守在那里,挡住了我们的突围路线。我们到底该怎样穿过城镇过桥,我依然不知道。我只记得两个(德国)军官拔出手枪,要从我们手里抢走卡车。"

7月31日凌晨1点,克鲁格元帅接到B集团军群参谋长施派德尔中将的电话。施派德尔警告西线总司令说,第84军已向维勒迪约退却,但无法同该部取得联系:"局势异常危急。部队战斗力已大幅度下降。"[11]他补充说,应该通知最高统帅部,左翼已经溃败。布列塔尼和西海岸港口也面临着迫在眉睫的威胁。很多官兵把战况描述得更为严重。他们形容这场灾难是"Weltuntergangsstimmung"——一种整个世界都正在崩溃的感觉。在突破口左翼,美军各师迫使德军撤回到维尔河对岸。

35分钟后,克鲁格给驻扎在布列塔尼半岛的第25军军长法姆巴赫(Farmbacher)将军打电话。法姆巴赫告诉克鲁格,

---

① 按地图标识,没有第5装甲师,而是第3装甲师。

他正在设法将各自为战的部队召集起来，同时请求上级"向不积极配合的海军下达强有力的命令"。[12] 克鲁格也给埃贝巴赫打去电话，询问西线装甲集群能否给第 7 集团军提供更多部队。[13]他回答说不可能。英军正双管齐下，朝维尔河和奥东河畔欧奈发起猛攻。如果把装甲师调离这个战区，那么英军最终将突破至法莱斯和阿让唐，把整个第 7 集团军的退路切断。

凌晨 2 点，克鲁格下令："（阿夫朗什以南的）蓬托博（Pontaubault）大桥无论如何都必须控制在我军手中，必须夺回阿夫朗什。"[14] 克鲁格还在对豪塞尔耿耿于怀，正是"第 7 集团军向东南方攻击的致命决策导致德军防线崩溃"。

尽管美第 3 装甲师因进展缓慢而饱受诟病，由利安德·L.多恩（Leander L. Doane）中校指挥的 X 特遣队却取得了非凡战果。他的纵队于 16 点 07 分从加夫赖（Gavray）以南高地出发，矛头直指维勒迪约莱波埃勒（Villedieu-les-Poêles）。天气"像明镜一样清澈"。多恩特遣队快速突进，把德军冲得七零八落；接着 20 架"雷电"战斗机也赶来提供空中支援。多恩与飞行员直接通过无线电联系，引导他们攻击前方目标。"雷电"战斗机从他们头顶飞越，对所有可疑地段进行扫射。空弹壳像流水一样从飞机内倾泻而出，让搭乘装甲车的步兵看得心驰神往。

18 点，他们抵达维勒迪约城郊。虽然在不到两小时内行进了十英里，但多恩上校还是接到指令："不要在初始目标停下，至塞河（Sée）宿营。军长命令你部加快速度。"塞河位于普雷塞（Brécey）后方，他们还要向南深入 16 英里才能抵达。多恩下令部队绕过维勒迪约，全速前进。他还请求头顶上的"雷电"战斗机协助侦察前方道路敌情。

P-47 的支援轰炸可谓近在咫尺。一名飞行员在电台里对多恩说，他就要攻击距其左侧仅仅50码的一辆德军坦克，最好找个掩护。空军和坦克部队紧密合作，协同程度前所未有。另一名"雷电"飞行员驾驶着这种"飞行霰弹枪"飞过Z特遣队，对指挥官"开玩笑"说，"最好收起天线"，因为他就在特遣队上方攻击。[15]

多恩坐在第一辆坦克内，率部来到普雷塞市郊，发现当地似乎没有敌军，便告诉"雷电"中队不要靠近。当他的"谢尔曼"坦克转过街角进入城镇主大街时，却看见"一大群德国士兵懒洋洋地站在路边休息"。由于无线电报务员当时正坐在炮手的位置上，没法开火，多恩便举起他的柯尔特点45手枪朝德军步兵乱打一气。战报写道，这"简直就是好莱坞式的场景"。随后跟进的美军坦克转动炮塔，用机枪朝左右街道和房屋扫射。

塞河上的主桥已被摧毁，纵队只好转头向东，试图夺取城外另一座桥梁。他们发现一群德国步兵躺在果园里，便再次用机枪向他们射击。不过当他们抵达目标时，发现那座桥也被炸毁了。多恩用无线电向后方汇报情况，工兵排很快就冲上前来。排长决定使用一辆装甲推土机在附近建造一个浅滩渡口。坦克兵们纷纷下车，把石块搬到松软的河床上，权当地基。可是仅仅几辆车渡河后，浅滩就无法通行了。

与此同时，这支纵队的后卫部队正逼近普雷塞，然而德国步兵已经重新组织起来，发起强有力的抵抗。多恩一马当先，继续推进，在夜幕降临时到达242号高地北侧。双方在普雷塞混战一团。[16]第36装甲步兵团的卡尔顿·帕里什·拉塞尔（Carlton Parish Russell）上尉走下半履带车，沿着纵队大步向后走，看看到底发生了什么情况。他看到数辆覆盖着伪装网的吉普车着火了，接着又发现一个士兵正试图扯掉燃烧物。他朝士兵大喊脱掉迷彩服，否则会被当作德国人。那个人转过身来，原来真的是一个党卫军士兵。一个与主力部队失去联系的德军分队设下埋伏，企图夺取车辆逃跑。党卫军士兵打落拉塞尔手里的手枪，接着举起步枪。拉塞尔一把夺过来，把德国人击倒。他拿着这支步枪，跑到村落内同敌人作战。

7月31日从加夫赖出发、正驱车前往南边阿夫朗什的Z特遣队面对着更为顽强的抵抗，必须突破多个由坦克和反坦克炮掩护的阻击阵地。但该部也抓到一支在旷野试图逃离包围圈的德军纵队，重创了敌人的侦察车和半履带车。道尔·O.希基将军就坐在靠近特遣队前部的一辆半履带车内，他亲眼看到队伍中105毫米口径自行火炮在不到50码的距离将德军一辆半履带车炸成碎片。

当第3装甲师的另一支纵队也到达阿夫朗什时，欧内斯特·海明威就跟在先头部队的后面。陪同他的史蒂文森（Stevenson）中尉说，与海明威待在一起"比担任罗斯福（准将）的副官还要危险"[17]。海明威跟随巴顿少将的第4步兵师行动。他说服史蒂文森同他一起驾驶德军在撤退途中遗弃的奔驰敞篷车或挎斗三轮摩托，多次上路冒险。他给自己的下一任妻子玛丽·韦尔什（Mary Welsh）写信，描述他过着"非常快乐惬意的生活。到处都是死人、缴获的德军战利品、密集的战斗、树篱丛、小山岗、尘土飞扬的道路、翠绿的乡村、麦田、死牛死马、坦克、88炮、德国卡车、死去的美国小伙"[18]。罗伯特·卡帕很快也加入了他的行列。有一次他们迷了路，撞上一门反坦克炮，海明威差点被打死。他只好跳进沟渠里躲避炮火，事后还指责卡帕为了"抢先拍摄到著名作家的尸体照片"[19]，没有在危急时刻伸出援手。

由于战线模糊不清，美军突破还在后方引发了另一种形式的混乱。格朗维尔当地人开始洗劫德国人遗弃的房屋。就连最受人尊敬的市民也在偷家具，从餐椅到摇篮，什么都不放过。300—400名暴徒想要动用私刑，绞杀一个通敌者。警察费了好大劲才说服他们冷静下来，使其交出犯人接受正式审判。[20]在接下来的几天里，警察还不得不去围捕躲藏起来的德国人，这些掉队的德军通常都穿着偷来的平民服装。有个住在维勒迪约公路边的妇女十分同情一名德国士兵，把他藏了起来。女人遭到逮捕，被关押在当地消防局，而她年幼的孩子则被移交给公园管理员罗伊夫人（Madame Roy）代为看管。

有个上了年纪的德军下士躲在阿夫朗什附近的农场内，被抓获时还穿着便服。他对叫来美军巡逻队的农夫说："哎，先生（Ah, Monsieur），我太难过了。我在这里，而我的儿子却是美国兵。"[21]农夫听说过有许多年轻的德国移民在美军服役，所以觉得他说的可能是真话。

第6装甲师也加紧穿过阿夫朗什的防线缝隙，向前突进。行动刚开始，坦克兵只要看到德军（即便只有几个人），就会肆意开火。但是当30个德国人高举双手从树篱后面突然出现时，美军却不得不带上他们一起走，因为实在没有多余人手押送俘虏了。他们命令俘虏坐在半履带车和吉普车的引擎盖上。一个军官说："小伙子们那天收获颇丰，得到不少战利品。"[22]该师前卫部队由一个坦克连、一个乘坐半履带装甲车的步兵连、一个野战炮兵连、一个坦克歼击车连及侦察小队组成。还有一些工兵搭乘半履带车，随时准备排雷。他们以每小时15英里的速度匀速前进，有时还会超过"骑自行车或步行、毫无戒备的德国佬"。驾驶"谢尔曼"的坦克兵把所有非必需品都清理出来，装在坦克外面，如此才能装载"150发75毫米炮弹和1.2万发点30口径子弹"。这是普通弹药量的两倍。

更令德国人焦头烂额的是，抵抗组织在南方正越来越肆无忌惮地发起袭击。一列有69节车皮的火车在朗德省（Landes）被炸毁，[23]车上载有前线急需的炮弹。同时，另一列装甲列车在苏亚克（Souillac）以北的一条隧道内脱轨。[24]英国人截获的一封电文内容是请求得到"由强大武装护送"的工程列车。

7月31日晚，巴顿驱车前往第8军军部与米德尔顿会面。米德尔顿的第4装甲师已经按照命令要求，控制住了阿夫朗什以南的塞吕讷河（Sélune）防线。但他无法同布莱德雷取得联系，不知道下一步该如何行动。巴顿虽然很愤怒，但表面上还是控制住了自己的情绪，告诉他说，"纵观历史，不渡河永远是致命错误"。[25]尽管他要到次日中午才算正式接管指挥权，但他非常明确地表示，第8军应该立即过河。不久，他们收到信息，美军已经夺取了蓬托博大桥。该桥虽然有所损毁，但尚可通行。巴顿命令米德尔顿以最快速度派遣第4、第6装甲师过河。

道路在蓬托博以南开始分岔。一条向南向西，通往雷恩和布雷斯特；另一条通向东面的塞纳河及巴黎。巴顿在8月1日凌晨1点上床睡觉。他知道11个小时后，第3集团军的四个军——米德尔顿的第8军、海斯利普（Haislip）的第15军、沃克（Walker）的第20军、库克（Cook）的第12军——将在他的指挥下满负荷运转起来。第15军当即向所属三个师发布了一道清楚展现巴顿风格的预备号令："部队要尽可能地实现摩托化进军，坦克自始至终打头阵。"[26]同样是在8月1日中午，布莱德雷担任第12集团军群指挥官。霍奇斯将军接管第1集团军，继续向维尔防线攻击前进，然后进攻莫尔坦。

8月1日，克鲁格与豪塞尔及其新任参谋长冯·格斯多夫上校在第7集团军的前方指挥部收到了美军占领阿夫朗什的消息。据克鲁格的副官丹格曼（Tangermann）中尉回忆，克鲁格当时说："先生们，这一突破对我军和德国人民都意味着决定性的痛苦终局到来了。我认为没有可能再遏制当下的盟军进攻。"[27]克鲁格的一些同僚则认为，前一年在苏联遭遇的严重车祸正开始影响他的思维，使之丧失刚刚接替伦德施泰特的职务时所展现出来的决心。

消息刚一传到东普鲁士的"狼穴"，希特勒就给克鲁格下达命令："绝不允许敌人突破防线进入开阔地带。B集团军群要集中所有装甲部队准备反击，须推进至阿夫朗什；切断突破的敌军部队并予以歼灭。一切可以利用的装甲部队都要离开现有阵地，在装甲兵上将埃贝巴赫的指挥下实现这一目的；不必等待后备部队接手防线。法国战役的成败取决于这次反击。"[28]

克鲁格警告说，装甲师撤退将导致包括与英军对峙战区在内的整条战线崩溃。相反，他建议德军应该退至塞纳河后，彻底放弃法国西部。装甲师能够掩护没有机动车辆的步兵师后退。希特勒愤怒地拒绝了这一提议，并坚持说，只要他的命令得到执行，"最终肯定会取得胜利"。克鲁格意识到这将是一个灾难性的决策，但他也束手无策。希特勒痴迷于在地图上指手画脚，却对真实情况一无所知。他已经开始策划"吕蒂希行动"

(Operation Lüttich)①，计划从莫尔坦出发，向阿夫朗什发起大规模反攻。然而敌军即将突破到开阔地带。至当日中午，美第4装甲师跨过塞吕讷河，"拐进布列塔尼"[29]。

美军察觉到左翼德军的抵抗更为顽强，在第3装甲师绕道而过的佩西和维勒迪约周围均发生了极为激烈的战斗。第4步兵师召集四个炮兵营来对付这些德军阵地。"长腿汤姆"155毫米口径榴弹炮犹如"演奏三支小夜曲"，发射了最为密集的炮火。德军火炮最终沉寂下来。下午晚些时候，第4师侦察中队进入维勒迪约。

经过一番惨烈战斗后，当天泰西也被美军攻占。德军在撤退途中还制造了类似在东线的暴行。第22步兵团第3营营长蒂格（Teague）中校说："我军一辆（救护）卡车从拉蒂兰迪埃（La Tilandière）附近的救护站向北驶向维勒博东。德国佬袭击公路，俘获了卡车，开枪打死了车上六名伤员。他们还利用卡车设置了一个路障。"[30]

前线部队对他们俘虏的大量敌人相当鄙视。米德尔顿的第8军在短短三天内就抓获了7000人；而整个第1集团军六天的成绩是两万人。[31]第8步兵师有个营俘虏了几百名德军，却只派一个看守送他们到后方。[32]美军有时会把武器还给波兰和苏联战俘，要他们押送德国俘虏，这很可能导致后者没有几个能活着抵达临时战俘营。为了送俘虏，美军还用上了北返的空补给车。佩西附近的第29步兵师的一名军官说道："我们经过了好几支俘虏队伍，他们有的步行，有的坐卡车，但都有卫兵监视。年

---

① 吕蒂希是比利时城市列日的德文名，因此该行动又称"列日行动"，在英美战史中，该行动被称为"莫尔坦反击战"。

纪大一些的显得无精打采。只有年轻人还蠢蠢欲动。"[33]与此同时，德军中流传着一个过于乐观的谣言，说他们将撤退到塞纳河后方。[34]

8月2日，维勒迪约大部分城区内的德军已被清剿干净，但城镇南部的战斗仍在继续。一队装备了"铁拳"榴弹发射器的德国步兵被美军坦克驱赶进一座火车站。"谢尔曼"坦克用75毫米口径主炮猛轰火车站，直到摧毁了他们头顶上的整幢建筑。

多支德国部队正在圣瑟韦森林内重组。在通往森林的公路两侧山丘上，尤其是213号高地，激烈的战斗仍在继续。约翰逊（Johnson）中校带领他的营从山脊一侧迂回，包抄山顶上的德军。他写道："当我们越过山脊顶部，看到公路时，我不禁揉了揉眼睛。我想我们一定是把方向搞混了。整条路上都挤满了我军第3装甲师的装备。坦克、卡车、吉普车、救护车，一辆接着一辆。我朝公路对面望去，看到了一座医疗救护站。"[35]似乎没有人意识到，双方正在500码开外大打出手。另一名军官观察到，第12步兵团的官兵"十分疲惫，几乎没有力气上山，更不用说发起进攻夺取山岗了"。美军东侧的圣瑟韦森林里，德军火炮猛烈开火，造成许多人员伤亡。加之德国空军在夜间攻击，官兵一直处于"紧张不安之中"[36]，导致战斗疲劳症患者增加。

虽然有些德军在撤退期间残酷杀戮，但也有人遵守战争准则。营军医韦尔（Ware）上尉报告说，有两名士兵在巡逻时中弹，下落不明。[37]贝勒（Baylor）下士携带一面大大的红十字旗，带领三名医护兵乘坐一辆吉普车出发寻找他们。"一个人站在引擎盖上,把旗子撑开,这样就绝对不会被看错。吉普车绕过一处弯道,找到了第一个巡逻兵。他已经死亡。就在医护兵检查时,德军机枪开火,打中了贝勒的胸部。另外三人冒着枪林弹雨,拖着伤员爬回来,把两具尸体和吉普车留在原地。"韦尔上尉打算放弃任务。"但就在做出这一决定时,一个戴着日内瓦(红十字)袖章的德国兵举着白旗,绕过弯道向他们走来。他完全处于火力覆盖之下。美军把所有武器都对准了他,好在没人开枪。那个德国人走上前来,我们看到他满头大汗,不过他并不显得害怕。他递给我一张字条,但在场的人都看不懂。反坦克排有个会说德语的士兵被派了过来。德国人说,他奉中尉之命,为德国士兵朝美军医疗兵开枪而道歉。德国人一直在冒汗,不停地摘下钢盔擦拭额头。他说自己是自愿执行这项任务的;还告诉我们,两名美军都已经死了。德国人说,中尉在字条中向我们保证,我们可以回去收殓遗体,开走吉普车,他们不会再开火。我们问那个德国士兵,既然跨过了交火线,是否愿意和我们待在一起呢?他笑着说,哪一边都没区别。但他也指出,如果真的留下来,德军就会以为他是被武力扣留的,恐怕会对美军不利。"

狭窄的乡村道路引起交通堵塞,加之一群群德国散兵袭击,美军的前进速度仍然不够快。"德军兵力不多,但给我们造成的麻烦与他们的人数不成比例,"第4步兵师师部记录道,"然而,把敌人留在我军左翼有望形成包围圈。这可能是计划的一部分。"[38]

猜测艾森豪威尔和布莱德雷的战略构想还为时尚早,不过这也接近事实。他们的原方案是大军疾风骤雨般穿过位于阿夫朗什的防线缝隙，夺取布列塔尼诸多港口，从而加快补给速度，为进军塞纳河做好准备。但是德第7集团军和卢瓦尔河之间现在出现了一个巨大的缺口。8月3日，约翰·伍德少将的第4装甲师突然绕过雷恩西侧，向南前进。虽然燃料弹药所剩无几，无法攻占这座城市，但伍德如今已将整个布列塔尼半岛牢牢封锁。他感觉德军已经没有预备队了，无法阻挡他挥师向东，直取巴黎和塞纳河。艾森豪威尔和布莱德雷也得出了类似结论。这是战争中千载难逢的良机。德军将领们同样惊恐地看到了这一后果。拜尔莱因写道，美军装甲师抵达雷恩的消息"就像炸弹在我们面前爆炸那样，让我们无比震惊"[39]。

第二十三章　布列塔尼和蓝衣行动

布列塔尼是法国最重要的抵抗运动中心之一，盟国对此了然于胸。这就是为什么在6月5日午夜前，第一批空降到法国的部队中就包括了由法国人组成的第2伞降猎兵团。至6月底，支持戴高乐的抵抗组织法国内地军与由共产党领导的自由射手和游击队共召集了19500人参战；到7月底，人数达到31500人，其中13750人拥有武器。

7月4日，坐镇伦敦指挥法国内地军的柯尼希将军在位于上格罗夫纳大街（Upper Grosvenor Street）的办公室召见了埃翁（Eon）上校。埃翁将负责指挥布列塔尼地区的抵抗力量。他的副手是戴高乐的首席情报官——代号"帕西"的安德烈·德瓦弗兰（André de Wavrin）上校。他们将接手一个由20名军官构成的参谋组，并在九支"杰德堡"三人小队的支持下，训练并指挥抵抗组织。盟军曾计划提供可供三万人装备的武器。然而，当时英美军队在战场上都明显陷入僵局，因此空投武器并未得到优先考虑。

美军于8月1日占领了阿夫朗什，让伦敦的参谋们大吃一惊。两天后，英国广播公司在18点播出暗号，命令抵抗部队在布列塔尼各地发动游击战。8月4日上午，柯尼希把埃翁拉到一边，问他是否同意让指挥部全体成员一起跳伞到法国，不管他们是否接受过跳伞训练。埃翁从未有过跳伞经验，但还是领受了任务；其他未经训练的官兵也没有打退堂鼓。就在埃翁乘车前往机场途中，英国当局却坚持要他签署"一份书面声明，承担部队未经训练就跳伞的全部责任"[1]。幸运的是，除了几个武器箱上的降落伞没有打开外，其他安全着陆。空投物资中，有一个箱子里装了 900 万法郎。当这个箱子在着陆区两英里外被找到时，其中 100 万法郎已不翼而飞。

盟国远征军最高统帅部此时仍位于英国。布莱德雷与司令部的柯尼希取得联系，下令布列塔尼的所有抵抗组织现在都归巴顿将军的第 3 集团军指挥。他们的任务是保护沿布列塔尼半岛北部海岸线修筑的铁路，夺取瓦讷（Vannes）以北高地，为美军担任向导，并且"避免爆发大规模冲突，在布列塔尼各地加强常规游击战"[2]。当埃翁及其团队着陆时，6000 名法国内地军已经占领了瓦讷以北地区，并控制了铁路线。8 月 4 日晚，特种空勤团第 3 伞降猎兵团的 150 名法国战士组成一支加强中队，空降到德军后方，保卫半岛北侧布雷斯特以东的铁路线。事实上，法国内地军与自由射手和游击队取得的战果远远超出了布莱德雷的要求。

巴顿麾下的第 6、第 4 装甲师直插布列塔尼，但突进很快混乱起来。部分原因是沟通不畅。当时的无线电设备在远距离通信时效果不尽如人意，而巴顿和第 8 军军长米德尔顿的作战思想也迥然不同。巴顿是个性情急躁、背地里又很敏感的坦克指挥官，相信制胜之道是大胆前进，及时抓住有利战机。米德尔顿是优秀的军长，但本质上则是步兵，认为每前进一步都需要精心策划，而且他也根本不适应巴顿的作战方式。

巴顿的计划与第 4 装甲师师长约翰·伍德将军的想法不谋而合。第 8 步兵师的一名军官说："他是我见到的第二个'巴顿'。"³伍德"肌肉结实，生性乐观"⁴，同样不会优柔寡断。他率部从蓬托博出发，向南直奔该地区首府雷恩。这座城市防御十分坚固，没有步兵配合的话他也无可奈何。因此伍德在8月3日清晨绕到南面包围了雷恩，等待增援部队和燃料。他本能地想将锋芒指向昂热（Angers），然后是巴黎，但他知道这样一来会把米德尔顿吓得坐立不安。

在雷恩，编制已经被打乱的德军部队，主要是第91空运师残部，正准备逃跑，开始破坏装备、销毁文件了。与此同时，美第8步兵师抵达这座城市，随即展开炮击。法国抵抗组织成员则溜过战线，向美军炮兵通报盖世太保总部在雷恩城内的确切位置。⁵他们没有提及总部对面正好有一所关押有美英战俘的医院，所幸几乎无人因误炸而受伤。一些抵抗组织成员看到盖世太保仓皇离开后，冲进总部，把食物送到饥肠辘辘的囚犯身边。⁶当天夜里，另一支法国内地军小组炸毁了城外一座德国军火库。有位法国医生来到城外，将盟军俘房的信息告诉美军，于是第8师炮兵便停止了炮击。

德军在夜间悄悄向卢瓦尔河河口的圣纳泽尔（Saint-Nazaire）逃窜。留下来守城的只是"一群酒鬼"。8月4日，美军轻而易举地就把他们抓捕起来，"但还得保护他们不被法国人打死"。雷恩12万居民中，有6万人留在城内。他们涌上街头欢迎美国人。美军医疗队也在第一时间进驻医院。有名上尉报告说："一个面部受了重伤的伞兵走过来，一边哭一边和我握手。"⁷士兵们马上拿出他们身上所有东西，包括自己的作战服，送给衣衫褴褛的战友。

米德尔顿回到第8军军部，面临着一个艰难选择。他十分理解伍德向东进攻的意愿，可是仍然命令伍德占领布列塔尼岸线港口，而且他也没有同巴顿取得联系。米德尔顿驱车会见伍德，命令第 4 装甲师调头返回西南方，夺取瓦讷，接着占领洛里昂（Lorient）。瓦讷迅速陷落，但洛里昂似乎还是块硬骨头。

8 月 4 日，在一辆装甲车的护卫下，巴顿亲自前往布列塔尼。他紧跟格罗少将指挥的第 6 装甲师，一路狂奔。格罗依照他的指令绕过了德军所有抵抗阵地，直扑布列塔尼地区重要的港口城市布雷斯特。每当车队跑出了地图范围，不得不打开一张新地图时，巴顿都会高兴地大喊大叫。这才是他热爱的战争。不过巴顿没有把他下达给第 6 装甲师的任务目标告诉米德尔顿。格罗随后收到米德尔顿发来的电报，命令他不准绕过半岛北岸的圣马洛（Saint-Malo），须在次日攻击这座城镇。格罗要求取消这道命令，但米德尔顿的态度十分坚决。

格罗正打算在麦田里的帐篷外坐下，喝杯咖啡时，巴顿突然出现了。"该死的，你坐在这儿干什么？"他恶狠狠地问道，"我不是叫你去布雷斯特吗？"[8]格罗向他解释说，这是米德尔顿的意思；师参谋长还出示了书面命令。巴顿读了一遍，然后把它折起来，自言自语说："他也是个胆小的'面团'步兵。"巴顿对格罗说："我马上就要去见米德尔顿。现在我让你去哪儿你就去哪儿。"

各师分散在数百英里的区域内，进军秩序仍然很混乱，但巴顿解决了与他们之间的通信问题。他指派第 6 骑兵群向他报告所有师、装甲纵队，以及敌军的确切位置。该部 13 个侦察排，每排都拥有 6 辆装甲车和 6 辆载重 250 千克的吉普车，配备大功率无线电台。如果通信网络出现故障，电台可作为备用。第 6 骑兵群也因此很快被人们称为"巴顿将军的王室骑兵"[9]。

第 6 装甲师向布雷斯特挺进途中频繁遭遇抵抗。一群群被打散的德军和临时拼凑起来的战斗群竭力拖延美军的行进速度。白天，美军纵队可以得到第 363 战斗机大队"野马"战斗机的支援，不过来自第 6 装甲师的唐利（Donley）上尉在报告中写道："从 8 月 3 日至 6 日，一到晚上，我们就不得不为争夺宿营地而战。"[10] 8 月 5 日，格罗将军收到战报，得知于埃尔戈阿特镇（Huelgoat）已经安全，便带领一辆坦克和一辆装甲车进入该镇。不料迎接他的却是"从四面八方密集射来的子弹"。唐利的装甲步兵连在坦克的支援下把他救了出来。镇上的德国伞兵现在被彻底包围。装甲步兵歼灭了绝大多数敌人，不过法国内地军恳求美军，把剩下的留给他们解决。他们声称"德国伞兵砍掉了一名妇女的双手"，所以他们"非常急迫地想把德国人都干掉"。

第 6 装甲师让内地军成员坐进"偷窥者"，也就是侦察吉普车里，令他们带路。先头坦克排在"谢尔曼"坦克前部放置沙袋，用来吸收 50 毫米口径反坦克炮弹爆炸时所产生的冲击。如果有村庄看上去无人居住，通常意味着里面有德军。"我们做的第一件事就是炸掉教堂尖塔，除掉可能隐藏在那里的（观察哨）和狙击手。"[11]

在美军前进线路后方，掉队的德国士兵还在乡间四处游荡。吉普车好似"驿马"[12]那样飞速行驶。狙击手和疯狂寻找食物的小股德军企图伏击补给车辆。"卡车就像早年通过印第安人地盘的邮递马车，疾驰而过。"被派往前线的补充兵发现，为了抵达所属部队，他们必须做好在途中随时战斗的准备。[13]美军要求法国内地军全力以赴保护他们的交通线路。

巴顿对法国抵抗组织的战果有些不以为然。他后来说，他们的协助"好于预期,弱于宣传"[14]。然而,他们在布列塔尼的确做出了卓著贡献。第6装甲师一名军官报告说:"我军纵队马不停蹄,他们则帮助我们装卸沉重的弹药,清除狙击手。"[15]他们还保护桥梁安全,提供情报,处处骚扰德军。8月6日,一份呈送给克鲁格司令部的报告写道,美军在"恐怖分子的协助下"[16]正向布雷斯特推进。伦敦的柯尼希将军被德国人贴上了"恐怖教父"(Terroristenführer)[17]的标签。第二天,德军又报告,"与恐怖分子的战斗无处不在"[18]。不出所料,德国人的报复十分残忍。在布雷斯特附近的菲尼斯特雷(Finisterre)半岛发生了两起大屠杀。[19]8月4日,25名平民在圣波勒德莱昂(St Pol-de-Léon)被枪杀;8月7日,第3海军高炮旅的士兵在古埃斯努(Gouesnou)杀害了包括妇孺在内的42人。

8月6日,埃翁上校的部队在圣布里厄(Saint-Brieuc)迫使一个"东方营"投降。可是当埃翁和"帕西"于当晚精疲力竭地返回指挥部时,营地遭到第2伞兵师250名德军的袭击。[20]经过六个小时的战斗,他们终于打退了敌人。"帕西"和一小群战士一度被围,但最终还是杀出一条血路。他们与指挥部其他战友重新会合后才得知,自己的名字已经被写进阵亡名单,上报给了伦敦。不过法国内地军与自由射手和游击队很快就迫使德军纷纷撤退至更易于防守的沿海城镇。再往南,法国内地军的另一支分遣队甚至徒手帮助伍德的第4装甲师清除雷区。

格罗的先头部队于8月6日抵达布雷斯特近郊。一些人过分乐观地以为只要秀一下武力,布雷斯特就会升起白旗。但格罗很快便不得不承认,仅凭一个装甲师无法夺取这座防御坚固的城市。他还不知道"布雷斯特要塞"的指挥官是伞兵上将赫尔曼·拉姆克（Hermann Ramcke）。[21]他是一个冷酷无情的资深伞兵，曾对希特勒发誓，将在这座城市死守到底。①格罗接着又发现后方遭到德第266步兵师的攻击。该部竭力试图冲进布雷斯特，与数量庞大的守军会合。美军迅速解除了威胁，但巴顿也很快意识到，布雷斯特是个大麻烦，绝不只是一个障碍而已。

第8步兵师跟进上来，支援第6装甲师。该师的任务包括夜间巡逻，防止德军搜粮队从法国农民那里抢粮。这样的抢劫团伙规模不小，有时会多达150人。法国内地军不时请求美军提供武器和汽油，但他们也带来不少战俘。第8师只好搭建了一圈围栏，关押着600个俘虏。有个军官十分高兴地"从一名伞兵身上搜出一把赫尔曼·戈林颁发的纪念匕首"[22]。这个不同寻常的战场上还会发生各种稀奇古怪的事。一名英国特种部队军官降落在敌后，急需燃料，不料却卷入法国政治斗争的旋涡之中。两名级别很高的法国军官身着军服出现在他面前，提出愿意为之效劳。不过一直在帮助美军的抵抗组织成员义愤填膺，坚称他们绝不会同这伙人共事。这两个军官就是所谓的"樟脑球"：这类人曾为维希政权工作，现在盟军刚刚出现，就马上从衣橱里拿出原来的制服穿上。美国人"彬彬有礼地把这两个老军官赶走了"[23]。

解放也呈现出好坏两面性。一名中尉报告说："镇上的人对我们太好了。我很难让手下保持头脑清醒。"美军发现布列

---

① 拉姆克后来在布雷斯特大肆纵火、爆破，有计划地摧毁了这座城市。此后他在英国囚禁期间，还对冯·肖尔蒂茨将军吹嘘说："它被完全抹去了！"[24]拉姆克声称，他是在效仿纳尔逊。这位英国海军将领曾在1793年把土伦付之一炬。——原注

塔尼的平民比诺曼底人友好得多。但他们也目睹到丑恶一幕。一群被指控与德国人有染的妇女遭到报复。这名中尉写道："我们看到了一场'削发盛会'。还有几个女孩被踢伤腹部，不得不送进医院接受治疗。"[25]

对于美军，尤其是第6装甲师而言，布列塔尼战役可谓草草收尾。他们停止前进，接替伍德的第4装甲师包围了布雷斯特、圣纳泽尔、洛里昂，但实际上防止德国守军突围并不需要如此大费周章。美军只要稍加支援，法国内地军的战士就完全有能力把德军困在原地。与此同时，为了避免德军在布列塔尼后方威胁行动安全，第83步兵师持续猛攻圣马洛，迫使守军投降。

布莱德雷很清楚当前的局面令人沮丧，围攻布雷斯特，尽管从战略上来看毫无意义，却成了一件事关荣誉的大事。他向巴顿承认说："除了你，我不会对任何人说这些话。（我）编出各种理由来应付我的部下和上级，但我们必须拿下布雷斯特，这样才能维持美军战无不胜的神话。"[26]巴顿非常认同这个观点。他在日记中写道："我们只要着手干一件事，就必须完成。"不过除了布雷斯特，巴顿和布莱德雷还将目光投向了卢瓦尔河以北的开阔地带。那里是战线侧翼，可直通奥尔良（Orléans）和巴黎。

巴顿洞若观火，很清楚布列塔尼战区就是一潭死水。他十分支持布莱德雷的新命令，即派遣海斯利普的第15军前往东南方向的勒芒，沃克的第20军南下至卢瓦尔河畔的昂热。这样当全军挥师向东时，他们便能确保右翼安全。荣誉就在前方的塞纳河畔，触手可及。

海斯利普的军有一个师刚刚在犹他海滩登陆，它就是后来誉满全法的法国第 2 装甲师。这确实是一支不同凡响的部队，师长也是一名极为出色的指挥官。

他原名孔代·菲利普·德·奥特克洛克（Comte Philippe de Hautecloque），为了避免德国迫害其家人，于是化名"勒克莱尔"。这也成为他更为人所知的名字。勒克莱尔是一名虔诚的"旧制度"① 天主教徒。他还招募了十几名"白袍神父"成员随军。这个宗教社团成立于 19 世纪，最初目的是向图阿雷格人（Tuaregs）② 传播基督教。他们穿着白色教袍，蓄着飘逸的胡须，首领是舒谢神父（Père Houchet）。

勒克莱尔瘦高个子，眼周布满皱纹，留着一大撮军人胡。他总是拿着一根马六甲手杖，戴着法式圆平顶军帽和坦克护目镜，下属一眼就能认出他来。他勇敢无畏，坚毅果断，作战高明，因而得到了士兵们的尊敬。勒克莱尔为人朴实无华，是个真正的爱国者。同戴高乐一样，他也为法国在 1940 年的崩溃而痛苦万分，认为英国越发强大，法国却在急剧衰落。他们总是怀疑英国人会抓住一切机会利用这种局面牟利，并为此怨气满腹。[27]然而，他们没有看到英国尽管在表面上显得气势汹汹，但经过五年战争，其实已经身心俱残，经济破产。还有一个细节让人唏嘘不已。1940 年，萨默维尔（Somerville）将军指挥的舰队重创停泊在米尔斯克比尔港（Mers-el-Kebir）的法国海军，以防其落入德军之手。而这个师的部分官兵当年正是从那里前往英国的。一位年轻的军官写道："即使对我们这些支持戴高

---

① 旧制度是从瓦卢瓦王朝到波旁王朝期间的法国贵族制体系。第一等级是天主教士，第二等级是贵族，其他人等为第三等级。
② 图阿雷格人是撒哈拉沙漠地区的一支半游牧民族。

乐的人来说，这件事也令我们心情沉重。"[28]

戴高乐把勒克莱尔和他的师视为自由法国运动的精神化身。该师官兵来自不同政治派别，包括天主教徒、旧制度支持者、共产党、保皇党、社会主义者、共和党，甚至有一些西班牙无政府主义者，所有人在一起并肩战斗。这促使戴高乐相信，法国在战后也能以某种方式实现类似的团结局面，但他将会为此大失所望。

美国拥有强大的军事工业。正是美国人为法第2装甲师提供军服、装备、武器和训练。（后来当法国平民问美国陆军，为什么"制服同我们法军的一样"[29]时，美国人很是恼火。）尽管勒克莱尔观念老旧，但面对战争问题，他并不保守。他刚与巴顿和伍德接触，就觉得自己同他们意气相投。巴顿非常乐意帮助勒克莱尔，法国装甲师在接下来的战斗中也没让他失望。不过戴高乐认为法国利益应凌驾于盟国之上，因此盘算利用第2装甲师为法国谋求更多好处。这也正是法国高级军官与其他美军将领冲突不断的根源所在。

388　　对于这个师的士兵来说，8月1日登陆法国的那一刻令人心潮澎湃。[30]大海波涛汹涌，就像近两个月前登陆的美军一样，一些晕船的战士抱着自己的钢盔大吐特吐。英国水手看到枪口上的安全套，不出所料地开了些关于"自由法国字母"（Free French letter）①的玩笑。这批登陆部队几乎所有人都已经有四年，甚至更长时间没有看到他们的祖国了。有些人抓起犹他海滩上的沙子，装进罐子里保存。法国军队抵达的消息迅速在科唐坦半岛传开。很快就有100个年轻小伙自愿加入。十天之后，

---

① 英语中，"French letter"特指"安全套"。

他们将第一次投入战斗。

就在巴顿的两个装甲师向布列塔尼地区挺进时，英军继续实施"蓝衣行动"。罗伯茨的第 11 装甲师搭载步兵，雄赳赳气昂昂地朝维尔镇突进。第 2 王室骑兵团的装甲车辆路过一处村落时，村长挥舞着手臂跑出来，把他们叫停。前方道路上铺满了纸片。原来当地居民看到德军在此埋设地雷，于是德国人前脚刚走，他们就冲出来在每枚地雷做上标记。[31]

第 11 装甲师还必须在左翼同刚刚抵达的党卫军第 2 装甲师相抗衡。步兵一看到敌军坦克，就从己方坦克上跳下来。第 3 皇家坦克团的凯特（Kite）中士在战斗中受重伤。他后来描述自己的坦克被炸毁瞬间时的情形："旁边一片农田里出现了两辆豹式坦克的轮廓。小麦长得相当高，很快就要成熟了。他们每发射一枚炮弹，就会在麦浪上凿出一道细辙。一辆（豹式）被击毁了。突然，另一辆转动炮膛，对准了我的方向。我看见炮口火光一闪，炮弹径直向我们飞来。弹道上的小麦纷纷俯倒。"[32]

8 月 2 日，就在第 11 装甲师准备拿下维尔镇时，蒙哥马利突然命令罗伯茨率部向东进发。他打算放弃夺取维尔，而是切断从该镇通往东面的公路，并占据佩里耶山脊。英美两军之间的战区分界线已经发生改变。维尔将是美军的目标。目前尚不清楚蒙哥马利是担心德军反击可能会切断第 11 装甲师的后路，还是他同意了美方要求。

无论如何，维尔在事实上已经无人设防。迈因德尔面对这一威胁十分惊恐，迅速派遣一个新抵达战场的师去填补缺口。由于这个师尚无作战经验，他又命令第 9 伞兵团和第 12 炮兵营加强该师力量。他还要求两个装备有88炮的高炮营前去拦截转头向东的英军。[33]蒙哥马利的决策就是个彻头彻尾的悲剧，绝不仅仅是错失战机那么简单。他在战后竭力回避谈论这个话题。四天后，美军开始发起进攻，而迈因德尔的增援部队也已到位。美军因此蒙受惨重伤亡。

美第5步兵师就在罗伯茨师的右翼推进。当罗伯茨抓住了占领"迪基桥"所出现的机会阔步前进时，第5师则受地形限制，被压缩到一个更为狭窄的区域里。同英军一样，他们也遇到了难以通行的丘陵地带和树林。这是一次不同寻常的进军，先是激烈的战斗，然后是一阵令人不安的平静。一名连长描述了他们连沿着林间小道前行时的奇特经历。他写道："树林似乎对我们施下了诡异的咒语，仿佛我们就是魔法精灵的施咒对象。"[34]他和同伴们忽然间听到一阵轻柔的掌声。"当我们走近时，看到一群法国男女老少的身影。他们默不作声，站在道路两边，长达数百英尺。有些人轻声哭泣，但大多数人只是轻轻地鼓掌。一个小女孩走到我身边。她金发碧眼，十分可爱，也许只有五岁。她很信任我，把小手放在我手中，跟着我走了一小段路，然后停下来挥手，直到我们消失在视线之外。"即使50年后，他仍能听见森林中那柔和的掌声。

第5和第35步兵师随后被划归到巴顿的第3集团军，于是负责攻击维尔镇的任务转由第19军的第29师执行。蒙哥马利将罗伯茨的第11装甲师调离四天后，美军才于8月6日黄昏时分对维尔发起进攻。这座古镇坐落在岩石山丘上，部分城区在登陆日那天便在轰炸中损毁。迈因德尔的增援部队向还留在家里的居民发出威胁："我们会逐门逐户战斗，保卫你们的城镇。"[35]美第29师将在废墟中经历一场恶战。

尽管第 8 军在右翼推进十分顺利，巴克纳尔的第 30 军却依然进展缓慢。登普西在发起进攻的首个晚上就警告过巴克纳尔，必须快马加鞭，冲向奥东河畔欧奈。虽然前线遍布地雷，但这并不能成为行动迟缓的借口。第二天夜里，登普西就在蒙哥马利的全力支持下，将巴克纳尔解职。蒙哥马利从英国招来陆军中将布莱恩·霍罗克斯爵士（Sir Brian Horrocks）接替巴克纳尔。他曾在北非战场受伤，现已痊愈。在接下来的两天里，登普西还相继解除了第 7 装甲师师长厄斯金少将和"疯子"欣德准将的职务。第 7 装甲师失去了指挥官，全师上下都为此震惊不已。有个参谋在日记中写道："每个人都很沮丧。攻陷了的黎波里（Tripoli）的功臣不应被如此对待。"[36] 不过大多数高级军官则认为，6 月在维莱博卡日遭遇惨败后，登普西就应该大刀阔斧地处理责任人了。不管怎样，霍罗克斯还是得到了人们的普遍欢迎。

第 30 军的进攻问题主要出在第 50 诺森伯兰师和第 43 韦塞克斯师身上。两个师的官兵筋疲力尽，很多人因痢疾而虚弱不堪，或饱受疥疮之苦。饮用水只能在夜里用水槽车运送过来。严格配给下，他们还得忍受脱水的痛楚。当英军穿过成熟的麦田发起进攻时，德军有时会发射燃烧弹，"可怜的伤兵就会被活活烧死"[37]。不过盟军也没有什么可抱怨的，他们也照样使用了白磷弹和喷火坦克。

每个排里，有战斗经验的人已经所剩无几了，剩下的都是补充兵。随军牧师是最忙碌的人。他们要疏散伤员，还要趁着夜幕主持简短的葬礼。多塞特郡团第 4 营的一名牧师写道："我不禁想起人们在约翰·摩尔爵士（Sir John Moore）① 的葬礼上

---

① 约翰·摩尔，1761—1809 年，英国陆军将领。拿破仑战争期间，在科伦纳之战中阵亡。

所吟诵的诗句:'死寂之夜,我们在黑暗中将他掩埋。'"[38]

在指挥官的督促下,第30师各步兵营继续向前推进,占领了已被夷为平地的维莱博卡日、瑞尔克(Jurques)和翁德方丹(Ondefontaine)。8月的气候对坦克乘组来说也很难受。一位坦克车长写道:"炎炎夏日,我们在诺曼底苹果园之间的小块田地里每走一步,又酸又硬的小苹果就如同雨点般砸下来,落进打开了舱盖的炮塔里。只要一两天,苹果就多得足以塞满炮塔了。五个男人挤在厚厚的金属烤箱内,三个在炮塔,两个坐在下面的驾驶舱。闷热的坦克内很快就发出一股混合了人体、苹果和无烟火药气味的恶臭。"[39]他们因噪声而头痛不已:"每天24小时,耳机里不断传来'嗡嗡'声,其间还穿插着机器发出的噪声。引擎声是背景音乐,还有炮塔嘎嘎作响、隆隆炮声伴奏。"

舍伍德义勇骑兵队指挥官斯坦利·克里斯托弗森深知手下承担的压力。"沿着一条狭窄的小路进入一个明知有敌装甲部队和步兵把守的村庄,前卫旅、前卫团、前卫中队、前卫分队中的开道坦克在任何时候都绝对是最不招人待见的岗位。只要敌军反坦克炮或坦克首先发现你,开道坦克的下场几乎总是被炸成废铁。对步兵而言,走在最前面也肯定一样不爽,但他们至少可以跳进沟渠,蜷缩起来隐蔽。不过,即使是万能的上帝也无法缩小一辆在隘路上蹒跚而行的'谢尔曼'坦克。"[40]

不过德军往往会让第一辆,甚至好几辆坦克先行通过后再开火。克里斯托弗森在8月3日写道:"这是一个美好的早晨。初升的太阳驱散了笼罩在乡间的薄雾。我们经过瑞尔克村时没有遇到任何反抗,可是在往前一点的小村落拉比涅(La Bigne)时遇到了麻烦。跟在我后面的两辆坦克被摧毁了。"一名刚刚报到的队长就坐在其中一辆坦克中，当场死亡。"有辆坦克燃起大火，完全堵塞了道路，导致全队都动弹不得。一贯临危不惧的盖伊·桑德斯（Guy Saunders）中士全然不顾自身安危，跳进这辆坦克，把它开进沟渠里，从而疏通了道路。此刻，坦克舱内的炮弹已经开始爆炸了。他的行为真是无比英勇。"

禁卫装甲师的军官们竭尽所能来缓解坦克战带来的不适，即使这意味着坦克兵在着装上不符合禁卫部队的标准。除了浅棕色坦克服外，他们用丝巾蒙住脸庞以阻挡灰尘，还穿上君皇仕（Gieves）生产的威灵顿长筒皮靴，"因为易于穿脱"[41]。一些军官不喜欢军方配发的睡袋，而是从福南梅森百货（Fortnum & Mason）采购更加舒适的产品。后来担任北爱尔兰首相的特伦斯·奥尼尔（Terence O'Neill）当时负责第6禁卫坦克旅旅部的餐饮工作。他很有远见地从英国带来一群家禽和笼子，储存在"坦克登陆舰内部不显眼的地方"[42]，让同事们可以大饱口福。丘吉尔的私人秘书乔克·科尔维尔是奥尼尔的表弟，"古德伍德行动"之前曾与他们一同进餐。他在日记中写道："禁卫旅官兵是世界上最伟大的战士，不过他们并不认为现役期间节俭朴素是一种美德。"

"古德伍德行动"之后，禁卫装甲部队也大大完善了步坦协同模式。这得益于英军在坦克后部安装了一个电话听筒。步兵军官能够利用电话同坦克车长直接沟通，而不必冒着敌人的火力爬上炮塔，指引坦克部队向敌军阵地攻击。不过当冷溪禁卫团第5营的一名上尉在枪林弹雨中疯狂转动着电话曲柄时，可不会欣赏坐在"谢尔曼"坦克里面的冷溪禁卫团第1装甲营战友无意识蹦出来的冷笑话："那个车长每次拿起电话都会这么说：'贵妇4929号。'对他来说很有趣，但对我而言，该死的，一点也不好笑。"[43]

德军通常将一个连的装甲掷弹兵和一辆突击炮编为临时战斗小组，采用伏击战术，对英军造成了致命威胁。然而，德军面对猛攻，士气一落千丈。把守桥梁的宪兵队若抓到逃兵，就把他们吊死在附近的树上，以此威慑想要开小差的人。

多塞特郡团第4营的随军牧师同一个叫威利（Willi）的俘虏交谈。他"是担架手，个头不高，戴着眼镜，一副勤学好问的模样"[44]。他不明白为什么英国人不动用所有坦克大炮突破防线。他说，只要他们的军官和军士没盯着，士兵们就会找机会投降。牧师回答说："可是很遗憾，你的一些战友举着手出来，然后向我们的人扔手榴弹。"这个年轻的德国人嘴唇颤抖，"仿佛要为同胞们的背叛行为放声痛哭"。像其他被俘医护兵那样，威利的技能和主动精神给英国军医留下了深刻印象。即使在迫击炮的火力攻击下，他也会伸出援手，帮助救治英德双方的伤员。尽管牧师谈及德军士兵违背了战争准则，但英军其实也经常不问青红皂白，当场杀死党卫军士兵。第30军在报告中直言不讳地写道："无论如何，他们当中很多人就应该被枪毙，而且他们对此也心中有数。"[45]

虽然农村部分地区似乎没有被战争波及，有些地方却遭到可怕的破坏。奥东河畔欧奈是一座大型村落，几乎所有看到它现在这副模样的人都感到不可思议。自6月11日以来，该地已经惨遭多轮轰炸，如今再次被第30军的火炮炸成齑粉。一名坦克军官在日记中写道："除了教堂尖顶和三幢民房的框架外，这里的所有建筑都被夷为平地。"[46]有位炮兵军官对自己在其中所承担的工作十分惶恐，他后来说："你真的必须把自己和这样的破坏撇清关系，否则就没法履行军人义务了。你唯一能做的就是开炮，以及向上帝祈祷法国人已经离开那里。"[47]

平民若能在被战火摧毁的城镇里幸存下来，不啻一个奇迹。卡昂抵抗组织成员安德烈·海因茨跟随扫雷队来到已变成瓦砾的维莱博卡日。他在那里看到在6月的战斗中被摧毁的英德双方坦克，形容它们就像一堆"乱七八糟的废钢铁"[48]。在城镇边的城堡里，他发现当地镇长德·鲁吉子爵在一座挖成隧道样式的地窖里保护了200人。他们的状态十分"悲惨"。在另一个小镇，萨默塞特郡轻步兵团第4营的一名士兵离开大部队，打算方便一下。他穿着带平头鞋钉的军靴，路过一堆瓦砾时滑了一下。就在他跌倒时，手碰到了一个软绵绵的东西。那是某个女孩的断手。[49]就在这时，巡逻队指挥官喊道："小伙子们，集合。该出发了。"他唯一能做的就是在旁边的石板上画个十字，祈祷女孩得以安息。

没有人照料的牲畜也处境艰难，让喜爱动物的士兵于心不忍。奶牛挤不出奶，痛苦不堪。它们站着一动不动，以免因乳房晃动而疼痛。一些在农场工作的人把牛奶直接挤到地上，释放其压力。一位军医看到一幅悲伤的场景，感慨万分："一匹小马驹待在刚刚死去的母亲旁边，绕着小圈徘徊。他已经在草地上踏出了一条路，但就是不肯离开她①身边。"[50]

正当右路的第11装甲师继续在维尔河以东的佩里耶山脊与党卫军第10"弗伦茨贝格"装甲师鏖战时，禁卫装甲师粉碎了德军防线，第30军也终于抵近至宾松山。搭乘坦克的步兵被覆

---

① 原文采用拟人化的手法，所以为"他"和"她"。

盖在灌木丛上的厚厚红土呛得喘不过气来。

攻击原定于 8 月 6 日星期一开始。可是很多士兵和军士都指出,那天是英国的公共节假日,一想到这里,脑海中便浮现出家人和海边的画面,但他们没有时间做白日梦了。求战心切的第 43 韦塞克斯师师长托马斯少将持续对他的部下全力施压。正如一名承担支援任务的装甲团军官指出的那样:"第 43 师的旅长和营长们有点害怕托马斯,同时也被他激怒了,因为托马斯坚持要'他们不停地战斗',而且当最终作战命令下达后也让他们不得安生。"[51]

第 13/18 皇家轻骑兵团的朱利叶斯·尼夫中队长接到了另一项艰巨的作战任务:"我们的目标是凭借一个兵力所剩无几的步兵旅和一个疲惫不堪的装甲团,夺取诺曼底地区最大的战略要地宾松山。"[52]甚至指挥小组还没离开旅部,他们就遭到了德军迫击炮的"猛烈轰击"。

步兵对战斗前景更为沮丧。普洛克特(Proctor)下士写道:"我们离目标越近,任务就显得越发可怕。低坡上是一片耕地,被巨大的树篱分割成小块田地。更高一点的地方是树林。山顶上似乎长满了金雀花。德军雷达设施在坡顶另一面,处于视野之外,我们必须将其摧毁。山脚下有条小溪,我们只能涉水通过。"[53]当天的天气酷热难耐。

弹幕炮击于 15 点开始。萨默塞特郡轻步兵团第 4 营从左路推进,威尔特郡团第 5 营从右路进攻。在离溪流大约 100 码的地方,他们的侧翼和正面均遭到重机枪火力攻击。两个营的前卫连都被死死压制住了。一些人折回小溪,试图在岸边寻找隐蔽点,但那里已经挤满了人。萨默塞特郡轻步兵团第 4 营的帕特里奇中士写道:"情况很快就表明,太多人找掩护,可提供保护的东西又太小。"[54]这两个营的官兵预计德军会耗尽弹药，可是他们的火力看上去似乎丝毫没有减弱。威尔特郡团第5营遭受重创，指挥官阵亡。

帕特里奇所在连队的军士长被打掉了鼻子。他拿起一件野战服蒙在脸上，跟跟跄跄往后走。帕特里奇帮助他回到设立在营部附近的团急救站。他在那儿听说B连连长托马斯少校独自一人冲向德军机枪阵地，结果被杀。帕特里奇说："他真勇敢。不过我早就知道，死去的士兵赢不了战斗。我的首要职责就是活下去，尽可能多地保护其他人的生命。"

指挥官发现有太多军士回到急救站，于是紧急严令"归队"。帕特里奇承认这样的斥责很合理。他返回第17排，看到"有四个人在一个废弃的战壕里痛哭流涕"。这些新来的士兵并非年轻人，都将近40岁，"年纪太大，无法适应这样的生活"。他们来自一支被解散的防空部队，没有接受步兵训练就被送上前线。军方就是这样不顾一切地为前沿部队输送补充兵。

快到黄昏的时候，一辆隶属第13/18皇家轻骑兵团的"谢尔曼"坦克设法渡过溪流，提供火力掩护。然而德军机枪阵地伪装得很好，坦克始终找不到目标。英军只好另辟蹊径。夜幕刚刚降临，各连队便进行重组。他们在一道烟幕后面排成一列纵队，尽可能悄无声息地前进。每个人的装备都经过检查，确保没有任何东西发出声响。

他们沿着山坡向上爬，不敢奢望自己能在不被发觉的情况下顺利穿过战线。纵队两侧传来德国人的说话声。不过幸运的是，他们没有惊动任何一个机枪阵地。萨默塞特郡轻步兵团第4营的A、B两个连成功抵达台地顶端，另外两个连也很快跟上。他们尝试着挖堑壕，准备迎击德军反攻，但发现地面像岩石一样非常坚硬。

帕特里奇中士随后听到类似豹式或虎式坦克的声音。他向反坦克兵耳语了一句，让他把步兵反坦克抛射器拿过来，但这个士兵连连道歉。原来抛射器太重，扛不上山，他把它留在了后方。帕特里奇强忍怒火才没有当场掐死这家伙。事实上，几乎可以肯定那辆在黑暗中引起恐慌的坦克来自第13/18皇家轻骑兵团。该部一个中队在当晚早些时候找到了一条沿宾松山一侧通向山顶的路线。不过战局混乱，他们似乎还不知道步兵已经抵达，正在用无线电呼叫支援。坦克指挥官闻讯派出另一个中队，同时紧急请求步兵增援。

8月7日上午，诺曼底地区最重要的战略要地终于被英军攻下。其实德国人此时已经消失得无影无踪。之所以撤退，一方面是他们急需缩短战线，另一方面则是为了弥补因党卫军第1装甲师调离而留下的缺口。该师已转移到莫尔坦，正在为反击做准备。

"蓝衣行动"是双方激战的高潮。萨默塞特郡轻步兵团第4营在"五个星期内损失的兵力比接下来的九个月"[55]，即直到战争结束时还要多。在更西边的维尔镇，党卫军第10"弗伦茨贝格"装甲师被第11装甲师和禁卫装甲师击溃。埃贝巴赫的指挥部在前一晚报告说，"敌人发起全线猛攻"[56]。"弗伦茨贝格"装甲师垂死挣扎，从普雷斯勒（Presles）以南向第11装甲师发起反击，希望缩小第7集团军和西线装甲集群之间的缝隙。

第二天，西线装甲集群遵照希特勒的命令，正式改组为第5装甲集团军。埃贝巴赫报告说，党卫军第10装甲师只剩下"三辆坦克还能用"。他不得不将该部撤离前线。由于"战损太大，不断后撤，加之疲劳不堪"，集团军的"战斗意志"很

"不尽如人意"。第2装甲军、党卫军第12"希特勒青年团"装甲师,或第21装甲师根本不可能撤出战斗去参加莫尔坦反击战。甚至克鲁格也警告说,"调离党卫军第1装甲师就是自寻死路"。当天,B集团军群报告,自盟军登陆以来,该部已有151487人伤亡或失踪,但只有不到20000名补充新兵到位。[57]

第二十四章　莫尔坦反击战

炮兵上将瓦尔利蒙特离开东普鲁士，先是飞往斯特拉斯堡，然后乘坐专车于8月2日午夜前抵达拉罗什吉永城堡。他命令评估美军突破造成的危害，不过西线装甲集群在那天更关心英军向维尔镇的推进和第30军的攻击。埃贝巴赫报告说："局势越发严峻。盟军试图将楔入西翼和中路战线的部队连为一体。"[1]

希特勒在瓦尔利蒙特离开"狼穴"的前一夜召见了他和约德尔。三人讨论了撤退至塞纳河下游的可能性。不过塞纳河蜿蜒曲折，易攻难守。[2]希特勒此时感到左右为难。他极不情愿与西班牙和葡萄牙失去联系，担心原料供应就此中断。撤军也意味着放弃大西洋沿岸的潜艇基地。希特勒比瓦尔利蒙特预想的更为现实，不过他还是严令瓦尔利蒙特，不得与克鲁格讨论这个问题。希特勒说："只要在前线后方准备好一道防线，我的将军们就会一门心思想要撤退到那里。"[3]

与克鲁格结束会谈后，瓦尔利蒙特接着访问了多处战地指挥部。他在卡昂前线见到了西线装甲集群指挥官埃贝巴赫和党卫军第1装甲军军长迪特里希。脾气暴躁的迈因德尔似乎最直言不讳，特别是当瓦尔利蒙特绘声绘色地讲述他在路上差点被盟军战斗机击中的情形时。他在事后谈及瓦尔利蒙特时说："我们的命运落到一群玩具兵手里！他就是其中之一。"[4]所有与瓦尔利蒙特谈过话的军官都表示，自己被盟军压倒性的空中优势压得"垂头丧气"。

8月4日上午，瓦尔利蒙特返回克鲁格在拉罗什吉永城堡的总部。指挥部刚刚收到希特勒的命令，要求集中所有装甲师向阿夫朗什方向进攻，切断巴顿的交通线。这项计划被称为"吕蒂希行动"。克鲁格自己也考虑过类似方案，但他担心"无法在坚守防线的同时，又发起反攻"[5]。而且克鲁格被怀疑参与了炸弹刺杀事件，没有资格反对元首的意愿。

希特勒与约德尔、瓦尔利蒙特会面后，就变得冥顽不化，现在更是排斥任何撤退建议。他身上有一股赌徒气质，加之痴迷于戏剧性事件，幻想着在地图上就能赢得战争。他一直凝视着地图上各师的符号，拒绝承认大多数师的兵力现在只是理论上的一小部分而已，却满脑子想着切断巴顿的第3集团军。他坚持认为地面部队留守诺曼底是正确选择，因为几乎所有步兵师都没有运输车辆。撤退意味着他们将任由美军装甲师和盟国空军宰割。可是他在策划"吕蒂希行动"时，又毫不考虑盟军空中力量的影响。这是希特勒患有强迫症的典型反应，眼中只有对他有利的东西。

克鲁格比希特勒更清楚，时间并不站在他们这一边。8月4日晚，巴顿从布列塔尼返回后，与第15军军长海斯利普商议下一步行动。布莱德雷已经下令第3集团军沿着德军无人防守的侧翼向东攻击。巴顿告诉海斯利普，须在第二天拿下马耶讷（Mayenne）和拉瓦勒（Laval）。不到两个小时，海斯利普就向他的师长们布置了次日清晨的进攻任务。第79步兵师负责攻占拉瓦勒，第90步兵师将夺取北部的马耶讷。

就在三天前，巴顿在阿夫朗什以东的公路上遇到第90师的时候还严厉批评过他们："这个师很糟糕，纪律差，士兵蓬头垢面，军官麻木不仁。很多人摘掉徽章，遮住头盔上的标记。我看见一个炮兵中尉跳出吉普车，躲进沟里，而当时只有一架飞机从高空飞过，稀稀拉拉打了几枪。"[6]不过在新任指挥官雷蒙德·麦克莱恩（Raymond McLain）少将的领导下，士气低落的第 90 师很快就随着环境改变而发生戏剧性的变化。8 月 5 日，第 90 师仅耗时六个小时就占领了马耶讷镇。德军已经在主桥上布下地雷，但"有个 15 岁的法国男孩走到桥上，切断了电线"[7]。第二天早上，第 79 师攻克了拉瓦勒。尽管美军在进攻布列塔尼期间没有夺取一座主要港口，但至少将德军注意力从真正形成威胁的南翼转移开来。美军高层从来没有料到第 3 集团军向东推进如此神速。

布莱德雷担心德军可能在美军北部的莫尔坦附近发动大规模反攻，不过巴顿私下里对此嗤之以鼻。他在 8 月 1 日的日记中写道，当布莱德雷提出这一观点时，"我个人不太相信（德军会这么干）"。第二天，布莱德雷命令美军在富热尔（Fougères）附近的战线拐角处加强防御，巴顿为此又火冒三丈，认为他变得和英国人一样谨小慎微。[8]然而，布莱德雷的直觉是正确的，尽管此时还没有情报来支持他的预感。①

对巴顿来说，最紧迫的问题是后勤。他的装甲师即将耗尽燃料，而补给站仍在阿夫朗什以北。通往后方的道路上挤满了补给车辆和部队。阿夫朗什是一处交通瓶颈，一天 24 小时不停地有车流通过。指挥交通的宪兵们都被压得喘不过气来。就连师长和军长们也在设法解决这种混乱局面。"大约有 13000 辆卡

---

① 唯一关于德军可能在策划什么的线索来自"超级机密"破译的一份 8 月 2 日的情报。电文只提到第 2 装甲师正从激战中的维尔以南战区实施"撤退行动"[9]，党卫军第 1 装甲师的位置保持不变。——原注

车、坦克、吉普车、半履带车和榴弹炮通过蓬托博大桥。平均每30秒就有一辆车经过。"[10]德国空军奉命不惜一切代价攻击阿夫朗什交通线，昼夜出动轰炸机和战斗轰炸机发起袭击。不过美军事前高估了德军空中力量，在诺曼底战区部署了大量防空炮，因此能够在阿夫朗什以南的诸多关键桥梁周围集中强大的火力。

当巴顿的第3集团军开始向东推进时，霍奇斯的第1集团军继续将德军逼退至维尔以南。在右翼，美第1步兵师奉命向莫尔坦进发，然后在该城以南与巴顿的部队会师。第1师师长许布纳分配到的任务比在其北面的友军要简单一些。到8月4日上午，第1师便已占领莫尔坦，并且控制了可俯瞰城镇的战略要地314号高地，那里也被称为蒙茹瓦石岗（Rochers de Montjoie）。当第7军军长柯林斯提醒他该高地的重要性时，许布纳当即给出令人满意的答复："乔，我已经得手了。"[11]

莫尔坦是一个狭长的宁静小镇，周边有美不胜收的田园风光。它坐落在蒙茹瓦山脊西侧，山脚下是康斯河（Cance）峡谷。城镇北端有两个瀑布。大多数房屋都能看到峡谷和远方陡峭山峦之间的壮丽景色。此处离阿夫朗什的直线距离不到20英里（见地图16）。

为了躲避战事逃到北面的法国难民在此寻求庇护。由于撤退中的德军士兵抢走了他们的自行车和马车，大多数人只能步行抵达。小镇没有遭到破坏，难民们十分羡慕这里的居民。有钱人在圣米歇尔饭店吃了一顿非常愉快的午餐，梦想着和平到来。唯一的战争迹象是盘旋在上空的盟军飞机。白天，德军基本无影无踪，天黑后才在附近出没。

该地区其他地方的人躲在窗帘后面，看着德军向栋夫龙（Domfront）方向撤退。"一些部队军容严整，另一些则很糟糕。他们骑着马，乘坐轻便马车，或推着手推车后撤。这让我们回想起了我们自己的军队在 1940 年的大逃亡。"[12] 德国人命令村民或城镇居民撤离，本地镇长则建议人们干脆躲进乡下的谷仓里。随着战斗临近，母亲们确保幼童衣服上缝着写有亲戚地址的标签，以防她们自己遇难。

402　　8 月 5 日晚，第 1 步兵师的许布纳少将接到命令，向马耶讷移动。与此同时，正在维尔河畔泰西附近休整的第 30 步兵师将立即乘坐卡车前往莫尔坦，接替许布纳的部队。但是集结运输工具需要时间，公路又挤得水泄不通，导致第 30 师平均每小时只能行进三英里。先头部队直到 8 月 6 日上午 10 点前后才到

403　达莫尔坦。第 1 师军官向他们简要说明了当前局势。除了在蒙茹瓦山脊不时落下几发炮弹和德军巡逻队出没外，这个地区显得风平浪静。不过他们也承认，德国空军在前一天晚上向莫尔坦投掷了炸弹和燃烧弹，这让他们很惊讶。好在空袭效果有限，没人觉得这是什么大事。

　　第 120 步兵团团长哈蒙德·D. 伯克斯（Hammond D. Birks）上校抵达莫尔坦后，发现商店照常营业，旅馆一房难求。他记录道，对一些官兵而言，"这里似乎是个休息放松的绝佳之地"[13]。但气氛突然间急转直下。第 120 步兵团一名医疗兵后来写道："当我们到那儿时，留在镇上的少数法国人瞬间消失了。我们得到消息说，法国人已收到警告，德军即将发起进攻。他们正躲在城镇附近的山洞里。这个报告听起来完全是无稽之谈。我们继续懒洋洋地躺在草地上。"[14]

第 120 团第 2 营在莫尔坦主大街下车后，艰难地爬上蒙茹瓦石岗，接管第 1 师建立在 314 号高地周边的阵地。[15]营长哈达韦（Hardaway）中校做出了一个大错特错的决定。他将指挥所设在镇上的大饭店里，而没有同营队官兵一起守在 314 号高地上。其他连队在进出城镇的南北道路上设置路障。还有一个营被派往东南方，确保小镇巴朗通（Barenton）的安全。

大部分德军师已经隐藏在苏尔德瓦勒（Sourdeval）和莫尔坦之间的集结地带。党卫军第 2 "帝国" 装甲师和第 116 装甲师在夜幕的掩护下，已于 8 月 3 日从原阵地撤离。党卫军第 1 "阿道夫·希特勒警卫旗队" 装甲师也从卡昂以南的战线撤出，加入反攻行动，不过他们还有很长一段路要走。党卫军第 2 "帝国" 装甲师的任务是掩护进攻部队南翼，并向莫尔坦进攻。他们还得到了 "格茨·冯·贝利欣根" 装甲掷弹兵师残余部队的增援。中路主力部队是第 2 装甲师，他们将直奔 15 英里外的瑞维尼勒泰特尔（Juvigny-le-Tertre）。在北侧，第 116 装甲师将从苏尔德瓦勒以西的弗贡山（Furgon）附近发起攻击。党卫军第 1 "阿道夫·希特勒警卫旗队" 装甲师一旦抵达，就将穿过被其他师突破的美军防线，直奔阿夫朗什。

约德尔警告克鲁格说，希特勒希望集中最大兵力发动进攻，并告诉他应该把进攻推迟到 8 月 8 日。但克鲁格刚刚收到美军从马耶讷河出发、正向勒芒挺进的消息，觉得不能再等了。德第 7 集团军在阿朗松地区的补给基地就在勒芒城外。

克鲁格、豪塞尔及他的参谋长格斯多夫一同讨论了这一威胁。一张缴获的美国军用地图显示，美军将从勒芒直扑巴黎，但不会向北切断德军退路。他们判断盟军的目标不是包围自己。

格斯多夫指出，英军的猛烈攻击"是做出这一决定的最大障碍"[16]。希特勒并不担心推进中的第3集团军。在他看来，这仅仅意味着反击战将切断更多美军。

克鲁格把阿夫朗什攻势看作德军向南撤退至卢瓦尔河、向东退至塞纳河之前，打乱盟军部署的一种手段。癫狂而又乐观的希特勒则将其视为重建7月初诺曼底防线的第一步。国防军最高统帅部承诺提供1000架战斗机支持这次行动，但没有一个高级将领会信以为真。瓦尔利蒙特在战后承认："他们过去被蒙蔽了很多次，统帅部觉得还可以继续欺骗下去。"[17]然而，他自己也曾是希特勒的骗子，帮助希特勒说服将军们相信局势比实际情况要好。

"吕蒂希行动"将由第47装甲军军长汉斯·冯·丰克装甲兵上将指挥。所有人都很讨厌他。自视甚高的第116装甲师指挥官格哈特·冯·什未林中将与丰克就7月28日在维尔以西的反攻行动爆发过多次激烈争吵。丰克则指责第116装甲师"消极抵抗，怯懦无能"[18]。什未林和丰克现在又卷入一场火药味十足的争论，焦点是维持"吕蒂希行动"的起始线。什未林的右侧是刚抵达的第84步兵师。该师本应该接管他的战区，不料在美军新一轮攻击下陷入自顾不暇的困境，无法交接。因此丰克错误地认为是什未林抗命，没有把一个豹式坦克营调往第2装甲师。他要求解除什未林的指挥权。由于大战在即，豪塞尔予以拒绝。所有高级将领显然都极为焦躁不安。

8月6日15点20分，攻势即将开始前不到四个小时，克鲁格元帅收到一封以"元首命令……"为开头的格式电报。电文内容是，冯·丰克将军不再指挥"吕蒂希行动"，改由埃贝巴赫将军指挥。[19]希特勒很讨厌丰克，因为他曾担任维尔纳·冯·

弗里奇（Werner von Fritsch）大将的私人秘书。而希特勒早在1938年就解除了弗里奇的职务。[20]1942年，丰克本来要去指挥非洲军团，希特勒却让隆美尔代替他。

克鲁格对这一决定大为震惊。他立即打电话给东普鲁士的国防军最高统帅部，抗议说，在进攻前几个小时更换指挥官"事实上是不可能的"[21]。当被告知应该按照元首的要求推迟行动时，克鲁格回答说："今晚必须发起攻击。如果我们再等下去，处境就会恶化。推迟一天行动会让我们面临敌人空军袭击我军集结区的危险。"

克鲁格设法说服国防军最高统帅部稍迟一些向埃贝巴赫转移指挥权，但他还有其他需要担忧的地方。党卫军第1"阿道夫·希特勒警卫旗队"装甲师的先头部队才刚刚到达弗莱尔（Flers）。克鲁格打电话给第7集团军指挥部，表示他怀疑该师是否能及时到达目标区域。尽管"警卫旗队"师于8月4日晚就开始撤离原战区，但由于遭遇加拿大军突袭，接着又面临交通堵塞和盟军不时发动的空袭，因此前往莫尔坦地区的行动被耽搁了。

虽然克鲁格担心他们的集结区会遭到轰炸，但当天"几乎没有盟国空军活动"[22]。莫尔坦镇东南部有一条郁郁葱葱的绵长山脊，又称莫尔坦森林。党卫军第2"帝国"装甲师就巧妙地隐藏在那片古老的山毛榉和橡树中间。德军右翼是"元首"装甲掷弹兵团，中路为党卫军第17"格茨·冯·贝利欣根"装甲掷弹兵师，左翼由"德意志"团和党卫军第2装甲团构成。他们计划绕过莫尔坦，向西南方向反击。

驻扎在莫尔坦城内外的美第30步兵师仍然对德军动向毫无

察觉。第 4 步兵师现已转入后方休整，在当天的作战日志中记录道："战争似乎已经结束。"[23]好消息不断传来：土耳其与德国断绝关系；芬兰、保加利亚，"可能还有匈牙利"都打算退出战争；美军挺进布雷斯特和马耶讷；红军抵达华沙郊区和东普鲁士边境。人们的乐观情绪也随之高涨。8 月 6 日，第 12 步兵团终于撤退到"风景如画的普雷塞小镇周边一处美丽的露营地休整。淋浴、演出、电影、红十字会的'甜甜圈'女郎，这些活动和人员在匆忙中都已安排就绪。自 D 日以来，眼窝凹陷、脸颊瘦削的第 12 团的战士们终于有机会第一次放松一下了"[24]。

当天下午及晚上，布莱切利园的密码破译人员开始处理一连串拦截到的德军电报。[25]德国空军奉命在夜间为进攻莫尔坦及周边地区的党卫军第 2 装甲师提供掩护。英国人也确认了第 2、第 116 装甲师和"警卫旗队"师的攻击出发线位于莫尔坦和苏尔德瓦勒之间。与大多数指挥官相比，布莱德雷并不太相信"超级机密"的情报，但对德军这次反击的严重性一清二楚。[26]他命令所有可以动用的炮兵营全部紧急部署到塞河和塞吕讷河之间受到威胁的区域。还有一道命令发送给第 30 师，要求其增加驻扎在莫尔坦镇上方 314 号高地的兵力。不过该师似乎没有及时收悉。西北方向的勒梅尼勒托夫镇（Le Mesnil-Tôve）镇长警告第 30 师第 117 步兵团的一名连长，德军部队就隐藏在贝尔方丹（Bellefontaine）附近的树林中，里面还有坦克。连长向师部报告此事，却被告知"停止散布谣言"[27]。

原定于 18 点开始的攻击因"警卫旗队"师姗姗来迟而数次延后。进攻序列在最后一刻也发生了变化。这主要是因为盟军在战线其他地段施压，导致部分增援部队无法赶到。克鲁格直到最后一分钟还想对计划做些修改，但还是接受意见，保持原样。终于到了午夜时分，德军在没有任何炮火准备的情况下开始前进。他们要在破晓前尽可能向前渗透。

第一场战斗甚至在"吕蒂希行动"正式启动前就在北翼爆发。8月6日22点30分，两辆德军半履带摩托车冲破了美第39步兵团设置在谢朗塞莱鲁塞（Chérencé-le-Roussel）以东的一处路障，但接着被公路上稍远一些的另一个连队消灭。随后一切都平静下来。大约在午夜时分，在距美军以南半英里的贝尔方丹至勒梅尼勒托夫公路上，传来一阵坦克的噪声。没有人把这件事与之前镇长的警告联系起来。他们以为这是美军装甲部队。

两个多小时后，即8月7日星期一凌晨2点，驻守在峡谷中的美军营遭到来自北面弗贡山的德国步兵攻击；更多步兵和第116装甲师的坦克则从东面进犯。在第746坦克营的"谢尔曼"支援下，美军打退了德军进攻。美国人仍然认为这只是一次局部袭击。不过事实很快就清楚了。德军的主攻线路位于他们南面，经过勒梅尼勒托夫镇的小路上。到凌晨5点，第2装甲师的北路纵队大军已经穿过这座村镇，向勒梅尼勒阿德莱（Le Mesnil-Adelée）挺进。

第2装甲师南路纵队的进攻推迟到5点才开始。驻守在圣巴泰勒米（Saint-Barthélemy）的美第117步兵团一部可以听到装甲车行进时发出的不祥声响，只是雾气太浓，能见度只有20多码，他们什么都看不见。尽管设置在镇外的路障被轻松突破，但有个反坦克阵地成功拦截了一支豹式坦克分遣队，并击毁两辆坦克。另外几支豹式坦克群，包括党卫军第1装甲师的一支先遣队，在步兵的掩护下从其他方向朝这个阵地围攻。美军步兵利用"巴祖卡"火箭筒与德军纠缠。第 2 装甲师的吕特维茨将军后来承认，他们的抵抗"极为出色"。[28]

八辆豹式坦克冲进圣巴泰勒米，停在主街上，恰巧就在第 117 步兵团第 1 营弗兰克兰（Frankland）中校的前进指挥部外面。他的一名军官向窗外望去，看到正下方就有一辆。接着，他们听到房子后面传来声音。弗兰克兰过去查看，发现两名通信兵正双手举过头顶，向外走去。他开枪把两名党卫军押送士兵撂倒，又在房屋后面的街道上看到另一辆豹式。令人惊奇的是，弗兰克兰的指挥部成员居然设法从窗户逃了出来，与自己的一个连队会合。在党卫军装甲掷弹兵的猛攻下，弗兰克兰营的大部分官兵不得不跳过树篱，下到沟渠里一路狂奔。

尽管弗兰克兰营已经被击溃，但他们在圣巴泰勒米的顽强防守还是成功拖延了第 2 装甲师向瑞维尼勒泰特尔进军。[29]德军坦克部队直到日出后很久才开始继续前进。这让美军有了喘息之机，迅速组织起部队赶来增援，特别是成功地在勒梅尼勒托夫以西两英里的勒梅尼勒阿德莱镇阻挡住了德军北路纵队。

午夜过后不久，党卫军第 2"帝国"装甲师的三个战斗群和党卫军第 17"格茨·冯·贝利欣根"装甲掷弹兵师向莫尔坦和 314 号高地进发。大雾也同样让他们受益，引擎的噪声听上去模糊不清。

8 月 7 日凌晨 1 点 25 分，314 号高地上的美军营听到了轻武器的枪声后就做好了战斗准备。德军找到了一条线路，可以绕过设置在莫尔坦南部入口处的路障。他们接着向高地及城内进攻。第 120 步兵团团长哈蒙德·伯克斯上校派一个连的兵力进入莫尔坦，试图把敌人赶走，但德军已经站稳了脚跟。[30]凌晨

2 点，德军又开始从北面攻击 314 号高地。

伯克斯已没有更多预备队了。困在镇中心大饭店的哈达韦中校也没法上山同他的营会合。他和营部人员，包括另外三名军官，试图离开大饭店，穿过城镇向高地移动，不过党卫军装甲掷弹兵四处巡逻，迫使他们不得不躲进一座废弃的房屋里。

虽然德军很快便突破了大多数路障点，但党卫军第 2 "帝国"装甲师在进攻城镇以北布兰奇修道院（Abbaye Blanche）附近的一处防御阵地时遭受了惨重伤亡。一旦德军半履带车从迷雾中显现，斯普林菲尔德（Springfield）中尉指挥的坦克歼击车便利用三英寸主炮，在相当近的距离内开火。"只要听到'哐当'一声，接着红光一闪，就意味着直接命中了。装甲运兵车里的德军从被击毁的车辆中连滚带爬地逃出来，接着又被机关枪喷射的弹雨吞噬。曳光弹打在动弹不得的装甲车的侧面钢板上，在道路上疯狂乱飞。"[31] 伯克斯上校很清楚设置在布兰奇修道院的阵地十分重要，于是向该处增派了两个排的兵力。其中一名排长汤姆·安德鲁（Tom Andrew）中尉马上就接管了那个方向的防御指挥权。

营长洛基特（Lockett）中校隶属第 117 步兵团。他麾下一个连队和四辆坦克歼击车奉命前往距莫尔坦西南一英里的罗马尼（Romagny），封锁那里的交叉路口。然而他们发现德国人已经占领了该处，不禁大为震惊。洛基特营不仅分成了好几支分遣队，还得抵御来自三个方向的进攻。德军正利用缴获的美军武器向他们阵地渗透。美制武器的射击声音非常独特，因此美军士兵一直以为是友军朝自己开枪。洛基特只剩下大约 30 人在他的直接指挥下。大部分人虽然不是步枪兵，但也必须拿起枪战斗。营救护站涌入大量伤员，已不堪重负。

在山谷对面的 314 号高地上，第 120 团第 2 营的形势非常危急。党卫军第 17 装甲掷弹兵师的战斗群已经将其包围。他们的伤员平躺在开阔地带，很容易受到迫击炮攻击。各连防守的阵地相互孤立，弹药短缺，可是军需存放点处于德军狙击手火力覆盖之下，他们没法过去补充弹药。由于哈达韦不在现场，雷诺·C. 埃里克森（Reynold C. Erichson）上尉奉命指挥山顶阵地上的第 2 营的大部分兵力。这个后来被称为"困境营"的部队将巨石、散兵坑和灌木丛用作掩体，一直在 314 号高地坚守。他们最有价值的战士是前沿炮兵观察员。一旦薄雾开始消退，他就可以召唤炮火并修正着弹点。

为了阻止德军装甲部队，布莱德雷和霍奇斯联系克萨达将军的指挥部，请求立即提供支援。11 点前后，雾霭刚一消散，P-47"雷电"战斗机便投入战斗。不过美军认为皇家空军可以发射火箭弹的"台风"战斗机才是对付坦克的利器，于是又向空军中将科宁厄姆指挥的第 2 战术航空队求援。科宁厄姆和克萨达一致认为"台风"战斗机"应专门攻击敌装甲纵队"[32]，美军战斗机为之提供掩护；美战斗轰炸机则负责攻击德军后方的运输体系。

尽管这是一个潮湿多雾的早晨，但两架"台风"战斗机还是从位于卡昂以北的勒夫雷斯恩卡米利机场起飞，执行侦察任务。他们发现德军装甲部队正在向莫尔坦地区移动。飞机刚一着陆，两名飞行员就跑向情报部门帐篷。一名司机一边按响喇叭，一边向高大树篱外的飞行员帐篷区驶去。地勤人员迅速为"台风"战斗机做好起飞准备，飞行员们涌到战情室集合。

"先生们，咱们翘首以盼的时刻到了。"查尔斯·格林

（Charles Green）空军中校说。[33]几分钟前，他向科宁厄姆的司令部确认了这次任务。"这是在开阔地带干掉装甲部队的机会。那里有很多混蛋。"他们将组成双机编队，而非以中队为规模发起进攻。由于到达目标的飞行时间不超过15分钟，这意味着整个联队可以"循环往复，不停歇地出动"。

飞行员们奔向各自战机，其中有个很迷信的飞行员在爬进驾驶舱前，还坚持按照习惯对着尾翼撒尿。第123联队的飞行员来自许多国家，有英国人、比利时人、法国人、加拿大人、澳大利亚人、新西兰人、南非人、挪威人、波兰人、一名阿根廷人，甚至还有一个名叫克劳斯·胡戈·亚当（Klaus Hugo Adam）的德裔犹太人。他就是后来的电影制作人肯·亚当爵士。这几乎就是一个外籍空中军团。[34]

随着第83飞行大队的18个中队紧急起飞，太阳也正把雾气驱散得干干净净。"台风"战斗机除了配备20毫米口径机关炮外，翼下挂架还携带有八枚火箭弹。每枚火箭弹都装有60磅重的高爆弹头。一些飞行员声称，它们齐射的威力相当于一艘轻型巡洋舰侧舷火炮齐鸣。然而实验表明，飞行员发射全部八枚火箭弹，平均只有"大约4%的概率击中德国坦克大小般的目标"[35]。不过这种飞机至少"坚固耐用，充满蛮力"，比大多数飞机更能抵御地面火力的攻击。

第一波空袭指向从圣巴泰勒米向西、沿着公路行驶的党卫军第1"阿道夫·希特勒警卫旗队"装甲师。装甲车履带扬起棕褐色尘土，为逼近中的"台风"战斗机标出了目标位置。新飞行员默念着训练口诀"俯冲—投弹—拉起"，还要记住不能让飞机"侧滑"[36]。首个目标是领头车辆，第二个则是队列中的最后一辆。他们要么一次性把八枚火箭弹打完，要么以两枚一组"点射"。一旦火箭弹全部发射,飞行员就用 20 毫米口径机关炮瞄准离目标不远的道路,利用跳弹击中坦克或半履带车底盘上的薄弱部位。很快,装甲车便燃起大火,黑烟滚滚。飞行员视野受阻,空中相撞的危险会陡然增大。

"台风"战斗机起飞不到 20 分钟就得返回机场,然后在一条名副其实的"流水生产线"上加油装弹。回到酷热的地面上,飞行员不耐烦地坐在盖着透明有机玻璃的驾驶舱里,汗流浃背。"马刀"引擎驱动的螺旋桨扬起漫天灰尘。在 8 月高温下赤膊工作的地勤人员和军械师们不得不像侠盗那样,用手帕蒙住脸庞。飞行员一看到大拇指竖起,就可以开始滑行,准备再次起飞。如此往返穿梭。[37] 德第 2 装甲师向瑞维尼勒泰特尔的攻势也停止了。

美军战斗机中队出色地完成了任务。德国空军承诺派遣 300 架战斗机出战,但只有寥寥数架飞抵莫尔坦方圆 40 英里范围内。他们随后致电第 7 集团军指挥部,道歉说:"我军战斗机从起飞伊始就一直在进行空战,无法到达实际目标区域。不过他们希望空战也能同样帮助到地面部队。"[38] 第 7 集团军参谋军官没有好气地回复说:"局面没有明显缓解。"对"台风"战斗机造成主要威胁的是机枪火力。有三架飞机被击落,多架受损,不过"警卫旗队"师很快就报告说,装甲车弹药快要用完了。

在莫尔坦周边,敌我双方部队混战一团,战线犬牙交错。"台风"战斗机有好几次误击了美军阵地。他们摧毁了几辆美国汽车,造成部分人员伤亡。例如在安德鲁中尉指挥的布兰奇修道院阻击阵地上,英国空军就打伤了一个坦克歼击车乘组的两名成员。不过"英国人很快就得到原谅了",安德鲁中尉后来说,因为"他们在与德国人的战斗中表现得十分抢眼"。

在莫尔坦被德军俘虏的美国士兵觉得躲避盟军飞机会让他们无所适从。一名在空袭中紧贴地面卧倒的医护兵注意到,必须将胸口抬起才能减轻爆炸冲击波产生的伤害。"台风"战斗机飞走后,德军守卫检查燃烧的车辆,摇摇头说:"彻底完蛋!(Alles kaputt!)"[39]德军一旦抓到俘虏,通常情况下都喜欢搜刮香烟或糖果,因为配给很少能满足这方面的需求。不过这一次,德国人从美国战俘那里首先拿走的是净水片、吗啡或其他医疗用品,用来救治他们自己的伤员。

至16点,目标地区上空烟尘密布,皇家空军无法进一步实施低空轰炸。大部分"台风"战斗机调转矛头,打击德军在维尔以东向英第11装甲师发起的反攻。第83飞行大队的18个中队已经累计出动了294架次。[40]"随着时间推移,"空军中将科宁厄姆在正式报告中写道,"很明显,我们正在创造空军的历史。"他接着记录战果:"第2战术航空队报告,装备了火箭弹的'台风'战斗机在这一天击毁了89辆坦克,可能击毁了另外56辆履带车,并目视到47辆汽车冒烟起火。这些战果并不包括受损的56辆敌方坦克和81辆机动车。"[41]

五个月后,科宁厄姆收到了一份由作战研究部呈交的报告,阅后不禁勃然大怒。该部门在战斗结束后立即进入交战区域调查,并检查德军遗弃的车辆。[42]在莫尔坦地区,他们发现被摧毁的78辆德军装甲车中,只有9辆是空袭的成果。显然,德国人在撤退前修复了一些受损程度较轻的车辆,但关于"台风"战斗机攻击精确度不佳的一般性结论对皇家空军来说是一个沉重打击。科宁厄姆似乎认为这份报告就是胡说八道,拒绝认可,但还有一份报告也证实了这一调查结果。

与之相对,德国将军们迅速将他们先胜后败的战果归咎于盟国空军。盖尔·冯·施韦彭堡在战争结束时毫无讳言地告诉美国审讯人员:"不管你们是否承认,是能够发射火箭弹的英国飞机阻止了我们在阿夫朗什的反攻,而不是你们的第30步兵师。"[43]在大多数情况下,他们的论点完全是为了自我辩解。然而,并非只有德国人认为他们在莫尔坦失利是火箭弹的原因。

在很多情况下,德军坦克乘组出于对"台风"战斗机的恐惧而丢弃坦克,即使待在里面比在外面更安全。有个美军中士说:"只有空袭才能让一支精锐的装甲部队如此狼狈。"[44]而且废弃坦克几乎和被摧毁的一样,能把狭窄的道路堵得严严实实,令纵队寸步难行。不管怎样,"台风"战斗机在8月7日的行动迫使德第2装甲师和"警卫旗队"师离开公路,寻找隐蔽,从而遏制住了他们的前进势头。这就让美第1集团军有机会携带火炮,带领装甲部队赶来加强防线。

很快,第30步兵师得到了12个半野战炮兵营的支援,其中三个装备了155毫米口径"长腿汤姆"榴弹炮。[45]乘坐"幼兽"侦察机的空中炮兵观察员可以引导并调整火炮射击,因此德军在每条主要突击路线上几乎都陷入停滞。尽管德军进攻受挫,但美军在莫尔坦周边的阵地仍然岌岌可危。

安德鲁中尉在布兰奇修道院附近的阻击点时常遭到德军火箭炮齐射攻击。好在他们幸运地占据了德军修建的工事。这些掩体很精良,头顶上还有防护层。一条经由勒纳夫布尔(Le Neufbourg)向西的补给线虽然危险重重,但一直保持通畅。不过向314号高地上的第120团第2营提供支援还是不可能。埃里克森上尉的部队被分割在三处阵地内。他们伤病累累,弹药又极为短缺。高地之所以没失守,全靠这个"困境营"的炮兵前进观察员罗伯特·韦斯（Robert Weiss）中尉引导美军火炮，阻止了党卫军第 17 装甲掷弹兵师战斗群的攻击。韦斯中尉提前记录了阵地下方所有可能攻击路线和集结地的坐标，因此野战炮兵即使在黑暗中也能提供支援火力。

19 点，洛基特中校将他的营所属部分兵力（该营原隶属第 120 团，现划归第 117 步兵团）派至勒纳夫布尔。这个村庄位于莫尔坦地区北端，紧靠布兰奇修道院。他原计划清除莫尔坦城内的敌人，但当先头连刚刚进入城镇西北边缘时，埋伏在街道两旁房屋内的德军机枪便猛烈开火；火炮和迫击炮炮弹很快也铺天盖地地砸下来。该连在很短时间内伤亡 73 人，被迫撤退。洛基特中校意识到现有兵力不足以攻克莫尔坦，而且也发现了布兰奇修道院的重要性，于是命令这个连的残余官兵加入该阻击点。不过部分人刚刚在交火中受了重伤，在接下来的战斗中几乎派不上用场。

与此同时，第 120 团 C 连约 45 人被困在莫尔坦。他们没有食物和水，还有人受伤，不过给试图清剿城镇的党卫军装甲掷弹兵造成了重大伤亡。洛基特中校想把他们救出来，这样就能对莫尔坦镇肆意轰炸了。于是来自被困连队的几个突围士兵和十几名帮助运送伤员的担架员组成了一支救援队。队长沃尔特·斯塔斯科（Walter Stasko）中士已经仔细侦察了那条下到峡谷及通往峡谷另一侧的危险路线。迫击炮排部署在峡谷西侧的小山上，拥有清晰视野，负责提供掩护火力。救援队设法找到了大多数被困人员并把他们带离城镇。只是坡度太陡，他们不得不背着伤员下山。

8 月 8 日，第 30 师的主要任务就是维持 314 号高地上的

"困境营"阵地不丢失。他们试图利用"幼兽"侦察机空投补给，但"帝国"师调来高射炮，计划只能告吹。有个德军军长承认，这个"困境营"就是"一根肉中刺。它勇于牺牲，使莫尔坦地区的所有行动陷于瘫痪"[46]。然而，没有水、弹药、食物及医疗用品，他们坚守下去的希望越来越渺茫。

同一天，当战斗在莫尔坦镇内及周边地区继续进行时，美军对该镇西南方向的罗马尼发起了反攻。与此同时，布莱德雷调来第2装甲师和第35步兵师的一个团攻击莫尔坦附近的德军南翼。第2装甲师从巴朗通出发向前推进，正好撞上了党卫军第10"弗伦茨贝格"装甲师的残兵败将。由于该师在维尔以东被英第11装甲师击溃，埃贝巴赫只好命令其撤退至此。随着美军在巴朗通周边实力增加，德军再也无法像他们所希望的那样，继续向南进攻了。

美军的防守力度比德国人预期的要强得多，导致"吕蒂希行动"受阻。德军士兵及指挥官们承受的压力也因此剧增。一名被俘美国二等兵记录道，在美军猛烈炮击下，德军官兵靠一瓶瓶干邑白兰地来麻痹神经。[47]前线部队还从补给队那里听说，美第3集团军正向南推进，威胁到他们的后路。

在后方各级指挥部，紧张气氛诱发了激烈争吵，尤其是丰克将军与第116装甲师师长什未林已经到了你死我活的地步。炸弹刺杀事件后，所有人的忠诚都遭到质疑。什未林讲过不少讽刺纳粹的话，因此他很容易被人抨击。丰克指责第116师没有参加行动（这并非事实），并最终说服豪塞尔解除了什未林的职务，而此时战斗还在继续。

克鲁格几近绝望。8月7日晚，加拿大军发起"总计行动"

(Operation Totalize)，向法莱斯前进。这意味着克鲁格再也无法从第5装甲集团军抽调兵力。他还指望第9装甲师加入攻击阿夫朗什的战斗，现在却发现后方也急需这支部队。美第3集团军已经派出一个军的兵力向北扑向阿朗松及他的第7集团军补给基地。豪塞尔的参谋长格斯多夫写道："很明显，这将是致命一击。陆军和整个西线就要完了。"[48]

现在，德军面临着被包围的现实威胁，希特勒却坚持重新向阿夫朗什发起攻势。8月9日，步兵上将瓦尔特·布勒从国防军最高统帅部来到第7集团军设在弗莱尔附近的前沿指挥部，确保希特勒的命令得到执行。"他坚持要亲自会见豪塞尔将军，"参谋长格斯多夫写道，"他就希特勒的命令直截了当地问豪塞尔，是否认为'继续进攻可能会取得成功'。豪塞尔给予了肯定答复。"他推测，其他答案都会导致豪塞尔当场被解职。克鲁格元帅即使知道这次行动将让他们陷入灾难，也同样没有反对。他命令豪塞尔出动现在被称为"埃贝巴赫装甲集群"的部队重新发起攻击。两人都明白，就算德军能够抵达阿夫朗什，他们也不可能有足够兵力坚守。

第120团第2营的哈达韦中校设法从莫尔坦城东悄悄出城，但是在攀登314号高地、企图与他的部队会合时，被德军抓获。

18点20分，一名党卫军军官在举着白旗的党卫军士兵的陪同下，来到第2营阵地旁。他"非常正式"[49]地宣布，他将给予高地上的美军一个体面投降的机会。他们已经被包围了，坚守阵地毫无希望。如果美军在22点前还不放弃，德军将"把他们炸成碎片"。美国人则回答说，"只要还有可以杀死德国人的子弹，还剩一把可以刺进德国佬肚子里的刺刀"，就绝不投降。

党卫军当晚出动装甲车进攻，据说还高声大喊"投降，投降"。不过他们的攻势被反坦克炮和"巴祖卡"火箭筒化解。只有一辆坦克突破防线，德军也只俘虏了一个美国士兵。

布兰奇修道院的阻击阵地同样击退了多次进攻，其中一次德军还动用了火焰喷射器。为了向该阵地提供增援，并控制莫尔坦以北的出城公路，美军计划夺取位于莫尔坦和圣巴泰勒米之间278号高地上的公路交叉口。第12步兵团一部刚在普雷塞结束休整，此刻接到任务去击退北边的党卫军第2"帝国"装甲师战斗群，然后再转向南进入莫尔坦，解救被围困的第30师前哨。[50]第12步兵团第2营就要抵达那处关键的十字路口时，遭到"警卫旗队"师坦克的"致命一击"。他们撤退到一条小溪的西侧，试图把坦克和坦克歼击车拖过泥泞的地面，但发现根本办不到。

8月9日，德军趁着晨雾，在圣巴泰勒米以南再次发起进攻。有人看见党卫军装甲掷弹兵身穿破烂不堪的美军制服，手持美制武器参战。还有一队德军穿戴"美国军鞋、绑腿、野战夹克和钢盔"。[51]装甲掷弹兵有时还跳进第12团的散兵坑，同美军展开近战。德军火炮攻势异常凌厉。有名军官后来说："这是我们经历过的最为猛烈的炮火。"[52]经历了长期战斗后，这四天殊死拼杀所带来的压力不言而喻。"这个团大约有300人患上战斗疲劳症。"

战斗的激烈程度从第12步兵团一份不同寻常的战报中就可见一斑。第2营E连的二等兵布里克（Burik）听到一辆坦克从北面靠近。"坦克沿着公路朝果园驶来。他抓起'巴祖卡'火箭筒，填装好后走到路上，扣下扳机。火箭弹却没有发射，原来是保险卡住了。坦克继续朝他靠近。（布里克）打开保险，对准目标近距离平射。"[53]坦克随后向他正面开火。布里克受伤倒地，但又站起来重新装填火箭弹，瞄准坦克再次发射。德军又开了一炮，把他再次打倒。"（布里克）艰难地摆出发射姿势，第三次装填火箭弹，晃晃悠悠地向坦克开火。德国佬受够了，只好退回山上。（布里克）全然不顾自身安危，奋力把另一名受伤的士兵推入散兵坑。"布里克转过身来，喊着要更多火箭弹，接着便倒在路边不省人事。后来他因伤势过重而牺牲。

另一次试图夺取278号高地交叉路口的行动由第119步兵团的塞缪尔·A.霍根（Samuel A. Hogan）中校指挥。他率领一个营的兵力搭乘第3装甲师的坦克前往战场。他们计划迂回到莫尔坦以西，然后穿过布兰奇修道院阻击阵地附近的铁路桥。不过他们被党卫军第2"帝国"装甲师"元首"团挡住了去路，当晚只好在公路以东进入全面防御状态。8月10日，他们在高大的树篱丛中卷入激烈战斗，导致霍根损失了九辆"谢尔曼"坦克。

美军坦克必须突破一道特别坚固的树篱才能继续前进。一辆"犀牛"坦克撬开了一个缺口，接着雷（Wray）中尉一马当先从缺口冲了进去。他很清楚，这是一次自杀性任务。就在雷中尉的"谢尔曼"冲入麦地时，一辆隐藏起来的德军豹式坦克开火，直接命中了他的坦克。几名车组成员当场阵亡。雷本人从燃烧的坦克上跳下来，身体被严重烧伤。他双手撑地，跪倒在地面上。支援步兵排目睹了这一惊恐场面。排长爱德华·阿恩（Edward Arn）中尉回忆道："然后他站起来，向刚刚突破的树篱丛走去。他似乎想起了什么，又回到坦克旁边，帮助另一个人从里面出来，接着两人开始奔跑。不过德国佬射出一梭子机枪子弹，把他们打死了。"[54]

阿恩的排撤退到最近的树篱丛旁，但他们惊讶地发现，复仇的机会很快就从天而降。一群德军走上前去检查那辆正在燃烧的坦克。"一小群人走出来，站在它周围，"阿恩说，"我猜是因为好奇吧。"于是阿恩和手下把他们都"撂倒了"。

由于霍根的作战兵力不足，柯克曼（Kirkman）中士奉命返回勒纳夫布尔寻求增援。他带回来36名经验不足的新兵。有几个人在途中就被德军火炮炸死或炸伤。据柯克曼说，炸弹在树丛上爆炸。一块碎裂的木头击中了他身旁一个士兵，从后脑勺刺入，再从前脸穿出。新加入的士兵抵达作战部队时，都惊恐不安。阿恩中尉问柯克曼，新兵在哪儿？

"那儿，坦克下面。"中士回答。[55]

这批补充兵中的大多数人"突然置身于敌人密集的炮火和机枪火力之中，吓得一动也不敢动"。当然，这只会让他们更加危险。阿恩回忆说："为了他们自己的安全，我不得不踢屁股，让他们动起来。一个士兵蹲在散兵坑里，双手抱头，结果被一发88炮弹直接命中，削掉了脑袋。"36个新兵中，最后只有4人存活。

大量减员的霍根战斗队在接近到目标打击距离时，遭到一个装甲掷弹兵营的侧翼进攻。美军将德国人击退。敌人刚刚躲进散兵坑，他们便发射白磷弹。燃烧的颗粒如雨点般落在德军头上，逼得他们跳出掩体。美军转而使用高爆炸弹消灭了敌人。夜幕降临后不久，德军飞机空袭美军阵地，"不过他们炸到了自己的部队。德国人拼命地发射绿色信号弹来阻止这场意外打击"。霍根中校说，看到这幅景象，他"乐不可支"。

8月10日拂晓前，包围"困境营"的党卫军战斗群发起攻击。这是他们一系列攻击中的第一次。韦斯中尉再次向支援炮兵营发出开火指令。可是，由于他没法给无线电台的电池充电，通信正变得越来越困难。该营急需医疗用品，也没有医生和医护兵照料狭长掩壕里的伤员。所有士兵因食物匮乏而虚弱不堪。一些胆子大的士兵到了晚上便溜出去觅食，从山下的菜园带回来胡萝卜、土豆和萝卜。两名中士甚至在笼子里找到了一群被当地人养肥了准备炖汤的兔子。

当天下午，在P-47"雷电"战斗机的护航下，数架C-47运输机向314号高地空投了71个补给箱。但由于微风干扰，只有少数几个箱子落在了美军阵地内。[56]弹药和口粮得到了补充，不过电池和医疗用品还是没有。第230野战炮兵营随后尝试用空心的105毫米烟幕弹向山顶发射血浆、吗啡、磺胺和绷带。[57]不过只有三个包裹被找到，血浆袋则全部破损。

尽管314号高地上的伤员无法得到救治，但救护车可以运输其他战场上的伤兵至后方治疗。除了常规战伤外，还有很多伤口是碎石块造成的。维尔河畔泰西附近的第128转运医院的所有帐篷都人满为患。[58]等待卸下伤员的救护车只好在路上排队等待，队伍足有半英里之长。

*

至8月11日晚，"帝国"师被迫从莫尔坦以西阵地撤退。美第35步兵师和第2装甲师从南部发动反击。尽管他们与第30步兵师协同很差，但最终还是抵达了314号高地。

当天，克鲁格设法说服国防军最高统帅部和希特勒，作为重启阿夫朗什攻势之前的临时之举，"埃贝巴赫装甲集群"应该向威胁阿朗松补给基地的美军师发起反攻。这是克鲁格想出的在德军被包围前提前撤退的唯一方法。他的一名军长说："第 7 集团军以这个行动为说辞，准备撤离。"[59]

当晚，德军把大部分炮弹打出去后，开始向后退却。德军派出战斗力强的后卫部队负责掩护，沿途小心掩盖行踪。美军直到 8 月 12 日天亮后才明白发生了什么。第 39 步兵团第 1 营在推进时找到一封德国装甲掷弹兵留下的"感谢信"。[60]信中打趣说，谢谢美军把本来要空投到莫尔坦镇上方 314 号高地的巧克力、香烟和弹药送到了他们手上。

德军撤退的迹象没有逃过蒙茹瓦石岗上韦斯中尉的注意。他引导火炮朝向东撤离的德军部队和车辆轰击。很快，五个炮兵营的火力就倾泻在敌人的撤离路线上。"困境营"终于摆脱了困境。满载食品和医疗用品的卡车跟着部队蹒跚上山。第 120 步兵团第 2 营原有 700 人，在 314 号高地战中有近 300 人伤亡。该营因其顽强坚韧和无与伦比的勇气而获得总统集体奖。这场英勇的防御战是美军取得战役胜利的关键因素。

第 120 步兵团团长伯克斯上校首先赶到布兰奇修道院阻击阵地，心里忐忑不安，害怕只有少数人得以生还。[61]当听说这支部队仅 3 人阵亡，20 人受伤时，他感到十分不可思议。伯克斯继续上路，逐一查看被击毁和焚烧殆尽的德军车辆。他后来说："这是我在战争中看到的最美好的一幕。"他下了山，转弯进入莫尔坦镇。

车辆还没法在主街上通行。镇中心不过是一堆废墟，仅剩下几堵墙和数根烟囱还矗立在原地。大部分破坏都是在解放前夕造成的。几乎让人不敢相信的是，第 30 师参谋长竟然说："我希望莫尔坦片瓦不留……连夜把它拆掉，彻底烧毁，要让它寸草不生。"[62]这座无辜的法国城镇就这样在无比愤怒中被摧毁了。一小群情绪激动的官兵突然过来拥抱伯克斯，把他吓了一跳。他们被困在莫尔坦已有好几天，前一天晚上炮击的时候还在镇子里。

8月13日晚些时候，"极度疲惫的"[63]第12步兵团归队第4师进行休整。师长巴顿少将看来没有充分意识到他的部下们所经历的一切。他更关心最近有些人出现了"'消极抗命'的情绪。他们此前一直都是服从命令的好兵，现在却觉得自己任人摆布，没人在乎他们，决定就此躺平，放弃努力"[64]。巴顿少将暗示说，军官在一定程度上要为此负责，他们没能让士兵保持"战斗激情"。

希特勒在东普鲁士的"狼穴"里花了近一个小时听取瓦尔利蒙特汇报"吕蒂希行动"失败的情况。瓦尔利蒙特讲完后，他只说了句："克鲁格是故意的。他这么做就是为了证明我的命令不可行。"[65]

第二十五章 总计行动

就在美第 30 师为坚守莫尔坦而拼死战斗时，新组建的加拿大第 1 集团军则沿着通往法莱斯的公路发动了一场大规模攻势，即"总计行动"。蒙哥马利对该部指挥官亨利·克里勒中将评价不高，而且还不加掩饰。他把克里勒看作第一次世界大战中的炮兵，认为他既乏味又呆板。在意大利作战的加拿大第 1 步兵师也不喜欢克里勒的强硬性格，而更愿意在第 8 集团军经验丰富的英国指挥官手下服役。[1]

这里还有政治层面上的原因。克里勒一心捍卫加拿大的利益。蒙蒂视之为对自己指挥权的挑战。加拿大军的高级军官们也察觉到了英国人的傲慢态度。不过即使蒙哥马利派遣几名参谋军官前去克里勒的指挥部指导作战行动，也没能改变加拿大人的看法。蒙哥马利还认为加拿大第 3 师的罗德·凯勒少将"很不适合担任师长"[2]。他却非常钦佩加拿大第 2 军的盖伊·西蒙兹（Guy Simonds）中将，后者正是"总计行动"的策划者和指挥官。

由于加拿大军队兵力有限，所以英第 1 军和新近抵达的波兰第 1 装甲师也划归加拿大第 1 集团军。攻击将于 8 月 7 日午夜前开始。第 51 高地师现在恢复到了此前的高水准。该师的任务是在东侧沿卡昂至法莱斯公路南下，同时加拿大第 2 师在公路西侧并进。克里勒将军知道关于党卫军滥杀加拿大俘虏的事情已经传到了新来的部队耳中，于是严令禁止采取过度手段

"为死去的战友复仇"[3]。

西蒙兹从英军早前犯下的错误,尤其是"古德伍德行动"的失误中吸取了教训。他决定发动夜袭,以减轻德军极为强大的88毫米反坦克炮所造成的损失。他还指示先头步兵部队搭乘装甲车辆随行。为了凑够运载工具,人们将"牧师"自行火炮的105毫米炮卸下来,因此它们又被戏称为"被撤职的牧师"。这套战术有利于装甲攻击部队在轰炸机对德军前沿阵地饱和轰炸后,能够立即与步兵协同前进。

然而,西蒙兹被一名南斯拉夫逃兵的情报误导了。此人来自德第89步兵师,偷偷穿过战线向盟军投降。他报告说,他所在师刚刚接替了党卫军第1装甲师的阵地。西蒙兹没有意识到"警卫旗队"师之所以调离,是为了参加莫尔坦反击战,以为它撤回去只是为了加强圣西尔万(Saint-Sylvain)和莱兹河畔布雷特维尔(Bretteville-sur-Laize)之间的第二道防线。这影响了他对这场战役的判断。他决定等待空军在次日13点完成又一轮轰炸后,再命令波兰和加拿大装甲师打头阵,开始第二阶段行动。

"总计行动"的起始点是布尔盖比山脊(见地图17)。加拿大军在持续进攻韦里耶尔、蒂利-拉康帕涅、拉乌格(La Hogue)等村落期间已经损失了不少兵力。不过他们的攻势在客观上迫使"警卫旗队"师推迟了向莫尔坦进发的时间。与第51高地师并肩行动的英第33装甲旅的坦克兵们享用了一顿"最后的晚餐"。菜单包括罐头牛肉、压缩"狗饼干"、散发漂白剂难闻气味的茶水,以及从大罐子里盛出来的定量朗姆酒。那是一个炎热的夜晚,坦克乘组在粗棉连体工作服下只穿了一条短裤。面对即将到来的战斗,大多数人却感觉脊梁骨升起一股寒意，大脑一片空白。

8月7日23点，1000架"兰开斯特"和"哈利法克斯"轰炸机开始对前进方向的两侧区域实施轰炸。然后坦克和"牧师"自行火炮组成七支机动纵队，搭载步兵立即发起进攻。其中三支英军纵队在公路东侧，四支加拿大纵队在西侧。每支纵队都有四辆坦克齐头并进。在攻击部队前方，弹幕射击以每分钟90码的速度向前移动。他们已经能够很熟练地在夜间保持队形。"天啊！"左翼的北安普敦郡第1义勇骑兵队一名无线电话务员评论道，"这是坦克方队在操练。"[4]

为了帮助坦克驾驶员在黑暗中行驶，盟军打开探照灯，通过云层反射来制造"人工月光"。"博福斯"火炮朝部队头顶上发射绿色曳光弹，为他们指明方向。但是炮击和空袭导致尘土飞扬，加之途中弹坑累累，纵队很快就变得凌乱不堪。一片漆黑中，许多坦克翻进弹坑里。"谢尔曼"和"克伦威尔"坦克如同在惊涛骇浪的大海上行驶的航船，在凹凸不平的地面上左摇右晃，上下颠簸。扫雷坦克走在最前面，一路引爆地雷。队伍常常被树篱丛挡住去路，只好频繁地走走停停。为了在黑暗中打开缺口，坦克乘组还会下车，借着烟头上的丁点火光指挥驾驶员操作。

尽管在英军纵队后方的拉乌格和蒂利-拉康帕涅两地，激战仍在继续，但他们还是遵照命令继续前进。加拿大军在黑暗和尘土中也很难看清道路。在右翼，斯托蒙特-邓达斯-格伦加里高地人团（营级单位）向奥恩河畔迈镇（May-sur-Orne）推进时遇到了埋伏好的德军88毫米火炮。加拿大黑卫团在进攻丰特奈勒马尔米永（Fontenay-le-Marmion）时也很不顺利。缺乏战斗经验的加拿大第2师伤亡惨重。[5]德国人的抵抗十分激烈，但他们也感受到巨大压力。英第59师刚刚占领了河对岸通往德军后方格兰博森林（Forêt de Grimbosq）的桥头堡。

身材高大的贾米森（Jamieson）上尉来到奥恩河边，径直跳入河中检查是否能涉水过河。第59师诺福克郡团第7营随后跟着他的步伐，渡过奥恩河。[6] 8月7日白天，党卫军"希特勒青年团"师的第26装甲掷弹兵团进行反击。皇家诺福克郡团第7营的考特曼（Courtman）中士利用反坦克炮成功消灭了两辆豹式和一辆Ⅲ号坦克，极大地鼓舞了士气。当天晚上，皇家诺福克郡团第7营官兵在森林里听到更多德军坦克从他们前面驶过，于是呼叫炮兵支援。25磅火炮的射击速度非常快，以至于德军士兵以为英国人发明了一种火炮版的机关枪。

第二天早上，装甲掷弹兵再次向皇家诺福克郡团第7营发起反攻。右眼和左臂受伤的贾米森上尉后来因领导D连防守有功而获得维多利亚十字勋章。就在阵地即将被攻破时，他呼叫炮兵向自己开火。幸运的是，无线电通信良好，炮兵再次十分出色地完成了支援任务。炮兵也很同情步兵的遭遇。一位年轻的炮兵军官在日记中写道："与步兵相比，炮兵的工作非常轻松。"[7] 第59师的一名军医站在奥恩河以西的一座山岗上描绘了这场战斗："奥恩河河谷的壮丽景色一直向下延伸到小镇蒂里阿库尔。山谷另一边，由炸弹或迫击炮弹引起的大火正在森林里肆意燃烧。"[8]

英军占据宾松山后，奥恩河地区的战斗依然举步维艰。迈尔斯·希尔德亚德（Myles Hildyard）在第7装甲师师部写道："英国前线的（德军）正在被缓慢击退，但（他们）打得非常顽强。这是自然的，否则我们就把他们包围了。虽然战斗令人疲惫厌倦，但我们压制并杀死了很多德军。"[9]威尔特郡团第 5 营被判处"现场惩罚"①的士兵们，在整个"总计行动"中一直都在埋葬宾松山战斗的死者。他们的牧师写道："这些天来，除了主持葬礼，我似乎什么事都没做。"[10]不过法国平民面对苦难所表现出来的惊人韧性使他振奋起来。他写道："我们走得越远，法国人的情绪就越高涨。可是对他们来说，'解放'通常意味着失去一切。"

在法莱斯公路两侧，西蒙兹的大部分纵队已经在 8 月 8 日黎明前抵达目的地。北安普敦郡第 1 义勇骑兵队和黑卫团已经在圣艾尼昂-德克拉梅尼勒（Saint-Aignan-de-Cramesnil）以南的树林和果园中构建阵地。这里距高梅尼勒（Gaumesnil）仅咫尺之遥。党卫军第 12 "希特勒青年团"装甲师师长库尔特·迈耶在那里设立了一个观察哨。现在是整个行动的关键时刻。西蒙兹确定德国人已经建立了强大的第二道防线，由党卫军第 1 装甲师防守，于是计划在午后不久组织第二次空袭。他的两个承担突破任务的装甲师本来已准备完毕，可随时出发，现在却不得不等待轰炸机。

"装甲迈耶"收到第 89 步兵师在猛攻下崩溃的有误报告后，非常震惊，于是驱车直奔前线。迈耶站在自己的指挥车里，惊恐地看着第 89 师的士兵正向法莱斯逃窜。他声称，自己当时跳下车来，拿着一支卡宾枪独自站在路中间，以此羞辱溃兵，

---

① 英联邦军队中，军事法庭或指挥官可以对现役军人的任何犯罪行为进行现场惩罚，而无须送交军事监狱。现场惩罚可以是繁重劳动，或戴上手铐脚镣，绑在炮架或栅栏等固定物上。一战期间十分常见，二战期间则明令禁止不得进行身体束缚。

希望他们能转头保卫桑托（Cintheaux）。埃贝巴赫将指挥权移交给泽普·迪特里希之前，仍在指挥第5装甲集团军。他赶来与迪特里希会面，并答应第85步兵师一到就派上战场，但该师主力部队还远在十几英里外。迈耶已经收到情报，波兰第1装甲师位于公路东侧，西侧是加拿大第4装甲师。盟军在集结区停下来，正等待下一阶段进攻。

迈耶说，他们唯一的希望是发动一次突然反击，来扰乱敌人部署。埃贝巴赫表示同意。他们两人都知道，如果加拿大军和英军突破到法莱斯，那么仍企图向阿夫朗什再次发起反击的第7集团军就有被切断后路的危险。迈耶决定把温舍（Wünsche）战斗群的装甲掷弹兵从格兰博森林拉出来，以应对加拿大军。

迈耶前往桑托，给另一位负责反击的战斗群指挥官瓦尔德米勒（Waldmüller）和"王牌坦克车长"魏特曼简要布置了任务。后者将率领他的虎式坦克连支援迈耶。迈耶说，就在他们讨论计划时，看到头顶出现一架美国轰炸机，并投下一颗标记弹。他们知道这意味着什么，飞快地跑回各自座驾。如果能立即推进的话，他们就能躲过即将到来的猛烈轰炸。尽管盟军已经开始炮击，迈耶却看见魏特曼的虎式坦克从桑托北部的边缘地区正以最快的速度冲向圣艾尼昂。瓦尔德米勒的装甲掷弹兵坐在半履带车内，迅速跟进。一名机枪手指着北方，向迈耶大喊大叫，提醒他美军轰炸机正在逼近。迈耶说，他手下有个来自柏林的党卫军青年士兵叫道："真是太荣幸了！丘吉尔给我们每人送来一架轰炸机！"[11]

北安普敦郡第1义勇骑兵队第1营的四辆"谢尔曼"坦克

完美地隐藏在圣艾尼昂以南的树篱丛和果园里。突然，他们从无线电中听到队长说："目标出现！三辆虎式，纵队向北移动。"[12]这群装甲怪兽正沿着一条与主路平行的小道前进。队长命令不要开火。"谢尔曼"的75毫米口径火炮在这个距离对付56吨重的虎式坦克，"如同玩具枪打水泥墙"。英军必须等待虎式更靠近些才行。他们计划先由三辆"谢尔曼"发射75毫米口径炮弹，把德国人炸懵，再让一辆"萤火虫"坦克用强大的17磅炮将其消灭。

一辆虎式通常能干掉三辆"谢尔曼"，这是一再经过实战检验的数据。英军坦克兵清楚地知道这一点。他们喉咙发干，在恐惧中等待着交火那一刻。每个装填手都确保他们在炮膛里装的是穿甲弹，而不是高爆弹。炮手通过瞄准镜凝视着敌人，慢慢转动炮塔，跟踪队长分配给自己的目标。必须首先摧毁第一辆和最后一辆虎式坦克。

经过一阵焦急等待，猎物进入800码距离内。无线电里传出队长的开火指令。魏特曼和他的乘组没有看到伏击者，被打了个出其不意。虎式坦克立即反击，却找不到隐蔽起来的"谢尔曼"。头两辆虎式坦克燃起大火。第三辆被完全摧毁，魏特曼很有可能就是乘坐的这一辆。这个义勇骑兵队终于为在维莱博卡日遭遇埋伏的神射手团报了一箭之仇。

北安普敦郡第1义勇骑兵队的"谢尔曼"坦克兵们简直不敢相信他们竟然毫发无损地摧毁了三辆虎式。[①] 不过现在没时间欢呼。他们看到瓦尔德米勒战斗群的Ⅳ号坦克和装甲掷弹兵

---

① 来自党卫军第12"希特勒青年团"装甲师的目击者和党卫军第101重装甲营的军医都确信有五辆虎式坦克被击毁。[13]另外两辆很可能已经被皇家装甲兵第144团消灭。——原注

正穿过面前的麦地赶来。

位于北安普敦郡第1义勇骑兵队左翼的波兰装甲师头戴与众不同的贝雷帽，正待命出发。同样，加拿大第4装甲师推进到法莱斯公路以西后，也停了下来。接着，美军轰炸机部队飞抵前线，却再次发生"友军误击"的灾难事故。

由500多架B-17轰炸机组成的编队穿过战线，开始攻击六个目标区域。德国方面声称，他们的高射炮击中了其中一架领头的轰炸机，结果它还没到目标就投下炸弹，其他轰炸机跟着纷纷效仿。有名正在观察战情的英国炮兵军官也看到高射炮击散了轰炸机编队。他写道："其他飞机找不到目标，将炸弹扔到了盟军战线后方，造成许多人员伤亡。"[14]一名负责处理伤亡士兵的军医在日记中记录道："美国陆航名声不佳。他们很可能像德国佬那样，猛轰我方战线，结果导致大量加拿大和波兰军人伤亡。"[15]

加拿大、波兰人发现自己受到己方攻击后，迅速投掷黄色烟幕弹来标记他们的位置。然而由于地面部队和航空兵之间沟通不畅，黄色在美国陆航眼里就是目标点。结果有315名加拿大人和波兰人因此丧生或受伤。波兰人相当克制地称这一事件是"令人遗憾的友机'支援'"[16]。盟军士气却因此大受打击，部队也陷入混乱之中。西蒙兹第二阶段的攻势受到致命影响，速度大大减缓。轰炸除了阻碍盟军推进外，没有取得任何效果。事后看来，西蒙兹本应该放弃空袭，保持突进势头。他还应该利用德军尚未从夜袭中回过神来的机会，上午就派遣两个装甲师出动，而不是让他们停下来等待轰炸机。

尽管魏特曼的虎式坦克小组被摧毁，但迈耶两个战斗群还是打得盟军两个新到的装甲师大惊失色。他们随后的表现至少可以说是瞻前顾后。发动了一次灾难性的坦克冲锋后，波兰人变得相当谨慎，因为该师兵力严重短缺。他们中的大部分人在1939年德国入侵波兰时便加入战争，然后在1940年穿过欧洲大陆去保卫法国，最后抵达英国继续奋战。德国士兵根据这些流亡志愿兵的奇异经历和他们的总司令名字，称其为"西科尔斯基的游客"[17]。

波兰人为了补充兵力，甚至派征兵队到战俘营中搜寻有波兰血统的德军士兵。因此在诺曼底战役中，有不少人为两边都打过仗。加拿大军在卡昂南部，特别是在韦里耶尔附近和布尔盖比山脊上的战斗中也损失惨重，兵力同样严重不足。与英军不同的是，他们不能通过解散一个师来为其他部队补充力量。

到8月8日下午，"总计行动"创造的大好战机很明显正在迅速消失。法莱斯公路西侧的加拿大军因通信不畅和辩读地图问题一直步履蹒跚。西蒙兹为第4装甲师走走停停而抓狂。尽管他竭力催促，但几个纵队的速度还是不尽如人意。他命令夜间继续前进，可是许多部队干脆退到完善的防御阵地内，等待第二天黎明再行动。

不过德军还不知道迈耶的反击取得了成效。从正午开始，埃贝巴赫就同迈耶失去了联系。克鲁格此时已经知道了德军在莫尔坦镇失利，一度陷入绝望之中。当晚9点10分，他指出法莱斯前线的局势"正变得非常严峻"[18]。他以为第89步兵师和"希特勒青年团"师"事实上已被歼灭"，炮兵也大多损失殆尽。他警告说，盟军进一步朝南面的法莱斯挺进，即意味着德军"向阿夫朗什的进攻失去了意义"。克鲁格承诺从第9装甲师和党卫军"霍亨施陶芬"师各调来一个豹式坦克营，但两支部队都没法从当前战斗中脱身。

第二天8月9日，"希特勒青年团"师的装甲掷弹兵继续分成小股部队负隅顽抗，抵挡占据绝对优势的盟军。不过就像"古德伍德行动"一样，对装甲师推进造成最大阻碍的依然是配属给党卫军和德国空军的88毫米炮。德第3高射炮军不久前向法莱斯前线增调了40门这样的火炮。①

黎明前，西蒙兹命令沃辛顿（Worthington）纵队沿法莱斯公路向南前进，并夺取方丹勒潘（Fontaine-le-Pin）东北方向的195号高地。这支由加拿大第28装甲团（又名康诺特公爵属不列颠哥伦比亚装甲团，营级单位）和两个阿尔冈昆人②连组成的部队却迷失了方向。他们在桑托以南穿过法莱斯公路，却没有转回西侧，而是继续前进占领了140号高地，可是真正的目标在西南方向四英里之外。他们确信现在控制的高地没有问题，于是向指挥部报告后原地待命。

迈耶在勒布雷什-奥迪亚布勒（La Brèche-au-Diable）的另一座高地上新设立了观察所，就在140号高地以南三英里。党卫军刚一发现这支孤立的纵队，瓦尔德米勒战斗群就准备开始进攻。沃辛顿纵队在当天余下的时间里一直处于包围之中。他们请求炮火支援，可是加拿大第4装甲师还以为该部在195号

---

① 德国空军第3高射炮军由沃尔夫冈·皮克特（Wolfgang Pickert）中将指挥。1942年11月苏军包围保卢斯的第6集团军期间，他将第9高射炮师从斯大林格勒撤离出来。——原注
② 阿尔冈昆人，曾是北美原住民中最大的部落之一，现仅剩约30万人。

高地上，便正如他们所声称的那样，向那里猛烈炮击，封锁了该区域，但对沃辛顿纵队而言则无济于事。这个可怕的错误直到下午才有人察觉。加拿大第 22 装甲团（又名加拿大禁卫掷弹兵团，营级单位）奉命救援沃辛顿纵队，不料在途中开阔地带损失了 26 辆"谢尔曼"坦克。沃辛顿上校阵亡，纵队几乎全军覆没。一些幸存者设法逃出来，加入波兰装甲师。

在奥恩河一侧，德第 271 步兵师于当晚得到埃贝巴赫将军的许可，撤退至桑格莱森林。师长保罗·丹豪瑟（Paul Dannhause）中将记录道，他们已经损失了一半军官和士官。[19] 他还指出，由于德国飞机很少现身，所以他的部下只要看到有飞机飞来就假定为盟军，并当即开火。

英军现在推进至奥恩河西岸，宾松山以南。他们在普莱西格里穆（Plessis Grimoult）与德军新防线迎头相撞。[20] 德军火箭弹如雨点般倾泻而下。英国人把这个地方称为"血腥村，战斗甚至比斯顿克维尔（Stonkville）之战还要惨烈"。炮弹在树冠上爆炸，弹片杀死了数名坦克车长。

尽管奥恩河侧翼压力很大，不过克鲁格在 8 月 9 日下午还是收到了令人振奋的消息。德军在法莱斯重建防线的速度比他 24 小时前最乐观的估计还要快。与国防军最高统帅部商讨后，他同意再次启动"吕蒂希行动"，向阿夫朗什反攻。埃贝巴赫负责指挥莫尔坦前线的装甲集群，而泽普·迪特里希接替他担任第 5 装甲集团军指挥官。

德军重新发动阿夫朗什攻势的决定引出了一个有趣但又难以回答的问题。"总计行动"失利最终反而对盟军有利吗？假如加拿大军抵达法莱斯，而克鲁格决定 8 月 9 日从莫尔坦撤退，那么后来德第 7 集团军是否会有更多人成功逃脱包围圈呢？

极度失望的西蒙兹仍然试图在第二天，也就是8月10日强行推进。他希望能够突破位于勒魁奈（Le Quesnay）的树林地带，并渡过莱松河（Laizon）。虽然党卫军第1装甲军仅剩下40辆坦克，但大多数88毫米火炮依然有战斗力，足以在波蒂尼（Potigny）周边形成强大的火力屏障。很多人，尤其是波兰军队，认为那些"水晶球占卜师"严重低估了德军反坦克防御力量。[21]由于能见度差，"台风"战斗机中队没能提供多少支援，不过英军和加拿大军显然也没有达到像美军那样的空地协同水平。

当天晚上，"希特勒青年团"师声称，他们在过去两天内已经消灭了192辆盟军坦克。[22]而国防军最高统帅部在公报中宣布，有278辆盟军坦克在奥恩河两岸被摧毁。[23]无论如何，盟军已经损失了150多辆坦克，致使西蒙兹将军觉得有必要取消当晚的进攻行动。他现在只能强忍痛苦，为没有抓住8月8日转瞬即逝的战机后悔不迭。正是在计划第二阶段，等待轰炸机支援才让德军有了喘息之机。

争夺法莱斯公路的战斗也是一场残酷厮杀。克里勒将军反对过度报复敌人的警告似乎没有起到什么作用，因为在加拿大第2军送往后方的1327名俘虏中，只有8个来自人人痛恨的"希特勒青年团"师。[24]当然，狂热的青年党卫军即使在被包围时也最不可能投降，但不管怎么说，这个数字仍然少得惊人。

*

与进攻法莱斯的西蒙兹部队不同，乔治·巴顿将军率领的第3集团军在南面70英里的德军后方势如破竹，不必过多担心88毫米反坦克炮的威胁。巴顿最关心的问题是如何确保补给通畅。他写道："军队规模如此庞大，我一个人就得指挥12个师。补给系统就像一头巨大的怪兽。"[25]据盟国远征军最高统帅部后勤部部长约翰·C. H. 李（John C. H. Lee）将军称，巴顿企图"把所有燃料占为己有"[26]。他拉拢卡车司机，给他们颁发第3集团军徽章，有时为了迅速调遣步兵还强征卡车。[27]这既引起了同僚们的愤怒，也让他们钦佩不已。

美国陆军是有史以来机械化程度最高的军队，但也有特有的问题。一辆坦克平均每周就要消耗8000加仑燃油。据第3装甲师估计，仅仅沿着公路前进，整个师每天便需要6万加仑。[28]如果必须越野，这个数字还会飙升。（第3装甲师的一名军需官计算出，全师每移动100码就会烧掉12.5万加仑燃料。[29]）除燃油外，一个装甲师每天需要为包括附属部门在内的2.1万人准备35吨给养。根据战斗激烈程度，弹药补给吨位数可能会更大。

美国人通过严格划分任务优先级来应对这一挑战。运载燃料的"补给列车"拥有绝对通行权。每辆M-25运输车可装载1.6万加仑燃油。他们甚至从炮兵部队那里征用弹药车来运送更多汽油。每支车队都处于宪兵和"幼兽"侦察机的监控之下。为了提升桥梁道路的通行能力，工兵们夜以继日地施工。他们在勒芒建造了迄今为止法国境内最大的贝雷桥，取名为"美国小姐"[30]。所以德国人对这种所谓的"富人战争"既羡慕又惊讶也就毫不奇怪了。

8月8日，正当莫尔坦之战和"总计行动"交战正酣时，布莱德雷产生了将德军围困在阿让唐和法莱斯之间的想法。当时正在视察其指挥部的艾森豪威尔对此表示赞同。当天还有一位访客是美国财政部部长亨利·摩根索（Henry Morgenthau）。布莱德雷拿出地图，兴奋地对他说："这是指挥官百年难遇的机会。我们要全歼敌军。"[31]

布莱德雷致电蒙哥马利，简要阐明了这项计划。蒙哥马利虽然同意，但还是有些犹豫。他更倾向于在离塞纳河不远处设置一个更大的包围圈。（如果布莱德雷在24小时后才提出这个想法，那么一旦西蒙兹的攻击陷入停顿，蒙哥马利很可能会拒绝。）巴顿也希望在塞纳河地区围歼正在撤退的德军。他对布莱德雷的计划甚至更加怀疑，不过他还是同意让海斯利普的第15军从勒芒以北转移到阿朗松和阿让唐，准备与从法莱斯向南推进的加拿大第1集团军会师。他认为以后总会有机会再布置第二个陷阱的。

与此同时，巴顿的第20军正沿着卢瓦尔河河谷清扫其南翼战线。当他们接近昂热时，有个"谢尔曼"坦克连切断了一支小型德军车队的去路，发现自己缴获了"一整个师的军饷"[32]。8月9日，第20军出动三个营齐头并进，向昂热发起攻击。一条巨大的反坦克壕沟横亘在他们面前。工兵驾驶推土机将部分地段填平后，坦克才顺利通过路障，并很快开进城内。马耶讷河上的三座大桥已经被炸毁，但工兵还是设法修好了一座。8月10日晚，美军开始向东岸渡河。第5师第2步兵团着手清剿城内的德军。[33]一名中尉报告说："法国人殴打通敌者。虽然我们把他们带走，但不久又会被人拖回来，揍得更凶了。"[34]

德军陷入一片混乱，确保南翼战线安全的努力似乎注定要失败。第9装甲师遭受重创，第708步兵师被彻底消灭，后来只有60个士兵逃了出来。①勒芒地区的德军指挥官被控"勇气尽失"[35]，将面临军事法庭的审判。

克鲁格和埃贝巴赫还不知道巴顿的先头部队已抵达何处。但德军在8月10日截获了一份第5装甲师的无线电报。电文证实了他们的担忧是正确的。巴顿第3集团军左翼部队正向北前往阿朗松，威胁到他们的后方和主要补给基地。装甲教导师残余的"补给队、维修排和正在修理中的坦克"[36]在城内临时组成防守部队。就连机械师和炊事兵也被分发了"铁拳"反坦克榴弹发射器。不过阿朗松注定在劫难逃。

8月11日中午，埃贝巴赫来到设立在阿朗松东北方向的第81军军部，与克鲁格和豪塞尔会面。他们听说第9装甲师遭受重创，正向城北的一片树林撤退。该师现在只剩下一个步兵营、一个炮兵营和六辆坦克，无法继续坚持下去了。美军将很快占领第81军军部。在场的高级军官们在仓促间准备向东撤离。从莫尔坦转移过来的数个装甲师甚至没有时间遵照埃贝巴赫的计划，在南线发起反攻。他们赶到目的地后唯一能做的就是构筑防线。德国对法国的军事统治即将崩溃，希特勒却仍然坚持"必须对阿夫朗什进行反攻"[37]！埃贝巴赫气得几乎说不出话来。"难以置信，最高统帅部在斯大林格勒、突尼斯和克里米亚等战役之后，竟然还看不出来这是个陷阱。"[38]

---

① 倒霉的第708步兵师师长埃德加·阿恩特（Edgar Arndt）少将后来被蒙特卡姆（Montcalm）上校指挥的一支法国国内地军分队俘虏。8月25日巴黎解放日，他与另外两名军官一起被处决，以报复党卫军第51装甲掷弹兵旅在比谢尔（Buchères）实施的大屠杀。该部在那场屠杀中枪杀了66名平民，其中大部分是妇女儿童，还烧毁了45栋房屋。——原注

突然，周围响起坦克炮声。"敌军炮弹开始落到这个地区，"埃贝巴赫写道，"燃烧的汽车升起滚滚浓烟，把我们完全笼罩。直到夜幕降临后，我们才得以撤离营地。经过塞镇（Sées）时，我注意到一个炊事排正在坚守防御阵地。所有街道上都挤满了向北撤退的后勤部队。"[39]宪兵和巡回军事法庭守在交叉路口周围，捉拿逃兵。[40]大部分掉队的散兵被组织为临时战斗小组。

第二天，根据埃贝巴赫的命令，从莫尔坦战区第一个赶来的第116装甲师向塞镇前进，不料一头撞上了刚刚加入海斯利普军的法国第2装甲师。当晚，埃贝巴赫收到战报，该师几乎被火炮和坦克消灭殆尽，美军正向阿让唐强行推进。埃贝巴赫的小小参谋部再次逃亡，但耗费六个小时才走了20英里。德军车辆慢如乌龟，把狭窄的公路挤得水泄不通。失去阿朗松附近的补给基地意味着第7集团军和埃贝巴赫装甲集群必须通过第5装甲集团军获得给养，而该部自身也严重缺乏燃料弹药。

从莫尔坦战区向东撤退的各师尚未得知第9装甲师被歼灭的消息，以为南线现在还是安全的。盟军战斗轰炸机继续攻击缺乏装甲保护的车辆，尤其是补给卡车。事实证明这是非常有效的战术。由于无油可烧，党卫军第1"阿道夫·希特勒警卫旗队"装甲师被迫放弃并摧毁了许多坦克。[41]该部把手头拥有的所有机动车辆用来逃命。而且前挡泥板通常会安排一个空中观察员躺在上面，监视盟军战斗机。有个连还有一辆从意大利缴获的菲亚特巴士，但是轮胎被扎破没法充气，他们只好往里面填干草。

再往南，二等兵施皮克特和一支从阿夫朗什逃亡的小型工兵队正往东行，巴顿的纵队就在他们身后紧追不舍。士兵们把一小桶卡尔瓦多斯苹果酒藏在苏式六轮卡车后车厢里的地雷中间。他们的指挥官诺瓦克（Nowack）中尉在一座小村落的广场上找到了自己的手下。不幸的是，他也发现了隐藏起来的烈酒。没过多久，诺瓦克就喝得酩酊大醉，还说了一通令人啼笑皆非的祝酒词："卡尔瓦多斯还在德军手里①！"[42]

工兵继续在桥梁上安置迫击炮弹或其他爆炸物，准备将它们炸毁。他们刚在某个小镇上干完活，有辆承担后卫任务的党卫军突击炮就冲过大桥，履带扯断了所有线缆。还没来得及修复，一辆"谢尔曼"坦克就出现了，向这座桥梁驶来。突击炮首发命中，它顿时燃起大火。车长是一名党卫军下士，他催促工兵小队赶紧离开小镇。其实不需要进一步劝说，美军炮火几分钟后就纷纷落下。那辆苏联卡车此刻终于抛锚，于是他们又抢了辆雪铁龙汽车，向巴黎逃窜。这倒很可能帮助他们躲开了盟军飞行员和抵抗组织的注意。

阿夫朗什反攻失败后，撤下来的各师中只有冯·吕特维茨将军的第2装甲师还尚存战斗力。该师现在的任务是坚守埃库谢战区，其当面之敌便是从阿朗松向北挺进的法国第2装甲师。美第5装甲师位于法军的右翼。8月13日拂晓后不久，几辆可能隶属第116装甲师的豹式坦克无意中闯入法第2装甲师师部，把法国人吓得不轻。[43]他们驾驶"谢尔曼"坦克与敌人近距离对战。

当天，勒克莱尔师继续清剿埃库沃森林（Forêt d'Ecouves），差点就俘虏了吕特维茨。一支分遣队遇到两个推着手推车的

---

① 这是双关语，卡尔瓦多斯既是法国的一个省，也是一种苹果酒的名称。

"平民"。他俩"化装很差劲"[44]，车上的两个袋子里还塞着德国国防军制服。法国士兵对着俘虏哈哈大笑。德国人看上去似乎松了一口气，说道："军装破了！（Guerre kaputt！）"战斗对他们而言已然结束。

盟军方面，乱糟糟的程度也不遑多让。一些师试图一路向北攻击，却被另一支穿过战线的邻近友军挡住去路。法国第2装甲师的勒克莱尔将军在进攻埃库沃森林的过程中，对军部的命令可谓置若罔闻。他霸占了原本分配给美第5装甲师前往阿让唐的主要路线，结果导致美军师的油罐车无法通行，进而引发混乱。

这片森林中上演着一场你死我活的捉迷藏游戏，双方都不清楚敌人在哪里。美军侦察小队埋伏在一个十字路口附近，等待德军上钩。有一次，一名德国高级军官显然是迷路了，停下车拿着地图，仔细查看路标。伏兵炸毁了就在他身后的指挥车，把他吓得抱头鼠窜。美国人则非常兴奋。美军还会伏击车队，朝着卡车密集扫射。若载有燃料和弹药的卡车被炸上天，偶尔也会把他们自己吓一跳。

兵荒马乱中，法国内地军和普通法国老百姓竭尽全力为盟军提供情报。第5装甲师某坦克营就要进入一座村庄时，有个小男孩及时警告他们说，村子里藏着一门88毫米反坦克炮。不过部分美军随意杀戮的行为也让法国人感到不可理喻。一名住在小镇上的法国妇女问，有四个德军躲在她家的房子里，该怎么办？第10坦克营一名中尉在报告中写道："我们没有人手看着他们，所以命令他们靠墙，然后全部射杀。"[45]

美第80师刚加入战场，其前卫团先是被法第2装甲师，接着又被海斯利普军的第90师阻拦在路上。团长麦克休

（McHugh）上校坐上一架"幼兽"飞机前去空中侦察，发现前方还有一座断桥挡住了他们，需要另寻出路。[46]麦克休报告说："有个法国人走来，用流利的英语向我指明不远处还有一座桥。我被他的热情打动，于是带着他一起走。后来我才知道他是我军战略情报局人员，已经在那个地区工作了好几个月。"

麦克休还得解决菜鸟部队在战斗中经常遇到的问题。"这是我们第一次参加实战，发现要让士兵们前进很困难。为了发动进攻，我不得不把那些人从地上踢起来。我还得在没有任何掩护的情况下横穿公路，给部下打气。"然后德军坦克出现了。"我的前卫营营长顿时陷入恐慌，全营也跟着他乱了阵脚。为了安抚情绪，我不得不把整个营都替换下来。"第80师也碰到过补充兵系统送错人的问题。有一个团"接收了17个炊事兵，而该团炊事部门并无人员伤亡"。这个团没法把他们送回去，只好让这些不幸的炊事兵作为步兵上战场。在三天的战斗中，该团伤亡523人，其中84人阵亡。8月13日，麦克休听说法国第2装甲师"正在卡鲁日（Carrouges）附近进行一场大规模坦克会战"，于是再次乘坐"幼兽"侦察机飞往战场上空观战。D装甲群和美第90师正与德第2装甲师和"警卫旗队"师一部鏖战。

法国第2装甲师的另一支装甲群随后在埃库谢攻击德第116装甲师的一支分遣队。当法军驾驶"谢尔曼"坦克入城时，一名神父探出窗外高喊："美国万岁！（Vive l'Amérique！）"[47]"我们是法国人！（C'est la France！）"一名上尉对他吼道。于是神父拿着三色旗冲了出来，欢呼着"法兰西万岁！（Vive la France！）"上尉则要求他还须高呼"戴高乐万岁！（Vive de Gaulle！）"

法国第2装甲师已经有近600人伤亡，其中129人甚至还没与敌人交战，就在8月8日遭到友军误炸。[48]好在有成百上千法国年轻人踊跃报名参军，该师才得以抓住机会从中遴选新兵。在埃库谢，该师甚至招募了一名"警卫旗队"师的阿尔萨斯逃兵。[49]十天后，他就穿上法军制服，参加了解放巴黎的战斗。①

8月13日下午，一支法国战斗巡逻队进入阿让唐，但很快便被击退。当时德第116装甲师一部已经进驻该城，而且第24装甲团残余部队——一个配备了四联装20毫米机关炮和数门88毫米火炮的高射炮团也加强了城镇的防御力量。[50]第116装甲师接到的指令是不惜一切代价坚守阿让唐，阻止盟军沿公路向法莱斯突进。法国第2装甲师留在城南不动，承担"实心瓶塞"[51]的角色，堵住德军。

前一天晚上，巴顿刚刚命令海斯利普继续向北挺进。"占领阿让唐后，缓缓朝法莱斯方向前进……抵达法莱斯后，继续缓慢推进，直至与友军接触。"[52]随后，他从拉瓦勒附近的前进指挥部致电布莱德雷，请求他允许关闭包围圈缺口，但布莱德雷予以拒绝。8月13日午后不久，巴顿再次尝试说服上司，但布莱德雷的指挥部断然命令海斯利普的第15军留在阿让唐，停止前进。"这个军向法莱斯推进易如反掌，"他在8月13日的日记中写道，"而且可以完全关闭缺口，但我们接到停止前进的命令，因为英国人在这个地区投放了大量延时炸弹。我确信停止不动是弥天大错，就像我确信英军（原文如此）不能在法莱

---

① 法国第2装甲师仅用数天时间便在塞镇附近的一座谷仓里设立了招募中心，专门为缺乏经验的志愿兵提供军事训练。两周后，他们中的大多数人乘坐卡车抵达圣日耳曼-昂莱，住在临时军营里，这些军营以前为伦德施泰特指挥部的看守所用。——原注

斯合拢包围圈一样。"[53]他后来怀疑这是由于"英国人嫉妒美军，或者对情况一无所知，也许两者兼而有之"。

向北推进可能并不像巴顿想象的那么容易。第 5 装甲师与法国第 2 装甲师一样，也遭到精心布置的 88 毫米火炮袭击，前进途中损失了不少兵员和车辆。但是布莱德雷并不打算让他的部队进入蒙哥马利的第 21 集团军群所在战区。他和艾森豪威尔都非常担心美军和加拿大军迎头推进时，各自发动的炮击或空袭会波及对方。

布莱德雷还很忧虑第 15 军战力不足，难以抵抗疯狂逃亡的德军师，守不住法莱斯至阿让唐之间的缺口。他也担心该军左翼对着霍奇斯第 1 集团军的方向兵力空虚。那里也正是希特勒希望埃贝巴赫发起反击的地方。人们只能说，美军试图在阿让唐和法莱斯之间形成一个小包围圈的决定是错误的。但蒙哥马利后来备受多方批评，因为他拒绝调整英美两军战区分界线，以便允许巴顿向北进攻。

诺曼底战役期间，因"总计行动"未夺取法莱斯而引发的争论最为激烈。蒙哥马利严重误算，以为加拿大军能够先于美军抵达阿让唐，并判断德军会向南线转移更多部队来对抗巴顿。他还又一次低估了未经实战洗礼的装甲师在突破 88 毫米火炮强大火力网时所面对的困难。盟军当时过于畏惧虎式和豹式坦克，反而忽视了这样一个事实，即德军的反坦克武器和突击炮（坦克歼击车）摧毁的"谢尔曼"和"克伦威尔"坦克数量更多。[54]

不管确切原因是什么，法莱斯至阿让唐之间的缺口毕竟还是门户大开，美国人为此怒不可遏，巴顿最为恼火。现在，为了消灭撤退中的德国部队，盟军必须在更东边寻找一处杀戮战场。

第二十六章　锤子和铁砧

8月12日，第13/18皇家轻骑兵团继续沿奥恩河河谷向前推进。尼夫少校在日记中写道："天气非常热，无论如何都不适合战斗。步兵裹在灰尘中，汗流浃背，我们则坐在坦克里忍受高温烘烤。"[1]但他们又安慰自己说，这一切很快就会结束。"长远看来局势还是很乐观的。'铁血将军'（巴顿）正向巴黎挺进，而在诺曼底这里，德国佬已经差不多要被包围了。"

然而，德军并没有被完全包围。法莱斯以北的西蒙兹加拿大军和阿让唐附近的海斯利普第15军之间，仍有一道约20英里长的缝隙。当天，第59师试图在蒂里阿库尔附近扩大奥恩河桥头堡，但受德军第271步兵师的抵抗和河两岸树木繁茂的陡峭山丘影响，计划落空。

第二天8月13日上午，西蒙兹向各编队指挥官通报了一个新攻势——"温顺行动"（Operation Tractable）。在蒙哥马利的坚持下，加拿大主力部队再次进攻法莱斯，而左翼的波兰第1装甲师将继续朝更东面的特伦（Trun）前进。尽管蒙哥马利在同一天与布莱德雷会过面，但他们显然没有详细讨论这些计划。蒙哥马利似乎又回到了他之前在塞纳河附近包围德军的思路。他没有派遣第7装甲师增援进攻中的加拿大军，而是将其往东调往利雪。蒙哥马利已经开始游说艾森豪威尔，希望将所有补给和支援收入囊中，这样第21集团军群就可以直取柏林。[2]

西蒙兹在8月14日上午11点启动"温顺行动"。他没有利用黑暗来避免损失，而是组织炮兵制造了一片浓浓的烟幕来应对德军反坦克防御工事。虽然轰炸机在"总计行动"中铸下大错，但还是加入本次行动。这一次，811架中型轰炸机中的绝大部分都准确命中了目标，可依然有77架将炸弹扔到后方的加拿大军和波兰部队头上，造成391人伤亡。[3] 难以置信的是，盟军竟然重蹈覆辙。地面部队使用黄色烟幕弹标识己方，而在空军看来，黄色意味着敌军目标。

加拿大军很快发现莱松河犹如一条反坦克壕沟，比预想中更难跨过。部分加军装甲团在那一天损失相当惨重。在他们左翼，波兰军队士气高昂，由第10骑乘来复枪团担当侦察部队，一马当先朝前推进。

8月14日，埃贝巴赫装甲集群收到希特勒发来的电报。"我命令，经阿朗松向南的攻击行动必须立即执行，为攻击阿夫朗什做好准备。"[4] 希特勒一直以来都异想天开，埃贝巴赫对此愤恨不已。他列出装甲集群剩下的坦克数量来反驳：党卫军第1"阿道夫·希特勒警卫旗队"装甲师有30辆，第2装甲师有25辆，第116装甲师有15辆，第9装甲师只剩下一个装甲掷弹兵连。

埃贝巴赫写道："德军斗志已经崩溃。他们并不仅仅是因为饥饿而疲惫无力。宣传机构的承诺，如大西洋壁垒坚不可摧，V型导弹会让英国屈膝投降，新式飞机、潜艇将确保最终胜利等说辞，都被证明是骗局。"埃贝巴赫发现士兵们无故扔掉机枪，遗弃坦克，离开后甚至没有将其炸毁。"没有武器的掉队士兵很多。军方必须在前线后方设置'抓捕线'（以捉拿逃兵和擅自撤退的人）。就连党卫军也不例外。党卫军第1装甲师从来没有遭遇过如此惨败。"德军还担心伞兵空降后方。盟军其实考虑过这一计划,但没有批准。

巴顿对第 15 军在阿让唐无所事事相当恼火,当天就乘飞机与布莱德雷见面。巴顿希望全军立即向塞纳河突进,不能再有丝毫耽搁。他计划派遣第 15 军前往德勒(Dreux),第 20 军前往沙特尔(Chartres),第 12 军前往奥尔良。他见到布莱德雷时情绪非常激动。"这真是个伟大的计划,完全是我的主意,"他在日记中写道,"不过我让布莱德雷以为这是他的想法。我既高兴又得意。我下令所有部队都在 20 点 30 分前开始行动,这样蒙蒂就算想谨慎一点,也来不及(阻止)了。"[5] 在勒芒附近的第 12 军军部,库克少将从第 3 集团军一名高级参谋那里收到了一份巴顿发出的简短命令:"立即占领奥尔良。"[6] 几个小时后,第 4 装甲师的 A 战斗群便离开圣加来(Saint-Calais)上路,直奔奥尔良——"一下子奔袭 85 英里"。

海斯利普麾下三个师——新到来的第 80 师、第 90 师和法国第 2 装甲师——将留在阿让唐,其余部队则向东驶向距塞纳河不到 30 英里的德勒。快速突进极大地鼓舞了士气。巴顿在第二天指出:"自我军开始行动以来,厌战症(怯懦的新名称)和自残案例都大幅下降。人们喜欢跟着获胜的队伍打仗。"[7]

第 3 集团军那些胡茬子老长的坦克兵成了补给部门和后方其他人员眼中的英雄。"一些士兵甚至想效仿前线战斗人员,留起胡子,"第 2 转运医院的一名医生写道,"不过我们的指挥官很快制止了这种做法。"[8]

美军进攻显得势如破竹,有些人被热烈气氛冲昏了头脑。一名美国战地记者为了击败同行对手,提前来到沙特尔,以见证美军占领这座城市。不幸的是,他早了两天。德第 6 守备团立即将其逮捕。[9]

二等兵施皮克特仍然与逃离阿夫朗什的第256步兵团工兵队在一起。他们乘坐破旧的雪铁龙汽车抵达沙特尔。就在守备部队进入战备状态保卫城镇、抵御逼近中的美军时，施皮克特和同伴们找到了一座国防军补给站。它已被遗弃，但尚未遭到洗劫。他们四处转来转去，惊奇地看到货架上摆满了琳琅满目的食物、红酒、烈酒、香烟，甚至还有电动剃须刀、麂皮手套和大瓶古龙香水。全是前线士兵从未见过的奢侈品。施皮克特说："我们真希望在战争的余下时光里就待在这儿不走了。"[10]他们往雪铁龙车里塞满了罐头、香烟、麂皮手套和一瓶古龙香水，然后出发前往默伦（Melun），计划从那里渡过塞纳河。他们红运当头，没有被宪兵拦下而编入临时组建的部队，参加城市保卫战。

8月15日，加拿大军向法莱斯艰难推进之时，波兰人在左路取得了突破。他们很幸运，德国空军的大部分88毫米火炮已经撤离，不过他们的战绩依然足以令人眼前一亮。波兰军一直突进到了若尔（Jort）附近的迪沃河。与此同时，英第1军（现在隶属加拿大第1集团军）在卡昂以东迫使德军退至迪沃河下游防线。可是，8月中旬的天气常常变幻莫测，烈日下突然电闪雷鸣，暴雨如注。原本坚硬的土路成了"一堆黏滑的糨糊"[11]。

克鲁格的司令部人员也非常清楚危机四伏。他们在记录中写道，"每过一个小时"，补给情况都变得"更为严峻"[12]。第5装甲集团军称，他们弹药短缺，到了"灾难性的地步"[13]。第85步兵师的兵力减少到一个半营，"希特勒青年团"师仅剩下15

辆坦克。就在那一天，当法国北部的德军残余部队企图逃离包围圈，避免全军覆没时，南法地区的纳粹占领宣告终结。

自1943年8月以来，在法国南部地区登陆的"铁砧行动"一直是美军的重点计划。丘吉尔自始至终都很反对这个想法。他不愿为了该计划从意大利前线调兵遣将。这主要是因为他梦想着杀入奥地利和巴尔干地区，从而防止苏联在战后将边境推进至亚得里亚海。

罗斯福总统对丘吉尔过分怀疑斯大林表示颇为不满。1943年11月，他在德黑兰会议上将了英国人一军。在没有事先通知丘吉尔的情况下，罗斯福把登陆南法和诺曼底的计划透露给了斯大林。这对英国人而言简直就是当头一棒。斯大林则立即表示赞同。他甚至说，瑞士人是"讨厌鬼"，并建议他们"沿着罗讷河（Rhône）河谷进入这个国家"[14]。由于缺乏船只和登陆艇，登陆南法的计划未能像美国人所希望的那样与"霸王行动"同步进行，但这并未阻止美军后来再次启动该方案。

英国人却一直试图干扰在南法实施"铁砧行动"［后更名为"龙骑兵行动"（Operation Dragoon）］，这令罗斯福、马歇尔和艾森豪威尔相当恼火。虽然英美两国存在诸多战略分歧，但双方在这个问题上争执尤为激烈，导致关系一度极为紧张。艾森豪威尔还认为，只要在"龙骑兵行动"中出动驻扎在意大利和北非的法国兵力，那么美军为此投入大量兵力和物资就显得名正言顺，也能把法国人拉拢过来。

8月4日，丘吉尔突然向罗斯福建议，"龙骑兵行动"应该转移到布列塔尼地区实施，然而当时那里尚没有一座港口可以运作，况且盟军在法国北部的补给系统也已经到了崩溃边缘。

丘吉尔还讪讪地补充说："我不能假装已经解决了所有细节问题。"[15]罗斯福表示坚决反对。8月5日，丘吉尔在拜访艾森豪威尔时，再次兜售这个想法。他的助手写道："艾克拒绝了，整个下午都在指挥部里说'不'，用尽了英语中每一种否定用法。"[16]当丘吉尔离开时，艾森豪威尔累得"差点虚脱"。

事实证明美国人完全正确。151000名盟军士兵沿着从尼斯（Nice）到马赛（Marseilles）之间的"蔚蓝海岸"（Côte d'Azur）①登陆，几乎没有遭遇抵抗。马赛主要港口落入盟军之手，登陆行动也促使德军迅速撤离法国中部和西南地区。瓦尔利蒙特将军写道，就连希特勒也不得不承认必须撤退，"特别是盟军首次空降和机降行动就立即取得了成功。这是我唯一一次记得希特勒没有犹豫太久，便决定放弃领地"[17]。但是，德军的突然后撤在法国引发了恶性循环，导致野蛮暴力不断升级。

抵抗组织嗅到胜利的气息，加大了攻击力度；德国人，尤其是党卫军，则对法国人施以无差别的残酷报复。许多地方的秘密警察和盖世太保将囚犯大肆屠戮一番后才撤离。总共约有600人被枪杀，其中包括几乎所有被德国人拘役的犹太人。抵抗组织在某些地区试图将此前的游击战转变为公开起义，却往往以惨烈失败告终。

在格勒诺布尔（Grenoble）和瓦朗斯（Valence）之间的韦科尔（Vercors）高原上，一支由3200人组成的反抗军游击队于6月底前将这个地区的德军全部消灭，高高升起了三色旗。位于阿尔及尔的科歇（Cochet）将军事先并没有告诉他们，最好等待南法登陆行动开始后再起义。即便如此，反抗军还是打

---

① 蔚蓝海岸是法国东南沿海地区的度假胜地，从马赛一直延伸至摩纳哥。

算坚守阵地，与正规军硬碰硬。然而这种做法同游击战的每一条战术原则都背道而驰。7月14日，美军用降落伞空投了1000个武器箱，但此时德军已经调来10000兵力及支援火炮，包围了高原。一周后，党卫军乘坐滑翔机降落，很快便占领了整个地区。反抗军本应该化整为零，来日再战，但他们在缺乏重型武器的情况下，仍然试图与具有压倒性优势兵力的敌军展开常规战斗。这种英雄主义就是铤而走险，最终导致了一场大屠杀。据英国特别行动处驻法部队的官方历史记载，德国人实施了野蛮报复："一名妇女连续遭到17个人强奸；一个德国军医为她把脉，在她快要晕厥时让士兵们暂时停下来。还有一名女性抵抗成员被剜去内脏，脖子上挂着肠子等死。"[18]

抵抗组织的目标是尽其所能杀死盖世太保和党卫军。8月6日，党卫军第17装甲掷弹兵师的二级突击队大队长路德维希·凯普林格（Ludwig Kepplinger）在拉瓦勒以南的维利耶-沙勒马涅（Villiers-Charlemagne）遭遇伏击。第二天，沙托鲁（Châteauroux）的盖世太保头目被枪杀。[19] 8月10日晚，德国当局宣布，当天"在法国境内的战斗中，消灭了128名恐怖分子"。[20] 三天后，18名法国人在奥恩省的图鲁夫尔（Tourouvre）被处决，当地主要街道也遭纵火焚毁。几乎可以肯定这是"希特勒青年团"师所为。该师炮兵团还发布一道命令称，"报复再怎么严酷也不过分"[21]。

屠杀一直持续到8月底，即使那时德军已经完全没有希望再继续守住法国了。最后留下的，只有暴虐和仇恨。在奥布省特鲁瓦（Troyes）附近的比谢尔，一支党卫军部队屠戮了包括妇女、儿童及婴孩在内的68名平民。8月25日，为了报复法国内地军袭击德军卡车，并造成三名士兵受伤，党卫军在安德尔和卢瓦尔省的马耶（Maillé）杀害了124人，其中包括42名妇女和44名儿童；村庄也被夷为平地。在埃纳（Aisne）、塔沃（Tavaux）、普洛米翁（Plomion），"阿道夫·希特勒警卫旗队"师和"希特勒青年团"师总共杀戮了34名平民，其中只有一人是抵抗组织成员。1944年发生在法国境内的26起最严重的大屠杀事件[22]中，有1904名平民遇难。①

盟军在诺曼底地区取得了重大突破，加上8月15日在南法登陆后，不仅德军，就连法国人深恶痛绝的维希政府准军事组织"民兵"（Milice）也开始匆忙撤退。在接下来的几天里，来自法国南部和西部港口的纳粹空军和海军人员、托特组织官员、军需仓库的补给和文职人员、秘密警察——事实上过去4年建立的整个德国占领当局——都撤离了。一场针对维希"民兵"的不懈战斗在法国全境打响。犯下滔天罪行的准军事部队深知，如果留下来绝不会善终，因此纷纷逃到法国东部，接着到德国寻求庇护。他们一路强征各种机动车、自行车、马匹以及粮食来帮助自己逃跑。

驻防在德国西南部的德军命令这些人以"行军分组"的方式逃亡。不过很少有人能穿过德国边境。大部分"民兵"因饥饿和疲劳而被迫向法国内地军及美军投降。抵抗组织杀死的德军战俘相对较少，而是骄傲地把他们移交给盟军或法国正规军。不过被抓获的盖世太保、党卫军或秘密警察则在劫难逃。

---

① 至1944年8月德军撤退之前，只有不到2000名德国士兵死于抵抗组织之手。撤退期间的死亡数字无法确定。然而直到解放前，德国人和维希"民兵"杀害了大约2万人。另有6.1万人被押送至德国集中营，其中只有40%能活着返回法国。此外，还有7.6万名法国和非法裔犹太人被送往东部集中营，几乎全部罹难。[23]——原注

德军在撤退时采取焦土政策，派出分遣队摧毁桥梁、电话系统、铁路、港口，以及任何有助于恢复重建的设施。特别行动处派驻到第21集团军群和盟国远征军最高统帅部前进总部的联络组向抵抗组织发出了"反焦土战"[24]的要求，阻止德军破坏其后方通信及交通线。

德国占领军崩溃也同样标志着维希政权土崩瓦解。诺曼底地区维希政府的一位高级官员在美军取得突破时报告说，"由于军情逆转"，他将"按照政府的命令撤退，以重新聚合法国领土"[25]。他和当地的德军战地指挥官一起逃亡，后者还给他提供汽油。但他每到一地，首先是加夫赖，接着是圣普瓦、莫尔坦，企图建立一个新地方政府时，美军就紧跟着杀到，迫使他再次匆忙逃窜。贝当元帅的总理皮埃尔·赖伐尔试图说服老元帅前往艾森豪威尔的司令部避难。①

法国大部分地区，尤其是多尔多涅省、利穆赞（Limousin）、科雷兹省、中央高原、西南部等地，权力出现真空。这意味着形形色色的反抗军可以开始清算了。他们不仅报复真正与德国人合作的通敌者，也打击那些他们认为是卖国贼的阶级敌人。一旦盟军开始登陆，这样的局面其实不难预见。D日后不久，维希政府向巴黎提交报告指出，"一些地区将爆发可怕的内战"[26]。7月，有情报人员向伦敦报告，当前抵抗组织在利穆赞发动袭击，德军则残酷报复。"面对野蛮行径，整个地区都在颤抖。农民们躲在树林里；放哨的人只要看到德军车辆抵达，

---

① 当年秋，尽管贝当元帅表示抗议，但他和皮埃尔·赖伐尔还是被带回到德国的锡格马林根（Sigmaringen）城堡。1945年，两人在法国受审。赖伐尔被判处死刑，贝当被终身监禁。[27]——原注

便发出警报。德军、游击队和维希'民兵'的暴行随处可见。这里已经无法无天。"[28]

复仇事件层出不穷，不过在道德之名下，也隐藏着政治考量和个人投机的因素。一些人借此了结私人恩怨，或者让战后会争夺权力的竞争对手消失得无影无踪。抵抗组织在德国撤军前杀死了大约6000人。接着在所谓"épuration sauvage"，也就是"非官方清洗"期间，至少又有14000人丧命。部分英美军队也杀了一些法奸，但大多数官兵宁愿袖手旁观，因为他们没有经历过沦陷，觉得自己没有资格判断是非。最令人震惊的统计数字也许是在布列塔尼被清洗的死者中，有三分之一是女性。

被指控与德国士兵"勾勾搭搭"的妇女受到严厉惩罚，就连法国人和盟军士兵也觉得这太过分了。一些受害者本来就是既同德国人，也与法国人做皮肉生意的妓女。有些是傻乎乎的少女，同德国士兵交往只是出于虚荣心或感到无聊。更多的则是年轻的母亲，她们的丈夫被关押在德国战俘营里，自己又没有谋生手段，为了在饥寒交迫的岁月里替自己和孩子获取食物，唯一的手段就是委身于德国士兵。正如德国作家恩斯特·荣格在巴黎豪华的银塔餐厅里观察到的那样，"食物即权力"。

为了羞辱这些女人，她们被当众剃光头，之后通常还会在鼓点声中游街示众，仿佛法国回到了1789年的大革命时期。有些人身上涂满了沥青；有些人被剥去衣服，赤裸上身；还有人被画上了纳粹标志。在巴约，丘吉尔的私人秘书乔克·科尔维尔记录下这样一幅场景和他的反应："我看到一辆敞篷卡车驶过，后面坐着十几个可怜兮兮的女人，全部剃了秃头。围观的法国民众发出一阵喝倒彩的嘘声。她们泪流满面，羞愧地低着头。虽然我对这种残忍的行为感到厌恶,不过我想,我们英国人已经有大约900年没有遭受入侵或被占领了,所以最好不要评判。"[29]美国历史学家福里斯特·波格注意到受害者"落入施暴者手中后,看上去就像待宰羔羊"[30]。在阿让唐附近的麦克休上校报告:"法国人正在围捕通敌者,把她们的头发剪下来,堆在一起焚烧。几英里外都能闻到气味。此外,女性通敌者还会遭受夹道鞭笞,被狠狠毒打。"[31]

正如一位作家所说,这的确是"丑陋的狂欢"[32],但自登陆以来,已成为常态。一旦某座城市、城镇甚至村庄被盟军解放,"理发师"们就开始摩拳擦掌了。6月中旬,在第101空降师夺取卡朗唐后的集市日,有12名妇女被当众剪掉头发。在7月14日的瑟堡,一辆卡车满载青年妇女,其中大多数是十几岁的女孩,穿梭于城区游街示众。在维勒迪约,一名受害者的罪名仅仅是在德军指挥部里担任清洁工。仅芒什省,就有621名妇女被控"感情上通敌"而遭逮捕。[33]在另一个地方,一些自愿到德国工厂做工的男人被剃光头,不过这只是特例。女性几乎总是第一个被盯上的目标。这其实是伪装成义愤的嫉妒罢了。法国人之所以如此,主要是因为这些女人能够凭其所作所为得到食物。① 简言之,这些年轻女性是最脆弱,也是最容易被欺凌的替罪羊。对希望隐瞒自己逆来顺受的男人来说,尤其如此。

---

① 1992年,电影《天堂的孩子》中的女影星阿莱蒂(Arletty)逝世。赞美她生平的讣告铺天盖地。不过讣告都无视了她与一名德国空军军官在丽兹酒店备受争议的恋情。这名军官后来成为西德外交官,在刚果河游泳时被鳄鱼吃掉。但随后几封寄给报纸的信件表达了近50年后人们依然挥之不去的怨恨。激怒他们的不是她和敌人同床共眠这一事实,而是整个法国都在挨饿的时候,她却在丽兹酒店吃香喝辣。——原注

如果不是故意伪装成正人君子、避而不谈的话，其实盟军一方也存在道德问题。蒙哥马利下令关闭所有妓院，乔克·科尔维尔却在巴约附近的机场看到讽刺的一幕。"宪兵进驻现场，确保命令得以执行。几个失业的女士一点也没被吓住，而是走进与我们果园毗邻的一块田里，毫无羞耻地朝我们搔首弄姿。成群结队的空军飞行员排着队等候服务，手里还拿着沙丁鱼罐头等物品，权当嫖资。我很遗憾地说，队伍里面还包括虔诚信仰罗马天主教的法裔加拿大人。"[34]美军士兵似乎认为年轻的法国女人"什么都可以卖"[35]。法国人对此感到很震惊。美国大兵喝了一晚上酒后，就会敲响农舍大门，问那里是否有一位"小姐"等候他们。更认真一些的士兵则从军方编写的语言教材中先学几句法语会话。《星条旗报》（Stars and Stripes）的"每日一课"也会提供一些据说很实用的搭讪策略，比如用法语说"我的妻子根本就不理解我"[36]。

法国人与美国人相互缺乏理解，不同文化之间又存在冲突碰撞，这对美法关系的影响甚至超过了解放后的喜悦。一名住在莫尔坦东南方向某小镇的妇女说，当美第2装甲师的一支纵队抵达后，她们欣喜若狂，挥舞着旗帜，高唱《马赛曲》。法国人对路易斯安那州卡津人（Cajun）① 的混合式法语口音感到很可笑，但当他们发现美国人"显然以为我们很落后时"[37]，又大吃一惊。"有个美国兵用英语问我是否看过电影。"这名妇女回答说，电影是法国人发明的，汽车也是。"他惊呆了，对此半信半疑。"

---

① 卡津人是法裔加拿大人，原居住于法属阿卡迪亚，即现新斯科舍省附近；后来被英国人驱逐，辗转来到路易斯安那州定居。

由于是德军占领区,许多美军士兵本来就把法国视为敌对国家。而且由于有太多人揭发"他们的邻居支持德国"[38],这种偏见得以进一步固化。即使是战略情报局和反间谍部门,对法国政治和"法国人之间的争斗"(guerre franco-française)也知之甚少。自大革命以来,内斗本已逐渐消弭,现在则又沸腾起来。美国人普遍持有一种根深蒂固的观点,认为旧世界的问题源于腐败的贵族制度和邪恶的欧洲殖民主义。

抵抗运动中的左翼分子也对此推波助澜。他们积极为盟军提供各种情报,尤其是共产党领导的激进的自由射手和游击队。他们对维希政权的憎恨绝非毫无缘由。在德国占领期间,很多共产党员被作为人质处决。他们还坚信,当下正是发动一场新革命的良机。于是他们试图说服美军军官相信,法国贵族和资产阶级都是通敌者。这套说法往往能取得一些效果。出于自身的政治目的,他们故意不把在1940年法国崩溃后才开始支持贝当元帅的社会各阶层人士和积极协助德国的真正叛徒区分开来。

1944年夏天,以通敌罪名而被逮捕的法国男女成千上万。对新生的戴高乐临时政府来说,逐一调查是否属实是一项异常艰巨的任务。到了秋季,仍有超过30万份卷宗尚未得到处理。在诺曼底,这些囚犯被法国军事安全部队、宪兵,有时是美军宪兵押送到巴约附近的叙利(Sully)集中营。[39]法国还有大量流离失所的外国人,如苏联人、意大利人和西班牙人靠抢劫农场为生。

针对法国公民的指控罪名五花八门,而且往往模棱两可。其中包括"资敌"、"与德国人勾连"、出卖抵抗组织成员或盟军伞兵、"占领期间反国家的态度"、"亲德活动"、"向德国士兵提供平民服饰"、"劫掠",甚至仅仅是"从国家角度看来很可疑"。[40]几乎所有人,无论在什么时期同德国人有过接触,都有可能被揭发和逮捕。

解放者和被解放者之间的关系随着大大小小的各类事件而紧张起来。法国人的怨气主要源于数百起交通事故。为作战部队提供补给的重型卡车络绎不绝地向南疾驰,导致很多牲畜被撞死,也有平民因此而遇难。此外,有名妇女目睹英国士兵给了德国战俘一个橘子后勃然大怒,因为法国儿童甚至从来没有品尝过这种水果。军中厨师,还有其他人对孩子们很友善。法国孩童会瞪大眼睛,盯着士兵切白面包片送给自己;不过他们对果酱三明治并不太感冒。

历史学家克洛代·凯泰尔(Claude Quétel)当时还是一个小男孩,住在滨海贝尼耶尔。他记得加拿大军来到城镇时,他平生第一次见到黑人,感到万分惊讶。年幼的克洛代忍不住问他为什么那么黑。黑人士兵开玩笑说:"因为我不经常洗澡。"[41] 克洛代信以为真。为了报答慷慨的加拿大士兵,他冲回家,偷走了妈妈的一块珍贵肥皂,然后在他们动身前送给了那个黑人。看到他伸手递过来肥皂,所有士兵都笑得前仰后合。车队开走后,克洛代留在原地,忍不住抽泣起来。

然而,盟军对不断有人偷窃装备也感到恼火。法国当局却轻描淡写地称之为"非正规征用"(réquisitions irrégulières)[42]。黑市出现了,最初只交换美国和英国的香烟,后来业务扩展到偷来的汽油和轮胎。不过论及盗窃,盟国士兵也远远谈不上清白。在卡昂,一位负责民政事务工作的军官写道,英国军队"抢劫商店民宅是一个相当棘手的问题。不过违纪者一旦被抓获，就会受到严厉惩罚"[43]。兵荒马乱中，很多东西看上去唾手可得，于是不少在国内遵纪守法的士兵也禁不住诱惑。第7装甲师师部的迈尔斯·希尔德亚德写道："我军出现了一些抢劫事件。本师两名宪兵在附近城堡打劫了两位年迈的伯爵夫人。"[44]甚至临时借住在乡间别墅的英国军官也会顺手牵羊。于是越来越多的法国人认为"此前德国人的表现要好得多"。

不过诺曼底人最沉重的心结是他们的城镇和乡村惨遭荼毒。有位美国军医描述说，炮火把大片树木烧得光秃秃的，牲畜的尸体在田野里腐烂，市镇变成一堆瓦砾，"偶尔还能看到一些不协调的场景。比如在一堵尚未倒塌的墙上张贴着'胜家'（Singer）牌缝纫机广告；有座房子的外墙被摧毁，屋内的餐厅就像剧院舞台那样裸露在外，里面规规整整地摆放着桌椅"[45]。当法国难民从战场返回被炸烂的家园时，部分人看到一切都面目全非而痛不欲生；另一些人则只好认命，无奈地接受了这堆废墟。有时，细微之处就能让盟军对法国人所遭受的苦难感同身受。比如，对英国士兵来说，他们目睹精致的乡间别墅被炮弹摧毁也会痛心。[46]

尽管盟军和法军小组一直在奋力排雷、清除哑弹，但还是有不少当地农民、儿童在今后若干年内因这些战争残留物而残废。所有重建工程都集中于改善盟军的补给设施。在卡昂，为了重新启用位于运河末端的内陆港口，有15000名士兵参与了修复工作，而盟军却没有派出人手重建事关平民日常生活的基础设施。[47]

诺曼底确实做出了巨大牺牲，但也因此拯救了法国其他地区。这正是矛盾之处。诚如一位法国著名历史学家所指出的那样，盟军在头两个月推进缓慢，消耗了德军实力，反而对法国有利,"比起人们此前的担心,诺曼底战场之外的解放速度更快,破坏也更小"[48]。

诺曼底战役正接近高潮。8月14日,克鲁格决定必须向东北方向突围,"否则将全军覆没"[49]。炮兵在撤退前将火炮一字排开,打光了所有剩余炮弹。8月16日,克鲁格下令部队立即撤至奥恩河一线,并于当晚过河。[50]高射炮部队负责守卫桥梁,但在接下来的关键两天里,盟国空军的袭扰似乎没有造成什么威胁。所有德军都不能在该地区驻扎或休息。如果车辆抛锚,就会被推离道路;宪兵队实行严格的交通管制。任何事情都不能影响撤军。即使路上有友军尸体,装甲部队也会径直碾过去。看到被履带压烂的战友,步兵不禁怒火中烧。[51]

8月16日,加拿大军攻入已成为废墟的法莱斯城区。当年征服者威廉①就出生在这里的大城堡里。他们的对手依然是狂热的"希特勒青年团"师的官兵。[52]60名久经沙场的青少年在此坚守了三天,最后只有两人因受伤才被俘虏。②

法莱斯以东,在第12龙骑兵队"克伦威尔"坦克的支援下,波兰第10骑乘来复枪侦察团(营级单位)于8月15日控制了迪沃河渡口。[53]当天恰好是1920年波兰军队战胜苏俄红军的"维斯瓦河战役"纪念日,这次胜利成了最好的庆祝礼物。当天晚上,波军在迪沃河桥头堡击退德军反攻,同时侦察部队沿公路向特伦挺进。8月16日,西蒙兹计划把他的第4装甲师也

---

① 征服者威廉,1028—1087年,1066年在黑斯廷斯战役中战胜英格兰国王哈罗德二世;后登陆不列颠岛,加冕为诺曼王朝的首位英格兰国王。
② "温顺行动"结束时,加拿大军共伤亡18444人,其中5021人阵亡。[54]——原注

派向特伦，然而由于该师需要撤出战场后重组，导致次日全天时间都被浪费了。该师师长也不甚主动，缺乏进取。暴露在外的波兰装甲师得不到支援，只得在距特伦不到八英里的地方止步。

"超级机密"系统发来报告，称德军依然打算在南部向美军反击，并突破阿让唐和塞镇之间的防线。这证实了蒙哥马利的观点，即他们应该在塞纳河重新布置包围圈，而不是切断特伦以南的德军。于是，他错误地命令第7装甲师朝利雪进军，却没有去支援波兰军队。现阶段，英军同美军之间的沟通过于匮乏，这主要是蒙哥马利，而非布莱德雷的失误。他俩一直没有明确到底在何处切断德军。直到8月16日，蒙哥马利才决定恢复原计划，封闭特伦及尚布瓦（Chambois）之间的口袋阵。不过此时海斯利普的部分军队已经向塞纳河进发了。

巴顿将军对这个方向更有兴趣。8月16日，盟国远征军最高统帅部医疗部门负责人肯纳（Kenner）少将应邀与巴顿一同前往海斯利普的第15军军部视察。该军不久前攻占了德勒。巴顿心情非常舒畅。当天上午，他刚刚视察了两所转运医院，第一次发现"我们的伤员要求回去参加战斗"[55]。

他们一行乘坐两辆吉普车出发，其中一辆装有重机枪。巴顿的卫兵阿尔（Al）还携带一支勃朗宁自动步枪。在树木茂盛的乡村地带，到处都是撤退的德军。肯纳显然很担心巴顿的安全，建议自己应该打头。"不，天哪，"巴顿回答说，"没人能走在我前面。"[56]据肯纳说，当海斯利普听说他们就这样过来时，"几乎要气疯了"。他坚持要安排警卫护送两位返程，巴顿却强烈反对。不管怎样，他都要看看正在围攻沙特尔的第20军进展如何。

当他们到达第 7 装甲师指挥所时，巴顿问他们什么时候能拿下城区。① 据肯纳回忆，得知部分地区仍有德军顽抗，可能还需要一些时间后，巴顿反驳说："那儿没德国人。现在是凌晨 3 点，我要你们在 5 点拿下沙特尔，否则就会派一个新师长来。"巴顿"对敌情判断的直觉"让肯纳印象深刻，不过巴顿这一次错了。美军情报部门估计，该城守军只有 1000 人，但另一个德军守备团早在前一天就已经进城。当美第 7 装甲师向沙特尔推进时，部署在卢瓦尔河以南的德第 1 集团军指挥官、步兵上将库尔特·冯·德·舍瓦勒尔（Kurt von der Chevallerie）正在城内开会。

在巴顿抵达三小时前，一支特遣队便已成功清除了城内大部分地区的敌人，不过另一支特遣队在城镇外围地区遭遇德军顽强抵抗，只得后撤。美军已经准备好了大炮，但他们得到的指令是只能朝可以直接瞄准的目标射击。"所有努力都是为了避免破坏历史建筑。"[57] 不过战斗第二天便结束了。德军撤退到城外的麦田里，美军第二支特遣队随即发起进攻。这场实力悬殊的战斗演变成了一场屠杀。第 7 装甲师报告说，迫击炮排发射白磷弹，"覆盖了整片田地，德国人像老鼠一样从燃烧的麦田中逃出来。坦克在这一天大展神威，四处追杀失去车辆的德军"。"整个行动取得了巨大成功。这支美军小股部队摧毁了大量反坦克炮，俘获约 400 名敌军，杀死数千人，自身仅付出损失 4 辆坦克、伤亡 62 人的代价。"

无论如何，8 月 16 日星期三对巴顿而言确实是一个值得纪念的日子。他麾下第 3 集团军的几个师已经进入或占领了德勒、

---

① 肯纳在记述时混淆了第 7 装甲师和第 5 装甲师，可能是因为第 5 步兵师也参加了战斗。——原注

沙特尔、沙托鲁、奥尔良等重镇。为配合"坚毅计划"所做的保密工作全部解除后，他的功绩也得到了充分肯定。在此之前，严格的安全限制让渴望报道巴顿战绩的战地记者们愤愤不平。艾森豪威尔刚刚在新闻发布会上公开表示，由巴顿亲自指挥的第3集团军正率先向塞纳河突进。这个"胆大妄为的铁血老家伙"便立即成了国际明星。最后，就在这一天，巴顿获知他被授予终身少将军衔，授衔时间追溯到前一年。

当巴顿的第3集团军向塞纳河飞驰时，其他美军部队则在阿让唐附近重新集结兵力，结果却因组织混乱而耽搁了一天。8月16日晚，第5军军长杰罗将军接到美第1集团军指挥官霍奇斯的命令，海斯利普留在阿让唐附近的三个师——第80、第90，以及法国第2装甲师将划归他指挥。"超级机密"破译的情报显示，德军即将发起反击。于是杰罗连夜赶往阿朗松，并在当地的法兰西酒店设置临时指挥部。他却找不到第15军军部了。最后，他从第80师师长那里听说，巴顿已经派遣他的参谋长休·加菲（Hugh Gaffey）少将来指挥这三个师。杰罗在塞镇北边的一个临时指挥所找到了加菲。两位高级军官敲定了一项协议。加菲在8月17日执行巴顿将军向北攻击的命令，然后杰罗于当晚接手指挥权。[58]不过霍奇斯和巴顿相互传递了一堆混乱信息后，布莱德雷介入，命令杰罗立即接管部队。

8月17日，巴顿乘飞机去见布莱德雷，以解决这通糊涂账。临行前，他给第3集团军参谋部留下指示，假如他在电话中说"换马"[59]，那么向北进攻并封锁包围圈的行动就立即交由杰罗指挥。12点30分，巴顿从第12集团军群指挥部打来电话，说了上述两个字。他接着补充说，一旦完成原定目标，这三个师就应该"从那里"继续往前打。参谋长问，"从那里"是什么意思？

"又一个敦刻尔克。"巴顿开玩笑说。战地记者后来知晓了这句带有巴顿特色的轻率言论,添油加醋地报道说:"我要继续前进,把英国佬赶进海里。"事实上,指挥权在这个关键时刻更迭,只是又送给德军24小时,让他们得以从包围圈中撤出更多部队和车辆。

巧合的是,就在同一天,8月17日星期四,有关蒙哥马利再次激怒艾森豪威尔和比德尔·史密斯的消息传到了唐宁街和白金汉宫。国王乔治六世的私人秘书艾伦·拉塞尔斯爵士(Sir Alan Lascelles)与丘吉尔的军事顾问"普格"·伊斯梅进行了一次长谈,并在日记中记录了他的看法:"伊斯梅怀着理智和包容的心态对待美国人——他们已经锋芒毕露。我们不能再把他们看作未经考验的新兵了。他甚至说,事实上,我们也许还可以从他们那里学到一些东西;也许我们的战争指挥机制过于'学院化'了。"[60]

随着美国军队向巴黎逼近,他们与另一个盟友的关系也日趋紧张。当菲利普·勒克莱尔听说法国第2装甲师将留在阿让唐,而第15军其余部队却开始向塞纳河进发时,他立即向巴顿抗议。"法国第2装甲师的勒克莱尔走进来,情绪非常激动,"巴顿在日记中写道,"他开门见山地说,如果不允许他进军巴黎,他就辞职。我用最礼貌的法语跟他说,他太孩子气了,我不会允许由师长告诉我,他们想要到哪里打仗。反正我会把他留在最危险的地方。后来我们友好地分手告别。"[61]

尽管与巴顿相处甚欢,勒克莱尔还是一点也不放心。他和正前往法国的戴高乐将军都对布莱德雷可能绕过巴黎而深感忧虑。他们还担心抵抗组织发动的首都起义会被共产党利用。而且一旦发生内乱,美国人几乎肯定会像罗斯福总统所希望的那样,强行建立他们自己的军政府。

第二十七章　法莱斯杀场

8月16日是巴顿的好日子，但在希特勒眼里，"8月15日是我一生中最糟糕的一天"[1]。他深信克鲁格元帅正在诺曼底与盟军进行秘密谈判。瓦尔利蒙特将军写道："希特勒怀疑克鲁格元帅背叛了他。"[2]希特勒已经把克鲁格看作"7月阴谋"的共犯之一。他现在确信，这次世界大战的叛徒并非如1918年那样，是犹太人或革命者，而是德军总参谋部中的贵族军官们从背后捅刀子。

8月14日下午，克鲁格离开拉罗什吉永城堡，来到位于贝尔奈以东、方丹拉贝镇（Fontaine l'Abbé）小城堡内的第5装甲集团军后方指挥部，并在那里过夜。8月15日黎明后不久，克鲁格向西驶入法莱斯口袋，与两名陆军指挥官豪塞尔和埃贝巴赫会面。克鲁格坐在敞篷军用汽车里，陪同人员有副官丹格曼中尉和一名骑摩托车的军官，还有一辆通信车随行。

皇家空军的"台风"战斗机很快就发现这支小型车队，当即猛扑过来。机关炮摧毁了通信车，车内全员重伤，其中一人奄奄一息。大量盟军战斗轰炸机在德军头顶上徘徊，现在只要驶上公路就极度危险。克鲁格的神经已经经受不住这样的折磨了，似乎处于某种崩溃状态。他被安置到一片树荫下休息。人们只能猜测，他当时是因为自己的名字将永远同西线德军崩溃联系在一起而痛苦不堪。丹格曼中尉甚至认为他之所以冒险进入"Kessel"，也就是"包围圈"，就是为了在敌人面前寻死。

当天，约德尔将军从东普鲁士打电话找克鲁格，却听说他从清晨开始就失联了。希特勒得知此事后，对克鲁格的态度从原来的半信半疑变成了公开怀疑，认为他正在与盟军商讨投降条款。约德尔命令 B 集团军群和埃贝巴赫将军尽一切力量探知克鲁格行踪，并每小时报告一次。21 点，电传打字机发来一条来自东普鲁士的特急电报：“元首命令：鉴于冯·克鲁格元帅离开其指挥部，至今下落不明，我委任豪塞尔指挥第 5 装甲集团军和埃贝巴赫装甲集群。”[3]

天黑后，克鲁格和其他幸存者才开始继续上路。他们终于在 22 点抵达埃贝巴赫的指挥所。50 英里路程，他们耗费了 16 个小时。凯特尔元帅一听说克鲁格到来，就坚持与之通话。国防军最高统帅部似乎相信克鲁格对这段旅程的描述，不过自阿夫朗什反击战失败以来，希特勒便已经打定主意，无论如何都要换掉克鲁格，于是立即命令莫德尔元帅飞往法国，接替他的职务。莫德尔是"德国陆军中最严厉且最令人生畏的指挥官之一"[4]，对希特勒忠心耿耿，还得到了他亲自授予的钻石骑士铁十字勋章。就像克鲁格本人上任前一样，莫德尔也认为诺曼底战役惨败应该完全归咎于糟糕的指挥和领导。

还在巴黎睡觉的参谋丹克瓦特·冯·阿尼姆（Dankwart von Arnim）中尉在 8 月 17 日凌晨 4 点 30 分被人叫醒，得知莫德尔已抵达。他必须立即动身前往位于圣日耳曼-昂莱的德军西线总司令部。他到后听到的第一件事就是，莫德尔在司令部只看到一个喝得酩酊大醉的军医，盛怒之下当即将其枪毙。阿尼姆陪同莫德尔前往拉罗什吉永城堡。车队迎着清晨的薄雾驶入塞纳河河谷。根据希特勒的命令，护送队中还配备了 20 毫米口径自行高射炮。阿尼姆坐在莫德尔的装甲专车的副驾驶座。由于他没有戴钢盔而是普通军帽，莫德尔严厉地批评了他。

当他们一行来到城堡入口处时，阿尼姆看到参谋们站在窗户后面向外张望，神情忧虑。参谋长施派德尔在大门台阶迎接莫德尔。克鲁格站在施派德尔身后，他刚刚在一个小时前才通过电传打字机得知自己已被解职。据当时也在会面现场的拜尔莱因中将说，莫德尔大骂诺曼底地区的德军部队"就是一群懦夫，对付西方盟军比苏军要容易得多。他会看到战局发生转变的"[5]。

克鲁格不失尊严地接受了他的命运。然而，他显然担心自己要为所有失败担责，而且在一片质疑声中，还可能像那些被卷入7月刺杀事件的高级军官一样，面临审判，并被处决。他坐下来给希特勒写了封长信，然后请求泽普·迪特里希稍后转交。除了解释他的任务为什么不可能完成外，克鲁格还写道："我不能接受我的战略错误才导致西线失败的指责，但我也无法为此辩护。我决定为自己做个了断，去寻找已经牺牲的千万战友。"[6]这封信写得恭恭敬敬，避免出现任何谴责希特勒的词句。毫无疑问，克鲁格希望保全自己的家族，免遭纳粹报复和株连。

他最后还是像此前的隆美尔那样，争辩说，这场战争几乎没有获胜机会。"德国人民承受了如此深重的苦难，是时候结束这样可怕的局面了。"尽管克鲁格终于看清了这场大规模战争愚蠢之极，但他仍然没有认识到德国入侵他国才是造成如此痛苦的根源。德国陆军混淆了因果关系，他们的世界观中根本就没有这种意识。

克鲁格在护卫的陪同下乘轿车返回柏林。中午，他们在离凡尔登不远处的阿尔贡森林短暂停车休息。这里距施蒂尔普纳格尔将军自杀未遂的地方不远。克鲁格交给副官另一封写给其兄弟的信,然后走到灌木丛后,吞下一片氰化物药片。克鲁格自杀后,希特勒下令再次启动调查,查明为何他在诺曼底"神秘消失",不过结论依旧,没有证据显示他与美国军官有过会面。

8月16日,法莱斯口袋越收越紧,但由于加拿大军和杰罗的第5军在阿让唐附近进展迟缓,口袋还远未合拢(见地图18)。就在那一天,德第7集团军参谋长格斯多夫还"能够乘车多次往返穿梭于特伦和尚布瓦之间的缺口"[7]。一位德军将领注意到,虽然这个口袋阵面积要小得多,但形状上同全军覆没的斯大林格勒菱形包围圈惊人地相似。[8]

第2装甲军尽管仅剩下不到40辆坦克,仍被派往阿让唐东北方向的古费恩森林(Forêt de Gouffern),守卫法莱斯口袋的一个边角地区。[9]次日,该部加满油后,其两个师的残余部队受命前往维穆捷(Vimoutiers)。豪塞尔还把党卫军第2"帝国"装甲师调离出包围圈。他希望能保留一支部队,当盟军试图封堵缺口时能从后方发起反击。然而军官们则怀疑这么做纯粹就是为了保住这支部队。"换句话说,我们被留在包围圈内是因为足够优秀,"第2伞兵军的迈因德尔将军听到这个消息后说,"党卫军得照顾他们自己。"[10]

其他几支装甲集群部队移动到口袋瓶颈部两侧,力保出口维持通畅。不过由于越来越多的盟军战斗轰炸机出现在头顶上空,德军不得不在白天将各类车辆隐藏在果园和树林里。在特伦附近,一名当地居民看到果树下隐蔽着一支小型坦克部队。一个士兵拿着小提琴从炮塔里爬出来,演奏了几曲维也纳华尔兹。[11]他们似乎能感觉到此刻是风暴前的平静。

当德第 7 集团军残部撤过奥恩河时，英第 8 军和第 30 军正快速向东挺进，解放了一个又一个城镇。有位英国军官写道："我们一路上都受到了热烈欢迎，但仍有不少人显得茫然困惑。小孩子还不太清楚发生了什么事。我看到一个小男孩骄傲地行纳粹礼，仿佛那才是正确的迎接方式。其他儿童则看着他们的母亲，确认是否应该挥手致意。"[12]

很多德军在奥恩河上游的皮唐日（Putanges）被切断退路，场面十分混乱。尼夫少校在日记中写道："当我正在和旅长谈话时，一辆由德国兵驾驶的半履带车从身旁经过，车厢里塞满了德国佬。两个可能是游击队员的法国平民端着司登冲锋枪坐在后面，另一个法国人骑摩托车在前面带路。德国兵们看起来垂头丧气，法国人则眉开眼笑。"[13]

与此同时，霍奇斯的美第 1 集团军和英第 12 军正分别从西南和西北两个方向同时推进。8 月 17 日，波兰第 1 装甲师接到向尚布瓦前进的命令。不过由于波兰军比加拿大第 4 装甲师领先近五英里，因此他们知道在援军到来之前，将面临一场苦战。他们迅速调整了部署。[14] 毛采克（Maczek）将军派遣第 24 枪骑兵装甲团和第 10 龙骑兵团前往尚布瓦，该师其他部队则在战略要地奥梅尔山（Mont Ormel）周边布防。这是一条高耸的绝壁山脊，上面长满了茂盛树木，可俯瞰迪沃河，牢牢锁住了法莱斯平原的东北出口。

同一天，位于尚布瓦南部圣莱奥纳尔堡（Bourg-Saint-Léonard）的美第 90 师遭到党卫军第 2"帝国"装甲师和党卫军第 17 装甲掷弹兵师残部的突然袭击，猝不及防下只好迅速撤退。杰罗将军当晚就命令该部重新夺回这片至关重要的高地。

8月18日9点,莫德尔元帅在方丹拉贝召开会议。[15]尽管埃贝巴赫在凌晨3点就动身出发,但由于道路堵塞,还是迟到了两个小时。第7集团军的豪塞尔没法穿过封锁线,因此由他的参谋长格斯多夫代为出席。莫德尔指示各部撤退至塞纳河一线。装甲师将保证瓶颈部通畅。但会议进行到一半时,传来了加拿大军占领了特伦的确切消息。埃贝巴赫当即离开,组织现在正位于包围圈之外的第2装甲军发起反击,不过他们还是因燃料短缺而再次推迟了出发时间。

在前往维穆捷的路上,埃贝巴赫乘坐的指挥车遭到盟军战斗机扫射,将军不得不躲进沟渠里。皇家空军和克萨达的第9战术航空队连续两天倾巢出动。此时飞行条件几近完美。两支德军的残余部队挤在一个大约长12英里、宽5英里的区域里,到处都是可供攻击的目标。汽油燃烧升起一支支烟柱,意味着大批车辆被"台风"战斗机发射的火箭弹击中。迈因德尔将军写道:"黑色的蘑菇云不断升腾,表明敌军飞机正在肆无忌惮地狩猎。"[16]"盟国凭借难以置信的空中优势发起致命打击",令他惶恐晕眩。他也对车辆驾驶员的所作所为深感愤怒。他们在绝望中开车狂奔,反而扬起更多尘埃,吸引了战斗轰炸机飞行员的注意。"我气得发疯,不禁要问这群司机是不是完全失去了理智,急于让自己出现在敌机视野里,然后被炸成一团烈火。"德军几乎没有防空火力可以阻止盟国空军。幸存下来的自行高射炮少之又少,而且陆军部队与伞兵不同,不相信轻武器能够用来对抗飞机。

盟军飞行员绝不手软。一名澳大利亚"台风"战斗机飞行员说:"我们一波接着一波发射火箭弹,然后各自用机关炮向挤成一团的德军士兵攻击。我们开始射击，慢慢抬起机关炮的火力线横扫人群，然后拉起飞机，再转回来一次次重复这个过程，直到弹药耗尽。每一轮打击后，人群中就会出现一长条无人地带，上面铺着支离破碎的士兵尸体，不过这片空间很快便被其他逃跑者填满。"[17]第2装甲师的冯·吕特维茨将军目睹了那天的恐怖场景："路上到处都可以看到成堆的车辆、死马和尸体。每个小时数量都在增加。"[18]第277步兵师炮手埃伯哈德·贝克看见一个士兵一动不动地坐在岩石上。[19]他拉了拉此人的肩膀，提醒他躲避危险，这个士兵却滚倒在地。他已经死了。

美第9航空队估计，仅8月18日一天就消灭了400辆机动车，而皇家空军宣称摧毁了1159辆汽车，破坏1700辆，另击毁124辆坦克，击伤100辆。[20]不过这些数字都高得离谱。科宁厄姆空军中将后来收到作战研究部的报告时，又一次大发雷霆。[21]调查小组发现空袭只摧毁了33辆装甲车。报告得出结论，盟军空袭精准性不高，没有取得决定性的破坏效果。① 不过，盟军空袭再次令德军装甲部队惊慌失措，从而丢弃装备；而大量装甲车被遗弃，无疑也是德军得不到燃料供给的重要原因。

由于有太多皇家空军和美军战斗机中队肆意攻击地面目标，"友军误伤"事件层出不穷。那句讽刺意味十足的呼号——"小伙子们，隐蔽，可能是自己人！"[22]——此刻显得越发要紧。布莱德雷的第12集团军群指挥部承认，"一些英军装甲车辆因友

---

① 英国皇家空军声称，他们在包围战期间共摧毁了257辆装甲车和3340辆非装甲车辆；而美军估计他们摧毁了134辆装甲车和2520辆非装甲车辆。不过作战研究部调查组在整个地区只找到了133辆被毁装甲车。其中仅33辆毁于空袭，其余几乎都是被德军车组成员自己遗弃或破坏的。不过在701辆非装甲车辆中，调查组发现空军消灭了一半，其中大部分由机关炮和机枪摧毁。——原注

军疏忽而遭受攻击",但也指出,英军装甲部队在坦克上携带了过多装备,以至于标识身份的白色五角星"被这些物品遮挡"[23]。

由于空军随意攻击,加拿大第4装甲师不敢擅动,直到8月18日下午才占领特伦。这个师还因其师长乔治·基钦(George Kitching)少将的迟钝无能,以及西蒙兹的计划而受到牵制。西蒙兹命令正率先向塞纳河挺进的该师装甲旅停止行动。8月18日晚,第4装甲师一支分遣队抵达位于特伦和尚布瓦之间的迪沃河畔圣朗贝尔(Saint-Lambert-sur-Dives),但苦于兵力不足,该部直到增援抵达后才开始发起攻击。

波军战斗群在前往尚布瓦途中看错了地图,结果偏离到目的地以北六英里之外。他们的弹药和燃油也即将耗尽。第10骑乘来复枪团已经抵达尚布瓦郊区,但没有足够的力量将其攻克。与此同时,美第90师在勒克莱尔的法国第2装甲师一部的支援下,从南面抵近至不到尚布瓦一英里处。蒙哥马利和美军指挥官似乎都认为这场战斗仅凭空军和炮兵就能打赢。然而,加拿大军、波军和美军的战线太过单薄,他们既无法阻挡一波又一波德军逃出口袋,也不能化解党卫军残余装甲部队从后方实行反击的威胁。

8月19日,波军侦察部队在特伦城外得到了波兰第10龙骑兵团的增援,并同美第90师会师。美波两军相互握手致意。一位美国中尉后来报告说:"他们是优秀的战士,非常冷酷无情。"[24]尚布瓦在轰炸中陷入一片火海,到处都是德军尸体和被焚毁的车辆。这里很快就被人们称为"屠宰场"。盟军指挥官们收到包围圈内的破坏程度报告后显然自满起来。即便是积极主战的加拿大第2军军长西蒙兹也在第二天早上"整理公文"[25]，而不是命令他的师继续推进。

据德方在场人士形容，如果没有亲眼看见，就绝对无法想象法莱斯口袋里的惨状。第21装甲师的一名军官写道："被击中或烧毁的车辆三三两两并排在一起，把公路堵死。运送伤员的救护车烧成了一堆废铁。弹药爆炸，装甲车燃烧，马匹躺倒在地上蹬着腿，垂死挣扎。田野上，到处都充斥着这样的混乱场面。炮弹和穿甲弹从两侧射向挤成一团的德军。"[26]

第277步兵师炮手贝克看到一群十几岁的步兵跌跌撞撞地从他身边走过："从这群人的脸上可以看到如此可怕的经历带给他们无法承受的绝望。"[27]许多人在数日不眠不休之后彻底崩溃了。一些士兵躲在树林里，宁可被俘虏，也不愿继续置身于这样的地狱。他不禁为那些本以为能够逃出生天的马匹感到惋惜："马儿全身上下汗流如注，口吐白沫。我们就像在屠宰场一样四处乱跑。"

白天，人群和车辆为了躲避盟军飞机，藏身于树林和果园。晚上，疲惫不堪又饥肠辘辘的德国士兵一边蹒跚着走出来，一边咒骂在黑暗中迷失了方向的长官。许多人使用法国人的两轮手推车来运送装备或重型武器。战斗部队和后勤部门的士兵，乃至鞋匠和裁缝分队都混杂在一起。所有人都试图逃跑，却又不知道该往哪里去。镁粉照明弹和"圣诞树"照明弹①挂在降落伞上缓缓下落，把地平线照得通亮，映衬出被炸毁的建筑物和树木的轮廓。美法两军炮兵继续对公路进行骚扰性炮击，重炮的轰鸣声连绵不绝。

---

① "圣诞树"是盟军装备的一种照明弹，点燃后像倒立的树枝那样四散开来。

8月19日，豪塞尔在迈因德尔和格斯多夫的催促下，下令德军于当晚经特伦、圣朗贝尔、尚布瓦向东跨过迪沃河。命令通过无线电和口头下达。为了给包围圈打开一道缺口，豪塞尔还要求党卫军第2装甲军从后方攻击波兰及加拿大军。

22点，第277步兵师的残余部队接到"Fertigmachen zum Abmarsch"[28]——"准备开拔"的命令。豪塞尔及未受伤的参谋人员加入第3伞兵师余部，一起徒步突围。已受重伤的申普夫师长与其他伤员都被放置在坦克后面。突围部队由残存的虎式及豹式坦克开路。它们能够把所有挡在路上的车辆推到一旁。将军们和普通德国步兵一样，也爬上半履带车和其他装甲车，随时准备跳车战斗。有个军官声称，他看到两个已成为光杆司令的将军戴着钢盔，手提冲锋枪。

德军对圣朗贝尔的进攻于午夜过后不久打响。加拿大阿盖尔郡和萨瑟兰郡高地人团第2营被迫撤退到村外。由于缺乏炸药，他们也没能炸毁当地桥梁。因此德军直到黎明后还得以源源不断地过河。

迈因德尔将军在夜间把他的伞兵部队集结为两组，然后带领他们向迪沃河前进。[29]这支部队尽可能悄无声息地滑入水中。对面河岸很陡峭，布满荆棘。当他们到达另一侧的特伦—尚布瓦公路时，还看到了盟军坦克的身影，听到坦克兵在交谈。每当有照明弹打上天空，他们就赶紧卧倒。蹑手蹑脚地躲过三辆坦克后，他们还是被第四辆坦克发现了。机枪开火，幸运的是，弹道太高了。

再往前走，他们遇到了几匹已经死了好几天的挽马。它们原本拖着德军一辆损坏的车辆，但在途中遭遇盟军战斗轰炸机的机枪扫射。肿胀的尸体在8月的酷热中散发出一股死亡的腐臭。他们听到身后响起一连串枪声，这是其他部队企图突破盟军封锁线。这时，他们看到天边露出第一缕曙光，而这个黎明却显得那么不真实。另一群悄悄潜来的伞兵也加入队伍。他们听到坦克声从东北方向传来。迈因德尔心头涌起一股希望，认为这是来自维穆捷的党卫军第 2 装甲军 "从包围圈外"突破进来，接应自己。然而从炮塔和车体轮廓线就能明确无误地判断出它们是英军的"克伦威尔"坦克。其中三辆坦克在一条干沟边停下来。德国伞兵就躲在沟内的高高杂草丛里，坦克兵的说话声一清二楚。过了一会儿，他们才意识到那是波兰语。"所以我们能活着，得感谢波兰人！"迈因德尔不无悲伤地评论说。他们不得不在那里趴了一个半小时，"连根手指头都不敢动"，以免扰动高草。那时已经是 8 月 20 日 7 点半了。

他们计划朝库德阿尔（Coudehard）高地前进。那是一片走向大致由北至南的陡峭绝壁。令他们更加沮丧的是，前方传来敌军的枪声。薄雾散去，旭日初升。干沟变成了"热烘烘的温室"。他们穿着湿漉漉的破烂制服，在里面饱受煎熬。

8 月 20 日的黎明同前几天一样"晴朗而宁静"[30]，尚未穿过迪沃河及特伦—尚布瓦公路的德军陷入绝望之中。晨雾刚一消散，美军炮兵就行动起来。伴随着飞机引擎发出令人心惊肉跳的尖叫声，战斗轰炸机压着树梢，出现在德军头顶上。

格斯多夫腿部受伤，跟着一支包含各类车型的队伍于 8 月 20 日拂晓抵达圣朗贝尔村。至于那些未能利用清晨薄雾通过封锁线的德军，很快就被美军炮火和损毁车辆挡住了去路。尽管遭到美军炮兵和已后撤的加拿大军的攻击，他们还是临时组建起扫障队，竭力疏通道路。

包括第2装甲师最后15辆坦克在内的更多部队试图通过位于圣朗贝尔和尚布瓦之间的一座小桥，同样遭遇猛烈的炮火袭击。吕特维茨将军写道："人、马、车从桥面上翻入迪沃河深渊。数量之多甚至堆积成山。燃烧中的坦克一刻不停地喷出火柱和浓烟，直冲云霄。地面上到处都是躺倒的马匹，很多受了重伤。"[31]吕特维茨颈部和背部受伤，带领他的参谋人员向东北方向步行突围。

最后，第2装甲师的两辆坦克终于击毁守卫特伦—尚布瓦公路的美军坦克歼击车，这支部队才趁势穿过了公路。"这是总突围的机会……大量侦察车、坦克、突击炮等从各式各样的掩体中涌出来。"[32]

位于这片高地至尚布瓦以南地区的美军以稍微不同的视角描述了这一天的战斗。第90师炮兵报告："从早到晚，炮兵的攻击可谓完美。公路完全处于攻击范围内，只要一有目标出现我们就开火。"[33]另一份美军炮兵报告称："德国人不顾一切地冒险穿越'无人地带'。他们在一个我们观察不到的区域把各种机动车排成6辆一行，然后再组成5列或6列，集中在一起。随着信号发起，车辆方阵便驶进空旷地带，希望凭借速度穿过火力覆盖区，进入安全地带。不过他们没能得逞。炮兵早已集中火力瞄准公路，只要一接到呼叫指令，便能在德军出现时打向那里。当炮兵观察员看到攻击效果后，竟然激动地跳上跳下。德国佬一次又一次驾驶车辆穿越这片火之地狱；炮兵一次又一次将弹雨倾泻在他们头上……我们的炮兵有时各自为战，有时也把炮兵营集中起来开火；若目标看起来很有价值，我们就会让师属炮兵，甚至整个军的炮兵一起开火。到了晚上，公路已经完全无法通行。道路两旁的田地里到处都是被炸成一堆破烂的德军装备。几乎没有德国佬能从这条路逃出去。"

事实上,大量德军在黎明前数小时就已经冲出了包围圈,数量比他们以为的要多得多。还有很多人天亮后继续溜过封锁线,尤其是在加拿大军防区。尽管加军不断呼叫圣朗贝尔附近的友军,但并没有得到及时增援。第 4 装甲师本应该准备向塞纳河推进,但换防的加拿大第 3 步兵师迟迟没有抵达。这一重大指挥失误在很大程度上又是源于蒙哥马利。到底应在塞纳河流域实施大范围包抄,还是封堵迪沃河缺口,他犹豫不决。

波兰军主力部队现已在尚布瓦东北部的奥梅尔山绝壁上驻扎下来。他们缺乏燃料弹药,不过通过空投获得了一些补给。毫不奇怪,波兰人将这场极具象征意义的战斗视为波兰白鹰和纳粹黑鹰之间的较量。他们的脑海中一直萦绕着既引以为傲而又无比凄惨的波兰历史。第 1 装甲师的徽章造型就是波兰翼骑兵的头盔和鹰翼。300 年前,正是波兰人从土耳其人手中拯救了维也纳。波军指挥官毛采克满怀悲壮和自豪,高声宣布:"波兰士兵可以为其他国家的自由而战,但只为波兰而亡。"[34] 波兰军人听说他们的同胞在苏联红军逐渐逼近华沙时举行了起义,于是下定决心要尽可能杀死更多德国人。

毛采克曾指挥第 10 骑兵旅,在 1939 年 9 月的利沃夫(Lwow)保卫战中同德第 2 装甲师作战。巧合的是,这次战斗中,"第 10 骑兵旅十分幸运地对同一个师展开复仇"[35]。那天,位于尚布瓦附近的第 10 骑乘来复枪团还抓获了德第 84 军军长奥托·埃尔费尔特中将及 29 名参谋军官。[36] 但是正如"超级机密"截获的信息所表明的,对奥梅尔山周边波兰军主阵地构成真正威胁的是来自背后的德军,以及正面的临时战斗群。

陷入苦战的波兰人只得请求加拿大第4装甲师支援。然而基钦蛮横无理地拒绝提供帮助,于是西蒙兹第二天便解除了他的指挥权。[37]

*

当天凌晨4点,一直守卫在图克河(Touques)一线的党卫军第2装甲师"元首"团残余部队奉命乘坐半履带车向南驶往尚布瓦,冲破包围圈。10点,他们目视到十辆盟军坦克,所有炮口都指向口袋阵的方向。第3营营长维尔纳(Werner)上尉刚刚经过一辆抛锚的属于另一个党卫军装甲师的豹式坦克。[38]维尔纳迅速返回。正在修理坦克的士兵暗示它还能移动,但又补充说该坦克车长,一名三级突击队中队长还在附近的一所房子里。此人却不愿意再开动了,于是维尔纳拔出手枪,押着他回到坦克旁。维尔纳爬上炮塔后面的发动机舱盖,指挥坦克车长来到他们看到盟军坦克的地方。快接近目标时,维尔纳下车徒步寻找最佳射击位置。那名党卫军三级突击队中队长此刻变得激情万丈。据维尔纳说,他们把敌军打了个出其不意,摧毁了五辆坦克,并击伤数辆。①

党卫军第9"霍亨施陶芬"师也遵照埃贝巴赫的计划,从维穆捷方向发动反击。然而苦于燃料短缺,该师直到10点才开始前进。一名低阶参谋乘坐边斗摩托车执行侦察任务时,径直闯进一支规模庞大的波兰军队中。驾驶员被射杀,波兰人看到

---

① 维尔纳声称这些坦克是加拿大第4装甲师的"谢尔曼",但据一位来自党卫军第12"希特勒青年团"装甲师的军官证词,盟军坦克属于驻守在北部262号高地附近的波兰军队。其余坦克迅速撤退了。[39]——原注

他身穿党卫军制服，也准备将其处决。一名加拿大联络官及时介入，这才救了他一命。此人显然是1919年逃亡到加拿大的白俄分子。[40]

与此同时，迈因德尔和他的伞兵们等到波军坦克分队向一处新阵地移动后，才得以继续朝库德阿尔高地和奥梅尔山前进。迈因德尔突然发现另一组伞兵正排成战斗队形穿过一片空地。他吹了声口哨，年轻的指挥官认出了他。迈因德尔还听见军官小声嘀咕："天哪，是那个老家伙。"[41]迈因德尔快速向他说明当前情况，叫他带上所有伞兵一起走。突破坦克封锁线的唯一办法就向北发动侧翼攻击。这位青年军官告诉迈因德尔，豪塞尔就在不远处。

经过一番迂回后，迈因德尔在一个弹坑里找到了第7集团军指挥官和党卫军"元首"团的几个官兵。他们还收拢了几支其他步兵小队和两辆豹式坦克。迈因德尔为伞兵们无比自豪，对加入他们队伍的部分陆军却很是不满。许多人早已丢弃了武器。就在他们拼命打破包围圈时，迈因德尔却看到"这些人眼中充满了惊恐，内心怯懦畏惧"，根本没有参加战斗。"这里还有来自法国的通信部队。这群人在过去三年里就不知道战争是怎么回事，一个个都陷入精神崩溃和恐慌之中。我真为他们感到可悲。反观队伍里的伞兵，他们带着蔑视的眼神，完美地履行着自己的职责。"迈因德尔的部下，加上少数党卫军士兵和步兵，随时准备为他人牺牲，而被他称为"烂脚趾"的那些人却一无是处，"极度利己，胆小如鼠"。"我现在才第一次明白，战争以最糟糕的方式造就出最优秀的人类……让最高贵的鲜血流尽，却留下最卑劣的灵魂。"

这支东拼西凑的队伍开始向前进攻了。"仿佛奇迹降临一般",党卫军装甲部队从另一个方向也发起攻击,他们终于在16点30分夺取了库德阿尔高地,从而打破包围,撕开了一道近两英里宽的缺口。几名俘虏证实,他们的对手是波兰第1装甲师。

与此同时,德军仅存数辆坦克,身受重伤的豪塞尔将军乘坐其中一辆逃出生天。迈因德尔当天下午的主要工作是安排一队涂有明显标志的救护车运送剩余伤员离开包围圈。迈因德尔写道:"没人朝他们开火。我承认,打心眼里感激敌人展现出来的骑士精神。"他等着救护车队离开足足半小时后才派遣战斗部队上场,"这样,敌人就根本不会怀疑我们占了便宜。"

库德阿尔方向打开缺口的好消息在他们身后传开了。当天晚上,一大群掉队官兵匆匆赶往那里,试图抓住这个良机。不过迈因德尔听到一位与他同行的高级军官说,很多人都曾经认为逃跑毫无希望,甚至还包括部分军官。这让他十分反感。8月21日,天色渐渐放亮,迈因德尔判断他们不可能再守住缺口了。他四下走动,叫醒部下。这可不是件容易事。迈因德尔组织一支队伍负责掩护撤退,然后便向东面的塞纳河徒步进发。雨开始下个不停,但这至少有助于掩盖他们蜿蜒的逃亡路线。

尽管加拿大第3步兵师一部终于抵达特伦至圣朗贝尔的封锁线,但全天仍有小股德军不断溜出包围圈。其中一些人加入党卫军战斗组,为保卫缺口而战。一架美军侦察机在他们上空盘旋,持续引导炮兵向撤退中的德军开火。在缺口南面,勒克莱尔的法国第2装甲师组成战斗小队,在紧贴着波兰主力部队的一座小山上占据了阵位。西南方向,朗格拉德(Langlade)

战斗群与美第 90 师一起与"组织上或多或少已经混乱,但仍企图在尚布瓦和古费恩森林之间突破包围圈的德军"[42]展开厮杀。

这一天对卡昂市民来说也具有重要意义。城内落下战争期间最后一颗炮弹,来自图克河战线。"这是卡昂第 66 个,也是最后的殉难日。"[43]

8 月 21 日,在奥梅尔山陷入孤立的波兰装甲师终于得到加拿大部队的增援和补给。① 缺口被堵住了。埃贝巴赫将军确信再也不可能有人逃出口袋,便命令党卫军第 2 装甲军残余力量撤至塞纳河。受了重伤的豪塞尔被送至设立在勒萨普(Le Sap)的第 7 集团军临时指挥所。他要求冯·丰克将军接替自己指挥。(两天后,指挥权转移至埃贝巴赫将军。)参谋们开始收拢并重组部队。令他们惊讶的是,大部分师都有 2000 多人逃离包围,不过这个数字似乎仍然偏高。[44]

滞留在后面的德军几乎没有抵抗。围捕俘虏的时间到了。朱利叶斯·尼夫少校在日记中写道:"美国佬说他们一整天抓到好几百个。达勒姆轻步兵团第 6 营刚刚报告说,他们占领了一个位置绝佳的阵地,可以看到数百人正朝他们走来。"[45]许多部队把德国人从树林中驱赶出来视为消遣。但不时也有悲剧发生。德军在埃库谢留下了数以百计的地雷和饵雷。第 38 骑兵侦察中队的一名年轻美国军官报告说:"有个大约十岁的男孩走出教堂来迎接我们,不料被一枚反步兵地雷炸死。"[46]英国工兵刚刚抵达这座城镇就开始扫雷,防止类似事故再次发生。他们总共处理了 240 枚。

---

① 诺曼底战役中,波军共损失了 135 名军官和 2192 名士兵。[47]——原注

盟军一开始很难进入口袋区域，因为道路被烧毁车辆堵得死死的。坦克和救援车辆昼夜不停地清理道路。包围圈内的景象令人难以置信。一名本来饶有兴趣查看他们战果的"台风"战斗机联队指挥官写道："道路上随处可见残骸和肿胀的人员、马匹尸体。"他显然被吓坏了。"破损的坦克和树干上粘着军服碎片。人体遗骸以各种奇形怪状的姿势挂在熏得黑黢黢的树篱丛上。尸体躺在干涸的血泊中，睁眼凝视着天空，仿佛眼珠子要从眼眶里瞪出来。两具身穿灰衣的无腿尸体靠在一条土堤上，似乎正在祈祷。"[48]烧焦的树干中间散落着战争残骸和诸如打字机、破裂的邮件袋等军中行政机构的物品。"我拾起一张照片，上面是一个面带微笑的德国新兵站在父母中间。这两个不苟言笑的农民正用责备的目光死死盯着我，"他突然意识到，"每一具灰衣尸体都是某个母亲的儿子。"

作家金斯利·艾米斯（Kingsley Amis）[①] 也亲眼看见了这一幕。他对德军在逃跑途中使用大量挽畜感到震惊。"马儿身上套着车辕，僵硬地躺在地上，看上去更加可怜。它们上唇翻起，牙齿外露，好像还在承受着痛苦。"[49]

美国士兵都急着寻找战利品寄回老家。第 6 工兵特种旅的一队官兵遇到一整支人马俱亡的哥萨克骑兵中队。[50]一名工兵描述说："来自顿河、捷列克河（Terek）的哥萨克人都穿着他们自己的制服，戴着皮帽，只在胸前别上了有黑鹰和纳粹标志的德军徽章。我们后来发现这个中队的队长叫扎戈尔尼（Zagordny）上尉。他的妻子就死在他身旁。这支哥萨克中队向外冲锋时，她也骑马跟在一旁。我听说法国人很害怕这群俄国

[①] 金斯利·艾米斯，1922—1995 年，英国小说家、诗人、评论家。

兵。"工兵们都十分热衷于搜寻"上面还带有锤子和镰刀标记"的俄罗斯长军刀。除了武器外，有些人甚至还收集马鞍。他们把所有东西一股脑扔到了卡车后面。他们后来得到允许，可以把战利品带回家，但军刀除外，因为上面有代表苏联的符号。苏联对原红军战士为德国而战这件事很敏感，美军当局不想惹恼这个强大的盟友。

除了大量战俘外，还有几千名德军伤员需要照顾。在清扫战场期间，盟军发现了一所藏在古费恩森林中的德军野战医院，里面有250名伤员。[51]大多数留在口袋阵中的伤兵根本没有得到任何医疗护理。

英美两军的医院很快就人满为患。好在军医们得到了德国医疗兵的全力帮助。斯奈德中校写道："法莱斯口袋收紧后，前方送来了750名德国伤员。其中一些是受了轻伤的军官，他们抱怨说不得不步行到此。有个德国勤务兵听到这番话，反唇相讥道：'我在德国陆军时，你们这些军官就跟我们说，应该整天行军，不能发牢骚。'"[52]

很多普通德国陆军士兵的状况很是糟糕，其中有25人还得了气性坏疽。两个外科小组在各自的帐篷中独立进行手术，以免交叉污染。他们别无他法，必须截去坏疽肢体。由于气性坏疽散发出难以忍受的恶臭，外科医生们只能轮流工作。斯奈德中校说："对所有军队来说，在撤退期间进行医疗护理总是很困难的工作。"

英军第6综合医院也有大量气性坏疽病例需要处理。此外，他们发现许多德国战俘身上长满了虱子后，还担心暴发肠炎和斑疹伤寒。"他们的毯子单独分开，必须清洗后才能再给其他病人使用。"[53]

人们十分害怕包围圈变成传染病的温床。死马和德国人的尸体上布满了苍蝇,蚊虫还在传播瘟疫。美国人请来法国工人协助处理这个问题。其中一人记录说,在他查看烧焦的尸体和露出古怪笑容的发黑头颅时,不得不用手帕捂住鼻子,以阻挡有害臭气。他们把人和动物的尸体拖到火葬场,往上面浇汽油。他写道:"空气令人窒息。"[54]

8月21日,蒙哥马利向第21集团军群宣布:"我军取得了确定无疑的、彻底的、决定性的胜利。是'战场上的全能之主'赐予我们胜利。"[55]然而,许多人并不认可他的说法。埃贝巴赫将军估计,德军可能有大约2万官兵、25辆坦克、50门自行火炮逃出包围。他后来写道:"缺少汽油导致的坦克损失数量比敌军各种武器加起来的破坏还要大。"[56]格斯多夫认为有2万—3万人设法渡过了塞纳河。[57]① 在盟军方面,英国人对蒙哥马利最为不满。

空军上将特德在战后表示:"蒙蒂犯下的最大错误之一就是在法莱斯。他妄自尊大,要求美军停止推进,不要干涉英军战区,但他又没能锁住缺口。"[58]空军中将科宁厄姆极为厌恶蒙哥马利。可想而知,他的批评更为激烈:"蒙蒂本应该在法莱斯取得一场伟大的胜利,(可是他)反倒帮助德军逃脱了。他总惦记着要自己完成任务,不让美军来帮忙。我军在法莱斯实施合围晚了一步。"[59]科宁厄姆把蒙哥马利的行为归于他嫉妒巴顿,不过这并不完全正确。

---

① 英美两军共抓获5万名俘虏,估计敌军死亡人数为1万人。——原注

据蒙哥马利的参谋长甘冈将军说,蒙哥马利"过于追求井然有序"。他认为美军应该在特伦同波兰军会师。他还要求布莱德雷听命于自己。第 21 集团军群的威廉姆斯(Williams)准将说,蒙蒂是"粪堆上一只高高在上的公鸡"。当蒙哥马利要求布莱德雷在阿让唐按兵不动时,"布莱德雷气得七窍生烟,我们都为他鸣不平"[60]。根据威廉姆斯的说法,蒙哥马利"从根本上就对内线包围不感兴趣。他要实施一个更大的全面包抄计划。结果我们两头落空。他还是在法莱斯扎紧口袋,却失去了在塞纳河围歼德军的机会。蒙蒂改变了主意,可是打出短勾拳又太晚。也许他是害怕美国人抢走所有功劳"。

这些批评无疑表明英美两国军官对错失在诺曼底地区彻底歼灭德军的机会而懊恼不已。不过如此言论在某些方面是不公平的。同意巴顿在阿让唐把海斯利普第 15 军分兵行动的,正是布莱德雷,而非蒙哥马利。但毫无疑问,蒙哥马利没有在关键时刻增援加拿大军。这是大量德军,尤其是党卫军装甲师能够逃出包围圈的主要原因。在 8 月的最后十天里,截住莫德尔残兵的唯一机会如今落在了塞纳河畔。

第二十八章　巴黎起义与向塞纳河追击

早在法莱斯包围战开始之前，勒克莱尔将军就已经急不可待了。正当巴顿的大部分作战师向塞纳河挺进时，他的全部兵力却困在阿让唐一带厮杀，这使他十分沮丧。接着在8月17日，勒克莱尔刚一接到法国第2装甲师攻击特伦的命令，就当即予以拒绝。直到美国军长"不得不直截了当地问，他是否要违抗书面命令"[1]时，勒克莱尔才最终让步。艾森豪威尔成为盟军最高统帅的时候曾经答应戴高乐的要求，允许法国军队率先进入巴黎。作为回报，戴高乐承诺法国人将尽一切努力支持他。政治与军事总是形影不离，在涉及对法国人至关重要的象征性事件时尤其如此。

当时勒克莱尔师还受制于杰罗将军的第5军指挥，负责清理法莱斯缺口的东南角，巴顿的第3集团军却正突飞猛进，比布莱德雷预想的走得更远。各支部队分散在如此广阔的区域，以至于巴顿不得不放弃吉普车，改乘飞机视察前线。他写道："集团军覆盖了这么多地方，我只好依靠'幼兽'飞机前往大部分地区。我不喜欢这样，觉得自己像个吸引火力的活靶子。"[2]

海斯利普的第15军已经从德勒移动至塞纳河畔的芒特（Mantes），其中一个团将于8月19日晚从该地区渡河。巴顿在一次飞行视察后骄傲地向布莱德雷宣布，他"当天上午往这条河里撒了泡尿"[3]。与此同时，第20军正向巴黎以南的枫丹白露（Fontainebleau）和默伦挺进（见地图19）。库克的第12军夺取奥尔良和沙托鲁后,巴顿以他特有的方式简明扼要地对库克说:"向东走!你他妈的想去哪里就去哪里。"[4]库克说,他想直取莱茵河畔的科布伦茨(Koblenz)。库克记录道,巴顿完全赞成,但布莱德雷对此还有些犹豫。他认为蒙哥马利会表示反对,因为这个英国将军把清除位于加来海峡省的导弹发射场列为首要任务。最后,巴顿还是苦于燃料短缺,被迫命令第12军在奥尔良停下脚步。

蒙哥马利的确不赞成巴顿的方案。8月19日,他与布莱德雷开会,得知艾森豪威尔希望美第12集团军群直接穿过法国东部地区,向德国边境推进。按照蒙哥马利的计划,英军和加拿大军将清剿加来海峡省的德军,然后进入比利时,占领安特卫普港。不过蒙哥马利对在如此广阔的战线上全面推进缺乏信心,因此希望把两个集团军群置于一名盟军地面部队总司令的领导下,协同行动。战略分歧导致盟军指挥层出现了一道巨大的裂痕。只是英国已辉煌不再,注定要输掉这场纷争。

美国和法国之间的紧张关系也开始加剧。地中海战区的英国总司令偷偷告诉艾森豪威尔,戴高乐将军即将从阿尔及尔飞往法国。戴高乐不愿意欠盟国一丁点人情,因此拒绝告知具体飞行计划。[5]他还不同意盟军为他的洛克希德"北极星"座机提供战斗机护航。美国人确实是发自内心地关心他的安全,愿意派遣一架"飞行堡垒"轰炸机。戴高乐则坚持要求飞机上必须喷涂法国标志,由法国机组成员驾驶,不过当时法国飞行员并没有资格驾驶该型飞机。[6]

8月19日,戴高乐来到艾森豪威尔的指挥部。他听说美军已经占领了沙特尔,便对艾森豪威尔说:"我们必须向巴黎进军。那里必须有一支组织得当的部队来维持城内秩序。"[7]艾森豪

482　威尔却想绕过这座城市。第二天，戴高乐前往雷恩。这时传来巴黎爆发起义的消息。戴高乐立即派阿方斯·朱安（Alphonse Juin）将军给艾森豪威尔送去一封信，坚称"必须派勒克莱尔进军巴黎"。① 如果不予同意，那么他，戴高乐，就会命令勒克莱尔进入巴黎。

大巴黎地区的德军指挥官现由冯·肖尔蒂茨中将担任。他曾经是驻防在科唐坦半岛海岸地区的第 84 军军长。8 月 7 日上午莫尔坦反击战打响之时，希特勒把肖尔蒂茨召到"狼穴"。[8]肖尔蒂茨后来抱怨说："希特勒对着我发表了一通 45 分钟的演讲，就好像我是一个公开集会上的听众。"希特勒满脸病容，体态浮肿，对 7 月 20 日暗杀事件的谋划者怒火万丈。他声称是他一举揭穿了反对派的真面目，会把他们碾得粉碎。肖尔蒂茨确信希特勒真是疯了，而且也认为战争必败无疑。希特勒冷静下来后命令他前往巴黎，担任这座"被围困要塞"的指挥官，全权指挥大巴黎地区所有德国国防军。这座城市将死守到底。

肖尔蒂茨后来把自己描绘成反纳粹分子和巴黎救世主的模样，然而正是他在苏联南部的所作所为才赢得了希特勒的信任。肖尔蒂茨的确忠实地执行了纳粹指令。当年秋，肖尔蒂茨在英

---

① 盟国远征军最高统帅部的高级军官们似乎尤其讨厌朱安。同勒克莱尔一样，朱安对美军无差别使用火炮攻击非常不满。据艾森豪威尔的空军参谋长詹姆斯·罗伯（James Robb）上将透露，"包括比德尔、艾克在内的所有人都在咒骂法国人，认为不能信赖他们。比德尔说，朱安认为美国人不知道如何打战。不过他已经从朱安那里得到了他所关心的一切东西。比德尔还说，如果有美国军官说出朱安的话，他一定会扇那人一记耳光"[9]。福里斯特·波格后来采访朱安，认为他"很像一个美国商会的秘书"，不能理解为何美国陆军将领们如此不信任他。——原注

国关押期间曾对威廉·里特尔·冯·托马（Wilhelm Ritter von Thoma）将军说："消灭犹太人是我经历的最糟糕的工作，我却干得一丝不苟。命令的每一个细节我都贯彻无误。"[10]①（不过肖尔蒂茨从未因这些行为受到战争罪指控。）

肖尔蒂茨于两天后抵达巴黎，接替汉斯·冯·博伊内堡-伦斯费尔德（Hans von Boineburg-Lengsfeld）中将的职务，此时莫尔坦反击战已经陷入停滞。阿尼姆中尉在中将的府邸——科蒂别墅（Villa Coty）见到了肖尔蒂茨。阿尼姆形容这位50岁的将军"身材矮小，体形肥胖，嗓音沙哑，戴着单片眼镜，头发在圆脑袋正中间左右分开，说起话来飞快"[11]。阿尼姆和在巴黎的许多陆军军官一样，也与7月的刺杀事件有牵连。他认为希特勒和国防军最高统帅部显然都很信任肖尔蒂茨，视他为"一位大胆而富有经验的将军"，所以一开始对这位新任司令官抱有戒心。

吃了一顿简餐后，肖尔蒂茨、博伊内堡、参谋长冯·翁格尔（von Unger）上校私下里交谈了两个多小时。肖尔蒂茨向他们传达希特勒的指示："命令很简单：如果敌人进攻，就摧毁巴黎，然后在废墟中防守。"博伊内堡和翁格尔两人都是陆军内部的反抗组织成员。他们想方设法说服肖尔蒂茨，毁掉巴黎在军事上没有任何意义。三人从会议室出来后，"博伊内堡和翁格尔显然同肖尔蒂茨相谈甚欢"。当天深夜，阿尼姆陪肖尔蒂茨前往设在莫里斯酒店（Hôtel Meurice）的大巴黎区司令部。他提出调往某个装甲师工作，不过肖尔蒂茨则希望他能留

---

① 9月28日，丘吉尔在下议院发表的演讲也让肖尔蒂茨破口大骂。第二天，他对冯·施利本将军说："你听了丘吉尔的演说吗？简直是骇人听闻，无以言表！一个犹太旅竟然要到德国去！"[12]——原注

在自己的参谋部。阿尼姆发现他们之间有不少共同的朋友，遂同意留下。

巴黎地区有好几个德军总部。西线总司令部设在圣日耳曼-昂莱；施佩勒元帅的空军总部位于波旁宫（Palais Bourbon）。巴黎还有海军上将克兰克（Krancke）的西线海军总司令部，以及各类党卫军、盖世太保单位，奥托·阿贝茨的德国驻法大使馆，大量德国政府和纳粹党机构。希特勒要求肖尔蒂茨把非战斗人员全部撤出，并把所有后方部队编成战斗单位。博伊内堡随即返回柏林，另有安排。他曾在7月20日按照施蒂尔普纳格尔的命令逮捕巴黎地区的党卫军，现在居然还安然无恙，简直就是个奇迹。他与翁格尔、阿尼姆共进告别晚餐。席间，他们一直谈论各自的家庭、狩猎和马匹来试图忘记这场战争灾难，以及希特勒对反叛者的可怕报复。第二天，一支武装车队载着博伊内堡从克勒贝尔大街上的大华酒店（Hôtel Majestic）①出发，离开了巴黎。

目前为止，驻巴黎德军几乎没有遭到过袭击，但德国军事情报部门警告说，随着盟军日益逼近，起义迫在眉睫。8月14日，就在被困在法莱斯口袋的前一天，克鲁格元帅在圣日耳曼-昂莱召开会议，与陆海空军指挥官商讨巴黎防御事宜。次日，肖尔蒂茨组织了一番武装游街，拥有17辆豹式坦克的守军耀武扬威地在巴黎穿行，希望借此打消抵抗组织的士气。理论上他拥有约2.5万名士兵，但为了遏制巴顿先头部队的攻势，大量兵力及大部分坦克都在不久之后被抽调离开，以加强相关方向的防御力量。[13]

---

① 大华酒店在第二次世界大战期间曾是德国占领军总部，现改名为巴黎半岛酒店。

肖尔蒂茨声称他只剩下一个由老弱病残士兵组成的保安团、四辆坦克、两个自行车连、几支防空分队和一个拥有17辆法国老式装甲车的营。姑且不论剩下部队的确切数量是多少，他们的战斗力的确都很低下。城防部队中有一个"翻译营"，可以说"毫无斗志"，这倒也不奇怪。还有一支部队的成员"都是些病恹恹的家伙，只适合坐办公室"[14]。另有一些在巴黎工作的德国平民，在最后一刻应征入伍。

外围防御圈部署了空军高射炮阵地，后来交由胡贝图斯·冯·奥洛克（Hubertus von Aulock）少将指挥。他是圣马洛德军指挥官的兄弟。奥洛克属于强硬派，坚信"投降就是叛国"。不过肖尔蒂茨觉得自己能做的只有守住巴黎西郊和南郊，为仍处于塞纳河以西的德军保留一条撤退路线。有一天，他在香榭丽舍大街遇到了穿着便服的装甲教导师师长拜尔莱因中将。肖尔蒂茨立即抱怨说，没有部队守卫巴黎。[15]

肖尔蒂茨此前已收到巴黎即将发生叛乱的警报，局势就在这一周开始加速发展。共产党人罗尔-唐吉（Rol-Tanguy）上校是巴黎和法兰西岛地区法国内地军的指挥官，他已经下令切断首都内德军阵地的电缆。

8月12日，铁路工人举行罢工。由于德军企图解除巴黎警察武装，于是1.5万名警察在三天后拒绝穿上制服。就在盟军登陆南法的同一天，共产党创办的《人道报》（*L'Humanité*）号召"民众起义"（insurrection populaire）。8月16日，自由法国运动全国军事代表雅克·沙邦-戴尔马（Jacques Chaban-Delmas）赶到伦敦。他之所以到英国，是为了提醒柯尼希将军，起义一定会爆发。柯尼希则让他回去，不惜一切代价阻止行动。

盟国方面并不希望在9月初之前占领巴黎。当晚,罗尔-唐吉上校效仿"西班牙共和军的光辉榜样",教导起义军"如何使用'莫洛托夫鸡尾酒'攻击坦克"[16]。①

8月17日,全国抵抗运动委员会及其军事部门举行会议,讨论武装起义问题。尽管当时巴黎的抵抗组织仅有400多件武器,但由罗尔领导的共产党希望立即开始行动。英国人此前向法国空投了近八万支冲锋枪,不过只有100多支送到巴黎。戴高乐的支持者现在处于两难境地。他们知道,如果按照柯尼希的指示按兵不动,那么共产党就会夺取主动权,也许还会控制首都。

然而,当人们看着"汉斯们大逃亡"(la grande fuite des Fritz)时,起义成功的希望也变得越来越大。记者让·加尔捷-布瓦西埃(Jean Galtier-Boissière)漫步在首都街头,饶有兴趣地看着德国高级军官和文职人员撤离;德国宪兵则挥舞着指示牌指挥交通。他写道:"锃亮的高级轿车从星形广场②周边的豪华酒店鱼贯而出,沿着拉法耶特大街开走,里面坐着红光满面的德国将军和优雅的金发女郎。他们看起来好像是去某个时尚的度假胜地。"[17]德国人在撤离前的最后一刻还在大肆抢劫。他们把酒窖里的好酒、一卷卷地毯、路易十六时期的家具、自行车还有艺术品一股脑装进国防军的卡车里。在过去四年里,巴黎人一直试图无视德国占领者的存在,现在却公开嘲笑他们。莎士比亚书店创始人西尔维娅·比奇(Sylvia Beach)描述说,

---

① 后来被称为"莫洛托夫鸡尾酒"的燃烧瓶其实是1936年10月,佛朗哥将军的外籍军团在马德里以南地区遭遇苏式T-26坦克攻击时首次发明的。法国共产党似乎忽视了这一点。——原注
② 星形广场是巴黎凯旋门所在地,戴高乐去世后,改名为戴高乐广场。

一群巴黎人朝德国人挥舞着马桶刷，可是既愤怒又紧张的士兵随即开火。

第二天 8 月 18 日，墙上出现了共产党号召市民起义的海报。8 月 19 日清晨，3000 名警察身着便衣，携带手枪接管警察总局。他们升起法国国旗，高唱《马赛曲》。戴高乐任命的新任巴黎警察局局长夏尔·吕泽（Charles Luizet）设法潜入位于西岱岛的总局大楼。他的前任——由维希政府任命的阿梅代·比西埃（Amédée Bussière）则被软禁在自家公寓。

德国人对警察总局事件还一无所知。阿尼姆中尉后来写道："8 月的骄阳炙烤着这座城市，四处弥漫着虚假的平静。"[18]肖尔蒂茨派阿尼姆带上两名军士作护卫，乘坐一辆敞篷军用汽车上街巡视，看看外面情况到底如何。街上空无一人。他们沿着塞纳河北岸行驶，经过法院大楼时，发现"那里静得像坟墓"。他们在警察总局没有察觉到任何异常，但抵达塞纳河左岸的圣米歇尔广场时，突然有人开枪。坐在阿尼姆身边的军士大叫一声，上臂中弹。他们举起冲锋枪，漫无目的地回击。一颗子弹击中了前轮。阿尼姆拍着司机的后背，对他喊道："继续开！继续开！"幸运的是，袭击只来自一幢建筑，他们这才得以返回指挥部。不过那名手臂中弹的下士胸部也挨了一枪，在当天下午死亡。

肖尔蒂茨终于收到了警察总局叛乱的消息，派出运送步兵的卡车和两辆坦克前往平叛。豹式坦克配置的是穿甲弹，因此在建筑物上仅仅打穿了几个洞，没有造成太多人员伤亡。这支小股德军无法完成任务，只能撤退。人们欣喜若狂，但危险的乐观情绪也开始滋生。根据罗尔-唐吉的命令，"要让敌人时时处于不安全状态，遏制其行动"[19]。巴黎抵抗组织多次对独自上街的车辆发起攻击,但到了那天晚上,起义军弹药几乎告罄。①

巴黎人在接下来的 24 小时里开始构筑路障,让德国人寸步难行。里沃利街(莫里斯酒店所在地)通往圣安东尼郊区的多处路口被封锁。德国军官站在酒店阳台上观望,但很快就有子弹向酒店打来,他们不得不退回房间。

两名党卫军军官乘坐装甲车来到莫里斯酒店。阿尼姆带他们上楼去见肖尔蒂茨。他们宣布奉元首的直接命令,要把卢浮宫地下仓库内的巴约挂毯运回德国"保存"。就在他们说话的时候,卢浮宫里的法国内地军向悬挂在酒店外墙的红黑色纳粹党旗开枪射击,不少子弹打在莫里斯酒店的窗户上。肖尔蒂茨指着卢浮宫,告诉这两个党卫军军官,挂毯就在那儿。他说,对于元首最优秀的士兵来说,取走挂毯肯定是小事一桩。两人听出了挖苦之意,但不敢反驳。他们自知无法完成任务,就此退下。

下一位来访者是《德意志汇报》(*Deutsche Allgemeine Zeitung*)的著名战争记者克莱门斯·波德维尔斯(Clemens Podewils)。他的任务是"全面报道英勇的巴黎要塞防御战,从而加强祖国人民的抵抗决心"[20]。但没过多久,波德维尔斯就意识到,德军占据法国首都的日子为数不多了。阿尼姆感到"既麻木又压抑",不知道末日来临后将会发生什么。

第二天 8 月 20 日上午,一群支持戴高乐的反抗者大胆地占领了市政厅。他们计划尽可能多地接管重要建筑和政府部门,以树立"共和政府合法性",并阻止共产党领导下的自由射手和游击队发起革命。公共建筑上飘扬起法国三色旗,巴黎人再

---

① 当天,约有 40 名德国人被杀,70 人受伤;巴黎方面有 125 人死亡,近 500 人受伤。——原注

次激情澎湃。人们争相效仿，纷纷在自家阳台上悬挂国旗，甚至在肖尔蒂茨司令部旁边的里沃利街也是如此。有人看见德军卡车在马德莱娜大道的梧桐树下排成长队，准备向东撤退。德国人即将离城的谣言开始不胫而走。

瑞典总领事拉乌尔·诺德林（Raoul Nordling）随后与肖尔蒂茨达成一项停火协议。[21]德军指挥官甚至同意承认法国内地军为正规军，并允许抵抗组织占据公共建筑；作为回报，他们不得袭击德军据点。停火协议在全国抵抗运动委员会的会议上通过，因为当时只有一名共产党代表在场。罗尔-唐吉得知此事后勃然大怒。但无论如何，零星战斗仍在继续。人们掀翻车辆，砍倒树木，用鹅卵石、床架、家具堆起路障。年轻男女穿着夏日衬衣，有些人还戴着第一次世界大战时期的旧钢盔继续坚守在街头。很多人戴上红白蓝三色臂章。他们的妻子或女友还在上面绣上代表法国内地军的缩写字母"FFI"。

8月21日星期一，全国抵抗运动委员会再次召开会议。法国共产党强烈反对沙邦-戴尔马有关维持停战的论点，认为这就是叛国行径。最终，各方达成妥协。协议将延迟到第二天废除。共产党还准备海报，号召"所有人都上街垒！（Tous aux barricades!）"德军和法国内地军之间的小规模冲突仍在继续。在奥德翁广场（Place de l'Odéon），有人将手榴弹扔进卢森堡宫德军据点下面的一辆卡车里，顿时燃起熊熊大火。巴黎抵抗组织对英国广播公司仍未提及这次起义相当失望。

同一天，英第11装甲师在阿让唐附近接替了勒克莱尔法国第2装甲师的阵地，这样法军便能做好准备迎接"新任务"[22]。这个师把所有心思都放在了"巴黎方向"[23]。他们从无线电中得知,美军侦察巡逻队已经到达朗布依埃(Rambouillet)和枫丹白露森林;而第7装甲师正准备在巴黎以南的默伦、蒙特罗(Montereau)、桑斯(Sens)等地渡过塞纳河。法军心情十分低落,抱怨说:"我们在这里做什么?解放巴黎的荣誉应该属于我们。我们得到过明确的承诺。"[24]

法国军队知道巴黎正处于动乱状态。指挥官勒克莱尔心急如焚,认为"巴黎不能再苦等下去了",这种心态是完全可以理解的。作为法国人,特别是一个害怕在首都发生某种共产主义政变的保守派天主教徒,他不可能接受艾森豪威尔的观点——巴黎必须等待,如此盟军才能快速挺进莱茵河。

未经杰罗将军许可,勒克莱尔命令手下军官雅克·德吉耶邦(Jacques de Guillebon)率领一个轻型坦克中队和一个乘坐半履带车的步兵排前往凡尔赛详细侦察,如有机会,还可以一直开到巴黎。他还要戴高乐未来的女婿——阿兰·德·布瓦西厄(Alain de Boissieu)上尉带着美军联络组去观光,免得他们碍事。但其中一人在第二天就发现了蹊跷,随即向第5军军部汇报。[25]杰罗大发雷霆,立即命令侦察队返回,勒克莱尔却置若罔闻。两人原本良好的关系迅速恶化。杰罗曾认可勒克莱尔不仅是师级指挥官,也是诺曼底盟军部队中的法国高级领导人。现在杰罗却同许多美国高级军官一样,怀疑戴高乐的支持者不是与盟军共同对抗德国,而是为了法国单打独斗。如果他知道法国第2装甲师一直通过超额申请来秘密囤积燃料,甚至从汽油仓库偷取,恐怕会更加愤怒。法国军队也很清楚,假如勒克莱尔抗命,擅自冲进巴黎,美国人就会切断他们的补给。

当巴顿的几个师正从巴黎周边地区跨过塞纳河时,位于法莱斯包围圈北面缺口处的英军和加拿大军则向东面的利雪和塞纳河下游艰难前进。与南部美军不同，他们面对着三个完整的德军师的阻击。敌军且战且退，他们必须逐一夺取沿途的每个村落、每条河流。这样的小规模冲突吞噬了大量生命。就在第49步兵师泰恩赛德苏格兰团第1营的一个连到达某个村庄时，党卫军第21装甲掷弹兵团一支分遣队刚刚撤退出来，旋即用迫击炮对那里轰击。英军迅速找地方隐蔽。年轻的二等兵皮特里（Petrie）进到当地一位学者家中，钻到图书室的书桌下躲起来。[26]就在这时，一枚迫击炮的弹片砸碎天花板，穿过桌面上的一本书（恰巧是克莱斯特的作品《洪堡王子》①），最后刺穿了皮特里的喉咙。不幸的皮特里很快就死了。炮击一停止，战友们便把他埋在了附近的花园里。英军为了解放这座小村落，共计八人阵亡、十人受伤。

在欧日地区（Pays d'Auge）的树林和山谷中，德军布下88毫米火炮来伏击坦克。8月22日，仅在一次攻击中，就有26辆"谢尔曼"坦克被击毁。即将战败的德国人竟然造成如此大的损失，令英军十分震惊。他们向塞纳河推进的速度也因此减缓。韦塞克斯师的一位牧师写道："我们都知道他们已经输掉了这场战争，因此任何伤亡都让人更加懊恼。"[27]

同一天，一名在利雪附近的炮兵中尉在日记中写道："步兵抓获了两个面目狰狞的党卫军士兵。我看到他们在营部接受审讯。德国人相当傲慢。他们被带走后，我甚至怀疑他们能否活着走进战俘营。"[28]

---

① 海因里希·冯·克莱斯特，1777—1811年，德国诗人、戏剧家、小说家。《洪堡王子》是其代表作之一，讲述了王子在没有得到命令的情况下，擅自出击，虽然取得了胜利但仍被判处死刑，最后又得到赦免的故事。

很多时候,党卫军的罪行是由普通德国士兵来偿还的。在利雪以南的利瓦罗附近,最后一批撤退的党卫军士兵在一座大型农场停下来索要牛奶喝。挤奶女工告诉他们一滴也没有了。于是他们继续走了几百码,在一条沟里休息。不久之后,党卫军看到一群加拿大侦察兵出现在农场。年轻的女工们纷纷冲出来,摘花献给解放者。加拿大军刚一离开,党卫军就返回农场,用冲锋枪和手榴弹向这些年轻女子泄愤,打死了其中六人。当地抵抗组织的一名成员后来写道:"我们挑出与在勒梅尼勒巴克莱(Le Mesnil-Bacley)农场中遇难者数量相同的德国战俘,命令他们自掘坟墓……刚一完成,他们就被公开处决。"[29]他接着写道:"几天后,为了庆祝利瓦罗解放,我们把与占领者有过关系的女人剃光头,然后拉着她们游街。"另一个地方,有名妇女讥讽地说,加拿大军到来后,在德国占领期间自甘堕落的女孩们"嘴角挂着微笑,手捧鲜花"[30],往往最先出来迎接胜利者。她还注意到,盟军部队开车经过时向年轻女人扔巧克力、香烟,她们会等着卡车从视野中消失后,才略带羞愧地跪下来把东西拾起。

很多诺曼底人对抵抗组织成员不以为意。一位当地律师表示:"法国内地军的人数呈爆炸式增长,让人难以置信。村子里所有在平日追求女孩、周六夜晚又唱又跳的小伙子似乎一下子都戴上袖章,拿起了冲锋枪。"[31]不过盟军十分感谢真正的抵抗战士所提供的帮助。一名加拿大少校在家信中写道:"游击队的工作非常出色。我们看到他们人数越来越多。"第7装甲师的迈尔斯·希尔德亚德在日记中写道,向塞纳河挺进途中,"第11轻骑兵团的每辆(装甲)车上都载有一名游击队员。他们的价值无与伦比"[32]。

同样在利瓦罗附近，皇家恩尼斯基林禁卫龙骑兵团第5营的一支部队在黎明后不久加入王后团第1/5营的一个连队。连长挥手让他们停下。队长伍兹（Woods）中尉从坦克上跳下来。步兵军官问道："你们想要一辆Ⅳ号坦克当早餐吗？"[33]他领着伍兹沿小路来到一个果园。"猎物在大约800码外的下一道山脊上，就在空旷地带缓慢移动，显然还不知道自己被盯上了。"伍兹开着坦克穿过枝繁叶茂、果实累累的苹果园。为了让车长和炮手都能看到目标，他们似乎耗费了无穷时间来调整坦克行进。随着气氛越来越紧张，驾驶员特鲁珀·罗斯（Trooper Rose）也变得心烦意乱："时间一分一秒地流逝，炮塔内的对话越发火药味十足。"最后，他们终于找到了最佳射击点。第一发穿甲弹便击中了Ⅳ号坦克的后悬挂系统。德军坦克将炮塔转向他们。第二发炮弹也打中目标，不过炮口依然在移动。直到第三发命中，敌人的炮塔才停了下来。一开始，坦克冒起一股黑烟，接着火光冲天，德国坦克兵疯狂地逃离坦克舱。

随着德军向塞纳河方向退却，美军重新启动了大包围计划，先后派遣第5装甲师和科利特的第19军向左转弯，沿河西岸北上。但他们发现推进困难重重，还在埃尔伯夫（Elbeuf）打了一场恶战。莫德尔元帅命令被打得支离破碎的陆军师挡住美军，以保护更远处的下游渡口。

这一部署也导致了美军和英军之间又爆发争吵。布莱德雷在8月19日与蒙哥马利和登普西开会，愿意给英军提供足够数量的卡车，使之能自行调动两个师来执行这项右翼包抄行动。登普西以不能很快让这两支部队脱离战斗为由，拒绝了这项提议。

布莱德雷回答说:"如果你做不到,'傻妞',那么你同意让我们去试一试吗?这意味着我们要抄到你们前面去。"[34]

登普西说:"没问题,我完全同意。我们很高兴你这么干。"

但是,当英国报社记者后来问及登普西有关进军塞纳河的情况时,他却回答说,如果美军没有在英军战区制造交通堵塞,挡住道路,他们的速度应该会更快些。蒙蒂事后向布莱德雷道歉,说登普西的原话一定是被错误引用了,不过布莱德雷并不相信。他因这句话永远也没有原谅登普西。数年后,他称这是"美国陆军蒙受的最大不公之一"[35]。

8月21日,加拿大和英国军队抵至多维尔(Deauville)海岸至利雪一线,接着到达奥尔贝克(Orbec)。加拿大军得到了比利时第1步兵旅的增援,该旅在第二天便夺取了多维尔。(伊雷妮公主的)荷兰皇家旅向位于塞纳河河口的翁弗勒尔(Honfleur)进发。一个捷克装甲旅也在战斗结束时抵达。通往塞纳河渡口的道路上到处堵塞着德军车辆。一些是因没有燃料被遗弃,另一些则在战斗轰炸机的攻击下焚毁。

"台风"飞行员再一次胡乱上报战果。他们估计自己消灭了222辆装甲车,但在德军丢弃的150辆装甲车中,其实只有13辆是在空袭中损毁的。[36]但毫无疑问,被摧毁的3468台车辆和火炮中,大部分确实是机关炮的功劳。第123联队的"台风"战斗机在塞纳河上空也吃了大亏,梅塞施密特109战斗机在"有力反击"中击落了他们的四架战机。[37]即便如此,德军飞机还是很难穿透"野马"和"喷火"战斗机中队组成的防护屏障。盟军飞机一直在内陆来回巡逻。

仍滞留在塞纳河下游西岸的德军在夜间利用小船，甚至浮桥渡河。到了黎明，浮桥就会被拆卸，以免遭到空袭。拜尔莱因将军写道："塞纳河渡河点都准备妥当，并分配给各师。但没人遵守秩序，每个人都是想在哪儿渡河就在哪儿渡。大多数渡船被党卫军没收，一般不允许其他部队使用。"[38]炮兵还想留住他们的马，一些人拖着马匹游过河。[39]8月23日，盟军战斗轰炸机因恶劣天气停飞，第21装甲工兵营开始在鲁昂建造可供坦克行驶的大桥。不过第二天天气晴朗，大桥完工两个小时后就遭摧毁。这一带蜿蜒的山谷两侧峭壁林立，林木繁茂，德军在白天至少可以躲在里面藏身。

随着美军逼近，莫德尔放弃了拉罗什吉永城堡总司令部。第5装甲集团军一开始将其指挥所移至鲁昂，接着转到亚眠。[40]后来埃贝巴赫和他的参谋长格斯多夫就是在亚眠被英国禁卫装甲师俘虏的。不过格斯多夫几小时后又成功逃脱。

第276步兵师工兵队的残余官兵开着他们的雪铁龙卡车，于8月22日抵达巴黎南部的默伦，刚好比巴顿的先头部队提前一步。[41]二等兵施皮克特及其战友认为他们已经到达安全地带，可以继续前往梅斯了。然而，宪兵发现他们是工兵，便命令这群人进入巴黎，为炸毁塞纳河桥梁做好准备。与所在营其他战友重新会合后，他们被分配到了好几辆崭新的欧宝闪电卡车。不过当他们驱车驶入协和广场后，渐渐觉察到街道上空空荡荡，寂静中弥漫着危险。小路上还可以看到由法国内地军把守的路障。

他们被带到1871年巴黎围城期间①使用过的一座堡垒，现

---

① 普鲁士曾在普法战争期间围攻巴黎（1870年12月—1871年1月）。法国战败后，普鲁士国王威廉一世在凡尔赛宫即位为德意志（第二）帝国皇帝，德国完成统一。

在那里是德国海军存放鱼雷弹头的仓库。海军士兵帮他们把炸药装进卡车。稍后,正当他们在香榭丽舍大街上行驶时,突然听到了一声枪响。所有工兵都在惊慌中胡乱开火。过后他们才丢人地发现,原来是卡车爆胎了。所幸没人遇难。

8月22日,法国内地军终止休战协议,遵照"所有人都上街垒!"的命令,发起总攻。同一天,肖尔蒂茨接到希特勒的明确命令:摧毁巴黎。也是在这一天,瑞典驻巴黎总领事的兄弟拉尔夫·诺德林(Ralph Nordling)设法来到设在德勒的巴顿指挥部,要求他拯救巴黎。在他抵达之前,罗尔-唐吉上校的代表——指挥官罗杰·加卢瓦(Roger Gallois)也提出了类似请求。第12军军长吉尔伯特·库克少将当时在场,并记录了这次谈话内容。

诺德林夸张地描绘了一番这座城市的现状后说道:"应该宣布巴黎为不设防城市,不要让它遭到破坏。"

巴顿回答道:"24小时内,我就能把巴黎像盒子那样打开,再把它关上。"

"那里的德军兵力太强大了。"

巴顿接着说:"我得到了更准确的情报。"[42]这大概是那天上午早些时候加卢瓦告诉他的。

他同意让诺德林及其同伴前往拉瓦勒附近的布莱德雷指挥部再次提出请求。

加卢瓦已经到过第12集团军群。戴高乐和柯尼希将军知道两人抵达后,向艾森豪威尔发出紧急电报,这帮了他们的大忙。布莱德雷当时正在格朗维尔与艾森豪威尔在一起,他从参谋长埃德温·L.赛伯特(Edwin L. Sibert)准将那里得知了他们的诉求。他们告诉布莱德雷,"每天有4000—5000名儿童、老人饿毙"[43]，德军还在地铁和下水道内埋设地雷。

艾森豪威尔对绕过巴黎的决定产生了动摇。他说："好吧，管他呢，布莱德雷，我想我们只能进去了。"布莱德雷表示同意，这种情况下他们已别无选择。[44]为了说服华盛顿的马歇尔将军接受这个决定，艾森豪威尔汇报说进军巴黎只是为了帮助抵抗组织而施行的纯军事行动。如果罗斯福判断改变计划是为了让戴高乐上台，他一定会大发雷霆。[1]

19点30分，勒克莱尔在第12集团军指挥部的飞机着陆跑道旁焦急地等待布莱德雷归来。终于，"幼兽"专机从空中出现，接着向勒克莱尔的吉普车滑行而来。"好吧，你赢了，"布莱德雷爬出飞机时对他说，"他们已经决定派你去巴黎。"勒克莱尔立刻以最快的速度奔回师指挥部。吉普还没停稳，他就对一名参谋喊道："马上向巴黎进发！（Mouvement immédiat sur Paris！）"收到这道命令后，法国官兵们都喜极而泣。即使对那些来自殖民地、从未见过巴黎的人来说，巴黎解放也代表着他们在过去几年中为之奋斗的一切。

第5军军长杰罗被召至美第1集团军指挥部，在那里听取了关于起义的简要战报，了解到抵抗组织即将耗尽弹药，以及每天有数千人死于饥饿的传言。[45]他还得知，艾森豪威尔将军已经命令美英法三国军队组成一支特遣队，立即前往巴黎。[2]"只

---

[1] 甚至在艾森豪威尔下定决心之前，盟国远征军最高统帅部就开始准备救济巴黎用的物资。8月21日，当第一条有关巴黎起义的消息传来时，一封前线电报提醒位于英国的罗杰斯将军，可能需要为巴黎提供粮食。罗杰斯飞往法国，开始启动援助计划。首支车队在8月25日，即巴黎解放日那天，便出发前往这座城市。——原注

[2] 不知为何，蒙哥马利没有理会艾森豪威尔的邀请，派遣一支象征性的英国军队参加行动；后来又拒绝与艾森豪威尔和布莱德雷一同造访巴黎。——原注

有在轻装部队可以击败德国守军的情况下，我军才能进入巴黎。为了保护这座城市不被摧毁，不允许发生激烈战斗、空袭或炮击。"一旦确保巴黎安全，杰罗就要将其移交给柯尼希将军，戴高乐已经任命他为首都军事长官。杰罗当即向法国第 2 装甲师与第 102 机械化骑兵群（团级单位）下辖第 102 和第 38 骑兵侦察中队发出预警命令，要求他们一个小时内待命，做好朝东急行军的准备。

午夜刚过，第 5 军便下达命令：法国第 2 装甲师和第 102 骑兵侦察中队 B 连在正午出发，"与法国内地军里应外合，控制巴黎，并按军长命令，做好向东行动的准备"。美第 4 步兵师和第 102 骑兵侦察中队剩余部队将取道更南边的路线。不过勒克莱尔在午夜之前就已经发出命令了。正如杰罗参谋部指出的那样，法国第 2 装甲师片刻也没耽搁，"当晚就向巴黎进军"。

8 月 23 日，法国第 2 装甲师的三个"战斗群"（groupements tactiques，相当于美军的战斗群）驾驶着一眼望不到头的"猎鹿犬"装甲车、"斯图亚特"轻型坦克、半履带车、"谢尔曼"坦克、坦克歼击车、吉普车、卡车，浩浩荡荡地冒雨朝东南挺进。勒克莱尔在主力部队之前就抵达法国总统的乡间官邸——朗布依埃城堡。他给戴高乐发去一封电报，并收到回复说，戴高乐将在那儿与他会合。勒克莱尔接着与当地抵抗组织成员和警察谈话，希望找到一条防守最薄弱的路线进入首都。根据他们提供的情报和侦察巡逻队指挥官吉耶邦获得的信息判断，他应该避开凡尔赛，绕道巴黎南部。这样可能会妨碍美第 4 步兵师的行动，但他一点也不在乎。

勒克莱尔的军官们惊奇地在朗布依埃镇大猎手饭店（Hôtel

du Grand Veneur）里发现了一群知名人士。他们大部分是新闻记者，正急切地等待着巴黎解放。欧内斯特·海明威是《科利尔》（Collier's）杂志的战地记者，不过他更有兴趣成为当地抵抗组织的一名临时战士。作为非战斗人员，他还不顾禁令，公然携带一支大威力半自动手枪。据美军情报官员约翰·莫温克尔（John Mowinckel）说，海明威打算审讯一个被他的抵抗组织新朋友们抓获的德国俘虏。"我会让他开口的，"海明威吹嘘说，"把他的靴子脱掉，用蜡烛烤脚趾。"[46]莫温克尔让海明威滚蛋，释放了那个显然什么都不知道的可怜男孩。

大猎手饭店内的其他名人还有大卫·布鲁斯（David Bruce），他当时为战略情报局工作，后来担任美国驻巴黎大使。来自英国军情九处（MI9）的艾雷·尼夫（Airey Neave）少校也在其中。该部门是帮助盟军战俘逃亡的英国秘密组织。尼夫正在追捕一名向德国人出卖法国抵抗组织网络的英军中士。军事历史学家山姆·马歇尔（Sam Marshall）当时也在场。他为了保护海明威，不得不作伪证，声称他从未见过海明威带枪。后来撰写《幼狮》一书的欧文·肖（Irwin Shaw）与一个来自通信部队的摄制组一同出现了。现场的气氛可谓剑拔弩张，因为海明威当时正在跟肖的情人玛丽·韦尔什打得火热。玛丽后来成为海明威的第四位妻子。

肖的身后站着一群美国战地记者。毫无疑问，所有人都渴望宣布自己是第一批进入巴黎的人之一。马歇尔的同伴约翰·韦斯托弗（John Westover）中尉写道："他们看上去就像戴着陆航大檐帽、'执行过50次任务的老练飞行员'。人群里面还有厄尼·派尔（Ernie Pyle）和罗伯特·卡帕。派尔戴着一顶贝雷帽，貌似陆军元帅蒙哥马利。"[47]海明威俨然一副当地军事指挥官的派头。一些人对此虽然毫不意外，但还很是恼火。《芝加哥每日新闻报》(*Chicago Daily News*)的布鲁斯·格兰特(Bruce Grant)把"海明威将军和他的游击队"大肆嘲讽了一番，结果吃了海明威一记老拳。

虽然众人只想着解放巴黎，但美军高级将领们更关注如何向德国推进。巴顿当天飞往拉瓦勒去见布莱德雷，然后与蒙哥马利和艾森豪威尔会面。巴顿和布莱德雷一直担心艾森豪威尔可能会答应蒙哥马利的要求，命令第21、第12集团军群调头向北。巴顿说："我从未见过布莱德雷如此生气。他高声对我嚷嚷'最高统帅到底要怎样'。"[48]巴顿对他说，除非艾森豪威尔同意向东进军，而不是如蒙哥马利希望的那样朝北进入加来海峡省和比利时，否则他们两个和霍奇斯就应提出辞职。不过巴顿的担心毫无必要。此时，艾森豪威尔觉得蒙哥马利这人靠不住，拒绝听取他的意见。

当晚，戴高乐抵达朗布依埃城堡。他对巴黎的局势深感忧虑，担心由共产党领导的起义可能会引发一场堪比1871年巴黎公社的祸患。戴高乐在朗布依埃城堡华丽的国宴厅吃完冷冰冰的C口粮后，简要听取了勒克莱尔的进攻计划，随后予以批准。他满脑子想着巴黎解放者将迎来无上荣耀，停顿了很久后才对勒克莱尔说："你真幸运。"[49]法国第2装甲师的士兵们把车辆停在湿乎乎的公园和森林里扎营，然后烹煮口粮、清理武器，为即将到来的欢迎仪式仔细刮着胡子。

第二十九章　解放巴黎

罗尔-唐吉上校于 8 月 22 日宣布"所有人都上街垒"。这道命令其实复制了巴塞罗那无政府主义者在 1936 年 7 月的计划。工人阶级的队伍在市内设置路障，粉碎了西班牙右翼军人的叛乱。罗尔希望德军所有交通陷入瘫痪，并把德国人困在他们目前所在的主要据点里，其中包括位于莫里斯酒店的肖尔蒂茨司令部、卢森堡宫、军事学院和荣军院、波旁宫内的法国国民议会、协和广场附近的欧根亲王兵营。

起义号召通过海报、传单，以及法国国家广播电台发布出去。这个新成立的电台充当了抵抗运动的喉舌，每当播放被禁止的《马赛曲》时，人们就打开窗户，调大音量，即便街上的人也能听到。在时髦的巴黎西部第 7、第 8 和第 16 区几乎没有路障，大部分都位于城北和城东地区。这些地方曾在 1936 年以压倒性优势投票支持人民阵线①。

随着各种传言越来越夸张，可想而知巴黎的气氛有多么紧张。一些人说美军已经兵临城下，另一些则说有两个德国装甲师正从北面逼近，城市可能万劫不复。罗尔上校继续发出战斗号令："每个街垒都应该是征兵站，要让人民重温大革命时期的口号——'祖国在危急中'（Patrie en danger）。"[1] 他命令法国

---

① 人民阵线是 1935 年由法国左翼各党派组成的反法西斯和要求实行社会改革的政治组织。1936 年 5 月，人民阵线获得议会选举胜利。1938 年 10 月，人民阵线分裂瓦解。

内地军避开守卫在关键十字路口的德军坦克,通过地铁隧道到城区各处。他听到"抢劫规模似乎到了令人不可接受的程度"时,大为震惊,下令当场枪毙被抓获的抢劫犯,还要把写有"抢劫犯"字样的告示贴到尸体上。

科莱特(Colette)的丈夫莫里斯·古德凯(Maurice Goudeket)这样描述那段"令人陌生而又无所适从的日子":"德军只控制着巴黎内几座孤岛,数辆坦克哼哧哼哧地穿行在街上。巴黎人叽叽喳喳地唠叨着被遗忘的自由;出现了版面还没传单那么大的报纸;人们用碎布制作旗帜。在等待最后决战的时刻,巴黎人在记忆最深处重新找到了构筑街垒的团结精神,开着充满英雄气概的诙谐玩笑,空气中夹杂着火药和汗水的气味。"[2]

尽管有谣言说德军调遣了150辆虎式坦克进入巴黎,但共产党和戴高乐派领导人现在都确定这纯属子虚乌有。因此,巴黎起义像波兰国内军(Polish Home Army)[①]发动的华沙起义那样被镇压的危险也大大降低了。戴高乐的支持者控制了多个政府部门,现在也准备加入战斗,首先要做的便是把贝当元帅的正式肖像和半身塑像从建筑中移走。这项任务大家都乐此不疲。戴高乐的代表亚历山大·帕罗迪(Alexandre Parodi)甚至在总理官邸马提尼翁府(Hôtel Matignon)举行了一场象征性的部长会议。即将抵达巴黎的法国第2装甲师对戴高乐派领导人而言至关重要,他们的光杆政权终于获得了实实在在的支持。

共产党人则被他们自己的宣传误导,认为权力来自街垒和抵抗运动委员会。他们沉醉于革命的狂喜中,压根没有意识到

[①] 波兰国内军,也译为波兰国家军或波兰家园军,是二战期间主要活动在德占波兰区的抵抗组织。

斯大林最不希望看到法国发生共产党领导的起义。他担心会惹恼美国人，导致无法利用《租借法案》获取物资。

8月24日拂晓，法国第2装甲师走出朗布依埃森林。勒克莱尔派遣一支"斯帕希"摩洛哥团（Spahis Marocains）[①]的分遣队驾驶"斯图亚特"轻型坦克向凡尔赛开进，以此迷惑德军，让他们误以为这才是主攻方向。保罗·德朗格拉德上校率领其战斗群的剩余部队及美第102骑兵群的一个中队，原本计划穿过谢弗勒斯（Chevreuse）山谷前进，但他们很快就在默东森林（Bois de Meudon）遭遇了激烈抵抗。[3]第12非洲猎兵团的三辆"谢尔曼"坦克被反坦克炮击毁。他们的最终目标是位于巴黎西郊的塞佛尔桥（Pont de Sèvres）。

当天天气阴沉多雨，甚至干扰到无线电通信。[4]比约特（Billotte）上校指挥纵队直奔阿尔帕容（Arpajon）和隆瑞莫（Longjumeau），迪奥（Dio）上校的战斗群作为预备队待命。比约特部的先头部队是第2乍得行进团的普茨（Putz）营。在西班牙内战期间，普茨是国际纵队中最受人尊敬的指挥官之一。普茨营第9连几乎全部由西班牙共和分子组成。该连指挥官雷蒙·德罗纳（Raymond Dronne）上尉是一个红头发、大腹便便的彪形大汉。之所以被选中，是因为他能让队伍里的西班牙社会主义者、共产党人和无政府主义者服从指挥。

普茨在隆瑞莫首次陷入激战。十名伤员被送至镇内的市民医院救治，停尸房内安置了八名在战斗中阵亡的官兵遗体。[5]在一座被炮弹炸塌了一半的房子里，师属随军神父罗歇·富凯

[①] "斯帕希"属于法国军队的轻骑兵团，成员主要从阿尔及利亚、突尼斯和摩洛哥的土著居民中招募。现代法国陆军中的"斯帕希"团为装甲部队。

（Roger Fouquer）偶然目睹了可怕的一幕。两名修女跪在一位刚刚分娩的年轻母亲身边。一枚弹片刺穿了她的胸膛，婴儿就静静地躺在尸体旁边。接着，教堂响起庆祝解放的钟声。[6]

这一天对许多地方的居民而言，欢乐与恐怖并存。山姆·马歇尔和他的同伴约翰·韦斯托弗开着吉普车"甜心埃洛伊丝"，跟随朗格拉德纵队，在巴黎西南部边缘地区的乡村城镇中穿行。他们插上一面美国国旗，以区别无处不在的三色旗。一辆车紧挨着一辆缓缓前行，韦斯托弗把这情景描述为"一场混乱的大型野餐"[7]。欢呼雀跃的人群把车队逼停，强行与士兵们亲吻，往他们手上塞酒瓶。战士们则恳求法国人让他们能够畅通无阻地通行。韦斯托弗写道："整件事太疯狂了，我们哭笑不得。"

那天也发生了不幸的悲剧。"一位美丽的年轻女子走向一辆第501坦克团的'谢尔曼'，高举双臂，想要人把自己拉上去。就在这时，德军机枪朝他们开火了。女孩倒向地面，挂在了履带上，精致的夏季连衣裙上布满了血淋淋的弹孔。"[8]

普茨纵队到午时便已抵达巴黎南部的安东尼市。在其右翼，另一支纵队在奥利（Orly）机场附近打了一场漂亮的遭遇战，不过接着在弗雷讷（Fresnes）监狱被88毫米反坦克炮阻击。操纵火炮的是一群仍然穿着帆布囚衣服刑的德国士兵。曾在沙漠中作战的法国第2装甲师老兵认为，他们看上去很像老对手——非洲军团。损失两辆"谢尔曼"坦克后，法军成功地击毁了大炮。[9]一辆坦克径直闯进监狱大院。高墙外还有车辆正在燃烧。杜邦（Dupont）上尉走过一辆几乎被烧尽的军车时，里面一枚手榴弹突然爆炸，把他炸死。仅仅三天前，他还告诉富凯神父，他觉得自己就要死了。[10]

杰罗希望能够牢牢控制住法国军队，却徒劳无功。当天上午，他在参谋长查尔斯·赫尔米克（Charles Helmick）准将的陪同下离开沙特尔总部，寻找勒克莱尔，不过在哪里都找不到他。杰罗不得不返回沙特尔，告诉赫尔米克，发现勒克莱尔后，就"以美国陆军高级代表的身份留在他身边"[11]。

勒克莱尔没有通知军部就擅自向南推进，这令杰罗非常恼火。他命令第4步兵师不必等待法国第2装甲师，直接向巴黎前进。毫无疑问，他注意到了热情迎接的人群造成行军延误，因此匆忙认定法国第2装甲师也会松懈下来。据说他曾对布莱德雷断言，法军将"跳着舞走进巴黎"[12]。但是第4师第12步兵团也被"热情过度的法国美女们"[13]拦下，她们一定要亲吻司机。

杰罗大错特错了。那天，勒克莱尔比所有人更加急不可待。为了加快推进速度，他已经将预备队，也就是迪奥战斗群投入夺取城郊工业区的战斗中。但法军直到16点才拿下安东尼市。途经阿尔帕容的进军路线比他预期的要防守严密。

勒克莱尔担心德国援军可能会从北部抵近首都，因此迫切希望部队在黄昏前进入市区。为了给抵抗组织打气，他在一个加厚军用背包里塞进字条，命令一名资深侦察机飞行员空投到巴黎。内容很简单，写着"Tenez bon, nous arrivons"[14]，意思是"坚持住，我们来了"。

德罗纳上尉的连队设法绕过了弗雷讷，抵达克鲁瓦德贝尔尼（Croix-de-Berny）。他们首次看到了埃菲尔铁塔。然后，这个连收到返回奥尔良公路的命令。戴着法式圆形平顶军帽和坦克护目镜的勒克莱尔截住他们，不耐烦地用马六甲手杖敲打着地面喊道:"德罗纳!你去那儿干什么?"

"奉命返回主推进路线,我的将军。"

勒克莱尔告诉他这太愚蠢了,然后抓起德罗纳的袖子,指着首都方向说:"直接进巴黎,去巴黎的心脏。"[15]

胡子拉碴的德罗纳戴着破旧的法式军帽,被汗水浸透的美国军服紧绷在肚皮上,立正朝勒克莱尔敬了个军礼。勒克莱尔一直认为平民靠不住,因此告诉他要利用其他可以召集的武装力量,同时避开大路行军。德罗纳的任务是赶到巴黎市中心,鼓励抵抗组织坚持住,不能泄气,并通知起义军,该师其余部队将于次日入城。

19点30分,德罗纳集合包括半履带车在内的15辆机动车出发了。他们用诸如"马德里"、"瓜达拉哈拉"(Guadalajara)、"布鲁内特"(Brunete)等西班牙内战期间的各场战斗来为车辆命名。这个由西班牙共和党人组成的连在最后一刻得到增援。戴高乐派控制的第501坦克团抽调一个工兵排和三辆"谢尔曼"坦克来加强该连实力。坦克上分别印着1814年拿破仑战争时期的战役名称:"蒙米拉伊"(Montmirail)、"罗米伊"(Romilly)、"尚波贝尔"(Champaubert)。他们的指挥官是"白袍神父"教派的米沙尔(Michard)中尉。①

半履带车"瓜达拉哈拉"走在队伍最前面。一名当地人骑着老旧摩托车给法军带路。他对所有后街小巷都了如指掌,也知道德军设置的路障在何处,因此德罗纳的小型纵队安全穿过郊区,抵达巴黎最南端的意大利门。当部队跨过城市边界时,

---

① 德罗纳本人乘坐的吉普车名为"Mort aux Cons!"[16],意即"白痴都该死!"勒克莱尔却反问道:"你为什么想要杀死所有人呢?"德罗纳这时才意识到这一点。——原注

全体官兵都欢呼起来。欣喜若狂的市民不敢相信这是来拯救首都的法国军队，频频把车队拦了下来。有一个亚美尼亚人也骑着助动车来当向导。德罗纳要他带路去市政厅，但当他返回吉普车时，发现一个来自阿尔萨斯的魁梧女人站在车前，摆出共和国的象征——玛丽安娜的造型。

他们绕开意大利大道（Avenue d'Italie），沿着后街向北驶向奥斯特里茨桥（Pont d'Austerlitz）。纵队刚一抵达塞纳河对岸，便向左转沿堤岸前进。21点20分，坦克和半履带车轰鸣着驶入市政厅广场。

在巴黎另一侧，朗格拉德上校的坦克终于到达了目的地塞佛尔桥。在日后阿尔及尔战役中以冷酷无情而著称的指挥官马苏（Massu）的命令下，一辆非洲猎兵团的坦克在四名法国内地军的协同下过桥。他们没有踩上地雷，算是松了口气，但还是不时遭到位于隆尚（Longchamp）赛马场的德军火炮的间歇性攻击。[17]

德罗纳上尉命令部队在市政厅广场进入全面防御状态，自己进入市政厅，大踏步走上主楼梯前去报告。在乔治·皮杜尔的带领下，抵抗组织诸领导人与他热情拥抱。皮杜尔本想发表一番演讲，但情绪太过激动而口不能言。[18]

市政厅外，市民们聚集在坦克和半履带车周围。他们一开始很紧张，但看到坦克上的师徽——以法国地图为背景的洛林十字时，便疯狂起来，抱着满脸尘土的士兵不住地亲吻。几个人跑到附近的教堂，敲响大钟。不久，巴黎圣母院的钟声也开始在暮色中响彻全城。一直以来足不出户的科莱特饱含喜悦的泪水，在那个历史性的夜晚写道，"夜晚如黎明般升起"[19]。

正是圣母院的大钟让巴黎市民终于相信巴黎解放了。一名从诺曼底逃难至此的妇女听到这个消息时正准备脱衣睡觉。这时,人群开始涌上街道,大声欢呼:"他们来了!"[20]

*

从市政厅出来沿里沃利大街走到尽头,肖尔蒂茨正和参谋们待在接待室,畅饮从莫里斯饭店酒窖里取来的香槟。在这个湿热的8月夜晚,他们讨论了巴黎胡格诺派教徒在圣巴托洛缪之夜惨遭大屠杀的历史事件,分析他们当前的处境是否与之有相似之处。当他们听到钟声后,肖尔蒂茨站起来走到办公桌前,给施派德尔中将打电话。电话刚一接通,他就把话筒朝向窗户。施派德尔立刻就明白了。肖尔蒂茨知道自己将有很长一段时间无法返回德国,请求他帮忙照顾家人。

就在教堂钟声响起之时,第256步兵团的工兵组携一卡车鱼雷,守在奥赛码头对面的亚历山大三世桥上。[21]上级召唤指挥官诺维克(Novick)中尉听取命令,所以他当时并不在现场。诺维克回来后,士兵们都恳请他能允许自己逃出巴黎。诺维克却坚定地回答说,他们仍然要履行职责。比起作战,士兵们其实更害怕在投降时被平民用私刑处死。

与之相对,德罗纳的士兵则受到市民最热烈的欢迎,所有人都渴望为法国战士做些什么。有人给年轻士兵的亲属打电话,通报法国军队来到了巴黎。妇女们拿出床垫和珍贵的肥皂,甚至把脏乎乎的制服拿走清洗熨烫。

第二天黎明,巴黎人在紧张而兴奋的气氛中早早起床。许多妇女彻夜未眠,缝制三色旗,准备盛装来迎接解放者。一名妇女为了赶制美国国旗,还找到一件旧衣服,把上面的星星一个一个剪下来。

连日来一直阴雨绵绵，不过到了 8 月 25 日星期五，晨雾刚刚消散，明媚的阳光便照耀大地。这一天也正好是法兰西守护神圣路易的节日。人群聚集在城市西南部，迎接朗格拉德的部队。法军入城的消息传播开来。人们又争相涌入奥尔良门和意大利门。比约特纵队的先头部队普茨营正是经意大利门进入巴黎的。勒克莱尔在"斯帕希"团"猎鹿犬"装甲车的护送下尾随其后。他先与抵抗组织中的戴高乐派领导人沙邦-戴尔马会面，然后一同前往蒙帕尔纳斯火车站。那里交通便利，是勒克莱尔的师部所在地。

狂喜的市民挥舞着临时制成的旗子涌上街头，比画着代表胜利的"V"字手势。当枪声响起时，街道上的人群在一片慌乱中一哄而散，不过街上很快又重新挤满了人。富凯神父形容这是"一场不时会被枪声打断的狂欢节，喧闹而奔放"[22]。装甲纵队停了下来。年轻的女孩子身穿她们最漂亮的连衣裙爬上来亲吻坦克兵，男人们则拿出囤积已久的美酒为解放干杯。富凯也穿着同士兵一样的战斗服，戴着第 50 团的黑色贝雷帽。他充满善意地抱怨说："我这辈子，脸颊从未印上这么多唇印。"士兵们对女孩喊道："小心点！别亲太猛了。他是神父。"

然而，在《马赛曲》和《国际歌》的歌声中，富凯神父内心五味杂陈。他禁不住想起前一天下午牺牲在弗雷讷的杜邦上尉，他还带着怀疑的眼光审视人群。牧师写道："解放了，人们的热情自然而然倾泻出来，然而此时很难区分真正的抵抗战士和寄生虫。有些人就在昨天还是通敌分子，是维希政府的'民兵'。"

对于街头的巴黎人来说，这不是盟军的胜利，而是完全属于法国的胜利。1940年的耻辱和德国占领的历史似乎已经被完全抹去。一名年轻女子还记得看到"谢尔曼"坦克和用法文起的车名时,她脸上洋溢着自豪的光芒:"胜利号、自由号昂首向前。法国回到了法国人手中。我很荣幸成为这个国家的一分子。"[23]然而,假若没有美国帮助,法国第2装甲师永远也不可能以这种形式出现在法国。狂热的爱国者当时却完全忽略了这一事实。

美第38骑兵侦察中队和第4步兵师的主力部队也于7点30分从南部进入巴黎。[24]美军发现"人们感到困惑,也很害怕我们。他们还不能确定我们是美国人还是德军"。不过一旦法国人确认了美军身份,"狂欢便开始了"[25]。市民把路障拖走,让他们通过。他们不到一小时就到达圣母院外。美军士兵事先被告知巴黎人正在挨饿,可是他们认为市民看起来很健康。一名上士写道:"法国女孩,美丽的女孩,纷纷爬上来给我们献花。一些女孩的牙齿非常漂亮。她们一定是在什么地方弄到了好吃的。"[26]

人群减缓了美军步伐,到处都有人用法语和不标准的英语高喊:"谢谢!谢谢!协协你,协协你!① 美国万岁!"[27]第12步兵团的勒基特上校记录道:"我们无数次停下来。母亲们把她们的孩子举起来让我们亲一下;年轻的女孩子拥抱咧嘴微笑的士兵,献出香吻;老人向我们敬礼;青年男性用力地与我们握手,拍着士兵的背。"与军长杰罗将军不同,勒基特和他的部下似乎并不介意法国第2装甲师成为这场演出的明星。第4步

---

① "协协你"为英语,其余为法语。

兵师大大方方地承认"巴黎属于法国"。

杰罗将军于 9 点 30 分入城,同样直奔蒙帕尔纳斯火车站,密切注视勒克莱尔的一举一动。同士兵们的看法一样,他也认为有关大饥荒的描述有些夸张了。他当时报告说:"巴黎人依然穿着考究,显然吃得不错。"不过他后来修正了这一说法:"城内没有出现长期营养不良的迹象,穷人除外。"[28] 美国人压根就没有意识到,人们为了在占领期间生存下去,不得不支付高昂费用从黑市购买物资,或者从乡村地区的亲朋处得到资助。贫穷的巴黎人的确承受了巨大的痛苦。

当各路纵队接近德军重兵把守的老巢时,胜利的队伍迅速发生了变化。在巴黎西南部,马苏的部队清除了布洛涅森林内的德军。接着朗格拉德率部穿过第 16 区,向凯旋门挺进。

迪奥上校的战斗群把一些防守最严密的德军据点设为攻击目标,如军事学院、荣军院、国民议会所在地波旁宫等。与此同时,阿兰·德·布瓦西厄上尉带领第 12 胸甲骑兵团的一个"斯图亚特"轻型坦克中队和几辆"谢尔曼"坦克驶向圣米歇尔大道,进攻驻防在参议院所在地卢森堡宫及周边地区的德国守军。这位年轻的坦克军官发现自己得到了共产党领导的自由射手和游击队"法比安"营的增援,不免有些吃惊。

就在此时,几辆"斯帕希"摩洛哥团的"猎鹿犬"装甲车从东面经圣雅克街也抵达圣米歇尔大道。让·加尔捷-布瓦西埃听说勒克莱尔的部队已经入城的消息时,正在索邦大学附近的自家书店里。他和妻子急忙跑出来看看发生了什么事。他在日记中写道:"热情洋溢的人群聚在披着国旗、覆盖鲜花的法国坦克周围。每辆坦克、每辆装甲车上,都有成群结队的女孩、妇女、小伙子、佩戴臂章的法国内地军站在穿着卡其色连体服、头戴红色船形帽的坦克兵旁边。人们站在街道两旁鼓掌欢呼，抛出飞吻，握手致意。"[29]

布瓦西厄的部队刚刚就位，一名军官吹响口哨，喊道："快点，姑娘们，都下来！我们要攻打参议院了！（Allons, les femmes, descendez! On attaque le Sénat!）"姑娘们从装甲车辆上爬下来，炮手和填装手则钻进炮塔里。部署在卢森堡宫花园内的德军迫击炮开火了，但是大批市民仍跟着装甲车前进。布瓦西厄估计德军在宫殿穹顶上设置了观察哨，便下令两辆"谢尔曼"坦克朝那里开火。他们转动炮塔，将火炮仰角升到最大。几秒钟后，他看到德国迫击炮手被抛向空中，然后落在屋顶上。不过这支规模庞大的德军盘踞在花园内，一时间很难迫使他们投降。

凯旋门附近，随着朗格拉德纵队向前推进，演员伊夫·蒙当（Yves Montand）和歌手伊迪丝·琵雅芙（Edith Piaf）[①]也跟着人流来到克勒贝尔大街的大华酒店，围观德军投降。当俘虏从建筑中被押出来时，人们开始欢呼雀跃。可是法国新教领袖巴斯德·博埃涅（Pasteur Boegner）却惊恐地看到四个没戴军帽、敞着灰色紧身短上衣的德国士兵被人拖走并枪毙了。有个年轻的法国内地军成员企图将手榴弹扔进一辆满载德国战俘的卡车里，不过被伊迪丝·琵雅芙成功制止。

[①] 伊迪丝·琵雅芙，1915—1963年，二战期间曾经为德军演唱，因此被很多人视为卖国者，不过她自己宣称支持抵抗组织。伊夫·蒙当，1921—1991年，生于意大利的法国演员和歌手；1944年与琵雅芙相识，后成为她的顾问与情人。

马苏接受德军投降后，与朗格拉德一同走到凯旋门，向无名烈士墓致敬。微风中，三色旗在他们头顶上轻轻摆动。巴黎消防队员刚刚在拱门内挂上这面国旗。这时，一发坦克炮弹从他们头顶呼啸而过。香榭丽舍大街另一端的协和广场上，一辆豹式坦克发现几辆朗格拉德的坦克歼击车正从凯旋门两侧进入驻防位置。法军车长大声命令开火。一名车长将火炮标尺设为1500米，不过他的炮手正好是巴黎人，突然想起老师说过香榭丽舍大街长1800米。他随即调整标尺，首发便击中目标。人群一拥而上，唱起了《马赛曲》。博埃涅牧师记录道，战斗和7月14日国庆日似的欢庆氛围"如梦如幻般交织在一起"[30]。

当天上午11点，比约特上校通过瑞典总领事拉乌尔·诺德林向冯·肖尔蒂茨中将发出最后通牒，要求德军在12点15分之前投降。[31]肖尔蒂茨回复说，为了维护德国军官的荣誉，他不能未经正式战斗就缴械投降。

最后通牒过去15分钟后，肖尔蒂茨及参谋们在莫里斯酒店的大宴会厅聚在一起，吃了最后一顿午餐。阿尼姆中尉写道："我们像往常一样聚集在一起，默不作声，尽量显得心平气和。"[32]他们没有照旧坐在靠窗的桌边欣赏风景，而是在餐厅靠内一点的地方坐下来。从卢浮宫射来的子弹把玻璃窗打得千疮百孔，墙壁上碎屑乱飞。不过阿尼姆补充道："除此之外，一切如常，侍者和佳肴也没有丝毫变化。"

勒克莱尔将指挥部设在蒙帕尔纳斯车站的一个月台旁。他把杰罗将军落在一边，自己去了巴黎警察厅。肖尔蒂茨一旦投降，就会被带到那里。夏尔·吕泽举办的宴会混乱嘈杂，无助于缓解勒克莱尔的焦躁情绪。他匆匆忙忙咽下几口饭便逃到大会客厅去了。他从比约特那儿听说,盟军定于 13 点 15 分对莫里斯酒店发起攻击。第 501 团的"谢尔曼"坦克和步兵将沿着里沃利大街向西推进。

肖尔蒂茨和军官们用完午餐后,外面的枪声似乎越来越频繁。阿尼姆护送肖尔蒂茨和翁格尔上校返回楼梯。上楼前,肖尔蒂茨停下脚步,同一个守在精美的铁栏杆旁边、操控机枪的老兵聊了几句。肖尔蒂茨说,一切很快就会结束,不管怎样,他不久就能回家了。当他们来到肖尔蒂茨的办公室时,听到了爆炸和玻璃破碎的声音。阿尼姆看见参谋长翁格尔走到自己的办公桌前,打开公文包,取出一张镶框照片。他的妻子、孩子站在位于施泰因胡德湖(Steinhuder Meer)畔的别墅前合影。一幅宁静祥和的画面。

他们听到的爆炸声是"谢尔曼"坦克在开火。盟军正在协和广场和杜伊勒里花园与仅存的几辆豹式坦克作战。法国步兵沿里沃利街进入卢浮宫正对面的北侧柱廊,在柱子的掩护下逐次推进。他们终于将烟幕弹扔进莫里斯酒店大堂。亨利·卡尔谢(Henri Karcher)中尉率领法国士兵冲进大楼,法国内地军的战士则紧跟其后,接着爆发出自动武器的密集交火声。

卡尔谢跑到楼上的肖尔蒂茨办公室,比约特的参谋长德·拉奥里(de la Horie)也冲了进来。据阿尼姆说,"经过一番简短、彬彬有礼的交谈后"[33],肖尔蒂茨宣布他自己及其参谋部、巴黎占领军投降。肖尔蒂茨和翁格尔随后被带下楼。莫里斯酒店大部分房间依然烟雾缭绕,不过还是有大批民众蜂拥而入,想亲眼看见俘获巴黎德军司令官的全过程。这两个俘虏被法国军官从后门带到蒙塔波尔街,随即送往警察厅。

由法国内地军押送出去的德军指挥部下级军官和士兵就没

这么幸运了。人群尖叫着朝他们冲来，见什么就抢什么。阿尼姆的手提箱也被强行夺走。有人搜他们的口袋，还有人拿走了眼镜和手表。德军官兵脸上挨了不少重拳，还遭人吐口水。最后，战俘们被分成三列，排队离开。看守他们的法国内地军战士发现很难保证俘虏安全，就连他们自己也难逃暴民泄愤。阿尼姆看见"一个穿衬衣、满脸胡须的大块头"[34]从人群中冲出来，举起手枪对准了凯泽医生（Dr Kayser）的太阳穴，然后朝头部开了一枪。医生是阿尼姆的朋友，正好走在队伍前排。阿尼姆还被倒下去的尸体绊了一下。阿尼姆说，手无寸铁的指挥部运输连官兵投降后，也被拖到杜伊勒里花园枪毙。"当面对由其他人解除了武装的敌人时，人们往往充斥着仇恨"[35]，目睹了这一切的法国第2装甲师神父富凯惊呆了。

肖尔蒂茨和翁格尔被领到警察厅的台球室，勒克莱尔、沙邦-戴尔马、比约特上校正在那里等着他。当时也在场的美第4步兵师师长巴顿少将退了出去，把荣誉留给了法国人。勒克莱尔盯着他的俘虏。

"我是勒克莱尔将军，"他说，"您是冯·肖尔蒂茨将军吗？"

肖尔蒂茨点点头。

尽管他身穿德国将军制服，佩戴勋章，马裤上还镶着代表将官的深红色粗条纹，但矮胖的肖尔蒂茨看上去毫不起眼。他皮肤发灰，因汗水而闪闪发光。他喘着粗气，不久就因心脏不适吞下一片药剂。肖尔蒂茨坐下来，调整了一下他的单片眼镜后开始阅读投降文件。翁格尔上校茫然地站在旁边，脸色苍白。肖尔蒂茨只提出一条意见。只有巴黎守军受他管制，其他仍在抵抗的德军如不服从命令，则不应被视为非法。勒克莱尔接受了这一点。[36]

在毗邻的一间办公室里，罗尔-唐吉上校和抵抗组织中另一个资深共产党人克里格尔-瓦尔里蒙（Kriegel-Valrimont）向吕泽抗议说，法国内地军不应该被排除在受降之外。吕泽轻声走进台球室，把这番话转告给沙邦-戴尔马。后者又转而说服勒克莱尔，让罗尔进来，也在文件上签字。勒克莱尔只想着赶快结束仪式，便同意了。不过戴高乐后来看到罗尔把名字签在勒克莱尔之上时，非常生气。

肖尔蒂茨随后从巴黎警察厅被带至蒙帕尔纳斯车站，接受杰罗将军审问。肖尔蒂茨声明是他"拯救了巴黎"[37]。他"之所以战斗，是为了让他的政府确信，这座城市并非不体面地屈服"。杰罗问，纳粹将何时投降？肖尔蒂茨回答说，"美军还有家可回"，德国人则已经"没有什么可期待了"。

杰罗认为第5军在诺曼底的对手是肖尔蒂茨，因此他应该"向第5军献出巴黎"[38]。戴高乐将军当然不同意这一观点，杰罗就故意羞辱法国人来报复。他在报告中继续写道："作为巴黎地区军事指挥官，杰罗将军在荣军院的贝当元帅办公室设立了指挥所。"

巴黎解放当天，英国方面决定撤除在"坚毅计划"中虚构的美第1集团军群营地和路标。[39]不过盟国远征军最高统帅部则坚持要求保留虚假的无线电通信，让德国人继续猜测这支幽灵部队的行踪。

盟军取得了完全胜利，然而在法国其他地区，占领军的野蛮行径还没有结束。第3集团军向卢瓦尔河以北推进途中，在图尔以南的马耶绕过了一支还在受训的党卫军部队。结果这支党卫军在游击队活动频繁的地区制造了一起骇人听闻的大屠杀。前一天与抵抗组织成员交战后,他们杀害了下至三个月大的婴儿,上至89岁老妪在内的124名平民。这支部队是驻扎在沙泰勒罗(Châtellerault)的党卫军第17"格茨·冯·贝利欣根"装甲掷弹兵师的补充营。他们因战败而歇斯底里,不惜用高射炮轰击受害者和牲畜。

肖尔蒂茨将军在投降期间还同意派遣几名军官与法国使节一起打起休战旗,劝说剩下的据点放弃战斗。于是,当炮火声在城市中断断续续回响,被烧毁的豹式坦克仍在杜伊勒里花园冒烟时,数支劝降小队便坐上吉普车出发了。车上没有武器,只有一块白布系在无线电天线上。

德国军官都很害怕落到法国"恐怖分子"手中。[40]最终他们还是同意投降。二等兵施皮克特和第256步兵师的其他工兵已被编入波旁宫守军。就像莫里斯酒店外的德军士兵一样,他们很快也遭到群殴。一辆没有窗户的老式巴黎公交车运送他们前往作为关押点的消防局,但时不时停下来,"让人们有机会发泄愤怒"[41]。当他们终于抵达目的地后,大多数军官都已满脸是血。施皮克特发现在撤离诺曼底时,一边喝酒一边高呼"卡尔瓦多斯还在德军手里"的军官诺瓦克中尉变成了一个酒鬼。他抓起一瓶从沙特尔仓库搜刮来的古龙水,仰头就往喉咙里灌。

事实证明,劝说仍在负隅顽抗的德军投降是十分危险的任务。一名举着白旗的德国被俘军官和一名法国内地军军官一起被射杀。有个德国空军高炮部队军官用手榴弹抵住腹部,拔出保险销自杀身亡。夜幕降临时,法国第2装甲师发现自己要为超过 1.2 万名战俘的吃喝拉撒睡负责。而饥肠辘辘的市民绝不愿意为德国人分享一丁点食物。当天晚些时候,愤怒的巴黎人试图冲击消防站,杀死从波旁宫押来的俘虏。

戴高乐在蒙帕尔纳斯车站与勒克莱尔会面后,前往位于圣多米尼克街的战争部,象征性地视察了他在 1940 年担任副部长时使用的旧办公室,并检阅了共和国卫队仪仗队。他发现什么都没有改变。甚至连电话按键旁边的名字都是一模一样。这座建筑在德国占领的四年期间几乎无人问津,直至法国内地军将其接管。

戴高乐最终同意前往市政厅,乔治·皮杜尔和全国抵抗运动委员会的委员们正在那里恭候。无论双方之间的猜忌有多深,他们还是对这位拒绝放弃战斗的将军报以最热烈的欢呼。在大厅里,这位身材高大、难以对付,但尽显威严的领袖发表了他一生中最著名的演讲之一:"巴黎,巴黎备受凌辱,巴黎支离破碎,巴黎饱经磨难,但是巴黎自由了!在战斗的法国、忠诚的法国、不朽的法国,在整个法国的帮助下,她和她的人民解放了她自己。"

在场的一些抵抗运动成员仍然认为他对他们的功绩没有给予足够赞扬。[①] 当皮杜尔请戴高乐向等候在外面的人群宣布共和国成立时,他拒绝了。这并非如很多人以为的那样,他过于傲慢。实际上,戴高乐回答说:"可是我们为什么要宣布共和

[①] 在解放巴黎的战斗中,德军死亡 3200 人,14800 人被俘。法国内地军可能至少打死打伤 1000 名德军。法国第 2 装甲师在向巴黎挺进及占领过程中,有 71 人阵亡,225 人受伤,21 人失踪。[42] 在 8 月,总共有 2873 名巴黎人死亡。[43]——原注

国成立？她自始至终都在这里。"[44]在他看来，贝当的那个"法兰西国"（Etat français）只是历史的一段弯路而已，不应该被承认。不过他还是同意在人群中露面。戴高乐只是举起长长的手臂，比画出胜利的 V 字手势。人们爆发出一阵喧嚷的欢呼。

战斗结束后，大多数记者都赶到在战前就大名鼎鼎的斯克里布酒店。海明威和大卫·布鲁斯则在一些临时民兵的簇拥下，直奔丽兹酒店，决心"解放"那里。不过解放期间最具传奇色彩的故事则是法国第 2 装甲师一名年轻军官描述的那个"乐趣无穷的维纳斯之夜"（les délices d'une nuit dédiée à Vénus）[45]。迎接部队入城的巴黎丽人们痛哭失声道："我们等了你们这么久！"当天晚上，她们在帐篷和装甲车里慷慨地慰劳盟军。富凯神父和一些朋友吃完饭回到所属部队时，发现第 2 装甲师大部已转移至布洛涅森林。他写道："我很幸运，逃离了布洛涅森林和这个疯狂的夜晚。"[46]美第 4 步兵师当晚在巴黎东部边缘的万塞讷森林（Bois de Vincennes）和圣母院后面的西岱岛上野营，也享受到了法国年轻姑娘们的浓情蜜意。

第二天早上，这座城市似乎经历了一场宿醉。大卫·布鲁斯在日记中写道，他们在前一天喝了"啤酒、苹果酒、波尔多和勃艮第的白葡萄酒及红葡萄酒、香槟、朗姆酒、干邑白兰地、雅文邑白兰地和卡尔瓦多斯苹果白兰地……混杂起来的烈酒足以让人酩酊大醉"[47]。

一位美国军官写道："坦克舱盖慢慢打开，衣冠不整的女人僵硬着身体爬了出来。"[48]在布洛涅森林，德罗纳上尉四处巡查，把青年女性从士兵帐篷里拉出来。其中有一个还向他求欢。

他的部下顿时爆发一阵哄堂大笑。德罗纳回答说："我吗？我才不在乎呢。我是同性恋。"[49]这群露水姻缘的男男女女围坐在临时升起的篝火旁，一起享用了K口粮早餐。

8月26日星期六，又是一个晴朗的日子。尚有少数维希政府的"民兵"和孤立的德军在困兽犹斗。不过偶尔爆发的枪声主要来自过度兴奋的抵抗组织战士。他们大多开着征用来的黑色雪铁龙汽车，在街上横冲直撞，还在车身上涂满了"FFI"（法国内地军）的字样。

杰罗将军听到了轻武器的射击声，认为是法国第2装甲师没有执行清除市内敌军的主要任务。他仍然对法国人无视其权威而火冒三丈。他听说戴高乐将军计划在下午举行胜利游行时，便在12点55分给法国第2装甲师发去如下电报："命令，勒克莱尔将军不得，重复，不得参加下午的游行，而是继续执行目前的任务，清剿巴黎和周边地区的敌军。他只能接受我的指令。直接交给勒克莱尔，并立即确认汇报。签发人杰罗。"[50]

杰罗又一次被无视了。15点，戴高乐在凯旋门检阅了乍得行进团。尽管法国第2装甲师是一支由多国战士组成的部队，包括西班牙人、意大利人、德裔犹太人、波兰人、白俄分子、捷克人和其他民族，但这丝毫无损于这个属于法国的高光时刻。[51]

戴高乐沿着香榭丽舍大街步行前往巴黎圣母院，第2装甲师的半履带车排列在道路两侧为他护卫。罗尔-唐吉上校的司令部曾要求6000名法国内地军成员也加入游行行列，但戴高乐的随行人员依然不放心安全问题。[52]勒克莱尔、柯尼希和朱安紧跟在戴高乐身后。全国抵抗运动委员会的成员走在将军们后面，由于一开始他们没有受到邀请，所以每个人都相当不满。[53]不过大量人群涌上街头，沿道路排成一排，或趴在灯柱上，从窗户探出头来，甚至站在屋顶上观看，喜悦之情溢于言表。据估计，当天下午超过100万人聚集在巴黎市中心。

突然，有人在协和广场开枪，人群一时出现恐慌和混乱。没人知道是怎么回事，但第一枪很可能是过于紧张或习惯胡乱开火的法国内地军成员打响的。遭遇射击的让-保罗·萨特（Jean-Paul Sartre）当时正站在卢浮宫酒店的阳台上围观。让·科克托（Jean Cocteau）在克里翁酒店也受到枪击。难以置信的是，他还声称自己嘴里的香烟被子弹打成了两半。然而，还是有一名财政部高级官员在窗边中弹身亡；至少有六人在乱枪中丧生。

戴高乐随后乘坐汽车抵达巴黎圣母院。红衣主教叙阿尔（Suhard）并未在教堂出现。由于他曾经迎接贝当进入巴黎，最近又主持了被抵抗战士暗杀的维希政府宣传部部长菲利普·昂里奥（Philippe Henriot）的追悼会，因此被剥夺了出席权利。

当戴高乐进入圣母院时，大教堂内外响起此起彼伏的枪声。不过戴高乐从不畏惧。尽管他身边几乎所有人都卧倒隐蔽，但戴高乐继续沿着侧堂迈步向前，下定决心一定要解除法国内地军的武装。他认为这支力量对稳定秩序的威胁比尚存的德军和维希"民兵"要大得多。"公共秩序是一个生死攸关的问题，"数天后，他对博埃涅牧师说，"如果我们自己不能重建秩序，那么外国人就会强加给我们。"[54] 在他眼里，英美军队现在不再是盟友，而是"外国人"。法国确实解放了。正如戴高乐自己所说，法国没有朋友，只有利益。

尽管杰罗对法国人不愿意承认美军的帮助而耿耿于怀，但他随后还是接受了勒克莱尔的示好。法国第2装甲师准备在8月27日出发，对勒布尔歇（Le Bourget）机场附近的德军采取行动。也是在这一天,艾森豪威尔和布莱德雷对巴黎进行了"非正式访问"[55]。艾森豪威尔曾邀请蒙哥马利一同出席,但后者以太忙为由予以拒绝。尽管这是一次非正式活动,但杰罗将军还是忍不住在奥尔良门迎接两位上级,并安排全副武装的第38骑兵侦察中队护送他们入城。第二天,第5军报告说:"作为巴黎地区军事指挥官,杰罗将军把这座首都交还给了法国人民。"[56]柯尼希将军从杰罗那里得知此事后,回复说,巴黎一直在他的控制之下。

杰罗安排新加入第5军的第28步兵师在第二天列队横穿巴黎,让"公众目睹强大的现代美国陆军大阅兵"。布莱德雷、霍奇斯、杰罗与戴高乐一起,为凯旋门下的无名战士墓敬献花圈。然后,四人来到协和广场,登上一座由美军工兵横置、当作检阅台的贝雷桥上,观看部队分列式。诺曼·科塔现在是第28师师长,由他指挥这次阅兵再合适不过了。很少有人能像他那样,在奥马哈海滩的战斗中展现出坚定的领导力。

解放后,人性丑陋的一面几乎立刻就显现出来。人们开始谴责并报复与德国军人有染的妇女。马歇尔和韦斯托弗看到一个女人尖叫着,控诉另一个女人是"通敌者"(collaboratrice)[57]。人们把受到指控的妇女围起来,撕扯她的衣服。马歇尔、韦斯托弗和几名美国记者合力把她救了出来。"剃头运动"在巴黎也开始了。人们四处搜捕与德国人"勾勾搭搭"的妇女,然后拖到当地市政厅的阳台上,任由理发匠强行剪去头发。下面的人群则一边鼓掌一边大声叫好。[58]当时在场的一名年轻女子后来写道,她十分内疚自己曾是其中一员。法国第2装甲师的一名年轻军官也写道:"一些人渣虐待与德国人睡觉的女人,把她们的头发剃光。这种行为令我们极为厌恶。"[59]据估计，在1944年夏季，总共约有两万名法国妇女被剪去头发。[60]

解放者和被解放者之间的关系也逐渐恶化。美国人和英国人不仅把巴黎视为欧洲摆脱纳粹压迫、获得自由的象征，而且视其为他们的娱乐场所。福里斯特·波格写道："当我们接近城市时，所有人都充满了疯狂的兴奋。我们开始咯咯傻笑，放声歌唱，大喊大叫，以各种方式宣泄情绪。"[61]令艾森豪威尔恼怒的是，美军后勤部门征用了所有高级酒店，供高级军官下榻。法国人未经邀请，则不能入内。他们自然很嫉妒美国人在里面享用食物。西蒙娜·德·波伏瓦（Simone de Beauvoir）把专门接待外国记者的斯克里布酒店形容为"位于巴黎中心地带的美国飞地。（里面有）白面包、鲜鸡蛋、果酱、糖和午餐肉"[62]。美军宪兵在市中心独揽大权，经常把当地警察视作打杂的辅助人员。很快，法国共产党就将美军称为"新占领军"。

波格本人也震惊地发现盟军占据了巴黎小皇宫，还在那里竖起一块大大的牌子，宣布为美军免费发放避孕套。在皮加勒区（Pigalle），妓女们每天要接待一万多个男人，这里很快就被美国大兵称为"猪巷"。看到美军士兵醉倒在旺多姆广场的人行道上，法国人也深感震惊。[63]这同处于非执勤状态的德国军人形成了鲜明对比，后者甚至不能在街头吸烟。

问题是，很多美军怀揣着大笔补发的军饷，自认为既然在前线历经了千辛万苦，那么就有权利到后方为所欲为。在巴黎的美军士兵和后勤部门的一些"奸商米洛"（Milo Mindbenders）① 还助长了黑市的猖獗。法国首都后来被称为"塞纳河畔的芝加哥"。

---

① 米洛是美国作家约瑟夫·海勒创作的小说《第二十二条军规》中的人物，善于倒腾物资以谋私。

少数人的行为并不具有代表性。可悲的是，法美关系却因此陷入持久恶化，其影响比当时人们所理解的更为深远。盟军士兵和法国平民在诺曼底战役中做出巨大牺牲，帮助法国摆脱被德国占领所蒙受的痛楚和屈辱，美国也为法国提供了大规模援助。可是这些功绩都因上述行为而被歪曲和忽视。就在工兵拆除地雷和诡雷的同时，每天还有超过 3000 吨物资运往巴黎，导致盟军向德国推进的大部分攻势实际上陷于停顿。

中央后勤基地报告说："占领巴黎十分突然。人们以为我们有取之不尽的食品、衣物，还有充足的汽油供他们开车出行。找我们要物资的人把办公室挤得像巴黎地铁一样。"青霉素和民用吗啡的需求量也大得惊人。盟国远征军最高统帅部医疗部门负责人肯纳少将计划每月向法国政府提供定量配给。[64]与此同时，美国、英国和加拿大军队也在各自驻地全力救治受伤或生病的平民。

盟军先是在诺曼底，接着在地中海沿岸成功实施了两次登陆，至少使法国大部分地区免于一场旷日持久的消耗战。

第三十章　战后余波

巴黎解放的消息传到法国其他地区后,当地人民与首都市民一样群情激昂。在卡昂,英军民政事务小组的马西(Massey)少校写道:"《马赛曲》响彻云霄,我看到街上的法国人脱帽欢呼,喜极而泣。"[1]不过卡昂市民和其他遭受战难的村镇居民则十分担心,他们蒙受的苦难会在巴黎解放的欢腾中被世人遗忘。随着战争向德国边境推进,这一点越发确定。戴高乐终于在10月到访卡昂,承诺支持城市重建。两个月后,复兴部部长却提醒该地区,重建卡尔瓦多斯省还需要"很多年"[2]。

诺曼底地区在这场残酷的战争中饱受折磨,但也的确使法国其他地区免受战火荼毒。然而,关于盟军是否过度空袭和炮火轰击,从而造成大量人员伤亡的争论势必还将持续下去。在解放诺曼底期间,共有19890名法国平民死亡,重伤者更是不计其数。1944年的前五个月,盟军为准备实施"霸王行动"而发动的空袭期间,有1.5万名法国人罹难,1.9万人受伤。尤其令人深思的是,在这场战争中,共计7万法国平民在盟军行动中丧生;这一数字超过了死于德军轰炸的英国人数之总和。

虽然一些乡村地区在激战中奇迹般地幸免于难,但大片农田被摧毁。炮弹把地面炸得满目疮痍,树木被夷为平地,果园变成一片废墟。腐烂的牲畜尸体膨胀,空气中仍然弥漫着恶臭。盟军工兵用推土机或通过汽油焚烧的方式,尽量处理这些尸体。不过一旦部队开拔,农夫们只能依靠人力和铲子来掩埋尸体。

解放后，未爆炸的炮弹和地雷造成的伤亡人数也在继续攀升。据说在特罗阿恩周边，战后死于此的受害者比战争期间的遇难者还要多。众多儿童因捡拾到双方遗弃的手雷或弹药而被炸身亡。

除了在空袭中化为废墟的城镇和村庄外，被德军设为据点的小村落和石头农舍也在火炮和迫击炮的轰击中尽数沦为瓦砾。仅卡尔瓦多斯省一地，就有7.6万人失去家园，一无所有。[3]获得解放的法国人心情十分复杂。一些盟军士兵却趁乱打劫，还造成不必要的破坏，这又加深了法国人的怨恨。许多人抱怨说，他们在德国人的统治下过得还更好些。维希政府任命的蒙特堡市长的夫人说："有人在欢庆盟军登陆。至于我，我认为不幸开始了。如你所知，我们是被别人占领，但至少我们还可以得到必需品。"[4]虽然大多数诺曼底人不会赞同她的政治观点，但驻扎在该地区的大量盟军部队也令他们难以容忍。无论如何，法国人的损失甚至比盟军自身还要惨重，一些盟军士兵对当地民众的心情感同身受，十分理解他们的悲伤。很多人担心仍被德国人监禁，或关押在德国本土强制劳作的丈夫、兄弟。至于那些被盖世太保逮捕、转送至集中营的当地抵抗组织成员，人们更是害怕他们惨遭毒手。

在法国当局的配合下，盟军民政事务小组尽其所能分发食物，收容难民，恢复基本市政服务。然而，一些城镇直到秋天都还没有通水通电。污水系统遭到破坏，鼠疫成为公众健康的主要威胁。卡昂总计有6万居民，但只有8000座房屋可供居住。由于古代教堂的尖塔有可能成为德军观察哨，因此盟军坦克和炮火将其尽数摧毁，城镇已经没有可供辨识的天际线了。根据红十字国际委员会的规定，如果德国战俘进行劳作，就应该得到标准军粮，这意味着他们比当地平民吃得还好。这也是法国人怨气冲天的主要原因之一。

尽管诺曼底各阶层人士都承受着巨大压力，但人与人之间反而建立了一种"同病相怜"（camaraderie du malheur）[5]的友谊，一种患难与共的团结精神。年轻人在救世主修道院表现出惊人的勇气和自我牺牲精神。尽管诺曼底农夫不问世事，甚至以抠门而著称，但对成千上万逃离轰炸、背井离乡的难民极为慷慨。圣特家族（Saingt family）在位于卡昂南部边缘的弗勒里拥有一家酿酒厂。战争期间，他们在深窖里庇护了多达900人，竭尽全力为难民提供物资。[6]即使人们都沉浸在城市轰炸的恐惧之中，但避难所里很少发生争执，每个人都表现出"堪称典范的纪律性"（discipline exemplaire）[7]，就算在分配食物时也是如此。正如许多人指出的那样，这场旷日持久的危机不仅展现出法国人民追求平等的精神，还激发出人性中最好的一面。

许多英美士兵一离开战区，就被铺天盖地的欢迎淹没。他们自然而然会把这种热情与他们在诺曼底不时受到的冷遇进行对比。他们并没有看清全貌。如果登陆失败，那么德军必将严厉报复，因此不能责怪诺曼底人害怕。而且即便盟军已经确定无疑在欧洲大陆站稳了脚跟，但当地居民清点了被强加在他们身上的损失后，也不可能欢欣愉悦。

考虑到当时情况，大多数诺曼人其实非常宽容了。第195野战医院在翁弗勒尔附近一处可以俯瞰塞纳河的城堡旁设立了一个急救站。[8]军官食堂就在旁边的一所小房子里。独居在那里的一位法国老人极其热情地接待了军医们。几天后，塞纳河以南的德军已经停止抵抗，急救站仅有的病人是在战斗中受伤的当地平民。于是医生们决定举办一次宴会，并"邀请城堡内的伯爵夫人及其家人参加"。她接受了邀请,不过要求将聚会地点移至城堡。她解释说,就在盟军抵达三天前,他们房东的妻子在空袭中身亡。当时一架皇家空军战机正在攻击撤退中的德军。那位法国老人"在解放前夕惨遭丧亲之痛",尤其还是一架英国飞机的责任,而他的言行举止又如此彬彬有礼,军医们一想到这里就不知道该如何是好。

522　　诺曼底战役胜利后,习惯以自我为中心的巴顿将军在日记中写道:"平民生活将会非常乏味。没有欢呼的人群,没有鲜花,没有私人飞机。我相信,对一个军官来说,最好的结局就是被战争中的最后一颗子弹打死。"[9][①]他应该牢记威灵顿公爵(Duke of Wellington)的那句名言:"除了一场失败的战争,最大的痛苦就是赢得胜利。"

　　发生在法国西北部的战事之激烈不容置疑。尽管苏联宣传人员对这场战役冷嘲热讽,但诺曼底之战的确可以与东线战争相提并论。在夏季的三个月里,德国国防军伤亡近24万人,另有20万被盟军俘虏。由英国人、加拿大人和波兰人组成的第21集团军群伤亡83045人,美军伤亡125847人。此外,盟国空军还有16714人死亡或失踪。

　　战后,盟军将领之间的口角也同样激烈。他们通过报告或撰写回忆录来抢夺功劳,推卸责任。对人性弱点具有敏锐洞察力的英国陆军元帅艾伦·布鲁克爵士大概不会为此感到惊讶。他就海军高级军官在6月份爆发的争吵写过一篇文章:"真是想不通,那些心胸狭窄、卑鄙孱弱的人竟然能跟指挥扯上

[①] 1945年12月,巴顿在德国死于交通事故。——原注

关系。"¹⁰

蒙哥马利大放厥词,把自己置于战后争论风暴的中心。这主要是因为他荒谬地断言一切行动都是按照他的总体计划进行的。他觉得自己应该能够同马尔博罗（Marlborough）①和威灵顿公爵相提并论,还话里藏针,诋毁美军同僚。就在英国实力正在急剧下降的关键时期,他却仅凭一己之力,在诺曼底把大部分美军高级指挥官转变成了反英派。他的言行导致了一场最为严重的外交灾难。无论蒙哥马利在1944年8月底提出的向德国本土进军的计划有何可取之处,他处理局势的能力一直很糟糕。诺曼底战役中,蒙哥马利也相当不坦诚,为此还激怒了皇家空军高层。他们甚至比美国人更加厌恶他。

为人一向宽和的艾森豪威尔拒绝原谅蒙哥马利的战后言论。"首先,他就是个神经病,"艾森豪威尔在1963年的一次采访中忍不住发作了,"不要忘记这一点。他是个以自我为中心的人,自以为所做的一切都完美无缺,一生中从未犯过错误。"¹¹可悲的是,蒙哥马利的所作所为反而转移了人们的注意力,没有去关注他身上无可置疑的优秀品质和他的军队付出的牺牲。这支部队牵制了德军大部分装甲力量,面对的是最为密集的88毫米反坦克炮群。

就像毫无准备的美军血战通过农庄树篱地带一样,这场消耗战拖延时日,完全出乎蒙哥马利意料;当然,没有进展也是受到了6月中旬恶劣天气的影响。然而,英美两国都严重低估了德军不屈不挠的精神和纪律性。这部分源于他们没有认识到纳粹的洗脑手段很有效。德国宣传部门说服士兵们相信,诺曼

---

① 马尔博罗,即第一代马尔博罗公爵,原名约翰·丘吉尔,18世纪早期欧洲著名将领;二战时期的英国首相丘吉尔是其后裔。

底战役失败即意味着祖国毁灭。这些士兵,尤其是党卫军,必然会以为他们将失去一切。他们很清楚,愤怒的盟军有足够的理由对自己施加报复。

诺曼底之战并没有按计划进行,但即使是纸上谈兵的批评家也永远不会对不甚完美的最终结果提出质疑。人们还必须思考,如果恢宏的登陆失败了,比如舰队一头扎进那场6月中旬的大风暴中,将会发生什么。战后欧洲的版图和历史可能会完全不同。

致　谢

有一个陈年笑话说，干我们这一行的就是"搬弄是非的历史学家"。以我的经验来看，研究二战的历史学家肯定不是这样。与在国外档案馆里独处好几个月相比，能够与同僚讨论各种资料和观点有着完全不同的意义。他们的观点和经验对我而言很有价值。多年来，同事和朋友们对我鼎力支持，让我感到既欣慰又愉悦。

大约十年前，当我还沉迷于东线战争时，已故的马丁·布鲁门森（Martin Blumenson）便首次敦促我研究有关诺曼底战役的课题。他同样对苏德战争和西北欧战役之间的比较研究很有兴趣。马克斯·黑斯廷斯爵士（Sir Max Hastings）一直慷慨地借给我各类研究材料，提出了良好建言。美国陆军战争学院的塔米·戴维斯·比德尔（Tami Davis Biddle）教授贡献了有关空战的睿智建议，并为我提供相关书籍、论文和影印件。我从詹姆斯·霍兰（James Holland）那里借阅了很多藏书，以及他自己收集的采访素材。国防部空军历史处处长塞巴斯蒂安·考克斯（Sebastian Cox）是我朋友圈里的另一个成员。我们这个圈子会在午餐时间不定期举行座谈会，讨论战争问题。还有很多历史学家也向我提供了各种建议和资料。他们是里克·阿特金森（Rick Atkinson）、迈克尔·伯利（Michael Burleigh）教授、M. R. D. 富特（M. R. D. Foot）教授、唐纳德·L. 米勒（Donald L. Miller）教授、克洛代·凯泰尔（Claude Quétel）和尼克拉斯·塞特林（Niklas Zetterling）。

在为本书写作而进行的调查研究中，我非常幸运地得到了多位档案管理人员的协助，尤其是蒂姆·奈宁格博士（Dr Tim Nenninger，马里兰大学帕克分校，国家档案馆现代军事档案部主任）、康拉德·克莱恩博士（Dr Conrad Crane，宾夕法尼亚州卡莱尔美国陆军军事历史研究院院长）及其工作人员、英国国家档案馆的工作人员、利德尔·哈特军事档案中心的受托人及职员、阿兰·塔隆（Alain Talon，拉芒什档案馆）、雅娜·布拉班特夫人（Frau Jana Brabant，德国联邦军事档案馆）、伊琳娜·伦兹夫人（Frau Irina Renz，斯图加特当代史图书馆）等。除了塞巴斯蒂安·考克斯，我还要感谢空军历史处高级研究员克莱夫·理查兹（Clive Richards）提供的协助。

当我在艾森豪威尔中心档案馆（位于新奥尔良的美国国家二战博物馆）工作时，得到了戈登·H. 穆勒博士（Dr Gordon H. Mueller）、杰里米·柯林斯（Jeremy Collins）、赛斯·帕里顿（Seth Paridon）的热情接待。我也被卡昂纪念馆每一位工作人员的善良深深感动。他们是史蒂芬·格里马尔迪（Stéphane Grimaldi）、史蒂芬·西蒙尼特（Stéphane Simonnet）、克里斯托夫·普里姆（Christophe Prime）、玛丽-克洛代·贝瑟洛（Marie-Claude Berthelot）。感谢他们不厌其烦的帮助，以及长久以来对我的迁就和容忍。

我也非常感谢以下诸位，他们好心地将他们自己或父辈的日记和信件借给我参考：大卫·克里斯托弗森（David Christopherson）将他的父亲斯坦利·克里斯托弗森的日记寄给了我；J. L. 克劳斯利-汤普森（J. L. Cloudsley-Thompson）、詹姆斯·唐纳德（James Donald）、拉乌尔·诺德林的侄孙 L. B. 菲韦特（L. B. Fiévet）、P. T. F. 戈文斯（P. T. F. Gowans）准将、已故的迈尔斯·希尔德亚德等。托比和萨拉·赫尔姆（Toby & Sarah Helm）提供了他们的父亲比尔·赫尔姆（Bill Helm）医生的日记；查尔斯·奎斯特-瑞特森（Charles Quest-Ritson）为我整理了其父——皇家骑炮兵队中尉 T. T. 里特森（T. T. Ritson）的信件。还有其他人，如莫滕·马尔莫（Morten Malmø）、迈尔斯·阿尔西-欧文（Miles d'Arcy-Irvine）、菲利普·温莎-奥布里（Philip Windsor-Aubrey），贡献了很多写作线索和补充材料。威廉·莫蒂默·摩尔（William Mortimer Moore）寄来了他撰写的、尚未出版的勒克莱尔将军传记。柳博夫·维诺格拉多娃博士（Dr Lyubov Vinogradova）和米歇尔·迈尔斯（Michelle Miles）在研究过程中提供了协助；安杰莉卡·冯·哈泽（Angelica von Hase）再次检查了我的翻译文本，并提供了许多有用的详细资料。

整个写作计划再一次得到了安德鲁·纽伯格（Andrew Nurnberg）的极大帮助。他是我在过去四分之一个世纪里的作品代理人。企鹅出版社编辑埃利奥·戈登（Eleo Gordon）和文稿编辑莱斯利·莱文（Lesley Levene）也对我帮助良多。但一如既往，我最感谢我的妻子阿泰米斯·库珀（Artemis Cooper）。她从头到尾对本书文本进行了编辑、修改和完善。

注 释

缩略语

ADdC：卡尔瓦多斯省档案馆，卡昂

AdM：拉芒什档案馆，圣洛

AFRHA：美国空军历史研究所，亚拉巴马州马克斯韦尔空军基地

AHB：国防部空军历史处，英国诺斯伍德

AN：法国国家档案，巴黎

AVP：巴黎城市档案馆

AVPRF：俄罗斯联邦外交政策档案馆，莫斯科

BA-MA：德国联邦军事档案馆，弗莱堡（布赖斯高地区）

BD：布鲁斯日记，大卫·布鲁斯论文集，弗吉尼亚历史学会，弗吉尼亚州里士满

BfZ-SS：当代史图书馆，施特尔茨藏馆，斯图加特

CAC：丘吉尔学院丘吉尔档案中心，剑桥大学

CMH：军事历史中心，华盛顿特区

CRHQ：计量历史研究中心，法国卡昂大学

CWM/MCG：加拿大战争纪念馆

DDEL：艾森豪威尔图书馆，堪萨斯州阿比林

DTbA：德国日记档案馆，埃门丁根

DWS：战争研究系，桑赫斯特皇家军事学院

ETHINT：《欧洲战区审讯记录》，1945年，美国陆军军事历史研究院

FMS：外军研究所，美国陆军军事历史研究院

HP：哈里斯论文，英国皇家空军博物馆，亨顿

IfZ：当代史学院档案室，慕尼黑

IHTP-CNRS：《德国驻法国军事指挥官报告》和《1940—1944年法国地方行政长官报告汇编》，巴黎德国历史研究所和当代历史研究所编辑，Regina Delacor、Jürgen Finger、Peter Lieb、Vincent Viet 和 Florent Brayard

校订

　　IMT：国际军事法庭

　　IWM：帝国战争博物馆档案部，伦敦

　　LHCMA：利德尔·哈特军事档案中心，伦敦

　　LofC：国会图书馆，退伍军人历史项目，华盛顿特区

　　MdC：卡昂纪念馆档案，诺曼底

　　MHSA：蒙大拿历史协会档案

　　NA II：第二国家档案馆，马里兰大学帕克分校

　　NAC/ANC：加拿大国家档案馆

　　NWWIIM-EC：美国国家二战博物馆，艾森豪威尔中心档案馆，新奥尔良

　　OCMH-FPP：军事历史部部长办公室，福里斯特·波格文件，福里斯特·C.波格对最高统帅部的采访记录，华盛顿，1954 年，现收藏于美国陆军军事历史研究院

　　PDDE：《艾森豪威尔文集（第三卷）》，《战争年代》，阿尔弗雷德·钱德勒编辑，马里兰州巴尔的摩，1970 年

　　PP：波特尔文集，基督教堂图书馆，牛津

　　ROHA：拉特格斯口述历史档案馆

　　SHD-DAT：国防历史事务局，陆军部，万塞讷

　　SODP：高级军官汇报项目，美国陆军战争学院，宾夕法尼亚州卡莱尔

　　SWWEC：第二次世界大战体验中心档案馆，霍斯福斯，利兹

　　TNA：英国国家档案馆（前国家档案局）

　　USAMHI：美国陆军军事历史研究院，美国陆军战争学院，宾夕法尼亚州卡莱尔

　　WLHUM：维康医学历史和认知图书馆，伦敦

　　WWII VS：《第二次世界大战退伍军人调查报告》，美国陆军军事历史研究院

　　此外，本书亦引用了以下私人日记内容：
　　斯坦利·克里斯托弗森中校，舍伍德义勇骑兵队
　　威廉·赫尔姆中尉，第 59 步兵师第 177 旅第 210 野战救护队

迈尔斯·希尔德亚德上尉，第 7 装甲师情报官

T. T. 里特森中尉，皇家骑炮兵队

第一章

1. J. M. Stagg, *Forecast for Overlord*, London, 1971, p. 69.
2. Harry C. Butcher, *Three Years with Eisenhower*, London, 1946, p. 479.
3. "坚毅计划", TNA WO 219/5187。
4. "嘉宝", TNA KV 2/39-2/42 and 2/63-2/71。
5. "艾恩赛德计划", TNA KV 2/2098。
6. "布朗克斯", TNA KV 2/2098。
7. 摧毁机场, Luftgau West France, TNA HW 1/2927。
8. 布莱切利园监听系统, TNA HW 8/86。
9. TNA HW 40/6.
10. Carlo D'Este, *Eisenhower*, New York, 2002, p. 518.
11. TNA WO 205/12.
12. Field Marshal Lord Alanbrooke, *War Diaries 1939-1945*, London, 2001, p. 575.
13. Cornelius Ryan interview, Ohio University Library Department of Archives and Special Collections.
14. Alan-brooke, p. 575.
15. Duff Hart-Davis (ed.), *King's Counsellor*, London, 2006, p. 196-7.
16. LHCMA Liddell Hart 11/1944/11.
17. Harry Moses, *The Faithful Sixth*, Durham, 1995, p. 270. 我非常感谢 Miles d'Arcy-Irvine、Major Philip Windsor-Aubrey、Major C. Lawton、Harry Moses 和 Richard Atkinson 对这一事件的描述。
18. NA II 407/427/24132.
19. Martin Blumenson, *The Battle of the Generals*, New York, 1993, p. 35.
20. Major General Kenner, chief medical officer, SHAEF, OCMH-FPP.
21. Quoted in Butcher, p. 525.
22. 侦察奥马哈海滩, Major General L. Scott-Bowden, SWWEC T2236。
23. Robert A. Wilkins, 149th Combat Engineers, NWWIIM-EC.
24. Arthur Reddish, *A Tank Soldier's Story*, privately published, undated,

p. 21.

25. Quoted in Stuart Hills, *By Tank into Normandy*, London, 2002, p. 64.
26. LofC.
27. Mollie Panter-Downes, *London War Notes*, London, 1971, p. 324.
28. Ernest A. Hilberg, 18th Infantry, 1st Division, NWWIIM-EC.
29. Stagg, p. 86.
30. Ibid., p. 88.
31. Ibid., p. 91.
32. Ibid., pp. 97-8.
33. Butcher, p. 481.
34. Stagg, p. 99.

第二章

1. Field Marshal Lord Alanbrooke, *War Diaries 1939-1945*, London, 2001, pp. 553-4 (5 June).
2. Colonel C. H. Bonesteel III, G-3 Plans, 12th Army Group, OCMH-FPP.
3. TNA HW 1/12309.
4. CAC CHAR 20/136/004.
5. Butcher quoting Commander Thompson, Harry C. Butcher, *Three Years with Eisenhower*, London, 1946, p. 480.
6. Alanbrooke, p. 553.
7. 首相致信总统, 23 February, in answer to telegram No. 457, TNA PREM 3/472。
8. Quoted in Jean Lacouture, *De Gaulle*, New York, 1990, p. 511.
9. 戴高乐和滑铁卢战役, Robert and Isabelle Tombs, *That Sweet Enemy*, London, 2006, p. 569。
10. 首相致信总统, 20 April, TNA PREM 3/472。
11. 13 May, TNA PREM 3/472.
12. 艾森豪威尔和法兰西民族解放委员会, PDDE, p. 1592。
13. SCAF 24, 11 May, TNA PREM 3/345/1.
14. 首相致信总统, 12 May, TNA PREM 3/472。
15. 圣女贞德弥撒, 14 May, SHD-DAT 11 P 218。

16. Quoted in Max Hastings, *Overlord*, London, 1984, p. 69.
17. 首相致信总统, 26 May, TNA PREM 3/472。
18. 13 May, TNA PREM 3/472.
19. M. R. D. Foot, *SOE in France*, London, 1966, p. 241.
20. "C"致信首相, TNA PREM 3/345/1。
21. 达夫·库珀日记, 2 June, John Julius Norwich (ed.), *The Duff Cooper Diaries*, London, 2005, p. 306。
22. TNA PREM 3/345/11.
23. Charles de Gaulle, *Mémoires de Guerre*, Vol. II, Paris, 1959, pp. 223-4.
24. Quoted in Lacouture, pp. 522.
25. 比德尔·史密斯致信丘吉尔, 5 June, TNA PREM 3/339/6 p. 21。
26. J. M. Stagg, *Forecast for Overlord*, London, 1971, p. 113.
27. Butcher, p. 482.
28. 直柄剃刀, Pfc Carl Cartledge, 501st Parachute Infantry Regiment, 101st Airborne, WWII VS。
29. William True, NWWIIM-EC.
30. 伞兵赢得2500美元, Arthur B. 'Dutch' Schultz, C Company, 505th Parachute Infantry Regiment, 82nd Airborne Division, NWWIIM-EC。
31. Parker A. Alford, 26th Field Artillery, 9th Infantry Division, 501st Parachute Infantry Regiment, NWWIIM-EC.
32. Don Malarkey, E Company of the 506th Parachute Infantry Regiment, 101st Airborne Division, NWWIIM-EC.
33. Edward C. Boccafogli, 508th Parachute Infantry Regiment, 82nd Airborne Division, NWWIIM-EC.
34. Major General S. H. Matheson, Regimental Adjutant of the 506th Parachute Infantry Regiment, 101st Airborne Division, NWWIIM-EC.
35. BA-MA RW 2/v.44, quoted in Peter Lieb, *Konventioneller Krieg oder Weltanschauungskrieg?*, Munich, 2007, p. 132.
36. Pfc Carl Cartledge, 501st Parachute Infantry Regiment, 101st Airborne, WWII VS.
37. Edward C. Boccafogli, 508th Parachute Infantry Regiment, 82nd Airborne Division, NWWIIM-EC.

38. Butcher, p. 485.
39. Sherman Oyler, 502nd Parachute Infantry Regiment, 101st Airborne Division, NWWIIM-EC p. 27.
40. Edward J. Jeziorski, 507th Parachute Infantry Regiment, NWWIIM-EC.
41. Tomaso William Porcella, 3rd Battalion, 508th Parachute Infantry Regiment, 82nd Airborne Division, NWWIIM-EC.
42. 首相致信斯大林, 14 April, TNA PREM 3/472。
43. 斯大林致信首相, TNA PREM 3/333/5。
44. 古谢夫日记, AVPRF 59a/7/p13/6, pp. 357-8 p. 30。
45. Vishinsky, AVPRF 06/6/p2/d22, p. 147.
46. 首相致电斯大林, 5 June, TNA PREM 3/346。

第三章

1. Generalleutnant Fritz Bayerlein, Panzer Lehr Division, ETHINT 66.
2. "阿道夫·希特勒警卫旗队"装甲师的圣诞礼盒, Traudl Junge, *Until the Final Hour*, London, 2002, p. 79。
3. General der Infanterie Blumentritt, debriefing 6 August 1945, NA II 407/427/24231.
4. 隆美尔也希望放弃意大利, Generalleutnant Speidel, Chief of Staff Army Group B, FMS B-718-720。
5. Shulman interview with Generalfeldmarschall Gerd von Rundstedt, October 1945, Milton Shulman, *Defeat in the West*, London, 1986, p. 107.
6. Generalleutnant Fritz Bayerlein, Panzer Lehr Division, ETHINT 66.
7. Leutnant Kurt Flume diary, 1 June 1944, BfZ-SS.
8. Hans Speidel, *We Defended Normandy*, London, 1951, p. 88.
9. IfZ, NOKW-546, quoted in Peter Lieb, *Konventioneller Krieg oder Weltanschauungskrieg?*, Munich, 2007, p. 121.
10. 巴黎附近的装甲集团军, Generaloberst Heinz Guderian, ETHINT 38。
11. 隆美尔和盟军制空权, General der Infanterie Blumentritt, debriefing 6 August 1945, NA II 407/427/24231。
12. 确定可能的登陆点, General der Infanterie Blumentritt, debriefing 6 August 1945, NA II 407/427/24231。

13. 假雷区, Lieutenant Cyril Rand, 2nd Battalion Royal Ulster Rifles, MdC TE 499。
14. Lieb, p. 106.
15. Heinrich Böll, *Briefe aus dem Krieg 1939-1945*, Vol. II, Cologne, 2001, p. 918. 16. Generalleutnant Fritz Bayerlein, Panzer Lehr Division, ETHINT 66.
17. BA-MA RH 19 iv/129, 28.12.1943, quoted in Lieb, p. 123.
18. IfZ, MA-1024, quoted in Lieb, p. 120.
19. Fernand Louvoy, MdC TE 38.
20. Madame Richer, Bayeux, MdC TE 223.
21. General-leutnant Fritz Bayerlein, Panzer Lehr Division, ETHINT 66.
22. Generalleutnant Edgar Feuchtinger, FMS B-441.
23. Oberstleutnant Keil, FMS C-018.
24. Interview with General der Infanterie Blumentritt, February 1946, Shulman, p. 60.
25. Truppeningenieur, Stab/Pz. Pi. Btl. 86, 9. Pz. Div., BfZ-SS.
26. Generalleutnant Fritz Bayerlein, Panzer Lehr Division, ETHINT 66.
27. Shulman interview with Generalfeldmarschall Gerd von Rundstedt, October 1945, Shulman, p. 110.
28. Speidel, p. 98.
29. 巴约的军人设施, Franz Gockel, MdC TE 500。
30. Undated letter from Hauptfeldwebel Helmut Lichtenfels, Folder Newbold, Stefan, DDEL.
31. André Heintz Diary, MdC TE 32 (1-4).
32. Unteroffizier Leopold L., 5. Kp./Pz. Rgt. 3, 2. Pz. Div., BfZ-SS.
33. 天气条件, Admiral Friedrich Ruge, Admiral bei der Heeresgruppe B, FMS A-982; and Oberstleutnant Keil, FMS C-018。
34. Hubert Meyer, *The 12th SS*, Vol. I, Mechanicsburg, Pa., 2005, p. 87.
35. Generalleutnant Mahlmann, 353rd Infantry-Division, FMS A-983; and Oberst Cordes, Alfred Weißkopf, AdM 2 J 695.
36. Oberstleutnant Fritz Ziegelmann, 352nd Infantry Division, FMS B-021.
37. "二级战备", Generalleutnant Bodo Zimmermann, OB West, FMS B-308; and Admiral Friedrich Ruge, FMS B-282。

第四章

1. 特别行动处估算的抵抗力量，William Mackenzie, *The Secret History of SOE*, London, 2000, p. 602。
2. SHD-DAT 13 P 33.
3. 奥恩省的抵抗组织，ADdC 9W4/2。
4. 抵抗组织收集情报，安德烈·海因茨日记，MdC TE 32 (1-4)。
5. 美第 1 集团军司令部，10 March, NA II 407/427/24368/595。
6. 特种空勤团和"杰德堡计划"，M. R. D. Foot, *SOE in France*, London, 1966, pp. 400-407。
7. Generalleutnant Fritz Bayerlein, Panzer Lehr Division, ETHINT 66.
8. Letter of 24 March from Air Marshal Arthur Harris to Air Chief Marshal Sir Charles Portal, Chief of the Air Staff, HP, Folder H83.
9. Harris and Spaatz, Tami Davis Biddle, 'Bombing by the Square Yard: Sir Arthur Harris at War, 1942-1945', *International History Review*, XXI, 3, September 1999, pp. 569-852.
10. TNA PREM 3/4727.
11. TNA PREM 3/4727.
12. 15000 名法国人死亡，19000 人受伤，AN AJ 41/56。
13. Colonel C. H. Bonesteel III, G-3 Plans, 12th Army Group, OCMH-FPP.
14. Wing Commander Scarman, Tedder's aide, OCMH-FPP.
15. 丘吉尔不相信轰炸，Marshal of the RAF Viscount Portal, OCMH-FPP。
16. Air Chief Marshal Sir James Robb, Chief of Staff (Air) to Eisenhower, OCMH-FPP.
17. Anonymous, MdC TE 83.
18. 发给诺曼底抵抗组织的信息，SHD-DAT 13 P 33。

第五章

1. David Howarth, *Dawn of D-Day*, London, 1959, p. 13.
2. Garry Johnson and Christopher Dunphie, *Brightly Shone the Dawn*, London, 1980, p. 36.
3. Private Tappenden, NWWIIM-EC.

4. Generalleutnant Joseph Reichert, 711th Infanterie-Division, FMS B-403.
5. 处决伞兵, Peter Lieb, *Konventioneller Krieg oder Weltanschauungskrieg？*, Munich, 2007, p. 173。
6. Terry Copp, *Fields of Fire*, Toronto, 2003, p. 42.
7. Saint-Pair, Neville Smith, 9th Battalion Parachute Regiment, MdC TE 134 192 of Otway's men, Howarth, p. 61.
8. Ibid., p. 56.
9. 希尔准将的叙述, *Independent on Sunday*, 6 June 2004。
10. Mark Zuehlke, *Juno Beach*, Vancouver, 2005, p. 129.
11. NA II 407/427/24170.
12. Legrand Johnson, 101st Airborne Division, NWWIIM-EC.
13. Lieutenant John R. Blackburn, Sky Control, USS *Quincy*, NWWIIM-EC.
14. Roger L. Airgood, C-47 pilot, NWWIIM-EC.
15. Richard H. Denison, 437th Troop Carrier Group, NWWIIM-EC.
16. 不顾禁令采取规避行动, NA II 407/427/24137。
17. Lieutenant John R. Blackburn, Sky Control, USS *Quincy*, NWWIIM-EC.
18. Major Leland A. Baker, 502nd Parachute Infantry Regiment, 101st Airborne Division, NWWIIM-EC.
19. Obergefreiter Hans S., 9. Kp./Gren. Rgt. 1058, 91. (LL.) Inf. Div., BfZ-SS.
20. Sherman Oyler, 502nd Parachute Infantry Regiment, 101st Airborne Division, NWWIIM-EC.
21. Parker A. Alford, attached to 501st Parachute Infantry Regiment, 101st Airborne, NWWIIM-EC.
22. John Fitzgerald, 502nd Parachute Infantry Regiment, NWWIIM-EC.
23. 科唐坦半岛地图, Captain R. H. Brown, 506th Parachute Infantry Regiment, 101st Airborne, NA II 407/427/24242。
24. Fred C. Patheiger, 502nd Parachute Infantry Regiment, 101st Airborne Division, NWWIIM-EC.
25. Chris Courneotes Kanaras, 507th Parachute Infantry Regiment, 82nd Airborne Division, NWWIIM-EC.
26. 法利将军之死, Frank McKee, 82nd Airborne Division, NWWIIM-EC。

27. Chris Courneotes Kanaras, 507th Parachute Infantry Regiment, 82nd Airborne Division, NWWIIM-EC.
28. Rainer Hartmetz, NWWIIM-EC.
29. Ken Cordry, 502nd Parachute Infantry Regiment, 101st Airborne, NWWIIM-EC.
30. Don Malarkey, E Company, 506th Parachute Infantry Regiment, 101st Airborne Division, NWWIIM-EC.
31. William Oatman, 506th Parachute Infantry Regiment, NWWIIM-EC.
32. William M. Sawyer, 508th Parachute Infantry Regiment, NWWIIM-EC.
33. 德国军官的戒指, Lieutenant Eugen Brierre, 501st Parachute Infantry Regiment, 101st Airborne Division, NWWIIM-EC。
34. Briand North Beaudin, Medical Officer, 508th Parachute Infantry Regiment, 82nd Airborne Division, NWWIIM-EC.
35. Sherman Oyler, 502nd Parachute Infantry Regiment, 101st Airborne Division, NWWIIM-EC.
36. Parker A. Alford, attached to 501st Parachute Infantry Regiment, NWWIIM-EC.
37. Rainer Hartmetz, NWWIIM-EC.
38. Don Malarkey, E Company, 506th Parachute Infantry Regiment, 101st Airborne Division, NWWIIM-EC.
39. John Fitzgerald, 502nd Parachute Infantry Regiment, NWWIIM-EC.
40. Obergefreiter Hans S., 9. Kp./Gren. Rgt. 1058, 91. (LL.) Inf. Div., BfZ-SS.
41. Charles E. Skid-more Jr, 439th Troop Carrier Squadron, NWWIIM-EC.
42. Pfc Carl Cartledge, 501st Parachute Infantry Regiment, 101st Airborne, WWII VS.
43. Leigh-Mallory, letter 7 June, quoted Carlo D'Este, *Eisenhower*, New York, 2002, p. 530.

第六章

1. 皇家海军参与"海王行动", Naval Plan TNA ADM 1/16259。
2. Piper Bill Millin, SWWEC T654/666.

3. A. D. E. Curtis, R Force, SWWEC 2000. 384.
4. Dr Ian Campbell, RAMC, 2nd Field Dressing Station, SWWEC 2000. 477.
5. Admiral G. B. Middleton, HMS *Ramillies*, letter 12 June, IWM 01/2/1.
6. Edwin Bramall, 'D-Day Plus One', in *More Tales from the Travellers*, Oxford, 2005, p. 147.
7. 有关迪耶普之战的记忆, Rev. P. Symes, 4th County of London Yeomanry, SWWEC T563。
8. Arthur Reddish, *A Tank Soldier's Story*, privately published, undated, p. 21.
9. V Corps, NA II 407/427/24235.
10. "应税行动"和其他干扰行动, TNA ADM 179/410。
11. Ronald Seaborne, Royal Navy Forward Observer, 50th Division, NWWIIM-EC.
12. 美舰"塞缪尔·蔡斯"号上的赌博, Oscar Rich, 5th Field Artillery Battalion, 1st Infantry Division, NWWIIM-EC。
13. LofC.
14. Gardner Botsford, *A Life of Privilege, Mostly*, New York, 2003, p. 21.
15. Everett P. Schultheis, 467th Anti-aircraft Artillery, NWWIIM-EC.
16. Harold Baumgarten, *Eyewitness on Omaha Beach*, Jacksonville, Fla., 1994, p. 7.
17. K. G. Oakley, RN Beach Commando, Sword Beach, IWM 96/22/1.
18. Cyrus C. Aydlett, USS *Bayfield*, NWWIIM-EC.
19. "舒布里克"号, Edward T. Duffy, US Navy, NWWIIM-EC。
20. William F. Rellstab Jr, 388th Bomber Group, 562nd Squadron, NWWIIM-EC.
21. Desmond Scott, *Typhoon Pilot*, London, 1982, p. 99.
22. 登陆日作战行动中的盟军飞行中队, RAF-MoD。
23. Weldon J. Allen, Pilot, 387th Bomb Group, diary, NWWIIM-EC.
24. Theodore G. Aufort, 16th Infantry Regiment, 1st Infantry Division, NWWIIM-EC.
25. Sergeant Harry C. Bare, 116th Infantry, 29th Infantry Division, NWWIIM-EC.

26. Major George Young, Green Howards, SWWEC T2452.
27. Ludovic Kennedy, SWWEC T320.
28. Vincent Schlotterbeck, NWWIIM-EC.
29. Cyrus C. Aydlett, USS *Bayfield*, NWWIIM-EC.
30. Lieutenant J. G. Pelly, IWM 91/15/1.
31. John Raaen, 5th Ranger Battalion, NWWIIM-EC.
32. Seekommandant Normandie, Auszug aus dem Fernsprechmeldebuch der 352. I. D., Küstenverteidigungsabschnitt Bayeux, FMS B-388.
33. 粗呢大衣和可可, Jean-Louis Salmon, MdC TE 213。
34. Generalleutnant Joseph Reichert, 711th Infanterie-Division, FMS B-403.
35. 烟幕, Admiral G. B. Middleton, HMS *Ramillies*, letter 12 June, IWM 01/2/1。
36. Anthony Drexel Duke, NWWIIM-EC.
37. Kenneth Romanski, 16th Infantry Regiment, 1st Infantry Division, NWWIIM-EC.
38. Major Dallas, 1st Battalion, 116th Infantry, 29th Infantry Division, NA II 407/427/24034.
39. Lieutenant Francis W. Dawson, 5th Ranger Battalion, NWWIIM-EC.
40. Alfred F. Birra, 237th Engineers with 4th Infantry Division, Folder Birra, Alfred F., DDEL.
41. John Raaen, 5th Ranger Battalion, NWWIIM-EC.
42. Ludovic Kennedy, SWWEC T320.
43. Robert L. Bogart, Staff Sergeant, 1st Division, NWWIIM-EC.
44. Vernon Scannell, *Argument of Kings*, London, 1987, p. 145.
45. Kenneth Romanski, 16th Infantry Regiment, 1st Infantry Division, NWWIIM-EC.
46. 乘坐吉普的高级军官, Ronald Seaborne, Royal Navy Forward Observer, 50th Division, NWWIIM-EC。
47. Stanley Christopherson Diary.
48. Major Julius Neave, 13th/18th Hussars, diary, SWWEC T501.
49. 352nd Infanterie-Division, 6 June log, Bayeux Sector, FMS B-388.
50. David Howarth, *Dawn of D-Day*, London, 1959, p. 185.

51. 火箭弹袭击卡堡，与 M. R. D. 富特的对话。
52. Combat Team, 16th Infantry, NA II 407/427/5927.
53. PDDE 1588-9.

第七章

1. 描述奥马哈海滩，V Corps, NA II 407/427/24235。
2. 杰罗和奥马哈登陆行动计划，见 Adrian R. Lewis, *Omaha Beach - A Flawed Victory*, North Carolina, 2001。
3. Harry C. Butcher, *Three Years with Eisenhower*, London, 1946, p. 453.
4. LHCMA Liddell Hart 11/1944/7.
5. Major General L. Scott-Bowden, SWWEC T2236.
6. 两栖坦克，741st and 743rd Tank Battalions, NA II 407/427/24235; and Dean Rockwell, US Navy, NWWIIM-EC。
7. LHCMA, Liddell Hart 11/1944/37.
8. 关于两栖坦克的争论，见 Lewis, pp. 307-18。
9. Ibid., pp. 184-90.
10. NAII 407/427/5927.
11. 德国炮兵演习，ADdC 6 W4。
12. 炮轰维耶维尔，Michel Hardelay, MdC TE 59。
13. Obergefreiter Alfred Sturm, 9. Kp., II Battalion, 726th Infanterie-Regiment, 716th Infanterie-Division, MdC TE 805.
14. Franz Gockel, MdC TE 500.
15. 352nd Infanterie-Division, 6 June log, FMS B-388.
16. 第352炮兵团和第716炮兵团，见 Niklas Zetterling, *Normandy 1944*, Winnipeg, 2000, pp. 277-9 and 297-9。
17. 克赖斯将军的部署情况概要，见 Joseph Balkoski, *Beyond the Beachhead*, Mechanicsburg, Pa., 1999, pp. 73-8。
18. 海滩方向没有开火，Sergeant Harry C. Bare, 116th Infantry, 29th Division, NWWIIM-EC。
19. 死鱼，Captain Joseph T. Dawson NA II 407/427/24011。
20. Edwin J. Best, First Lieutenant, 6th Engineer Special Brigade NWWIIM-EC.

21. John Raaen, 5th Ranger Battalion, WWII VS.
22. 导航困难, Robert E. Adams, US Coast Guard, LCVP #22, USS *Samuel Chase*, NWWIIM-EC。
23. 皇家海军登陆艇船员, 感谢 Kevan Elsby 博士和 Joseph Balkoski 提供的信息, 纠正了早前报道的错误印象。
24. Lieutenant (MC) Alfred A. Schiller, USN, CWM/MCG 58A.
25. First Lieutenant Donald S. Newbury, NA II 407/427/24242.
26. 经验丰富的舵手, E. Adams, US Coast Guard, LCVP #22., USS *Samuel Chase*, NWWIIM-EC。
27. Pozek, 116th Regiment, 29th Division, NWWIIM-EC.
28. J. Robert Slaughter, 116th Infantry, 29th Division, MdC TE 231.
29. William Huch, E Company, 16th Infantry, 1st Infantry Division, Folder Huch, William, DDEL.
30. Harold Baumgarten, 1st Battalion, 116th Infantry, 29th Division, NWWIIM-EC.
31. Private Elmer E. Matekintis, 16th Infantry, 1st Division, NA II 407/427/24242.
32. Harry Parley, 2nd Battalion, 116th Infantry, 29th Division, NWWIIM-EC.
33. J. Robert Slaughter, 116th Infantry, 29th Division, MdC TE 231.
34. V Corps, NA II 407/427/24235.
35. Staff Sergeant Robert L. Bogart, 1st Division, NWWIIM-EC.
36. William M. Jenkins, US Navy Reserve (Navy Combat Demolition Unit), MdC TE 438.
37. William Huch, E Company, 16th Infantry, 1st Infantry Division, Folder Huch, William, DDEL.
38. 第121战斗工兵营, Lieutenant P. W. J. Mallory, NA II 407/427/24242。
39. Second Lieutenant John T. Czuba, 116th Infantry, NA II 407/427/24242.
40. Alan Anderson, 467th Anti-aircraft Battalion, NWWIIM-EC.
41. 一些人想爬回登陆艇, Robert V. Miller, US Navy, NWWIIM-EC。
42. 116th Infantry, 29th Infantry Division, NA II 407/427/24241.
43. Lieutenant Ed R. McNabb Jr, H Company, 116th Infantry, 29th Division, NA II 407/427/24242.

44. NA II 407/427/24034.
45. John Raaen, 5th Ranger Battalion, NWWIIM-EC.
46. Captain C. N. Hall, Assistant Surgeon, 16th Infantry, 1st Division, NA II 407/427/24242.
47. Andrew A. Fellner, 112th Combat Engineers, Easy Red, NWWIIM-EC.
48. "狐狸绿区"的坦克, NA II 407/427/24034。
49. Private Elmer E. Matekintis, 16th Infantry, 1st Division, NA II 407/427/24242.
50. V Corps, NA II 407/427/24235.
51. 第111野战炮兵营, NA II 407/427/24034。
52. Thomas D. Howie 少校在日志中记录了时间, the RCT 116's S-3, NA II 407/427/24151。
53. NA II 407/427/24034.
54. J. Robert Slaughter, 116th Infantry, 29th Division, MdC TE 231.
55. Captain C. N. Hall, Assistant Surgeon, 16th Infantry, 1st Division, NA II 407/427/24242.
56. 战后报告, Headquarters Company, 16th Infantry, NA II 407/427/24011; confirmed by Major General Albert H. Smith Jr, 16th Infantry Regiment, 1st Infantry Division, NWWIIM-EC。
57. Ia, 352nd Infanterie-Division to Chief of Staff LXXXIV Corps, 6 June log, FMS B-388.
58. Gordon A. Harrison, *US Army in World War II*, Washington, DC, 1951, pp. 320 and 330-31.
59. 11.10 hours, 352nd Infantry Division, 6 June log, Bayeux Sector, FMS B-388.
60. Pfc Harold F. Plank, 2nd Ranger Battalion, WWII VS.
61. 08.19 hours, telephone log, 352nd Infanterie-Division, FMS B-388.
62. NA II 407/427/24034.
63. 科塔和坎汉, NA II 407/427/24235。
64. 迫击炮, Franz Gockel, MdC TE 500, and NA II 407/427/24034。
65. V Corps, NA II 407/427/24235.
66. C Company, 1st Battalion, 116th Infantry, NA II 407/427/24034.

67. C 连的损失，Captain Berthie B. Hawks, C Company, 1st Battalion, 116th Infantry, 29th Division, NA II 407/427/24242。
68. NA II 407/427/24034.
69. Second Lieutenant George Athanasakos, 2nd Battalion, 116th Infantry, NA II 407/427/24242.
70. NA II 407/427/24034.
71. NA II 407/427/24241.
72. NA II 07/427/24034.
73. Quoted in Harrison, p. 334.
74. Barnett Hoffner. 6th Engineer Special Brigade, NWWIIM-EC.
75. 奥马哈海滩附近的驱逐舰，Harrison, p. 322。
76. Obergefreiter Alfred Sturm, 9. Kp., II Battalion, 726 Inf Rgt, 716 ID, MdC TE 805.
77. Bradley Holbrook, NWWIIM-EC.
78. Pfc. Charles M. Bulap, 2nd Ranger Battalion, NA II 407/427/24241.
79. 通信兵，John Raaen, 5th Ranger Battalion, WWII VS。
80. 战俘帮助游骑兵，Nicholas Butrico, 5th Ranger Battalion, NWWIIM-EC。
81. NA II 407/427/24235.
82. Gale B. Beccue, 5th Ranger Battalion, NWWIIM-EC.
83. Brugger, 16th Infantry, 1st Infantry Division, NWWIIM-EC.
84. NA II 407/427/24034.
85. NA II 407/427/24034.
86. Herbert Zafft, 29th Infantry Division, NWWIIM-EC.
87. Colin H. Mc-Laurin, 115th Infantry, 29th Division, NWWIIM-EC.
88. NA II 407/427/24034.
89. 维耶维尔的法国平民，Howie journal, NA II 407/427/24151。
90. 科塔和维耶维尔谷口，NA II 407/427/24034。
91. 18772 人登陆，NA II 407/427/24235。
92. 电话记录，352. I. D., 17. 10 hours, FMS B-388。
93. 证件确认德第 352 步兵师抵达，Captain Fred Gercke 的信件，27 June, NA II 407/427/24011。
94. 肉体烧焦的气味，Roy Arnn, 146th Combat Engineer Battalion attached to

1st Infantry Division, NWWIIM-EC。

95. Captain Benjamin A. Payson, 60th Medical Battalion, MdC TE 291.
96. 奥马哈海滩上的治疗, Lieutenant (MC) Alfred A. Schiller, USN, CWM/MCG 58A。
97. Frank Feduik, pharmacist on LST, NWWIIM-EC.
98. Vincent J. del Giudice, pharmacist, USS *Bayfield*, NWWIIM-EC.
99. 杰罗登陆, NA II 407/427/24235。
100. 第29步兵师师部, NA II 407/427/24034。
101. Forrest C. Pogue, *Pogue's War*, Lexington, Kentucky, 2001, p. 83.
102. 伤亡统计, 见 Harrison, p. 330; and NA II 407/427/5919。
103. George Roach, Company A, 116th Infantry, 29th Division, NWWIIM-EC.
104. 贝德福德人的伤亡, 见 James W. Morrison, *Bedford Goes to War: The Heroic Story of a Small Virginia Community in World War II*, Lynchburg, Va., 2006; and George D. Salaita, 'Embellishing Omaha Beach', *Journal of Military History*, April 2008, pp. 531-4。
105. 德军在东线和诺曼底的伤亡情况, Niklas Zetterling, *Normandy 1944*, Winnipeg, 2000, p. 434。

第八章

1. 德国士兵和美军装箱, Rainer Hartmetz, NWWIIM-EC。
2. Generalleutnant Karl-Wilhelm Graf von Schlieben, 709th Infanterie-Division, FMS B-845.
3. Montebourg, Fernand Louvoy, MdC TE 38.
4. Brigadier General David E. Thomas, NWWIIM-EC.
5. 欧特维尔城堡, Briand N. Beaudin, 508th Parachute Infantry Regiment, 82nd Airborne Division, NWWIIM-EC。
6. 发现渡口, NA II 407/427/24206。
7. Howard van der Beek, USS LCC 60a, NWWIIM-EC.
8. NA II 407/427/24204.
9. NA II 407/427/24242.
10. Folder Birra, Alfred F., DDEL.

11. NA II 407/427/24240.
12. John Capell, 8th Infantry, 4th Infantry Division, NWWIIM-EC.
13. NA II 407/427/24242.
14. 勒莫莱, Danièle Höfler, MdC, TE 71。
15. 在西南方向巡逻, R. L. Delashaw, 405th Fighter Group, USAAC, NWWIIM-EC。
16. John L. Ahearn, 70th Tank Battalion, NWWIIM-EC.
17. 第4师第20野战炮兵营, Staff Sergeant Alfred Donald Allred, NWWIIM-EC。
18. William E. Jones, 4th Infantry Division, NWWIIM-EC.
19. Captain Carroll W. Wright, 33rd Chemical Company, NWWIIM-EC.
20. John A. Beck, 87th Chemical Mortar Battalion with 4th Infantry Division, NWWIIM-EC.
21. Lieutenant John A. Le Trent, 8th Infantry, 4th Infantry Division, NA II 407/427/24242.
22. R. R. Hughart, 2nd Battalion, 505th Parachute Infantry Regiment, 82nd Airborne Division, NWWIIM-EC.
23. 第325机降团, NA II 407/427/24206。
24. Heinz Puschmann, 6th Paratroop Regiment, private account.
25. Jean Roger, Saint-Lô, MdC TE 316.
26. MdC TE 285.
27. 逃往乡村, Michèle Chapron, MdC TE 278。

第九章

1. André Heintz diary, MdC TE 32 (1-4).
2. MdC TE 149.
3. Marianne Daure, MdC TE 48.
4. 卡昂城面包房, Marcel Ehly, MdC TE 11。
5. 德军"征用"酒, Madeleine Betts-Quintaine, MdC TE 25。
6. Marianne Daure, MdC TE 48.
7. 疏散命令, Nadine Speck, MdC TE 2。
8. Generalleutnant Speidel, FMS B-718.

9. 布卢门特里特的电话, FMS B-284。
10. Major George Young, Green Howards, SWWEC T2452.
11. Clifford H. Sinnett, USNR, LST 530, NWWIIM-EC.
12. Stanley Christopherson diary.
13. 凯勒, Mark Zuehlke, *Juno Beach*, Toronto, 2005, pp. 31-2。
14. Ibid., p. 84; and Papers of Frank A. Osmanski, G-4 SHAEF, USAMHI.
15. "贝尔法斯特"号, Tony Hugill diary, CAC HUGL 1。
16. "霸王行动"中的加拿大舰船, NA II 407/427/24200。
17. NA II 407/427/24200; and Terry Copp, *Fields of Fire*, Toronto, 2003, p. 48.
18. 加里堡骑兵团的坦克, Sergeant Bill Hudson, A Troop, 48 Royal Marine Commando, MdC TE 84; and Zuehlke, p. 202。
19. 滨海贝尼耶尔, NA II 407/427/24200; Zuehlke, p. 219; and Copp, p. 52。
20. Louise Hamelin, MdC TE 222.
21. J. Kyle, SWWEC T1094.
22. 6月11日, "C"将"超级机密"截获的情报转呈丘吉尔, Luftflotte 3, TNA HW 1/2927。

第十章

1. Tony Hugill diary, CAC HUGL 1.
2. Major Julius Neave, 13th/18th Hussars, SWWEC T501.
3. N. G. Marshall, H Troop Armoured Support Group with 41st RM Commando, SWWEC 2000.407.
4. Lieutenant Ken Baxter, 2nd Battalion Middlesex Regiment, 3rd Infantry Division, MdC TE 164.
5. John and Jacqueline Thornton, NWWIIM-EC.
6. Tony Hugill diary, CAC HUGL 1.
7. Lieutenant Cyril Rand, 2nd Battalion Royal Ulster Rifles, MdC TE 499.
8. Lionel Roebuck, 2nd Battalion, East Yorkshire Regiment, MdCTE 199.
9. 比尔·米林在海滩上吹笛, SWWEC T654/666 and K. G. Oakley, IWM 96/22/1。

10. Piper Bill Millin, SWWEC T654/666.
11. 第 6 突击队第 3 小队, TNA DEFE 2/43; and Philip Biggerton Pritchard, *Soldiering in the British Forces in World War II*, privately published, undated。
12. 第 10 小队, Harry Nomburg, NWWIIMEC, and Peter Masters, NWWIIM-EC。
13. 基弗, MdC TE 131。
14. Letter from Otto Günsche, 2 October 1981, quoted in Hubert Meyer, *The 12th SS*, Vol. I, Mechanicsburg, Pa., 2005, p. 97.
15. Milton Shulman, *Defeat in the West*, London, 1988, pp. 118-19.
16. 贝努维尔城堡, Louise Moulin, MdC TE 350。
17. 奥珀伦-布罗尼科夫斯基收到的变更命令, Generalmajor Wilhelm Richter, 716th Infantry Division, FMS B-621。
18. 马克斯, 第 7 集团军的电话记录在 8 月被波兰第 1 装甲师截获, NA II 407/427/6431。
19. Generalleutnant Bodo Zimmermann, OB West, FMS B-308.
20. NA II 407/427/24170.
21. 来自海外的最新报告, No. 56, NA II 407/427/24170。
22. André Heintz, diary, MdC, TE 32 (1-4); and Dr Robert Chaperon, MdC TE 42.
23. 卡昂被毁, MdC TE 283。
24. Félix Drougard, MdC TE 3.
25. MdC TE 149.
26. MdC TE 149.
27. MdC TE 193.
28. SIPEG (Service interministériel de protection contres les évènements de guerre) report of 10 June, AN AJ/41/56.
29. 处决卡昂囚犯, Jean-Baptiste Pierre (Surveillant-Chef Adjoint de la Maison d'Arrêt de Caen), MdC TE 521。
30. Madame Blanche Néel, MdC TE 201.
31. Nadine Speck MdC TE 2.
32. Max Maurin, MdC TE 77 (2).

33. 卡昂死亡 800 人，其中 6 月 6 日 600 人，6 月 7 日 200 人，CRHQ。
34. SIPEG report of 10 June, AN AJ/41/56.
35. Mollie Panter-Downes, *London War Notes*, London, 1971, p. 328.
36. Field Marshal Lord Alanbrooke, *War Diaries 1939–1945*, London, 2001, p. 555（6 June）.
37. 伊迪和"萤火虫"坦克，Carlo D'Este, *Decision in Normandy*, New York, 1983。
38. Lieutenant Cyril Rand, 2nd Battalion Royal Ulster Rifles, MdC TE 499.
39. NA II 407/427/24170.
40. 第 7 集团军电话记录，NA II 407/427/6431。
41. Nicolaus von Below, *Als Hitlers Adjutant*, 1937–1945, Mainz, 1980, p. 374.
42. 装甲师导师，Generalleutnant Fritz Bayerlein, Panzer Lehr Division, ETHINT 66。
43. BA-MA MSg2/5025.
44. 美军登陆部队伤亡 4649 人，Omar Bradley, *A Soldier's Story*, New York, 1951, p. 242。

第十一章

1. 第 29 师师部，NA II 407/427/24034。
2. 农场雇工和宾夕法尼亚煤矿工人，29th Division, WWII VS。
3. Oberstleutnant Ziegelmann, 352nd Infanterie-Division, FMS B-489.
4. 宪兵中士，Melvin Asche, 1006th Seabea Detachment, MdC TE 126。
5. Madame Huet-Patry, Vierville-sur-Mer, MdC TE 22.
6. Barnett Hoffner, 6th Engineer Special Brigade, NWWIIM-EC.
7. "已除虱"的地区，Forrest C. Pogue, *Pogue's War*, Lexington, Kentucky, 2001, p. 63。
8. "哈丁"号，Walter Vollrath Jr, USN, NWWIIM-EC。
9. Elmer H. Vermeer, 2nd Engineer Battalion, 2nd Infantry Division Division, with 2nd Ranger Battalion, NWWIIM-EC; also Lieutenant Francis W. Dawson, 5th Ranger Battalion, NWWIIM-EC; and Lieutenant Rex F. Gibson, Headquarters Company, 116th Infantry, 29th Division, NA II 407/

427/24242.

10. NA II 407/427/24034.
11. 以物易物, Brugger, 16th Infantry, 1st Infantry Division, NWWIIM-EC。
12. Oscar Rich, 5th Field Artillery Battalion, 1st Infantry Division, NWWIIM-EC.
13. A-1 跑道, W. G. Schuler, 382nd Air Service Squadron, 84th Group, NWWIIM-EC evacuation of wounded by air, Louise Anthony de Flon, 816th Medical Air Evacuation, MdC TE 177。
14. 格哈特, 参见 Joseph Balkoski, *Beyond the Beachhead*, Mechanicsburg, Pa., 1999, pp. 44-50。
15. John Hooper, 115th Infantry Regiment, 29th Division, NWWIIM-EC.
16. 第5军计划, Oberst Ziegelmann, 352nd Infanterie-Division, FMS B-489 and B-636。
17. General Günther Blumentritt, OB West, FMS B-637, p. 263.
18. Lieutenant Cameron K. Brooks, 115th Infantry, 29th Division, NA II 407/427/24242.
19. NA II 407/427/24240; and Captain S. S. Suntag, 115th Infantry, NA II 407/427/24242.
20. NA II 407/427/24240.
21. Captain Otto Graas, Headquarters Company, 29th Division, NA II 407/427/24241.
22. 格哈特和"泼妇突岩", Staff Sergeant Lester Zick, Anti-tank Company, 175th Infantry Regiment, 29th Division, NWWIIM-EC。
23. Lieutenant George Wash, 224th Field Artillery Battalion, 29th Infantry Division, NA II 407/427/24242.
24. Staff Sergeant Lester Zick, Anti-tank Company, 175th Infantry Regiment, 29th Division, NWWIIM-EC.
25. 伊西尼, Edwin R. Schwartz, 747th Tank Battalion, NWWIIM-EC; Staff Sergeant Lester Zick, Anti-tank Company, 175th Infantry Regiment, 29th Division, NWWIIM-EC; and Balkoski, pp. 170-74。
26. Lieutenant George Wash, 224th Field Artillery Battalion, 29th Infantry Division, NA II 407/427/24242.

27. 施利本中将，FMS B-845。
28. Captain Claude J. Mercer, 29th Field Artillery Battalion, 4th Infantry Division, NA II 407/427/24242.
29. 蒙特堡，Louis Lucet, MdC TE 107；瓦洛涅，MdC TE 111。
30. 蒂尔克维尔的格鲁吉亚人，Captain Le Grand K. Johnson, 502nd Parachute Infantry Regiment, NA II 407/427/24242。
31. Lieutenant George W. Goodridge, 44th Field Artillery Battalion, 4th Division, NA II 407/427/24240.
32. Captain Claude J. Mercer, 29th Field Artillery Battalion, 4th Infantry Division, NA II 407/427/24242.
33. Sergeant W. C. Cowards, 22nd Infantry, 4th Division, NA II 407/427/24242.
34. Captain Robert E. Walker, 19th Infantry Division, WWII VS.
35. Pfc Robert Boyce, 502nd Parachute Infantry Regiment, WWII VS.
36. Barnett Hoffner, 6th Engineer Special Brigade, NWWIIM-EC。
37. 普赖博斯基中士，Captain Elmer G. Koehler, Battalion Surgeon, 12th Infantry, 4th Infantry Division, NA II 407/427/24242。
38. 30号高地，Tomaso William Porcella, 3rd Battalion, 508th Parachute Infantry Regiment, 82nd Airborne Division; and Kenneth J. Merritt, 508th Parachute Infantry Regiment, NWWIIM-EC。
39. Edward C. Boccafogli, 508th Parachute Infantry Regiment, 82nd Airborne Division, NWWIIM-EC。
40. 第90师向战俘开枪，Max Hastings, *Overlord*, London, 1989, p. 154。
41. Martin Blumenson (ed.), *The Patton Papers, 1940-1945*, New York, 1974, p. 479.
42. Pogue, pp. 111-12.
43. 《忠诚之歌》，Jean-Claude Perrigault and Rolf Meister, *Götz von Berlichingen*, Bayeux, 2005, p. 77。
44. SS-Mann Johann H., 36 380 D = 3. Kp./SS-Pi. Btl. 17 17. SS-Pz. Gren. Div. 8 June, BfZ-SS.
45. Perrigault and Meister, p. 203.
46. Generalleutnant Richard Schimpf, 3rd Paratroop Division, FMS B-020.

47. Generalmajor Max Pemsel commentary, FMS B-541.
48. 第353步兵师, General Mahl-mann, FMS A-983。
49. 隐蔽在谷仓和果园, AdM 2 J 695。
50. Generalleutnant Kurt Badinski 276th Infanterie-Division, FMS B-526.
51. 在法国的"帝国"师, Peter Lieb, *Konventioneller Krieg oder Weltanschauungskrieg?*, Munich, 2007, p. 361。
52. IMT, Vol. XXXVII, quoted in Lieb, p. 364.
53. 本次屠杀及其他屠杀事件, 参见 Lieb, pp. 374-5 and AN AJ/41/56。一份报告称, 108人在蒂勒被吊死, AN AJ/41/56。
54. 奥拉杜尔, M. R. D. Foot, *SOE in France*, London, 1966, pp. 398-9。
55. AN AJ/41/56.
56. Technical Sergeant Donald J. Walworth, 3rd Battalion, 26th Infantry, 1st Division, NA II 407/427/24242.
57. Gordon A. Harrison, *US Army in World War II*, Washington, DC, 1951 p. 370.
58. Oberstleutnant Keil, FMS C-018.
59. Perrigault and Meister, p. 245.
60. Ibid., p. 247.
61. 指控海特, FMS B-839; and Perrigault and Meister, p. 248。

第十二章

1. Generalmajor Wilhelm Richter, 716th Infanterie-Division, FMS B-621.
2. NA II 407/427/24200.
3. 党卫军第1"阿道夫·希特勒警卫旗队"装甲师, Taganrog, Sönke Neitzel (ed.), *Tapping Hitler's Generals*, St Paul, Mn, 2007, p. 344, n. 93。
4. TNA WO 208/4363.
5. Generalmajor Wilhelm Richter, 716th Infanterie-Division, FMS B-621.
6. Shulman interview with Generalleutnant Edgar Feuchtinger, August 1945, Milton Shulman, *Defeat in the West*, London, 1988, p. 121.
7. General Geyr von Schweppenburg, FMS B-466.
8. Generalmajor Fritz Krämer, I SS Panzer Corps, FMS C-024.
9. Alastair Banner-man, 2nd Battalion Royal Warwicks, SWWEC 2001-819.

10. 格鲁什, Raymond Pouchin, MdC TE 86。
11. 康布村的"希特勒青年团"师, Lieutenant, Cyril Rand, 2nd Battalion Royal Ulster Rifles, MdC TE 499。
12. Stanley Christopherson diary.
13. Generalleutnant Fritz Bayerlein, Panzer Lehr Division, ETHINT 66.
14. 装甲教导师的损失, 参见 H. Ritgen, *Die Geschichte der Panzer-Lehr Division im Westen*, *1944—1945*, Stuttgart, 1979, p. 100, quoted in Niklas Zetterling, *Normandy 1944*, Winnipeg, 2000, p. 386。
15. Keith Douglas, *The Complete Poems*, London, 2000, p. 117.
16. Stuart Hills, *By Tank into Normandy*, London, 2002, p. 54.
17. General Geyr von Schweppenburg, FMS B-466.
18. Lieutenant Cyril Rand, 2nd Battalion Royal Ulster Rifles, MdC TE 499.
19. Unterscharführer Alois Morawetz, 3. Panzerkompanie, SS Panzer-Regiment 12, Hubert Meyer, *The 12th SS: The History of the Hitler Youth Panzer Division*, Vol. I, Mechanicsburg, Pa., p. 188.
20. Ibid., p. 191.
21. Ibid., p. 197.
22. 在诺曼底杀害战俘, TNA TS 26/856。
23. Nelly Quidot, MdC TE 228.
24. 在阿登修道院杀害战俘, Sergeant Frank Geoffrey, Royal Winnipeg Rifles, NWWIIM-EC。
25. Peter Lieb, *Konventioneller Krieg oder Weltanschauungskrieg？*, Munich, 2007, p. 163.
26. 库尔特·迈耶在波兰处决犹太人, ibid., p. 159。
27. 6月11日, "C"将"超级机密"截获的情报转呈丘吉尔, TNA HW 1/2927。
28. 定位西线装甲集群指挥部, TNA KV 7171 and KV 7225。
29. General Geyr von Schweppenburg, FMS B-466.
30. TNA WO 205/5D.
31. TNA WO 205/5B.
32. TNA PREM 3/339/1, p. 6.
33. LHCMA De Guingand 2/1/1-6.

34. Army Group intelligence summary, 23 April 1944, TNA WO 205/532 (2).
35. General Geyr von Schweppenburg, FMS B-466.
36. General Omar Bradley, OCMH-FPP.
37. General-major Fritz Krämer, I SS Panzer Corps, FMS C-024.

第十三章

1. Vernon Scannell, *Argument of Kings*, London, 1987, p. 165.
2. Ibid., p. 156.
3. Major Peter Griffin, 1st Canadian Parachute Battalion, NAC/ANC R5067-0-0-E.
4. Lieutenant Colonel Terence Otway, SWWEC T689.
5. Martin Blumenson (ed.), *The Patton Papers, 1940-1945*, New York, 1974, p. 461.
6. 登普西，参见 Carlo D'Este, *Decision in Normandy*, New York, 1983, p. 60。
7. Arthur Reddish, *A Tank Soldier's Story*, privately printed, undated, p. 29.
8. Field Marshal Lord Alanbrooke, *War Diaries 1939-1945*, London, 2001, p. 538 (7 April).
9. 巴克纳尔和巴约，LHCMA, Liddell Hart 11/1944/36。
10. 马克斯韦尔·泰勒将军，SODP。
11. 进入维莱博卡日，M. Diguet, MdC TE 220。
12. Patrick Agte, *Michael Wittmann*, Vol. I, Mechanicsburg, Pa., 2006, p. 354.
13. 第11轻骑兵团和来自第2装甲师的俘虏，Dudley Clarke, *The Eleventh at War*, London, 1952, p. 339; Myles Hildyard 在日记中说他们勒死了一个看守，俘虏了另一个。
14. 关于第2装甲师的情报，TNA KV 7707。
15. 炮兵团发射空爆弹，NA II 407/427/24170。
16. 奥东河畔欧奈，Abbé André Paul, MdC TE 21。
17. 15 June, Unteroffizier Leopold L., 25 644 = 5. Kp./Pz. Rgt. 3, 2. Pz. Div., BfZ-SS.
18. Myles Hildyard diary, 19 June.

19. Major General G. L. Verney diary, quoted in D'Este, pp. 272-4.
20. Stanley Christopherson diary.
21. J. L. Cloudsley-Thompson, *Sharpshooter*, Fleet Hargate, 2006, p. 109.
22. Lieutenant General Richard O'Connor to Churchill, 5 May, LHCMA O'Connor 5/2/39.
23. Letter, 12 June, TNA WO205/5B.
24. Algiers, 23 August 1943, Harry C. Butcher, *Three Years with Eisenhower*, London, 1946, p. 339.
25. 匿名日记, 6月11日, MdC TE 396。
26. 艾森豪威尔致马歇尔, Brigadier Joseph A. Holly, 5 July, PDDE, p. 1973。
27. No. 695, Prime Minister to President, 9 June, TNA PREM 3/472.
28. Alanbrooke, pp. 556-7 (12 June).
29. Churchill to Eden, 12 June, TNA PREM 3/339/7.
30. TNA PREM 3/339/7.
31. "拉米利斯"号, Admiral G. B. Middleton, IWM 01/2/1。
32. 英国海军联络官报告, 6月16日, TNA ADM 1/16018。
33. Quoted in Henri Amouroux, *La grande histoire*, Vol. VIII, p. 546, and Robert Aron, *Histoire de la Libération de la France*, Paris, 1959, p. 78.
34. 英国海军联络官报告, TNA PREM 3/339/7。
35. Jean Lacouture, *De Gaulle - Le Rebelle*, Paris, 1984, p. 779.
36. Forrest C. Pogue, *Pogue's War*, Lexington, Kentucky, 2006, p. 115.
37. Montgomery to Churchill, 14 June, TNA PREM 3/339/7.
38. No. 561, President to Prime Minister, 14 June, TNA PREM 3/339/7.
39. Churchill to Eden, 12 June, TNA PREM 3/339/7.
40. Aron, p. 77.
41. MdC TE 195.
42. André Heintz diary, MdC TE 32 (1-4).
43. 咖啡馆店主, Dr Robert Chaperon, MdC TE 42。
44. MdC TE 42.
45. 国家救济署, Céline Coantic-Dormoy, MdC TE 281。
46. Le Dily diary, 11 June, MdC TE 143.

47. Claude Guillotin, 1944, 'L'aventure de mes quinze ans', Le Fresne-Camilly, MdC TE 397.
48. Dr Ian Campbell, RAMC, 2nd Field Dressing Station, SWWEC 2000. 477.
49. MdC TE 144.
50. Lieutenant Cyril Rand, 2nd Battalion Royal Ulster Rifles, MdC TE 499.
51. 红军, 参见 Antony Beevor and Lyuba Vinogradova (eds.), *A Writer at War: Vasily Grossman with the Red Army, 1941–1945*, London, 2005, p. 109。
52. SS Untersturmführer Herbert E., 2. Kp./Nachr. Abt. SS. Pz. Div. '*Hohenstaufen*', 6 June and 10 June, 24 742C, BfZ-SS.

第十四章

1. Lieutenant (MC) Alfred A. Schiller, USN, CWM/MCG 58A.
2. 奥马哈海滩司令部, NA II 407/427/212。
3. Barnett Hoffner, 6th Engineer Special Brigade, NWWIIM-EC.
4. Orval Wakefield (Naval Combat Demolition Unit), NWWIIM-EC.
5. Charles C. Zalewski, LST 134, NWWIIM-EC.
6. Ralph Crenshaw, LST 44, NWWIIM-EC p. 209.
7. 鲁格, Major John C. Geiglein, Forrest C. Pogue, *Pogue's War*, Lexington, Kentucky, 2006, pp. 127-8。
8. 交换一卡车武器, T/Sgt Eugene W. Griffin, 2nd Panzer-Division, WWII VS。
9. Pogue, p. 87.
10. 烤猪, Angelos Chatas (Naval Combat Demolition Unit), NWWIIM-EC。
11. NA II 407/427/212.
12. NA II 407/427/212.
13. Cyrus C. Aydlett, USS *Bayfield*, NWWIIM-EC.
14. Leigh-Mallory, 1 July, Headquarters Allied Expeditionary Air Force, TNA ADM 1/16332.
15. Omar Bradley, *A Soldier's Story*, New York, 1951, p. 292.
16. John Troy, 8th Infantry, NWWIIM-EC.
17. 第91空运师, Oberst Eugen König, FMS B-010。

18. Obergefreiter Hans S., 9. Kp./Gren. Rgt. 1058, 91. (LL.) Inf. Div., 13 273 B, 7 July, BfZ-SS.
19. Martin Blumenson, *The Duel for France*, New York, 2000, pp. 20-21.
20. Ibid., p. 11.
21. Generalleutnant von Choltitz, LXXXIV Corps, FMS B-418.
22. Generalleutnant Fritz Bayerlein, Panzer Lehr Division, ETHINT 66.
23. Generalleutnant von Choltitz, LXXXIV Corps, FMS B-418.
24. LHCMA Liddell Hart 11/1944/7.
25. TNA WO 205/5B.
26. 空军支援行动, NA II 407/427/24204。
27. "桑葚"人工港和狂风, 'Artificial Harbours in Operation Overlord', TNA ADM 1/17204。
28. Dean Rockwell, US Navy, NWWIIM-EC.
29. Werner Hugo Saenger, LST 27, NWWIIM-EC.
30. J. M. Stagg, *Forecast for Overlord*, London, 1971, p. 126.
31. Colonel Thomas Bigland, Montgomery's personal liaison officer to First US Army, then 12th Army Group, SWWEC 99-10.
32. 8月份上岸的物资吨位数和车辆数, Normandy Base Section Communications Zone, 8 September, Com Z, NA II 407/427/24133。
33. Oberst a. D. Dr Hans Kessler, BA-MA MSg 2/249.
34. Lieutenant William Priestman, 315th Infantry, NA II 407/427/24242.
35. Lieutenant John E. Cunningham, 314th Infantry, 79th Infantry Division, NA II 407/427/24242.
36. Karl Hohmann, RAD, MdC TE 506.
37. Colonel Bernard B. MacMahon, 315th Infantry, 79th Division, NA II 407/427/24242.
38. Lieutenant John R. Blackburn, Sky Control Officer, USS *Quincy*, NWWIIM-EC.
39. Rear Admiral Carleton F. Bryant, USN, Commander Battleship Division 5, MdC TE 173.
40. K. Jump, SWWEC T 1823.
41. 装甲推土机, Lieutenant Colonel H. A. Delo, 346th Engineers, NA II

407/427/24242。

42. 凶猛的进攻, Lieutenant Ralph Powell, Cannon Company, 47th Infantry, 9th Division, NA II 407/427/24241。
43. NA II 407/427/24242.
44. Oberstleutnant Keil, FMS C-018.
45. Generalleutnant Karl-Wilhelm von Schlieben, 709th Infantry Division, FMS B-845.
46. Lieutenant John A. Le Trent, 8th Infantry, 4th Infantry Division, NA II 407/427/24242.
47. Sergeant Walter M. Hedrick, 22nd Infantry, 4th Infantry Division, NA II 407/427/24242.
48. 托特组织的工人, BA-MA RH 19 iv/132, quoted in Peter Lieb, *Konventioneller Krieg oder Weltanschauungskrieg?*, Munich, 2007, p. 168。
49. Captain Elmer G. Koehler, Battalion surgeon, 12th Infantry, 4th Infantry Division, NA II 407/427/24242.
50. Clayton Storeby, 326th Airborne Engineer Battalion, NWWIIM-EC.
51. Pogue, p. 135.
52. Bradley, p. 314.
53. 希特勒和施利本, General Warlimont, ETHINT 1。

第十五章

1. Wilhelm Ritter von Schramm, BA-MA MSg 2/247.
2. 海峡群岛和火箭炮旅, General Warlimont, ETHINT 4。
3. General Geyr von Schweppenburg, FMS B-466.
4. Speidel, FMS C-017. 有关此次会谈的描述基于施派德尔、伦德施泰特（FMS B-633）、布卢门特里特（FMS B-284），以及希特勒的空军副官尼古劳斯·冯·贝洛（*Als Hitlers Adjutant, 1937-1945*, Mainz, 1980）的叙述。
5. General der Infanterie Blumentritt, debriefing 6 August 1945, NA II 407/427/24231.
6. Below, p. 375.
7. Blumentritt, Chief of Staff OB West, FMS B-284.

8. Mollie Panter-Downes, *London War Notes*, London, 1971, pp. 330-31.
9. Cyrus C. Aydlett, USS *Bayfield*, NWWIIM-EC.
10. 战时内阁, 16 June, LHCMA Liddell Hart 11/1944/38。
11. Wing Commander R. Beamont, SWWEC T537.
12. 警察总监的报告, General Martin, AN AJ/41/56。
13. Field Marshal Lord Alanbrooke, *War Diaries 1939-1945*, London, 2001, p. 562 (27 June).
14. 特工"讲师", TNA HW 40/6。
15. Montgomery to Churchill, 14 June, TNA PREM 3/339/8.
16. G. Steer, 1/4th King's Own Yorkshire Light Infantry, SWWEC 2002. 1644.
17. LHCMA, LHP/1/230/22-23a.
18. Peter Rubie, CWM/MCG 58A 140. 7.
19. Stanley Christopherson diary.
20. G. Steer 1/4th King's Own Yorkshire Light Infantry, SWWEC 2002. 1644.
21. "超级机密"关于装甲教导师的情报, 6月27日, TNA KV 9826。
22. John Keegan, *Six Armies in Normandy*, London, 1992, p. 174.
23. Aidan Sprot, *Swifter than Eagles*, Edinburgh, 1998, p. 120.
24. Félix Drougard, MdC TE 3.
25. 9th SS Panzer-Division *Hohenstaufen*, BA-MA MSg 2/4831.
26. Kriegstagebuch Panzer Group West, Fifth Panzer Army, BA-MA MSg 2/4831.
27. 关于"埃普索姆行动"的最佳叙述之一是 Carlo D'Este, *Decision in Normandy*, New York, 1983。
28. "超级机密", 29 June, XL 70, see Ralph Bennett, *Ultra in the West*, New York, 1979, p. 82。
29. Myles Hildyard diary, 22 June.
30. General Geyr von Schweppenburg, FMS B-466.
31. Blumentritt, Chief of Staff OB West, FMS B-284.
32. Blumentritt, ETHINT 73.
33. General der Panzertruppen Eberbach, FMS A-922.
34. Blumentritt, Chief of Staff OB West, FMS B-284.
35. Speidel, FMS C-017.

36. Speidel, FMS C-017.
37. Eberbach, BA-MA MSg 1/106.
38. General Alfred Jodl, FMS A-913.
39. William Oatman, 506th Parachute Infantry Regiment, NWWIIM-EC.
40. Keitel and Jodl, FMS A-915.
41. 瓦西里耶夫斯基上校的访问, Arthur Reddish, *A Tank Soldier's Story*, privately published, undated, p. 56。
42. Major General Galaktionov, *Pravda*, 23 June.
43. Ilya Ehrenburg, 'The West Wind', *Pravda*, 11 June.

第十六章

1. Generalleutnant Dietrich von Choltitz, LXXXIV Corps, FMS B-418; and Oberst Eugen König, 91st Luftlande-Division, FMS B-010.
2. NA II 407/427/24203.
3. T/Sergeant Laurence E. Ousley, 330th Infantry, 83rd Division, NA II 407/427/24242.
4. NA II 407/427/6431.
5. Jean-Claude Perrigault and Rolf Meister, *Götz von Berlichingen-Normandie*, Bayeux, 2005, p. 267.
6. Martin Blumenson, *The Duel for France 1944*, New York, 2000, p. 23.
7. 德第84军人员的日伤亡数, General Dietrich von Choltitz, *De Sebastopol à Paris*, Paris, 1964, p. 184。
8. Obergefreiter Hans S., 10 July, 9. Kp./Gren. Rgt. 1058, 91. (LL.) Inf. Div., 13 273 B, BfZ-SS.
9. NA II 407/427/24232.
10. 第30装甲师的攻击, 7月7日, NA II 407/427/24232。
11. 12辆"谢尔曼"坦克被击毁, Pfc Bertrand J. Close, 3rd Battalion, 32nd Armored Regiment, 3rd Armored Division, WWII VS。
12. Robert T. Gravelin, 23rd Combat Engineer Battalion, 3rd Armored Division, WWII VS.
13. NA II 407/427/24232.
14. 120th Infantry Regiment, 30th Infantry Division, NA II 407/427/24037.

15. 在沼泽中战斗的第 4 师，Major Yarborough，NA II 407/427/6431。
16. General Barton，4th Infantry Division，NA II 407/427/6431.
17. NA II 407/427/24242.
18. TNA WO 171/337.
19. NA II 407/427/24242.
20. Obergefreiter Hans S.，17 July，9. Kp./Gren. Rgt. 1058，91.（LL.）Inf. Div.，BfZ-SS.
21. 22nd Infantry，4th Infantry Division，NA II 407/427/6431.
22. NA II 407/427/6431.
23. 装甲教导师对战英军的损失，Generalleutnant Fritz Bayerlein，FMS A-903。
24. Generalleutnant Fritz Bayerlein，ETHINT 66.
25. Geyr von Schweppenburg，FMS B-466.
26. 装甲教导师在美军战区的损失，Generalleutnant Fritz Bayerlein，ETHINT 66。
27. 装甲教导师的进攻，NA II 407/427/24232；and Generalleutnant Fritz Bayerlein，ETHINT 67。
28. "肮脏的灌木丛战"，Peter Lieb，*Konventioneller Krieg oder Weltanschauungskrieg?*，Munich，2007，p. 176。
29. E Company，16th Infantry Regiment，1st Infantry Division，Folder Huch，William，DDEL.
30. FUSAG 'Battle Experiences'，NA II 407/427/24148.
31. 三倍之多的伤亡，9th Medical Battalion，NA II 407/427/7545。
32. NA II 407/427/24170.
33. NA II 407/427/24242.
34. 德军迅速反击，Eberbach，BA-MA MSg 1/106。
35. FMS B-541.
36. "犀牛"坦克，NA II 407/427/24242。
37. Forrest C. Pogue，*Pogue's War*，Lexington，Kentucky，p. 105.
38. Lieutenant Samuel E. Belk III，320th Infantry，35th Division，NA II 407/427/24242.
39. 4th Infantry Division，NA II 407/427/24021.

40. Paul Fussell, *The Boys' Crusade*, New York, 2003, p. 108.
41. Ibid., p. 110.
42. FUSAG 'Battle Experiences', NA II 407/427/24148.
43. Robert B. Bradley, 120th Infantry Regiment, 30th Infantry Division, MdC TE 366.
44. 29th Infantry Division, Combat Exhaustion Survey, June – August, NA II 407/427/24035/84.
45. Obergefreiter Hans S. 15.7.44, 9. Kp./Gren. Rgt. 1058 91. (LL.) Inf. Div. 13 273 B, BfZ-SS.
46. L. B. Kalinowsky, *American Journal of Psychiatry*, Vol. 107, 1950; and TNA WO 177/316.

第十七章

1. Harry C. Butcher, *Three Years with Eisenhower*, London, 1946, p. 512.
2. Carlo D'Este, *Decision in Normandy*, New York, 1983, pp. 268-9.
3. Erich Wohlgemut, quoted Hubert Meyer, *The 12th SS*, Vol. I, Mechanicsburg, Pa., 2005, p. 463.
4. 第1装甲掷弹兵团, Kriegstagebuch Panzer Group West/Fifth Panzer Army, BA-MA MSg 2/4831。
5. Alexander McKee, *Caen: Anvil of Victory*, London, 1965, pp. 199 and 197.
6. 加拿大军和第43步兵师, NA II 407/427/24200。
7. 25 June, PDDE, p. 1949.
8. 25 June, ibid., p. 1952.
9. Lieutenant T. T. Ritson, RHA, diary.
10. William Helm, 'The Normandy Field Diary of a Junior Medical Officer in 210 Field Ambulance', 177th Brigade, 59th Infantry Division.
11. W. Kingsley, IWM P424.
12. Major Peter Griffin, 1st Canadian Parachute Battalion, letter 8 July, NAC/ANC R5067-0-0-E.
13. Captain Michael Bendix, Coldstream Guards, SWWEC 2000-356.
14. Robert Thornburrow, 4th Somerset Light Infantry, 43rd Wessex Division, MdC TE 120.

15. MdC TE 149.
16. MdC TE 145.
17. MdC TE 149.
18. MdC TE 145.
19. 6000 人死亡, Robert Thorn-burrow, 4th Somerset Light Infantry, 43rd Wessex Division, MdC TE120。
20. 350 人死亡, CRHQ。
21. 轰炸卡昂, 'Observations on Bomber Command Attack on Caen, 7 July 1944', TNA AIR 37/1255, quoted in D'Este, p. 315。
22. MdC TE 246.
23. Eberbach, BA-MA MSg 1/106.
24. 法国轰炸机中队, logbook of Roger Piroutet, MdC TE 262。
25. Rev. Jim Wisewell, 223 Field Ambulance, SWWEC T1141.
26. William Helm, 'The Normandy Field Diary of a Junior Medical Officer in 210 Field Ambulance', 177th Brigade, 59th Infantry Division.
27. André Heintz diary, MdC TE 32 (1-4).
28. Max Maurin, MdC TE 77 (2).
29. Mme Laberthe, MdC TE 74.
30. Major L. J. Massey, civil affairs team, MdC TE 167.
31. 加拿大上尉和餐馆, Mme Lucie Corbasson, MdC TE 49。
32. Sapper Douglas Waite, Royal Engineers, MdC TE 182.
33. 7月10日游行, Place Saint-Martin, Henriette Guibé, MdC TE 237。
34. 9th SS Panzer-Division *Hohenstaufen*, BA-MA MSg 2/4832.
35. Michael Carver, *Out of Step*, London, 1989, p. 193.
36. 帕特里奇中士, 4th Somerset Light Infantry, SWWEC 2006.419。
37. 马尔托, Schwere Panzer-Abteilung 502, BA-MA MSg 2/4832。
38. Corporal Jones, quoted in McKee, p. 230.
39. Corporal D. Proctor, 'Section Commander', DWS.
40. 9th SS Panzer-Division *Hohenstaufen*, BA-MA MSg 2/4832.
41. 9th SS Panzer-Division *Hohenstaufen*, BA-MA MSg 2/4832.
42. 9th SS Panzer-Division *Hohenstaufen*, BA-MA MSg 2/4832.
43. 9th SS Panzer-Division *Hohenstaufen*, BA-MA MSg 2/4832.

44. Hubert Meyer, BA-MA MSg 2/4832.
45. Sergeant W. Partridge, SWWEC 2006.419.
46. Corporal D. Proctor, 'Section Commander', DWS.
47. Sergeant Partridge, SWWEC 2006.419.
48. Corporal D. Proctor, 'Section Commander', DWS.
49. 9th SS Panzer-Division *Hohenstaufen*, BA-MA MSg 2/4832.
50. Ludwig Horlebein, 9th SS Panzer-Division, BA-MA MSg 2/4832.
51. 弗勒里村洞穴里的平民, MdC TE 149。
52. 霍乱和狗, Major L. J. Massey, MdC TE 167。
53. TNA CAB 106/1092, quoted in D'Este, p. 274.
54. Diary of Major Julius Neave, 13th/18th Hussars, SWWEC T2150.
55. 惠灵顿公爵团第 6 营, 49th Division, TNA WO 205/5G, quoted in D'Este, p. 282。
56. 21st Light Field Ambulance, 13 July, LHCMA O'Connor 5/3/18.
57. 第 15 苏格兰师, 22 July, LHCMA O'Connor 5/4/14。
58. 第 50 师中的逃兵现象, Stephen A. Hart, *Montgomery and 'Colossal Cracks'*, Westport, Conn., 2000, p. 31。
59. 21 July, LHCMA O'Connor 5/3/18.
60. 21 July, LHCMA O'Connor 5/3/18.
61. 129th Infantry Brigade Headquarters, Robert Thornburrow, 4th Somerset Light Infantry, 43rd Wessex Division, MdC TE120.
62. Vernon Scannell, *Argument of Kings*, London, 1987, p. 152.
63. Sydney Jary, *18 Platoon*, Bristol, 1998.

第十八章

1. Diary, 4 June, Martin Blumenson (ed.), *The Patton Papers, 1940-1945*, New York, 1974, p. 462.
2. Ibid., p. 464.
3. Ibid., pp. 468-9.
4. Generalleutnant Richard Schimpf, 3rd Paratroop Division, FMS B-541 and FMS B-020.
5. Blumenson (ed.), p. 470.

6. Ibid., p. 479.
7. 2nd Lieutenant Morton Kligerman, Graves Registration, 320th Infantry, 35th Infantry Division, NA II 407/427/24242.
8. John Capell, 8th Infantry, 4th Infantry Division, NWWIIM-EC.
9. Sergeant Charles D. Butte, 603rd Quartermaster, Graves Registration Company, Ⅷ Corps, First US Army, NWWIIM-EC.
10. NA II 407/427/24232.
11. Max Feldman, 2nd Infantry Division Division, NWWIIM-EC.
12. 2nd Infantry Division Division, NA II 407/427/24232.
13. Generalleutnant Freiherr von Lüttwitz, 2nd Panzer-Division, FMS B-257.
14. Generalleutnant Fritz Bayerlein, ETHINT 66.
15. NA II 407/427/24206.
16. 第358步兵团, Lieutenant George W. Godfrey, 90th Division, NA II 407/427/24240。
17. Obergefreiter Hans S., 17 July, 9. Kp./Gren. Rgt. 1058, 91. (LL.) Inf. Div., BfZ-SS.
18. 乔装成神父的德国炮兵观察员, Lieutenant James J. Williams, 47th Infantry, 9th Division, NA II 407/427/24241。
19. Lieutenant James J. Williams, 47th Infantry, 9th Division, NA II 407/427/24241.
20. Diary of Captain Thomas P. Jacobs, MD, 45th Armored Medical Battalion, 3rd Armored Division, WWII VS.
21. NA II 407/427/24232.
22. Forrest C. Pogue, *Pogue's War*, Lexington, Kentucky, 2001, p. 130.
23. Blumenson (ed.), p. 481.
24. 炮兵发射空爆弹, 331st Infantry, 83rd Division, NA II 407/427/24203。
25. James H. Watts, Chemical Battalion, NWWIIM-EC.
26. Captain Elmer G. Koehler, Battalion surgeon, 12th Infantry, 4th Infantry Division, NA II 407/427/24242.
27. Captain William Pola, Medical Detachment, 66th Armored Regiment, 2nd Panzer-Division, NA II 407/427/24242.
28. Captain William L. Johnston, 100th Evacuation Hospital, NA II 407/

427/24240.

29. George Silverton, Chief of X Ray Department, 2nd Evacuation Hospital, MdC TE 710.
30. Diary of Captain Thomas P. Jacobs, MD, 45th Armored Medical Battalion, 3rd Armored Division, WWII VS.
31. K 口粮, WWII VS。
32. Diary of Captain Jack H. Welch, 54th Armored Medical, 3rd Armored Division, WWII VS.
33. 第1步兵师的中士, Sergeant Leroy N. Stewart, 26th Infantry Regiment, WWII VS。
34. Vernon W. Tart, 618th Ordinance Ammunition Company, NWWIIM-EC.
35. J. Le Gal, 'Un Gendarme à Caumont l'Eventé', MdC TE 398.
36. Bradley Holbrook, NWWIIM-EC.
37. 第30师伤亡, NA II 407/427/24232。
38. NA II 407/427/24232.
39. NA II 407/427/24232.
40. 第29师, night of 15 July, NA II 407/427/24232。
41. 对奥德韦上校的采访, Commanding Officer, 115th Infantry, 20 July, NA II 407/427/24034。
42. Lieutenant Edward G. Jones, Cavalry Reconnaissance Troop, 29th Infantry Division, WWII VS.
43. 第25骑兵中队, Lieutenant Edward G. Jones, Cavalry Reconnaissance Troop, 29th Infantry Division, WWII VS。
44. 蒙哥马利的悼词, NA II 407/427/24232。

第十九章

1. 14 July, PDDE, p. 2004.
2. Brigadier M. J. P. O'Cock, 2nd Battalion Irish Guards, SWWEC 2003.2287.
3. Stephen A. Hart, *Montgomery and 'Colossal Cracks'*, Westport, Conn., 2000, p. 103.
4. "鳄鱼"坦克, Kriegstagebuch Panzer Group West/Fifth Panzer Army, BA-MA MSg 2/4831。

5. Captain S. Beck, MdC TE 570.
6. 党卫军第 9 装甲师, General Sylvester Stadler, FMS B-470。
7. Eberhard Beck, 277th Artillerie-Regiment, 277th Infanterie-Division, BA-MA MSg 2/3242.
8. 第 277 步兵师, Heeresgruppe B, BA-MA RH 19 ix/86。
9. XL 2287, quoted in Ralph Bennett, *Ultra in the West*, New York: 1979, p. 106.
10. Heeresgruppe B, BA-MA RH 19 ix/86.
11. Kurt Meyer, *Grenadiers*, Mechanicsburg, Pa., 2005, p. 270.
12. 圣富瓦德蒙特戈默里村的法国妇女, Simone Grieux-Isabelle, MdC TE 419。
13. Kriegstagebuch Panzer Group West/Fifth Panzer Army, BA-MA MSg 2/4831.
14. "古德伍德行动"和"大西洋行动", NA II 407/427/24200。
15. A. D. E. Curtis, R Force, SWWEC 2000.384.
16. N. F. Burrell, 1/7th Queens, 131st Infantry Brigade, 7th Armoured Division, SWWEC LEEWW 2004.2680.
17. Diary of Major Julius Neave, 13th/18th Hussars, SWWEC T2150.
18. Quoted in Laurence Whistler, *The Laughter and the Urn: The Life of Rex Whistler*, London, 1985, p. 287.
19. 特德和科宁厄姆对"古德伍德行动"的看法, Air Publication 3235, Air Ministry, 1955, p. 151, AHB。
20. 皇家空军关于"古德伍德行动"轰炸效果的报告, Air Support, Air Publication 3235, Air Ministry, 1955, AHB。
21. Whistler, p. 289.
22. Major Peter Griffin, 1st Canadian Parachute Battalion, NAC/ANC R5067-0-0-E.
23. Eberbach, Panzer Group West, FMS B-840.
24. Heeresgruppe B, BA-MA RH 19 ix/86.
25. Eberbach, BA-MA MSg 1/106.
26. W. H. Close, 3rd Royal Tank Regiment, SWWEC 2002.1713.
27. Eberbach, BA-MA MSg 1/106.

28. Alexander McKee, *Caen: Anvil of Victory*, London, 1965, p. 263.
29. 五辆虎式和八辆Ⅳ号坦克, Generalleutnant Edgar Feuchtinger, FMS B-441。
30. Heeresgruppe B, BA-MA RH 19 ix/86; Kriegstagebuch Panzer Group West, BA-MA MSg 2/4831.
31. 党卫军第1装甲师在伊夫村和布拉斯村, Heeresgruppe B, BA-MA RH 19 ix/86。
32. Quoted in L. F. Ellis, *Victory in the West*, London, 1962, Vol. I, pp. 344-5.
33. Brigadier E. T. Williams, G-2, 21st Army Group, OCMH-FPP.
34. Eberbach, Panzer Group West, FMS B-840.
35. Eberbach, BA-MA MSg 1/106.
36. "希特勒青年团"师在战斗轰炸机空袭中的损失, Tagesmeldungen, Heeresgruppe B, BA-MA RH 19 ix/86。
37. Eberbach, Panzer Group West, FMS B-840.
38. 19 July, Field Marshal Lord Alanbrooke, *War Diaries 1939-1945*, London, 2001, p. 571.
39. "俄式"突破和记者招待会, Lieutenant Colonel Kraminov, MdC TE 246。
40. N. F. Burrell, 1/7th Queens, SWWEC LEEWW 2004.2680.
41. Bill Close, *A View from the Turret*, Tewkesbury, 1998, p. 130.
42. Diary of Major Julius Neave, 13th/18th Hussars, SWWEC T2150.
43. Rev. Jim Wisewell, 223rd Field Ambulance, 3rd Infantry Division, SWWEC T1141.
44. 英军和加拿大军在诺曼底的损失, TNA WO 171/139。
45. 陆军抱怨针对布尔盖比山脊的轰炸力度不够, *Air Support*, Air Publication 3235, Air Ministry, 1955, p. 158, AHB。
46. Royal Air Force Narrative, Vol. III, p. 81, AHB; and 2nd TAF Operations Report by Air Marshal Sir Arthur Coningham, TNA AIR 20/1593.
47. LHCMA Liddell Hart 11/1944/45.
48. Brigadier Sir Ian Fraser, MdC TE 160.
49. John Colville, *The Fringes of Power*, London, 1985, p. 474.

第二十章

1. TNA WO 208/4363.
2. Generalleutnant Hans Speidel, FMS B-721.
3. Hans Speidel, *We Defended Normandy*, London, 1951, p. 132.
4. Richard J. Evans, *The Third Reich at War*, London, 2008, p. 379.
5. Generalleutnant Hans Speidel, FMS B-721.
6. 抵抗组织的"绿洲", Wilhelm Ritter von Schramm, BA-MA MSg 2/247。
7. 关于盟国和德国内部反对希特勒的精彩分析, 参阅 Michael Howard, *Liberation or Catastrophe?*, London, 2007, pp. 80-93。
8. 7月14日, 元首大本营移至"狼穴", General Warlimont, ETHINT 5。
9. Generalleutnant Hans Speidel, FMS B-721.
10. Eberbach, BA-MA MSg 1/1079.
11. 1944年4月23日, 第21集团军群情报综合通报, TNA WO 205/532 (2)。
12. Ismay to Churchill, 21 June, TNA HS 6/623.
13. "福克斯莱行动", TNA HS 6/624, and Mark Seaman (ed.), *Operation Foxley*, Kew, 1998。
14. 丘吉尔对希特勒和无条件投降的看法, TNA HS 6/625; 以及丘吉尔1944年8月2日在下议院发表的演讲。
15. Quoted in Ian Kershaw, *Hitler: 1936-1945, Nemesis*, London, 2000, p. 656.
16. General Warlimont, ETHINT 5.
17. 炸弹使用的英国引信, M. R. D., Foot, *SOE in France*, London, 1966, p. 331 n5。
18. Otto Remer, Commander Guard Regiment *Grossdeutschland*, ETHINT 63.
19. Blumentritt, FMS B-284.
20. Otto Remer, Commander Guard Regiment *Grossdeutschland*, ETHINT 63.
21. Otto Remer, Commander Guard Regiment *Grossdeutschland*, ETHINT 63.
22. Quoted in Ralph Bennett, *Ultra in the West*, New York, 1979, p. 110.
23. 20.40 hours, 20 July, Tagesmeldungen, Heeresgruppe B, BA-MA RH 19 ix/86.
24. Blumentritt, FMS B-284.

25. 迪特里希和希姆莱, Eberbach, BA-MA MSg 1/1079。
26. Eberbach, TNA WO 208/4363, quoted in Sönke Neitzel (ed.), *Tapping Hitler's Generals*, St Paul, Mn, 2007, p. 101.
27. TNA WO 208/4363.
28. Quoted in Kershaw, p. 683.
29. 克鲁格下令逮捕施蒂尔普纳格尔, BA-MA RH19 ix/86。
30. BA-MA RH19 ix/86.
31. Generalleutnant Bodo Zimmermann, OB West, FMS B-308.
32. Hans Höller, 21st Panzer-Division, MdC TE 98.
33. Generalleutnant Bodo Zimmermann, OB West, FMS B-308.
34. Eberbach, 23 December tape, TNA WO 208/4364.
35. Eberhard Beck, 277th Artillerie Regiment, 277th Infanterie-Division, BA-MA MSg 2/3242.
36. Generalleutnant Bodo Zimmermann, OB West, FMS B-308.
37. 8 September 1944, LHCMA Alanbrooke 6/1/5.
38. Duff Hart-Davis (ed.), *King's Counsellor*, London, 2006, p. 245.
39. Wilhelm Ritter von Schramm, BA-MA MSg 2/247.
40. Hubert Meyer, *The 12th SS*, Vol. I, Mechanicsburg Pa. , 2005, p. 36.
41. General Bülowius, II Flieger Corps, FMS B-620.
42. Aitken, Medical Officer, 24th Lancers, WLHUM RAMC 1668.
43. Günter Peuckert, 272th Infanterie-Division, BA-MA MSg 2/5424.
44. Nicolas Fank, 116th Panzer-Division, MdC TE 531.
45. 1944, BA-MA RH 21-5/50, quoted in Peter Lieb, *Konventioneller Krieg oder Weltanschauungskrieg?*, Munich, 2007, p. 439.
46. Eugène Finance, MdC TE 331.
47. 美军关于诺曼底地区德国战俘体质情况的报告, NA II 407/427/24242。

第二十一章

1. 德军截获的电报, Oberstleutnant Ziegelmann, 352nd Infanterie-Division, FMS B-455。
2. NA II 407/427/24242.

3. Martin Blumenson (ed.), *The Patton Papers*, *1940 - 1945*, New York, 1974, p. 486.
4. Diary of Captain Jack H. Welch, 54th Armored Medical, 3rd Armored Division, WWII VS.
5. 4th Infantry Division, NA II 407/427/6431.
6. 4th Infantry Division, NA II 407/427/6431.
7. 7月24日轰炸导致的伤亡, NA II 407/427/24245。
8. Colonel Kraminov, MdC TE 246.
9. Forrest C. Pogue, *Pogue's War*, Lexington, Kentucky, 2001, pp. 167-8.
10. 刺刀误伤, Robert B. Bradley, 120th Infantry Regiment, 30th Infantry Division, MdC TE 366。
11. 苏联抗议有关原红军士兵为德军战斗的报道, 参见 Eisenhower letters 26 and 27 July, PDDE, pp. 2031 and 2032。
12. TNA HW 40/6.
13. Robert B. Bradley, MdC TE 366.
14. NA II 407/427/24245.
15. NA II 407/427/6431.
16. 克鲁格和"春天行动", Oberstgruppenführer Paul Hausser, Seventh Army, ETHINT 48。
17. 德国装甲师转移到美军战区, Omar Bradley, *A Soldier's Story*, New York, 1951, p. 341。
18. Generalleutnant Fritz Bayerlein, Panzer Lehr Division, ETHINT 66.
19. 装甲教导师的损失, ETHINT 66, then FMS A-903。
20. Diary of Captain Jack H. Welch, 54th Armored Medical, 3rd Armored Division, WWII VS.
21. NA II 407/427/24242.
22. Colonel Thomas Bigland, liaison officer with First US Army, then 12th Army Group, SWWEC 99-10.
23. Lieutenant Clyde Eddinger, 4th Infantry Division, NA II 407/427/24021.
24. 4th Infantry Division, NA II 407/427/24021.
25. 4th Infantry Division, NA II 407/427/6431.
26. Lieutenant Donald Dickinson, 22nd Infantry 4th Infantry Division, NA II

407/427/24021.

27. Lieutenant John B. Derden, 66th Armored Regiment, WWII VS.
28. Captain Jim R. Burt, 66th Armored Regiment, 2nd Panzer-Division, WWII VS.
29. E Company, 22nd Infantry, NA II 407/427/24021.
30. 洛宗河畔蒙特勒伊, Brigadier General Doyle O. Hickey, Combat Command A, 3rd Armored Division, NA II 407/427/24088。
31. General Schmidt, 275th Infanterie-Division, FMS A-973.
32. NA II 407/427/6431.
33. Lieutenant George O. Grant, 69th Tank Battalion, 6th Armored Division, NA II 407/427/24241.
34. Blumenson (ed.), p. 489.
35. SanUffz Walter Klein, Kampfgruppe Heintz, FMS A-910.
36. 布朗宁和阿夫朗什空降计划, Wing Commander Scarman, Tedder's aide, OCMH-FPP。
37. Blumenson (ed.), p. 490.
38. TNA DEFE 3/63.
39. General der Panzertruppen Freiherr von Lüttwitz, 2nd Panzer-Division, FMS A-903.
40. General Eugen Meindl, II Parachute Corps, FMS A-923.
41. General Eugen Meindl, II Parachute Corps, FMS A-923.
42. Lieutenant George O. Grant, 69th Tank Battalion, 6th Armored Division, NA II 407/427/24241.
43. 柯林斯批评第3装甲师, NA II 407/427/24235。
44. 第6装甲师在7月28日的活动, 69th Tank Battalion, 6th Armored Division, NA II 407/427/24241。
45. 28 July, TNA DEFE 3/63.
46. Ⅶ Corps, NA II 407/427/24235.
47. SanUffz Walter Klein, Kampfgruppe Heintz, FMS A-910.
48. Lieutenant James J. Williams, 47th Infantry, 9th Division, NA II 407/427/24241.
49. 党卫军和伞兵之间的紧张关系, Oberstleutnant Friedrich Freiherr von der

Heydte, 6th Paratroop Regiment, FMS B-839。

50. 解除彭泽尔职务, Generalmajor Freiherr von Gersdorff, Chief of Staff Seventh Army, FMS A-894。
51. 4th Infantry Division, NA II 407/427/6431.
52. NA II 407/427/24021.
53. Major William A. Castille, Combat Command B, 3rd Armored Division, NA II 407/427/24088.
54. William M. King, 44th Armored Infantry Battalion, 6th Armored Division, NA II 407/427/24241.
55. Captain Thomas P. Jacobs, MD, 45th Armored Medical Battalion, 3rd Armored Division, WWII VS.
56. 7月29日, 第2装甲师, General der Panzertruppen Freiherr von Lüttwitz, FMS A-903。
57. 里德上尉和二等兵夏基, 22nd Infantry, 4th Infantry Division, NA II 407/427/24021。
58. 穆瓦永镇交战, Combat Command Rose, NA II 407/427/24021。
59. 第82侦察营, Major Willis T. Smith, 67th Armored Regiment, 2nd Armored Division, NA II 407/427/24242。
60. Lieutenant Colonel Briard P. Johnson, Executive Officer of Combat Command B, 2nd Armored Division, NA II 407/427/24082.
61. Lieutenant Colonel Harry Hilliard, 3rd Battalion, 67th Armored Regiment, NA II 407/427/24082.
62. NA II 407/427/24082.
63. Lieutenant Colonel Marshall L. Crowley, 41st Armored Infantry Regiment, 2nd Armored Division, 22 September, NA II 407/427/24082.
64. Lieutenant Colonel John D. Wynne, 2nd Battalion, 67th Armored Regiment, NA II 407/427/24082.
65. Captain James R. McCartney, 67th Armored Regiment, 2nd Armored Division, NA II 407/427/24082.
66. Lieutenant Colonel John D. Wynne, 2nd Battalion, 67th Armored Regiment, NA II 407/427/24082.
67. 克赖斯之死, Peter Lieb, *Konventioneller Krieg oder Weltanschauungskrieg?*,

Munich, 2007, p. 548。
68. NA II 407/427/24082.
69. General Doyle O. Hickey, Combat Command A, 3rd Armored Division, NA II 407/427/24088.
70. Diary of Captain Thomas P. Jacobs, MD, 45th Armored Medical Battalion, 3rd Armored Division, WWII VS.
71. 格斯多夫少将, Chief of Staff Seventh Army, FMS A-894。
72. 破坏洗劫格朗维尔, Commissariat de Police de Granville, AdM 1370 W 1。
73. General Warlimont, ETHINT 1.
74. Lieutenant Sancken, 4th Reconnaissance Troop, NA II 407/427/6431.
75. Blumenson (ed.), p. 491.

第二十二章

1. Quoted in Carlo D'Este, *Decision in Normandy*, New York, 1983, p. 422.
2. Diary of Major Julius Neave, 13th/18th Hussars, SWWEC T2150.
3. Diary of Major Julius Neave, 13th/18th Hussars, SWWEC T2150.
4. Ian Daglish, 'Operation Bluecoat', in John Buckley (ed.), *The Normandy Campaign 1944*, London, 2006, p. 95.
5. 第326步兵师, Eberbach, BA-MA MSg 1/106。
6. 第21装甲师, FMS B-631。
7. 苏格兰禁卫团第3营, Major Charles Farrell, SWWEC 2001.960。
8. Alexander McKee, *Caen*, London, 1965, p. 308.
9. 格朗维尔岸炮阵地和奥洛克战斗群, BA-MA RH 19 ix/86。
10. Gefreiter Spiekerkötter, 2nd Pionier Kompanie, 256th Infanterie-Division, BA-MA MSg 2/5526.
11. BA-MA RH 19 ix/86.
12. 第7集团军电话记录, NA II 407/427/6431。
13. BA-MA MSg 1/106.
14. BA-MA RH 19 ix/86.
15. General Doyle O. Hickey, Combat Command A, 3rd Armored Division, NA II 407/427/24088.
16. 普雷塞战斗, Captain Carlton Parish Russell, 36th Armored Infantry

Regiment, 3rd Armored Division, WWII VS。

17. Daily Operations, 4th Infantry Division, NA II 407/427/6431.
18. Charles Whiting, *Papa Goes to War*, Marlborough, 1990, p. 66.
19. Robert Capa, *Slightly out of Focus*, New York, 1947, p. 168.
20. 格朗维尔的抢劫事件和动用私刑的暴民, Commissariat de Police de Granville, AdM 1370 W 1。
21. Anon., MdC TE 388.
22. Lieutenant D. S. Woodward, 69th Tank Battalion, 6th Armored Division, NA II 407/427/24241.
23. 抵抗组织在朗德省的攻击, LCMHA Misc 24。
24. 装甲火车在苏亚克脱轨, TNA DEFE 3/62。
25. Martin Blumenson (ed.), *The Patton Papers, 1940–1945*, New York, 1974, p. 493.
26. XV Corps, NA II 407/427/24203.
27. Wilhelm Ritter von Schramm, BA-MA MSg 2/247.
28. Hans Speidel, *We Defended Normandy*, London, 1951, p. 138.
29. NA II 407/427/6431.
30. Lieutenant Colonel Teague, 22nd Infantry, NA II 407/427/24021.
31. 第8军和第1集团军抓获的俘虏, Martin Blumenson, *The Duel for France*, New York, 2000, pp. 143-4 and 150。
32. 第8步兵师抓获的俘虏, Captain Graham V. Chamblee, 13th Infantry, 8th Division, NA II 407/427/24241。
33. 29th Infantry Division, NA II 407/427/24034.
34. 德军撤退到塞纳河的谣言, Oberstleutnant Friedrich Freiherr von der Heydte, 6th Paratroop Regiment, FMS B-839。
35. Lieutenant Colonel Johnson and Captain Wright, 12th Infantry, 4th Infantry Division, NA II 407/427/24203.
36. Captain Wright, NA II 407/427/24203.
37. 韦尔上尉的报告, NA II 407/427/24203。
38. 4th Infantry Division, NA II 407/427/6431.
39. Generalleutnant Fritz Bayerlein, ETHINT 66.

第二十三章

1. SHDDAT 13 P 33.
2. SHD-DAT 13 P 33.
3. Lieutenant Harold H. Goodman, 13th Infantry, 8th Division, NA II 407/427/24241.
4. Martin Blumenson, *The Duel for France*, New York, 2000, p. 166.
5. 雷恩的法国抵抗组织成员, 2nd Lieutenant Edward W. Overman, 90th Division, NA II 407/427/24242。
6. 解救战俘, Lieutenant Harold H. Goodman, 8th Division, NA II 407/427/24241。
7. Captain Joseph Gray, 13th Infantry, 8th Division, NA II 407/427/24241.
8. Blumenson, p. 176.
9. Lieutenant Colonel Samuel Goodwin, 6th Cavalry Group, NA II 407/427/24242.
10. Captain John C. Donley, 6th Armored Division, NA II 407/427/24241.
11. Lieutenant D. S. Woodward, 69th Tank Battalion, 6th Armored Division, NA II 407/427/24241.
12. William M. King, 44th Armored Infantry Battalion, 6th Armored Division, NA II 407/427/24241.
13. 被派往布列塔尼的补充兵, Captain John C. Donley, 44th Armored Infantry Battalion, 6th Armored Division, NA II 407/427/24241。
14. Martin Blumenson (ed.), *The Patton Papers*, 1940–1945, New York, 1974, p. 541.
15. William M. King, 44th Armored Infantry Battalion, 6th Armored Division, NA II 407/427/24241.
16. 6 August, BA-MA RH 19 ix/87.
17. 西线总司令部8月6日例报, BA-MA RH 19 iv/45。
18. BA-MA RH 19 ix/87.
19. 菲尼斯特雷半岛屠杀, Peter Lieb, *Konventioneller Krieg oder Weltanschauungskrieg?*, Munich, 2007, pp. 576 and 579。
20. 埃翁和"帕西", SHD-DAT 13 P 33。
21. 拉姆克在布雷斯特, 参见 Lieb, pp. 483-4。

22. Lieutenant Harold H. Goodman, 8th Division, NA II 407/427/24241.
23. Lieutenant Harold H. Goodman, 8th Division, NA II 407/427/24241.
24. TNA WO 208/4364.
25. Lieutenant Harold H. Goodman, 8th Division, NA II 407/427/24241.
26. Blumenson（ed.），p. 532.
27. 勒克莱尔对英国的态度, Christian Girard, *Journal de Guerre*, Paris, 2000, p. 80。
28. Marc de Possesse, MdC TE 361.
29. Forrest C. Pogue, *Pogue's War*, Lexington, Kentucky, 2001, p. 178.
30. 法第2装甲师在犹他海滩登陆, Marc de Possesse, MdC TE 361。
31. 法国村民标记地雷, Alexander McKee, *Caen*, London, 1965, p. 315。
32. Sergeant Kite, 3rd Royal Tank Regiment, BA-MA MSg 2/4837.
33. 增援维尔, General Eugen Meindl, II Parachute Corps, FMS A-923。
34. Colonel Tom Gilliam, B Company, 2nd Infantry, 5th Infantry Division, MdC TE 124.
35. Quoted in Blumenson, p. 215.
36. Myles Hildyard diary, 3 August, and letter, 5 August.
37. Captain Michael Bendix, Coldstream Guards, SWWEC 2000-356.
38. Rev. A. R. C. Leaney, IWM PP/MCR/206.
39. Quoted in Eversley Belfield and H. Essame, *The Battle for Normandy*, London, 1975, p. 206.
40. Stanley Christopherson diary.
41. Captain M. G. T. Webster, 2nd Battalion Grenadier Guards, IWM P 182.
42. John Colville, *The Fringes of Power*, London, 1985, p. 500.
43. Captain Michael Bendix, Coldstream Guards, SWWEC 2000-356.
44. Rev. A. R. C. Leaney, attached to 4th Dorsets, 43rd Wessex Division, IWM PP/MCR/206.
45. XXX Corps, TNA WO 171/342.
46. Major Julius Neave diary, SWWEC T2150.
47. Major Robert Kiln, 86th Field Artillery, SWWEC 99-63.
48. André Heintz diary, MdC TE 32（1-4）.
49. 断手, Robert Thornburrow, 4th Somerset Light Infantry, 43rd Wessex

Division, MdC TE120。

50. William Helm, 'The Normandy Field Diary of a Junior Medical Officer in 210 Field Ambulance', 177th Brigade, 59th Infantry Division.
51. Stanley Christopherson diary.
52. Major Julius Neave diary, SWWEC T2150.
53. Corporal D. Proctor, 4th Somerset Light Infantry, DWS.
54. Sergeant W. Partridge, 4th Somerset Light Infantry, SWWEC 2006.419.
55. Sergeant W. Partridge, 4th Somerset Light Infantry, SWWEC 2006.419.
56. Heeresqruppe B, 6 August, BA-MA RH 19 ix/87.
57. 截至8月7日的德军伤亡数字, Dieter Ose, *Entscheidung im Westen 1944*, Stuttgart, 1982, p. 266, quoted in Lieb, p. 422。

第二十四章

1. TNA DEFE 3/65.
2. 希特勒和瓦尔利蒙特、约德尔讨论战局, Major Herbert Büchs, Luftwaffe aide to Generaloberst Jodl, ETHINT 36。
3. General Warlimont, ETHINT 1.
4. General Eugen Meindl, II Parachute Corps, FMS A-923.
5. General Warlimont, ETHINT 1.
6. Martin Blumenson (ed.), *The Patton Papers, 1940–1945*, New York, 1974, p. 497.
7. NA II 407/427/24242.
8. 加强富热尔的防御, Headquarters XV Corps, NA II 407/427/24203。
9. 2 August, TNA DEFE 3/65.
10. Mark J. Reardon, *Victory at Mortain*, Lawrence, Kansas, 2002, p. 39.
11. J. Lawton Collins, *Lightning Joe*, Novato, CA, 1994, p. 250.
12. P. Peschet, MdC TE 215.
13. NA II 407/427/24037.
14. Robert B. Bradley, 120th Infantry Regiment, 30th Infantry Division, MdC TE 366.
15. 进入莫尔坦的第120步兵团, NA II 407/427/24037。
16. Generalmajor Freiherr Rudolf von Gersdorff, FMS A-918.

17. General Warlimont, ETHINT 1.
18. Generalleutnant Graf von Schwerin, ETHINT 17.
19. Heeresgruppe B, 6 August, BA-MA RH 19 ix/87.
20. 希特勒讨厌冯·丰克将军, General Warlimont, ETHINT 1。
21. Heeresgruppe B, 6 August, BA-MA RH 19 ix/87.
22. BA-MA RH 19 ix/87.
23. 4th Infantry Division, NA II 407/427/6431.
24. NA II 407/427/6431.
25. "超级机密"在8月6日拦截的电报, TNA DEFE 3/65。
26. 布莱德雷对"超级机密"持怀疑态度, 参见 Carlo D'Este, *Decision in Normandy*, New York, 1983, pp. 420-21。
27. NA II 407/427/24037.
28. General der Panzertruppen Freiherr von Lüttwitz, FMS A-903.
29. 圣巴泰勒米的战斗, 30th Infantry Division, NA II 407/427/24037。
30. 进入莫尔坦的第120步兵团, NA II 407/427/24037。
31. Reardon, p. 100.
32. 2nd TAF Operations Report by Air Marshal Sir Arthur Coningham, TNA AIR 20/1593
33. John Golley, *The Day of the Typhoon*, Shrewsbury, 2000, p. 129.
34. 第123联队的飞行员, Desmond Scott, *Typhoon Pilot*, London, 1982, p. 193。
35. Ian Gooderson, *Air Power at the Battlefront*, London, 1998, p. 76.
36. 'The Rocket Racket', Air Ministry, AHB.
37. 8月7日"台风"战斗机出动, TNA AIR 25/704。
38. 第7集团军8月7日电话记录, NA II 407/427/6431。
39. Robert B. Bradley, 30th Infantry Division, MdC TE 366.
40. 第83飞行大队, Alfred Price, 'The Rocket-Firing Typhoons in Normandy', *Royal Air Force Air Power Review*, Vol. VIII, I, Spring 2005, pp. 78-88。
41. 空军中将科宁厄姆撰写的第2战术航空队行动报告, TNA AIR 20/1593。
42. 作战研究部报告, Joint Report No. 3, 'Rocket-firing Typhoons in Close

Support of Military Operations', Operational Research in North-West Europe, TNA WO 291/1331; and No. 2 ORS, 2nd TAF, Report No. 1, 'Investigations of the Operation of TAF Aircraft in the Mortain Area - 7th August 1944', TNA AIR 37/61。

43. General der Panzertruppen Geyr von Schweppenburg, ETHINT 13.
44. Operation Research Section, 'Investigation of the Operation of TAF Aircraft in the Mortain Area, 7th August 1944', dated 7 December 1944, AHB.
45. 支援第 30 步兵师的野战炮, Brigadier General James M. Lewis, commanding 30th Division Artillery, NA II 407/427/24037。
46. General der Panzertruppen Walter Krüger, LVIII Panzer Corps, FMS B-445.
47. 德军喝干邑白兰地, Pfc John Cole, 8th Infantry, NA II 407/427/6432。
48. 第 7 集团军战斗日志注解, Generalmajor Rudolf Freiherr von Gersdorff, FMS A-918。
49. 第 30 师, NA II 407/427/24242。
50. 第 12 步兵团, NA II 407/427/6431。
51. 党卫军装甲掷弹兵使用美军装备, Captain Dunbar Whitman, 12th Infantry, 4th Infantry Division, NA II 407/427/24021。
52. 第 4 步兵师, NA II 407/427/24021。
53. NA II 407/427/6432 and Reardon, p. 256.
54. 第 30 师, NA II 407/427/24038。
55. NA II 407/427/24037.
56. 空投, Reardon, p. 201。
57. 烟幕弹, Lieutenant Charles A. Bartz, 230th Field Artillery Battalion, 30th Division, NA II 407/427/24242; and Lieutenant Elmer Rohmiller, 120th Infantry, 30th Division, NA II 407/427/24242。
58. 第 128 转运医院, Colonel John N. Snyder, MdC TE 648。
59. General der Panzertruppen Walter Krüger, LVIII Panzer Corps, FMS B-445.
60. 第 39 步兵团第 1 营, NA II 407/427/24037。
61. 伯克斯上校在布兰奇修道院, NA II 407/427/24037。
62. 30th Division G-3 Journal, 11.05 hours, 11 August, quoted in Reardon,

p. 267.
63. NA II 407/427/6431.
64. NA II 407/427/6432.
65. Wilhelm Ritter von Schramm, BA-MA MSg 2/247.

第二十五章

1. 克里勒在意大利担任指挥官，参见 Terry Copp and Bill McAndrew, *Battle Exhaustion*, Montreal, 1990, pp. 66-8。
2. 蒙哥马利对克里勒和凯勒的评价，LCHMA AP/14/27；亦参见 Stephen A. Hart, *Montgomery and 'Colossal Cracks'*, Westport, Conn., 2000。
3. Quoted in Howard Margolian, *Conduct Unbecoming*, Toronto, 1998, p. 29.
4. Ken Tout, *Tank!*, London, 1985, p. 17.
5. "总计行动"中的加拿大第 2 步兵师，report by Canadian Military Headquarters, NA II 407/427/24200。
6. 诺福克郡团第 7 营渡过奥恩河，Lieutenant Colonel Freeland, 7th Battalion Norfolk Regiment, MdC TE 168。
7. Lieutenant T. T. Ritson, RHA, diary, 6 August.
8. William Helm, 'The Normandy Field Diary of a Junior Medical Officer in 210 Field Ambulance', 177th Brigade, 59th Infantry Division.
9. Myles Hildyard diary, 11 August.
10. Rev. A. R. C. Leaney, IWM PP/MCR/206.
11. Hubert Meyer, *The 12th SS*, Vol. II, Mechanicsburg, Pa., 2005, p. 25.
12. Tout, p. 111.
13. 摧毁五辆虎式，Hauptsturmführer Dr Wolfgang Rabe, quoted in Meyer, pp. 29-30；亦参见 Stephen A. Hart, 'The Black Day Unrealised', in John Buckley (ed.), *The Normandy Campaign 1944*, London, 2006。
14. Major Robert Kiln, Hertfordshire Yeomanry, 86th Field Artillery, SWWEC 99-63.
15. Aitken Hughes diary, 6 General Hospital, WLHUM RAMC 1771.
16. SHD-DAT 1 K 543 1.
17. SHD-DAT 1 K 543 1.
18. Heeresgruppe B, BA-MA RH 19 ix/87.

19. Generalleutnant Paul Dannhauser, 271st Infantry Division, FMS B-256.
20. 普莱西格里穆, diary of Julius Neave, 13th/18th Hussars, SWWEC T2150。
21. 情报部门低估了反坦克防御力量, Captain A. Potozynski, 10th Polish Mounted Rifles, SWWEC LEEWW 2000. 327。
22. "希特勒青年团"师声称消灭了192辆盟军坦克, 20.55 hours, Chief of Staff Fifth Panzer Army, BA-MA RH 19 ix/87。
23. 国防军最高统帅部公报, BA-MA MSg 2/3242。
24. 在"总计行动"中被俘的"希特勒青年团"师人员, Peter Lieb, *Konventioneller Krieg oder Weltanschauungskrieg?*, Munich, 2007, p. 165。
25. Patton, letter 9 August, Martin Blumenson (ed.), *The Patton Papers, 1940-1945*, New York, 1974, p. 504.
26. General John C. H. Lee, head of Com Z (Communications Zone), OCMH-FPP.
27. 巴顿征用补给卡车, Harry C. Butcher, *Three Years with Eisenhower*, London, 1946, p. 550。
28. 每天需6万加仑燃料, Lieutenant Colonel Eugene Orth, 3rd Armored Division, NA II 407/427/24088。
29. 每移动100码消耗12.5万加仑燃料, Captain Cecil Oppenheim, QM, 3rd Armored Division, NA II 407/427/24240。
30. Lieutenant A. W. Loring, 133rd Engineer Combat Command, NA II 407/427/24242.
31. Omar Bradley, *A Soldier's Story*, New York, 1951, p. 372.
32. 2nd Lieutenant A. Dominic Scialla, 735th Tank Battalion, 8 August, NA II 407/427/24242.
33. 第5步兵师在昂热, Lieutenant Anthony J. Miketinae, 11th Infantry, 5th Division, NA II 407/427/24241。
34. 2nd Lieutenant Derk van Raalte, 2nd Infantry, 5th Division, NA II 407/427/24241.
35. Oberst Erich Helmdach, Seventh Army, FMS B-822.
36. Bayerlein, FMS A-901.
37. Gersdorff, Chief of Staff Seventh Army, FMS A-921.
38. Eberbach, FMS A-922.

39. Eberbach, FMS A-922.
40. 宪兵和巡回军事法庭, Oberst Erich Helmdach, Seventh Army, FMS B-822。
41. 党卫军第 1 装甲师从苏尔德瓦勒撤退, Eugen Finanz, MdC TE 351。
42. Gefreiter Spiekerkötter, 2nd Pionier Kompanie, 265th Infanterie-Division, BA-MA MSg 2/5526.
43. 闯入法国第 2 装甲师师部的德军坦克, Service de Santé, 2ème DB, SHD-DAT 11 P 232。
44. Marc de Possesse, 2ème DB, MdC TE 361.
45. 2nd Lieutenant R. W. Conger, 10th Tank Battalion, 5th Armored Division, NA II 407/427/24241.
46. 麦克休上校, 318th Infantry, 80th Division, NA II 407/427/24242。
47. Rev. Père Roger Fouquer, Aumônier Divisionnaire, 2ème DB, MdC TE 825.
48. 8 月 8 日 129 人伤亡, SHD-DAT 11 P 219。
49. 阿尔萨斯逃兵, MdC TE 351。
50. 第 116 装甲师进驻阿让唐, Generalmajor Gerhard Müller, 116th Panzer-Division, FMS B-162。
51. 2ème DB, NA II 407/427/24205.
52. USAMHI, quoted in Carlo D'Este, *Decision in Normandy*, New York, 1983, p. 428.
53. Blumenson (ed.), p. 508.
54. 反坦克炮在防御战中的效能, 参见 David Rowland, *The Stress of Battle*, Norwich, 2006, pp. 106-41。

第二十六章

1. Diary of Major Julius Neave, 13th/18th Hussars, SWWEC T501.
2. 蒙哥马利和柏林, Harry C. Butcher, *Three Years with Eisenhower*, London, 1946, p. 551。
3. "温顺行动"轰炸, Terry Copp, *Fields of Fire*, Toronto, 2003, p. 229。
4. Eberbach, FMS A-922.
5. Martin Blumenson (ed.), *The Patton Papers, 1940-1945*, New York,

1974, p. 510.
6. Major General Gilbert Cook, commanding XII Corps, Third Army, NA II 07/427/24241.
7. Blumenson (ed.), p. 510.
8. George Silverton, Chief of X Ray Department, 2nd Evacuation Hospital, MdC TE 710.
9. 德第6守备团逮捕美国战地记者, Heeresgruppe B, 14 August, BA-MA RH 19 ix/87。
10. Gefreiter Spiekerkötter, 2nd Pionier Kompanie, 256th Infanterie-Division, BA-MA MSg 2/5526.
11. Aitken Hughes Diary, WLHUM RAMC 1771.
12. Heeresgruppe B, 14 August, BA-MA RH 19 ix/87.
13. Kriegstagebuch Panzer Group West, Fifth Panzer Army, BA-MA MSg 2/4831.
14. Marshal of the RAF Lord Portal, OCMH-FPP.
15. No. 742, Prime Minister to President, 4 August, TNA PREM 3/472.
16. Butcher, p. 545.
17. General Warlimont, ETHINT 1.
18. M. R. D. Foot, *SOE in France*, London, 1966, p. 393.
19. 沙托鲁盖世太保头目被杀, SHD-DAT 13 P 33。
20. BA-MA MSg 2/3242.
21. BA-MA M-854, quoted in Peter Lieb, *Konventioneller Krieg oder Weltanschauungskrieg?*, Munich, 2007, p. 463.
22. 26起最严重的大屠杀, ibid., pp. 574–80。
23. 有关法国平民伤亡的全面和最新数据, 参阅 ibid., pp. 412–15。
24. Foot, p. 391.
25. Faugère, AN F/1cIII/1166.
26. AN AJ/41/56.
27. 赖伐尔和贝当, AN F/1cIII/1166。
28. TNA WO 171/337, quoted in Lieb, p. 396.
29. John Colville, *The Fringes of Power*, London, 1985, p. 475.
30. Forrest C. Pogue, *Pogue's War*, Lexington, Kentucky, 2001, p. 199.

31. Colonel McHugh, 318th Infantry, 80th Division, NA II 407/427/24242.
32. Alain Brossat, *Les Tondues*, Paris, 1992.
33. 关于芒什省，参见 Michel Boivin, *Les Victimes civiles de la Manche*, Caen, 1994, p. 6。
34. Colville, p. 499.
35. Madame Richer, MdC TE 223.
36. Pogue, p. 134.
37. P. Peschet, MdC TE 215.
38. NA II 407/427/24170.
39. 叙利集中营，ADdC 8 W 1/1 422。
40. AdM 1380 W 236 and AdM 1380 W 254.
41. Claude Quétel, 'Avoir quatre ans et demi, le 6 juin 1944, à Bernières-sur-Mer', *Bulletin d'information de la Fondation canadienne de la Bataille de Normandie*, March 1993.
42. AdM 158W 159- 202.
43. Major L. J. Massey, MdC TE 167.
44. Myles Hildyard diary, 19 June.
45. George Silverton, Chief of X Ray Department, 2nd Evacuation Hospital, MdC TE 710.
46. R. Makin, IWM 88/34/1.
47. 15000 名士兵参与卡昂港口修复工作，Major L. J. Massey, MdC TE 167。
48. François Bédarida (ed.), *Normandie 44, du débarquement à la Libération*, Paris, 2004, p. 24.
49. Heeresgruppe B, 14 August, BA-MA RH 19 ix/87.
50. 克鲁格下令撤过奥恩河，BA-MA MSg 2/5117。
51. 坦克碾压尸体，Beck, 277th Artillerie Regiment, 277th Infanterie-Division, BA-MA MSg 2/3242。
52. "希特勒青年团"师在法莱斯的抵抗，Copp, *Fields of Fire*, pp. 234-5。
53. 波兰军队渡过迪沃河，SHD-DAT 1 K 543 1。
54. 加拿大军在"温顺行动"结束后的损失，Terry Copp, *Cinderella Army*, Toronto, 2007, p. 7。

55. Blumenson (ed.), p. 513.
56. Major General Kenner, Chief Medical Officer, SHAEF, OCMH-FPP.
57. Combat Command B, 7th Armored Division, NA II 407/427/24096.
58. 杰罗和加菲之间出现指挥混乱, NA II 407/427/24235。
59. Blumenson (ed.), pp. 514-15.
60. Duff Hart-Davis (ed.), *King's Counsellor*, London, 2006, p. 279.
61. Blumenson (ed.), p. 510.

第二十七章

1. Wilhelm Ritter von Schramm, BA-MA MSg 2/247.
2. General Warlimont, ETHINT 5.
3. Wilhelm Ritter von Schramm, BA-MA MSg 2/247.
4. Leutnant Dankwart Graf von Arnim, MdC TE 819.
5. Generalleutnant Fritz Bayerlein, ETHINT 66.
6. 克鲁格给希特勒的信, quoted in Milton Shulman, *Defeat in the West*, London, 1986, pp. 174-7。
7. General-major Rudolf Christoph Freiherr von Gersdorff, Chief of Staff Seventh Army, ETHINT 59.
8. 法莱斯口袋的形状, General Mahlmann, 353rd Infantry Division, FMS A-984。
9. 古费恩森林中的第 2 装甲军, Eberbach, FMS A-922。
10. General Eugen Meindl, II Parachute Corps, FMS A-923.
11. 德国坦克兵演奏维也纳华尔兹, Marcel Labussière, MdC TE 471。
12. Captain S. Beck, 18 August, MdC TE 570.
13. Diary of Major Julius Neave, 19 August, 13th/18th Hussars, SWWEC T 501.
14. 波兰第 1 装甲师调整部署, SHD-DAT 1 K 543 1。
15. 8 月 18 日莫德尔的会议, Eberbach, FMS A-922, and Generalmajor Freiherr von Gersdorff, written answers submitted October 1945, NA II 407/427/24231。
16. General Eugen Meindl, II Parachute Corps, FMS A-923.
17. Michael Veitch, *Tom Hall*, Sydney, 2006, p. 113.

18. General der Panzertruppen Freiherr von Lüttwitz, FMS A-903.
19. Eberhard Beck, 277th Artillerie-Regiment, 277th Infantry Division, BA-MA MSg 2/3242.
20. 8月18日盟国空军声明, Leigh-Mallory, TNA CAB 106/980。
21. Operational Research Section, Report No. 15, 'Enemy Casualties in Vehicles and Equipment in the Retreat from Normandy to the Seine', AHB.
22. Rev. A. R. C. Leaney, IWM PP/MCR/206.
23. NA II 407/427/24143.
24. Lieutenant George W. Godfrey, 358th Infantry, 90th Division, NA II 407/427/24240.
25. Quoted in Terry Copp, *Fields of Fire*, Toronto, 2003, p. 243.
26. Hans Höller, 21st Panzer-Division, MdeC TE 98.
27. Eberhard Beck, 277th Artillerie-Regiment, 277th Infantry Division, BA-MA MSg 2/3242.
28. Eberhard Beck, 277th Artillerie-Regiment, 277th Infantry Division, BA-MA MSg 2/3242.
29. 迈因德尔和伞兵逃亡, General Eugen Meindl, II Parachute Corps, FMS A-923。
30. Generalmajor Gerhard Müller, 116th Panzer-Division, FMS B-162.
31. General der Panzertruppen Freiherr von Lüttwitz, 2nd Panzer-Division, FMS A-903.
32. Generalmajor Freiherr Rudolf von Gersdorff, FMS A-919.
33. NA II 407/427/24242.
34. SHD-DAT 1 K 543 1.
35. SHD-DAT 1 K 543 1.
36. 俘虏埃尔费尔特中将, Captain A. Potozynski, 10th Polish Mounted Rifles, SWWEC LEEWW 2000.327。
37. 西蒙兹和基钦, Copp, pp. 249-50。
38. 维尔纳上尉, III Battalion, Regiment *Der Führer*, 2nd SS Panzer-Division *Das Reich*, MdC TE 158。
39. 波兰坦克在北部262号高地附近, Hubert Meyer, BA-MA MSg 2/4832。
40. 加拿大军官救了党卫军军官的命, Herbert Ronstedt, 9th SS Panzer-

Division *Hohenstaufen*, BA-MA MSg 2/3225。

41. General Eugen Meindl, II Parachute Corps, FMS A-923.
42. SHD-DAT 11 P 221.
43. MdC TE 149.
44. 每个师有超过2000人逃出, Generalmajor Freiherr von Gersdorff, Chief of Staff Seventh Army, written answers submitted October 1945, NA II 407/427/24231。
45. Diary of Major Julius Neave, 13th/18th Hussars, SWWEC 501 T.
46. 2nd Lieutenant Roy J. Bolen, 38 Cavalry Reconnaissance Squadron, NA II 407/427/24240.
47. 波兰军队在诺曼底的损失, SHD-DAT 1 K 543 1。
48. Desmond Scott, *Typhoon Pilot*, London, 1982, p. 129.
49. Kingsley Amis, *Memoirs*, London, 1991, p. 221.
50. 哥萨克骑兵中队, Barnett Hoffner, 6th Engineer Special Brigade, NWWIIM-EC。
51. 古费恩森林中的德军野战医院, NA II 407/427/24235。
52. Lieutenant Colonel John N. Snyder, MdC TE 648。
53. Aitken Hughes diary, WLHUM RAMC 1771.
54. Jean Sorel, MdC TE 504.
55. LHCMA De Guingand 3/1-27.
56. 埃贝巴赫估计的成功逃亡数字, Eberbach, FMS A-922。
57. 格斯多夫的估计, Generalmajor Rudolf-Christoph Freiherr von Gersdorff, Chief of Staff Seventh Army, ETHINT 59。
58. Air Chief Marshal Tedder, OCMH-FPP.
59. Air Chief Marshal Coningham, OCMH-FPP.
60. Brigadier E. T. Williams, G-2, 21st Army Group, OCMH-FPP.

第二十八章

1. Martin Blumenson (ed.), *The Patton Papers, 1940-1945*, New York, 1974, p. 516.
2. Ibid., p. 517.
3. Ibid., pp. 521-2.

4. Major General Gilbert Cook, commanding XII Corps, Third Army, NA II 407/427/24241.
5. 戴高乐拒绝告知出行计划, Wilson to SHAEF, 16 August, TNA ADM 1/16018。
6. 戴高乐和"飞行堡垒"轰炸机, John Julius Norwich (ed.), *The Duff Cooper Diaries*, London, 2005, p. 318 (17 August)。
7. Charles de Gaulle, OCMH-FPP.
8. 希特勒和肖尔蒂茨, General Dietrich von Choltitz, *De Sebastopol à Paris*, Paris, 1964, pp. 203-9。
9. ACM Sir James Robb, OCMH-FPP.
10. TNA WO 208/4364, quoted in Sönke Neitzel (ed.), *Tapping Hitler's Generals*, St Paul, Mn., p. 192.
11. Leutnant Dankwart, Graf von Arnim, MdC TE 819.
12. TNA WO 208/4634.
13. 2.5万名士兵, Generalleutnant Freiherr von Boineburg, FMS B-015。
14. Oberst Professor Dr Kurt Hesse, FMS B-611.
15. 拜尔莱因和肖尔蒂茨, Generalleutnant Fritz Bayerlein, Panzer Lehr Division, ETHINT 66。
16. SHDDAT 13 P 42 1.
17. Jean Galtier-Boissière, *Mon journal pendant l'Occupation*, Paris, 1944, p. 242.
18. Leutnant Dankwart Graf von Arnim, MdC TE 819.
19. SHDDAT 13 P 42 1.
20. Leutnant Dankwart Graf von Arnim, MdC TE 819.
21. 停火协议, SHD-DAT 13 P 42 1。
22. NA II 407/427/24205.
23. SHD-DAT 11 P 226.
24. NA II 407/427/24082.
25. 美军联络官提醒第5军, SHD-DAT 11 P 226。
26. 二等兵皮特里, Tyneside Scottish, MdC TE97。
27. Rev. A. R. C. Leaney, IWM PP/MCR/206.
28. Lieutenant T. T. Ritson, RHA, diary.
29. Jean Marius Vesque, MdC TE 401.

30. Anon., MdC TE 83.
31. Maître Quairé, MdC TE 469.
32. Myles Hildyard diary.
33. Major General H. G. Woods, SWWEC LEEWW 2006.533.
34. Omar Bradley, *A Soldier's Story*, New York, 1951, p. 377.
35. General Omar Bradley, OCMH-FPP.
36. 只有13辆装甲车在空袭中损毁, Operational Research Section reports, Joint Report No. 3 'Rocket-firing Typhoons in Close Support of Military Operations', Operational Research in North-West Europe, TNA WO 291/1331。
37. 第123联队, Desmond Scott, *Typhoon Pilot*, London, 1982, p. 129。
38. Generalleutnant Fritz Bayerlein, ETHINT 66.
39. 炮兵马匹游过塞纳河, Günter Peuckert, 272th Infanterie-Division, BA-MA MSg 2/5424。
40. 第5装甲集团军, Generalmajor Freiherr von Gersdorff, Chief of Staff Seventh Army, written answers submitted October 1945, NA II 407/427/24231。
41. 第276步兵师工兵队, Gefreiter Spiekerkötter, 2nd Pionier Kompanie, 256th Infantry Division, BA-MA MSg 2/5526。
42. Major General Gilbert Cook, commanding XII Corps, Third Army, NA II 407/427/24241.
43. NA II 407/427/24235.
44. 准备解放巴黎, Central Base Section, NA II 407/427/24201。
45. 杰罗将军听取简报, V Corps, NA II 407/427/24235。
46. John Mowinckel, quoted in Antony Beevor and Artemis Cooper, *Paris after the Liberation, 1944-1949*, London, 1994, p. 46.
47. John G. Westover, MdC TE 436 (2).
48. Blumenson (ed.), pp. 526-7.
49. Jean Lacouture, *De Gaulle*, New York, 1990, p. 568.

第二十九章

1. Note de service, 24 August, SHD-DAT 13 P 42 1.

2. Maurice Goudeket, *Près de Colette*, Paris, 1955, pp. 216-17.
3. 第 102 坦克团，SHDDAT 11 P 219。
4. 雨水干扰了无线电通信，NA II 407/427/24082。
5. 隆瑞莫伤亡情况，SHD-DAT 11 P 230。
6. 隆瑞莫，Rev. Père Roger Fouquer, Aumônier Divisionnaire, 2ème DB, MdC TE 825。
7. John G. Westover, MdC TE 436 (2).
8. William Mortimer Moore, *Leclerc - The Making of a French Legend*, unpublished MS.
9. 弗雷讷监狱外的战斗，SHDDAT 11 P 226。
10. 杜邦上尉预言自己死亡，Rev. Père Roger Fouquer, Aumônier Divisionnaire, 2ème DB, MdC TE 825。
11. NA II 407/427/242351349.
12. Martin Blumenson, *The Duel for France*, New York, 2000, p. 353.
13. NA II 407/427/6431.
14. Journal de marche, 2ème DB, SHD-DAT 11 P 230.
15. 德罗纳和勒克莱尔，SHD-DAT 11 P 226; Raymond Dronne, *La Libération de Paris*, Paris, 1970, pp. 280-81; and Marc de Possesse, 2e DB, MdC TE 361。
16. Moore, unpublished MS.
17. 来自隆尚赛马场的炮击，NA II 407/427/24021。
18. 德罗纳的纵队抵达市政厅，Marc de Possesse, 2e DB, MdC TE 361; Dronne, pp. 284-5; Moore, *Leclerc - The Making of a French Legend*, unpublished MS。
19. Goudeket, p. 217.
20. Madeleine Betts-Quintaine, MdC TE 25.
21. 第 256 步兵团第 2 工兵连，Gefreiter Spiekerkötter, BA-MA MSg 2/5526。
22. Rev. Père Roger Fouquer, Aumônier Divisionnaire, 2ème DB, MdC TE 825.
23. Madame Talbot, MdC TE133.
24. 美军入城，NA II 407/427/242351349。
25. NA II 407/427/24240.

26. Alfred Donald Allred, Staff Sergeant, 20th Field Artillery, 4th Infantry Division. NWWIIM-EC.
27. Colonel J. S. Luckett, 12th Infantry, NA II 407/427/6431.
28. NA II 407/427/242351349.
29. Jean Galtier-Boissière, *Mon journal pendant l'Occupation*, Paris, 1944, pp. 275-6.
30. Philippe Boegner, *Carnets du Pasteur Boegner*, Paris, 1992, p. 287.
31. 发给肖尔蒂茨的最后通牒,SHD-DAT 11 P 218。
32. Leutnant Dankwart Graf von Arnim, MdC TE 819.
33. Leutnant Dankwart, Graf von Arnim, MdC TE 819.
34. Leutnant Dankwart, Graf von Arnim, MdC TE 819.
35. Rev. Père Fouquer, MdC TE 825.
36. 肖尔蒂茨签署投降书,SHDDAT 11 P 226。
37. NA II 407/427/24235.
38. NA II 407/427/24235.
39. "坚毅计划",TNA WO 199/1379。
40. 马耶屠杀、抵抗基地、巴黎"恐怖分子",SHD-DAT 13 P 42 1。
41. Gefreiter Spiekerkötter, BA-MA MSg 2/5526.
42. 法国第 2 装甲师的伤亡,SHD-DAT 11 P 218。
43. 2873 名巴黎人在 8 月遇难,AVP。
44. Antony Beevor and Artemis Cooper, *Paris after the Liberation*, *1944-1949*, London, 1994, p. 56.
45. Marc de Possesse, 2e DB, MdC TE 361.
46. Rev. Père Roger Fouquer, Aumônier Divisionnaire, 2ème DB, MdC TE 825.
47. BD.
48. John G. Westover, MdC TE 436 (2).
49. Marc de Possesse, 2e DB, MdC TE 361.
50. SHDDAT 11 P 218.
51. 法国第 2 装甲师由多国战士组成,SHD-DAT 11 P 231。
52. 罗尔-唐吉上校的司令部召集来 6000 名法国内地军成员,SHD-DAT 13 P 42 1。

53. Robert Aron, *Histoire de la Libération de la France*, Paris, 1959, p. 442.
54. Boegner, p. 301, quoted in Beevor and Cooper, p. 63.
55. NA II 407/427/24235.
56. NA II 407/427/24235.
57. John G. Westover, MdC TE 436 (2).
58. 市政厅阳台上的"剃头运动", Madame Talbot, MdC TE 133。
59. Marc de Possesse, 2e DB, MdC TE 361.
60. 两万法国妇女, Fabrice Virgili, *Shorn Women*, Oxford, 2002。
61. Forrest C. Pogue, *Pogue's War*, Lexington, Kentucky, 2001, p. 174.
62. Simone de Beauvoir, *La Force des Choses*, Paris, 1960, p. 29.
63. "猪巷"和醉倒在旺多姆广场的士兵, Pogue, pp. 229-30。
64. 分配青霉素, Major General Kenner, SHAEF, OCMH-FPP。

第三十章

1. Major L. J. Massey, MdC TE 167.
2. 戴高乐到访和复兴部部长, William I. Hitchcock, *Liberation*, London, 2008, p. 57。
3. 7.6万人无家可归, TNA WO 219/3728, quoted in Hitchcock, p. 44。
4. Madame Ruet, Montebourg, MdC TE 63.
5. MdC TE 149.
6. 弗勒里的圣特家族, Georges Hebert, MdC TE 12。
7. Bernard Goupil, MdC TE 191.
8. 翁弗勒尔附近的第195野战医院, J. C. Watts, *Surgeon at War*, London, 1955, p. 110。
9. Martin Blumenson (ed.), *The Patton Papers, 1940-1945*, New York, 1974, p. 521.
10. 21 June, Field Marshal Lord Alanbrooke, *War Diaries 1939-1945*, London, 2001, p. 561.
11. Cornelius Ryan papers, Ohio University Library Department of Archives and Special Collections, quoted in *The Times*, 9 November 2007.

部分参考文献

Agte, Patrick, *Michael Wittmann*, Mechanicsburg, Pa., 2006
Alanbrooke, Field Marshal Lord, *War Diaries 1939–1945*, London, 2001
Amouroux, Henri, *La grande histoire des Français sous l'Occupation*, Vol. VIII, Paris, 1988
Aron, Robert, *Histoire de la Libération de la France*, Paris, 1959

Balkoski, Joseph, *Beyond the Beachhead*, Mechanicsburg, Pa., 1999
Baumgarten, Harold, *Eyewitness on Omaha Beach*, Jacksonville, Fla., 1994
Bédarida, François (ed.), *Normandie 44, du débarquement à la Libération*, Paris, 2004
Beevor, Antony, and Cooper, Artemis, *Paris after the Liberation, 1944–1949*, London, 1994
Belfield, Eversley, and Essame, H., *The Battle for Normandy*, London, 1975
Below, Nicolaus von, *Als Hitlers Adjutant, 1937–1945*, Mainz, 1980
Bennett, Ralph, *Ultra in the West*, New York, 1979
Bidault, Georges, *D'une Résistance à l'autre*, Paris, 1965
Biddle, Tami Davis, 'Bombing by the Square Yard: Sir Arthur Harris at War, 1942–1945', *International History Review*, XXI, 3, September 1999
Blumenson, Martin, *Breakout and Pursuit*, Washington, DC, 1961
—— *The Battle of the Generals*, New York, 1993
—— *The Duel for France*, New York, 2000
Blumenson, Martin (ed.), *The Patton Papers, 1940–1945*, New York, 1974
Boegner, Philippe, *Carnets du Pasteur Boegner*, Paris, 1992
Boivin, Michel, *Les victimes civiles de la Manche dans la bataille de Normandie*, Caen, 1994
Böll, Heinrich, *Briefe aus dem Krieg 1939–1945*, Vol. II, Cologne, 2001
Botsford, Gardner, *A Life of Privilege, Mostly*, New York, 2003

Bradley, Omar, *A Soldier's Story*, New York, 1951
Bramall, Edwin, 'D-Day Plus One', in *More Tales from the Travellers*, Oxford, 2005
Brossat, Alain, *Les Tondues: un carnaval moche*, Paris, 1992
Buckley, John (ed.), *The Normandy Campaign 1944*, London, 2006
Butcher, Harry C., *Three Years with Eisenhower*, London, 1946
Butler, J. R. M., and Gwyer, M. A., *Grand Strategy*, Vol. III, London, 1964

Calmette, A., *Les Equipes Jedburgh dans la Bataille de France*, Paris, 1966
Capa, Robert, *Slightly out of Focus*, New York, 1947
Carver, Michael, *Out of Step*, London, 1989
Chandler, Alfred D. (ed.), *The Papers of Dwight David Eisenhower*, Vol. III, *The War Years*, Baltimore, MD, 1970
Choltitz, General Dietrich von, *De Sebastopol à Paris*, Paris, 1964
Clarke, Dudley, *The Eleventh at War*, London, 1952
Close, Bill, *A View from the Turret*, Tewkesbury, 1998
Cloudsley-Thompson, J. L., *Sharpshooter: Memories of Armoured Warfare, 1939–1945*, Fleet Hargate, 2006
Collins, J. Lawton, *Lightning Joe: An Autobiography*, Novato, CA, 1994
Colville, John, *The Fringes of Power: Downing Street Diaries 1939–1955*, London, 1985
Copp, Terry, *Fields of Fire*, Toronto, 2003
—— *Cinderella Army: The Canadians in Northwest Europe, 1944–1945*, Toronto, 2007
Copp, Terry, and McAndrew, Bill, *Battle Exhaustion: Soldiers and Psychiatrists in the Canadian Army, 1939–1945*, Montreal, 1990

Daglish, Ian, *Operation Bluecoat, The British Armoured Breakout*, 2003
—— 'Operation Bluecoat', in John Buckley (ed.), *The Normandy Campaign 1944*, London, 2006
Dansette, Adrien, *Histoire de la Libération de Paris*, Paris, 1946
De Beauvoir, Simone, *La Force des Choses*, Paris, 1960
De Gaulle, Charles, *Mémoires de Guerre*, Vol. II, Paris, 1959
D'Este, Carlo, *Decision in Normandy: The Unwritten Story of Montgomery and the Allied Campaign*, New York, 1983
—— *Eisenhower*, New York, 2002
Doubler, Michael D., *Closing with the Enemy: How GIs fought the War in Europe, 1944–1945*, Lawrence, Kansas, 1994
Douglas, Keith, *The Complete Poems*, London, 2000
Dronne, Raymond, *La Libération de Paris*, Paris, 1970

Ellis, L. F., *Victory in the West*, Vol. I, London, 1962
Evans, Richard J., *The Third Reich at War: How the Nazis led Germany from Conquest to Disaster*, London, 2008

Foot, M. R. D., *SOE in France*, London, 1966
Fussell, Paul, *The Boys' Crusade*, New York, 2003

Galtier-Boissière, Jean, *Mon journal pendant l'Occupation*, Paris, 1944
Girard, Christian, *Journal de Guerre: 1939-1945*, Paris, 2000
Golley, John, *The Day of the Typhoon*, Shrewsbury, 2000
Gooderson, Ian, *Air Power at the Battlefront: Allied Close Air Support in Europe 1943-1945*, London, 1998

Harrison, Gordon A., *The United States Army in World War II: Cross-Channel Attack*, Washington, DC, 1951
Hart, Stephen A., *Montgomery and 'Colossal Cracks': The 21st Army Group in Northwest Europe, 1944-1945*, Westport, Conn., 2000
—— 'The Black Day Unrealised', in John Buckley (ed.), *The Normandy Campaign 1944*, London, 2006
Hart-Davis, Duff (ed.), *King's Counsellor: Abdication and War, the Diaries of Sir Alan Lascelles*, London, 2006
Hastings, Max, *Overlord*, London, 1989
Hills, Stuart, *By Tank into Normandy*, London, 2002
Hitchcock, William I., *Liberation: Europe 1945*, London, 2008
Howard, Michael, *Liberation or Catastrophe? Reflections on the History of the Twentieth Century*, London, 2007
Howarth, David, *Dawn of D-Day*, London, 1959

Jary, Sydney, *18 Platoon*, Bristol, 1998
Johnson, Garry, and Dunphie, Christopher, *Brightly Shone the Dawn*, London, 1980

Keegan, John, *Six Armies in Normandy*, London, 1992
Kershaw, Ian, *Hitler: 1936-1945, Nemesis*, London, 2000

Lacouture, Jean, *De Gaulle: The Rebel 1890-1944*, New York, 1990
Lewis, Adrian R., *Omaha Beach: A Flawed Victory*, North Carolina, 2001
Lieb, Peter, *Konventioneller Krieg oder Weltanschauungskrieg? Kriegführung und Partisanenbekämpfung in Frankreich 1943/44*, Munich, 2007

McKee, Alexander, *Caen: Anvil of Victory*, London, 1965
Mackenzie, William, *The Secret History of SOE: Special Operations Executive 1940–1945*, London, 2000
Margolian, Howard, *Conduct Unbecoming: The Story of the Murder of Canadian Prisoners of War in Normandy*, Toronto, 1998
Meyer, Hubert, *The 12th SS: The History of the Hitler Youth Panzer Division*, Vol. I, Mechanicsburg, Pa., 2005
Meyer, Kurt, *Grenadiers*, Mechanicsburg, Pa., 2005
Moses, Harry, *The Faithful Sixth*, Durham, 1995

Neitzel, Sönke (ed.), *Tapping Hitler's Generals: Transcripts of Secret Conversations*, St Paul, Mn., 2007
Norwich, John Julius (ed.), *The Duff Cooper Diaries*, London, 2005

Ose, Dieter, *Entscheidung im Westen 1944: Der Oberbefehlshaber West und die Abwehr der alliierten Invasion*, Stuttgart, 1982

Panter-Downes, Mollie, *London War Notes*, London, 1971
Perrigault, Jean-Claude, and Meister, Rolf, *Götz von Berlichingen: Normandie*, Bayeux, 2005
Pogue, Forrest C., *The Supreme Command*, Washington, DC, 1954
—— *Pogue's War*, Lexington, Kentucky, 2001
Price, Alfred, 'The Rocket-Firing Typhoons in Normandy', *Royal Air Force Air Power Review*, VIII, I, Spring 2005

Quellien, Jean, and Garnier, Bernard, *Les victimes civiles du Calvados dans la bataille de Normandie, 1 mars 1944–31 décembre 1945*, Caen, 1995

Reardon, Mark J., *Victory at Mortain: Stopping Hitler's Panzer Counteroffensive*, Lawrence, Kansas, 2002
Ritgen, H., *Die Geschichte der Panzer-Lehr Division im Westen, 1944–1945*, Stuttgart, 1979
Rosse, Captain the Earl of, and Hill, Colonel E. R., *The Story of the Guards Armoured Division*, London, 1956
Rowland, David, *The Stress of Battle: Quantifying Human Performance in Battle*, Norwich, 2006

Salaita, George D., 'Embellishing Omaha Beach', *Journal of Military History*, April 2008
Scannell, Vernon, *Argument of Kings*, London, 1987

Scott, Desmond, *Typhoon Pilot*, London, 1982
Seaman, Mark (ed.), *Operation Foxley: The British Plan to Kill Hitler*, Kew, 1998
Sheffield, Gary, 'Dead Cows and Tigers: Some Aspects of the Experience of the British Soldier in Normandy, 1944', in John Buckley (ed.), *The Normandy Campaign 1944*, London, 2006
Shulman, Milton, *Defeat in the West*, London, 1986
Speidel, Hans, *We Defended Normandy*, London, 1951
Sprot, Aidan, *Swifter Than Eagles*, Edinburgh, 1998
Stagg, J. M., *Forecast for Overlord*, London, 1971

Tombs, Robert and Isabelle, *That Sweet Enemy*, London, 2006
Tout, Ken, *Tank! 40 Hours of Battle, August, 1944*, London, 1985

Virgili, Fabrice, *Shorn Women: Gender and Punishment in Liberation France*, Oxford, 2002
Vogel, Detlef, and Wette, Wolfram (eds.), *Andere Helme – Andere Menschen? Heimaterfahrung und Frontalltag im Zweiten Weltkrieg*, Essen, 1995

Watts, J. C., *Surgeon at War*, London, 1955
Weigley, Russell F., *Eisenhower's Lieutenants*, New York, 1981
Whistler, Laurence, *The Laughter and the Urn: The Life of Rex Whistler*, London, 1985
Wilmot, Chester, *The Struggle for Europe*, London, 1952

Zetterling, Niklas, *Normandy 1944: German Military Organization, Combat Power and Organizatonal Effectiveness*, Winnipeg, 2000
Zuehlke, Mark, *Juno Beach: Canada's D-Day Victory, June 6, 1944*, Vancouver, 2005

更详细的参考文献参见www.antonybeevor.com。

索 引

（以下页码为原书页码，即本书页边码）

Abbaye Blanche 408–9, 412, 413–14, 416, 417, 420
Abbaye d'Ardennes 175, 180, 182
Abetz, Otto 127
Abwehr (German military intelligence) 50, 332, 339
Adair, Maj Gen A. 313
Airborne assault
   aerial support 56
   American 51, 60–73, 65 (map), 114–17, 122–4
   British 51–60, 53 (map), 149, 483
   casualties 57, 63–4, 71, 73, 115–16
   deception measures 54
   embarkation 22–8
   heavy equipment landings 70–72
Alençon 227, 404, 415, 420, 434, 435–6, 437, 442, 456
Allied propaganda 227, 338
Allied troops
   British girlfriends 10
   with Frenchwomen 450, 517
   relations with French, 72, 153, 161, 202–3, 210, 295–6, 450–3, 516–17, 521–2; see also Looting
AMGOT (Allied Military Government of Occupied Territories) 17, 515
Amiens 320, 493
Amis, Kingsley 476

Andrew, Lt Tom 409, 412
Angers 382, 386, 434
Argentan 147, 371, 433, 434, 436, 437, 439–40, 441, 443, 449, 454, 456, 457, 464, 479, 480, 488
Arletty (Léonie Bathiat) 450
Arnim, Lt Dankwart Graf v. 460–61, 483, 486–7, 508–10
Arromanche 93, 127, 129, 216, 217
Asnelles 86
Atlantic Wall 31, 32, 34, 206, 253, 442
Aulock, GenMaj Hubertus v. 484
Aunay-sur-Odon 193, 367, 371, 390, 393
Authie 175, 180
Avranches 164, 283, 284, 353–4, 358, 364–5, 366, 370–71, 373, 374, 375–6, 379, 380, 399–401, 404, 413, 415–16, 420, 427, 430, 432, 435, 436, 437, 442, 460
Ay, river 290, 293

Barenton 403, 415
Barneville 212, 214
Barton, Maj Gen Raymond O. 215, 242, 249, 292, 421, 510
Bavent, Bois de 57, 320
Bayerlein, GenLt Fritz 33, 37, 39, 48, 150, 176, 214, 251–2, 289–90,

348, 379, 461, 484, 492–3
Bayeux 38, 41, 47, 93, 182, 210, 281, 284, 287–9, 323, 440, 450
de Gaulle visits 198–200
liberation of 129–30, 175–6, 178, 189
Bayeux tapestry 487
BBC 43, 50, 120
Beauvoir, Simone de 517
Beck, Sdt Eberhard 307–8, 337–8, 466, 468
Beck, GenOb Ludwig 326, 327, 335, 336
Bedell Smith, Maj Gen Walter 12, 20
Below, ObLt Nicolaus v. 150, 332
Bénouville 332
Bény-sur-Mer 133, 135
Berghof (Berchtesgaden) 31, 42, 126, 127, 140, 141, 149–50, 222, 224, 226, 233, 235, 236, 326, 328–9, 330
Berlichingen, Oberst Freiherr v. 171
Bernay 310, 459
Bidault, Georges 44, 503, 512–13
Billotte, Col Pierre 508, 510
Bingham, Maj S. V. 104–5, 298–9
Birks, Col Hammond D. 403, 408–9, 420–21
Bittrich, Gruppenführer 233
Bletchley Park 4, 181, 406; see also Ultra intercepts

索 引 / 661

Blumentritt, Gen der Inf.
  Günther 40, 127,
  149–50, 156–7, 236,
  237, 327, 334, 335
Bocage 151, 284, 523
  artillery observation 293
  battle of the 241–62
  descriptions 246, 252–3
  fighting in 157, 160, 207,
    250, 252–7, 351
  lessons of fighting in
    implemented 287–8
Boegner, Pastor Marc 507–8,
  515
Boineburg-Lengsfeld, GenLt
  Hans Freiherr v. 483
Boissieu, Cpte Alain de 489,
  506–7
Bombing operations
  the airborne assault 56
  Caen 144–7, 266–70
  Cherbourg 218
  the crossing 78–80
  Omaha beach 91–2
  Operation Cobra 343–9,
    351
  Operation Goodwood 309,
    314, 319
  Operation Totalize 423,
    426, 429
  Operation Tractable 442
  Saint-Lô, 6 June 123–4
  sealing off invasion area
    (Operation
    Transportation) 48–50
  Villers-Bocage 193–4
Bon Sauveur, convent of the
  145–6, 201, 268–9
Bordeaux 4, 32, 33, 513
Botsford, Lt Gardner 77
Boulogne 3, 5, 32, 76
Bradley, Gen Omar N. 8, 9,
  88–91, 104, 151, 163,
  168, 183–5, 188, 207,
  211–12, 214, 217, 219,
  222, 246–7, 252, 257,
  274, 283–4, 292, 296–7,
  342–3, 345, 347–8,
  353–4, 356, 375, 379,

381, 386, 399–400, 406,
  409, 415, 433–4,
  439–41, 457–8, 494–5,
  501, 515, 516
  and Montgomery, Gen Sir
    Bernard L. 89, 91, 441,
    454–5, 479, 491–2
  and Patton, Gen George S.
    7, 352, 354, 400,
    439–40, 442–3, 457,
    480–81, 497
Brécey 372–3, 406, 416
Brest 32, 43, 375, 381, 383–6,
  406
Brest peninsula 76, 120
Bretteville-l'Orgueilleuse 179,
  182
Bretteville-sur-Laize 423
Bréville 187
British Army
  combat exhaustion 279–81
  conservatism 15
  desertions 280
  infantry shortages 131,
    305
  lack of mechanization 143
  manpower crisis 263–4
  reluctance to help other
    arms 142
  replacement system 281
  tactics 253, 367
  tank design 195
  tank–infantry cooperation
    143, 367, 369, 392
  UK defence force 263
  war-weariness 264, 323
British Army, 21st Army
  Group 5, 151, 183, 184,
  188, 196, 198, 215, 229,
  235, 263, 264, 284, 306,
  321, 330, 440, 441–2,
  447, 478–9, 497, 522
British Army, Armies
  Second Army 131, 148,
    182–4, 188, 196, 207,
    234–5, 263–4, 266, 273,
    278–80, 305, 314, 321,
    352, 462
  Eighth Army 7, 422

British Army, Corps
  I Corps 173, 190, 230, 239,
    444, 463
  VIII Corps 228–9, 232,
    234, 239, 244, 279, 305,
    312, 367–9, 390, 462
  XII Corps 239, 375, 443,
    465, 481, 494
  XXX Corps 189–90,
    230–31, 239, 307,
    367–9, 390, 393–4, 398,
    462, 464
British Army, Divisions
  Guards Armd 267, 306,
    313, 317, 319, 367, 369,
    391–2, 394, 396, 493
  3rd Inf 136–8, 142–4, 270,
    315–16, 320
  6th Airborne 51, 56, 141,
    149, 173, 186–7
  7th Armd 183, 186, 188–9,
    193, 194–5, 207, 231,
    235, 240, 264, 311–12,
    315, 319, 321, 367, 390,
    426, 441, 453, 454, 491
  11th Armd 229, 232–4,
    278, 311, 314–15,
    317–19, 322, 367,
    369–70, 388–9, 396,
    412, 415, 488, 491
  15th Inf (Scottish) 229,
    232, 280
  43rd Inf (Wessex) 232,
    266, 274, 280, 390, 394
  50th Inf (Northumberland)
    77, 85, 101, 129, 155,
    188–9, 193, 207, 262,
    279, 280
  51st Inf (Highland) 183,
    186–7, 264, 279, 422–3
British Army, Brigades
  1st Special Service Bde 74,
    138–9
  3rd Para Bde 55, 58
  4th Armd Bde 183, 232,
    279
  5th Para Bde 59
  Guards 6th Tank Bde 367,
    369, 392

British Army, Brigades – *cont.*
8th Bde 143-4
8th Armd Bde 176, 188, 231
9th Bde 173-4
22nd Armd Bde 190-4
29th Armd Bde 318-19, 370
33rd Armd Bde 423
56th Bde 129, 130
69th Bde 128
129th Bde 274-5, 275-6, 281
130th Bde 275
131st Armd Bde 194
185th Bde 143, 144, 173
SAS Bde 48
Special Air Service 47-8, 54, 381
British Army, Armd Regiments
1st Northants Yeomanry 425, 426, 427-8
2nd Welsh Guards 313, 315
3rd Royal Tank Rgt 314-17, 388
3rd Scots Guards 138, 367, 369
4th Coldstream 367
4th County of London Yeomanry 191-3
4th/7th Dragoon Guards 127
5th Inniskilling Dragoon Guards 491
11th Hussars 192, 194-5, 315
13th/18th Hussars 85, 136, 311-12, 316, 322, 366, 394, 396, 441
22nd Dragoons 137
23rd Hussars 189, 318-19
44th Royal Tank Rgt 275
East Riding Yeomanry 178, 270
Fife and Forfar Yeomanry 316, 319
Household Cavalry Rgt 369-70, 388

Inns of Court 180
Royal Scots Greys 232
Sherwood Rangers Yeomanry 10, 85, 127, 130, 175-7, 189, 194, 231, 391
Staffordshire Yeomanry 136, 143-4, 149
Westminster Dragoons 129, 137
British Army, Infantry Battalions
1/4th King's Own Yorkshire Light Infantry 228, 231
1/5th Queens 491
1st Dorsets 127
1st Grenadiers 317-18
1st Hampshires 86, 127-9
1st King's Own Scottish Borderers 179
1st Norfolks 143-4
1st Rifle Brigade 191, 192
1st South Lancashire 137
1st Suffolk 144, 148-9
1st Tyneside Scottish 489
2nd Argyll and Sutherland Highlanders 232
2nd Devons 128
2nd East Yorks 136-8
2nd Essex 130, 175
2nd Glasgow Highlanders 232, 369
2nd King's Shropshire Light Infantry 143, 148
2nd Middlesex 137
2nd Ox and Bucks Light Infantry 51-4
2nd South Wales Borderers 175
2nd Ulster Rifles 149, 174, 178-9, 203-4
2nd Warwicks 143-4, 173
4 Commando 139
4th Dorsets 280, 390, 392
4th Somerset Light Infantry 267, 274-7, 281, 393, 395-6
5th Black Watch 186-8

5th Coldstream 267, 369, 392
5th Dorsets 275
5th Duke of Cornwall's Light Infantry 275-6
5th East Yorks 128-9
5th Wiltshires 395, 426
6 Commando 139
6th Duke of Wellington's Rgt 279
6th Durham Light Infantry 6, 176, 475
6th Green Howards 80, 128-9
7th Norfolks 425-6
8th Durham Light Infantry 6
8th Para 57-8
9th Durham Light Infantry 6
9th Para 56-7, 58
12th Para 187-8
13th Para 187-8
Royal Engineers 57, 128, 137
Brittany 4, 5, 33, 34, 43, 47-8, 75-6, 163-4, 181, 184, 207, 224, 235, 246, 283-4, 353, 358, 370-71, 376, 379-89, 380-86, 391, 393, 395, 397, 399-400, 445, 448
Brooke, FM Sir Alan (later Viscount Alanbrooke) 5, 6, 14-15, 29, 148, 189, 196-7, 227, 278, 306, 319-20, 338, 522
Brotheridge, Lt Den 52
Browning, Lt Gen Sir Frederick ('Boy') 354
Bruce, Col David 496, 513
Bucknall, Lt Gen Gerard 189, 193, 194, 390
Buhle, Gen d. Inf Walter 332, 416
Bull, Maj Gen Harold R. 2, 12
Bülowius, Gen d. Flieger 339

索 引 / 663

Bushey Park (SHAEF headquarters) 11, 87, 93, 305, 381
'C' *see* Menzies, Sir Stewart
Cabourg 52, 58, 86
Caen 39, 54–5, 60, 140–44, 146–9, 151, 186, 191, 213–14, 223, 229, 232–3, 235, 243, 247, 254, 305–6, 309, 311, 315, 320–21, 323, 328, 342, 344, 348, 352, 366, 393, 398, 403, 410, 422, 430, 444, 452, 453
  attack, 7 June 173–5
  battle for 264–74
  bombardment of 200–202
  bombing of 6–7 June 144–7, 266–70
  casualties 144, 147, 187, 201, 251, 269, 270–71
  cholera threat 278
  Civil Affairs entry into 272
  civilians in 125–6, 134–5, 144–7, 268–9, 273
  de Gaulle visits 519
  envelopment attempt 183–4, 186–9
  failure to seize on first day 142–4, 148–9
  final shell falls on 475
  German attack, 10 June, cancelled 182
  and the landings 125–6
  rebuilding 520–21
  stalemate 183–5
  victory parade 273
Caen Canal 52–4, 139
Cagny 183, 186, 188, 314, 316–18
Calais 3–5, 32–3, 43, 54, 87, 140, 282, 339, 346, 481, 497
Calvados 519, 520
Cambes 174, 178–9, 203
Canadian Army
  advance into Caen 271–3

battles for Carpiquet airfield 135, 175
landing Juno 82, 130–35
First Canadian Army 422–3, 434, 444
II Canadian Corps 348, 422, 432, 441, 468
Canadian Army, Divisions
  2nd Inf 422, 425
  3rd Inf 130–31, 315, 422, 475
  4th Armd 423, 427, 428–9, 431, 473
Canadian Army, Brigades
  7th Bde 131–2
  8th Bde 132
  9th Bde, 135
Canadian Army, Armd Regiments
  1st Hussars 131–2
  British Columbia 431
  Fort Garry Horse 131–2, 265
  Grenadier Guards of Canada 431
  Sherbrooke Fusiliers 175
Canadian Army, Infantry Battalions
  1st Para 58, 187, 267, 316
  Algonquins 431
  Argyll and Sutherland Highlanders of Canada 469
  Black Watch of Canada 425
  Calgary Highlanders 425
  Canadian Scottish Rgt 80, 132
  North Nova Scotia Highlanders 135
  North Shore Rgt 132, 264–6, 315
  Queen's Own Rifles 132, 264–5
  Régiment de la Chaudière 133, 264–6, 315
  Regina Rifles 132, 179, 315
  Royal Winnipeg Rifles 131–2, 180, 264–6

Canham, Col Charles D. 77, 99–101, 103–4, 108
Canisy 351
Capa, Robert 77, 373–4, 497
Carentan 54, 67, 70, 93, 116–17, 122–3, 163–4, 167–9, 207, 212, 241, 243, 248, 250, 285, 291, 449
Carpiquet airfield 135, 175, 264–6
Casualties
  airborne assault 57, 63–4, 71, 73, 115–16
  Army Group B total 393
  battle of the *bocage* 242, 243, 250
  Caen 144, 147, 187, 201, 251, 269, 270–71
  Cherbourg 221
  combat fatigue and shock 98–9, 110–11, 187, 260–62, 279–81
  evacuation 155–6, 208–9
  Falaise Pocket 477–8
  first aid treatment 259–60
  French civilians 49–50, 112, 124, 147, 193–4, 201, 203, 268–9, 519
  Juno beach 131
  officer 279
  Omaha beach 96, 110–11, 112–13, 157–8
  Operation Cobra 348–9, 354, 362, 363–4
  Operation Epsom 232
  Operation Goodwood 309, 322–4
  Operation Totalize 429
  Operation Tractable 454
  Paris 486, 513
  Saint-Lô 296, 297, 303–4
  Sword beach 151
  totals 522
  totals to 30 June 263
  treatment of 294–5
  Utah beach 118, 122
  Villers-Bocage 193–4

Caumont 167–8, 189, 191,
    193, 207, 228, 230, 241,
    289, 296, 311, 367
Cerisy, Forêt de 164–5, 167
Cerisy-la-Salle 357
Chaban-Delmas, Jacques 485,
    504, 510
Chambois 455, 464–5,
    467–73, 475
Channel Islands 27, 32, 41,
    61, 215, 223
Chartres 443, 455–6, 481,
    501
Chef du Pont 115, 122, 161
Cherbourg 8, 32–3, 65–7, 81,
    89, 117, 123, 152,
    159–60, 181, 184, 185,
    208, 223, 224, 228, 242,
    244, 249, 289, 328, 344,
    449
  advance on 211, 212–15,
    217–18
  bombing of 22 June 218
  capture of 213 (map),
    218–22
  casualties 221
  coastal batteries 219–20
  conditions afterwards
    221–2
  supplies through 208, 217
Cherbourg peninsula see
    Cotentin peninsula
Cheux 232
Chevallerie, Gen d. Inf Kurt
    v. d. 455
Choltitz, GenLt Dietrich v.
    214–15, 243, 251, 290,
    293, 350, 352, 358, 385,
    482–4, 486–7, 493, 504,
    508–10, 511
Christopherson, Lt Col
    Stanley 130, 175–7, 391
Churchill, Winston S. 7, 14,
    15–21, 28–30, 49, 69,
    147, 181, 195, 196–7,
    199–200, 226, 228,
    263–4, 266, 320, 324,
    330–31, 338, 348, 427,
    444–5

Cintheaux 427, 431
Civil Affairs 210, 269, 272,
    278, 452, 519, 520,
    520–21
Clark, Gen Mark 16
Coastal defences 33–4, 36–7,
    47, 88–9
Colette, Sidonie Gabrielle
    503
Collaborators 210, 505
    head-shaving 386, 449–50,
    490, 516
  treatment of 434, 448–50,
    451–2, 516
Colleville-sur-Mer 109–10
Collins, Maj Gen J. Lawton
    118, 163, 185, 211–12,
    215, 217, 252, 292, 344,
    349, 350, 356, 401
Colville, John ('Jock') 324,
    392, 449, 450
Combat fatigue and shock
    98–9, 110–11, 187,
    260–62, 279–81
Combined Operations Beach
    Reconnaissance and
    Assault Pilotage Parties
    (COPP) 8–9
Comité Français de
    Libération Nationale 17
Commander-in-Chief West
    (OB West) 32, 126,
    141–2, 150, 156, 172,
    310, 318, 371
Communist propaganda 442
Communists see French
    Communist Party
Coningham, Air Marshal Sir
    Arthur 263, 266, 313,
    315, 323, 410, 412, 466,
    478
Conseil National de la
    Résistance 44
Conspiracy theories, Nazi
    140, 325–6, 339
Cook, Maj Gen Gilbert 443,
    481, 494
Cooper, Sir Alfred Duff
    18–19

Corlett, Lt Gen Charles 286,
    292, 302
Cota, Brig Gen Norman D.
    99–101, 103–4, 107–9,
    112, 159, 300, 303, 516
Cotentin peninsula 8, 27, 38,
    43, 51, 54, 61, 66, 73,
    114, 117, 119, 159–63,
    207, 209–13, 213 (map),
    215, 217, 219, 221, 284,
    290, 388, 482
Coudehard, heights of, 470,
    473, 474–5
Coulet, François 126, 199
Courseulles 131–2, 196–7
Coutances 251, 351, 356
Crépon 129–30
Crerar, Lt Gen Henry 133,
    422–3, 432, 463
Cristot 180, 228–9
Culin, Sgt Curtis G. 257

Dannhauser, GenLt Paul 431
Daure, Marianne 125–6
Daure, Pierre 125, 273
DD Sherman tanks 85,
    90–91, 118, 127, 131,
    132, 136–7
De Gaulle, Gen Charles 16,
    77, 125–6, 458
  arrival in Britain 18–19
  and Eisenhower 17, 20,
    481–2, 494
  first visit to Normandy
    197–200
  and Leclerc 387–8
  and the liberation of Paris
    480, 481–2, 486, 494,
    495–7, 510, 511,
    512–13, 514–15, 516
  relationship with Churchill
    16–21, 200
  and the Resistance 44
  and Roosevelt 16–17, 19,
    200
  victory procession in Paris
    514–15
  visit to Caen 519
De Guingand, Maj Gen Sir

索 引 / 665

Francis 183, 184, 195, 215, 284, 478
De Wavrin, André *see* Passy, Col
Deception operations *see* Plan Fortitude
Défense Passive 145, 146, 521
Dempsey, Lt Gen Sir Miles 148, 183, 188–9, 194, 196, 229, 232, 234, 270, 274, 278, 305–7, 309, 315, 317, 322, 366, 390, 462, 491, 492
Dieppe raid 14, 130
Dietrich, Obergruppenführer Sepp 170–71, 178, 233, 236, 310, 328, 336, 398, 427, 432, 461
Dio, Col Louis 501
Dives, river 54, 56–8, 60, 86, 444, 465, 469, 470–71, 472
Doane, Lt Col Leander L. 371–3
Dollmann, GenOb Friedrich 150, 176, 214, 222, 233
Dönitz, Großadmiral Karl 35, 76
Double Cross Committee 4, 227–8
Douglas, Capt Keith 10, 130, 177, 313
Douve, river 67, 116–17, 167
Douvres-la-Délivrande 170
Dronne, Cpte Raymond 500, 502–4, 514
Dunkirk 14, 32, 51, 83, 457

Eastern front 31, 36, 38, 40, 113, 165, 171, 179, 181, 182, 191, 214, 225, 228, 240, 249–50, 254, 255, 310, 326, 327, 329, 335, 378, 522
Eberbach, Gen d. PzTr Hans 171, 236–8, 270–71, 276, 309–12, 314, 316–20, 325, 328–30, 336–7, 348, 369, 371

396, 398, 405, 415–16, 427, 430–32, 435–6, 440, 442, 459–60, 465, 473, 475, 478, 493
Ecouché 147, 437, 439, 476
Écouves, Fôret d' 437
Eddy, Maj Gen Manton S. 215
Eden, Anthony 19, 20–21, 197, 200
Ehrenburg, Ilya 240
Eisenhower, Gen Dwight D. ('Ike') 2, 5–8, 11–15, 20–22, 30, 49, 72–3, 86–7, 89–90, 211, 216, 263–4, 284, 306, 327, 348, 366, 379, 440–41, 456–7, 480, 494–5, 497, 515
approves Falaise–Argentan gap plan 433–4
and Caen 266–7
and de Gaulle 17, 20, 481–2, 494
and Montgomery 5–6, 8, 234–5, 263, 273, 457, 523
and Operation Dragoon 445
and Operation Epsom 229, 234–5
and Patton 282–3
visits airborne embarkation 26–8
Elbeuf 491
Elfeldt, GenLt Otto 358, 472
English Channel, crossing 74–87
Eon, Col 380–81, 384
Erskine, Maj Gen George ('Bobby') 189, 192–3, 235, 390
Escoville 186, 322
Esquay 307
Evrecy 183, 307
Exercise Tiger 118

Falaise 147, 172–3, 184, 188, 274, 305–6, 314, 324,

348, 371, 415, 422, 426–8, 430–34, 439–40, 440, 441, 444, 454, 465, 478, 479–80
Falaise–Argentan gap 433–40, 459, 465, 467, 469, 471, 473, 475, 477, 479, 480, 487, 489
Falaise Pocket 462, 462–3 (map), 464–79, 484, 487
Falley, GenLt Wilhelm 66, 114, 214
Farmbacher, Gen d. Art Wilhelm 371
Fegelein, Gruppenführer Hermann 31, 332
Female snipers 160–61, 197, 221
Feuchtinger, GenMaj Edgar 39, 140, 141, 149, 171
FFI (Forces Françaises de l'Intérieur) 17, 166, 380–86, 434, 437, 446, 447, 484, 487–8, 490, 493, 498, 503, 509, 510, 512–15
Flers 405, 416
Fontaine l'Abbé 459, 465
Fontainebleau 481
Fontenay-le-Marmion 425
Fontenay-le-Pesnel 176, 307
Fortitude *see* Plan Fortitude
Fouquer, Rev Père Roger 500–501, 505, 510, 513
Fox, Lt Dennis 52
French Army
2ème Régiment de Chasseurs Parachutistes (4th SAS) 47–8, 380
2ème Régiment de Marche du Tchad 500, 514
2nd Armoured Division (2ème DB) 435, 437–40, 443, 456, 457, 467, 475, 480, 488–9, 495, 497, 499, 501, 505, 506, 510, 512–16
landing Utah 386–8
transfer to Britain 17

French Army – *cont.*
3ème Régiment de Chasseurs Parachutistes 381
12ème Chasseurs d'Afrique 499–500, 503
501ème Régiment de Chars 500, 502, 508
Spahis marocains 499, 504, 507
French civilians
and the airborne assault 66, 72, 114, 115, 116
attitudes to Allied soldiers 72, 120–21, 123, 132–3, 161, 196–7, 202–3, 238, 295–6, 382, 385–6, 389, 506, 521–2
casualties 49–50, 112, 124, 201, 203, 268–9, 519
and the landings 92, 117, 122, 125–6, 137
looting 210, 296, 374
at Mortain 401, 403
under the occupation 40–42
revenge on collaboration 386, 434, 448–50, 516
French Communist Party 44–5, 269, 451, 484, 499, 517; *see also* FTP
in Paris uprising 484–8, 497
in Resistance 44, 510
French Navy (Forces Navales Françaises Libres) 81–2
La Combattante 82, 131, 197, 199
Georges Leygues 81
Montcalm 81
Friendly bombing 123–4, 347, 429, 442
Friendly fire 27, 210, 211, 362, 429, 467
Fritsch, GenOb Werner Freiherr v. 405
Fromm, GenOb Friedrich 333, 336, 337
FTP (Franc Tireurs et Partisans) 45, 166, 380–81, 384, 451, 487
Fabien battalion 507
Funck, Gen d. PzTr Hans Freiherr v. 355, 404–5, 415, 475
Furgon, Mont 404, 407

Gaffey, Maj Gen Hugh G. 456–7
Gale, Maj Gen Richard 56, 59, 187
Garby-Czerniawski, Roman 4
Gavin, Brig Gen James M. 24, 115
Gavray 371, 373, 448
Gavrus 234
George VI, King 15, 324
Gerhardt, Maj Gen Charles H. 112, 153–4, 156–8, 261–2, 286, 297–300, 302–4
German Air Force *see* Luftwaffe
German Army
discipline 523
losses in Normandy 232, 243, 263
propaganda and morale 38, 168, 205, 206, 214, 238, 353, 357–8, 392, 442, 523
strength 37–9
tactics and effectiveness 36, 185, 223–4, 243, 254–6
tensions with the Waffen-SS 339, 357–8, 464, 493
training 37, 182, 283, 331
see also Luftwaffe (for paratroop units); Waffen-SS
German Army, Army Groups
Army Group B 33, 126, 141, 172, 290, 310, 318, 371, 376, 397
Army Group Centre 3
German Army, Armies
First Army 455
Panzer Group Eberbach 416, 420, 436, 442, 460
Panzer Group West (later Fifth Panzer Army) 141, 171, 172, 182, 227, 234, 237, 238, 296, 309, 310, 316, 329, 348, 361, 371, 396, 398, 415, 427, 432, 436, 444, 459–60, 493
Seventh Army 34, 38, 42, 54, 114–15, 126, 141–2, 150, 165, 170, 172, 214, 233, 236, 243, 251, 290, 296–7, 309, 310–11, 324, 328, 355, 356–7, 358, 364, 371, 379, 396, 405, 411, 415–16, 420, 427, 432, 436, 464, 465, 474, 475–6
Fifteenth Army 34
German Army, Corps
XXV Corps 371
XLVII Panzer Corps 404
LXXXI Corps 55, 435
LXXXIV Corps 40, 86, 93, 167, 214, 241, 243, 244, 358, 371, 472, 482
German Army, Divisions
2nd Panzer 39, 42, 192–4, 240, 289, 320, 328, 355–6, 359, 400, 403, 405, 407, 413, 437, 438, 466, 471, 472
9th Panzer 40–41, 358, 359–61, 415, 434–5, 436
11th Panzer 4
21st Panzer 39, 56, 60, 135, 140, 143, 149–50, 170–71, 173–5, 186, 233, 316, 318, 337, 369, 396
84th Infanterie 404–5
85th Infanterie 427
89th Infanterie 423, 427, 430
91st Luftlande 63, 66, 114–16, 162, 212, 214, 244, 246, 262, 291, 382
116th Panzer 320, 328,

索 引 / 667

355, 356, 403–4, 407,
415, 435–6, 437, 439
256th Infanterie 370–71,
443–4, 504, 511–12
266th Infanterie 385
271st Infanterie 431, 441
275th Infanterie 207,
347–8, 363
276th Infanterie 493
277th Infanterie 307, 309,
337, 468
319th Infanterie 41
326th Infanterie 367,
369–70
346th Infanterie 186, 320
348th Infanterie 37
352nd Infanterie 81, 86,
92–3, 101–3, 110,
152–3, 156–7, 165,
363
353rd Infanterie 43, 165,
241, 242, 296–7
708th Infanterie 434
709th Infanterie 114, 122,
159
711th Infanterie 54, 82,
186
716th Infanterie 42, 92–3,
125, 135, 140–41, 170,
171, 181
Panzer Lehr Div 39, 150,
171–2, 176–8, 180, 182,
189, 193, 207, 231, 233,
240, 247, 435, 484
attack on American sector
250–52, 284, 291
losses against British 231,
232
in Operation Cobra
347–8, 350, 357
German Army, Brigades,
Regiments etc.
7th Mortar Bde 233, 265
24th Pz-Rgt 439
30th Mobile Bde 298, 303
100th Pz Bn 122
304th Pzgr-Rgt 192
503rd Heavy Pz Bn 316,
369

726th Grenadier-Rgt 86
901st Pzgr-Rgt 251
902nd Pzgr-Rgt 251
916th Grenadier-Rgt 86,
154
1057th Grenadier-Rgt 162
cossacks 217, 477
Osttruppen 38–9, 41, 92–3,
158, 169, 272, 340, 384
German massacres in France
146, 165, 166, 180, 269,
384, 434, 445–7, 490,
511
German Navy *see*
Kriegsmarine
German occupation 40–42,
45, 125, 273, 444, 447,
448, 451, 452, 487, 506,
511, 512, 517
Gerow, Gen Leonard T. 87,
88, 90, 104, 112, 154,
344, 456–7, 465, 489,
495, 501, 506, 508,
510–11, 514–16
Gersdorff, GenMaj Rudolf
Freiherr v. 330, 364,
375, 404, 415, 416, 464,
465, 469–70, 478, 493
Gestapo 18, 146–7, 269, 329,
331, 334–7, 382, 445,
446–7, 483, 520
Geyr v. Schweppenburg,
Gen d. PzTr Freiherr
Leo 36, 171–2, 178, 182,
184, 223, 234–6, 238,
241, 251, 327, 413
Goebbels, Josef 31, 140, 171,
206, 334–5
Goerdler, Dr Carl 327
Gold beach 82, 83, 86, 101,
127–30, 128 (map)
Göring, Reichsmarschall
Hermann 35, 335
Gouffern, Fôret de 464, 475,
477
Gouvernement Provisoire de
la République Française
17, 199
Grandcamp 81, 109, 199

Granville 356, 364, 370, 374,
494
'Great Storm', the
(19–22 June) 216–17,
228, 229, 306, 523
Grimbosq, Fôret de 425, 427
Grimesnil 361, 362, 363, 364
Ground–air cooperation 215,
317, 352, 361, 371–2,
409–13, 432
Grow, Maj Gen Robert C.
382–3, 385
Gruchy 174
Guderian, GenOb Heinz 36,
39, 172, 241, 355
Guillebon, Cdt Jacques de
489, 496
Günsche, Hauptsturmführer
Otto 140, 427

Hall, Admiral John L. 89
Hardaway, Lt Col Eads J.
403, 408, 416
Harris, ACM Sir Arthur
('Bomber') 48–9, 266,
270, 313, 323
Hartmetz, Sdt Rainer 69
Hase, GenOb Paul v. 333–4
Hausser,
Oberstgruppenführer
Paul 233, 236, 243, 290,
328, 342, 350, 354, 358,
364, 371, 375, 404–5,
415–16, 435, 459, 460,
464–5, 469, 474–5
Hébécrevon 350
Heintz, André 144, 145, 271,
272, 393
Hellmich, GenLt Heinz 159
Hemingway, Ernest 345,
373–4, 496–7, 513
Hermanville 143, 149, 203
Heydte, Maj Freiherr v.
d. 63, 117, 123, 160,
167–9, 207
Hickey, Brig Gen Doyle O.
351–2, 356, 364, 373
Hill, Brig James 55, 58–9
Hill 30 162

Hill 90 251
Hill 92 290
Hill 103 176–7
Hill 112 229, 233–3, 274–8, 280, 307
Hill 131 241
Hill 140 431
Hill 174 193
Hill 192 284, 286–9, 291–2
Hill 195 431
Hill 213 191–2, 194, 377
Hill 226 367
Hill 242 373
Hill 262 473
Hill 278 416–18
Hill 309 367
Hill 314 (Mortain) 401, 403, 406, 408, 409, 413, 414–15, 416, 419, 420
'Hillman' strongpoint 144
Himmler, Reichsführer-SS Heinrich 32, 163, 328, 335, 336
Hinde, Brig Robert ('Loony') 190–91, 193, 390
Hitler, Adolf 390
  Avranches counter-attack 435
  and Cherbourg 212, 222
  'fortress' orders 32–3
  invasion expectations 31–5
  July assassination plot 324, 325–41
  last visit to France 223
  learns of landings 140
  Margival conference 224–6
  and the Mortain counter-attack 398–9, 404, 405, 415–16, 421
  and Operation Cobra 365, 376
  and Operation Dragoon 445
  and Operation Lüttich 376
  orders Alençon attack 442
  and Paris 482, 483
  replaces Geyr 236
  replaces Kluge 459–61
  response to landings 150
  and threat of British Second Army 194–5
  trust in Waffen-SS 236
Hiwis (Hilfswillige) 154
Hobart, Maj Gen Percy 15, 90–91, 128–9
Hodges, Gen Courtney H. 284, 292, 345, 375, 409, 456, 457, 497, 516
Holbrook, Bradley 297
Hollis, CSM Stanley 129–30
Horrocks, Lt Gen Brian 390
Howard, Maj John 51–3, 55, 57, 59, 138–9
Howie, Maj Thomas D. 300–301, 304
Huebner, Maj Gen Clarence R 89, 207, 292, 359, 401–2

Isigny 154, 156, 158–9, 164, 199, 210, 212, 286, 299, 301, 303
Ismay, Lt Gen Sir Hastings ('Pug') 15, 457

Jedburgh teams 48, 163, 380
Jobourg 221
Jodl, GenOb Alfred 127, 140, 150, 224, 235–6, 238, 240, 326, 332, 398–9, 404, 460
Johnson, Col Howard R. ('Jump') 24, 64, 377
Jort 444
Juin, Gen Alphonse 481–2, 514
July plot 35–6, 225, 324, 325–41, 399, 415, 459, 461, 482, 483
  possible negotiations with Allies 325–31, 338
Jünger, Ernst 43, 327, 449
Juno beach 82, 130–35, 134 (map)
Jurques 390, 391
Juvigny-le-Tertre 403, 408, 411

Keitel, GFM Wilhelm 140, 236, 240, 328, 332–3, 460
Keller, Maj Gen Rod 131, 133, 135, 422
Kennedy, Ludovic 80, 84
Kenner, Maj Gen Albert W. 455, 517
Kieffer, Cmdt Philippe 139
Killing of prisoners 68–9, 106, 438
King, Admiral 211
Kitching, Maj Gen George 467
Kluge, GFM Günther-Hans v.
  and 20 July plot 328–9, 335–6, 337
  argument with Rommel 237–8
  becomes OB West 236–7
  and the Falaise–Argentan gap 435
  and the Mortain counter-attack 398–9, 404, 405, 407, 415
  and Operation Cobra 342, 348, 355, 358, 365, 371, 375–6
  and Operation Goodwood 320
  and Operation Totalize 430, 431–2
  orders withdrawl to River Orne 453–4
  relaunches Operation Lüttich 432
  replaced by Model 459–61
  suicide 461
Kluge, ObLt v. 355
Koenig, Gen Pierre 17, 47, 166, 198, 380–81, 384, 485, 494, 495, 514, 516
Kraiss, GenMaj Dietrich 93, 101, 157, 363
Kraminov, Col 269, 345
Kriegsmarine 32, 34–5, 37, 43, 76, 484, 493

索 引 / 669

Naval Group West 127
La Fière 115, 116, 123, 161
La Haye-du-Puits 241, 290
La Hogue 423, 425
La Rivière 127, 128-9, 130
La Rochelle 32
Laizon, river 432, 442
Lammerding, Brigadeführer
　Heinz 165
Langlade, Col Paul de
　499-500, 503, 504,
　506-7, 508
Laval 399-400, 439, 446,
　494, 497
Laval, Pierre 199, 448
Le Fresne Camilly 203
Le Havre 32, 76, 82
Le Mans 150, 172, 214, 222,
　233, 386, 404, 433, 434,
　443
Le Mesnil-Adelée 407, 408
Le Mesnil-Tôve 406, 407,
　408
Leahy, Admiral William D.
　16
Lebisey 148, 173-4, 269-70
Leclerc, Gen Philippe (comte
　de Hautecloque) 17, 387,
　437, 457-8, 467, 475,
　480, 482, 488-9, 494-7,
　499, 501-2, 504, 506-8,
　510, 512, 514-15
Lee, Lt Gen John C. H. 433
Leigh-Mallory, ACM Sir
　Trafford 5, 8, 21, 22, 26,
　49, 73, 86, 183, 188,
　211, 266, 343
Les Ingoufs 218
Lessay 290, 342, 352
Liddell Hart, Basil 6, 90, 91,
　215, 323
Lion-sur-Mer 142, 202
Lisieux 50, 142, 147, 202,
　318, 441, 454, 489, 490,
　492
Livarot 309-10, 490-91
Lockett, Lt Col James W.
　409, 414
Longjumeau 500

Longues, battery 127
Looting 41, 68, 138, 209-10,
　272, 296, 307, 340, 351,
　364, 374, 451, 452-3,
　485, 499, 520
Lorient 382, 386
Luck, ObLt Hans v. 141,
　173, 186
Luckett, Col James S. 356,
　506
Luftwaffe 4, 37, 49, 75, 152,
　168, 181, 183, 206, 211,
　319, 378, 400-401, 403,
　406, 411, 447, 483, 484
anger against in German
　army 35, 150, 153, 169,
　225, 291, 339-40
on D-Day 79, 119, 120,
　135
Third Air Fleet 127, 309
II Air Corps 309, 339
II Paratroop Corps 40,
　357
III Flak Corps 357, 430,
　444
Luftwaffe, Divisions
　2nd Paratroop 384
　3rd Paratroop 154, 167,
　207, 256, 283, 287, 296,
　370, 469
　16th Luftwaffe Feld 269,
　311, 315, 316
Luftwaffe, Regiments
　5th Paratroop 284
　6th Paratroop 63, 117, 123,
　160, 167, 207
　9th Paratroop 284, 286,
　389
　15th Paratroop 243, 290
Luizet, Charles 486, 508, 510
Lüttwitz, GenLt Freiherr v.
　39, 289, 328, 340, 341,
　354-6, 359, 407, 437,
　466, 471

McLain, Maj Gen Raymond
　400
MacMahon, Col Bernard B.
　218-19

MacMillan, Maj Gen
　G. H. A. 280
McNair, Lt Gen Leslie J.
　346-7, 353
Maczek, Maj Gen Stanislaw
　465, 472
Mahlmann, GenLt Paul 43,
　166
Mahlmann defence line 290
Maltot 275, 280, 307
Marcks, Gen d. Art Erich 40,
　86, 101, 141, 156,
　167-8, 181, 214
Margival conference 224-6
Marigny 352
Marks, Leo 18
Marseilles 445
Marshall, Brig Gen S. L. A.
　500
Marshall, Gen George C. 87,
　195, 211, 445, 494
Marshall, Sam 496-7, 516
Martinville ridge 286, 291,
　296, 302
Mayenne 399-400, 402, 406
Mayenne, river 404, 434
May-sur-Orne 425
Meindl, Gen d.
　Fallschirmtruppe Eugen
　40, 164-5, 169, 181,
　241, 291, 296, 344,
　354-6, 370, 389, 398,
　464, 466, 469-70, 473-5
Melun 444, 481, 488, 493
Menzies, Sir Stewart ('C')
　18, 181
Merderet, river 64, 66,
　115-16, 122-3, 161-2,
　212
Mers-el-Kebir 387
Merville battery 56, 58, 187
Meyer, ObLt (352nd Inf-
　Div) 86, 93, 101-2, 130
Meyer, Standartenführer
　Kurt ('Panzer Meyer')
　171-2, 175, 179,
　180-81, 182, 197, 271,
　309-10, 340, 426-7,
　429, 430, 431

Middleton, Maj Gen Troy
    H. 214, 217, 241, 375,
    377, 381-3
Midget submarines 8, 81
Millin, Piper Bill 74, 138-9
Minesweepers 80-81, 87
Model, GFM Walter 460-61,
    465, 479, 491, 493
Monnet, Jean 16
Montebourg 38, 43, 115,
    159-60, 213, 215, 520
Montgomery, Gen Sir
    Bernard L. 6-7, 205
  on the 51st (Highland)
    Division 278-9
  and Bradley 89, 91, 441,
    454-5, 479, 491-2
  on British tank design 195
  and the broad front
    strategy 481
  and Caen 147, 148
  Churchill visits 196
  and Crerar 422
  and de Gaulle 198, 199
  and Dempsey 188
  and Eisenhower 5-6, 8,
    234-5, 263, 273, 457,
    523
  and the Falaise Pocket 467,
    472, 478-9
  and the Falaise-Argentan
    gap 434, 439-40
  objectives 183-4
  and Operation Bluecoat
    366, 388-9, 390
  and Operation Charnwood
    266
  and Operation Cobra 348
  and Operation Epsom 228,
    229, 232, 234-5
  and Operation Goodwood
    273, 305-6, 307,
    313-14, 320-21, 323
  and Operation Totalize
    440
  and Operation Tractable
    441
  and Paris 495
  and Patton 283, 284, 292

  plan to envelop Caen
    183-4, 186-9
  post-war claims 522-3
  and precision bombing 91
  reluctance to incur losses
    264
  and Tedder 263
Morgan, Lt Gen Sir
    Frederick 12
Mortain 364, 375-6, 396,
    430, 432, 433, 435-6,
    448, 450, 482
Mortain counter-attack
    398-421, 402 (map),
    422, 423
Moulin, Jean 44
Moyon 360
Mulberry harbours 82, 129,
    211, 216

Nantes 34
National Council of
    Resistance 485, 488, 512,
    514
Nazi propaganda 23, 25, 122,
    181, 205-6, 238, 249,
    269, 334-5, 356, 442,
    523
Neave, Maj Airey 496
Neave, Maj Julius 85, 322,
    394, 441, 464, 476
Nordling, Ralph 493-4
Nordling, Raoul 487, 508
Normandy
  war damage 453, 519-22
Norrey 179
Norwegian Navy
  Svenner 82

O'Brien, Father John 203-4
O'Connor, Lt Gen Sir
    Richard 232, 280, 305,
    306, 315, 319, 322
Odon, river 191, 229, 232-3,
    236, 274
Ogden-Smith, Sgt Bruce
    8-9, 90
OKW, Oberkommando der
    Wehrmacht 25, 32, 127,

    140-41, 150, 170, 172,
    184, 223, 235-7, 243,
    271, 310, 318, 327, 335,
    353, 358, 404-5, 416,
    420, 431-2, 435, 460,
    483
Omaha beach 8-9, 11, 36, 75,
    77, 81-2, 84, 86-7, 89
    (map), 117, 119, 127, 129,
    151, 152, 155, 164, 169,
    208-11, 216, 269, 283
  assault plan 89
  battle for 99-110
  bombardment 89, 91-2,
    93, 100
  build-up of forces 208
  casualties 96, 110-11,
    112-13, 157-8
  combat demolition units
    96, 110
  shock casualties 98-9,
    110-11
  supplies through 217
Ondefontaine 390
Operation Anvil *see*
    Operation Dragoon
Operation Atlantic 311
Operation Bagration 3, 196,
    229, 237, 240, 310
Operation Bluecoat 366-8,
    368 (map), 380-81, 383,
    385, 388-9, 391-7
Operation Charnwood
    266-73
Operation Cobra 246, 274,
    284, 303, 304, 306
  bombing operations 343-9,
    351
  breakout 366-79
  breakthrough 342-65, 344
    (map)
  casualties 348-9, 354, 362,
    363-4
Operation Copperhead 4
Operation Cork 76
Operation Dragoon 445-7
  arguments over 444-5
Operation Epsom 228-35,
    230 (map), 263, 274

索 引 / 671

Operation Foxley 330
Operation Glimmer 76
Operation Goodwood 305–24, 312 (map), 343, 348, 423, 430
  casualties 309, 322–4
  over-optimism 306, 306–7, 320–21, 324
  planning 274, 305–6
Operation Jupiter 274
Operation Lüttich 376, 398–421, 432
Operation Neptune 75–87
Operation Overlord 3, 4, 8, 11–13, 15, 18, 20, 21, 45, 48–9, 73, 75, 87, 131, 136, 163, 445, 519
Operation Spring 348
Operation Taxable 76
Operation Titanic 54, 93
Operation Totalize 415, 422–32, 424 (map), 442
Operation Tractable 441–2, 454
Operation Transportation 48, 163
Operation Windsor 264–6
Oppeln-Bronikowski, Oberst Hermann v. 141, 149, 369
ORA (Organisation de Résistance de l'Armée) 44, 146
Oradour-sur-Glane 166
Orléans 481
Ormel, Mont 465, 472–3, 475
Orne, river 47, 51–4, 56–9, 93, 134, 136, 138–9, 141, 146, 173, 178, 183–4, 186, 188, 202, 223–5, 229, 232–3, 235, 267, 271–2, 274, 305, 309, 311, 315–16, 319, 369, 425–6, 431–2, 441, 446, 454, 464
OSS (Office of Strategic Services) 438, 451, 496

Ostendorff, Brigadeführer Werner 167–9, 214
Otway, Lt Col Terence 56–8, 187
Ouistreham 56, 82, 139, 142

Paris 40–41, 238
  and 20 July plot 333–4, 336
  advance on 480–82, 488–9, 495–7, 499–502
  Allied entry into 502–8
  American intention to bypass 457–8, 494
  de Gaulle's victory procession 514–15
  German forces in 482–4
  German surrender 511–12
  liberation of 498–518
  uprising 484–8, 493–4, 498–9
Parodi, Alexandre 499
Partridge, Sgt 274–5, 277, 395–6
Passy, Col (André de Wavrin) 380, 384
Patton, Gen George S. 7–8, 162, 163, 195, 282
  and the 2nd Armored Division 350–51
  advance 480–81
  arrival in France 282–4
  and Bradley 7, 352, 354, 400, 439–40, 442–3, 457, 480–81, 497
  and Brittany 283, 381–2, 382–3, 384, 386
  on civil life 522
  command of '1st US Army Group' 3
  at Dreux 455–6
  and Eisenhower 282–3
  and the Falaise–Argentan gap 434, 435, 436, 439–40
  funeral of Brig Gen Roosevelt 292
  given command of VIII Corps 354

and Leclerc 387–8, 457–8
  logistics 433
  and Montgomery 283, 284, 292
  and Operation Cobra 375
  and Paris 494
  Patton's 'Household Cavalry' 383
  and Saint-Lô 288
  on self-inflicted wounds 258
  Third Army becomes operational 399–401
Pays d'Auge 490
Pemsel, GenMaj Max 54, 169, 170, 358
Percy 355, 357, 358, 365, 376, 377
Périers 207, 246, 248, 284, 291, 293, 296, 342, 343, 345, 346–7, 352
Périers ridge 141, 143
Perrier ridge 388, 394
Peterson, Pte Harold E. 299–300, 302
Piaf, Edith 507
Pickert, GenLt Wolfgang 311, 430
Pinçon, Mont 190–91, 367, 394–6, 426, 431
Plan Fortitude 3–5, 87, 148, 157, 229, 282, 339, 346, 511
Plan Ironside 4
Podewils, Clemens Graf 487
Pogue, Forrest C. 112, 162, 199, 222, 257, 449, 482, 516, 517
Pointe du Hoc 81, 84, 88, 102–3, 106, 153–4
Pointe et Raz de la Percée 103, 108, 152
Polish Army
  1st Armd Div 422, 427, 428, 441, 465, 472, 474
  10th Cavalry Bde 472
  10th Dragoons 465, 468
  10th Mounted Rifles 442, 454, 467, 472

Polish Army – *cont.*
  12th Dragoons 454
  24th Lancers 465
Polish Navy
  ORP *Blyskewica* 82
  ORP *Dragon* 82, 136
  ORP *Krakowiak* 82
  ORP *Piorun* 82
  ORP *Slazak* 82
Pontaubault bridge 371, 400
Pont-Hébert 251, 290
Pont-l'Evêque 60
Popov, Dusko 4
Portal, ACM Sir Charles 48, 49
Port-en-Bessin 94, 129, 155, 167
Prisoners of war 341
  the airborne assault 68–9, 70, 115–16
  Allied illegal killings 106, 438
  battle of the *bocage* 242
  Cherbourg 219
  Falaise Pocket 476, 478
  the *Kommandobefehl* 55
  Omaha beach 103, 106–7, 154
  Operation Cobra 350, 362, 364, 377
  Operation Goodwood 316
  Operation Totalize 432
  rations 520–21
  Sword beach 137–8
  treatment of 208–9, 265
  war crimes accusations by 180
Proctor, Cpl D. 394
Pujol, Juan ('Garbo') 4
Putz, Cmdt 500–501, 504
Pyle, Ernie 497

Quesada, Lt Gen Elwood R. ('Pete') 352, 409–10, 465

Rambouillet 488, 496–7, 499
Ramcke, Gen d. Fallschirmtruppe Hermann 385

Ramsay, Admiral Sir Bertram 1, 21, 22, 76, 81, 86
Ranville 57, 59
Rauray 231
Red Army 3, 29, 45, 113, 147, 179, 205, 229, 240, 249, 310, 329, 331, 345, 406, 454, 472, 523
Reichert, GenLt Joseph 54–5, 82
Reichsarbeitsdienst, the 218
Remer, Maj Otto 333–6
Rennes 42, 66, 114, 283, 375, 379, 381–2, 481
Resistance (French) 17–18, 38, 43, 44–8, 50, 55, 165–6, 451
  in Brittany 380–81, 382, 385
  cynicism about 490–91
  and de Gaulle 512–13
  German reprisals 446–7
  and Operation Cobra 375
  and Operation Dragoon 445
  Patton on 384
  strength 45, 47, 48
  treatment of POWs 447
  Vercors 446
  Résistance Fer 45–6
Ribbentrop, Obersturmführer Rudolf v. 43
Robehomme 58
Roberts, Maj Gen 'Pip' 278, 370, 388–9
Rol-Tanguy, Col Henri 484–6, 488, 494, 498, 510, 514
Romagny 409, 415
Rome 16
Rommel, GFM Erwin 36
  and the coastal defences 33–4, 36–7, 88–9
  headquarters 34
  and Kluge 236, 237–8
  learns of landings 126
  and the Luftwaffe 35
  Margival conference 224–6
  meeting with Geyr 182

and Operation Goodwood 309–10
  orders Carentan counter-attack 167
  plan to reinforce the Channel 32
  possible negotiations with Allies 325–31
  return to Normandy 150
  row with Geyr 235–6
  and Saint-Lô 289, 290, 296
  supply lines 48
  tactics 223–4
  and threat of British Second Army 194
Roncey 356, 358, 361, 364
Roosevelt, President Franklin D. 16–20, 29–30, 49, 87, 196, 200, 264
Roosevelt, Brig Gen Teddy Jr 118, 292, 331, 338, 444–5, 458, 494
Rose, Brig Gen Maurice 168–9, 343, 350–51, 355, 358–60, 491
Rouen 55, 493
Royal Air Force 1, 19, 49, 54, 56, 76, 78–9, 120, 144, 147, 158, 167, 176, 182, 185, 193, 203, 266–7, 269, 311, 313–14, 317, 323, 412, 459, 465–7, 521
  and airfields in Normandy 203, 313
  and the Mortain counter-attack 408–13
Royal Air Force, Groups
  19 Group 76
  83 Group 410–12
Royal Air Force, Wings
  121 Wing 361
  123 Wing 410–12, 492
Royal Air Force, Squadrons
  224 Squadron 76
  329 Squadron 133
  346 Guyenne Squadron 270
  347 Tunisie Squadron 270
  617 Squadron 76

索 引 / 673

Royal Canadian Navy
  HMCS *Algonquin* 131, 135
  HMCS *Sioux* 131
Royal Navy 1, 22, 60–61, 78,
  80, 84–6, 94, 102, 129,
  131, 183, 197, 314
Royal Navy, Battleships and
  Monitors
  HMS *Erebus* 81, 117
  HMS *Ramillies* 74–5, 82,
    136, 197
  HMS *Roberts* 82, 136,
    265
  HMS *Rodney* 197, 200,
    265
  HMS *Warspite* 82, 136,
    174
Royal Navy, Cruisers
  HMS *Ajax* 127
  HMS *Arethusa* 57
  HMS *Argonaut* 127
  HMS *Belfast* 15, 131
  HMS *Black Prince* 117
  HMS *Danae* 178
  HMS *Diadem* 131
  HMS *Enterprise* 117
  HMS *Glasgow* 220
Royal Navy, Destroyers
  HMS *Eglinton* 81
  HMS *Kelvin* 196
  HMS *Swift* 82
  HMS *Talybont* 102
Royal Navy, Command and
  Transport Ships
  HMS *Empire Broadsword*
    77
  HMS *Empire Javelin* 83–4
  HMS *Largs* 80, 82
  HMS *Prince Baudouin* 81,
    83
  HMS *Prince Henry* 80
  HMS *Princess Ingrid* 77
Royal Navy, Royal Marines
  41 RM Commando 137
  47 RM Commando 129
  48 RM Commando 132
Rudder, Lt Col James E.
  102–3, 153–5
Rundstedt, GFM Gerd v.

32–3, 35–6, 37, 38, 43,
  141, 163, 171, 184,
  224–6, 228, 236, 237,
  326–7, 328

Saint-Aignan 426, 427
Saint-Aubin-sur-Mer 130,
  132, 136
Saint-Barthélemy 407–8,
  411, 416–17
Saint-Côme-du-Mont 117,
  160, 167
Saint-Germain-en-Laye
  126–7, 141, 237, 318,
  439, 460, 483, 484
Saint-Lambert-sur-Dives 467
Saint-Laurent-sur-Mer 88,
  105, 153, 155
Saint-Lô 93, 147, 164–5,
  167–8, 207, 241, 256–7,
  261, 309–11, 342–3,
  345, 346, 347, 350, 351,
  352, 353, 354, 355
  attack on 282–304, 285
  (map)
  battle for begins, 7 July
    246–7
  bombing of 123–4
  casualties 296, 297, 303–4
  fall of 303
  'the Major of' 304
Saint-Malo 383, 386, 484
Saint-Nazaire 382, 386
Saint-Pierre-sur-Dives 171
Saint-Sauveur-le-Vicomte
  126
Saint-Sever, Fôret de 377–8
Saint-Sever-Calvados 358
Sainte-Marie-du-Mont 70,
  116
Sainte-Mère-Église 66–7, 70,
  115–16, 121, 122, 145,
  159, 161
Sainteny 442
Schimpf, GenLt Richard
  164–5, 256, 283, 296,
  469
Schlieben, GenLt Karl-
  Wilhelm Graf v.

114–15, 122, 159, 212,
  215, 217, 220–22, 482
Schmundt, GenLt Rudolf
  226, 332
Schwerin, GenLt Gerhard
  Graf v. 328, 404–5, 415
Scott, Wg Cdr Desmond 79
Scott-Bowden, Cpt 8, 9, 88,
  90–91
Sée, river 372, 406
Sées 435, 439, 454, 457
Seine, river 34, 48, 150, 225,
  375, 379, 386, 398, 404,
  434, 441, 443–4, 454–7,
  460, 465, 467, 472, 475,
  478–9, 480–81, 485,
  489–93, 497, 503, 517,
  521
  German retreat across
    492–3
  Self-inflicted wounds 258,
    262, 294, 308
Sélune, river 375, 376, 406
Seulles, river 131, 188, 191
Sèves, river 242
SHAEF (Supreme
  Headquarters Allied
  Expeditionary Force) 1,
  5, 47–8, 50, 87, 92, 93,
  126, 229, 266, 273, 305,
  381, 433, 447, 482, 494,
  511
Shanley, Lt Col Thomas
  J. B. 162
Shaving heads
  collaborators 386, 449–50,
    490, 516
Shaw, Irwin 496–7
Sicherheitsdienst (SS
  Security Service) 50; *see
  also* Gestapo
Sicily, invasion of 27, 189,
  205
Simonds, Lt Gen Guy 422,
  423, 426, 429–34,
  441–2, 454, 467, 468,
  472
SIS (Secret Intelligence
  Service) 18, 181

674 / 诺曼底登陆

Skinner, Padre Leslie 10, 177
Slapton Sands 118
Smith, Lt Sandy 52
Smuts, FM Jan 19, 196
Snipers 253–4, 270
Snyder, Lt Col Max 103, 477
SOE (Special Operations
    Executive) 18, 45, 47,
    163, 166, 330, 332, 446,
    447
Sourdeval 403, 404, 406
Southwick House 1, 5, 20, 21
Souvenir hunting 153, 209,
    212, 363, 476–7
Spaatz, Gen Carl A.
    ('Tooey') 48, 49
Speidel, GenLt Hans 34–5,
    43, 54, 126–7, 150, 224,
    237, 310, 325–30, 334,
    339, 371, 461, 504
SS 32, 36, 37, 39, 41, 119,
    163, 166, 169, 171, 180,
    201–2, 231, 326, 329,
    334, 335, 339, 341, 357,
    358, 446, 447, 464, 483,
    487, 523
    Einsatzgruppe B 36, 165
Stagg, Gp Cpt Dr James
    1–2, 5, 11–13, 21, 216
Stalin, Josef V. 3, 28–31, 38,
    45, 196, 249, 331, 346,
    444, 499
Stalingrad 35, 222, 270, 330,
    331, 353, 430, 435, 464
Stauffenberg, Oberst Claus
    Graf Schenk v. 35, 326,
    328, 331–3, 336, 337,
    338
Stülpnagel, Gen d. Inf Carl-
    Heinrich v. 326–9,
    334–7, 461, 483
Sword beach 56, 134 (map),
    136–51, 173

Talley, Col Benjamin B. 105,
    107, 111, 112
Tangermann, ObLt 376,
    459–60
Tank troops, fear of fire 177–8

Taute, river 242, 248, 250
Taylor, Col George A. 101
Taylor, Maj Gen Maxwell D.
    24, 26, 61–2, 69, 190
Teague, Lt Col 250, 377
Tedder, ACM Sir Arthur 7,
    11–12, 48–50, 263, 266,
    313, 323, 348, 478
Teheran conference 196, 444
Tessel 231
Tessy-sur-Vire 402, 419
Thomas, Maj Gen G. I. 274,
    280, 394
Thury-Harcourt 182, 426, 441
Tilly-la-Campagne 319, 423,
    425
Tilly-sur-Seulles 176, 178,
    182, 186, 193, 207
Touques, river 473, 475
Tracy-Bocage 193, 195
Tresckow, GenMaj Henning
    v. 326, 331
Troarn 60, 201, 314, 315,
    320, 337, 520
Trun 441, 454–5, 464, 465,
    467–71, 475, 479, 480
Tulle 166
Turqueville 122, 160

U-boats 76, 206
Ultra intercepts 4, 5, 15, 46,
    168, 192, 232, 233, 234,
    247, 296, 309, 320, 335,
    342, 352, 400, 406, 454,
    456, 472
Unger, Oberst v. 483, 509–10
US Army 14, 47, 492, 501
    Central Base Section 517
    combat exhaustion 260–62,
        294, 347, 378, 418
    discipline 209–10
    Fourth of July celebrations
        242
    Graves Registration 260
    losses in Normandy
        260–62, 294–5
    mechanization. 358–9, 433
    replacement system 257–9,
        438

sacking of officers 162–3
supply trains 433
training 7, 189, 252, 258,
    261–2, 262, 343, 350
US Army, Armies
    12th US Army Group 375,
        494, 497
    First US Army 7, 47, 241,
        244–5 (map), 254, 266,
        274, 290, 345, 348, 413,
        456, 465, 495
    Third US Army 282, 346,
        433
US Army, Corps
    V Corps 75, 87–8, 96, 99,
        112, 217, 284–6, 345,
        370, 456, 464, 480, 489,
        495, 511, 515–16
    VII Corps 115, 117,
        211–12, 242, 244, 248,
        252, 291, 293, 345
    VIII Corps 214, 217, 241,
        290, 293, 354, 375, 377,
        381, 382
    XIX Corps 250, 284, 286
    XX Corps 375, 386, 434,
        443, 455, 481
US Army, Divisions
    1st Inf 7, 11, 77, 83, 84,
        89–91, 94, 95, 96–9,
        100, 101, 104, 109–11,
        112, 129, 155, 164,
        167–8, 189, 193, 207,
        241, 289, 295, 296, 350,
        351–3, 359, 401, 403
    2nd Armd 168–9, 209,
        257, 293, 350, 351,
        358–9, 361, 362, 386,
        415, 420, 450
    2nd Inf 157–8, 167, 207,
        284–9, 292
    3rd Armd 246, 246–7, 248,
        251, 290, 292, 343,
        350–51, 356, 359, 361,
        364, 371, 373, 376–7,
        417, 433
    4th Armd 354, 362, 364–5,
        370, 375, 376, 379, 381,
        382, 385, 386, 443

索 引 / 675

4th Inf 72, 78, 84, 116–17,
  118, 120, 121, 122,
  159–60, 215, 221, 241,
  242, 248–9, 250, 258,
  286, 293, 345, 347,
  349–50, 359–60, 373,
  376, 379, 406, 421,
  495–6, 501, 505–6, 510,
  513
5th Armd 435, 437–8, 440,
  491
5th Inf 382, 389, 455
6th Armd 352–3, 354, 356,
  357, 359, 364–5, 374–5,
  381, 382–6
7th Armd 455–6, 488
8th Inf 290, 377, 381–2,
  385
9th Inf 212, 214, 250–52,
  290, 297, 349
28th Inf 516
29th Inf 8, 83, 88, 89–90,
  93, 99, 104, 107–10,
  112, 117, 152, 156, 159,
  161, 207, 241, 260, 284,
  286, 292, 297, 301, 304,
  377, 382, 390
30th Inf 246, 246–8,
  250–51, 259–60, 284,
  290, 297, 345–7, 350,
  360, 361, 402–3, 406,
  413, 414, 415, 416–17,
  420, 421
35th Inf 284, 286, 289,
  297, 302, 382, 389,
  420
79th Inf 215, 217, 220,
  290, 399
80th Inf 438, 443
82nd Airborne
  22–4, 28, 51, 64,
  66–7, 115, 161, 212,
  214, 241–2
83rd Inf 241–2, 248, 291,
  293, 386
90th Inf 162, 212, 214,
  215, 241, 290, 342,
  399–400, 438, 465,
  467–8, 471, 475

101st Airborne 22, 24, 26,
  61, 68, 71, 116–17, 154,
  159, 167–8, 208, 221–2,
  242, 449
US Army, Brigades and
  Regiments
6th Engineer Special Bde
  109, 161, 208, 476–7
8th Inf 118–19, 159, 385
12th Inf 356, 377–8, 406,
  416–17, 421, 501, 506
16th Inf 90, 100, 101, 109
18th Inf 110
22nd Inf 221, 250, 350,
  351, 377, 434
23rd Inf 288
36th Armd Inf 373
39th Inf 407, 420
115th Inf 110, 157–8, 286,
  299, 303
116th Inf 77, 90, 94–9,
  103, 105, 108, 109, 112,
  154–5, 286, 298, 300
117th Inf 406, 407–8, 409,
  414
119th Inf 417
120th Inf 248, 251, 346,
  403, 408, 413, 420
137th Inf 289
175th Inf 154, 156
314th Inf 217
315th Inf 217
325th Glider Inf Rgt
  122–3
358th Inf 290
501st Parachute Inf Rgt 22
502nd Parachute Inf Rgt
  69
505th Parachute Inf Rgt 28
508th Parachute Inf Rgt
  66, 68, 69, 115–16
US Army, Rangers 81, 83–4,
  88, 249
2nd Battalion 102–3, 108,
  153, 154–5
5th Battalion 102–3, 107
US Army, Counter
  Intelligence Corps 210,
  451

USAAF
  IX Tactical Air Command
    352
  Eighth Air Force 46, 48,
    78–9, 91
  Ninth Air Force 117,
    465–7
  bombing accuracy 91, 429
  fighter-bomber attacks on
    German troops 247, 251,
    252, 297, 301, 352, 357,
    361, 372, 383, 411
  and Operation Cobra
    bombing 343–9, 351
USAAF, Groups
  363rd Fighter Group 383
  388th Bomber Group
    78–9
  405th Fighter Group 361
US Coast Guard 94
US Navy 27, 78, 80–82, 94,
  108, 211, 216
US Navy, Battleships
  USS *Arkansas* 84
  USS *Nevada* 81, 84, 117,
    159, 219–20
  USS *Texas* 81, 84, 212,
    219–20
US Navy, Cruisers
  USS *Augusta* 104, 117
  USS *Quincy* 60, 62, 117,
    219
  USS *Tuscaloosa* 117
US Navy, Destroyers
  USS *Corry* 82
  USS *Harding* 154
  USS *Satterlee* 102
US Navy, Command and
  Transport Ships
  USS *Ancon* 104, 107, 111
  USS *Bayfield* 78, 111, 209
  USS *Samuel Chase* 77, 80,
    111
  USS *Shubrick* 78
Utah beach 9, 51, 65 (map),
  67, 70, 72, 78, 84, 104,
  117–22, 159–63, 169,
  209, 211, 217, 258, 386,
  388

676 / 诺曼底登陆

V-1 flying bomb ('Diver') 34, 140, 197, 225, 226, 227
'anti-Diver' operations 226–7
Valognes 160, 215
Vannes 381–2
Varaville 58–9
Vaucelles 311, 315
Vercors, FFI battle 446
Verrières ridge 348
Vichy regime (Etat français) 16, 18, 44, 45, 127, 166, 202, 227, 447–8, 451, 515
Viénot, Pierre 20–21
Vierville (Cotentin) 210
Vierville-sur-Mer (Omaha) 88, 92, 96, 104, 107, 108–9, 152, 153, 156
Villebaudon 358, 359, 377
Villedieu-les-Poêles 371
Villers-Bocage 186–96, 190 (map), 207, 210, 228, 390, 393, 428
Vimoutiers 464, 465, 470, 473
Vire, town 176, 353, 366, 388–9, 394, 396, 398, 400, 401, 404, 412, 415
Vire, river and valley 93, 118, 154, 246, 250, 251, 284, 289–90, 297, 342, 354–6, 358–9, 371, 375
Volksdeutsche 38–9, 340

Waffen-SS 33, 39–40, 205, 323, 340, 358, 373, 416, 464
  advance to the front 163–6
  discipline 341
  and Hitler 236, 328
  indoctrination 180–81, 205, 323
  morale 205–6
  rivalry with German Army 339, 357–8, 464, 493

Waffen-SS, Corps
  I SS Panzer 171–3, 251, 265, 309, 328, 398, 432
  II SS Panzer 182, 205, 228, 233–4, 240, 276, 278, 369, 388, 469–70, 475
Waffen-SS, Divisions
  1st SS Pz-Div *Leibstandarte Adolf Hitler* 32, 39, 171, 180, 233, 265–6, 316, 318–19, 336, 341, 403–6, 411, 413, 417, 423, 436, 438–9, 442, 446
  2nd SS Pz-Div *Das Reich* 40, 165–7, 233, 243, 247–8, 289, 297, 357, 363, 403, 405, 408, 414, 416–17, 420, 464–5
  9th SS Pz-Div *Hohenstaufen* 40, 205, 233, 274, 276, 278, 307, 309, 430, 473
  10th SS Pz-Div *Frundsberg* 40, 233–4, 394, 396, 415
  12th SS Pz-Div *Hitler Jugend* 39, 46, 55, 135, 141–2, 150, 163, 171–5, 179–82, 197, 201, 224, 232, 264, 269–72, 309–10, 320, 324–5, 396, 425–6, 428, 430, 432, 444, 446, 454, 473
  17th SS Pz-Div *Götz von Berlichingen* 40, 163, 167–9, 207, 241–2, 289, 357, 365, 403, 405, 408, 511
Waffen-SS, Regiments etc.
  1st SS Pzgr-Rgt 265–6
  2nd SS Pz-Rgt 406
  Deutschland-Pzgr-Rgt 405
  Führer-Pzgr-Rgt 166, 405, 417–19, 473
  19th SS Pzgr-Rgt 276
  20th SS Pzgr-Rgt 276
  21st SS Pzgr-Rgt 489
  25th SS Pzgr-Rgt 55, 172, 182
  26th SS Pzgr-Rgt 180, 264–5, 425
  37th SS Pzgr-Rgt 168–9, 242–3
  38th SS Pzgr-Rgt 164
  101st SS Heavy Pz Bn 191–3, 427–9
  102nd SS Heavy Pz Bn 275, 309
Wagner, Gen Eduard 327
War damage 453, 519–22
Warlimont, Gen d. Art Walter 332, 365, 398–9, 404, 421, 445, 459
Warsaw uprising 165, 472, 499
Weintrob, Maj David 260–62
Weiss, Lt Robert 413, 419–20
Westover, Lt John 497, 500, 516
Weyman, Brig Gen 109
Whistler, Lt Rex 313, 315, 317–18
Whitehead, Don 77
Williams, Brig E. T. 479
Wilmot, Chester 59
Witt, Brigadeführer Fritz 55, 171–2, 197
Wittmann, Obersturmführer Michael 191–2, 194, 427–9
Witzleben, GFM v. 335
Wolfsschanze, Rastenburg 238, 318, 324, 329, 333, 335, 364, 376, 398, 421, 482
Wood, Maj Gen John S. 354, 370, 379, 381–2, 385–7, 491

Ziegelmann, ObLt 152, 154, 156
Zimmermannn, GenLt Bodo 337, 338

图书在版编目(CIP)数据

诺曼底登陆 /（英）安东尼·比弗（Antony Beevor）
著；张炜晨译. --北京：社会科学文献出版社，
2023.5

书名原文：D-Day: The Battle for Normandy

ISBN 978-7-5228-0496-5

Ⅰ.①诺… Ⅱ.①安… ②张… Ⅲ.①美英联军诺曼
第登陆作战（1944）-史料 Ⅳ.①E195.2

中国版本图书馆 CIP 数据核字（2022）第 137663 号

地图审图号：GS（2022）4811 号（书中地图系原文插图）

诺曼底登陆

著　者 / 〔英〕安东尼·比弗（Antony Beevor）
译　者 / 张炜晨
校　者 / 董旻杰

出 版 人 / 王利民
组稿编辑 / 董风云
责任编辑 / 成　琳
责任印制 / 王京美

出　　版 / 社会科学文献出版社·甲骨文工作室（分社）（010）59366527
　　　　　　地址：北京市北三环中路甲 29 号院华龙大厦　邮编：100029
　　　　　　网址：www.ssap.com.cn
发　　行 / 社会科学文献出版社（010）59367028
印　　装 / 南京爱德印刷有限公司

规　　格 / 开　本：889mm×1194mm　1/32
　　　　　　印　张：23.875　插　页：1.5　字　数：540 千字
版　　次 / 2023 年 5 月第 1 版　2023 年 5 月第 1 次印刷
书　　号 / ISBN 978-7-5228-0496-5
著作权合同
登 记 号 / 图字 01-2019-1390 号
定　　价 / 148.00 元

读者服务电话：4008918866

版权所有 翻印必究